Inhaltsverzeichnis

M.J. Lützeler von Roden
und
A.W. von Staufen

DER GEHEIME PAKT DER FREIMAURER, KHASAREN UND JESUITEN

Wir bleiben durch unser Blut verbunden.
Tod dem, der darüber spricht!

Apricus Ltd
1st Floor Dekk House
Zippora Street, Providence Industrial Estate
Mahe
Seychelles
2. Auflage
Druck:
Apricus Ltd
Satz und Layout:
Nikolas Pravda
Umschlaggestaltung:
Nikolas Pravda

ISBN 978-1-63848-365-6

Verrat und Argwohn lauschen an allen Ecken!

(Friedrich Schiller)

Warum dieses Buch?

Wir sind alle nur Besucher auf dieser Welt und zu dieser Zeit. Unsere Seelen sind nur auf der Durchreise. Unsere Aufgabe ist es zu beobachten, zu lernen, zu wachsen, zu lieben und wieder nach Hause zu gehen.

(Weisheit der Aborigines)

Eine der wichtigsten Ressourcen des Menschen ist seine Fantasie. Die menschliche Vorstellungskraft mag heute getrübt sein, doch sie birgt in sich eine kaum erfassbare Intensität. Die Lektüre trägt in sich die Macht neuen Willen zu entfachen und hat daher für mich einen besonderen Stellenwert. Bücher sind Zeitkapseln, durch die Gedanken der Ahnen, die für eine wissensdurstige Gesellschaft konserviert wird. Auch unser Leib wird zu Asche, doch unsere Spuren leben weiter.

Prolog

Jeder Mann erhält bei seiner Geburt ein inneres Potential. Er wird darauf zugreifen und seine Kapazitäten in Taten, Worte, Gedanken und Kunstwerke umwandeln. Und wie die Sterne werden, sich einige Männer als heller herausstellen, als andere. Und wie die Sterne wird uns die Erinnerung an einige Männer noch lange nach ihrem Tod erreichen.

(Alfred Walter von Staufen)

Zum Jahreswechsel 2019/2020 brach die Katastrophe in Form einer sogenannten Pandemie über die Menschheit herein. Eine Horrormeldung folgte der nächsten. Fast stündlich lieferten die Nachrichtenkanäle neue Zahlen von Infizierten, Toten oder abgeriegelte Millionenstädte in China. Es war nur eine Frage der Zeit, bis durch die Globalisierung und faktisch offenen Grenzen, diese neue todbringende Seuche bei uns in Mitteleuropa ankommt.

Überall sprach man nur noch von diesem neuen „Virus“ mit der Bezeichnung: SARS-CoV-2 oder COVID-19. Erst später tauchte der Name: „Corona“ auf, der mittlerweile überall geläufige Name. Dabei kam mir dieser Begriff „Corona“ bekannt vor.

Für Corona gibt es verschiedene Übersetzungen. So kann dieses inzwischen verhasste Wort als die Krone, der Kranz, der Heiligenschein, die Königswürde, der Thron, der Wirbel oder das Gewinde ins Deutsche übertragen werden. Unter anderem bezeichnet das Wort „Corona“ auch die Dornenkrone der Sklaven. Ein entmachteter König erhielt die Dornenkrone der Demütigung. Kommt dies Ihnen bekannt vor? Wie zynisch dieser harmlos klingende Ausdruck „Corona“ gewählt wurde, wo doch durch die politischen Fehlentscheidungen, auf Grund von nicht gesicherten wissenschaftlichen Theorien in Form von „Ad-hoc-Stellungnahmen“ und aneinandergereihten Lockdowns die Wirtschaft fast aller Staaten vernichtet wird und die Welt in eine Apokalypse führte und führt.

Alte Menschen werden von ihren Liebsten, von ihren Kindern und Enkelkindern getrennt, lieblos weggesperrt und zum Alleinsein verdammt. Kinder dürfen sich nicht mit ihren Freunden treffen und vereinsamen, gefolgt von psychischen Schäden. Massenhaft verlieren Väter ihren bis dato festen Job in der Industrie, im Handwerk oder Einzelhandel und können ihren finanziellen Verpflichtungen nicht mehr nachkommen, sehr zur Freude der Geld- und Kreditinstitute! Mütter sind überlastet, weil sie sich in der heutigen Zeit um ihren Nachwuchs selbst kümmern müssen. Kitas und Schulen wurden und werden immer wieder geschlossen. Die Mütter von heute können sich gar nicht mehr wie vor 20-30 Jahren um ihre Kinder kümmern, Dank der Frankfurter Schule. In welcher Familie wird denn heute noch „Mensch ärgere dich“ gespielt oder gewürfelt? Hat uns die Technik „das Leben“ nicht erheblich erleichtert, so wie es uns die Werbeindustrie vorgaukelt und unsere Sprösslinge zu Sklaven von Playstation und Smartphone verwandelt. Es ist doch auch bequem „Siri“ nach jedem Mist zu fragen oder sich für jede Lebenslage ein Tutorial auf YouTube anzusehen.

Merkt kein Mensch auf diesem Planeten, dass wir zu Junkies der Industrie geworden sind, getäuscht von verlockenden und teils abstrusen Marketingkampagnen, denen wir immer wieder auf den Leim gehen? Die BigTech-Giganten und den angeschlossenen Firmen sagen uns, was wir uns wünschen, lesen uns wortwörtlich unsere ersehnte Traumware von den Lippen oder

Tasten ab. Haben wir noch eigene Wünsche oder werden uns die im Kaufhausregal angebotenen Artikel so schmackhaft gemacht, dass aus diesen Handelswaren unser „lang ersehntes Traumobjekt“ wird? Wie konnte es nur so weit kommen, dass wir Leibeigene der Industrie wurden? Werden wir verblendet, getäuscht und verkauft?

Ein Beispiel gefällig? Ende des Jahres entscheiden Sie in der Familie, dass Sie einen grün geschmückten Weihnachtsbaum aufstellen möchten. Nun gehen Sie in das Kaufhaus vor Ort und suchen für Ihren Traumbaum grüne Weihnachtskugeln und eine entsprechende Baumspitze. Plötzlich stellen Sie fest: Ups, das gibt es gar nicht! Ich sehe nur alle Weihnachtsartikel in Rosa. Sie gehen zu *Dehner* oder *OBI* und finden wieder nur rosafarbene Baumbehängung. Zu Hause schauen Sie in die neuen Prospekte von *Lidl*, *Rewe* und Co … und wieder nur rosarotes Weihnachtssortiment! Nach langem Suchen werden Sie schließlich im Internet fündig, bei einer kleinen Firmen im Erzgebirge, für sehr viel Geld! Wetten im kommenden Jahr, wenn sich Ihr Partner einen orangenen Weihnachtsbaum wünscht, finden sie alle entsprechenden Artikel in Grün?!

Da drängt sich nun die Frage auf: Bin ich altmodisch oder wo ist das Problem? Die Antwort darauf ist ganz einfach: Sie leben in einer unwirklichen Welt, erschaffen von raffgierigen Industriellen, geschäftstüchtigen Werbetreibende und gutverdienenden Verkäufern.

Aber was hat nun dieses „Corona“ mit grünen Weihnachtskugeln zu tun? Auf den ersten Blick nichts, absolut nichts. Aber wenn man richtig hinschaut, sieht man, dass die Welt um uns herum eine einzige Werbeblase ist! Achten Sie bei der nächsten Fahrt zum Supermarkt mal auf die Plakate und Anzeigetafeln entlang der Straße oder bei der nächsten roten Ampel. Dort wird für Schutz vor Geschlechtskrankheiten, für „The Queen of Table Waters“ mit der „roten Pyramide“ oder die neuste und ever beste vegetarische Pizza aller Zeiten von *Wagner* geworben. Wenn man genau hinschaut, entdeckt man auch mal Plakate der Partei „Die Grünen“ mit der Aussage: „Tod dem weißen, deutschen Mann“. Man munkelt aber, dass diese Bekanntgabe ironisch gemeint wäre, um die angeblich umweltschützende Partei überspitzt darzustellen.

Abb. 1: Satirische Plakate der „Identitären Bewegung“ rechts im Bild

Auf diesen „grünen Verein“, welches Deutschland und deren schnuckligen Pädophilengesetze am liebsten abschaffen würden, kommen wir an späterer Stelle und ausführlicher zu sprechen! Oder schlagen Sie doch mal bewusst Ihre Fernsehzeitung auf. Nur knapp die Hälfte der 168 Seiten bestehen aus dem eigentlichen Fernsehprogramm der kommenden 2 Wochen. Der Rest ist Werbung für „Rapso“ aus garantiert kontrolliertem Anbau, die erste 25 Euro-Münze aus Feinsilber welche man unbedingt haben muss oder 6 Spitzen-Weine inklusive 2 Gläsern zum Vorzugspreis von 29,99 statt 55,70 Euro. Dann schauen Sie abends im TV: *Spectre*, den letzten James Bond-Film und nehmen im Unterbewusstsein die Marken *Heineken*, *Sony*, *Aston Martin*, *Belvedere*, *Jaguar*, *Bollinger*, *Gillette*, *Omega*, *Land Rover*, *Tom Ford*, *MAC Cosmetics*, *Globe-Trotter* und die britische Tourismuswerbung „Visit Britain“ war. Wenn Sie nun Tage später unterwegs sind und einen Land Rover sehen, verbindet Sie dies mit Abenteuer, Leidenschaft und großartigen Bildern, was innerlich ein gutes Seelenleben und eine gewisse Gier erzeugt, verbunden mit dem gefühlten Status eines 007!

Sicher haben Sie schon Fantasyfilme gesehen, wo sich eine Pandemie auf der Erde ausbreitet, Menschen Millionenfach dahinrafft und die Super-Virologin mit ihrem Ex-Freund uns vor dem Aussterben rettet. Oder nehmen wir die Serie *The Walking Dead*, wo Rick Grimes aus einem wochenlangen Koma erwacht, und eine völlig veränderte Welt vorfindet, in der

Überlebende einer Zombie-Apokalypse vor den allgegenwärtigen Untoten auf der Flucht sind. Solche Filme haben Spuren in unserem Gehirn hinterlassen, welche im Hintergrund schlummern und darauf warten geweckt zu werden.

Als nun im Frühjahr 2020 die ersten Bilder aus Deutschland im Fernsehen und der Presse zu sehen waren, mit überfüllten Krankenhäusern, gestapelten Särgen und künstlich beatmeten Menschen, rief unser Gehirn die gespeicherten Daten von den gesehenen Filmen ab und suggeriert uns: Achtung, tödliche Gefahr! Ab sofort waren der größte Teil der Bevölkerung nicht mehr in der Lage rationell zu denken oder sinnfreie Aktionen der Regierenden zu hinterfragen. Der logische Menschenverstand setzte aus und die meisten Menschen liefen und laufen wie Zombies herum, mit den ständig überall wiederholten Floskeln im Kopf: Ich muss die Maske tragen. Ich muss Abstand halten. Ich muss die AHA-Regeln beachten. Ich brauche die Impfung für meine neue Freiheit. Jeder Maßnahmenzweifler ist ein Massenmörder. Ich darf nicht die Regeln der EU- und Berliner Politclowns in Frage stellen. ... schließlich sagte doch die „Flintenuschi von der Leine“ am 31.03.2020 in Brüssel:

„Es gibt enorm viele Fakenews zum Corona-Virus, nicht nur, aber vor allem online. Wenn Meinungen manipuliert sind, ist das immer Grund zur Sorge. Aber hier geht es um Gesundheit! Menschen können schweren Schaden nehmen. Vertrauen Sie den Gesundheitsbehörden. Vertrauen Sie der Weltgesundheitsorganisation. Vertrauen Sie dem gesunden Menschenverstand und journalistischer Sorgfalt in den Qualitätsmedien. Diejenigen die Falschmeldungen verbreiten, wollen Ihnen schaden. Desinformation kann Leben kosten, aber gemeinsam können wir Fakenews bekämpfen.“

Der Mensch hat die sieben Weltwunder erschaffen, die höchsten Gebäude der Welt geplant und erbaut, ist angeblich auf den Mond geflogen und hat undenkbare Fortschritte in der naturforschenden Wissenschaft gemacht ... und nun soll uns ein kleines „Virus“ den Garaus machen? Soll dies etwa das Ende für die Menschheit, der Krönung der Schöpfung sein? Oder leben wir in einer von bösen Mächten erschaffenen Blase, voller Niedertracht und satanischem Gedankengut? Beten wir in unserem Glauben noch Jesus

Christus an oder schon den einst hochrangigen Engel und Lichtbringer Luzifer? Werden wir gerade Opfer unserer Folgsamkeit und vorgetäuschten Sicherheit?

„Tuet Buße! Bekehret Euch! Der Herr wird Euch für Eure Sünden bestrafen!". Das sind nicht etwa mittelalterliche Predigerworte, sondern aktuelle Töne aus Gottesdiensten, die weiter in drangvoller Enge stattfinden. „Wer den richtigen Glauben hat, wird nicht krank! Die anderen aber müssen für ihre Sünden bestraft werden", so heißt es. In Glaubensgemeinden zählen dazu etwa Impfverweigerer, Homosexualität oder Abtreibungen, die nun eine göttliche Plage provozierten. Kann es sein, dass Gott nun mit Corona eine 11. Plage auf die ganze Menschheit losgelassen hat?

Ich bin gespannt auf die Ausreden der Corona-Jünger, wenn einmal diese unschöne Sache, Corona-Pandemie genannt, vorbei ist. Welche Sprüche werden ich wohl in einigen Wochen, Monaten oder Jahren, von denjenigen, die mit ihrem Mitläufertum derzeitig die Zukunft und die Gesundheit unserer Kinder zerstören, hetzen und zur Traumatisierung einer ganzen Generation beitragen, hören?

- „Wir wussten es doch nicht besser."
- „Das hat uns so niemand gesagt."
- „Alle haben es so gemacht."
- „Das konnte doch nicht falsch sein."
- „Was soll man als Einzelner schon tun."
- „Was hätte man denn anders tun sollen."
- „Wir haben es doch nur gut gemeint."
- „Wir wurden halt von Politik und Medien manipuliert."
- „Aber die Wissenschaftler waren sich doch einig."
- „Ich habe doch nur Befehle befolgt."
- „Ich wollte die Maske auch nie tragen und habe sie immer abgesetzt, sobald mich keiner gesehen hat."
- „Der Nachbar von nebenan hat sogar unsere Nachbarn von oben angezeigt, als die mal Gäste zum Kindergeburtstag hatten. So etwas habe ich nie gemacht."

Hatten wir den Mist nicht schon einmal nach 1945 und keiner wollte etwas gewusst haben, nachdem sie Menschen denunziert hatten? Oder erinnert diese Situation nicht auch an 1989, als sich der Stasi-Führer Erich Mielke nach dem Mauerfall vor die Abgeordneten stellte und beteuerte: *„Ich liebe, ich liebe euch doch alle!“* Meint die noch Führerin aus der Uckermark wirklich mit: *„Der Fehler ist einzig und allein mein Fehler, denn für alles trage ich letztendlich die Verantwortung qua Amt. ... das bedaure ich zutiefst und dafür bitte ich alle Bürgerinnen und Bürger um Verzeihung,“* wäre alles in Ordnung, als sie sich am 24.03.2021 für die zurückgezogene „Osterruhe“ entschuldigte?

Haben wir Deutsche noch nichts aus der Geschichte gelernt? Die Antwort ist kurz und bündig: NEIN!

Corona: Ein bedeutungsschwerer Name für ein solch ein winziges Virus. Denn in der Tat: Das Virus trägt immer mehr die Herrscherkrone in seiner Zerstörungskraft, wie auch in seiner beklemmenden Gestaltung des sozialen Lebens.

Gerade in den vergangenen Monaten musste ich immer wieder an den Herbst 2003 denken. Mir ging es gesundheitlich sehr schlecht. Im Alter von 34 Jahren fühlte ich mich faktisch von jetzt auf gleich alt und ausgepowert. Mir schmerzten alle Gelenke und ich konnte mich kaum noch bewegen. Ich war wie gelähmt. Ich spürte mein Herz schlagen und dachte es zerreißt mir den Brustkorb. Das Atmen fiel mir schwer und bekam kaum noch Luft. Und dann jede Nacht diese Schweißausbrüche und Fieberschübe, immer zwischen 0 und 3 Uhr. Ich merkte, wie sich mein Körper binnen 2 Minuten erhitzt, dass ich dachte, ich verbrenne. Gleichzeitig floss mir der Schweiß die Stirn und unter den Achselhöhlen, dass ich kaum nachkam, ihn durch Tücher abzuwischen. Ich war zu dieser Zeit Single, hatte mich gerade von meiner Lebensgefährtin getrennt und wohnte allein. Oft kreisten meine Gedanken um das eine Thema: Was ist, wenn ich im Notfall nicht mal mehr den Arzt rufen kann?! An einem Nachmittag kamen meine Eltern vorbei, welche drei Orte weiter wohnten. Meine Mutter, gelernte Krankenpflegerin, meinte, ich müsse sofort zum Arzt und ins Krankenhaus. Gesagt getan. Erst fuhren sie mich zu meiner Hausärztin, welche keine gesicherte Diagnose stellen wollte und mir eine Überweisung für das Krankenhaus in Montabaur gab. Kurz nach der Aufnahme im Hospital kümmerten sich ein halbes Dutzend Schwestern und Ärzte um mich. Jemand nahm mir Blut ab, eine andere stellte mir Fragen ohne Ende, eine Ärztin untersuchte mich und ein Pfleger kam mit dem Speiseplan und der Frage, was ich in den kommenden Tagen essen möchte.

4 Wochen lang wurde ich untersucht und getestet. Es wurde offene Tuberkulose vermutet, mit HIV gerechnet und nach Karzinomen gesucht, doch zum Glück alles negativ. Dann endlich das Ergebnis: Lyme-Borreliose, scheinbar durch einen Zeckenbiss verursacht. Dann geschah etwas, was bis heute und gerade in dieser „Pandemie", mir immer wieder im Ohr hallt. Als ich meine behandelnde Ärztin fragte, was nun gemacht wird, bzw. wie die weitere Verarztung erfolgt, antwortete sie mir unfassbar. Sie erklärte mir, dass Borrelien eine Virus-Erkrankung sei. Gegen Bakterien gibt es allerlei Impf- und Heilmedizin, jedoch bei Viren sieht es anders aus.

Das Wort: „Virus" stammt aus dem Lateinischen und bedeutet übersetzt so viel wie „Ablagerung" oder „Gift". Die Ärztin sagte wortwörtlich: *„Es gibt keine krankheitserregenden Viren in der Natur, daher ist eine Behandlung unmöglich.*

„Ein ‚Virus', oder ‚Viren' ist nur ein anderer Name für Zell-Flüssigkeiten, welche ausgeschiedene Gifte aus den Zellen aufnehmen – und darum logisch giftig sind – um den Organismus von Giften zu befreien. Diese Gifte – neu auch Viren genannt – müssen neutralisiert und ausgeschieden werden. ‚Viren' werden erst dann zur Krankheit, wenn sie im Organismus verbleiben und sich unkontrolliert vermehren können. In einem gesunden Körper-Milieu ist das nicht der Fall, weil sie rechtzeitig neutralisiert und ausgeschieden werden. Richtig verstanden sind Viren unsere ‚Helfer' und nicht ‚Schädlinge'. Viren sind also nur Ausscheidungen einer toxischen Zelle. Viren sind Stücke von RNA oder DNA mit einigen anderen Proteinen, die aus der Zelle ausgebrochen sind. Sie sind nicht die Ursache von irgendwas, sondern nur das Resultat."[(1)]

Borrelien wurden sehr wahrscheinlich in amerikanischen Militärlaboren als Kriegswaffe erschaffen und in den 1970-er – 1980-er Jahren in der damaligen Sowjetunion frei gelassen. Bei diesem Satz fiel ich vom Glauben ab und konnte kaum fassen, was mir die Ärztin erzählte. Es ist genau das Gegenteil von dem, was ich gelernt und im bisherigen Leben erfahren durfte. Nach mehrwöchiger antibiotikahaltiger Behandlung konnte ich das Krankenhaus verlassen, jedoch leider nicht genesen. Die Borreliose begleitet mich scheinbar bis heute und griff sogar meine Gelenke an, mit irreparablem Schaden.

Als Corona in Anmarsch auf Europa war, fiel mir die Begebenheit von 2003 im Krankenhaus wieder ein. Ich googelte nach den Wörtern: „Borreliose und Kriegswaffe“ und war erstaunt, dass ich 2.470 Einträge dazu fand. Unter anderem schrieb *„Der Standard“* am 17.07.2019 unter der Überschrift „Pentagon soll an Zecken als Biowaffe geforscht haben“ folgendes:

„Das US-Repräsentantenhaus fordert, eine Untersuchung einzuleiten, die sich mit der möglichen Verwendung von Zecken als Biowaffe befasst. Die Mehrheit der Abgeordneten unterstützte bei der Abstimmung am 11. Juli einen Antrag des republikanischen Parlamentariers Chris Smith (New Jersey). Dieser fordert das Verteidigungsministerium auf, Auskunft über "Experimente mit Zecken und Insekten" zu geben, die zwischen 1950 und 1975 stattgefunden haben sollen. ... Smith begründet seinen Antrag mit der Lektüre des im Mai erschienenen Buchs "Bitten: The Secret His-tory of Lyme Disease and Biological Weapons" der Stanford-Medizinerin Kris Newby. In diesem wird Willy Burgdorfer, der Entdecker der Lyme-Borreliose, mit der Aussage zitiert, die Krankheit habe sich ausgebreitet, nachdem in den 60er-Jahren ein militärisches Experiment fehlgeschlagen sei. ... Der 2014 verstorbene Schweizer forschte für das US-Militär an biologischen Waffen. Zu seinen Aufgaben zählte es Burgdorfer zufolge, Flöhe, Mücken und Zecken zu züchten und diese mit für Menschen gefährlichen Pathogenen zu infizieren. Die Kleintiere hätten dem Buch zufolge in Feindesland aus der Luft abgeworfen werden sollen. ... Gezüchtet wurden die Zecken Newby zufolge in den Forschungszentren Fort Detrick in Maryland und auf Plum Island (New York), beide im Osten der USA.“[(2)]

Was hat aber nun Corona mit meiner Borreliose zu tun. Warum schreibe ich dies an dieser Stelle? Ganz einfach: Mir wurde in den vergangenen 18 Jahren immer wieder von Ärzten gesagt, dass es eine Verschwörungstheorie sei, dass es zum einen angeblich keine Viren gäbe und zum anderen das Borreliose aus dem Labor kommen würde. Wenn man nun die Wörter Corona und Borreliose tauscht, dann ist man bei der nächsten Verschwörungstheorie, Corona käme aus dem Labor und existiert gar nicht so, wie man uns glauben machen möchte.

Aber nennen wir nun mal das Kind beim Namen. Wie schlimm kann diese uns propagierte „Corona-Seuche“ wirklich sein, wenn man folgende Geschehnisse beobachtet:

• Der Bachelor fummelt und knutscht sich von Sendung zu Sendung, durch die zahllosen von RTL gestellten Frauen, ohne Maske und Abstand, jedoch mit dem glaubwürdigen Untertitel: „Alle Kandidaten wurden vor, während und nach der Fernsehaufzeichnung mehrfach negativ auf Corona getestet.“ Zur gleichen Zeit geht ein Kind verängstigt und traurig mit tränen gefüllten Augen ins Bett, weil wieder einmal die Verlängerung der Schulschließung beschlossen wurde und es seine Freunde weiterhin auf unbestimmte Zeit nicht sehen darf.

• Florian Silbereisen feiert fröhlich und ausgelassen die Schlagerchampions und führt den neuen DSDS-Gewinner Ramon Roselly in seine „Schlagerfamilie“ ein. Im selben Augenblick stirbt eine Omi im Pflegeheim, an Einsamkeit und Verzweiflung oder nach der Impfung, natürlich an ihrer „Vorerkrankung“.

• Bei Let's Dance wird feucht geschwitzt und eng umschlungen getanzt und nur wenige Stunden vorher kickte ein kleiner Junge frustriert und allein seinen Fußball in das Tor seines geliebten Fußballplatzes.

• Frau Merkel verkündet großspurig: „Wir müssen da alle gemeinsam durch und uns an die Beschränkungen halten“, während ihre Frisuren, nebst die von Karl Lauterbach und Peter Altmeier perfekt sitzen. Zur gleichen Zeit beschließt eine junge Frau, die Jahre an Leidenschaft, Erspartes und Energie gebraucht hat, um ihr eigenes Kosmetikstudio erfolgreich zu machen, vom Balkon in der 7. Etage zu springen.

• Herr Jauch erfreut Halbwissende mit einem Geldsegen. Am Tag zuvor opferte eine alleinerziehende Mutter ihre Ersparnisse, um einen Laptop zu kaufen, damit ihre Kinder am Homeschooling teilnehmen können.

• Dr. Bob wird von Australien nach Deutschland eingeflogen, um die Z-Prominenz für die Dschungeltauglichkeitsprüfungen zu testen.

Selbstredend ist auch während der Sendung wieder mehrfach zu lesen, dass alle Teilnehmer getestet wurden! Am selben Tag wurde in Bautzen auf der Reichenstrasse eine ältere Frau aufs Polizeirevier abgeführt, weil sie keine Maske aus gesundheitlichen Gründen getragen hatte.

• Die Ticketagentur *Eventim* beschließt eine Impflicht für alle Veranstaltungsbesucher von Großkonzerten und Ballermann-Partys. Auf der anderen Seite versucht eine 86-jährige Witwe einen Impftermin zu bekommen, um im Park mit ihrer letzten noch lebenden Freundin alle 2 Wochen mal einen Kaffee trinken zu können.

• Oma Ilse musste vor 3 Wochen, nach 74 Ehejahren, ihre Jugendliebe Walter einsam auf der Isolierstation im Krankenhaus sterben lassen. 74 Jahre mit allen Höhen und Tiefen, was wahre Liebe widerspiegelt. Ilse musste ihre große Liebe allein zu Grabe tragen. Kein weiterer Angehöriger der Familie durfte bei der Trauerfeier anwesend sein. In der örtlichen Tageszeitung lass ich das bei einem arabisch-stämmigen Trauerzug 350 Gäste dem ranghöchsten Clanmitglied die letzte Ehre erwiesen, ohne Abstand, Mundschutz und amtlichen Eingriff durch das hiesige Ordnungsamt oder der Polizei.

• Der graumelierte Herr aus dem Nachbarhaus, der 2 Straßen weiter seine Zoohandlung in der 3. Generation führte und vor 11 Monaten sein Geschäft wegen der Infektionsgefahr schließen musste, hat sich letzte Woche Samstag in seiner Garage erhängt. Seine Frau und seine Enkeltochter, welche ihn stranguliert vorfanden, sind seitdem in psychologischer Behandlung. Bei Kaufland in der Stadtmitte kann man weiterhin Hunde-, Katzen- und Vogelfutter ohne Angst vor Corona-Viren kaufen, dort wo man mit 20 weiteren Kunden in der Kassenschlange kuschelt.

• Kinderpornografiebesitzer und -verbreiter Christoph Metzelder wurde nach einem „reumütigen“ Teilgeständnis zu 10-monatigen Bewährungsstrafe am 29.04.2021 verurteilt, während anderswo eine 84-jährige Rentnerin wegen Diebstahl aus Hunger zu 90 Tagen Gefängnis verurteilt wurde. Bei der Oma gab es „keinen Anspruch auf Gnade!“(3)

Im Sommer 2020 musste ich auf einem *Lidl*-Parkplatz Zeuge eines Vorfalls werden, welcher mir sprichwörtlich das Herz zerriss und mich nächtelang nicht schlafen ließ. Ein Auto fuhr in eine Parklücke, auf dem Mutter- Kind-Parkplatz. Eine junge Frau stieg aus, klemmte in Paris Hilton-Manier ihre aus China stammende *Louis Vuitton*-Handtasche in die rechte Armbeuge und öffnete die hintere Tür. Dort hörte ich schon ihren ca. 4-jährigen Sohn weinen, der mit aller Macht verhindern wollte, dass seine Mutter ihn vom Sicherheitsgurt abschnallt. Immer wieder und lauter schrie er aus vollem Hals: *„Ich will nicht aussteigen. Dort ist das böse Virus und alle Leute da sind bald tot. Ich will nicht tot werden."*

Abb. 2: Wenn die Lidl-Testzentren so aussehen wie die Lidl-Hygienestationen, na dann Gute Nacht!

Wie viel Angst wurde und wird den Kindern in dieser Zeit gemacht, dass diese solch eine Reaktion auslösen?! Das spricht gegen jeden vernünftigen Menschenverstand und ist nicht normal!

Sicher, dieses Erlebte hat nicht direkt etwas mit *Lidl* zu tun, es hätte genauso gut auf jedem anderen Supermarkt-Parkplatz geschehen können. Jedoch musste ich schon mehrfach beobachten, dass verschiedene *Lidl*-Märkte alles andere als hygienetauglich erscheinen. Jeden kleinen Einzelhändler hätte man sofort sein Geschäft geschlossen, wenn die gesetzlich vorgeschriebene „Hygienestation" so verwahrlost wäre, wie auf dem Foto. ... aber sicher ist diese Abbildung nur ein Zufall, nur eine „Ausnahme".

Lidl gehört wie *Kaufland* zu der *Schwarz-Gruppe* und ist mit einem Jahresumsatz von 113 Mrd. Euro (2019/2020) das größte Handelsunternehmen Europas. Ende März / Anfang April 2021 verkündete die *Schwarz-Gruppe* großspurig die Errichtung von Hunderten Testzentren auf ihren Parkplätzen. Die Presse überschlug sich vor lauter Begeisterung und titulierte: *„Neckarsulmer Schwarz-Gruppe will Test-Netzwerk aufbauen - Hunderte Corona-Testzentren auf Kaufland- und Lidl-Parkplätzen geplant"*[(4)], *„Im Rahmen der Testverordnung - Corona-Tests bei Lidl und Kaufland: Unternehmen wollen Testzentren eröffnen"*[(5)] oder *„Bundesweites Netz geplant - Schnelltest-Zentren bei Kaufland und Lidl"*.[(6)]

Wir leben in einer Zeit, wo Bewährungsstrafen für Vergewaltigung verhängt werden, aber für eine Lokalöffnung kommt man ins Gefängnis. Ganz zu schweigen von den hohen Geldstrafen für nächtliches Zigaretten holen!

… und dann noch die zynischen Kommentare unserer Machthaber, wie zum Beispiel von Armin Lachnet-Laschet (van Laack): „*Jeder Mensch kann Ausgangssperren verhindern, wenn er zuhause bleibt.*“ Dieser Spruch bekommt von mir das Prädikat „Besonders Hirnlos“ in Gold verliehen. Ich frage mich ernsthaft: Was läuft falsch in diesem Land?!

Seit Anfang 2020 spielen die Regierungen, speziell der G20-Staaten, auf dieser Welt verrückt und ein Ende ist momentan nicht in Sicht. Es wird von Tag zu Tag abstruser und unlogischer. Immer wenn man denkt, dass die Angstmacherei der Regierenden und der wahrheitserhaltenden Wissenschaftler nicht schlimmer werden kann, kommt eine neue Horrormeldung oder ein Doppelmutant daher. Wenn ich einen Gruselfilm gucken würde, mit diesem real gewordenen Inhalt, hätte ich schon längst abgeschaltet – wegen Unglaubwürdigkeit!

Eine sehr große Rolle spielen in diesem Geschehen die vom Bund subventionierten Medien, egal ob im Fernsehen oder in Druckerzeugnissen. Mit der Begründung seitens der Herrschenden, die Anzeigen- und Werbeeinnahmen seien spürbar weggebrochen, werden die Medien gekauft unterstützt. Unter der Überschrift: „*Presseförderung: Geld von Google und vom Staat*“ konnte man am 29.11.2020 auf der Seite vom Bayerischer Rundfunk lesen: „*Bis zu 220 Millionen Euro will die Bundesregierung im Jahr ausgeben. Das Ziel des beantragten Haushaltstitels: die Sicherung der Medienvielfalt.*“ Aber nur - Zitat – „*im Bereich der Abonnementzeitungen, -zeitschriften und Anzeigenblättern*“. Geld soll also nur bekommen, wer schon traditionelle Medien anbietet. … Dafür haben viele Verlage ohnehin einen anderen Partner: Google. Eine Studie für den DGB und die gewerkschaftsnahe Otto-Brenner-Stiftung mit dem Titel „Medienmäzen Google“ zeigt, dass der Tech-Konzern in den vergangenen Jahren mehr als 20 Millionen Euro an einzelne Medien in Deutschland gezahlt hat – an einzelne wie den „*Spiegel*“ sogar mehr als eine Million. … „*Der Journalismus braucht eigentlich jede Hilfe, die er kriegen kann, und kann deshalb auch nicht wählerisch sein an* der *Stelle, von wem es Geld gibt. Nachweislich die Berichterstattung beeinflusst habe der Konzern in all den Jahren nicht.*“[(7)]

Aber nicht nur die BRD-ReGIERungsfamilie und Google „unterstützen“ die sogenannte „Lügenpresse“, bzw. die von Frau von der Leyen bezeichneten „Qualitätsmedien“, sondern auch menschenfreundliche Wohltätigkeitsorganisationen, wie die „Bill und Melinda-Gates-Stiftung“, welche mit Einlagen von knapp 46,8 Milliarden US-Dollar die größte private Stiftung der Welt ist. So unterstützt diese finanzstarke Stiftung unter anderem auch den „*Spiegel*“, mit 760.000 Euro pro Jahr. Der „*Spiegel*“ äußerte sich am 14.05.2020 auf seiner Seite wie folgt dazu: „*Unter dem Titel Globale Gesellschaft berichten Reporterinnen und Reporter aus Asien, Afrika, Lateinamerika und Europa über Themen, die Gesellschaften weltweit spalten: Migration, Klimawandel, soziale Ungleichheiten. Der SPIEGEL verstärkt damit seit 2019 online seine Berichterstattung über diese Themen. Das Projekt ist langfristig angelegt und wird über drei Jahre von der ‚Bill & Melinda Gates Foundation‘ (BMGF) unterstützt. … konkret bedeutet das: Wir veröffentlichen pro Woche fünf bis sieben Texte, Fotostrecken oder Videos, die meist aufwändig vor Ort recherchiert sind. Die Förderung der Gates-Stiftung ist an das Projekt Globale Gesellschaft gebunden. Hat der SPIEGEL eine Spende bekommen? Nein. Es handelt sich nicht um eine Spende.*“(8)

Werden nicht gerade solche „Spenden-Projekte“ durch den Betriebssystemverkäufer Bill Gates von den sogenannten Aluhutträgern als „gekaufte Presse“ kritisiert?! Nun muss ich mit meiner Formulierung vorsichtig sein, denn jedes falsche Wort kann und wird für die selbsternannte und bestens finanzierte Gerechtigkeitskämpferin, ehemalige Stasi-Petze und Amadeu-Antonio-Stiftungs-Führerin Anetta Kahane (IM „Viktoria“) „auch immer antisemitisch“ sein. Die Wahrheitsvorgeberin A. Kahane gibt (wie das Wort schon sagt) vor, was die Meinung sein muss, denn alles andere sei Verschwörungstheorie. Doch wie lautet ein uraltes Kölner Sprichwort: „Fussige, de met Puckel un falsch Panne om Kopp, de dauge nix.“ („Rothaarige, die mit einem Buckel und einer Perücke auf dem Kopf taugen nichts.“) wie gesagt ein altes Sprichwort, was ich nur einmal an dieser Stelle zitieren wollte, oder ist dies auch schon wieder antisemitisch oder genderfeindlich?!

Der 21. April - Ein symbolträchtiges Datum!

Der 21. April ist der 111. Tag des gregorianischen Kalenders, bzw. der 112. Tag in einem Schaltjahr. Welche historischen Ereignisse fanden an einem 21. April statt? Hier eine kleine Auswahl:

• 753 v. Chr.: Nach der Legende des Origo gentis Romanae gründet Romulus auf den Sieben Hügeln die Stadt Rom. Die sagenhafte Römische Königszeit beginnt.

• 43 v. Chr.: In der Schlacht von Mutina besiegt die Senatspartei unter Konsul Aulus Hirtius und Octavian die Anhänger des ermordeten Caesar unter Marcus Antonius und beendet damit die Belagerung von Modena. Hirtius fällt jedoch in der Schlacht und Octavian lässt sich wenig später zum Konsul ernennen und wechselt die Seiten im Römischen Bürgerkrieg.

• 1509: Mit dem Tod seines Vaters Heinrich VII. wird Heinrich VIII. aus dem Haus Tudor König von England. Die Krönung erfolgt am 24. Juni.

• 1519: Der spanische Konquistador Hernán Cortés landet an der Küste Mexikos auf San Juan de Ulúa nahe der heutigen Stadt Veracruz, von wo aus er mit der Eroberung Mexikos und des Aztekenreiches beginnt.

• 1631: Die protestantischen Unterzeichner des Manifestes des Leipziger Konvents stellen sich in der Zeit des Dreißigjährigen Kriegs gegen Kaiser Ferdinand II. Er verschließt sich mit den katholischen Reichsständen dem Wunsch der protestantischen Seite nach Verhandlungen über eine Rücknahme des Restitutionsedikts, was den Konflikt eskalieren lässt.

• 1792: Joaquim José da Silva Xavier, genannt Tiradentes, der versucht hat, in Brasilien eine Revolution nach dem Vorbild der USA gegen die portugiesische Kolonialherrschaft durchzuführen, wird in Rio de Janeiro hingerichtet.

• 1813: Preußen bestimmt im Landsturm-Edikt, dass alle Männer vom vollendeten 17. bis zum 60. Lebensjahr, sofern sie weder der Armee noch der Landwehr angehören, künftig einem Aufgebot zur Landesverteidigung Folge zu leisten haben.

• 1836: Mit dem Schlachtruf „Remember the Alamo" besiegen die Texaner unter Sam Houston die Truppen des mexikanischen Präsidenten Antonio López de Santa Anna in der Schlacht von San Jacinto. Die Republik Texas hat sich damit nach 18 Monaten im Texanischen Unabhängigkeitskrieg die Eigenständigkeit von Mexiko erkämpft.

• 1847: Auf dem Gendarmenmarkt und dem Molkenmarkt in Berlin kommt es zur „Kartoffelrevolution", handgreifliche Auseinandersetzungen wegen sprunghaft erhöhter Preise für Kartoffeln.

• 1873: Bei der gewaltsamen Niederschlagung des durch eine Bierpreiserhöhung ausgelösten Frankfurter Bierkrawalls in Frankfurt am Main sterben 20 Menschen, 300 werden festgenommen.

• 1918: Im Luftkrieg des Ersten Weltkriegs wird der deutsche Jagdflieger Manfred von Richthofen, der „Rote Baron", mit seiner Fokker Dr. I in einem Luftkampf mit einer Jagdfliegerstaffel der Royal Air Force (RAF) unter der Führung von Arthur Roy Brown über Frankreich abgeschossen und getötet.

• 1944: In einem Dekret der Exilregierung des freien Frankreichs unter Charles de Gaulle erhalten die französischen Frauen das Wahlrecht, das nach dem Sieg im Zweiten Weltkrieg umgesetzt wird.

• 1945: Das kurz vor der Befreiung durch die Rote Armee im Zweiten Weltkrieg stehende KZ Sachsenhausen wird von der SS geräumt.

• 1945: Die Rote Armee dringt bei Malchow erstmals über die Stadtgrenze von Berlin vor. Mit dem Häuserkampf in der Schlacht um Berlin tritt der Zweite Weltkrieg an der deutschen Ostfront in seine Endphase. 1945: Bei Bautzen eröffnet die deutsche Wehrmacht gegen die heranrückenden polnischen und sowjetischen Armeen ihre letzte große Panzeroffensive im Zweiten Weltkrieg. Die Schlacht um Bautzen dauert bis zum 26. April.

• 1961: Zwei Tage nach dem Scheitern der Invasion in der Schweinebucht kommt es in mehreren lateinamerikanischen Ländern zu Demonstrationen für Kuba und gegen den Interventionismus der Vereinigten Staaten.

• 1967: In Griechenland gelangt Oberst Georgios Papadopoulos durch einen Staatsstreich gegen Ministerpräsident Georgios Papandreou an die Macht. Damit beginnt die sieben Jahre dauernde griechische Militärdiktatur. König Konstantin II. verhält sich zunächst abwartend.

• 1975: Kurz vor dem Fall Saigons im Vietnamkrieg tritt der südvietnamesische Präsident Nguyễn Văn Thiệu zurück, übergibt das Amt an Vizepräsident Trần Văn Hương, und geht ins Exil nach Taiwan. Nur sieben Tage später tritt auch dieser zurück.

• 2019: Bei Bombenanschlägen auf drei Kirchen und vier Hotels in Sri Lanka in der Nähe der Stadt Colombo kommen am Ostersonntag mehr als 350 Menschen ums Leben.

Ebenfalls am 21.04.1946 beginnt der zweitägige Vereinigungsparteitag, bei dem die Kommunistische Partei Deutschlands (KPD) unter Wilhelm Pieck und die Sozialistische Partei Deutschlands (SPD) unter Otto Grotewohl im Berliner Admiralspalast, in der Sowjetischen Besatzungszone unter Zwang zur Sozialistischen Einheitspartei Deutschlands (SED) zusammengeschlossen werden. Dies war ein Meilenstein zur Festigung der kommunistischen Diktatur auf deutschem Boden!

Logo/Symbol der SED

Wilhelm Pieck *(links)* und Otto Grotewohl *(rechts)*

Handschlag der Freimaurer
Griff eines hervorragenden Meisters

Abb. 3: Zwangsvereinigung mit dem Handschlag der Freimaurer

Anmerkung zur Abbildung 3: *„Der Handschenk, oder auch Griff genannt, war ein geheimes Erkennungszeichen durch den sich Mitglieder der gleichen Seinmetzbruderschaft in der Fremde versichern konnten es mit einem Mitglied ihrer Vereinigung zu tun zu haben. Dabei wurde beim Händedruck gegenseitig mit dem Daumen der erste Knöchel des Zeigefingers des anderen zweimal hintereinander gedrückt, gefolgt von einem längeren Druck nach einer kurzen Pause. War sich ein Teilnehmer unsicher konnte ein zweiter Test durchgeführt werden. Dabei wurden die Hände etwas weiter als üblich ineinandergelegt, sodass mit dem Zeigefinger auf den Pulsschlag des Gegenübers Druck ausgeübt werden konnte. Beide Formen des Händereichens wurden so ausgeführt, dass ein unwissender Beobachter nichts Ungewöhnliches erkennen konnte. Die Freimaurer übernahmen später diesen Brauch.“*(9)

Nur 3 Jahre später, am 07.10.1949 wurde die Deutsche Demokratische Republik gegründet. Die DDR *„war ein bis 1989 im Sinne der Diktatur des Proletariats diktatorisch regierter, realsozialistischer Staat in Mitteleuropa. Ihre Gründung am 7. Oktober 1949 auf dem Gebiet der Sowjetischen Besatzungszone (SBZ), nach Auffassung der DDR einschließlich des sowjetischen Sektors von Berlin als Hauptstadt, erfolgte vier Jahre nach dem Ende des Zweiten Weltkrieges. Nachdem mit Unterstützung der drei Westalliierten auf dem Gebiet ihrer Besatzungszonen (‚Trizone‘) die Bundesrepublik Deutschland gegründet worden war, wurde sie auf Betreiben der Sowjetunion als zweiter deutscher Staat errichtet. Die SBZ bzw. die DDR erbrachte – insgesamt gesehen – mehr als 90 Prozent aller deutschen Reparationen nach dem Zweiten Weltkrieg auf.“*(10)

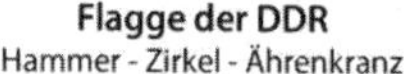

Flagge der DDR
Hammer - Zirkel - Ährenkranz

Winkelmaß und Zirkel
Freimaurer-Zirkel der DDR

Freimaurer - Kranz & Hammer
Provisorisches Wappen der DDR

Abb. 4: Symbolik der planmäßig „untergegangenen" DDR

Anmerkung zur Abbildung 4:

- Hammer: das Freimaurer-Symbol für Ordnung, Recht und Gerechtigkeit sowie die Arbeit am rauen Stein
- Zirkel: ein Freimaurer-Symbol für Gemeinschaft, das All und den Kreislauf aller Dinge
- Ährenkranz oder Getreideähren: *„der griech. Mythologie nach schickte Demeter, als Dank für erwiesene Gastfreundschaft, Triptolemus zu den Menschen, um diese den Getreideanbau zu lehren. Da die Ernteerträge früher sehr gering waren und es laufend Hungersnöte gab, besaß das Getreide einen hohen Stellenwert im Leben der Menschen. Bei der Ernte wurde bei jedem Bauernhof dem ersten und dem letzten Ährenbündel (Garbe) große Bedeutung beigemessen. Für das Binden dieser Garben galten traditionelle Regeln und Rituale, um keine negativen Kräfte aufkommen zu lassen. Getreideähren sind wegen des aus dem Korn gebackenen Brotes ein Symbol für die Eucharistie. Sie versinnbildlichen aber auch Wohlstand als Folge reicher Ernteerträge."*[(11)]

Genau 75 Jahr nach der Zwangsvereinigung SPD und KPD zur SED, auf dem Gebiet der Sowjetischen Besatzungszone, wurde am 21.04.2021 im Deutschen Reichstagsgebäude in Berlin, was „Dem deutschen Volk" zu Ehren errichtet wurde, die bundesweite Notbremse beschlossen – das Bevölkerungsschutzgesetz! Man nennt es auch (meiner Meinung nach ironischer Weise) das „Vierte Gesetz zum Schutz der Bevölkerung bei einer epidemischen Lage von nationaler Tragweite". Mich würde mal interessieren, wie viele Berater und/oder Werbeagenturen an diesem Satzbau beteiligt waren!

Damals bestand nachts Ausgangsverbot. Bürger können jederzeit zu Hause „zum eigenen Schutz" eingesperrt, Kitas und Schulen geschlossen werden und zum Einkaufen in „Nicht systemrelevanten Einrichtungen" benötigt man einen Bescheid, dass man nicht krank ist! Ehrlich mal jetzt: Wie krank ist das!!! Man kann davon ausgehen, dass demnächst das Anzweifeln von Corona genauso hart bestraft wird, wie das Leugnen des Holocausts'. Ich bin der Auffassung, dass unsere Regierenden sich einem „Gehirn-Test" unterziehen sollten, ob Gehirnmasse vorhanden ist oder nicht!

Während im hohen Haus die „selbstgewählten Parlamentarier" über das neue „Einschließungs- und Wegsperrgesetz" in bekannter ZDF-Heute-Show-Manier „diskutierten", wurde das Volk vor dem Reichstag wieder einmal zusammen geknüppelt. Ich beobachtete zahlreiche Menschen mit durch Pfefferspray verätzten Augen, brutalste Verhaftungen von behinderten Rollstuhlfahrern, über 70-jährige Omas wurden von den uniformierten jungen (und scheinbar selbstverliebten) Kerlen zu Boden geschubst und verhaftet. Pfui Teufel! Kann man vor diesen eingesetzten „Schlägertruppen" der Regierung, welche durch uns, dem Volk, bezahlt werden, noch Achtung haben? Die Antwort überlasse ich Ihnen, geehrter Leser! Ich möchte nur an dieser Stelle anmerken, dass wir „solche Zeiten" auf deutschem Boden schon einmal in den 1930-er Jahren und in der DDR erleben mussten. Diese Dunkelperioden nahmen nie ein gutes Ende – nicht für die Regierenden und auch nicht für das Volk!

Abb. 5: Doppelmoral im Bundestag – Wasser predigen und Wein saufen

Der Journalist Boris Reitschuster, scheinbar einer der letzten nach dem Ehrencodex Schreibenden stellte am 22.04.2021 fest: „*Strenge Corona-Regeln, noch mehr Grundrechtseinschränkungen für die Bürger, Hineinregieren bis in die Wohnungen und ins Private – all das wird nun dank der Änderung des Infektionsschutzgesetzes stramm durchgezogen, das die Bundestagsabgeordneten gestern beschlossen haben. Die weitest gehenden Eingriffe in die Rechte und Freiheiten der Menschen in Deutschland seit Bestehen der Bundesrepublik. Doch als sie dies beschlossen, pfiffen viele Abgeordnete offenbar selbst auf die Hygiene-Regeln, insbesondere den Abstand. … Und stellen Sie sich, wie ich mir, die Frage: Wenn die aktuelle Lage derart hochgefährlich ist, dass sie ein Notstandsgesetz erforderlich macht und die weitgehende Aushebelung der Grundrechte – warum pfeifen dann diejenigen, die all das selbst beschließen, auf elementare Hygieneregeln? Gelten die eigenen Regeln nicht für die, die sie erlassen? Warum fürchten sie sich nicht? Fragen über Fragen.*“(12)

Thema: #allesdichtmachen

> *Das Unwesentliche wird hochgespielt, um vom Wesentlichen abzulenken.*
>
> (Katharina Eisenlöffel)

Am 22.04.2021, nur einen Tag nach dem Beschluss des neuen „Bevölkerungsschutzgesetz“ starteten mehr als 50 der bekanntesten Schauspieler Deutschlands die Kampagne „#allesdichtmachen“. Mit Witz, Sarkasmus und viel Ironie „bedanken“ sie sich in 53 Videos nicht nur bei der Regierung und Wissenschaft, sondern auch bei den Medien. Mit dabei sind unter anderem: Volker Bruch, Jan Josef Liefers, Felix Klare, Nina Gummich, Martin Brambach, Kathrin Osterode, Miriam Stein, Jörg Bundschuh, Maxim Mehmet, Nadine Dubois, Richy Müller, Ulrich Tukur, Katharina Schlothauer, Tina Maria Aigner, Markus Gläser, Wotan Wilke Möhring, Vicky Krieps, Ben Münchow, Werner Eng, Gianna Valentina Bauer, Joseph Bundschuch,

Nadja Uhl, Christian Ehrich, Ulrike Folkerts, Manuel Rubey, Thorsten Merten, Christine Sommer, Kea Könneker, Nina Proll, Pasquale Aleardi, Hanns Zischler und weitere.

Jan Josef Liefers wird besonders deutlich: „*Danke an alle Medien unseres Landes, die seit über einem Jahr unermüdlich dafür sorgen, dass der Alarm genau da bleibt, wo er hingehört: nämlich ganz, ganz oben, und dafür sorgen, dass kein unnötiger, kritischer Disput uns ablenken kann von der Zustimmung zu den sinnvollen und immer angemessenen Maßnahmen unserer Regierung. … In letzter Zeit habe ich das Gefühl, dass einige Zeitungen damit beginnen, alte, überwunden geglaubte Vorstellungen von kritischem Journalismus wieder aufleben zu lassen. Dagegen müssen wir uns wehren.*“[13]

Am 4. November 1989, ein paar Tage vor dem Fall der Mauer, hielt Jan Josef Liefers bereits eine Rede in Ost-Berlin. Kritiker wie er wurden damals von dem DDR-Regime als Klassenfeinde diffamiert, deren Aussagen angeblich von Faschisten und Nazis gefeiert würden. In den Augen des Regimes gab es nur die guten Sozialisten auf der einen Seite, die durch die Regierung friedlich vertreten sein sollten und die abtrünnigen, verantwortungslosen und unmoralischen Nörgler und Hetzer auf der anderen Seite. Ihnen wurde, besonders von Seiten der Staatsmedien, vorgeworfen, mit ihren Meinungen Hass zu schüren und dem Faschismus und der rechtsradikalen Gesinnung das Wort zu reden.

All die genannten Künstler aus der Schauspielerfamilie stehen für eine ganze Branche, die der unangemessene und brutale Lockdown besonders hart trifft.

Selbstverständlich bleibt solch eine längst überfällige Aktion nicht unkommentiert und löste einerseits Bewunderung und andererseits Hasskritiken ohne Gleichen aus.

Anschließend wurden diese Schauspieler in die rechte Ecke wie Querdenker, Reichsbürger und Aluhutträger gestellt, so wie es in den vergangenen Monaten hunderttausenden Corona-Maßnahmen-Kritiker ergangen ist. Heike Makatsch und 20 andere Darsteller konnte diesem Druck nicht Stand halten, zog ihr Video zurück und entschuldigte sich via Twitter. Diesen Rückzieher wegen Gegenwind nenne ich „Rückgrat-, Wirbel- und Würdelos“!

Die BILD schrieb dazu: „*Wie kaputt das hiesige Diskussionsklima zum Teil ist, bekommen die über 50 Schauspielerinnen und Schauspieler jetzt am eigenen Leib zu spüren. In sozialen Netzwerken werden sie seit Donnerstagabend als rechtsradikal beschimpft, als Verschwörungstheoretiker verunglimpft, sogar mit Hitlers Propagandaminister Joseph Goebbels verglichen! Würden sie an Corona erkranken, solle man ihnen die Behandlung verweigern. Unfassbar: Der nordrhein-westfälische SPD-Politiker und WDR-Rundfunkrat Garrelt Duin (53) forderte am Freitagmorgen Konsequenzen für die beteiligten Schauspieler! ‚Jan Josef Liefers und Tukur verdienen sehr viel Geld bei der ARD, sind deren Aushängeschilder. Auch in der Pandemie durften sie ihrer Arbeit z.B. für den ‚Tatort‘ unter bestem Schutz nachgehen. Durch ihre undifferenzierte Kritik an ‚den Medien‘ und demokratisch legitimierten Entscheidungen von Parlament und Regierung, leisten sie denen Vorschub, die gerade auch den öffentlich-rechtlichen Sendern gerne den Garaus machen wollen. Sie haben sich daher als deren Repräsentanten unter Corona und den Folgen leiden – schnellstens beenden. Viele Grüße, ein Rundfunkrat.‘ Im Klartext: Die „Tatort“-Schauspieler sollen nicht mehr in ihren Rollen eingesetzt werden, wegen der kritischen Videos ihre Arbeit verlieren! Rundfunkrat Duin löschte seine Tweets später. Am Nachmittag ruderte er dann öffentlich zurück, schrieb: ‚Der Tweet heute Morgen war Mist. Inhaltlich überzogen und meiner Rolle als Mitglied im Rundfunkrat nicht angemessen. Meine Kritik, dass angesehene Leute sich leichtfertig in die Nähe von Querdenkern und anderen Trollen begeben haben, bleibt‘, so Duin weiter.*“[(14)]

Der allgegenwärtige Shitstorm der Medien gegen die oben genannten Schauspieler beweist, dass sie schon lange wissen, dass sie, die Medien, der Steigbügelhalter und sogar die Mitinitiatoren der Plandemie waren und jetzt alles Mögliche tun und Systemlinge auskramen, die Kollegenbashing betreiben, um diese kritischen Ikonen des Schauspiels mit allen Mitteln zu diffamieren, diskreditieren und mundtot zu machen. Auffallend ist, dass die Kollegenbasher die Generation größtenteils darstellt, welche aus Eigenerfahrung nicht wissen, was ein totalitäres System bedeutet, höchstens aus Drehbüchern. Aber der Geist ist aus der Flasche, da hilft auch kein Korken mehr. Je lauter Hunde bellen, umso größer ihre Angst. Das Merken und Spüren jetzt immer mehr Menschen, dass es hier nicht mehr mit rechten Dingen zu geht. Ich freue mich daher sehr, dass diese massive Reaktion stattfindet, denn nicht primär die 53 kritischen Schauspieler wecken die Menschen auf, sondern die jetzige Reaktion des politisch medialen Komplexes.

Hier kommt mein Dank an die kritischen Schauspieler mit Herz und Verstand, für die vielen mehr durch die Maßnahmen Geschädigten, als durch die Krankheit, die es aber nach Ansicht des politisch medialen Komplexes nicht wert sind, bedacht und gerettet zu werden. Das ist pietätlos, asozial und unsolidarisch!

Meinen Respekt haben jedoch nicht die Promis, die halbgaren Widerstand leisten, für den sie sich gleich wieder entschuldigen. Sondern die vielen ganz normalen Menschen aus der bürgerlichen Mitte, die tagtäglich alles riskieren, einfach um ihre Meinung sagen zu können und die dazu auch morgen noch stehen!

Aber wen interessiert das schon, wenn man vor Angst bibbernd nur noch glauben kann, was die sagen, welche behaupten: „Wir sind die Retter“.

Abb. 6: Bild-Zeitung: Hass-Angriffe gegen „kritische“ Schauspieler

Der Regisseur Dietrich Brüggemann von „#allesdichtmachen“ sagte zu N-TV: *„Wir unterwerfen uns absurden Regeln … Es heißt: ‚Jeder Covid-Tote ist einer zu viel‘, diesen Satz können wir alle unterschreiben, oder? Das impliziert aber auch, dass wir gleichzeitig sagen, jeder andere Tote ist nicht einer zu viel. Wir haben eine gewisse Anzahl an Toten, die akzeptieren wir, nur Corona-Tote akzeptieren wir nicht. ... Das ist das neue Paradigma unserer Gesellschaft. Gleichzeitig läuft das alte Paradigma aber weiter. An anderen Sachen darf man weiter sterben. Wir haben ein schizophrenes System aus zwei Regelwerken, und das führt dazu, dass wir uns absurden Regeln unterwerfen und uns etwas vorlügen und uns als Gesellschaft in eine Zwangsjacke stecken, was zu psychischen Verrenkungen führt. Wenn wir sagen, jeder Corona-Tote ist einer zu viel, dann können die Maßnahmen nie genug sein, und das kritisieren wir mit dieser Aktion.*

Das führt dann irgendwann zum Exzess, den übersteigern wir, indem wir es nochmal viel weiterdrehen. … Von einigen Leuten, deren Videos nicht mehr online sind, weiß ich, dass die komplett hinter der Aktion stehen und das wahnsinnig wichtig finden, aber die Kinder werden bedroht und sie möchten das Video deswegen erstmal nicht mehr online haben. ... Unser Ansatz war, dass wir den Diskursraum wieder aufmachen, und das ist geglückt, es wird drüber geredet. Wir wollten das Thema in die Mitte holen. … Wenn sich unser Land jetzt in einen Staat verwandelt, wo man für seine Meinung so derartig berufliche Nachteile zu befürchten hat, dann möchte ich diese Position hier auch nicht mehr haben. Wenn ich vorher noch daran mitwirken kann, dass sich das vielleicht wieder ändert, setze ich auch gern alles auf Spiel, was ich habe. Und setze auch gerne diese durchaus privilegierte Situation ein, um meine Stimme zu erheben.“(15)

Höchst interessant finde ich persönlich diese Aktion, weil sich die Showbranche damit selbst entblößte. Sie fragen sich nun warum?

Stellen wir uns doch einmal alle Deutschen Top-Schauspieler wie eine Familie vor. All diese Stars werden regelmäßig durch die *Degeto Film GmbH* für Film- und Fernsehproduktionen gebucht. Nennen wir also unsere fiktive Familie die: Degeto Familie. Wie in jeder Familie gibt es die guten und die ungezogenen Kinder. Unterteilen wir nun unseren Degeto-Stammbaum in die „Tatörtler“ und die „Polizeirufer“. Jetzt werden wir feststellen, dass die „Tatörtler“ (Liefers, Folkers, usw.) die Bösen sind, weil sie ja die Regierungsmaßnahmen kritisch betrachten. Die „Polizeirufler“ sind die Guten, die scheinbar selbstsüchtigen Arschkriecher in Form von Nora Tschirner und Co., welche die Kritikaktion „unfuckingfassbar“ nennt.

Mutter Degeto ist sich nun sicher, dass sie ihren Erziehungsauftrag (die staatlich verordnete Agenda) bestens erfüllt hat. Für jeden ist nun eine Meinung da, sowohl für die Befürworter als auch für die Kritiker. Auf jeder Seite wurden Akteure platziert, auf der „guten“ und auch auf der „bösen“. Egal was die Zeit bringt, eine Seite wird immer der Sieger sein! Das Beste an dieser Show ist jedoch, dass man die Gesellschaft gemäß der Agenda weiter spaltet! So oder so ist die Gewinnerin: Mutter Degeto!

Wer steckt jedoch hinter Mama Degeto und was hat sie für Aufgaben? Kommt diese Medienmacherin aus der bürgerlichen Mitte, stammt sie eventuell von altem Adel ab oder ist sie gar eine Rockefeller- oder Rothschild-Nachfahrin?

Warum habe ich in den bisherigen Absätzen so oft von Familie gesprochen, zum Beispiel: Schlagerfamilie, Politikerfamilie oder Schauspielerfamilie? Ist Ihnen das beim Lesen schon aufgefallen oder meinen Sie, dass wäre Zufall?! Gibt es im Leben überhaupt Zufälle? Bitte glauben Sie mir, wenn ich Ihnen sage: die nachfolgenden Kapitel werden unglaublich, aufregend und sehr spannend.

Auf der Suche nach Antworten

Es gibt Situationen in unserem Leben, wo wir Entscheidungen treffen müssen, die wir nicht mit unserem Verstand treffen können. Dies sind Entscheidungen, die wir mit Herz und Intuition treffen. Mit unserem Verstand können wir Gegebenheiten abwägen, Risiken einschätzen, uns Wissen aneignen und es abrufen, um Lösungen für konkrete Probleme zu entwickeln. Für weitreichende Entscheidungen ist es eher weniger gut, denn er kann nicht unseren Lebensweg bestimmen. Eigentlich dreht er sich ständig im Kreis, wenn er versucht alle Unwägbarkeiten abzuwägen und zu antizipieren und nach anderen Meinungen fragt. Das Herz aber sagt uns, was jetzt gerade für uns der nächste Schritt ist, der sich gut anfühlt, was richtig oder falsch ist, was im Einklang mit unserem Sein und Empfinden ist. Unser Herz ist der verlässlichste Kompass, wenn es um Entscheidungen geht, die unser Verstand nicht treffen kann. Hört immer auf Euer Herz, es weist euch den für euch richtigen Weg.

(Alfred Walter von Staufen)

2017 war in meinem Leben ein Jahr voller Veränderungen. Mit Veränderungen meine ich nicht etwa ein Wohnungswechsel, eine Scheidung oder eine nachwirkende Diagnose bei meinem Hausarzt. Die Veränderung fand vielmehr in meinem Kopf, auf der geistigen Ebene statt. Anzeichen für diesen Wandel waren bereits seit meiner frühsten Kindheit da, doch ich habe diese nie wahrgenommen. Oder wollte ich sie nicht wahrnehmen, da das scheinbar vorgezeichnete Leben viel angenehmer, bequemer und einfacher zu ertragen war? Es war pragmatischer in dieser scheinbaren „Traumwelt" zu leben, als zu neuen Ufern aufzubrechen. Dieser Umbruch in meinem Leben war teilweise sehr grauslich, teils schmerzhaft und hat unzählige schlaflose Nächte gekostet. Die mir aufgezeigte Wahrheit war teils hässlich und schauderhaft. Die neugewonnenen Erkenntnisse waren teils sehr schwer zu verkraften. Zu dieser Zeit zweifelte meine Lebensgefährtin von Tag zu Tag mehr an meinem Verstand, ich jedoch auch. Ich entdeckte schlagartig eine neue und ganz andere Welt, jenseits von meinem Schulwissen. Von einem auf den anderen Augenblick nahm ich Energien wahr, welche schon seit meiner Geburt in mir schlummerten und darauf warteten geweckt zu werden. In dieser Zeit begriff ich, dass wir Menschen nicht nur in diese Welt geboren wurden, um zu lernen, zu arbeiten und am Ende nach eventuell längerer Krankheit wieder zu gehen, was einem Sklavenleben ähnlich ist. Mir wurde klar, dass jedes Individuum auf dieser Erde eine Aufgabe hat und Teil von einem ganz großen Spiel ist: Der Kampf zwischen Gut und Böse.

Noch vor 5 Jahren hätte ich jedem einen Vogel gezeigt und als Spinner abgeschrieben, wenn man mir solch einen „Blödsinn" erzählt hätte. Mit großer Sicherheit hätte ich dieser Person professionelle Hilfe empfohlen oder darauf hingewiesen, dass er mal weniger Drogen nehmen sollte. Heute muss ich jedoch feststellen, dass solche Vorurteile untragbar wären. Ich habe gelernt und gespürt das auf dieser Erde Kräfte wirken, welche man kaum in Worte fassen kann. Jedes Lebewesen, das dieses „Spiel“ erkannt hat, wird gelenkt, inspiriert und beschützt. Die Unehrlichen werden alle irgendwann geahndet, verfolgt und geopfert.

Anfangs konnte ich nicht glauben was geschieht und zweifelte, wie schon erwähnt, an meinem Verstand. Ich suchte nach Bestätigungen und fand sie auch. Zu dieser Zeit lernte ich drei Menschen kennen, welche meine Bezugspersonen wurden und mir halfen, diese neu erkannten uralten Fähigkeiten zu nutzen. Diese Fähigkeiten trägt ein Jeder in sich. Es verkümmert nur bei den meisten Lebewesen, gewollt von der dunklen Seite in Form von Politik, Wissenschaft und Industrie.

Aber nun möchte ich mich an dieser Stelle erst einmal vorstellen: Mein Name ist Alfred Walter von Staufen und wurde im Januar 1969 in der Händel- und Halloren-Stadt Halle an der Saale geboren. Die ersten Jahre wuchs ich zum größten Teil bei meinen Großeltern auf, denen ich viel mehr zu verdanken habe, als ich bis dato dachte. Ich spreche nicht von materiellen Dingen, sondern von dem geistigen Erbe. Das wurde mir in den vergangenen Jahren erst so richtig bewusst, als ich auf der Suche nach vielen Antworten war. Speziell meinem Opa habe ich einen Wissensschatz zu verdanken, welcher unbezahlbar war und ist. Er lehrte mir alles zu hinterfragen! Opa sagte immer wieder zu mir: „Eine Sache, die zu hinterfragen verboten wird, ist immer eine Lüge!“ Mein Großvater war der gutherzigste und weiseste Mensch auf dieser Welt. Mensch Opa, ich vermisse dich und deine Ratschläge so sehr. Ohne dich wäre ich auch ein optimaler und systemtreuer Sklave geworden, einer von Milliarden weiter unwissenden, gelenkter menschlichen Robotern. Jemand der nur seine durch Medien erzeugte Gier nach ach so „lebenswichtigen“ Konsumartikel stillen möchte und das denkt, was uns das gleichgeschaltete Fernsehen und die Zeitungen propagiert. Andersdenkende, Kritiker oder Aufklärer werden diffamiert, niedergeknüppelt und/oder mundtot gemacht. Da Systemabweichler eine potenzielle Gefahr für die Machtelite darstellen, werden sie von Geheimdiensten ausspioniert, unterwandert oder notfalls „ausgeschaltet“, was man auch immer darunter verstehen mag! Nicht selten werden deren Erwerbsgrundlagen zerstört, Internetseiten gekapert, Handy- und Telefonverträge gekündigt oder das Leben auf andere Weise erschwert. Auch ich kann ein Lied davon singen, was mich jedoch nicht an meiner weiteren Arbeit hindert. Ich nehme mir die Natur zum Vorbild, denn für sie gibt es keine Probleme, sondern nur Lösungen. Mein Motto ist: Lieber aufrecht sterben, als gebückt leben! Nun aber wieder zurück zu meinen Kindertagen.

Wenn ich bei meinen Großeltern war, ging Opa mit mir oft in den Wald, in die Dölauer Heide. Er erklärte mir die Natur, den Fluss der Energie und sagte immer wieder, dass alle Lebewesen, Bäume und Pflanzen miteinander verbunden sind. Wenn ein Baum im Wald krank ist, wird er durch den Himbeerstrauch oder der Kamillenblüte von nebenan geheilt. Wenn Du Dich einmal krank fühlst oder nicht weißt, wie es in Deinem Leben weiter gehen soll, dann lehne Dich an einen großen alten Baum oder noch besser umklammere oder drücke ihn. Du glaubst gar nicht, wie viel Energie er Dir dann schenkt. Aber manchmal sterben Bäume auch ab, weil sie nicht mehr genügend Kraft haben. Diese morschen Bäume sind dann nicht tot und wertlos, denn andere Pflanzen oder Lebewesen tanken dort neue Kraft und Energie. Käfer finden dort ein neues Zuhause und Pilze wachsen auf ihnen, in großen Kolonien. So ist das auch bei den Menschen, wenn sie keine Kraft mehr haben. Wenn ich dann, als kleiner Bub zu Opa sagte, dass Gott doch alle Lebewesen heilt, meinte er nachdenklich: „Du Heini (Opas Kosename für mich, wenn er es ironisch meinte), es wird der Tag kommen, dass Du erkennst, dass Du ein Heide bist.“ „Aber Opa, Heiden kennen Gott doch nicht und haben keinen Glauben.“ „Doch mein Junge, Heiden haben nicht nur den einen Gott, sie haben viele Götter. Wir nennen diese Götter auch Geister. Diese Geister sind überall, dort in der Fichte genauso wie dort im Haselnussstrauch oder bei der Nachtigall dort oben auf dem Ast des Baumes, die so fröhlich zwitschert. Überall wo Leben ist, sind auch diese Geister, egal ob es ein Mensch, ein Hase oder ein Grashalm ist. Alle Geister sind gleichberechtigt. Bevor die Köhler oder Holzfäller früher einen Baum fällten, wurde der Geist des Baumes erst besänftigt und um Verzeihung gebeten. Damals wurden nur Bäume oder Tiere zur Nahrung ausgesucht, um zu überleben und nicht aus Geldgier! Heute werden 100-jährige Häuser unter Denkmalschutz gestellt, aber mehrere 100 Jahre alte Bäume gefällt. Unsere Haltung gegenüber der Natur war viel besser, als wir noch Heiden waren. In vielen Jahren, wenn ich als Stern vom Himmel zu Dir herunter blinzel, werde ich dich auf deinem Weg begleiten. Auch Du bist ein Teil unseres Stammes und wirst die menschlichen Seelen, die Deinen Geist wiedererkennen, leiten, auf Deine ganz eigene Art. So wie Du es am besten kannst. Du brauchst keine goldene Krone mit Edelsteinen besetzt, um den Menschen zu zeigen, dass Du ihr König bist. Diese Leute mit der Krone, denen die Menschen Vertrauen schenken, sind fast immer nur Hochstapler, Schattenspieler, notorische und professionelle Lügner. Es sind allerlei kostümierte Narren.

Mord, Betrug, Lüge, Heuchelei gehören zu ihrem System, und zwar durch alle Berufe und Gesellschaftsschichten hinweg! Gekrönte Häupter, Geistliche Anführer, Lehrer, Anwälte, Richter, Polizisten, Politiker, Künstler, Geschäftsleute, Schauspieler, Sänger und andere Prominenz! Nicht wenige von ihnen haben es nicht bis ganz nach oben geschafft, weil sie kein Talent oder Begabung besitzen. Der Weg zum Ruhm und öffentlichen Ansehen, nach denen es diese Teufelsanbeter dürstet, führt über die Lüge, Täuschung, den Verrat, die Rücksichts- und Skrupellosigkeit. Ein Hochstapler ist eine Person, die mehr scheinen will, als sie ist, indem sie einen höheren gesellschaftlichen Rang, eine bessere berufliche Position oder ein größeres Vermögen vortäuscht, häufig in der Absicht des Betrugs oder Verrats. Häufig machen Hochstapler von sich reden, die ihre Umwelt über einen längeren Zeitraum zu täuschen vermögen, etwa wenn sie, ohne aufzufallen, als Politiker, Ärzte, Wissenschaftler oder andere Experten tätig sind. Sie genießen häufig gewisse Sympathien, wenn sie Missstände aufdecken oder die Geldgier ihrer Opfer entlarven. Es ist ein Schattenspiel, welches sie für alle Menschen aufführen. Kriminelle, begabt in der Lüge und Schauspielerei, die für Dich allzu gern in die Rolle der Führungs- und Autoritätspersonen schlüpfen. Ein ganzer krimineller Verbund, der für Dich Aufführungen, mit allerlei abgesprochenen Rollen organisiert. Rattenfänger, die schöne Lieder auf ihren Flöten und Gitarren spielen, um Dich weiter von der Wahrheit zu entfernen. Ein Schiff voller kostümierter Narren auf der Reise nach Nirgendwo, mit naiven und törichten Sklaven an Bord. Darin haben sie die höchste Perfektion errungen, Dich in allerlei raffinierten Kostümierungen und versponnenen Rollen über ihre tatsächliche Identität, ihr wahres kriminelles und verbrecherisches Selbst zu täuschen. Und! Sie arbeiten immer in Gruppen, in Banden, im Kollektiv! Angeklagter und Richter, Lehrer und Schüler, Polizist und Dieb, Regierende und Oppositionelle.

Ein Schiff voller verkleideter Narren, die alle an der Nase herumführen! Sie verkaufen Hoffnung und Rechtschaffenheit und bieten Dir Unterdrückung und Sklaverei, so lange wie Du sie gewähren lässt! Das Böse ist älter als das Christentum, so alt wie die Menschheit. Man nennt sie auch die Armee der Finsternis, angeführt von dem gefallenen Engel, dem Teufel Luzifer persönlich, welcher uns in allen Religionen als Gott verkauft wird, egal ob Christen, Juden, Buddhisten oder wie sie alle heißen! Du jedoch mein Junge, Du bist ein Erstgeborener, ein wahrer Prinz von Geburt an. Du bist der Nachfahre der Auserwählten und trägst eine große Last in Dir. Du wurdest geboren, um echt zu sein, nicht um perfekt zu sein. Du wurdest in eine Welt geboren, in die Du nicht hineinpasst, aber genau deswegen, weil Du geboren wurdest, um zu helfen, eine neue Welt zu erschaffen. Viel Schuld wird auf Dich geladen werden, damit Du die Zeichen erkennen und handeln wirst. Deine Liebsten werden Deine Feinde sein und Deine Freunde die Verräter. Sie werden Dir ein heiliges Kreuz zeigen, was aber in Wahrheit ein Galgen sein wird. Sie reichen Dir den süßesten Honig, jedoch geerntet in Luzifers Garten. Nutze Deinen Verstand, die Geister werden Dich beraten und führen. Dein Mal des Erstgeborenen ist Deine Krone.

Wegen diesem heiligen Mal wurden schon unzählige unserer Kämpfer ins Walhalla geschickt. Einige nahmen das heilige Kreuz, andere naschten den süßen dargebotenen Honig. Zahlreiche unserer der Natur übergebenen kraftlosen Körper wurden in den letzten 1.000 Jahren wieder aus der Erde gegraben und aus den Gruften gestohlen, um dieses Mal zu entfernen oder zu vertuschen. Unser Blut stellte schon vor tausenden von Jahren die Anführer unseres Stammes. Das Schicksal unserer Sippe stand schon im Buch der Bücher geschrieben, bevor man es vor über 800 Jahren begann neu zu schreiben. Schau in den Spiegel und Du erkennst die Wahrheit, denn dann wird aus der linken Seite die Rechte werden! Man hat uns versucht zu vergiften, zu entführen, zu verbrennen, zu kreuzigen und zu versenken, uns zu vernichten. Man raubte unsere Besitztümer, unsere Namen, unsere Kinder und unsere Vergangenheit. Man löschte unsere Angehörigen und die wahre Geschichte aus. Dreh die Dir bekannten Karten und Buchstaben um, denn der Berg Zions ist näher als Du glaubst und Jerusalem erscheint plötzlich am Rande des Harzes. Aber die Kraft und die Geister unserer Ahnen waren stets stark genug, weil wir niemals vergessen hatten wer wir sind und woher wir kamen. Unsere Worte und Karten mussten nicht zu Papier gebracht werden, denn sie wurden durch unsere Seelen weitergegeben. Kein Geld der Welt konnte uns kaufen, weil unser wertvollster Besitz in uns wohnt und weitergegeben wurde. Wir brauchen auch keine Uhr, die Versklavungsmaschine, denn wir alle tragen sie in uns: die innere UR-Zeit! Keine Pflanze auf dieser Erde konnte uns vergiften, weil wir an unsere Geister glauben. Kein Pfeil konnte uns auslöschen, weil man unseren Glauben und deren Kraft nicht töten kann."

Immer wenn Opa dies zu mir sagte, wurde er nachdenklich und wischte sich manchmal eine kleine Träne aus den Augen, welche in der Sonne wie ein Diamant schimmerte.

Bei dem Wort „Geister" zuckte ich immer zusammen, verband ich doch diesen Begriff mit negativen Gefühlen, wie eine Fahrt in der Geisterbahn auf dem Jahrmarkt. Auch wenn die *Asbach*-Werbung im Fernsehen lief wurde mir stets mulmig und hielt mir die Ohren zu, denn ich wartete auf den für mich furchterregenden Spruch: „Im Asbach Uralt, ist der Geist des Weines". Opa wusste von dieser Angst und erklärte mir immer wieder, dass die Geister nichts Böses sind. „Die Geister sind kleine liebe Wesen, die die meisten Menschen nicht sehen können, weil sie nicht daran glauben. Das bedeutet aber noch lange nicht, dass, wenn Menschen an etwas nicht glauben, dies nicht existiert. Man kann diese kleinen Geister auch Feen, Stimmen, Erscheinungen, Seelen oder Gefühle nennen. Sie sind überall um uns herum. Sie beschützen, warnen, inspirieren oder führen uns zu jeder Zeit. Du wirst Dich irgendwann daran erinnern und auf diese Geister hören, wenn Du gelernt hast, Dir selbst zu vertrauen und Deine Ängste aufgibst. Glaubst Du, dass das Eichhörnchen, was dort oben von Baum zu Baum, von Ast zu Ast springt ständig Angst hat? Wenn dieser kleine Nager Angst hätte und vor jedem Sprung überlegen würden, ob der Zweig dort drüben sein Gewicht aushält oder abbricht, dann wäre es ein Leckerbissen für jeden Raubvogel oder Marder. Mit dem Menschen ist das auch so. Wenn Du Deine Angst verlierst einen neuen Schritt zu wagen, werden Dich Deine Begleiter stets beschützen. Sie weisen Dir den Weg. Du musst nur den Mut besitzen, diesen Weg immer weiterzugehen. Viele Gaukler werden versuchen Dich zu blenden, Dich in die Irre und von Deinem Weg abzubringen. Lass diese Kreaturen links liegen, auch wenn sie Dich bedrohen. Diese herzlosen Wesen kommen aus dem Schattenreich und führen nichts Gutes im Schilde. Bleib auf Deinem Weg und folge dem Licht, denn das Licht wird die Dunkelheit besiegen."

Ich hob meinen rechten Arm und richtete meinen Zeigefinger auf den Sonnenstrahl, der durch die dichten Zweige der Waldbäume strahlte. Freudestrahlend sagte ich: „Schau Opa, dort tanzen die Geister im Licht. Ich sehe sogar ihre Flügel“. Großvater schmunzelte verschmitzt und meinte: „Du Heini, das sind Mücken und kleine Fliegen, die sich in den Sonnenstrahlen wärmen und Kraft tanken.“

Diese Worte von Großvater klingen noch in meinen Ohren. Heute kenne ich endlich die Bedeutung derer Wörter und verstehe den Sinn.

Mein Opa hat mir wortwörtlich das „Denken“ anhand von Rätseln, Anekdoten und Erfahrungen gelehrt, so z.B. das was man sieht nur das ist, was man sehen möchte und soll! Nichts in diesem Universum geschieht durch Zufall. Alles hat seine Ordnung und folgt einer vorgegebenen Reihenfolge, einem Strickmuster, immer und immer wieder seit Anbeginn des Universums. Man sollte sich auch auf Geschehnisse einlassen, wo einem der „logische“ Menschenverstand sagt: dies kann nicht sein ... und wenn man sich darauf einlässt, bekommt man alle bestehenden Fragen beantwortet oder man kann Geschehnisse beeinflussen, welche physikalisch nicht existent erscheinen. Man muss nur mit sich im „Reinen“ sein, die Angst loslassen und der Mutter Natur vertrauen, dann wird man der Schöpfer seines eigenen „Schicksals“ und Teil des „Großen Ganzen“. Opa lehrte mir alle Dinge von verschiedenen Seiten zu betrachten, denn daraus entsteht oft ein ganz anderes Bild, als man auf den ersten Blick erkennt!

Ich weiß: Opas erzählen oft Geschichten und ziehen ihre Enkel damit in ihren Bann oder dass man jede Sache für sich deuten kann, wie es einem am besten passt oder wie man es haben möchte! Dies muss ich bei meinem Opa verneinen, denn seit meiner „Aufwachphase“ weiß ich, dass Opa Recht hatte und mir durchs Leben hilft!

In meinem ganzen Leben habe ich seltsame Dinge erlebt, welche ich nie zuordnen konnte. Ich sah und wusste von Geschehnissen, welche sich Tage später ereigneten und mich dementsprechend nicht überraschten. Ich hatte bei Veränderungen oder Ereignissen schon vorher das Gefühl, dass genau dies geschehen würde. Ich ahnte schon vor einigen Tagen, was heute in den Nachrichten berichtet wird!

Plötzlich machte ALLES einen Sinn! Mein Opa hatte eine „Gabe“ geschult, von dem er wusste, dass ich sie besitze. Jedoch haben zahlreiche

Menschen versucht, diese „Gabe" zu unterdrücken, in Form von harten Strafen, Liebesentzug und Medizin.

Plötzlich wusste ich, warum ich solch extremen Gehörsinn habe. Mir wurde schlagartig bewusst, dass meine „Farbblindheit" dazu dient, Dinge anders zu sehen. Ich kann Gerüche wahrnehmen, welche andere nicht zu riechen vermögen. Mir fiel auch auf, dass ich mit anderen Lebewesen „Kontakt" aufnehmen kann. Ich versuchte beispielsweise die rheumatischen Schmerzen unserer Katze per Handauflegen zu lindern. Ähnliche Erfahrungen machte ich auch mit anderen Tieren! Zum Beispiel hatten wir Besuch von einem älteren Paar mit einem Hund, der angeblich so wild wäre. Nach wenigen Minuten in meiner Obhut wurde aus dem „wilden Hund" ein braves Lebewesen, nur durch Blickkontakt und Gedankenübertragung! Alle Anwesende blickten sich fragend an und verstanden nicht, was da vorgegangen ist!

Nachts, immer gegen halb 3 träume ich von Dingen, welche ich theoretisch nicht wissen dürfte oder kann, welche für Außenstehende wirr klingen mögen, jedoch musste ich erfahren, dass das Unmöglichste und Unwahrscheinlichste oft die reine Wahrheit ist. Dadurch bin ich in der Lage, Geschehnisse aus einer anderen Perspektive zu sehen oder Zusammenhänge und Strickmuster zu finden.

Wir wohnten zu dieser Zeit in der Hausmeisterwohnung unter dem Kinderkrankenhaus, im Diakonissenhaus von Halle. Das geschützte Gelände dieses Anwesens war wie ein riesiger Spielplatz. Oft ging ich dort auf Entdeckungstouren und erlebte manches Abenteuer. Auf diesem Gelände war auch ein Alten- und Pflegeheim für Diakonissen und Pastoren. Dort hatte ich auch meine Bezugspersonen, welche immer ein Stück Westschokolade oder Bonbons für mich bereithielten, obwohl die Eltern mich stets ermahnten: „Nimm nichts Süßes von Fremden". Jedoch war ich der Meinung, dass ich die „Tanten" und „Onkels" kenne, sie mir also nicht fremd sind. Der Besuch im Religionsunterricht war in meinen frühen Jahren obligatorisch. Mich wunderte es nur, dass meine Cousins und Cousinen dies nicht machen mussten. Ich durfte das Privileg genießen, in einen evangelischen Kindergarten zu gehen, angelehnt an die Regeln des Waldorf-Prinzips, von Rudolf Steiner, jenseits der „Rotlichbestrahlung" anderer sozialistisch orientierten Kindergärten.

Rudolf Steiner wird momentan, wie damals in der DDR, vom Mainstream verachtet, auch wenn gerade die ökoinspirierte *Bionade*-Bourgeoisie gerne auf *Demeter*-Gemüse zurückgreift und sich *Weleda*-Produkte im DM-Markt holt. Im Alter von 5 Jahren musste ich eine „Benimmschule" (mit allen Knigge-Regeln) absolvieren. Dort lernte ich die „richtigen Umgangsformen" wie Begrüßung mit einem „Diener", wie man sich in Gesellschaft verhält oder die Essensaufnahme mit allen Teilen des Bestecks. Ab dem 6. Lebensjahr musste ich eine Tanzschule besuchen, angeblich „weil es mein Wunsch war". Die Lehrer von beiden Schulen gehörten zu den letzten in der DDR lebenden Adels- und Prinzenerzieher. Warum all dies geschah, erfuhr ich erst viele Jahre später.

Ab dem 10. Lebensjahr gab es traumatische Erlebnisse, über die ich in diesem Buch nicht schreiben möchte. 1983 nahmen wir von der „Jungen Gemeinde" an den Feierlichkeiten anlässlich des 500. Geburtstages von Martin Luther in der Lutherstadt Eisleben teil. Einer der Mitorganisatoren dieses evangelischen Friedensfestes war der spätere Bundespräsident und Schirmherr der Naturforschenden Akademie Leopoldina in Halle an der Saale, Joachim Gauck. Ein Jahr später trafen wir ihn wieder, während der regionalen Kirchentage in der Lutherstadt Wittenberg. Im Luther-Hof wurden von uns jungen Christen „Schwerter zu Pflugscharen" um geschmiedet, natürlich unter Argusaugen der Staatssicherheit! Unser Jungpfarrer und Konfirmationsunterrichtslehrer sagte stets, egal wo wir waren, „Seid vorsichtig, was ihr zu wem sagt. Der Feind hört immer mit."

Heute weiß ich, dass die Menschen, die solche Sätze von sich gaben um Vertrauen zu erzeugen, waren immer von der falschen Seite. Meine Eltern sagten warnend diese Sätze auch immer! Das war typisches Stasigeschwätz, denn jeder normal Denkende wusste, dass man über bestimmte Dinge nicht mit unbekannten Personen redet.

Mir ist inzwischen bewusst, was auch aus diversen Unterlagen hervor geht, dass man mich gewollt in das oppositionelle Lager haben wollte, da man mir gleichzeitig ein Trauma zufügte, was auf eine typisch „MK-ULTRA Programmierung" hinweist.

„Zu den Methoden der Täter gehört auch organisierte Nachstellung, die sich bis in die Wohnung und in das Arbeitsumfeld der Betroffenen hinein reicht. Dort werden gezielt falsche Gerüchte verbreitet oder Sabotage betrieben. Die Betroffenen werden akustisch und optisch überwacht und durch immer wieder wechselnde Täter verfolgt. Die Verfolgung findet meist völlig offen statt. Diese Art von Verletzung der persönlichen Rechte wurde auch schon von der Stasi („Zersetzung") und von westlichen Geheimdiensten (MK-ULTRA-Programm, Monarch-Programm) benutzt, um Gegner zu zermürben und zu diskreditieren. Die Zersetzungsmethoden der Stasi waren Gegenstand mehrere Doktorarbeiten (Einschleusen von Täter in der Nachbarschaft, anwerben von Nachbarn die bei der Folter mithelfen etc.). Das alles wird in der ‚Gaslighting' Manier abgezogen, jemanden als verrückt darzustellen: ‚Das bildest du dir doch nur ein'".[16]

Ab 1985 erlernte ich, nach Abschluss der 10. Klasse, den Beruf eines Wasseraufbereiters, in einem Wasserwerk von einem großen chemischen Kombinat, welches vor dem 2. Weltkrieg zur IG Farben-Gruppe gehörte. Ich wurde 1988 in die NVA eingezogen. Da im Jahr zuvor meine Eltern, gemeinsam mit meinen 2 jüngeren Brüdern die Ausreise beantragt hatten, durfte ich regelmäßig bei der Stasi-Abteilung in unserer Kaserne antanzen. Ich hatte mich damals dazu entschlossen in der DDR zu bleiben, da meine Freundin und spätere Frau zu diesem Zeitpunkt schwanger war. Man wollte mich bei der Stasi davon überzeugen, dass ich mich von meinen Eltern lossagen sollte. Ich sollte unterschreiben, dass ich den Kontakt zu meinen Eltern abbrechen muss. Regelmäßig alle zwei Wochen „durfte" ich nun zu einem Termin bei den Geheimdienstschurken antreten. Ich blieb jedoch bei meiner Überzeugung und machte den (in meinen Augen) Witzfiguren klar und sagte ihnen dies auch ins Gesicht: „Ihnen wären doch Verwandte aus dem Westen auch lieber als welche aus dem Osten!"

Innerlich zitterte ich vor Angst wegen Repressalien, versuchte jedoch nach außen mir nichts anmerken zu lassen! Zu dieser Zeit stiegt der staatliche Druck auf mich immer weiter. Bereits während meiner Hochzeit, Anfang März 1989, ahnte ich, dass die DDR stürzen wird, dass die Mauer fällt. Man hörte im Westradio immer mehr vom Widerstand, Mahnwachen in Kirchen und kleineren Demos. Weil mir bewusst wurde, dass viele Kräfte daran arbeiten, diesen Staat der Diktatur zu entmannen, als gehöre dies zu einem großen von langer Hand geschaffenem Plan, wurde ich immer aufmüpfiger. Im August 1989 kam eines Tages mein Vater zu mir in die Kaserne. Er benötigte von mir eine Unterschrift, eine Beglaubigung, dass meine Eltern keine Schulden bei mir haben. Er sagte mir, dass sobald er die Unterschrift unter diesen Schreiben von allen Verwandten hat, bekommen sie am darauffolgenden Tag die Ausreise. Diesen Tag habe ich nie vergessen, es war ein Schock! Unverzüglich ging ich zu meinen Vorgesetzten und bat für einen Tag Urlaub, erklärte ihm die Situation. Ich wollte mich am kommenden Tag, am Zug in die Freiheit meiner Eltern und Brüder verabschieden. Man wusste ja nicht, wann ein Wiedersehen möglich ist. Der Vorgesetzte meinte, dass dies nicht möglich sei und Ausgang könne ich auch nicht bekommen.

So beschloss ich, am nächsten Tag nach Dienstschluss um 17 Uhr mich aus der Kaserne zu schleichen und in Uniform nach Halle zum Bahnhof zu fahren. 22.40 Uhr sollte ihr Zug nach Hannover starten. Gesagt, getan. Als ich in Halle ankam, zitterten mir die Knochen. Ich staunte nicht schlecht, dass ich überhaupt bis Halle gekommen bin, denn ich befürchtete, dass man mich schon früher aus dem Zug holt. Ich schwitzte vor Angst und bibberte als ich die Treppen zu dem Bahnsteig bestieg, wo meine Eltern auf ihren Zug warteten. Meine Gedanken kreisten um meinen Sohn, der gerade ein Jahr alt wurde. Schaffe ich es bis zu meinen Eltern oder werde ich schon früher aufgegriffen und verhaftet werden? Komme ich dann in eines der berüchtigten Armeegefängnisse, wo fast alle Insassen seelisch gebrochen wurden?! Bei jeder Stufe wurde es mir flauer im Magen. Oben auf dem Bahnsteig angekommen blickte ich suchend nach meiner Familie, welche in weniger als vier Stunden in Freiheit ankommen werden. Auf diesem und den gegenüberliegenden Bahnsteig sah ich zahlreiche Männer und Paare, typischerweise mit den üblichen Leder- und Windjacken, teils mit den berüchtigten Sonnenbrillen und bewaffnet mit Foto- und Videokameras. Nun wusste ich, ich werde voll überwacht. Da stand ich nun in der NVA-Uniform an einem Zug nach Hannover, zum Klassenfeind. Plötzlich sah ich meine Eltern. Mir wurde heiß und kalt gleichzeitig. Der Zug stand schon auf dem Gleis und mein Vater brachte die Koffer zu den ihnen vorgegebenen Plätzen. Ich nahm meine Mütze in die Hand und fing an mitzulaufen. Schneller immer schneller rannte ich, denn ich wollte nur noch einmal meine Mutter in den Arm nehmen. Es war mir scheißegal wie viele Stasiverbrecher dort standen und ihre Notizen nebst Aufnahmen von mir machen. Noch 100 Meter, ich rannte immer schneller. Noch 80 Meter, mir ging meine Kindheit und die schönen Erinnerungen durch den Kopf.

Noch 60 Meter, danke Papa dachte ich, dass du dich in meinem Alter von 2 Jahren so um mich gekümmert hattest, als ich schwer an der Ruhr erkrankt war. Noch 40 Meter, sorry Brüder, wenn wir uns früher öfters gestritten hatten, waren meine Gedanken. Noch 20 Meter dann bin ich am Ziel und lief stur weiter. Mama stand wie erstarrt da als sie mich sah. In ihren Augen konnte ich lesen, dass sie sich sorgte, was mit mir geschieht, wenn der Zug abfährt. Bei ihren Worten „Mensch Junge, was machst Du hier“ legte ich meine Arme um sie und roch noch einmal ihr Parfüm. Ich wusste schon damals, dass mir dieser Geruch niemals aus der Nase oder Sinn gehen würde.

6 Minuten standen wir zusammen auf dem Bahnsteig, dann stiegen sie in den Zug ein. Der Schaffner pfiff und die Waggons ratterten aus dem Bahnhof. Ich sah dem Zug noch lange nach, bemerkte nicht einmal, dass man ihn schon nicht mehr sah. Anschließend verbrachte ich fünf Tage im Kasernen-internen Gefängnis, wegen unerlaubter Entfernung von der Truppe! Die Strafe war zum Glück relativ harmlos. Nur wenige Tage nach diesem Vorkommnis hatte ich ein verlängertes Wochenende Urlaub, von Freitag bis Dienstag.

Zu dieser Zeit hatte ich wortwörtlich die Schnauze voll von dieser sogenannten „Deutschen Demokratischen Republik“. Damals wie heute stelle ich mir immer wieder die Frage:

Was ist eigentlich Demokratie?

Diese hochgelobte Demokratie funktionierte schon im „alten Griechenland“ nicht, wo sie laut Geschichtsschreibung erdacht wurde. Die Demokratie wurde genauso in Griechenland erfunden, wie der Hamburger in Hamburg oder der Pariser in Paris! Letztendlich bestanden die sogenannten Demokraten, damals vor 2.500 Jahren, dort auch nur aus dem Adel, reichen Geschäftsleuten und Menschen mit starken egoistischen Neigungen zur Erpressung, Bestechung und Mord. Auf der Seite: „*sagwas.net*“ findet man in dem Artikel „Lügen gegen die Demokratie“ folgendes:

*„2018 hat eine Umfrage des Meinungsforschungsinstituts Ipsos ergeben, dass 75 Prozent der Bürger*innen in Deutschland den politischen Parteien misstrauen und 66 Prozent daran zweifeln, dass die Regierung tatsächlich ihre Interessen vertritt. … Politiker*innen benötigen Glaubwürdigkeit, weil sie wieder-*

*gewählt werden wollen. Bürger*innen setzen voraus, dass sie eine angemessene Repräsentation ihres Willens erwarten können. Werden beispielsweise Wahlversprechen gebrochen und wird die Differenz zwischen Sprechen und Handeln zu groß, stellt sich nicht selten Politikverdrossenheit ein. Sobald gewählte Parteien und Politiker*innen nicht mehr wahrhaftig für ihre Positionen einstehen, fühlen sich Bürger*innen um ihren Willen gebracht und erkennen darin einen Betrug an den (sozialen) Werten der Partei; eine demokratische Wahl scheint dann völlig willkürlich - und damit letztlich nutzlos. Wahlversprechen verkommen in ihrer Funktion zur reinen Sicherung der Wiederwahl, demokratisches Mitspracherecht zur bloßen Worthülse. ‚Niemand hat die Absicht, eine Mauer zu errichten!', so sagte DDR-Staatschef Walter Ulbricht am 15. Juni 1961, zwei Monate vor dem Mauerbau. Es waren natürlich nicht nur die(se) Lügen, weshalb die Deutsche Demokratische Republik ihren Namen nicht verdient hat. Selbst in der DDR war Glaubwürdigkeit das Fundament des Politikschaffens. Lässt man es verkümmern, verfällt schließlich das ganze Gebäude. ... damit Mitsprache und politische Partizipation erfolgen können, müssen gewisse Bedingungen wie beispielsweise freie Wahlen und Meinungsfreiheit erfüllt sein. Hierfür ist es unabdingbar, dass die Gesellschaft transparent über das Schaffen der Politik aufgeklärt wird. Geschieht dies nicht, weil nur eine Person oder ein kleiner Verbund von Menschen unkontrolliert entscheiden, was das Wohl der Gesellschaft ist, wird das demokratische Verständnis der ‚Herrschaft durch das Volk' durch eine machthabende Elite zu einer ‚Herrschaft für das Volk' umgemünzt. ... letztendlich führt Lügen entweder zum Vertrauensverlust der Bevölkerung oder es schafft die Basis für scheinheiligen Populismus bis hin zu totalitären Strukturen. ... Aber lebendige Demokratie geht anders! Mit Lügen wird man ihren Prinzipien nicht gerecht. Und der Würde des (belogenen) Menschen sowieso nicht.*"(17)

Nur so nebenbei erwähnt: Im alten Athen gab es für alle Politiker einen Prozess namens „Ostracism". „Ostracism" bedeutet aus dem griechischem übersetzt: Ächtung und war ein demokratisches Verfahren, bei dem die Menschen einmal im Jahr einen oder mehrere Politiker wählen konnten, welche/r für 10 Jahre aus Athen vertrieben wurde. Somit konnte die Wut der Bevölkerung auf die Politiker deutlich zum Ausdruck gebracht werden. „Ostracism" wurde verwendet, um jemanden zu neutralisieren, von dem angenommen wurde, dass er eine Bedrohung für den Staat oder eines Tyrannen darstellt. Schade, dass dies in unserer „Demokratie“ abgeschafft wurde, stattdessen lassen sich die heutigen Tyrannen noch den Hintern von der Industrie vergolden.

Apropos Politik: Was sind eigentlich die Voraussetzungen, um Politiker zu werden?

Opa sagte immer: „Wer Noten liebt, der macht Musik. Wer Banknoten liebt, macht etablierte Politik!“ Wie wahr!

Aber was braucht man heute, um ein politisches Amt zu bekleiden?

- Fachwissen oder fachliche Kompetenz? NEIN!
- Ein abgeschlossenes Studium? MIT SICHERHEIT NICHT!
- Eine abgeschlossene Berufsausbildung? OH GOTT NEIN!
- Vielleicht einen Schulabschluss? NICHT EINMAL DEN!

Grundvoraussetzung ist natürlich, dass man gegen RECHTS ist, also deutschfeindlich gesinnt, vorzugsweise ist man sogar Antifaschist und bekundet dies mit Anstecker, T-Hemden oder anderen Accessoires der antideutschen Terrororganisation ANTIFA.

Darüber hinaus sollte man Finanz-, Pharma-, Klima- oder Wirtschaft-Lobbyist sein. Außerdem ist es hilfreich, dass man gute Kontakte zu Globalisten wie Karl Schwab, György Schwartz (alias George Soros), Bill Gates, Jeff Bezos, Rothschilds, Rockefellers und anderen hat oder aus deren Familie abstammt. Dies alles ist der politischen Karriere durchaus förderlich.

Weitere Voraussetzung dafür ist die Mitgliedschaft in einer elitären Vereinigung, wie zum Beispiel dem Weltwirtschaftsforum (WEF), dem Club of Rome (COR), der Atlantik-Brücke e.V., dem Bilderberger-Club, den Illuminaten oder einer anderen freimaurerischen Vereinigung. Und so lesen sich die Mitgliedslisten dieser Organisationen wie das „Who is who“ aus Finanz, Wirtschaft, Industrie, Politik und sogar Adel.

Stellt sich die Frage, was kostet die Mitgliedschaft in einem solchen illustren Kreis? Nichts? Natürlich nicht, wir alle wissen nicht einmal der Tod ist umsonst, er kostet das Leben. Ähnlich wie in Goethes Faust muss man seine Seele an den Teufel verkaufen. Ja man begeht die höchste Form des Verrates, den Hochverrat an seinem Volk und seinem Land. Das ist der Preis! Nicht mehr und nicht weniger.

Dafür winken dann „höchste“ politische Ämter. Alles ist möglich. Man hat ausgesorgt. Sollte die politische Karriere einmal enden, dann wird man schon irgendwo unterkommen, damit man weiter schweigt über Bevölkerungsaustausch, Kulturbolschewismus, Klima- und Genderwahn, Pädophilen-Netzwerke und Menschen-handel.

Oh, ich bin schon wieder abgeschweift. Wir waren eigentlich bei der Demokratie!

Mir persönlich, vielleicht auch Ihnen, stellt sich die Frage: Wurde die so verherrlichte Demokratie wirklich von den „Griechen“ erfunden? Wissen wir doch heute, zumindest die Interessierten unter uns, dass unsere komplette Geschichte in den letzten 500 Jahren rückwirkend umgeschrieben wurde. Werfen wir doch mal einen Blick in die wahre Geschichte und damit meine ich nicht die aus dem Geschichtsunterricht.

Der eigentliche Betrug fing mit dem Begriff „Byzanz“ an. Dazu möchte ich als erstes Wikipedia zitieren:

„Das Byzantinische Reich, verkürzt auch nur Byzanz, oder – aufgrund der historischen Herkunft – das Oströmische Reich bzw. Ostrom war ein Kaiserreich im östlichen Mittelmeerraum. Es entstand im Verlauf der Spätantike nach der so genannten Reichsteilung von 395 aus der östlichen Hälfte des Römischen Reiches. Das von der Hauptstadt Konstantinopel – auch „Byzanz“ genannt – aus regierte Reich erstreckte sich während seiner größten Ausdehnung Mitte des sechsten Jahrhunderts von Italien und der Balkanhalbinsel bis zur Arabischen Halbinsel und nach Nordafrika, war aber seit dem siebten Jahrhundert weitgehend auf Kleinasien und Südosteuropa beschränkt. Mit der Eroberung von Konstantinopel durch die Osmanen im Jahr 1453 endete das Reich. ... Byzanz spielte auch aufgrund des stärker bewahrten antiken Erbes eine wichtige Mittlerrolle. Hinsichtlich der Christianisierung Osteuropas, bezogen auf den Balkanraum und Russland, war der byzantinische Einfluss ebenfalls von großer Bedeutung. ... Der Byzantinist Georg Ostrogorsky charakterisierte das Byzantinische Reich als eine Mischung aus römischem Staatswesen, griechischer Kultur und christlichem Glauben.“[(18)]

Soweit die Erklärung von Wikipedia. Schauen wir uns doch nun mal die wahre Geschichte an, denn viele Menschen geraten in Ekstase, wenn sie von Byzanz und byzantinischer Kunst hören. Vorstellungen von paradiesischen

Verhältnissen, Schönheit und Adel begannen in meinen Gedanken zu schweifen. Einige glauben sogar, dass die Griechen die Schöpfer aller guten Dinge in der Hauptstadt des Oströmischen Reiches waren. Und nicht nur das, es gibt diejenigen, die aufrichtig glauben, dass Byzanz ein griechischer Staat war/ist. Es gab/gibt kaum eine größere Täuschung als die Verbindung der Griechen mit der Gründung Konstantinopels (Byzanz) und seiner Kultur. Die Begriffe Byzanz und Byzantiner sind absolut künstlich. Der Name Byzanz wurde 1553 von dem Deutschen Hieronymus Wolf erfunden. Der griechische Staat selbst begann erst nach 1830 zu existieren. Bevor es mit Geld und Hilfe amerikanischer und westeuropäischer Idealisten überschwemmt wurde, war Griechenland ein armer, trauriger Ort, der von armseligen Menschen mit niedriger Moral bewohnt wurde, wie Mark Twain in seinem Buch „Following the Equator“, Kapitel XVI. feststellt. Lassen Sie uns schauen, wie die Geschichte wirklich war.

Historiker sind sich sehr wohl bewusst, dass Byzanz ursprünglich eine thrakische Siedlung war. Der Name stammt vom Namen des Gründers Byzas ab (es ist eine alte Variante des alten bulgarischen Personennamens Buzan). Die Tatsache, dass die Griechen in die thrakische Stadt eingedrungen sind, bedeutet nicht, dass das Dorf von Griechen gegründet wurde oder dass der Name griechisch ist. Bitte behalten Sie dies mit Byzanz im Hinterkopf, denn es wird später noch eine wichtige Rolle spielen!

„Die Thraker waren ein indoeuropäisches Volk bzw. eine Völkergruppe in der Antike, deren Siedlungsgebiet sich östlich von Makedonien bis an das Westufer des Schwarzen Meeres erstreckte.“[19]

Zu Beginn des 4. Jahrhunderts war Byzanz eine Kleinstadt. Der thrakischstämmige Kaiser Konstantin der Große erkannte jedoch ihre strategische Bedeutung und machte sie zur Hauptstadt des Römischen Reiches. Zu dieser Zeit spielten die Griechen bei den Ereignissen keine positive Rolle. Nach Konstantin dem Großen kamen seine Söhne Konstantin II. und Constantius II. Der thrakische Julian sitzt auf dem Thron, und später seine Landsleute Jovian, Valentian, Valens, Marcian, Leo der Dämon, Leo II., Justin I., Justinian der Große, Justin II., Tiberius II.

Von der Umwandlung von Byzanz in die Hauptstadt des Römischen Reiches bis zum Beginn des 7. Jahrhunderts wurde es von 15 thrakischen

Kaisern regiert. Sie sind für den Bau der schönsten Gebäude und der eindrucksvollsten Befestigungsanlagen verantwortlich.

Zwischen 330 und 610 waren es vor allem Thraker, die Konstantinopel (Byzanz) verteidigten. In den ersten drei Jahrhunderten seines Bestehens wurde das Oströmische Reich hauptsächlich von Thrakern regiert!

Drei Jahrhunderte sind ein riesiger Zeitraum, man kann mit Fug und Recht sagen, dass die thrakischen Vorfahren die antiken Erben des Oströmischen Reiches waren, im 16. Jahrhundert Byzanz genannt. Wir können die Tatsache nicht ignorieren, dass nicht nur die Stadt thrakisch war, sondern auch, dass die Thraker die größten Verdienste um ihre Entwicklung und Stärkung hatten.

Nach 610 kam nicht ein Grieche an die Macht, sondern ein Armenier und das war Heraklius, ein Freund des Fürsten Kubrat. Ihm folgten seine Söhne Heraklius II. und Konstantin II. Auch in späteren Zeiten saßen in Konstantinopel nicht Griechen, sondern Armenier auf dem Thron, unter anderem: Christopher Lakapin, Konstantin Lakapin, Stefan Lakapin, Leo V. Armenier, Römer I., Johannes Tsimishi, Artavazd, Philipp Vardan und Wassili I.

Die antike thrakische Stadt wurde auch von den Phrygern (indoeuropäischen Volkes) Michael II., Theophilus, Michael III. regiert. Laut Panagiotis Karanis hatte der phrygische Michael II. die griechische Kultur nicht hellenisiert oder verachtet, wie viele seiner Landsleute. Die Phryger zum Beispiel, wie wir aus dem, was wir über den Hintergrund Michaels II. wissen, ableiten können, scheinen erst zu Beginn des neunten Jahrhunderts halb hellenisiert worden zu sein. Michael, der als grob, ungebildet und die hellenische Kultur verachtend beschrieben wird, war zweifellos typisch für die Eingeborenen von Phrygien, von denen viele vielleicht gar kein Griechisch kannten.

In Konstantinopel herrschten auch der Illyrer Anastasius, die Isaurier Zeno, Leo III Isaurian, Konstantin Copronymus, Leo IV, Konstantin VI und andere. Etwa 40 Herrscher der von dem Thraker Konstantin dem Großen gegründeten Stadt sind nicht griechischen Ursprungs. Es wäre völliger Wahnsinn, wenn Byzanz oder besser gesagt das Oströmische Reich, als griechischer Staat betrachtet würde, wie manche Leute denken.

Die thrakischen Kaiser tun viele Dinge für das Volk, aus dem sie kommen. Konstantin der Große finanzierte den Bau von Pliska, Preslav und Silistra. Justinian der Große schuf Justinian Prima. Es ist der Sitz der unabhängigen Kirche für die Thraker. Wiederum befestigte Justinian Serdica (heute Sofia),

Philippopolis (Plovdiv), Beroe (Stara Zagora) und andere. Als der Kaiser Maurice die Vorfahren verfolgen ließ, erhoben sich die thrakischen Phokas, entthronten ihn und wurden Herrscher von Konstantinopel (Byzanz). Johannes Nikiuski schreibt über diesen wenig bekannten Aufstand der Thraker.

Das ursprüngliche Recht der Thraker auf Konstantinopel war der Grund dafür, dass Tervel den Titel eines Cäsars erhielt und Simeon der Große zum König aller Bulgaren und Römer ausgerufen wurde. Im 13. Jahrhundert wurde Iwan-Assen II. in einer Inschrift aus den Ländern Asenowgrads als König der Bulgaren, Griechen und anderer Länder bezeichnet.

Es ist kein Zufall, dass Papst Innozenz III. (einer der bedeutendsten Päpste des Mittelalters von 1198 bis 1216) anerkennt, dass die Vorfahren des Zaren Kalojan von altrömischer Abstammung sind. Der Vatikan wusste sehr wohl, wer unsere Vorfahren waren und woher sie stammten. Es war bekannt, dass Kaloyan aus derselben Familie stammte wie Konstantin der Große.

In einem seiner Werke erklärte der Bulgarische Prof. Dimitar Tsenov, dass Konstantinopel eine bulgarische Stadt war, die von den Griechen ethnisch gesäubert wurde. In „Die Ermordung der Identität Justinians" erzählt G. Sotirov von Kaiser Justinian. Er sympathisierte mit den Barbaren, sie trugen rasierte Köpfe und lange Schnurrbärte. Sotirov gab auch die böse Bemerkung des Prokopius von Cäsarea weiter, dass Justinian wegen seiner Güte gegenüber den Barbaren Gold aus der Schatzkammer verschwendet habe.

Wir sollten uns fragen, warum wurden diese Tatsachen verfälscht? Warum wurde die Rolle der Thraker bei der Gründung von Konstantinopel und den ersten drei Jahrhunderten seiner Herrschaft verschwiegen? Wir sprechen von drei Jahrhunderten, nicht von einem oder zwei Jahren! Die Geschichtsfälscher haben uns belogen, dass die alten Bulgaren Turbanen und die ältesten Herrscher den Titel Khan trugen, dass ihre Häuser Jurten (das traditionelle Zelt der Nomaden in Zentralasien) waren und Nachkommen von Türken seien. Das die Bulgaren das Verdienst beim Aufbau des Oströmischen Reiches verdienten, wurde unter die Decke gekehrt.

Griechenland hingegen wurde auf ein Podest gestellt. Die thrakischen und pelasgischen Götter Zeus, Athene, Dionysos, Hermes, Ares und andere wurden griechisch genannt. Sie lehrten uns, dass die Griechen große, bemerkenswerte Menschen waren, dass ganz Europa ihnen etwas schuldig sei, denn

Griechenland sei die Mutter der Demokratie. Die Wahrheit ist jedoch ganz anders!

Cornelius Tacitus schrieb über die Demokratie bei den alten Germanen, die ihre Könige durch edle Eigenschaften und ihre Generäle mit Köpfchen und Mut wählten. Procopius von Cäsarea behauptet, dass die alten Germanen und Slawen von alters her in einer Demokratie lebten, ohne sie von den Griechen „abzukupfern".

Während wir die Freiheit des Individuums am meisten schätzten, basierte die antike griechische Gesellschaft auf Unterdrückung und Sklaverei. Athen hätte ohne den Schweiß und das Blut der Sklaven nicht überleben können. Die Griechen hielten es für völlig normal, dass ein Sklave der Folter ausgesetzt war, dass ihm das Recht auf eine Familie genommen wurde, dass ihm das Recht auf ein erfülltes Leben verweigert wurde. Sklaven durften nicht einmal ihren eigenen Namen benutzen. Wenn eine Sklavin von ihrem Herrn ein Kind gebar, wurden beide getötet.

Und heute sollen wir die Griechen beneiden und bewundern oder und „ihre Demokratie" als Beispiel nehmen? Das nennt man Betrug und Schwindel!!!

Stellen Sie sich vor, Sie dürften nicht Ihre eigenen Wünsche haben, Ihren eigenen Namen tragen, das Recht auf Bildung und Kultur verweigert bekommen, legal gefoltert, vergewaltigt und Ihre Kinder töten lassen. Das soll ein Vorbild sein? Zumindest für mich ist eine solche Gesellschaft ein Kreis der Hölle, sie verdient keine Bewunderung, sondern völligen Ekel.

Die Griechen rühmen sich ihrer alten Denker. Ja, sie hatten sie, aber wie sind sie mit den Unbequemen umgegangen? Sokrates wurde gezwungen Selbstmord zu begehen. Äsop tadelte die Delphianer, sie seien faul und lebten nur von den Einnahmen aus dem Tempel. Weil er die Wahrheit sagte, versteckten die Delphianer ein Opfergefäß in seiner Tasche, beschuldigten ihn des Diebstahls und töteten ihn. Herodot wurde gezwungen, im Exil zu leben, zumindest hatte er Glück überlebt zu haben.

Während unsere Vorfahren als die rechtschaffensten Menschen bezeichnet wurden, waren Korruption und der Verfall der Moral für die Griechen normal. Strabo hat den Mut zuzugeben, dass die Griechen diejenigen waren, die Korruption und negative Eigenschaften unter den Barbaren verbreiteten.

Prostitution ist in den Gesellschaften der Germanen, Kelten, Thraker oder Skythen unbekannt und im antiken Griechenland vollkommen normal gewesen. Mark Portius Cato der Ältere warnte den Senat, dass die Griechen ein verdorbenes und bösartiges Volk seien und argumentierte, dass es zum Ende der Stadt führen würde, wenn Rom die griechischen Sitten akzeptierte. Es ist kein Geheimnis, dass Laster die Gesellschaft untergraben und wie ein langsames Gift wirken.

Demosthenes (war einer der bedeutendsten griechischen Redner), dessen Tod von vielen bewundert wird, ist zweimal wegen Korruption verurteilt worden. Die meisten Menschen wissen nicht, dass die Griechen die ersten Münzfälscher waren. Diogenes, bekannt auch für seinen Satz: „Ich suche einen Mann, der Silber gestohlen hat, das für die Münzprägung bestimmt war.“ Der griechische Harpal beschlagnahmte den Schatz Alexanders des Großen und die Athener versteckten den Verbrecher. Später erfuhr man, dass die athenischen Politiker Bestechungsgelder von Harpal akzeptierten und ihm deshalb Asyl gewährten. Der Gesetzgeber Solon organisiert den Schuldenerlass und fordert gleichzeitig seine Freunde auf, sich riesige Summen zu leihen, die sie niemals zurückzahlen müssen/werden (ich glaube, dies ist das Beispiel, aus dem unsere Politiker und Kreditmillionäre gelernt haben). Themistokles sagt: „dass es keinen Sinn macht ein Führer zu sein, wenn man sich nicht bereichert und seine Freunde mit der Macht, die man hat, reich macht“

Päderastie, heute Gewalt gegen Kinder genannt, wird von den Vorfahren der Griechen als völlig normal angesehen. Die griechische Praxis der Päderastie kam am Ende der archaischen Periode der griechischen Geschichte plötzlich in den Vordergrund. Es gibt eine Messingtafel aus Kreta, etwa 650-625 v. Chr., die die älteste erhaltene Darstellung des päderastischen Brauchs ist. Solche Darstellungen tauchen im nächsten Jahrhundert aus ganz Griechenland auf, literarische Quellen zeigen, dass sich dieser Brauch im fünften Jahrhundert v. Chr. in vielen Städten etabliert hat.

Das ist das verborgene Gesicht des antiken Griechenlands, dass so viele Menschen bewundern. Und unsere Vorfahren, die Ehrlichen, die Einfachen, die Edlen, die Vergebenden, wurden Vandalen genannt! Ist das nicht die ultimative Ungerechtigkeit? Ist das nicht eine Verzerrung der Realität? Ist diese Geschichtsfälschung nicht auch gegen die deutschen Völker, gerichtet?

Unsere Vorfahren haben die gefangenen Soldaten nicht blind gemacht, wie es Wassili, der bulgarische Schlächter, tat. Unsere Vorfahren ertränkten und verbrannten nicht Hunderttausende von Menschen auf dem Scheiterhaufen, wegen ihrer unterschiedlichen Überzeugungen. Unsere Vorfahren haben nicht die Ermordung fremder Staatsmänner organisiert oder gefördert, wie es die alten Griechen taten. Cotis I. wurde von zwei griechischen Brüdern (Python und Heraklit) getötet, die Schüler Platons waren. Diese Attentäter in Athen wurden zu Nationalhelden erklärt und bis heute verehrt.

Verstehen Sie mich nicht falsch, ich habe nichts gegen die Griechen. Ich bewundere das Talent von Praxiteles und Phidias. Ich bewundere die Aufrichtigkeit und Genauigkeit von Strabo. Ich bewundere die Werke von Euripides, Pausanias, Thukydides. Das Gute und das Positive sollte man nicht leugnen, aber das Gleiche gilt für das Negative. Es ist nicht richtig, dass man über die negative Geschichte schweigt und sie vertuscht. Es ist nicht fair, dass die Griechen als das größte Volk in Europa angesehen werden. In jedem Land, in jedem Volk gab und gibt es Heilige und Mörder!

Aber ich bin der Meinung, egal was in der Geschichte geschehen ist, wir sollten uns um freundschaftliche Beziehungen zu allen Ländern und Völker bemühen. Wir sind sind alle Menschen und sollten uns gegenseitig unterstützen, aber wir müssen auch die Wahrheit sagen dürfen ohne das gleich ein Krieg ausbricht. Die Sandtürme müssen fallen, so schmerzhaft es für alle auch sein mag, es ist zwingend notwendig. Ohne dies gibt es keine Zukunft. Das Alte und Böse muss verschwinden, um Platz zu schaffen für ein neues Denken und eine neue Spiritualität. Es ist nicht das Ende der Welt, was da kommt, sondern der Beginn des Zeitalters des Lichts. Es ist gut sich darauf vorzubereiten.

Oh, Entschuldigung. Ich bemerke gerade, dass ich vom eigentlichen Thema vollkommen abgekommen bin. Ich wollte eigentlich nur ein paar Worte zum Thema Demokratie schreiben. Nun denn. Wo war ich noch einmal? Ach ja, ich bin stehen geblieben, dass ich ein verlängertes Wochenende Urlaub von der Armee bekommen hatte, von Freitag bis Dienstag.

An meinem letzten Urlaubstag, Montag der 28. August 1989, war es sehr heiß. Gegen Mittag packte ich meine Tasche und wollte noch ein paar Stunden die Sonne in einem Kaffee oder Eisdiele (Mokka-Milch-Bar) auf dem

Hallenser Boulevard genießen, wenn man einen freien Stuhl bekommt. Meine Tasche gab ich in der Gepäckaufbewahrung im Bahnhof ab, die Uniform hatte ich schon an, weil ich ja am frühen Abend wieder Richtung Bad Frankenhausen in die Kaserne fahren musste. Ich ging aus dem Bahnhof raus, vorbei an dem *Intershop* der durch die geöffnete Tür den Geruch von Westwaschpulver und in Halle geröstetem *Kaffee Hag* versprühte, durch die Unterführung in Richtung Boulevard. Dort sah ich schon zahlreiche Menschengruppen Richtung Marktplatz gehen. Ich ging an mehreren Eisdielen und Kaffees vorbei, wo schon Menschen standen, welche auf freie Sitzplätze warteten. Also lief ich weiter die Einkaufsstraße runter und beobachtete immer mehr aufgeregte Grüppchen. Erst dachte ich, dass es irgendwo Melonen oder Paprikaschoten gab, konnte jedoch auf dem Obst- und Gemüsemarkt keine Menschenschlangen stehen sehen. Da fiel mir ein das Montag ist und am Roten Turm auf dem Marktplatz immer die sogenannten Montagsdemo‘s stattfanden. „Hier kann ich meinen Unmut über den Staat und die alten Tattergreise aus dem Politbüro zum Ausdruck bringen!“, waren meine Gedanken. Mir war klar, wenn ich in Armee-Uniform dort von der Polizei oder der Stasi aufgegriffen werde, dann gehe ich endgültig für viele Monate oder Jahre in den Knast. Was wird dann aus meinem Sohn? Was wird aus meiner Frau? „Scheiß drauf“ dachte ich egoistischer Weise und ging festen Schrittes weiter, wie ich es bei der Armee gelernt hatte. Am unteren Ende des Boulevards angekommen sah ich von weitem schon die Menschentraube rund um dem Roten Turm auf dem Marktplatz. Ohne zu zögern ging ich schnurstracks am Händeldenkmal vorbei. „Volle Kraft voraus“, dachte ich bei mir, als ich in die Menschenmenge ging. Es gab nur zwei Möglichkeiten: Entweder werde ich gleich wieder von der Stasi oder der Polizei festgenommen, weil ich in Uniform (!!!) zu dieser Kundgebung bewusst gegangen bin und in den Knast gesteckt oder ich werde von den anderen Demonstranten angepöbelt oder verprügelt, weil einige von denen vielleicht denken, ich sei ein Verräter. Ich richtete meine Uniformmütze und drängelte mich durch die Massen. Mitten in diesem Menschenpult blieb ich neben einer älteren Frau und einem Grüppchen Langhaariger (ich nehme an Studenten) stehen, zündete mir mit zittriger Hand eine Zigarette an und schaute mich nervös um. Viele Augenpaare richteten sich auf mich. Auch die ältere Frau neben mir schaute mich verdutzt an. Mit stotternder Stimme stammelte ich: „Ja, auch ich als Soldat habe die Schnauze voll. Es müssen endlich

Veränderungen her!". Die ältere Frau hob ihre Arme und fing an mir Beifall zu klatschen. Andere Menschen um mich herum taten es ihr gleich und applaudierten mir für den Mut, in Uniform an einer Montagsdemo teilzunehmen. Einige Stunden danach, als ich schon im Zug nach Bad Frankenhausen saß, realisierte ich, was ich getan hatte. Jedoch nichts geschah. Mein Handeln hatte keinerlei Konsequenzen!

Erst Jahre später erfuhr ich viele Details, welche ich zu jener Zeit nicht registrierte! So zum Beispiel, dass der Schwager meiner Schwiegermutter Joachim Gauck und der Schwager meines Schwiegervaters der Kapitän des Schiffes war, auf dem Eckart Gauck (Bruder von Joachim Gauck) zur See fuhr. Die adoptierte Cousine meiner Schwiegermutter (nach eigenen Erzählungen kam sie in einem Flüchtlingszug bestehend aus Waisenkindern aus der Ukraine) ist später Bundeskanzlerin geworden.

Der Chef meiner Frau (sie war angeblich als „Sekretärin" beschäftigt) wurde Jahre später als ranghoher Stasispitzel enttarnt. Sein Name: Ibrahim Böhme, der politische Ziehsohn von Willy Brandt. Mein Religionslehrer war Organisator vom Neuen Forum und verschwand kurz nach der Wende nach Gran Canaria als „Wander- und Ferienprediger", wo auch die Stasi-Auslandsfirma *Limex* eine Ferienanlage und ein Kreuzfahrtsschiff („Limex Cruises") betrieb. Diese Stasi-Ferienanlage war rein zufällig der letzte Aufenthaltsort von Uwe Barschel und Jürgen Möllemann, vor ihrem plötzlichen Ableben!

Damals, im Sommer und Herbst 1989 glaubte ich noch daran, in einem Land etwas verändern zu können. Heute weiß ich, dass alle Ereignisse 1989 in der DDR zum Spiel des Tiefen Staates gehörten. 1989 war von der Schattenregierung genauso geplant, inszeniert und finanziert, wie die momentanen Ereignisse weltweit! Damals waren die Hauptakteure: Soros, Honecker, Kohl, Genscher, Gorbatschow, Bush, Thatcher und Chirac – und ich war damals dabei, im guten Glauben. Ich bereue es nicht und bin stolz darauf, dass ich mutig war.

Jetzt kenne ich die Zusammenhänge und den perfiden Plan des weltweiten Tiefen Staates. Die Unterschiede der „Demos" damals und heute: 1989 verlief ruhiger und geschlossener ab. Nun habe ich auch begriffen warum, denn die Menschen sollten das Gefühl haben, dass sie etwas bewirken! Ablenkung und Querlenkung wie heute war nicht notwendig, da ja das „Aufbegehren" planmäßig ablief. Die Menschen sollten sich selbst friedvoll in das neue

System des Grauens katapultieren. Der Tiefe Staat wusste, dass die Lockmittel D-Mark, „Bananen" und Reisen völlig ausreichen.

Heute ist es komplett anders und das weiß der Tiefe Staat auch ganz genau, denn entfesselte Massen würden ihren Untergang bedeuten! Deshalb wird das systematische Einfangen von andersdenkenden Menschen durch Fallstricke der Planer, wie Querdenker, neue Parteien weiterlaufen. 95 Prozent der alternativen „Führer" sind nichts weiter wie „Systemhuren!" Sie haben nur einen Auftrag vom Tiefen Staat: Menschen einsammeln, einspannen und ruhigstellen! Dazu verbergen sie perfide ihr wahres Gesicht und geben sich als feurige Pseudorebellen aus.

Nun wissen Sie, sehr geehrter Leser, wie meine frühen Jahre stichpunktartig verliefen. Mir war es wichtig, dass Sie vor dem Lesen der nachfolgenden Kapitel, welchen Stellenwert mein Großvater hatte, welcher in diesem Buch immer wieder erwähnt werden wird. Das war mir persönlich sehr wichtig, denn ich bin der Meinung, dass Ihnen das Zustandekommen der nachfolgenden Kapitel somit erheblich einfacher fallen wird. Nun komme ich wieder zurück zur Äußerung des Hauptkapitels:

… und warum nun dieses Buch?

„Wie das Vieh, das in Gefangenschaft geboren wurde, nicht verstehen kann, was Freiheit bedeutet, so kann auch die Menschheit, die in der Lüge geboren wird, nicht erkennen, was Wahrheit ist."

(Matthias Lubos)

Einer meiner Lieblingsfächer war während meiner Schulzeit neben Musik, Biologie und Geschichte, speziell die alten Griechen und das alte Römische Reich. Ich war fasziniert und gleichzeitig angeekelt von so viel Dekadenz, Menschenverachtung, Pädophilie, Tyrannei und Manipulation der Bevölkerung. Nehmen wir zum Beispiel der Römische Kaiser Caligula, der Urenkel von Augustus, der Roms Adelskinder zur Prostitution zwang und damit prahlte, sein Lieblingspferd in den Rang eines Konsuls zu berufen, alle Konkurrenten ausschaltete, die Senatoren wie Sklaven behandelte und systematisch umbringen ließ.

Im alten Rom ließ man das (Sklaven-) Volk durch exorbitante Steuern regelrecht ausbluten und verhungern, während die Obrigkeit in Saus und Braus lebte. Erpressungen, Korruption, Entführungen und Morde waren an der Tagesordnung. Ansammlungen von aufmüpfigen Bewohnern Roms wurden auseinander geknüppelt und sogenannte Oppositionelle inhaftiert oder hingerichtet. Das einfache Volk wurde verführt, getäuscht und manipulativ mit großen Aufführungen im Kolosseum abgelenkt. Geschätzte 400.000 Menschen kamen hier ums Leben und über eine Million wilde Tiere wurden abgeschlachtet. Die Spiele konnten bis zu 100 Tage dauern. Während der Eröffnungsfeierspiele des Kolosseums im Jahr 80 nach Christus, die von Titus initiiert waren, wurden rund 9.000 wilde Tiere geschlachtet. 107 nach Christus soll Kaiser Trajan seine Siege in Dacia bei Wettbewerben mit 11.000 Tieren und 10.000 Gladiatoren innerhalb von 123 Tagen gefeiert haben. Die letzten Gladiatorenkämpfe fanden 435 nach Christus statt und die letzten Tierjagden endeten 523 nach Christus. Letztendlich fehlte das Geld und der Unterhaltungstempel „Kolosseum“ wurde geschlossen. Es kam irgendwann der Zeitpunkt, dass ausländische Streitkräfte das Land überfielen, regelrecht platt machten, da Rom nicht mehr in der Lage war, von seinem Militär verteidigt zu werden. Das war der Untergang von Rom. An dieser Stelle muss ich Sie, lieber Leser, wieder darum bitten, dass „Alte Rom“ und sein angebliches Reich im Kopf zu behalten. Dies wird noch eine wichtige Rolle spielen und sie werden nachweislich Dinge bzw. Zusammenhänge erfahren, welche so unglaublich sind, dass Sie an Ihrem gelernten Schulwissen zweifeln werden. Das verspreche ich Ihnen!!!

Fallen nur mir Parallelen auf? Kommt ihnen das oben geschriebene auch bekannt vor? Ersetzen wir doch einmal das „Römische Reich“ durch das Wort „BRD“! Dann schauen wir mal auf die Römischen Senatoren und weitere Oberen, welche durch Erpressung, Korruption und unbezahlbaren Steuererhöhungen in Saus und Braus lebten, während es dem Volk immer schlechter erging. Nun werden sie vielleicht denken: wir haben hier doch kein Kolosseum. Da haben sie Recht! Aber wir haben die „Gladiatoren der

Neuzeit“, zum Beispiel: Formel 1, Olympia, Fußball EM und WM, ESC, Supertalent, „The Voice of Germany“ oder das Dschungelcamp! Am Ende hatte Rom kein Geld mehr für das Kolosseum. Warum wohl überträgt RTL nicht mehr die Formel 1-Rennen! Weil die Werbepartner weggebrochen sind und kein Geld mehr da ist?!

Nun könnte man behaupten, dass die „Brot und Spiele“ in Rom schon viel blutiger waren als unser Trash-TV. Das ist wohl wahr! Aber werden die „Shows“ im deutschen Fernsehen nicht auch immer brutaler, wegen der Einschaltquoten?

Ich möchte an dieser Stelle auf den Artikel vom 27.02.2021 in der *„Bild“* verweisen: *„Skandal bei ‚Duell um die Welt‘ Moderator soll sich selbst essen. Dass „Duell um die Welt“ mit Joko Winterscheidt (42) und Klaas Heufer-Umlauf (37) nichts für schwache Nerven ist, ist hinlänglich bekannt. ... Doch was am Freitagabend bei dieser Show passierte, ließ auch den hartgesottensten Fan verstört und angeekelt zurück! ... sichtlich angeschlagen wartete auf Beisenherz dann aber schon die nächste Aufgabe. Er wurde in ein dunkles Theater geführt, wo der düstere Künstler Arthur Berzinsh auf ihn wartete, um ihm ein „Erlebnis-Dinner“ zu kredenzen. Auf der Theaterbühne stand dann der gedeckte Tisch bereits bereit und Arthur erklärte: ‚Es handelt sich um Performance-Kunst, die unsere moderne Gesellschaft und unser Konsumverhalten zeigt.‘ Auf einer Leinwand wurde Micky anschließend ein Video gezeigt, das ihn sichtlich schockierte: ‚Man sah so einen Typen mit freiem Oberkörper. Dann kam eine Frau mit einem Schutzanzug und zeichnete mit einem Edding ein Dreieck auf seinen Rücken. Dann fuhr sie mit einem Skalpell diese Linien nach - und zwar so tief, dass es auch direkt geblutet hat und schnitt ihm dieses Dreieck Fleisch aus dem Rücken. Richtig übel wurde es, als sie die Pinzette nahm und ihm dann dieses Stück Fleisch aus dem Rücken zupfte.‘ Micky Beisenherz war aber bereits bedient: ‚Bis dahin hat es schon gereicht, um zu sagen: Ihr habt sie nicht alle!‘. Für den Comedian ging der Horror aber weiter: ‚Das Stück Fleisch wanderte dann in eine Bratpfanne und wurde dort dann gebraten. Dann war das offensichtlich durch, kam auf einen Teller mit einer Chilischote und der Typ hat dann das Stück Fleisch aus dem eigenen Rücken verzehrt.‘“*[(20)] Selbstverständlich wird uns dieser Kannibalismus als Kunstaktion verkauft und ist somit legitim!

Werden bei uns, im besten Deutschland das wir je hatten, nicht auch kritische friedliche Demos niedergeknüppelt, während bei den geduldeten

Protesten der sogenannten linken Antifanten Steine und Flaschen fliegen, sowie alles brennbare auf der Strecke angezündet?!

Sehen Sie liebe Leser nun die Parallelen vom alten Rom und der heutigen Zeit?

Ich habe es mir zur Aufgabe gemacht, dem Interessierten einen Einblick hinter die Kulissen der satanischen Elite zu gewähren. Ich verstehe mich als Wahrheitssucher und möchte Ihnen Zusammenhänge in diesem Buch aufzeigen, Zusammenhänge, welche auf den ersten Blick nicht sichtbar sind!

An dieser Stelle möchte ich einmal mit einer Geschichtslüge aufräumen, auch wenn viele Menschen das folgende nicht wahr haben möchten:

Der Nationalsozialismus war eine linke Ideologie und die Hitlerfaschisten waren Linke. Vor Gründung der NSDAP, war Adolf Hitler in der SPD, Goebbels und Freisler waren sogar in der KPD! Goebbels sagte einmal: *„Die Idee der NSDAP entsprechend, sind wir die deutsche Linke. ... Nichts ist uns verhasster, als der rechts stehende Besitzbürgerblock!"* „Sozialistisch" und „Arbeiter" als Bestandteil des Parteinamens sind zudem Attribute einer linken Partei. Die Mitglieder der „Weißen Rose" und des „20. Juli" waren deutsche, rechte Patrioten. Aufgrund einer Geschichtslüge werden alle „Andersdenkende" heute als Demokratiefeinde verleumdet. Die Wahrheit muss ans Licht und die Geschichtsbücher gehören endlich umgeschrieben!

Leider ist es heute wieder normal und üblich, Menschen anhand seiner Meinung, falls diese nicht ARD-, ZDF-, RTL- oder Regierungskonform ist, in eine Ecke zu stellen und mit Totschlagargumenten zu diffamieren. Lassen Sie mich persönlich etwas klarstellen: Ich bin kein Querdenker und auch kein Unterstützer der AfD, im Gegenteil! Ich bin weder Rechts noch Links und gehöre keiner Gruppierung an! Ich habe mich nie in eine Richtung schieben oder drängen lassen, denn ich habe gelernt, FREI ZU DENKEN und alles zu HINTERFRAGEN!

Nur solche Lehren, welche für mich Sinn ergaben und ergeben, habe ich angenommen, ohne dass mich ein Mensch überzeugen musste! Das mit dem schwachsinnigen Rechts, Links, Mitte, Oben, Unten und was weiß ich noch alles, ist absoluter Quatsch und Blödsinn. So etwas existiert nur in den Köpfen der von den öffentlichen Medien programmierten Menschen! Es gibt nur zwei Möglichkeiten! Entweder:

1. kämpft man gegen das deutsche Volk, dann ist man ein Verbrecher, ein Verräter und gehört in die Pflicht genommen oder

2. man kämpft für das deutsche Volk, dann ist man ein Held und Idealist!

Etwas anderes als diese zwei Optionen gibt es nicht! Das liegt doch eigentlich schon in der Natur der Sache und dürfte daher selbstredend sein! Diesem Sperrfeuer an geisteskranken Dogmen müssen wir uns stellen, wenn wir in die Heilung kommen wollen. Denn zur Heilung gehört es auch, andere aus den Fängen dieser satanischen Bestien zu befreien. Nur eine wahre Volksgemeinschaft, was die ultimative Steuerungsform des Wortes Familie ist, müssen wir unseren Familienmitgliedern der großen Volksfamilie, auch wenn sie natürlicherweise nicht mit uns verwandt sind, dabei unterstützen, sich aus diesen Ketten der geistigen und teils auch der realen Sklaverei zu befreien!

„Massenmedien beschreiben nicht die Realität, sondern sie erschaffen sie!" (Alfred Walter von Staufen).

Die Botschaft hinter diesem Satz ist ein alter Hut. Wer glaubt, Massenmedien würden auch nur annähernd die Wahrheit publizieren, ist naiv, sehr naiv. Massenmedien publizieren stets was die, die sie kontrollieren, wünschen. Die sogenannte herrschende Meinung ist auch immer die Meinung der Herrschenden. Noch einfacher formuliert: Wer den Fernseher einschaltet, bekommt zum überwiegenden Teil Propaganda serviert. Wer 2021 wieder Herr über die eigenen Gedanken, wer nicht mehr von täglichen Katastrophen Meldungen gelähmt zurückgelassen werden möchte, nur darauf wartend, dass ihn neue „Verordnungen" der Regierung erreichen, wer wieder frei sein im Sinne geistig autark leben möchte, muss abschalten und auf den Konsum von Massenmedien weitgehend verzichten. Die Zeit, die er damit gewinnt, sollte er nutzen, um sich am gewünschten Umbau der Welt zu beteiligen. Er sollte auf seine innere Stimme hören und sich mit anderen Menschen zusammentun. Nachbarschaft herstellen! Das WIR kann aber nur gelingen, wenn das ICH den ersten Schritt tut und sich endlich von der täglichen Propaganda unabhängig macht. Die Zeit ist reif, Verantwortung zu übernehmen! Überall! Das kann nur gelingen, wenn wir alle wieder lernen, unseren eigenen Gedanken und Ideen zu vertrauen. Denkt wieder selber! Ihr schafft das!

Bei Telegram las ich vor Tagen mal den Spruch, der in meinen Augen eigentlich alles sagt:

„Ich schaue keine Tagesschau, aus demselben Grund, warum ich nicht aus der Toilette trinke!“

„Schaut keine Filme, Nachrichten oder Talkshows. Werft am besten euren Fernseher aus dem Fenster.“, so propagieren viele selbsternannte Querdenker und Freigeister, welchen es natürlich nur um „Aufklärung“ geht. Wie ehrlich es solche Leute meinen, sieht man daran, dass sie zum Beispiel ihre YouTube-Filmchen mit einer Glocke beginnen (dem Symbol der freimaurerischen Andreasloge, welche die Stimme des Gewissens symbolisiert und auch an Stelle des Hammers dient) und das selbsterfundene Symbol „Zeichen der Wahrheit“ (Kreis mit Punkt in der Mitte) gewinnbringend auf Kapuzenjacke (89,90 Euro), Hoodie (79,90 Euro) oder Kaffeetasse (12,90 Euro) unter das Volk bringt. Produkte mit dem „Zeichen der Wahrheit“ sind teurer als Teile von „Esprit“, jedoch dienen sie „einer guten Sache“. Andere „Aufklärer“ mit undurchsichtigen Firmenkonstrukten in der Schweiz und Mitglied der Freikirche der Siebenten-Tags-Adventisten, welche ihre Laiendarstellerkarriere bei „Richter Alexander Hold“ auf SAT1 begann, in ihren Liveübertragungen von Querdenkerddemonstrationen aller 2 Minuten erwähnen wie viele Live-Zuschauer gerade live online sind, alle 5 Minuten um *Paypal*-Spenden betteln und am Abend in ihren 70.000 Euro-Tesla wieder nach Hause fahren. Dann sind da noch die „Herdenanführer“ von den Rotariern (Rot-Arier!!!) und Möchtegern-Oberbürgermeisterkanditaten, die parteilosen Aufhetzer und die Alternative Partei mit (Freimaurer-) Anführer.

Man sollte immer selbst prüfen, wen man folgt. Aber warum muss man überhaupt selbsterkorenen Messiasse folgen?! Ich sage mir immer:

„Fliegen stürzen sich auf jeden Misthaufen, den man ihnen vorsetzt und sind so ständig mit Mist beschäftigt. Ist der Haufen weg, findet sich bestimmt ein neuer, den man nur vor ihrer Nase platzieren muss.

Bienen hingegen interessieren sich nicht für Mist. Sie lieben Blumen, sammeln Nektar, bauen etwas Wunderschönes und sorgen für ihre Gemeinschaft.

Leider sind 90% der Menschheit wie Fliegen, deswegen haben diese elitären Parasiten so ein leichtes Spiel.

Seien Sie wie die Bienen!"

Um zu verhindern, dass die Menschheit Zugang zu wahrem Wissen erhält, wurden im Jahr 390 in der Bibliothek von Alexandria 400.000 Bücher und im Jahr 740 über 10.000 Manuskriptrollen der Kelten verbrannt. Es gibt keinen Unterschied zwischen denen, die in der Vergangenheit Bücher verbrannt haben und denen, die heute die Lügen verbreiten und die ganzen Täuschungen praktizieren.

Haben wir aus den Märchen und Sagen unserer Kindheit nichts gelernt? Unsere Märchen sind voll von Prüfungen, wo der „Held" beweisen muss, dass er mutig, schlau und standhaft ist. Dieser „Held" wird in viele Versuchungen geführt, um dem „Bösewicht" des Märchens ins „Netz" zu gehen und er muss schwierige Aufgaben meistern.

Identifizieren wir uns nicht alle gerne mit dem schlauen, mutigen und standhaften Helden? Gratulation, Sie haben aktuell die beste Gelegenheit dazu! Warum geht es in der aktuellen Geschichte?

- Sei schlau und erkenne die Lügen (Mainstream-Medien und Politiker)

- Sei mutig auch bei drohenden Konsequenzen (eingeschränkte Mobilität, Arbeitsplatzverlust, Kinder nicht in der Schule, Mobbing, etc.)

- Sei standhaft, auch mit Verlockungen (Freiheit, keine Tests, Normalität, Konzerte, soziale Anerkennung, etc.)

Wir befinden uns in einer Zeit der „Prüfung". Seien auch Sie der „Held" in Ihrer Geschichte, in Ihrem Leben und beweisen Sie, dass Sie nicht zu den oberflächlichen Darstellern gehören, die versagen und scheitern. Bleiben Sie standhaft! Bleiben Sie mutig! Die Zeit der Prüfung wird vorübergehen, Versprochen!

Wenn Sie nun meinen, Sie kennen die Wahrheit, denn Sie informieren sich täglich in den alternativen Medien und auf Telegram, dann irren Sie sich gewaltig! „Die Wahrheit“ gibt es nicht und wird es auch nie geben! Es gibt sehr viele gute Informationen in den alternativen Medien, jedoch sind sehr viele eine Honigfalle! Man wird gelockt, in den Bann gezogen mit „BOOOM“ oder der Überschrift „Dieses Video wurde sofort bei YouTube“ gelöscht, was jedoch kein Qualitätssiegel für „die Wahrheit“ ist. Am Ende wollen sehr viele nur ihre Produkte, ein Abo für „exklusive Nachrichten“ verkaufen oder betteln um eine Spende per *Paypal* und finanziert somit sogar noch den „Tiefen Staat“, obwohl man ja eigentlich gegen ihn kämpft! Ist das nicht Paradox? Ganz zu schweigen von der gelenkten Opposition.
Seit dem Frühjahr 2020 schreibe ich Artikel und versuche mit den Inhalten meinen Beitrag zur Wahrheitssuche über den sogenannten „Tiefen Staat“ beizutragen. Alle Artikel sind zu 100% mit Quellen belegbar. Ich schreibe nicht von Dingen, welche ich von Dritten gehört habe, sondern es geht um Fakten. Diese Artikel sind in unregelmäßigen Abständen bei *„Pravda-TV“*, „Die Unbestechlichen“, Daniel Prinz, *„Connectiv Events“* und auch bei *„Compact“* erschienen, um nur einige zu nennen. Trotz das ich zu allen Beiträgen immer die entsprechenden Quellen angebe und diese auch stets überprüfe, würde ich mir nie anmaßen zu behaupten, dass ich die einzige „Wahrheit“ verbreite. Die Wahrheit ist immer eine Sache des eigenen Standpunktes oder wie es Henri Matisse sagte: *„Genauigkeit ist noch lange nicht die Wahrheit.“*

Was die einen für die Wahrheit halten, ist für die Anderen Verrat! Die Wahrheit ist wie das Licht einer Kerze. Wenn jemand kommt und die Flamme löscht, kann der Nächste das Licht nicht mehr sehen!

Würden Sie mir folgende meiner Behauptungen glauben?

- Das Urgermanisch war die Vorläufersprache aller Sprachen!

- Die „Römer“ glaubten nicht an Jupiter, sondern waren Heiden, von germanischer Abstammung!

• Das Jerusalem, was wir aus der umgeschriebenen Bibel kennen, war ursprünglich Goslar gewesen!

• Das in der Bibel erwähnte Syrien ist nicht das Syrien was wir Neuzeitlich als Syrien kennen, sondern lag in dem heutigen Gebiet von Sachsen-Anhalt und mit der zitierten Stadt Damaskus war in Wirklichkeit Halle an der Saale gemeint!

• Der „römische Kaiser“ Gajus Caligula ist mit dem biblischem Jakob-David-Zacharias identisch, sowie Servius Tullius dem 3. Kaiser Roms und Herodes II. Caligula ahndete es arg, wenn jemand in seiner Gegenwart den Begriff Ziege verwendete, denn dieser stand für ihn im Zusammenhang mit Behaarung. In der Bibel wird beschrieben, dass sich Jakob mit Fellen von jungen Böcken umwand, um dem blinden Vater Edom (gleichzusetzen mit Esau – Abrahams Sohn) zu täuschen, um sich das Erstgeburtsrecht zu erschleichen! Auch Regin der Nibelungen, den die Römer Caligula nannten, ist mit Jakob-David-Zacharias identisch!

• Das Adelshaus Hessen sind die in der Bibel genannten Hetither!

• Der letzte deutsche Kaiser und Bismarck waren „Geiseln“ und Marionetten von den Rothschild-Bänkers!

Wenn Sie nun meinen, dass diese oben genannten unglaublichen sechs Thesen großer Blödsinn und meine Erfindungen wären, dann rate ich Ihnen ganz ehrlich dieses Buch zur Seite zu legen oder als Wackelhilfeunterlage Ihres Esstisches zu verwenden! Wie sagte Robert Staughton Lynd doch so schön:

> *„Es ist leichter, eine Lüge zu glauben, die man hundertmal gehört hat, als eine Wahrheit, die man noch nie gehört hat.“*

Sollten Sie mir jedoch Glauben schenken, dann lassen Sie uns nun gemeinsam in die geheimnisvolle Welt der Khasaren, Jesuiten, Illuminaten und anderen Geheimbünden eintauchen. Erfahren Sie auch auf den kommenden Seiten, warum der Kampf zwischen Gut und Böse noch immer stattfindet und durch welche Verblendungen bzw. Verbindungen die Menschen als Sklaven, wie Vieh gehalten werden konnte.

Eines der wichtigsten Werkzeuge der Satan anbetenden Elite ist:

Public Relations – Manipulation der Menschheit

Wir kaufen nicht, was wir haben wollen, wir konsumieren, was wir sein möchten.

(John Hegarty)

Public Relations (kurz PR genannt) bedeutet nicht Werbung im herkömmlichen Sinne, sondern vielmehr Öffentlichkeitsarbeit! Carl Hundhausen's Definition von PR war 1937: *„Public Relations ist die Kunst, durch das gesprochene oder gedruckte Wort, durch Handlungen oder durch sichtbare Symbole für die eigene Firma, deren Produkt oder Dienstleistung eine günstige öffentliche Meinung zu schaffen.*" Wikipedia erklärt PR so:

„Das Hauptziel der externen Public Relations ist der strategische Aufbau einer Beziehung zwischen Organisationen (z. B. Unternehmen, gemeinnützigen Institutionen, Parteien) einerseits und externen Stakeholdern (z. B. Kunden, Lieferanten, Aktionären, Arbeitnehmern, Politikentscheidern, Spendern, Wählern) anderseits, um Sympathie und Verständnis dieser Gruppen gegenüber der Organisation zu erzeugen. Dazu gehört die Gewinnung von Meinungsführern, die Beeinflussung politischer Entscheidungsträger (Lobbyismus) oder die Okkupation von Begriffen (Wording/Framing), d. h. die Bereitstellung eines Katalogs an Euphemismen, deren Nutzung den Aufbau eines konsistenten Bildes in der Öffentlichkeit fördern soll. Ein weiteres Ziel externer Öffentlichkeitsarbeit ist der Ausbau des Bekanntheitsgrads einer Organisation (etwa durch Media Relations). Hauptaufgabe der internen Public Relations ist der Aufbau einer Corporate Culture und eines Corporate Image. Die hauptsächliche Anspruchsgruppe ist dabei die Mitarbeiter,

besonders hervorzuheben sind Führungskräfte. Dabei werden als Einzelfunktionen (nicht unbedingt systematisch ausgefeilt) die Informations-, Kontakt-, Image-, Harmonisierungs-, Stabilisierungs-, Absatzförderungs-, Kontinuitäts-, Balance- und Sozialfunktion unterschieden. Anlässe sind etwa die Einführung neuer Produkte auf den Markt, Personalveränderungen, Jubiläen, Jahresabschlüsse, Aufnahme neuer Beziehungen, das soziale Engagement, wichtige Besuche und Krisenkommunikation."[21]

Public Relations ist jedoch keine Erfindung der Neuzeit, so gründete beispielsweise Papst Gregor XV 1622 „Congregatio de propaganda fide".Die Kongregation für die Evangelisierung der Völker (lat.: Congregatio pro Gentium Evangelizatione) ist eine Zentralbehörde der römischen Kurie und koordiniert die missionarische Tätigkeit der katholischen Kirche.

„Die Institution geht auf die Congregatio de Propaganda Fide (‚Kongregation für die Verbreitung des Glaubens') zurück, die Papst Gregor XV. 1622 vor allem mit dem Ziel gegründet hatte, dem Einflussverlust durch den sich ausbreitenden Protestantismus entgegenzuwirken. Nach dem Ende des Dreißigjährigen Kriegs bot sich in Europa mit dem neu hergestellten Gleichgewicht der beiden christlichen Kirchen zwar nur sehr begrenzt die Möglichkeit zur Missionierung, dafür eröffneten die Entdeckungen in Amerika, Afrika und Asien ein weites Betätigungsfeld für katholische Missionare."[22]

Jedoch sorgte bereits Anfang des 15. Jahrhunderts eine genial eingefädelte PR-Aktion der Kirche für Aufsehen. Zu dieser Zeit flohen die gläubigen „Schafe" scharenweise aus der Kirche und der Papst musste sich etwas einfallen lassen. All die „verlorenen Seelen" wollte man wieder einfangen und zurückerobern, da man das Geld der Gläubigen brauchte. So erschuf der Vatikan die kirchliche Opposition, in Form von Martin Luther, welcher der Legende nach, die berühmten Thesen an das Eingangsportal der Wittenberger Kirche nagelte. Heute würde man solche bezahlten Gegenspieler „Querdenker" nennen!

Hier ein paar Beispiele für mehr oder weniger gelungener PR:

Die Ver-“appel“-ung: Vom Telefon zum Prestigeobjekt

Was wäre zum Beispiel das I-Phone ohne PR? Richtig, dann wäre es einfach nur ein Handy! Aber durch geschickte Öffentlichkeitsarbeit mit einem milliardenschweren PR-Budget wird aus diesem Handy ein Statussymbol für Menschen, welche zeigen möchten, dass sie „wer“ sind und zu „dem elitären Klientel“ gehören! Firmen welche über solch einen Werbeetat verfügen, werden kaum in Zukunft in der 2. Liga spielen. Apple macht somit alles Richtig, denn sie verkaufen mit ihrer PR-Strategie Handys, mit einem Materialwert von etwa 341 Euro (iPhone 12 Pro) für 1.120 Euro, was eine Differenz von 779 Euro ergibt.[(23)] *„Der iPhone-Hersteller Apple hat im abgelaufenen Geschäftsjahr (2014) 1,8 Milliarden US-Dollar für Werbung ausgegeben - eine Steigerung um 50 Prozent gegenüber dem Vorjahreswert. ... Damit hat das Unternehmen aus Cupertino seine jährlichen Werbeausgaben im Vergleich zum Jahr 2010 fast verdreifacht. Im vergangenen Geschäftsjahr (2014) hat Apple - wie bereits berichtet - 43,4 Milliarden Dollar verdient. Der weltweite Umsatz stieg um 28 Prozent auf 233,7 Milliarden Dollar. 60 Prozent davon erwirtschaftet der Apple-Konzern außerhalb der USA. Allein von Juli bis September hat das Unternehmen 48 Millionen iPhones verkauft.“*[(24)]

Apropos Smartphone: Wir sparen beim Kauf von gesunden Lebensmitteln, um vom Ersparten uns ein Handy zu kaufen, mit dem wir dann googeln, wie man Krankheiten wegbekommt, die mit gesunden Lebensmitteln erst gar nicht entstanden wären! Ist das nicht verrückt?!

Durch Public Relations wird in erster Linie ein Image verkauft. Dies kann eine Marke sein, ein Unglück was durch PR in der Öffentlichkeit als etwas Positives dargestellt werden soll, ein bevorstehender Krieg oder eine Impfung zur Eindämmung einer Seuche.

Public Relations ist aber auch ein enormer Wirtschaftsfaktor, denn kaum ein Politiker (Beraterskandale!!!), Wissenschaftler oder CEO kommt ohne PR vorwärts. Unsere jetzige Welt wie wir sie kennen, würde ohne PR nicht auskommen! PR ist in meinen Augen einfach erklärt: Gehirnwäsche, bzw. MKUltra-basiert! Welcher normal denkende Mensch würde sich sonst freiwillig ein Auto für 40.000 Euro kaufen, mit den man keine 800 km durchgehend fahren kann, ohne zwischendurch 8 Stunden das Gefährt aufzuladen?! Oder warum gehen Menschen wegen nicht genmanipulierten Lebensmitteln in den Bioladen, lassen sich jedoch eine DNA-veränderte Injektion geben?! Warum spenden die Deutschen für obdachlos gewordene Migranten auf Lesbos (welche ihre Flüchtlingslager selbst zerstörten und in Brand setzten), gehen jedoch nach dem Feierabend in der Stadt an hungernden obdachlosen Deutschen achtlos und arrogant vorbei. Sind die Menschen aus dem eigenen Land etwa weniger wert? Jedes Jahr in der Vorweihnachtszeit werden durch das Fernsehen Millionen Euro Spendengelder für „Kinder in Not gesammelt“, aber im Nachbarhaus werden Kleinstkinder, verprügelt, vernachlässigt, brutal missbraucht oder für Snuff-Filme langsam getötet! Wenn Sie diese 4 Beispiele aus der Realität als Normal bezeichnen, dann (Sorry wenn ich es deutlich sage) vegetieren auch Sie in einer surrealen paradoxen Blase und haben es verlernt zu „leben“. Das Leben, so wie wir es kennen, ist von der satanischen Industrie vorgegeben und Ihre „Wünsche“ sind nichts weiter wie projizierte Abbilder der Sie kontrollierenden Elite, implantiert von der Werbe- und PR-Industrie!

PR ist nur ein Traum, welcher Sie verführen möchte, ähnlich wie Adam und Eva im Paradies! Aber haben Sie in diesem Zusammenhang schon einmal etwas von Lilith gehört, Adams erste Frau? Alles, selbst das Böse, lässt sich in einer großartigen und mitfühlenden Geschichte verpackt gut verkaufen.

PR in der Musik

Ich habe vor 25 Jahren sehr erfolgreich Musik produziert, Schlager und volkstümliche Melodien. Leider kann und darf ich aus rechtlichen Gründen keine Titel oder Namen nennen. Ich war jedoch sehr stolz darauf, dass ich 1998 Roland Kaiser in der ZDF-Hitparade mit einem meiner Lieder vom Thron stieß! Da saß ich nun oft in meinem kleinen Studio und habe einen Song nach dem anderen komponiert, getextet und arrangiert, alles ganz allein! Damit bekannte Stars nun meine Lieder singen, musste ich jeweils 25

Prozent der GEMA-Textrechte und 25 Prozent der GEMA-Musikrechte an die entsprechenden Künstler oder deren Produzenten abgeben. Oftmals hat der Musikverlag außer den Verlagsrechten mir auch noch einmal 10-15 Prozent der entsprechenden Rechte abverlangt, so dass ich oft nur noch 10 Prozent Rechte an meinen eigenen Songs hatte! Die Künstler standen anschließend auf der Bühne und heuchelten, dass sie (meinen) ihren neuen Song für ihren Partner geschrieben hätten oder ähnliches. Stets wurde eine große Geschichte um das neue Lied erzählt, was die Herzen rühren sollte, nur um zu verkaufen! Ich saß oftmals allein in meinem Studio und war sehr enttäuscht, hätte die Wahrheit am liebsten in die Welt herausgebrüllt. Aber trotzdem war ich stolz wie Bolle, wenn meine Lieder im Fernsehen oder Radio liefen. Man muss also nur eine große Geschichte um eine Nichtigkeit stricken, um den Erfolg zu pushen!

Ein Beispiel: Wer kennt nicht den Song von Maite Kelly und Roland Kaiser aus dem Jahr 2014: „Warum hast du nicht nein gesagt"? Erinnern Sie sich an die Geschichte hinter dem Lied? Roland Kaiser in einem Interview:

„Maite hat mich eines Montagmorgens gegen halb 8 angerufen und gesagt, sie müsste mir unbedingt einen Hit vorspielen. Ich sagte ihr: ‚Es ist halb 8, Maite.' Sie sagt: ‚Das ist egal. Du musst das unbedingt hören.' ‚Dann hat sie es am Telefon vorgesungen.' Roland Kaiser war anscheinend überzeugt vom Gesang und vom Potential der Idee. Schnell waren sich beide einig, dass das ein wunderbares Duett sein könnte - und damit lagen sie goldrichtig. Bei Florian Silbereisens SCHLAGERCHAMPIONS nahmen sie vor kurzem erst Single-Platin dafür entgegen - eine ziemlich seltene Auszeichnung. Die Lorbeeren für den Erfolg überlässt Roland Kaiser aber gerne seiner Duett-Partnerin. Mit großer Dankbarkeit und Demut nahm er die Auszeichnung mit ihr entgegen. Bei solchen Gelegenheiten betont er auch immer wieder, dass es Maites Song ist. ‚Ich bin der Maite unendlich dankbar. Es ist ihr Song, sie hat ihn komponiert und getextet.'"[25]

In einem anderen Interview erzählte Maite Kelly, dass sie nachts halb 4 dieses Lied, was ihr gerade eingefallen wäre, auf die Voice-Box von Roland Kaiser gesungen hätte und er nicht sehr glücklich über die Uhrzeit gewesen sei! Der Inhalt dieser scheinbar künstlich konstruierten

Entstehungsgeschichte ist wie immer einmalig und „voll aus dem Leben" gegriffen. Aber es wird mit keiner Silbe der „Mittexter und -komponisten" erwähnt, welcher der eigentliche Ideengeber dieses Songs war: Götz von Sydow. Höchst bemerkenswert finde ich als Musiker, dass andere Produktionen von Götz von Sydow sehr ähnlich dem Song „Warum hast du nicht nein gesagt" klingen, auch wenn da keine Maite den Roland früh am Morgen anrief!!!

Nichtsdestotrotz ist es ein wirklich toller Song, Hut ab! Ein echter Ohrwurm, auch wenn er inzwischen in der 36. Klassik-Version etwas nervt, aber gewiss einen Haufen Geld bringt. Ein weiteres Beispiel für eine weltweite PR-Kampagne ist die:

Agenda 2030 - Dank guter PR zur Neuen Weltordnung

Ein weiteres Beispiel ist die „Agenda 2030", welche uns als großer und humaner Fahrplan in die Zukunft angepriesen wurde, um „der Weltgemeinschaft weltweit ein menschenwürdiges Leben zu ermöglichen und dabei gleichsam die natürlichen Lebensgrundlagen dauerhaft zu bewahren". Große Worthülsen verstecken das neue lang ersonnene Ziel, die Versklavung und Ausbeutung der Untertanen! Beratend stand der „Agenda 2030" die Firma Ernst & Young bei der „Wortfindung" zur Seite.

„Ernst & Young ist ein unter dem Kürzel EY global operierendes Netzwerk rechtlich selbstständiger und unabhängiger Unternehmen in den Bereichen Wirtschaftsprüfung, Steuerberatung, Transaktionsberatung, Risk Advisory, Financial Advisory sowie Unternehmens- bzw. Managementberatung und klassische Rechtsberatung. Die internationale EY-Organisation unter dem Dach von Ernst & Young Global Limited (EY Global) beschäftigte im Geschäftsjahr 2019/20 298.965 Mitarbeiter an über 700 Standorten in über 150 Ländern. Der Gesamtumsatz des weltweiten Netzwerks belief sich im Geschäftsjahr 2019/20 auf 37,2 Mrd. US-Dollar. EY (Ernst & Young) ist eine der vier umsatzstärksten

Wirtschaftsprüfungsgesellschaften der Welt und zählt zu den sogenannten Big Four."(26)

Aber was ist nun die „Agenda 2030", bzw. der „Great Reset" von dem bestimmt schon jeder einmal in den vergangenen Monaten und Jahren gehört hat?!

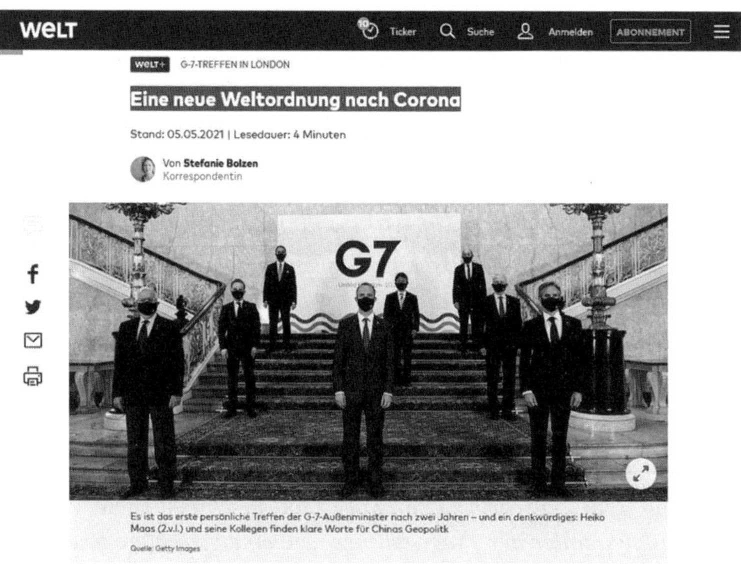

WELT

Ticker Suche Anmelden ABONNEMENT

WELT+ G-7-TREFFEN IN LONDON

Eine neue Weltordnung nach Corona

Stand: 05.05.2021 | Lesedauer: 4 Minuten

Von **Stefanie Bolzen**
Korrespondentin

Es ist das erste persönliche Treffen der G-7-Außenminister nach zwei Jahren – und ein denkwürdiges: Heiko Maas (2.v.l.) und seine Kollegen finden klare Worte für Chinas Geopolitk

Quelle: Getty Images

Abb. 7: Verschwörungstheorie?! - „Eine neue Weltordnung nach Corona"

„The Great Reset (engl. ‚Der große Neustart' bzw. ‚Der große Umbruch') ist eine Initiative des Weltwirtschaftsforums (WEF), die eine Neugestaltung der weltweiten Gesellschaft und Wirtschaft im Anschluss an die COVID-19-Pandemie vorsieht. Die Initiative wurde von Prinz Charles und WEF-Direktor Klaus Schwab im Mai 2020 vorgestellt und zielt auf eine Verbesserung des Kapitalismus ab. Investitionen sollen demnach stärker auf den gegenseitigen Fortschritt ausgerichtet und es soll mehr auf Umweltinitiativen gesetzt werden. Mittels einer Petition in Kanada mit dem Ziel, die Initiative zu stoppen, wurden innerhalb von 72 Stunden 80.000 Unterschriften gesammelt. Als Folge dieser Petition verbreitete sich eine Verschwörungstheorie.

Es wird behauptet, der ‚Great Reset' sei tatsächlich ein ambitionierter Versuch zum Zwecke der Etablierung einer neuen Weltordnung. ... Die Verschwörungstheorie verbreitete sich als Reaktion auf den Vorschlag und die anschließende Petition. Darin wird behauptet, ‚globale Finanzeliten' und die Führer der Welt hätten eine Pandemie geplant. Sie ließen demnach absichtlich das Coronavirus frei, um dadurch die Bedingungen für eine Umstrukturierung der Regierungen der Welt zu erschaffen. Alternativ wird behauptet, dass Covid-19 keine besonders gefährliche Krankheit sei, die durch Medienmanipulation zu einer Gefahr stilisiert werde, um diese Bedingungen zu schaffen. Die Hauptziele der Vertreter des Great Reset bestünden darin, die globale politische und wirtschaftliche Kontrolle zu übernehmen. Dafür solle ein marxistisch-totalitäres Regime und die New World Order eingeführt werden. Dieses Regime habe vor, die persönlichen Besitz- und Eigentumsrechte abzuschaffen, das Militär in die Städte zu schicken, Zwangsimpfungen einzuführen und Isolationslager für widerständige Menschen zu schaffen. Zu den Beispielen, die von den Befürwortern als Beweise für eine real existierende Verschwörung angeführt werden, gehört ein WEF-Beitrag aus dem Jahr 2016. Hierin wird beschrieben, wie das Leben im Jahr 2030 aussehen könnte. Joe Bidens Wahlkampfslogan ‚Build Back Better' und die Rede des kanadischen Premierministers Justin Trudeau vom September 2020 enthielten angeblich ebenfalls Belege für die von ihnen behauptete Verschwörung. Die Zeitschrift ‚The Daily Dot' beschreibt diese Vorgänge als einen Diskurs, unter der Fragestellung, wie eine gerechtere und nachhaltigere Welt geschaffen werden könne. In Variationen der Theorie wird behauptet, der ehemalige US-Präsident Donald Trump sei der einzige Führer der Welt, der das Vorhaben verhindern wolle. Diese Aussagen basieren auf einem Video vom August 2020, das bereits über drei Millionen Mal angesehen wurde. Die Fox-News-Moderatorin Laura Ingraham behauptete, bei dem Vorschlag handele es sich um eine List, um ‚radikale soziale und wirtschaftliche Veränderungen auf den Kontinenten zu erzwingen'. Glenn Beck behauptet, es handele sich hierbei um einen Versuch, von den Nazis inspirierte Restriktionen durchzusetzen. ... Die jährlichen Kosten der Umsetzung der 17 UN-Ziele wurden von der UNCTAD bereits 2014 mit mindestens 2,5 Billionen US-Dollar pro Jahr beziffert. ... In einem Ende März 2020 von den Vereinten Nationen veröffentlichten Bericht wird die Notwendigkeit betont, aus der COVID-19-Pandemie zu lernen und die Krise zu nutzen, die Nachhaltigkeitsziele und die Agenda 2030 konsequenter und schneller als bisher umzusetzen.“[27]

Aber was sind nun eigentlich die Ziele der „Agenda 2030“?

1.Armut beenden – Armut in all ihren Formen und überall beenden

2.Ernährung sichern – den Hunger beenden, Ernährungssicherheit und eine bessere Ernährung erreichen und eine nachhaltige Landwirtschaft fördern

3.Gesundes Leben für alle – ein gesundes Leben für alle Menschen jeden Alters gewährleisten und ihr Wohlergehen fördern

4.Bildung für alle – inklusive, gerechte und hochwertige Bildung gewährleisten und Möglichkeiten des lebenslangen Lernens für alle fördern

5.Gleichstellung der Geschlechter – Geschlechtergleichstellung erreichen und alle Frauen und Mädchen zur Selbstbestimmung befähigen

6.Wasser und Sanitärversorgung für alle – Verfügbarkeit und nachhaltige Bewirtschaftung von Wasser und Sanitärversorgung für alle gewährleisten

7.Nachhaltige und moderne Energie für alle – Zugang zu bezahlbarer, verlässlicher, nachhaltiger und zeitgemäßer Energie für alle sichern

8.Nachhaltiges Wirtschaftswachstum und menschenwürdige Arbeit für alle – dauerhaftes, breitenwirksames und nachhaltiges Wirtschaftswachstum, produktive Vollbeschäftigung und menschenwürdige Arbeit für alle fördern

9.Widerstandsfähige Infrastruktur und nachhaltige Industrialisierung – eine widerstandsfähige Infrastruktur aufbauen, breitenwirksame und nachhaltige Industrialisierung fördern und Innovationen unterstützen

10. Ungleichheit verringern – Ungleichheit in und zwischen Ländern verringern

11. Nachhaltige Städte und Siedlungen – Städte und Siedlungen inklusive, sicher, widerstandsfähig und nachhaltig gestalten
12. Nachhaltige Konsum- und Produktionsweisen – nachhaltige Konsum- und Produktionsmuster sicherstellen

13. Sofortmaßnahmen ergreifen, um den Klimawandel und seine Auswirkungen zu bekämpfen

14. Bewahrung und nachhaltige Nutzung der Ozeane, Meere und Meeresressourcen

15. Landökosysteme schützen – Landökosysteme schützen, wiederherstellen und ihre nachhaltige Nutzung fördern, Wälder nachhaltig bewirtschaften, Wüstenbildung bekämpfen, Bodendegradation beenden und umkehren und dem Verlust der biologischen Vielfalt ein Ende setzen

16. Frieden, Gerechtigkeit und starke Institutionen. Friedliche und inklusive Gesellschaften für eine nachhaltige Entwicklung fördern, allen Menschen Zugang zum Recht ermöglichen und leistungsfähige, rechenschaftspflichtige und inklusive Institutionen auf allen Ebenen aufbauen

17. Umsetzungsmittel und globale Partnerschaft stärken – Umsetzungsmittel stärken und die globale Partnerschaft für nachhaltige Entwicklung mit neuem Leben füllen

(Anmerkung: Ist die Zahl 17 (= 17 Ziele) nicht auch die Zahl von Q?!)

Prima! Wenn das kein Jackpot für uns alle ist! Klingt doch super, also auf in die Zukunft. Auf in das Zeitalter des Weltfriedens. Endlich müssen wir keine hungernden Kinder mehr sehen, alle Menschen haben die gleichen Bildungschancen und keine bei der organisierten Überfahrt ertrunkene Kindermigranten mehr mit Bart. Was wollen wir noch mehr als die Armut überall beenden, Gesundheit und Wohlergehen, Gleichstellung von Frauen und Männern, Wasser für alle in bester Qualität, bezahlbare und saubere Energie, nachhaltige Wirtschaft, Städte und Gemeinden, weltweiter Klimaschutz und globale Partnerschaften. Diese Argumente können doch nur eine

Verbesserung für die Menschheit bedeuten! Oder etwa nicht?! Moment einmal, irgendwie kommt mir das alles bekannt vor. Irgendwie erinnert mich das alles an Karl Marx (eigentlich Moses Mordecai Marx-Levy) und seine Thesen des Marxismus, an der er 15 Jahre arbeitete. Marx brauchte für sein satanisches und menschenverachtendes Machwerk so viele Jahre, weil er ständig besoffen war, das Geld was seiner Familie als Lebensgrundlage dienen sollte in Wirtshäuser und zu Dirnen in Etablissement brachte, während seine Kinder zu Hause krank wurden und wortwörtlich verhungerten! In den Schriften über Karl Marx-Levy wurde der Tod seiner Kinder natürlich in ein anderes Licht gerückt und selbstverständlich war das unmenschliche kapitalistische System schuld! Seine utopischen und teuflischen Gedanken klingen so:

„Der Kerngedanke besteht darin, dass die ökonomischen Grundlagen die Wirklichkeit prägen und die Arbeitsteilung zu einer Verarmung des Proletariats (Arbeiterklasse) und zu einer Konzentration des Reichtums bei den Kapitalisten führen. Ziel ist eine klassenlose Gesellschaft!"[(28)]

Dass die Wege von dem „Kommunistenerfinder" Karl Marx und der mächtigen Bankiersfamilie Rothschild sich regelmäßig kreuzten ist kein Zufall, waren sie doch miteinander verwandt! Eine Verschwörungstheorie sagt sogar, dass die Rothschilds Karl Marx „benutzt" hätten, um den lang geplanten Sozialismus / Kommunismus salonfähig zu machen.

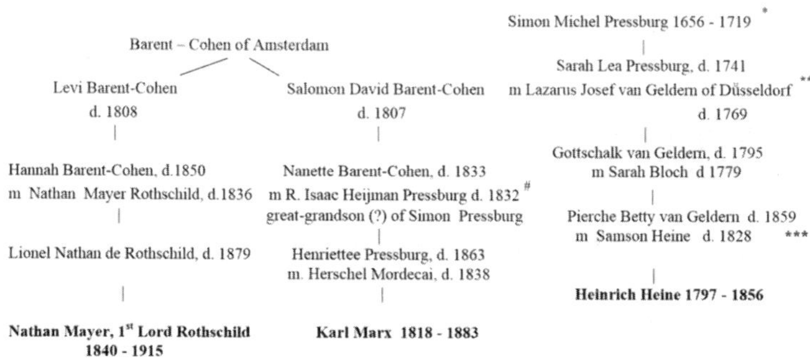

Abb. 8: Genealogie/Stammbaum von Rothschild und Marx

Die Wochenzeitung „*Jüdische Allgemeine*" schreibt:

„Marx wurde auch Zielscheibe antisemitischer Attacken. Der russische Anarchist Michail Bakunin schrieb 1873, Marx sei ‚ehrgeizig und eitel, streitsüchtig, unduldsam und absolut, wie Jehova, der Herrgott seiner Vorväter, und wie dieser rachsüchtig bis zum Wahnsinn.' Von Bakunin stammt auch eine Frühform jener Verschwörungstheorien, die ‚jüdisches Kapital' und ‚jüdischen Kommunismus' miteinander in Verbindung bringen: ‚Diese jüdische Welt steht heute zum großen Teil einerseits Marx, andererseits Rothschild zur Verfügung.' Laut Richard Friedenthal reagierte Marx auf die Beleidigungen seines Gegenspielers desinteressiert. ‚Ich habe damit nichts zu schaffen.'"[29]

Ist es nicht seltsam, dass der Name Rothschild mal wieder im Zusammenhang von Marx's Kommunismus erscheint und auch noch miteinander verwandt ist? Ist dies etwa wieder ein angebliches Aluhutmärchen?

Apropos Karl Marx (alias Moses Mordecai Marx-Levy): Wussten Sie, dass der ewig bankrotte und dem Suff nicht abgeneigte Lebemann Karl Marx ein Freimaurer war? Er war Mitglied im „Bund der Gerechten", einer Zweigorganisation der Freimaurerei. Ein genialer Schachzug: man verschleiert Jahre lang, dass Karl Marx Freimaurer war, installiert den Kommunismus in der Welt und hat somit die besten Voraussetzungen damit geschaffen, dass die Menschen sich gegenseitig bekämpfen. Kapitalismus gegen Kommunismus, links gegen rechts, ein geplantes Schauspiel seit über 150 Jahren der Freimaurerei.

Chaos und Spaltung der Menschen ist oberstes Ziel der freimaurerischen Superlogen. Das ist satanische Umkehr!

Diese 19 Punkte hatte Karl Marx zur Versklavung der Völker empfohlen:

1.Die Jugend durch falsche Grundsätze verderben

2. Die Familien zerstören.

3. Die Menschen durch eigene Laster beherrschen.

4. Die Kunst entweihen und die Literatur beschmutzen.

5. Die Achtung vor der Religion vernichten.

6. Priester in Skandalgeschichten verwickeln.

7. Grenzenlosen Luxus und verrückte Moden einführen.

8. Misstrauen zwischen sozialen Schichten säen.

9. Arbeitgeber- und Arbeitnehmerverhältnisse vergiften.

10. Das Volk gegen die „Reichen“ aufwiegeln.

11. Die Landwirtschaft durch Industrie ruinieren.

12. Löhne ohne Vorteil für die Arbeiter erhöhen.

13. Feindseligkeit zwischen den Völkern hervorrufen.

14. „Ungebildete“ regieren lassen.

15. Gestrauchelte Regierungsbeamte erpressen.

16. Vermögenschluckende Monopole schaffen.

17. Durch Wirtschaftskrisen Weltbankrott vorbereiten.

18. Massen auf Volksbelustigungen konzentrieren.

19. Menschen durch Impfgifte gesundheitlich schädigen.

Wussten Sie, dass *„Der Urururgroßvater von Günter Jauch, Emmerich Grach, war im Geburtsjahr von Karl Marx 1818 der zweite Bürgermeister der*

Stadt Trier. Deshalb unterzeichnete der Vorfahre des Moderators die Geburtsurkunde des Theoretikers. Und nicht nur mit Karl Marx hatte Emmerich Grach Kontakt. Schon im Jahr 1804 besuchte das damalige Oberhaupt der Franzosen, Napoleon Bonaparte, die Stadt in Rheinland-Pfalz. Dort soll Erzählungen zufolge Grach dem berühmten Gast einen Pokal voller Wein überreicht haben. Der Wein stamme von einem seiner Weingüter. Eines davon erwarb im Jahr 2010 Günther Jauch zurück.“[30]

Aus einem Brief an Karl Marx: „*In dieser neuen Weltordnung werden die Kinder Israel alle Führer ausstatten, ohne auf Widerstand zu stoßen. Die Regierungen der verschiedenen Völker, die die Weltrepublik bilden, werden ohne Schwierigkeiten in die Hände der Juden fallen. Es wird dann den jüdischen Herrschern möglich sein, Privateigentum abzuschaffen und überall die Ressourcen des Staates zu nutzen. So wird das Versprechen des Talmud erfüllt, in dem gesagt wird, dass die Juden zu der messianischen Zeit das gesamte Eigentum der ganzen Welt in ihren Händen haben werden.*“[31] Doch nun wieder zurück zur „Agenda 2030“.

Schauen wir uns doch mal die 17 Ziele der „Agenda 2030“ genauer an und lesen zwischen den Zeilen bzw. übersetzen diese Wortphrasen, was da für uns als „Great Reset“ geplant wurde und momentan auch zielstrebig realisiert wird:

1. **Armut in jeder Form und überall beenden:** Gleiches Grundeinkommen für alle. Mache die Menschen zu willenlosen und gehorsamen Sklaven der einen Weltregierung. Verhindere den sozialen Aufstieg des Einzelnen, drangsaliere stattdessen. Lehre ihnen Gehorsamkeit und Unterwerfung. Wer aufmüpfig ist, den streiche Geld und Güter. Nur so beenden wir die Armut!

2. **Ernährung weltweit sichern:** Der gesamte Planet wird mit genmanipuliertem und patentierten Saatgut überzogen und als Vorwand für die „Steigerung der Produktion“ werden todbringende Herbizide eingesetzt. Beispiel: „*Monsanto war ein 1901 gegründeter und bis zu seiner Übernahme durch die deutsche Bayer AG am 7. Juni 2018 eigenständiger, ab 1927 börsennotierter Konzern mit Sitz in Creve Coeur bei St. Louis im US-Bundesstaat Missouri. ... Das Unternehmen produzierte Saatgut und Herbizide und setzte seit den*

1990er Jahren Biotechnologien zur Erzeugung gentechnisch veränderter Feldfrüchte ein. Bekannte Produkte sind verschiedene transgene Maissorten und Breitbandherbizide mit dem umstrittenen Wirkstoff Glyphosat unter dem Namen Roundup. … Kritiker monieren, Monsanto betreibe eine offensive Aufkaufpolitik anderer Saatgutunternehmen und halte bereits eine Monopolstellung bei der Produktion von genverändertem Saatgut. 2005 lag der Marktanteil von Monsanto laut Greenpeace bei über 90 % aller weltweit angebauten transgenen Pflanzen. Greenpeace behauptet, Monsanto wolle die globale Landwirtschaft vollständig unter seine Kontrolle bringen. … Tiruverda Jagadisan, der fast 20 Jahre bei Monsanto beschäftigt war, davon acht Jahre als geschäftsführender Direktor für Monsanto Indien, warf Monsanto vor, wissenschaftliche Daten zu fälschen, die Zulassungsbehörden der Regierung übermittelt wurden, um Genehmigungen für eigene Produkte in Indien zu erhalten. … In der Kritik steht darüber hinaus eine Vermischung von Monsantos Aktivitäten und der Politik. Unter der Bezeichnung „revolving doors" („Drehtür") prangerten Konzernkritiker die „zur Perfektion gebrachte" Personalverquickung mit der herrschenden Administration und die Sympathie fördernde Aussicht auf lukrative Jobs für Beamte und Politikerassistenten an und bezeichneten Monsanto als ‚ein Pensionat für ehemalige Clinton-Mitarbeiter'. … Unter dem Markennamen Posilac vertrieb Monsanto ein Wachstumshormon zur Steigerung der Milchleistung von Milchkühen (Recombinant Bovine Somatotropin – rBST). … Kontroversen um genveränderten Mais und Roundup: Zu einigen Produkten von Monsanto gibt es Kontroversen bezüglich ihrer Auswirkungen auf die menschliche Gesundheit. … Am 9. Mai 2019 enthüllte die Zeitung ‚Le Monde', dass Monsanto ab 2016 in Frankreich klandestine Listen anlegen ließ mit teilweise persönlichen Informationen über Politiker und Beamte, Journalisten, Leiter von Berufsorganisationen und öffentliche Organisationen und sogar Wissenschaftler, die sich in Europa an der Debatte über die Zulassungsverlängerung von Glyphosat und Gentechnik beteiligten, mit dem Ziel, diese zu überwachen und zu beeinflussen. … "[(32)]

Diese Fakten stehen für eine dunkle und unumkehrbare Zukunft der Menschheit. Kann man nicht auch mit genmanipulierter Ernährung die weltweite Kontrolle über die Geburten anstreben bzw. übernehmen? Ein Schelm wer da böses denkt!

3. **Gesundheit und Wohlergehen:** Alle Menschen werden mit „vorgehaltener Pistole" dazu gezwungen, sich über 100 Stoffe impfen zu lassen, wobei Eltern mit Kindesentzug, Verhaftung und Gefängnis bei Verweigerung gedroht wird. „Präventive Maßnahmen" in Form von „Gesundheitstests" werden eingeführt den jeweiligen Menschen durch einen individuellen Medikamentencocktail bei bester „Gesundheit" zu halten. Kommt Ihnen das bekannt vor: „*Corona-Testpflicht: Schulamt in Hanau droht mit Kindesentzug – Seit Ende der Osterferien am Montag (19.04.2021) sind Schülerinnen und Schüler in Präsenzunterricht verpflichtet, sich zweimal pro Woche selbst zu testen oder testen zu lassen. ‚Kommen die Erziehungsberechtigten den ihnen hier obliegenden Pflichten nicht nach oder verweigern sie diese, sind sie darauf hinzuweisen, dass in diesem Fall das Jugendamt zwecks Inobhutnahme des Kindes bzw. der/des Jugendlichen verständigt werden muss', heißt es in einem Brief an die Schulleiterinnen und Schulleiter des Main-Kinzig-Kreises, der der Frankfurter Rundschau vorliegt.*"[(33)]

Ich frage mich, woher der Begriff „Pharmamafia" wohl stammt! Es kommt immer wieder darauf an, wie man dem Volk den Willen, der ach so besorgten Führerschaft ~~aufzwingt~~ erklärt.

4. **Hochwertige Bildung weltweit:** Alle Menschen werden freien Zugang zur Bildung haben. Mit Bildung wird dies aber in Zukunft noch weniger zu tun haben, denn die Geschichtsfälschung läuft schon seit Jahrhunderten und wurde gerade in den letzten Jahren zunehmend extremer. „Freie Presse und Medien" sind schon heute aus dem Leben verschwunden. Die „Frankfurter Schule" (kommunistische Schulbildung a la Rothschild) hat sich bereits durchgesetzt und zeigt zahlreiche Erfolge, wenn man unsere Jugend beobachtet. Stichwort: Friday for Futures. Die sehr naiven „Greta-Demonstranten" können noch nicht einmal den Unterschied zwischen Wetter und Klima erklären, aber fordern (wie von den finanzstarken NGO-Soros-Unterstützern per Gehirnwäsche implantiert) ein Umdenken von den Regierenden. Aber wer braucht in Zukunft schon unabhängige Denker und Philosophen, wenn dumme Arbeiter bzw. Sklaven, welche nicht aufbegehren, ausreichen.

5. **Gleichstellung von Frauen und Männern:** Der Bestsellerautor Michael Snyder erklärt dies so: „*Kriminalisiere das Christentum, marginalisiere die*

Heterosexualität, dämonisiere die Männer und fördere die LGBT-Agenda überall. Das wirkliche Ziel ist niemals ‚Geschlechtergleichheit', sondern vielmehr die Marginalisierung und Beschämung all derer, die egal welche männlichen Eigenschaften zum Ausdruck bringen. Das letztendliche Ziel ist die Feminisierung der Gesellschaft, welche eine weit verbreitete Akzeptanz des ‚sanften Gehorsams' zusammen mit den selbstschwächenden Ideen des Gemeinschaftseigentums und des ‚Teilens' von allem schafft. Da nur die männliche Energie die Kraft hat, sich gegen Unterdrückung zu erheben und für Menschenrechte zu kämpfen, ist die Unterdrückung der männlichen Energie der Schlüssel, um die Bevölkerung in einem Zustand ewiger Duldung zu halten."[(34)] Hat die manipulierte und inzwischen als „normal" angesehene Verweiblichung der Männer und Förderung von gleichgeschlechtlichen Paaren etwas mit der Geburtenkontrolle zu tun? Scheinbar spielen Psychopathen, selbstverliebte und „gottähnliche" Eugeniker auf dem Rücken der Menschheit, die zur Einordnung der Situation nicht in der Lage zu sein scheinen, weil die Menschheit nicht so krank denken kann, ungehindert Gott! Schauen wir uns doch mal ein paar Zitate von Margret Sanger an, von der Wikipedia sagt, dass sie als feministische Eugenikern gesehen werden „kann", dass ganz so klingt, als gäbe es da noch Zweifel[(35)]:

◦„*Das Barmherzigste, was die Großfamilie einem ihrer Kinder tun kann, ist, es zu töten.*" – „Die Frau und die neue Rasse", Kapitel 5, „Die Schlechtigkeit, große Familien zu schaffen." (1920)

◦„*Eugenik ohne Geburtenkontrolle scheint uns ein Haus zu sein, das auf dem Sand gebaut ist. Es ist dem steigenden Strom der Untauglichen ausgeliefert.*" – Sanger, Margaret. (1919) „Birth Control and Racial Betterment. The Birth Control Review".

◦„*Als Befürworterin der Geburtenkontrolle möchte ich die gegenwärtige Gelegenheit nutzen, um darauf hinzuweisen, dass das Ungleichgewicht zwischen der Geburtenrate der ‚Untauglichen' und der ‚Tauglichen', das zugegebenermaßen die größte gegenwärtige Bedrohung der Zivilisation darstellt, niemals durch die Einführung eines Wiegenwettbewerbs zwischen diesen beiden Klassen behoben werden kann.*" – Sanger, Margaret. (1921) „The Eugenic Value of Birth Control Propaganda. The Birth Control Review", S. 5.

◦„*Wenden Sie eine strenge und rigide Sterilisations- und Segregationspolitik auf den Teil der Bevölkerung an, dessen Nachkommenschaft verdorben ist oder dessen Vererbung so beschaffen ist, dass anstößige Eigenschaften auf die Nachkommen übertragen werden können.*“ – Sanger, Margaret. „Mein Weg zum Frieden“, 17. Januar 1932. „Margaret Sanger Papers“, Library of Congress 130:198.

◦„*Alle unsere Probleme sind das Ergebnis der Überzüchtung der Arbeiterklasse ... Das Wissen um Geburtenkontrolle ist im Wesentlichen moralisch. Ihre allgemeine, wenn auch umsichtige Praxis muss zu einer höheren Individualität und schließlich zu einer reineren Rasse führen.*“ - Margaret Sanger, „Moral und Geburtenkontrolle“, Feb-Mar 1918.

◦„*Die Geburtenkontrolle selbst, die oft als Verstoß gegen das Naturrecht angeprangert wird, ist nicht mehr und nicht weniger als die Erleichterung des Prozesses der Ausmerzung der Untauglichen, der Verhinderung der Geburt von Defekten oder von solchen, die Defekte werden ... Wenn wir rassischen Fortschritt machen wollen, muss diese Entwicklung der Weiblichkeit der Mutterschaft in jeder einzelnen Frau vorausgehen.*“ – „Die Frau und die neue Rasse“, 1920

◦„ *... diese zwei Worte (Geburtenkontrolle) fassen unsere ganze Philosophie zusammen ... Sie bedeutet die Freisetzung und Kultivierung der besseren Elemente in unserer Gesellschaft und die allmähliche Unterdrückung, Eliminierung und schließlich Ausrottung der fehlerhaften Bestände – jenes menschlichen Unkrauts, das die Blüte der feinsten Blumen der amerikanischen Zivilisation bedroht.*“ - Margaret Sanger, „High Lights in the History of Birth Control“, Okt. 1923.

6. **Ausreichend Wasser in bester Qualität:** Wasser ist die Grundlage allen Lebens und wortwörtlich die unverzichtbarste Lebensgrundlage für Mensch und Natur! 90 Prozent des Wassers weltweit werden von der durch multinationale Konzerne beherrschten Rohstoffindustrie verbraucht und gleichzeitig die Privatisierung der Wasserversorgung weltweit stark vorangetrieben wird. Heute beherrschen eine Reihe multinationaler Konzerne die

globalen Wassermärkte, die Wasser so immer mehr zum Luxusgut machen und gleichzeitig jegliche Freiheit und Unabhängigkeit der Bevöl-kerung verhindern. *„Anlässlich des Streits zwischen Edeka und Nestlé wird wieder ein altes Zitat von Nestlé-Chef Peter Brabeck-Letmathe von Kritikern des Konzerns verbreitet. Aussage: Wasser sei kein Menschenrecht.*"[36]

Aber Wasser ist noch viel mehr, denn „Wasser ist ein Mega-Geschäft. In Michigan zahlte Nestlé 200 Dollar für 500.000 Tonnen vom besten Quellwasser und macht daraus Millionen. Die Anwohner sind über den Wasser-Raubzug empört. ... Nestlé hat das Geschäft mit dem Wasser perfektioniert ... 500.000 Tonnen Wasser entnimmt der Wasser-Multi und zahlt dafür eine Gebühr von 200 Dollar – die Wasserflaschen erlösen am Ende über 100 Millionen Dollar. Ob die Privatiserung des Wassers wirklich das Ökosystem schützt, kann man bezweifeln."[37]

Solche Mega-Konzerne reißen sich durch Korruption von Politikern im ganz großen Stil die Kontrolle der Wasserversorgung an sich und zocken die Menschen ab, unter dem geduldetem Vorwand die „Verfügbarkeit der Infrastruktur zu gewährleisten"!!! Dieses Geschäftsgebaren ist einfach nur krank!

7. **Bezahlbare und saubere Energie**: Fakt ist, dass z.B. in Deutschland durch den Ausbau der erneuerbaren Energien die Strompreise massiv in die Höhe getrieben und vor allem die Verbraucher dafür zur Kasse gebeten werden. Verbanne die Nutzung von Kohle, Gas und Öl oder besteuere sie so, dass sich der Otto-Normalverbraucher dies nicht mehr leisten kann. Wiegel die Jugend in der Schule so auf, dass sie freitags die Schule schwänzen (was dem rebellischem Teenager in der Natur liegt), um gegen die „Klimapolitik der Regierenden" zu protestieren, weil sie ja Dank der Frankfurter Kommunistischen Schule „so all wissend" veranlagt sind! Selbstverständlich haben solche „Klimaaktivisten" immer eine Galionsfigur. Die Rolle der deutschen Klima-Auskennerin hat die Reemtsma-Erbin aus der Rothschild-Dynastie Luisa Neubauer übernommen, welche offensichtlich mit dem ICE durch ihre Kinderstube gerauscht ist, denn sonst hätte sie Hans-Georg Maaßen bei „Anne Will" nicht vorgeworfen, „antisemitische" Inhalte zu verbreiten, weil Herr Maaßen das Schwubelwort „Globalist" benutzte. Dazu muss man wissen, dass die roten (wortwörtlich, in mehrfacher Hinsicht) Antiverschwörungstheoretiker a la Anetta Kahane und Pia Lamberty das Wort „Globalist"

für ein antisemitisches Codewort erklärt haben! Tatsächlich wollte die „Fridays For Future“-Göre bei „Anne Will“ aber wohl nur sagen, dass es ihrer Auffassung nach keinerlei Kritik am „Great Reset“-Konzept der globalen Eliten geben darf - und zwar auch nicht durch den Ex-Geheimdienstmann Maaßen, der nun sicherlich weiß, was hinter den Kulissen gespielt wird!

Und was wäre das i-Tüpfelchen für die „grüne Energie“? Richtig, eine scheinbar „grüne“ Trampolinhüpfende und kindlich-naive Kanzlerin, welche sich gerade in der Marionetten-Republik Deutschland etabliert bzw. installiert und sich natürlich beim deutschen Schlaf-Michel durchsetzen wird, falls sie sich in ihrer Naivität nicht selbst ins Abseits manövriert! Nachdem die deutsche Wirtschaft Dank der „Pandemie“ gegen die Wand gefahren wurde, brauchen wir auch genauso eine hochstudierte Kanzlerin, mit einem abgeschlossenem Vorstudium, welche das Element Kobalt als Kobold bezeichnet und gern „Hühner, Schweine und Kühe melkt“! Selbstverständlich kommt die „grüne wissenschaftliche Beratung“ in Form von unzähligen „Ad-hoc Stellungnahmen“ von der Nationalen Akademie der Wissenschaften Leopoldina in Halle an der Saale und derer angeschlossenen Institute, welche wie durch Zufall von dem Paläoklimatologen Gerald H. Haug seit März 2020 als Präsident vertreten wird. Weitere Informationen zu der Naturakademie Leopoldina finden Sie in dem Kapitel: Die Regentschaft der Denkfabrik: LEOPOLDINA.

8. **Nachhaltig wirtschaften als Chance für alle:** Zu beobachten ist, dass durch die Globalisierung internationale Konzerne immer mehr die Arbeitsbedingungen diktieren, die Menschen rücksichtslos ausbeuten und gleichzeitig kleinere Unternehmen im großen Umfang übernehmen oder zerstören. So übernahmen z.B. allein die fünf größten Internetkonzerne in den vergangenen zehn Jahren 436 Firmen im Wert von 131 Milliarden US-Dollar. Dies hat zur Folge, dass schlussendlich nur noch eine Handvoll Konzerne bestehen bleiben. Dank der ewigen Corona-Lockdowns werden kleinerer Händler und Geschäfte wortwörtlich vernichtet, zur Aufgabe gezwungen!

9. **Industrie, Innovation und Infrastruktur:** In zahlreichen Ländern wird eine Deindustrialisierung stattfinden, wodurch z.T. die Arbeitslosigkeit

signifikant ansteigt. Gleichzeitig wurden viele Länder durch „Förder"-Kredite in eine staatliche Überschuldung, sprich Schuldenfalle, gelockt. Die Folge ist der Ausverkauf der heimischen Ressourcen, Infrastrukturen und Arbeitskräfte.

10. **Weniger Ungleichheiten:** Der Ökonom Valentin Lang untersuchte in einer Studie die Folgen der Globalisierung in 147 Staaten zwischen 1970 bis 2014 und kam zu folgendem ernüchterndem Ergebnis: Die Einkommensunterschiede zwischen den Ländern verringern sich zwar, doch klaffen die Einkommensunterschiede innerhalb der Bevölkerung immer stärker auseinander. Während die Einkommen der besserverdienenden Oberschicht anstiegen, ist die einfache Bevölkerung der große Verlierer. Sie werden durch internationale Konzerne, die die Hauptprofiteure der Globalisierung sind, vielfach in Armut, Hunger und Perspektivlosigkeit gestürzt. Diese Konzerne beuten die Länder und ihre Bevölkerung rücksichtslos aus, wodurch es statt der versprochenen Verringerung zu einer Vergrößerung der Ungleichheit kommt.

11. **Nachhaltige Städte und Gemeinden:** Es wird im Namen der Sicherheit eine Totalüberwachung der Bevölkerung vorangetrieben. So setzen z.B. immer mehr Länder Gesichtserkennungstechnologie zur Überwachung ein. Auf öffentlichen Plätzen von Städten werden die Gesichter von Menschen automatisch gescannt und von einem Algorithmus verarbeitet. Zudem sollen strenge Waffengesetze für mehr Sicherheit sorgen. Tatsächlich entwaffnen Waffenverbote aber keinen einzigen Kriminellen, sondern vielmehr rechtstreue Bürger, wodurch Volksaufstände verhindert werden und einzig die Sicherheit der Oligarchen gewährleistet wird.

12. **Nachhaltig produzieren und konsumieren:** Es werden mit der Erhebung von Strafsteuern die Menschen gezwungen, bewährte Technologien aufzugeben. Zum Beispiel werden aufgrund der CO2-Steuer auf den Verbrauch von fossilen Brennstoffen in Deutschland neue Kohlekraftwerke demontiert und in anderen Ländern weiterbetrieben. Ähnlich verhält es sich bei Dieselfahrzeugen. Zudem wird ein Sozial-Kredit-System nach dem Vorbild Chinas im Namen des „Great Reset" sowohl in Deutschland als auch in allen anderen Ländern der Welt Schritt für Schritt vorbereitet. Folge ist: Wer

sich nicht regierungskonform verhält, kann so in seinen Freiheiten und Grundrechten bis hin zu seiner Existenzsicherung, sprich Kauf von Nahrungsmitteln, massiv beschnitten werden.

13. **Weltweit Klimaschutz umsetzen:** Der Autor Michael Snyder: „*Setze Quoten für den Energieverbrauch jedes einzelnen Menschen fest und fange an, ‚Lifestyle-Entscheidungen', welche die von Regierungen festgelegten Grenzen für den Energieverbrauch überschreiten, zu bestrafen oder sogar zu kriminalisieren. Richte die Totalüberwachung von Einzelpersonen ein, um ihren Energieverbrauch zu verfolgen und zu berechnen. Stelle den privaten Fahrzeugbesitz unter Strafe und zwinge die Massen zur Benutzung öffentlicher Verkehrsmittel, wo Gesichtserkennungskameras die Bewegung jeder Person in der Gesellschaft überwachen und aufzeichnen können, wie eine direkt aus dem ‚Minority Report' herausgeschnittene Szene.*"[(38)]

14. **Leben unter Wasser schützen:** Verbiete die Fischerei, was die Nahrungssmittelversorgung weltweit in eine extreme Knappheit stürzen und eine Hyperinflation der Lebensmittelpreise verursachen wird. Kriminalisiere den Betrieb privater Fischereifahrzeuge und unterstelle alle Fahrten der Hochseefischerei der zentralen Regierungsplanung. Erlaube nur begünstigten Unternehmen, Hochseefischerei zu betreiben (und entscheide hierbei ausschließlich nach der Höhe der Wahlkampfspenden von Unternehmen an korrupte Gesetzgeber).

15. Leben an Land: Michael Snyder sagte zu diesem Punkt: „*Führe die Agenda 21 ein, vertreibe die Menschen vom Land und in überwachte Städte. Kriminalisiere privaten Landbesitz, einschließlich Bauernhöfen und landwirtschaftlich genutzte Flächen. Errichte eine strenge Kontrolle der gesamten Landwirtschaft durch eine von Unternehmen korrumpierte Regierungsbürokratie, deren Politik fast ausschließlich von Monsanto be-stimmt und von der ‚USDA' genehmigt wird. Zur Kriminalisierung der Autarkie und der völligen Abhängigkeit von der Regierung, verbiete Holzöfen, Regenwasserauffanganlagen und den häuslichen Gartenbau.*"[(39)]

16. Starke und transparente Institutionen fördern: Michael Snyder übersetzte dies so: „*Übersetzung: Gewähre illegalen Ausländern und ‚geschützten'*

Minderheitengruppen legale Immunität, um sich frei an jeder illegalen Aktivität zu beteiligen – einschließlich des offenen Aufrufs zum Massenmord an Polizisten – da sie die neue, geschützte Klasse der Gesellschaft sind. ‚Starke Institutionen' sind jene Unternehmen, die Beschäftigte aus der LGBT-Gemeinde oder aus welchen von der Regierung auch immer mit staatlichen Zuschüssen bedachten Gruppen einstellen. Benutze den „IRS' und andere Bundesbehörden dazu, mißliebige Gruppen selektiv mit sanktionierenden Revisionen und behördlichen Schikanen zu überziehen, während Du die kriminellen Aktivitäten begünstigter und mit dem Establishment befreundeter Unternehmen ignorierst."[40]

17. **Globale Partnerschaft:** Michael Snyder's Worte dazu: *„Erlasse Vorschriften für den Welthandel, die nationale Gesetze außer Kraft setzen und gleichzeitig Unternehmen wie Monsanto, Dow Chemical, RJ Reynolds, Coca-Cola und Merck uneingeschränkte imperialistische Befugnisse einräumen. Verabschiede globale Handelspakte, welche die nationale Gesetzgebung umgehen und das Urhaberrecht außer Kraft setzen, um sicherzustellen, dass die mächtigsten Konzerne der Welt ihre totalen Monopole über Medikamente, Saatgut, Chemikalien und Technologie aufrechterhalten. Setze nationale Gesetze außer Kraft und fordere den totalen globalen Gehorsam gegenüber Handelsabkommen, die von mächtigen Konzernen verfasst und von den Vereinten Nationen abgesegnet worden sind.*"[41]

Die UNO reißt die Welt in den Abgrund: Mit der „Agenda 2030" ist die UNO entschlossen, die Menschheit NICHT von der Tyrannei der Armut und der Not zu befreien und unseren Planeten zu heilen. Wie man sieht, ist die „Agenda 2030" nichts weiter als ein Etikettenschwindel, eine Meisterleistung von Public Relations.

Ein weiterer Fall für den, meiner Meinung nach, Missbrauch von PR ist der „Codex Alimentarius". Der größte Teil der Menschheit hat davon noch nichts gehört. Auch hier werden wieder schöne Worte für Schandtaten zweckentfremdet. Doch was ist gemeint, mit dem:

Codex Alimentarius

Ins Leben gerufen wurde dieser Codex im Jahre 1893 in Österreich. Die damalige Österreichisch-Ungarische Monarchie beschloss, dass ein spezielles Regelwerk erforderlich sei, um den Gerichten in Streitfällen um Lebensmittel eine genormte Handhabe zu geben. Die Sammlung amtlicher Vorschriften wurde als „Codex Alimentarius“ bekannt und hielt bis zum Niedergang der Monarchie im Jahre 1918 Bestand. Wikipedia erklärt diesen Codex so:

„Der ‚Codex Alimentarius‘ (von lat. alimentarius für Lebensmittel und codex für Verzeichnis, Dokument) ist eine Sammlung von Normen für die Lebensmittelsicherheit und -produktqualität der Vereinten Nationen, die von der Ernährungs- und Landwirtschaftsorganisation (FAO) und der Weltgesundheitsorganisation (WHO) erstmals 1963 herausgegeben wurde. Der Codex koordiniert den fairen Handel mit Lebensmitteln auf internationaler Ebene und stellt den Schutz der Gesundheit von Verbrauchern mithilfe von einheitlichen Normen sicher. … Der 1963 gegründete ‚Codex Alimentarius‘ (CA) wird heute getragen von 189 Mitgliedern, die wiederum aus 188 Staaten einschließlich den Ländern der Europäischen Union bestehen. Sie bilden gemeinsam die ‚Codex Alimentarius Kommission‘ (CAC), das oberste Lenkungs- und Beschlussorgan, welches von 30 nachgeordneten Gremien unterstützt wird. Die Kommission wird von 240 Beobachtern begleitet, die sich in 56 Zwischenstaatlichen Organisationen, 168 Nichtregierungsorganisationen und 16 UN-Organisationen gliedern. Durch den Beitritt der EU im Jahr 2003 sind auch deren Mitgliedstaaten Teil der CAC, die den Codex fortschreibt. Dadurch ist der Einfluss der 28 Mitgliedstaaten in dieser Organisation stark angestiegen. … Neben Verfahren zum Sicherstellen der Le-bensmittelsicherheit (z. B. der Aufbau eines HACCP-Systems oder die Durchführung von Stichprobenkontrollen) enthält der Codex Alimentarius auch produktspezifische Standards, die Festlegungen über Herstellungsverfahren treffen, mikrobiologische Risiken benennen und die Kennzeichnung der Ware zur Information des Endverbrauchers regeln. Die Bedeutung des ‚Codex Alimentarius‘ stieg infolge der Gründung der Welthandelsorganisation (WTO). Diese überwacht eine Vielzahl an unterschiedlichen Handelsabkommen, unter denen sich auch zwei Übereinkommen für den Lebensmittelhandel befinden. Eines dieser Handelsabkommen ist das SPS-

Abkommen (Agreement on the Application of Sanitary and Phytosanitary Measures), welches gesundheitspolizeiliche und pflanzenschutzrechtliche Maß-nahmen im Lebensmittelbereich umfasst und dabei auf die Festsetzungen des Codex zurückgreift.

Allgemeine Regelungen: Lebensmittelkennzeichnung (insbesondere für Bio- und GMO-Nahrungsmittel), Hilfsstoffe, Grenzwerte für Giftstoffe und Nahrungsergänzungsmittel, Nahrungsergänzungsmittel (Vitamine, Mineralstoffe usw.), Rückstände aus Land- und Viehwirtschaft, Methoden zur Risikoanalyse von biotechnischen Produkten (Pflanzen, Microorganismen, Allergene), Nahrungsmittelhygiene einschließlich Hazard Analysis and Critical Control Points, Analysemethoden und Probenentnahme, Futtermittelzusätze und Lagerung

Spezielle Regelungen: Fleischprodukte, Fisch und Fischereiprodukte einschließlich Wasseranbau, Milch und Milchprodukte, Diätetische Lebensmittel und Kindernahrung, Frische und bearbeitete Gemüse und Früchte sowie Fruchtsäfte, Getreide und abgeleitete Produkte, getrocknete Hülsenfrüchte, Fette, Öle und abgeleitete Produkte, Diverse Nahrungsmittel (Schokolade, Zucker, Honig, Mineralwasser).“[(42)]

Verhaltensregeln für Lebensmittel, ist dies nicht wunderbar? Dem Regelwerk sei Dank, hat der Konsument endlich Gewissheit, dass das, was auf der Verpackung draufsteht, auch so enthalten ist. EHEC Epidemie, Eier mit Fipronil (Insektenvernichtungsmittel) belastet, gehören der Vergangenheit an! ODER???

Dieses Dokument „Codex Alimentarius“ umfasst mehr als 5000 Seiten. Erarbeitet wurden und werden Standards von Lobbyisten aus der Chemie und Pharmaindustrie, UNO und Stiftungen, wie Rockefeller, Rothschild, Ford und Co ... Da alle Länder weltweit der WHO angehören, drohen bei nicht Anwendung erhebliche Strafen. Lebensmitteln sollen wichtige Spurenelemente und Vitamine entzogen werden. Ziel ist wachsender Einsatz von Pestiziden, Fungiziden, Genfood-Anbau (Getreide, Kartoffeln, Mais, usw.) und eine Unterversorgung aller Menschen. Tests bei Genfood-Nahrung ergaben zum Beispiel ein Schrumpfen des Gehirns und erhöhtes Krebswachstum. Die Initiatoren waren damals *IG Farben* und sind heute *Bayer*, *Hoechst*, *BASF*, *Monsanto* und Bill & Melinda Gates. Auch das Konzept der EU stammt von den gleichen Interessengruppen aus den vierziger Jahren um Deutschland, aber auch die restlichen europäischen Staaten auszurauben und zu knechten.

Erwähnenswert ist noch das Jahr 2001, als die EU-Kommission Rekordgeldbussen gegen das Vitaminkartell, im Zusammenhang wegen Beteiligung an acht geheimen Marktaufteilungs- und Preisfestsetzungsabsprachen, in Höhe von insgesamt 855.22 Mio. EUR verhängte. Die beiden Hauptschuldigen waren *Hoffman-LaRoche* und *BASF*. Im Jahr 2002 setzten die WEO und die WHO einen externen Gutachter ein, da sie schwere Bedenken wegen der Ausrichtung des Codex hatten. Sein Auftrag lautete, die Leistungen und Erfolge des Regelwerkes seit 1962 zu bewerten.

Befund des Gutachters: Der gesamte Codex sei umgehend einzustampfen. Auf der Versammlung im Jahre 2008 wurde den USA der Vorsitz der Codex – Kommission übertragen. Seitdem verfolgen sie, wie kein anderer, das Ziel, den Interessen der Pharma-, Agrar- und Chemiegiganten nachzukommen. Ziele des Codex sind: Vitamine und Nährstoffe sind als Giftstoffe anzusehen und aus den Lebensmitteln zu entfernen.

Aus den Lebensmitteln zu entfernen, heißt:

• Genmanipulierte Lebensmittel, deren Auswirkungen auf unseren Organismus für uns noch vollkommen unbekannt ist. Die genmanipulierten Lebensmittel können auch patentiert werden und sind für den Anbau somit nicht mehr frei erhältlich. Die florierende Geschäftsidee von *Bayer/Monsanto*.
• Sämtliche Lebensmittel, inkl. Bio-Lebensmittel, sind zu bestrahlen. Durch die Bestrahlung werden die letzten Nährstoffe, die nicht durch Genmanipulation weg gezüchtet werden konnten, zerstört. Zurück bleibt eine wunderschöne Hülle, gefüllt mit einer minderwertigen Masse, die uns als Lebensmittel verkauft wird.
• Vitamine A, B, C und D, sowie Zink, Magnesium u.a. werden in therapeutisch unwirksame Mengen reduziert.

Wie widersprüchlich, ja schon fast bekloppt, die Aussagen der hochdekorierten Wissenschaftler und ihren Arbeitgebern, finanziert durch den „Rat der Götter", ist, stelle ich Ihnen hiermit am Beispiel Vitamin D unter Beweis:

• Schlagzeile vom 26.02.2021 bei *„gmx.ch"*: ***„Vitamin D für alle über 50 - und damit weniger Krebstote?*** *... Wenn jeder Deutsche ab 50 Jahren Vitamin-D-Präparate einnehmen würde, könnten jährlich bis zu 30.000 krebsbedingte Todesfälle vermieden werden – und 254 Millionen Euro würden gespart. ... Vitamin-D-Mangel wird mit zahlreichen Erkrankungen in Verbindung gebracht und auch mit der Sterblichkeit bei COVID-19-Erkrankungen. ... Viele positive Gesundheitseffekte durch ausreichende Vitamin-D-Versorgung."*[(43)]

• Drei Monate später schrieb der *„Spiegel"* am 16.05.2021: **„Bundesinstitut empfiehlt Vitamin-D-Pillen nur in Ausnahmefällen** ... Derzeit fehlen Belege, dass es gegen das Coronavirus hilft, Vitamin-D-Tabletten zu schlucken. ... Seit Beginn der Pandemie wabern Thesen durchs Netz, wonach die Einnahme von Vitamin D Schutz vor Covid-19 bieten könnte. ... Darin warnen die Experten davor, die Pillen einzunehmen, ohne vorher den Rat von Fachleuten einzuholen."[(44)]

• Ebenfalls am 16.05.2021 las ich auf *„apotheke-adhoc.de"*: ***„Das Bundesinstitut für Risikobewertung (BfR) warnt vor den gesundheitlichen Risiken einer eigenständigen Einnahme von Vitamin-D-Präparaten*** *... Im Internet machen schon seit längeren Empfehlungen für die Einnahme von Vitamin-D-Präparaten die Runde, aktuell auch begründet mit Hinweisen, eine Infektion mit dem Coronavirus oder ein schwerer Verlauf einer Covid-19-Erkrankung könnten damit verhindert werden. ... Wer eigenmächtig Vitamin D einnehmen wolle, solle nur auf Präparate mit einer Tagesdosis von bis zu 20 Mikrogramm (800 Internationale Einheiten) zurückgreifen."*[(45)]

• Nur einen Tag später, am 17.05.2021 stand auf der Online-Präsenz von „Business Insider Deutschland": **„Vitamin D könnte laut dem Bundesinstitut für Risikobewertung (BfR) nun doch Einfluss auf eine Covid-19-Erkrankung haben.** Das geht aus einer Mitteilung hervor, die das Institut am 14. Mai veröffentlicht hat. Darin heißt es: *„Es gibt Hinweise darauf, dass ein unzureichender Vitamin D-Serumspiegel mit einem er-höhten Risiko für akute Atemwegsinfekte einhergeht. Dazu gehört auch die Covid-19-Erkrankung.*'"[(46)]

• Auch selben Tag konnte man auch folgenden Artikel bei *„gmx.net"* lesen: *„Das Bundesinstitut für Risikobewertung (BfR) warnt davor, eigenständig Vitamin-D-Präparate einzunehmen. Die Experten raten dazu, höhere Dosierungen nur unter ärztlicher Kontrolle vorzunehmen."*[47]

• Nur einen Tag später, am 18.05.2021 schrieb jedoch der *„Merkur"*: „Vitamin-D-Pillen gegen Corona? Bundesinstitut empfiehlt Einnahme."[48]

Da fehlen mir wortwörtlich die Worte. Ich frage mich, wo sind denn die sogenannten Apotheker meines Vertrauens geblieben?! Irgendwie will sich in Deutschland offensichtlich kaum jemand ernsthaft und wissenschaftlich mit der Vitamin D-Versorgung der Bevölkerung befassen, oder denen die es tun, will niemand zuhören. 4.000 Einheiten pro Tag ist übrigens die Dosierung, die die Besatzungsmitglieder von amerikanischen Atom-U-Booten erhalten, die logischerweise die Sonne für längere Zeit nicht sehen können. Die Navy wird wohl wissen warum!

Mir stellt sich somit die Frage: Wie vertrauenswürdig ist die sogenannte Wissenschaft wirklich? Auf das Thema Wissenschaft gehen wir in einem späteren Kapitel ein, mit dem Titel: Die Regentschaft der Denkfabrik: LEOPOLDINA.

In zwei Generationen wird unser Ur-Wissen verschwunden sein!

• Weltweit sind alle Milchkühe mit dem genmanipulierten rekombinanten Rinderwachstumshormonen der Firma *Monsanto* zu behandeln.

• Alle Tiere, die der Lebensmittelerzeugung dienen, sind mit starken Antibiotika und körperfremden Wachstumshormonen zu behandeln.
• Krebserregende und tödliche organische Pestizide werden wieder in erhöhten Mengen in Lebensmitteln erlaubt sein.

Darunter sind sieben der zwölf gefährlichsten (z. B. Hexachlorbenzol, Toxaphen und Aldrin), die auf der Stockholmer Konvention für langlebige organische Schadstoffe im Jahre 2001 von 176 Staaten – auch den USA – verboten wurden.

Der Codex wird gefährliche und giftige Mengen von Aflatoxin in Trinkmilch – 0,5 ppb (Teile pro Milliarde) – gestatten.

Aflatoxin entsteht in Tierfutter, das bei der Lagerung verschimmelt ist. Es handelt sich um die zweitstärkste (nicht mit Strahlung zusammenhängende) krebserregende Substanz, die wir kennen.

• Die Anwendung von Wachstumshormonen und Antibiotika wird für alle Viehbestände, Geflügelarten und im Wasser gezüchteten Tiere, die für den menschlichen Verzehr bestimmt sind, vorgeschrieben.

• Der weltweite Einsatz ungekennzeichneter genmanipulierter Organismen in Feldfrüchten, Tieren, Fischen und Pflanzen wird vorgeschrieben.

• Es werden erhöhte Mengen von für Menschen und Tiere giftigen Pestizid- und Insektizidrückständen zugelassen.

„Bevölkerungskontrolle gegen Geld“ – so lässt sich der neue „Codex Alimentarius“ am ehesten umschreiben. Er wird faktisch durch die Chemie-, Pharma- und Agrar- Riesen gesteuert und kontrolliert, deren primäres Ziel es ist, die Weltbevölkerung von ihren derzeit geschätzten knapp 8 Milliarden auf tragfähige 500 Millionen zu dezimieren.

Abb. 9: Ein Rothschild und der Chef der WHO – Ähnlichkeit rein zufällig?!

Der Codex weist Ähnlichkeiten zu anderen Bevölkerungskontrollmaßnahmen auf, die von den Regierungen der westlichen Welt im Verborgenen vorgenommen werden. Beispiele sind die Einschleusung von DNS schädigenden und latent immunsuppressiven Mitteln in Impfstoffen (siehe die als Waffe eingesetzte Vogelgrippe und AIDS), der Süßstoff Aspartam, Chemtrails, Chemotherapie als Mittel zur Krebsbekämpfung und RU486 (die von der Rockefeller-Dynastie finanzierte Abtreibungspille).

Nach Schätzungen der WEO und der WHO, wird allein die Einführung der Vitamin- und Mineralstoffrichtlinie, innerhalb von zehn Jahren, mindestens drei Milliarden Todesopfer fordern. Eine Milliarde Menschen werden verhungern, und zwei Milliarden werden an vermeidbaren, durch Unterernährung verursachten degenerativen Krankheiten sterben, z. B. an Krebs, Herzkranzgefäßerkrankungen und Diabetes.

Durch den Verzehr von wertlosen, entvitaminisierten, pestizidverseuchten und verstrahlten Lebensmitteln, wird die, für die Pharmaindustrie höchst profitable Geschäftsgrundlage geschaffen. Es ist die schnellste und wirksamste Methode, Mangelerscheinungen und degenerative Krankheiten zu erzeugen.

Bewusstes krankmachen als profitables Geschäftsmodell. Da frage ich mich: Wie abgrundtief hassen uns diese Industriegiganten?

Die Geschichte der Public Relations

„Öffentlichkeitsarbeit wurde im Zuge der Ausdifferenzierung der Gesellschaft sowie zunehmender räumlicher Entgrenzung von Organisationen notwendig. Berufsgeschichtlich hat sie vor allem mit dem Journalismus gemeinsame Wurzeln. Infolge der Herausbildung von Massenmedien wuchs sie gemeinsam mit diesen erheblich in Umfang und Komplexität. Der Forschungsstand ermöglicht derzeit vor allem einen Vergleich der Geschichte der PR in den USA und in Deutschland. Während die Entwicklungen und Herausforderungen an Organisationen in Bezug auf Massenmedien und Wachstum vergleichbar waren, nahmen unterschiedliche Denktraditionen und soziokulturelle Entwicklungen erheblichen Einfluss auf die Entwicklungslinien der konkret herausgebildeten PR-Systeme. Besonders hervorzuheben sind dabei die beiden Diktaturen des 20. Jahrhunderts in Deutschland. Periodisierungen der Geschichte der Public Relations (und gesammelte Beispiele von PR-Aktionen) liegen vor von Günter Bentele, Edward Bernays, Scott Cutlip, James E. Grunig, Kordes/Pollmann, Franz Ronneberger und Albert Oeckl. Längs der Entwicklung eines Strukturwandels der Öffentlichkeit (Jürgen Habermas) lassen sich grundlegende Strömungen zwar supranational nachvollziehen, die Ausdifferenzierung der Public Relations in den jeweiligen Gesellschaften lässt sich jedoch aufgrund erheblicher soziohistorischer Differenzen mit größerem Gewinn auf nationaler Ebene beschreiben.

Vorläufer der Öffentlichkeitsarbeit

- *Im antiken Griechenland und Rom: Gedanken über die Relevanz der öffentlichen Meinung. Das Streben nach Ruhm wird heute teils als eine Anwendung von Impression Management verstanden.*

• 1641: New England's First Fruits in London veröffentlicht, die laut Cutlip erste PR-Broschüre (mit dem Ziel „fund raising")

• 18. Jahrhundert: Die Arbeit der Revolutionäre im Amerikanischen Unabhängigkeitskrieg trägt PR-praktische Handschrift.

Entstehung im heutigen Sinne

• 1848 (Deutschland): Gründung des „Ministerialzeitungsbüros" für staatliche Öffentlichkeitsarbeit (ab 1851 „Zentralstelle für Presseangelegenheiten")

• Mitte des 19. Jahrhunderts (USA): Presseagenten insbesondere für die Eisenbahn und „Zirkus", wie zum Beispiel das American Museum von P.T. Barnum

• 1851: Krupp lässt auf der (ersten) Weltausstellung einen großen Stahlblock präsentieren (gerne kolportiert als das erste PR-Event).

• 1886: Suppengewürzhersteller Julius Maggi richtet in Deutschland ein „Reclame- und Pressebüro" ein, um seine Produkte bekannter zu machen und um sie besser zu vermarkten.

20. Jahrhundert - USA

In der Darstellung nach Cutlip ergeben sich die folgenden zeitlichen Etappen:

• bis 1917: Aufkommen von PR (seedbed era) als defensive Informationstätigkeit von Unternehmen gegenüber investigativen Journalisten (muckrakers) und für weitreichende politische Re-formen unter Theodore Roosevelt und Woodrow Wilson

• 1917–1919: Einsatz von PR in der Zeit des Ersten Weltkriegs, (creel committee) um die Bereitschaft für Kriegsanleihen, Spenden und in den Krieg zu ziehen zu steigern.

• in den Goldenen Zwanzigern: Gründerjahre des Berufsfelds und Boom von PR für wirtschaftliche, politische und soziale Zwecke

• 1930–1945: In der Zeit nach der Wirtschaftskrise und dem Zweiten Weltkrieg dominiert die Entwicklung politischer und staatlicher Öffentlichkeitsarbeit unter Franklin D. Roosevelt und Louis McHenry Howe.

• 1945–1965: In der Nachkriegszeit bildete sich ein breites Berufsfeld heraus.

• ab 1965: Globalisierung und Informationsgesellschaft: Mit der exponentiellen Steigerung der Kommunikationsmöglichkeiten steigt auch der Bedarf an Kommunikationsmanagement rapide an.

20. Jahrhundert - Deutschland

Nach Günter Bentele ergeben sich hier seit Mitte des 20. Jahrhunderts folgende Abläufe:

• 1906: Das erste staatliche „Pressbüro" entstand in Magdeburg, 1914 waren es bereits 20 kommunale Pressestellen.

• bis 1918: Kriegs-PR, der Beruf entstand.

• 1918–1933: Pressearbeit wurde in Wirtschaft, Politik und Kommunen selbstverständlich.

• 1933–1945: In der Zeit des Nationalsozialismus stand Pressearbeit unter großem Einfluss und sogar Vorbehalt der politischen Propaganda.

• 1945–1958: In der Bundesrepublik Deutschland setzte nach der Kapitulation eine Entdeckung von Public Relations nach amerikanischem Vorbild als etwas Neues ein, das sich rasch zu einem Berufsfeld entwickelte.

• 1958–1985: Nach der Gründung des Berufsverbands in der Bundesrepublik Deutschland wuchs die Branche und entwickelte berufspraktische Ausbildungswege. In der DDR bildete sich ein Typ sozialistischer Öffentlichkeitsarbeit heraus.

• *seit 1985: Wachstum bei den PR-Agenturen und Akademisierung des Berufs*(49)

Wer sind jedoch die „Väter“ der heutigen Public Relations? Es gab zwei Menschen, welche für das PR, so wie wir sie heute kennen, die Verantwortung zeichnen: Edward Bernays und Ivy Lee.

Edward Bernays

*„Edward Louis Bernays (*22. November 1891 in Wien; † 9. März 1995 in New York) gilt neben Ivy Lee und anderen als Begründer der von ihm später in Public Relations umbenannten modernen Theorie der Propaganda. Als Public Relations Counselor war er auch federführend bei der praktischen Umsetzung seiner Erkenntnisse in teilweise spektakulären Kampagnen der psychologischen Kriegsführung, der politischen Propaganda und der kommerziellen Werbung. Edward Bernays war ein* ***Neffe Sigmund Freuds*** *und ein Urenkel des Hamburger Rabbiners Isaak Bernays. Seine Mutter war Freuds Schwester Anna, sein Vater Ely Bernays war der Bruder von Freuds Ehefrau Martha. Die in Wien ansässigen Eltern wanderten kurz nach der Geburt Edwards in die USA aus. 1892 zog die Familie nach New York City, wo er die DeWitt Clinton High School besuchte. 1912 erlangte er einen Abschluss in Agrarwissenschaft an der Cornell University, begann jedoch eine journalistische Karriere. Bernays war Pionier in der Anwendung von Forschungsergebnissen der noch jungen Psychologie und Sozialwissenschaften in der angewandten Öffentlichkeitsarbeit. Seine Erfolge in der Öffentlichkeitsarbeit halfen, die Psychoanalyse Freuds in den Vereinigten Staaten von Amerika zu popularisieren. Das* ***Freud'sche Menschenbild*** *ist grundlegend für Bernays' Wirken und Argumentation:* ***Der Mensch ist ein irrationales, von unbewussten Triebimpulsen motiviertes Wesen, das notwendig kultureller Bändigung und Steuerung bedarf. Dies gilt insbesondere für die Psychologie der Masse.*** *Auf dieser Grundlage entwickelte er* ***Kampagnen zur Meinungsbeeinflussung*** *auf Basis damals aktueller Erkenntnisse der* ***Massenpsychologie****. Bernays argumentierte:*

‚Wenn wir den Mechanismus und die Motive des Gruppendenkens verstehen, wird es möglich sein, die Massen, ohne deren Wissen, nach unserem Willen zu kontrollieren und zu steuern.‘

Er bezeichnete diese auf Wissenschaft basierende Technik der Meinungsformung als engineering of consent (sinngemäß: Technik zur Herstellung von Zustimmung und Konsens). Bernays bekanntestes Buch ‚Propaganda‘ (1928) beginnt im ersten Kapitel Organising Chaos mit den ‚brutal offenen‘ Worten:

Abb. 10: Edward Bernays 1917

‚Die bewusste und intelligente Manipulation der organisierten Gewohnheiten und Meinungen der Massen ist ein wichtiges Element der demokratischen Gesellschaft. ***Diejenigen, die diesen unsichtbaren Mechanismus der Gesellschaft manipulieren, bilden eine unsichtbare Regierung, die die wahre herrschende Macht unseres Landes ist.*** *Wir werden regiert, unser Geist wird geformt, unser Geschmack geformt, unsere Ideen vorgeschlagen, größtenteils von Menschen, von denen wir noch nie gehört haben. Dies ist ein logisches Ergebnis der Art und Weise, wie unsere demokratische Gesellschaft organisiert ist. Sehr viele Menschen müssen auf diese Weise zusammenarbeiten, um als reibungslos funktionierende Gesellschaft zusammenleben zu können. Unsere unsichtbaren Gouverneure sind sich in vielen Fällen der Identität ihrer Kollegen im Innenkabinett nicht bewusst. Sie regieren uns durch ihre natürlichen Führungsqualitäten, ihre Fähigkeit, die benötigten Ideen zu liefern, und durch ihre Schlüsselposition in der sozialen Struktur. Unabhängig von der Haltung, die man gegenüber diesem Zustand einnimmt, bleibt es eine Tatsache, dass wir in fast jedem Akt unseres täglichen Lebens, sei es im Bereich der Politik oder der Wirtschaft, in unserem sozialen Verhalten oder in unserem ethischen Denken, von der relativ kleinen Zahl dominiert werden von Personen – ein kleiner Teil unserer hundertzwanzig Millionen –, die die mentalen Prozesse und sozialen Muster der Massen verstehen. Sie ziehen an den Drähten, die das öffentliche Bewusstsein*

kontrollieren, nutzen alte soziale Kräfte und erfinden neue Wege, um die Welt zu binden und zu führen.‘

Eine seiner ***bevorzugten Techniken*** *zur Manipulation der öffentlichen Meinung war die indirekte* ***Nutzung prominenter Dritter****: ‚Wenn man die Gruppenführer beeinflussen kann, entweder mit oder ohne deren bewusste Zusammenarbeit, beeinflusst man automatisch deren Gruppe.‘*

Kriegspropaganda

Bernays unterstützte die amerikanische Regierung unter Wilson im Ersten Weltkrieg im Committee on Public Information (CPI) bei ihrem Bemühen, Zustimmung der Öffentlichkeit für einen Kriegseintritt der USA zu erzielen. Seine Kampagne im Kriegsjahr 1917 stellte er unter den Slogan: ‚Make the world safe for democracy.‘ Bernays arbeitete für das Bureau of Latin-American Affairs in New York. Mit Lieutenant F. E. Ackerman konzentrierte er sich darauf, Unterstützung in Lateinamerika für die USA über dort ansässige amerikanische Firmen zu finden. Er bezeichnete diese Tätigkeit selbst als „psychologische Kriegsführung“.

Nach Kriegsende war Bernays Teil einer sechzehnköpfigen Arbeitsgruppe, die für das CPI in der Pariser Friedenskonferenz tätig war. Ein Skandal entstand, als er in einer Presseverlautbarung das Wort Propaganda benutzte, das ‚erklärte Ziel der entsendeten Arbeitsgruppe bestehe darin, die Arbeit der Pariser Friedenskonferenz zu interpretieren, um durch weltweite Propaganda amerikanische Erfolge und Ideale zu verbreiten.‘

Übertragung auf Politik und Werbung

In den Nachkriegsjahren versuchte er, die Wirksamkeit von Propaganda als Steuerungsmittel des Kaufverhaltens und politischer Meinungsbildung einer Massendemokratie auch in Friedenszeiten nutzbar zu machen.

‚Es gab eine Grundlektion, die ich im CPI gelernt hatte – Unternehmungen ähnlich denen, die angewandt wurden, um die Einstellung des Gegners, Neutraler und Menschen des eigenen Landes zu beeinflussen, konnten auch mit

gleicher Leichtigkeit für Ziele in Friedenszeiten eingesetzt werden. Anders gesagt, was für die Nation im Krieg getan werden konnte, das konnte für Organisationen und Menschen in der Nation auch im Frieden geleistet werden.'

Um den belasteten Begriff Propaganda zu vermeiden, benannte er sein Konzept in Public Relations um. Bernays arbeitete für verschiedenste Wirtschaftsunternehmen, aber auch für karitative Vereinigungen. Klienten waren u. a. der ***US-Präsident Calvin Coolidge, Procter & Gamble, CBS, British American Tobacco, United Fruit, General Electric und Dodge Motors****. Ab den 1920ern wirkte er einige Jahre für die amerikanische Tabakindustrie, auch für die* ***American Tobacco Company*** *(ATC). Das grundlegende Problem der Industrie in den Nachkriegsjahren bestand in der Stagnation der Nachfrage. Man kaufte nur, was man brauchte: Waren, die mit rationalen Kriterien wie Nützlichkeit und Qualität beworben wurden. War der Markt gesättigt, stagnierte das Geschäft. Man musste also die Leute dazu bringen, Dinge zu kaufen, die sie nicht in dieser Weise brauchten. Bernays' Strategie zielte auf einen Mentalitätswandel der potenziellen Käufer, die die Ware ihres symbolischen Charakters wegen erwerben sollten; der Konsument Bernays' kauft Dinge zur Selbstdarstellung und zum Selbstausdruck: ‚Express yourself' sollte zur maßgeblichen Maxime der Kaufentscheidung werden, die Werbung an das irrationale Begehren der Kunden appellieren.*

Steigerung des Absatzes an Zigaretten

Als die ‚American Tobacco Company' ihn bat, den Umsatz ihrer ‚Lucky Strike'-Zigaretten zu steigern, befragte Bernays Abraham Brill, den führenden Schüler seines Onkels in New York, nach dem symbolischen Mehrwert der Zigarette für das weibliche Unbewusste. Der bestätigte ihm den phallischen Symbolcharakter der Zigarette als Zeichen männlicher Macht und wies auf den Freud'schen Penisneid als unbewusste Motivation von Frauen im Umgang mit Zigaretten hin.

Abb. 11: Reklame ‚Lucky Strike‘

Tatsächlich galt vor allem öffentliches Rauchen von Frauen zu dieser Zeit als Tabu. Bernays versuchte, das Rauchen auch für Frauen akzeptabel und attraktiv zu machen. Er beeinflusste dazu unter anderem die Modeindustrie, den typischen Grünton der Lucky-Strike-Packungen zur Farbe der Saison zu machen. Er beauftragte öffentlichkeitswirksam eine Gruppe von Frauen und bat sie, sich für die Osterparade 1929 als Suffragetten zu verkleiden. Die Frauen marschierten durch New Yorks Fifth Avenue. Als Zeitungsreporter sie fotografierten, zündeten sie Zigaretten an und proklamierten diese als ‚torches of freedom‘ (Fackeln der Freiheit). Die Werbestrategie zielte darauf ab, Zigaretten als Symbol weiblicher Emanzipation zu etablieren und den Widerstand der Frauen gegen das Rauchen zu brechen. Einige Jahrzehnte später – in den 1960ern – arbeitete er für die Anti-Rauch-Kampagne.

Steigerung des Absatzes von Büchern

In den 1930ern arbeitete Bernays für einige große Verlagshäuser. Neben seiner Taktik, angesehene Personen der Öffentlichkeit zur Befürwortung der Wichtigkeit von Büchern für die Zivilisation zu bewegen, hatte er die Idee, Möbelhersteller zum verstärkten Einbau von Bücherregalen in die Stubenmöbel zu veranlassen. Seine einfache Theorie lautete: ‚Wo es Bücherregale gibt, wird es auch Bücher geben.‘

Steigerung der Nutzung von Lkw

Ähnlich verfuhr Bernays, als er ab 1949 für ‚Mack Trucks‘ bzw. die amerikanische Truck-Industrie arbeitete. Um sich gegen die Eisenbahngesellschaften durchsetzen zu können, hatte Bernays einen indirekten und weitsichtigen Plan ausgeklügelt, von dem er zunächst seinen Auftraggeber überzeugen musste. Bernays gewann letztlich nicht nur die Zustimmung von ‚Mack Trucks‘, sondern brachte in den 1950er-Jahren auch den US-Kongress dazu, Milliarden von US-Dollar in den Ausbau des Highway-Systems zu investieren.

Fluoridierung von Trinkwasser

Bernays half der ‚Aluminum Company of America' (Alcoa) und anderen Verbänden, die amerikanische Öffentlichkeit davon zu überzeugen, dass die Fluoridierung des Trinkwassers unschädlich und der Gesundheit zuträglich sei. Dies wurde durch eine Medienkampagne der Vereinigung der Zahnärzte erreicht.

Multiple Sklerose

Bernays arbeitete auch für die Amerikanische Gesellschaft für Multiple Sklerose. Er stellte fest, dass der Name der Krankheit zu kompliziert sei, ‚um von den meisten Amerikanern verdaut werden zu können.' Kurzentschlossen ließ er den Namen auf ‚MS' abkürzen. Mitunter waren seine Kampagnen derart komplex, dass er selbst den Überblick verlor; manchmal – wie im Fall von ‚MS' – waren sie aber auch im Grunde genommen sehr einfach.

Einfluss auf Joseph Goebbels

Bernays behauptete in seiner Autobiographie, Joseph Goebbels habe sein Buch ‚Crystallizing Public Opinion' benutzt, um die antijüdische Propaganda im nationalsozialistischen Deutschland zu entwickeln. Bernays, selbst Jude, habe davon durch Karl von Wiegand, Deutschland-Reporter der amerikanischen ‚Hearst'-Zeitungen, erfahren. Dieser habe Goebbels besucht und mit ihm einen Rundgang durch dessen Bibliothek unternommen. Bernays kommentierte das in seiner 1965 erschienenen Autobiographie wie folgt: ‚Ich wusste, dass jede menschliche Aktivität für soziale Zwecke benutzt oder asozial missbraucht werden kann. Offensichtlich war die Attacke gegen die Juden Deutschlands kein emotionaler Ausbruch der Nazis, sondern eine wohlüberlegte, geplante Kampagne.'

Politische Propaganda - Wahlkämpfe

1924 unterstützte Bernays Calvin Coolidge in einer Imagekampagne. Dabei wurden Entertainer wie Al Jolson, John Drew, Raymond Hitchcock und die

Dolly Sisters ins Weiße Haus eingeladen, um ein Vaudeville aufzuführen. Dies wurde von der Presse verbreitet.

Herbert Hoover ließ sich 1932 von Bernays davon überzeugen, sich als unbesiegbaren Führer darzustellen und unter seinen Gegnern Uneinigkeit hervorzurufen.

Bernays beriet William O'Dwyer aufgrund demografischer Daten. Beispielsweise sollte er irische Wähler durch sein Vorgehen gegen die italienische Mafia gewinnen, die Italiener durch eine Reform des Polizeidepartments zu überzeugen. Den Juden sollte er als entschlossener Gegner der Nazis erscheinen.

Politische Propaganda - Putsch in Guatemala

Schon 1944 stellte Sam Zemurray Edward Bernays für die psychologische Kriegsführung gegen die demokratischen und sozialen Reformen in Guatemala und deren Präsidenten Arbenz ein, die die Stellung der ‚United Fruit Company' einschränkten. Bernays überzeugte Arthur Hays Sulzberger davon, auf Kosten von ‚United Fruit' Journalisten nach Guatemala zu schicken, deren Serienberichte andere Medien zu ähnlichen Berichten motivierten. Der Einfluss von Bernays und Zemurray auf die Geschichte Guatemalas Mitte des 20. Jahrhunderts wird in dem 2020 auf Deutsch erschienenen historischen Roman ‚Harte Jahre' von Mario Vargas Llosa dargestellt."[50]

Ivy Lee

„Ivy Ledbetter Lee (16. Juli 1877 bei Cedartown, Georgia; † 9. November 1934 in New York, NY) war ein US-amerikanischer Kommunikationsmanager, -berater und Autor. Lee gilt neben Edward Bernays als einer der Begründer der modernen Public Relations (PR).*

Lee studierte in Princeton, arbeitete ab 1899 als Zeitungsreporter und berichtete unter anderem von der Wall Street, dem Finanzzentrum der Vereinigten Staaten von Amerika. Zusammen mit George Parker eröffnete Lee im Jahr 1904 die dritte PR-Agentur in den USA, ‚Parker & Lee'. Anders als die anderen

Agenturen, die vornehmlich als Puffer zwischen Unternehmen und Medien fungierten und Nachrichten vertuschten und verschleierten, versorgte Ivy Lee die Öffentlichkeit mit Informationen. Lee nutzte als einer der ersten PR-Verantwortlichen die Pressemitteilung als ein Instrument der Kommunikation von Unternehmen mit der Öffentlichkeit. Er gilt als Begründer des PR-Krisenmanagements.

Ab 1906 arbeitete Lee für die ‚Pennsylvania Railroad', die wie andere Eisenbahnen in Verruf stand. Man warf der ‚Pennsylvania Railroad' vor allem Preistreiberei vor und das Sparen auf Kosten der Sicherheit. Mit positiven Presse-Berichten, Vorträgen und anderen Aktivitäten kreierte Lee in der Öffentlichkeit das Bild eines kundenfreundlichen Unternehmens. 1912 wurde Lee Assistent der Geschäftsleitung der ‚Pennsylvania Railroad'.

Abb. 12: Ivy Lee

Zu den prominentesten Kunden von Ivy Lee gehörten die Unternehmer John D. Rockefeller, Jr. und sein Vater John Rockefeller Sr. Nach einem blutig niedergeschlagenen Streik von Arbeitern und ihren Familien in einer Kohlenmine des Rockefeller-Imperiums in Ludlow, Colorado im Jahr 1914, bekannt geworden als das Ludlow-Massaker, verbesserte Ivy Lee das Image von Rockefeller Jr. und der Minengesellschaft. Nach diesem Erfolg steigerte Ivy Lee das Ansehen des unbeliebten Öl-Milliardärs Rockefeller Sr. Lee lancierte positive Berichte aus dem Privatleben Rockefellers und schuf damit Vorbilder für die späteren Homestorys, bei denen Prominente Einblicke in ihr Privatleben geben.

Später arbeitete Lee für zahlreiche große US-Firmen, unter anderem für die Stahlfirma ‚Bethlehem Steel'.

*Weil Lee im Zusammenhang mit dem Ludlow Massaker Unwahrheiten verbreitet hatte, nannten ihn Reporter Poison Ivy (Giftefeu). Weiter in die Kritik geriet Ivy Lee für seine Arbeit als **PR-Berater der US-Tochtergesellschaften im F-Kreis des deutschen Chemie-Kartells ‚I.G. Farben', das den Aufstieg der Nationalsozialisten förderte**. Mehrfach reiste Lee nach Deutschland, traf **Wirtschaftsführer und Größen der NSDAP**. Im Frühjahr 1934 musste er sich* *deswegen vor einem Untersuchungsausschuss des Kongresses verantworten.* ***Details zu Lees Arbeit in Deutschland liegen bis heute im Dunkeln.***

Mit seiner 1906 veröffentlichten ‚Declaration of Principles' versuchte Ivy Lee, Standards für seine PR-Arbeit zu definieren. Der erste Absatz lautete:
‚Dies ist kein geheimes Pressebüro. Unsere Arbeit ist transparent. Unser Ziel ist das Verbreiten von Neuigkeiten.' Diese Veröffentlichung war nach Meinung des Kommunikationswissenschaftlers Albert Oeckl die Geburtsstunde der modernen Public Relations."[(51)]

Meine Einschätzung zu Public Relations:

Kreiere eine möglichst große schöne Geschichte um eine Sache herum, verkaufe Schandtaten als Wohltätigkeiten und vermarkte sie werbewirksam in der größtmöglichen Öffentlichkeit! Nutze dazu die Presse, Journalisten!
Kein Erfolg kommt ohne Plan daher! Es gibt keine Zufälle! Dies würde die machtbesessene Elite nicht zulassen! Gleichzeitig ist Public Relations eine riesengroße Gelddruckmaschine! Ich möchte beispielsweise gern einmal wissen, was die Armin Laschet „van Laack"-Berater für das Wort „Wellenbrecherlockdown" kassiert haben oder meinen Sie, dass dieses Wort auf seinem eigenen Mist gewachsen wäre?

Fazit: Mit massenhypnotisierender PR lässt sich jeder Scheiß als Kaviar verkaufen!

Die vergangenen Seiten waren gefüllt von trockenem Wissen und zukunftsnahen geplanten Ideen des Tiefen Staates. Jedoch ist das alles sehr wichtig im Hinterkopf zu behalten, da in den kommenden Kapiteln immer mal wieder darauf Bezug genommen wird!
Wer aber steckt hinter dem Tiefen Staat und wie ist er entstanden? Wer lenkt das Spiel Gut gegen Böse? Warum arbeiten unsere Politiker und ihre Gehilfen gegen uns, das Volk? Werden diese Politiker und Beamten von diesem Tiefen Staat geführt?
Dazu müssen wir etwas in der Zeit zurückreisen. Folgen Sie mir dazu bitte zu dem nächsten Kapitel, mit dem überaus geheimnisvollen Titel:

Der „Tiefe Staat“ - Unglaublich wahre Fakten

Habt ihr nie in den Schriften gelesen: Der Stein, den die Bauleute verworfen haben, dieser ist zum Eckstein geworden . . .?

(Matthäus 21,42)

Die Begriffe „Tiefer Staat“, Sumpf“ oder „Kabale“ benutzt und hört man immer wieder, jedoch nur die wenigsten wissen um deren Bedeutungen.

Beginnen wir mit der Phrase: „Tiefer Staat“. Schauen wir doch mal zur Erklärung in die „Wissensbibliothek“: Wikipedia, welche uns den Begriff so erklären:

„Staat im Staate, auch deep state oder Tiefer Staat, ist ein negativ besetztes politisches Schlagwort, das illegale und/oder illegitime Machtstrukturen innerhalb eines Staates bezeichnet.

Die zumeist verdeckte Macht geht von Gruppen aus, die sich tatsächlich oder angeblich gegenüber der Regierung eines Staates nicht oder nur eingeschränkt loyal verhalten und ihren eigenen Gesetzen gehorchen.

Der Begriff wird regelmäßig im Rahmen von Verschwörungstheorien verwendet und meint dann zumeist, dass die Regierung fremdgesteuert oder machtlos sei.

Bei Baruch de Spinoza (1632–1677) findet sich die Formulierung (lateinisch imperium in imperio. Im Deutschen lässt sich die Formulierung ‚Staat im Staate‘ lässt sich erstmals im Jahr 1764 nachweisen. Größere Aufmerksamkeit erlangte sie in der 1784 erschienenen Schrift Ueber Freymaurer, besonders in Bayern des Münchner Theaterdichters Joseph Marius Babo, in der er verschiedene Verschwörungsphantasien zusammenfasste, die gerade im Umlauf waren. Babo erhob den Vorwurf, der Illuminatenorden, eine radikalaufklärerische

Geheimgesellschaft, hätte den bayrischen Staat bereits vollständig unterwandert. Nichteingeweihte würden gegebenenfalls mit Gift aus dem Weg geräumt, die Mitglieder hätten sich der Ordensleitung, die sie persönlich gar nicht kennen würden, zu absolutem Gehorsam verpflichtet:

‚Die Inquisition in Spanien führet keine so schändlichen Grundsätze, und ein offenbarer Aufruhr wäre weniger schädlich als dieser Staat im Staate und dieses unsichtbare Gift.‘

Der Vorwurf, einen Staat im Staate zu bilden, wird oft, aber nicht ausschließlich erhoben gegen

• nationale und andere Minderheiten
• Teile des Staatsapparats wie Armeen, Geheimdienste oder mächtige Behörden,
• Interessengruppen wie Unternehmen, Gewerkschaften oder Verbände,
• kriminelle Organisationen.

Nationale, ethnische oder religiöse Minderheiten werden häufig beschuldigt, einen Staat im Staate zu bilden. Insbesondere ist dies ein antisemitischer Stereotyp gegenüber Juden. Der deutsche Philosoph Johann Gottlieb Fichte (1762–1814) etwa glaubte, Juden wären so eng mit ihrer Religion und ihr Körper und Geist erschlaffenden Handelstätigkeit verbunden, dass er ihre Integration in die Mehrheitsgesellschaft für ausgeschlossen hielt und glaubte, sie würden einen Staat im Staate bilden. Hiergegen polemisierte der deutsch-jüdische Saul Ascher 1794 in seiner Schrift Eisenmenger der Zweite. In den 1920er Jahren warnten christliche Politiker in Litauen vor einem jüdischen Staat im Staate, falls das Land multiethnisch und nicht nationalstaatlich verfasst würde.

Andere Beispiele waren die Hugenotten im Frankreich des 16. und 17. Jahrhunderts oder die Jesuiten im 18. Jahrhundert bis zur Aufhebung des Jesuitenordens im Jahr 1773, oder die Sudetendeutschen in der Tschechoslowakei der Zwischenkriegszeit. Aus jüngerer Zeit sind vor allem die Kurden in der Südosttürkei und im Nordirak oder die Rohingya in Myanmar zu nennen.‘“[52]

Fazit von Wikipedia: Der Tiefe Staat sei nur eine Verschwörungstheorie, eine kleine „religiöse Minderheit". Okay, dass ist die offizielle Meinung von Wikipedia. Frage: Wer finanziert eigentlich das globalisierte Wissen? Wer ist dieser Wikipedia-Gründer?

„Jimmy Donal ‚Jimbo' Wales ... ist ein US-amerikanischer Internet-Unternehmer. ... Im Jahr 2011 saß er in einer Jury, bestehend aus renommierten Persönlichkeiten des öffentlichen Lebens, die an der Auswahl des universellen Logos für Menschenrechte beteiligt waren. Seit 2012 ist Wales unent-geltlicher ***Berater der britischen Regierung****. Er soll neue Wege für mehr Transparenz politischer Entscheidungsfindung und für mehr Bürgerbeteiligung bei Gesetzgebungsvorhaben entwickeln. ... Am 30. April 2012 war er Teilnehmer einer Tagung der* ***Päpstlichen Akademie der Sozialwissenschaften*** *zur Enzyklika ‚Pacem in terris' (Friedens-Enzyklika), die er als auch ‚heute noch aktuell' bezeichnete. ... Seit 2014 gehört er einem ohne Entlohnung tätigen, achtköpfigen Beirat mit externen Experten aus europäischen Ländern an, den* ***Google Inc.*** *als Reaktion auf Kritik an der* ***Umsetzung des EuGH-Urteils vom 13. Mai 2014*** *zum Recht auf Vergessenwerden gründete und der das Unternehmen bei der Erarbeitung eines Lösch-Leitfadens beriet. Sieben der acht Mitglieder plädierten im Bericht des Beirates dafür, Anträge auf Löschung von Suchergebnissen künftig großzügiger zu handhaben, wenn diese zu Seiten mit entwürdigenden und unwahren Darstellungen führen. Wales hingegen sprach sich im Beirat und in einem Sondervotum zu dessen Bericht unter Berufung auf* ***‚Meinungsfreiheit'*** *grundsätzlich gegen solche Löschansprüche und das vom EU-Gerichtshof geschaffene ‚Recht auf Geschütztsein im Internet' aus. Seit Anfang 2016 ist er Mitglied im Board der britischen* ***Guardian Media Group****, die unter anderem die Tageszeitung ‚The Guardian' herausgibt.*

Auszeichnungen: 2006: TIME 100 ‚List of Most Influential People' (Liste der 100 einflussreichsten Menschen des Jahres 2006) Time Magazine, 2007: Young Global Leader vom Weltwirtschaftsforum, 2007: Das Forbes Magazine platziert Wales auf Rang 12 in seiner ersten Jahresliste The Web Ce-lebs 25 (Die 25 Prominenten des Internets), 2008: Verleihung des Quadriga-Preises Mission der Aufklärung an die Wikipedia, vertreten durch Jimmy Wales, als Gründer und Ehrenvorsitzender der Wikimedia Foundation, 2010: Millennium Vision

Award des Deutschen Trendtages, 2013: Aufnahme in die Internet Hall of Fame, 2014: Ehrendoktorwürde der Universität der italienischen Schweiz."[53]

In Ordnung, ich lasse die Informationen über den Wikipedia-Gründer mal so im Raum stehen. Sie liebe Leser können sich selber ein Urteil bilden, wie „vertrauenswürdig" dieses Online-Lexikon ist!

Was ist nun also der „Tiefe Staat" wirklich? Dieser Frage gehen wir jetzt nach. Was ich schon einmal vorweg nehmen kann ist, dass dieser Begriff nicht unsere Berliner Marionettenregierung tituliert, welche sich im freien Fall in die „Tiefe" befindet! Der Ausdruck „Tiefer Staat" ist eine Bezeichnung, welche in den Öffentlichen Medien so gut wie nicht vorhanden ist. Um es auf den Punkt zu bringen: der sogenannte „Tiefe Staat" soll (also doch) aus einer kleinen, sehr mächtigen und finanzstarken Gruppe bestehen, welche die Geschicke der Welt aus dem Hintergrund leiten. … so heißt es in der „Verschwörungstheorie"!

Die „rote Zora" Anetta Kahane, von mir auch gern „Anetta Prinzessin Victoria von der Stasi" genannt, ist in meinen Augen die einzige Benutzerin und Profiteurin dieses Aluhut-Begriffes und dafür auch noch Steuergelder in Millionenhöhe einstreichen darf. Diese Frau, welche sich heute scheinbar gern als große „Heilige und Beschützerin der Juden" in den Vordergrund stellt, jedoch vor über 30 Jahren in der DDR Juden denunzierte [54], sagte am 25.11.2020 auf einer Pressekonferenz zum Thema „Radikalisierung und Normalisierung" folgende Worte, welche ich hier wortwörtlich wiedergeben möchte:

„Äh Verschwörungsideologien haben immer, immer ein antisemitisches Betriebssystem, weil der Antisemitismus selbst sozusagen die alt älteste Verschwörungstheorie Äh überhaupt ist, die nämlich behauptet, dass Äh die Jud die Juden irgendwelche bösen Absichten haben und immer hinter allen bösen und schlechten in der Welt stecken, dass heißt, der Antisemitismus selbst ist die Idee vom Äh vom bösen Juden den man Äh sozusagen beschuldigen kann, für alles was schief läuft und deswegen sind Antisemi Äh sind Äh Verschwörungsideologien immer auch antisemitisch, selbst wenn sie sich mit Ähm Leuten wie Bill Gates beschäftigen, sind sie in ihrer Form und Struktur genuin antisemitisch und das muss man wissen, wenn man sich mit den Coronaprotesten beschäftigt."

Als erstes einmal: Glückwunsch für so einen formidablen Satz, Frau Kahane. Da merkt man direkt die Journalisten- und Autorentätigkeit, sowie die Anstellung als Sprachlehrerin! Dieses wortwörtliche Zitat zeigt mir, dass Frau Kahane den Begriff „Antisemitismus" scheinbar absichtlich und irreführend definiert (Zersetzung und verwirrende Falschaussagen gehörten schließlich zum Repertoire von Stasispitzeln), um Menschen mit anderen als der vorgegeben Meinungen ins schlechte Licht zu rücken!

Da ich relativ schmerzfrei bin, war ich so mutig und sah mir diese Posse am 25.11.2020 Live auf Phönix an, was noch bei YouTube verfügbar ist. Nach 53 Minuten spürte ich im Nacken arge Schmerzen, was wohl am Kopf schütteln gelegen haben musste. Selbst die Gebrüder Grimm hätten Freude daran gehabt, solche sagenhaften Erzählungen unters Volk zu bringen. Wenn ich ehrlich sein soll, hatte ich während der gesamten Pressekonferenz immer auf den Moment gewartet, dass Guido Cantz hervor hervorspringt und sagt: „Herzlich Willkommen bei Verstehen Sie Spaß." Jedoch wurde ich arg enttäuscht, denn anscheinend meinte Frau Kahane das was sie sagte, wäre die absolute Wahrheit. Was mir bei der Rede von Anetta Kahane von Anfang an auffiel, ist der Boris Becker-Laut „Ähm", oft mehrmals in einem Satz. Ein Psychologe erklärte mir dazu, dass Menschen mit wenig Selbstbewusstsein häufig dazu neigen, diesen Urlaut aus Unsicherheit von sich zu geben. Viele Personen nutzen diese Pause jedoch auch, um in den Gedanken die kommenden Wörter zu suchen oder den Inhalt an die aktuelle Situation „anzupassen".

Ich sage nur: Pfui Teufel! Da bekomme ich echt Puls! ... aber nun wieder zurück zu unserem eigentlichen Thema!

Also könnte man fast meinen, dass es sich bei dem „Tiefen Staat" bloß um einen Mythos handelt. Ich möchte in den kommenden Kapiteln Licht ins Dunkel, ist: Der Tiefe Staat – ein Mythos oder Wirklichkeit? Ist der Tiefe Staat real? Und wenn ja, wie konnte es ihm gelingen, so lange nicht von den Menschen wahrgenommen zu werden, obwohl sie von seinem Handeln direkt betroffen sind? Ich möchte auf den kommenden Seiten versuchen, dem Tiefen Staat seinen Tarnumhang vom Leibe zu reißen. Ich möchte das Versteckspiel zwischen offiziellem und „inoffiziellem" Staat beenden und für Transparenz sorgen.

Ihnen, geehrter Leser, wird schnell klar werden, dass der Tiefe Staat weit mehr als eine geheime Untergrundorganisation ist, die im Verborgenen die Fäden zieht. Ganz im Gegenteil: So spielen etwa der Tiefe Staat und die repräsentative „Demokratie" in derselben Mannschaft. Ihre Mitspieler sind die Geheimdienste oder die Massenmedien, welche sich gekonnt die Bälle zu werfen. Sie bilden zusammen ein Erfolgsteam, neben dem selbst Real Madrid nur wie eine Dorfmannschaft daherkommt. Geschickt hat diese Mannschaft des Tiefen Staates, unter dem Einsatz von positiv klingenden Parolen wie „Demokratie" und „Nachhaltigkeit" dafür gesorgt, die Verblendung und Versklavung der Menschheit auf diesem Planeten voran zu bringen, dass jeder Erdenbewohner sich nur noch mit sich selbst beschäftigt, dass den meisten die Zeit und die Kraft fehlt, das falsche Spiel dieser Mannschaft zu durchschauen, obwohl sich das Böse tagtäglich vor ihren Augen abspielt. Wenn Sie aber dieses Buch lesen und verstehen, haben Sie die Chance, diese Tarnmanöver zu durchschauen. Ich möchte ihnen dabei helfen, diesen Prozess ein Stück weit näher zu bringen. Jedoch ist das Spiel erst gewonnen ist, wenn man aus dem neu erworbenen Wissen auch ins Handeln kommt. Erst wenn sich die gesellschaftlichen Kräfte der tatsächlichen Umstände bewusst werden, stehen die Zeichen auf Veränderung und der Tiefe Staat wird als das erkannt, was er ist: Kein Mythos, sondern Wirklichkeit! Unmöglich? Wohl kaum.

Dem Nachfolgendem sind jahrelange Nachforschungen, Interviews und unzähliger Mailverkehr voraus gegangen. Ich bitten Sie jedoch dringend, Ihre eigenen Nachforschungen anzustellen und zu überprüfen, was ich Ihnen in diesem Buch präsentieren werde. Dies ist meiner Meinung nach der einzige Weg, um wirklich zu erwachen. Bitten lesen Sie in Ruhe die nachfolgenden Kapitel bis zum Ende und ich garantiere Ihnen, dass dies Ihre Sicht der Realität für immer verändern wird.

Folgen Sie mir nun tiefer in die Geschichte, hinter der Dunkelheit dieser Welt in der wir leben, einzutauchen.

Was ist da nur passiert? Wie sind wir zu diesem Punkt gekommen? Wer ist die „Kabale" und was ist Ihre genaue Agenda?

Der Aufstieg der Khasaren

Diejenigen die die Welt regieren, also diejenigen, die wirklich regieren, werden die Illuminaten, der Tiefe Staat oder die Kabale genannt. Nicht viele Menschen sind sich ihrer Anwesenheit bewusst, geschweige denn ihre Identität. Wir sind zu der Überzeugung gelangt das alle unsere Länder weltweit von Präsidenten, Königen und Regierungen regiert werden, aber die Wahrheit ist, dass dies nur Marionetten an einem hauchdünnen Faden sind, welche jeder Zeit reißen können. Wer jedoch zieht die Fäden? Eine kleine, aber mysteriöse und schwer fassbare Gruppe, die Schattenregierungen gebildet hat, die mit der Welt und der ganzen Menschheit spielt, wie Götter beim Schach. Ist der Tiefe Staat Wirklichkeit oder ist dies nur ein Mythos, der von Verschwörungstheoretikern auf der Suche nach einem gemeinsamen Feind übertrieben aufgebauscht wird? Die Kabale ist sehr real. Beweise finden sich im Laufe der Geschichte in Hülle und Fülle. Diese Geschichte erstreckt sich über Tausende von Jahren. Sie werden auf den folgenden Seiten entscheidende Information erfahren, um diese ominöse Gruppe des Bösen, mit dem wir es zu tun haben, und es verstehen. Nur so kann ich das am bestgehütete und schockierende Geheimnis in der Geschichte der Menschheit lüften.

Ab. 13: Teil der Fassade des Inanna-Tempels des Kara-Indasch aus Uruk

Gehen wir in der Geschichte zurück, zu einer der ältesten Zivilisation der Erde, die Sumerer, im antiken Sumer, in Mesopotamien, vor 7000 Jahren. Wie wir wissen, geht die Geschichte bis zu den ersten in Keilschrift geschriebenen Schriften auf Tontafeln zurück. Die sumerische Zivilisation war eine hoch entwickelte und fortschrittliche Gesellschaft, mit großen Städten, Tempeln und Pyramiden. Die Städte hatten erstaunliche Mosaike, kunstvolle Straßen, Häuserblocks, Innentoiletten mit Wasserabflusssystemen und vieles mehr. Der Inanna-Tempel, in der Nähe der antiken Stadt Uruk, verblüfft uns noch heute mit seiner Pracht, seinen leuchtenden Farben und Darstellung seltener Tierwesen. Inanna war die alte sumerische Göttin, die mit Liebe, Schönheit, Sex, Krieg und politischer Macht in Verbindung gebracht wurde. Später wurden sie von den Akkadiern, den Babylonern und den Assyrern unter den Namen Ishtar und Ashara verehrt. Viele Forscher glauben heute, dass es Isis von den Ägyptern, Diana von den Griechen und Venus von den Römern war. Sie war Baals Gemahlin, die Gottheit, die um die Opferung eines Kindes bat.

Wer oder was ist Baal?

In der Bibel wird der Ausdruck Baal synonym als Name für eine Reihe von Lokalgottheiten verwendet; das Wort Baal erscheint jedoch auch öfter in seiner nichtreligiösen Bedeutung. Manchmal scheint auch Jahwe selbst als „Baal“ (im Sinne von „Meister“) angeredet zu werden, weswegen entscheidend ist, welcher Name hinter dem Wort für Herr, Gebieter oder Gott genannt wird. Unser allsehender „Wissensgott Wikipedia“ erklärt Baal so:

„Baal (= Herr, Meister, Besitzer, Ehemann, König oder Gott) ist im historischen Christentum ein Dämon. Ursprünglich bezeichnete Baal einen in Syrien verehrten kanaanäischen Wetter- und Fruchtbarkeitsgott, siehe Ba'al. Als das Christentum alte Gottheiten zu Dämonen machte und die Dämonologie die dämonische Höllenbevölkerung in mehrere Hierarchien aufteilte, wurde der semitische Gott Baal eine eigene Entität des Beelzebubs. Der Dämonologie

zufolge war Baal der erste und oberste König der Hölle, der den Osten beherrschte. Für andere Autoren war er ein Herzog, der 66 Legionen Dämonen befehligte. In dem englischen, puritanischen Zeitalter wurde Baal entweder mit Satan gleichgesetzt oder als sein Hauptassistent angesehen. Nach Francis Barrett hat er die Kraft diejenigen, die ihn anrufen, unsichtbar zu machen. Nach einigen anderen Dämonologen ist seine Kraft im Oktober am stärksten."[55]

Baal ist seit Menschengedenken Gottes Feind und von den Israeliten verehrt, weil sie immer wieder der ausufernden Tempelprostitution der Baal-Kultstätten frönten. Zum Kult gehörten Kinderopferungen! Bis es soweit kam, dass die Israelis Gottes Namen vergaßen und Jahweh dem Baal gleichsetzten, um den Gott Israels schließlich Baal (bedeutet „Herr") zu nennen.

In neuerer Zeit haben die schlauen Freimaurer nun „Gottes" Namen wieder gefunden: „Jahbulon", wie der amerikanische Schriftsteller und Radiomoderator Texe Marrs feststellt. Das sei ein Konstrukt aus Jahweh, Bul (=Baal) und On (anderem Namen für O-siris).

„Jahbulon, Jabulon oder Jubela-o-um ist ein Wort, das insbesondere in einigen Ritualen der Royal-Arch-Freimaurerei benutzt wurde oder noch wird. Das Wort beschreibt den mystischen Namen der drei Gesellen „Jubela", „Jubelo", „Jubelum", die in einer Legende Hiram Abif ermorden. Nach französischem Ritus heißen die drei Gesellen Giblon, Giblas und Giblos. Gemäß Francis X. King wurde das Wort zusätzlich in Ritualen des Ordo Templi Orientis benutzt, als Aleister Crowley verschiedene Freimaurer-Gruppen kontaktierte."[56]

Abb. 14: Baal, Kupferstich, 1863

Das Christentum ist dem Baal-Kult sehr ähnlich. Denkt man nur an die Art der Bekreuzigung: Zuerst die Stirn, dann Oberbauch, Brust, Brust. Zieht man bei diesem Ritual eine Linie, erhält man ein umgedrehtes Kreuz!

Abb. 15: Topheth ist Moloch, das aus Messing gefertigt wurde. Sie erhitzten ihn von seinen unteren Teilen, seine Hände wurden ausgestreckt und heiß gemacht. Dort legten sie das Kind zwischen die Hände und es wurde verbrannt, als es vehement schrie. Aber die Priester schlugen eine Trommel, damit der Vater die Stimme seines Sohnes nicht hörte und sein Herz nicht bewegt wurde

Oder in keiner katholischen Kirche darf eine Messe gelesen werden, in der nicht Reliquien unter dem Altar sind. Kathedralen wurden und werden als Friedhöfe gebaut. In einer Kathedrale MUSS es Leichen geben, denn dies ist ein Totenkult! Der Gott dieses „Systems" heißt Osiris in seiner Anubis-Form, der Gott der Unterwelt und der Toten.

Beim letzten Abendmahl mit seinen Jüngern am Abend vor seiner Hinrichtung am Kreuz bestimmte Jesus Brot und Wein zu bleibenden Zeichen seiner Gegenwart in der christlichen Gemeinde, und er deutete das Brot als seinen Leib und den Wein als sein Blut: *„Er nahm den Kelch, sprach das Dankgebet und reichte ihn den Jüngern mit den Worten: Trinkt alle daraus; das ist mein Blut, das Blut des Bundes, das für viele vergossen wird zur Vergebung der Sünden."* (Mt 26,27–28 EU)

Was ist die Bedeutung einer Hostie? Nach dem katholischen Selbstverständnis wird im Hochgebet aus der Hostie der tatsächliche Leib Christi. Daher dürfen Hostien, die nicht an die Gläubigen ausgegeben wurden, nicht entsorgt werden. Die geheiligten Hostien werden in einem Schrank im Altar aufbewahrt, der Tabernakel genannt wird. Dieses Ritual erinnert sehr stark an Baal.

„Es geht auch darum, dass in Brot und Wein tatsächlich Jesus präsent ist, und die Glaubenden, wenn sie das Brot nehmen, dann auch tatsächlich Christus in sich aufnehmen." Diese Vorstellung erzeugt in mir das Bild, das Abendmahl ist kannibalistisch und deutet eindeutig auf den Baal-Kult hin!

Oh, ich bin wieder arg vom Thema abgekommen. Entschuldigen Sie bitte, aber ich habe zu allen Themen dieses Buches so viele Informationen, die ich Ihnen gern weitergeben möchte, dass ich mich schon einmal verquassle. Nun wieder zurück zu:

Die versteckte Hand

Das Zeichen der versteckten Hand ist bei fast allen Freimaurern zu beobachten, so auch bei Napoleon. Zeichen ist Napoleons versteckte Hand, was bei allen Freimaurern zu beobachten ist![57]

Der Schöpfer wurde zornig und bestrafte Israel mit Kriegen, der Auflösung des Nordreichs, der 70-jährigen babylonischen Gefangenschaft Judäas und schließlich dem Untergang. Und damit könnte man glauben, dass die Baal-Geschichte zu Ende wäre.

Abb. 16: Die versteckte Hand

Aber nein! Die Freimaurerei hat alle alten ägyptischen und nahöstlichen Götzen wiederbelebt, darunter auch die Baale (jede Stadt hatte ihren Baal), die irgendwie schon seit Hunderten von Jahren Einpass in die Katholische Kirche gefunden hatten, was sich an der Form der Bischofshüte zeigt: Sie sind die Fischmunde des Philister-Baals, alias Dagon, des Fischgottes.

Als die Freimaurerei den Vatikan mit Papst Paul VI und dem satanischen 2. Vatikan-Freimaurer-Konzil übernommen hatte, inthronisierte die Kirche 1963 in einer schwarzen Messe Satan als ihr Oberhaupt und später wurde der Synkretismus der Weltreligionen durch die Interfaith-Bewegung der Päpste vorangetrieben und steht nun vor der Verwirklichung. Darin hat Christus keinen Platz. Im Vatikan feiert man zu Ostern Jesus als Sohn Luzifers, aus den Flammen der Hölle heraufgestiegen. Die heutigen NWO-Pharisäer haben Luzifer als Gott und die Freimaurer natürlich auch, da Freimaurerei Judentum für Nicht-Juden ist.

Abb. 17: Obelisk, auch „Ashtoreth-Pol“ genannt, datiert über 1000 v. Chr., ist das unbeschnittene Fortpflanzungsorgan des Baal. Ashtoreth, Missgeburt des Baal, war eine antike semitische Göttin, die mit der phönizischen Astarte identifiziert wurde

Jedoch, wenn man hinter die gängigen Namen Satan und seinen Pharisäer bzw. Freimauernamen, Luzifer, geht, taucht ein altbekannter Kult auf: der Baal-Kult mit Kinder-Opferung, Kinderschändung und wilder Perversität. Weltweit existieren ca. 1.000 Baal-Tempel!!!

Alles was auf dieser Welt passiert ist darauf zurückzuführen, dass diese Baal-Hierarchie des Bösen es „unseren“ Freimaurer-Politikern befohlen hat.

Diese Politiker haben so perverse Initiierungen durchgemacht, dass sie fürchten müssen, durch die Eliten-Medien öffentlich blamiert zu werden und die Macht zu verlieren, wenn sie ungehorsam sind und dem Willen ihrer Völker statt dem Willen der Baalselite folgen. Satan, Luzifer, Baal (auch Beelzebub oder Bel benannt) ist dieselbe Anti-Gottheit.

„Ihr seid von dem Vater, dem Teufel und nach eures Vaters Lust wollt ihr tun. Der ist ein Mörder von Anfang und ist nicht bestanden in der Wahrheit, denn die Wahrheit ist nicht in ihm. Wenn er die Lüge redet, so redet er von seinem Eigenen; denn er ist ein Lügner und ein Vater derselben." (Jesus Christus an die Welt-Beherrscher von heute, die Pharisäer, Joh. 8:44)

Die Bewohner Ekrons verehrten (den Fliegengott) Baal, auch Beelzebub oder Teufel genannt und dies vor allem in der Walpurgis Nacht auf dem Brocken! Die Walpurgisnacht ist der höchste Feiertag der Satanisten, wobei sie blutigste und schlimmste Menschenopfer darbringen, wie noch heute neben dem Museum in Goslar, der ganze Harz sowie die Harzer und das Preußische Sagenbuch, zu berichten wissen. Ein ehemaliger Satanist hatte über diese grauenvolle Zeit berichtet, in der die Satanisten mehr Menschenopfer bringen als sonst im ganzen Jahr. Dies Walpurgisnacht ging als Hexen Sabbat in die Geschichtsbücher ein, die in aller Welt bekannt sind, nicht nur in Goethe's „Faust".

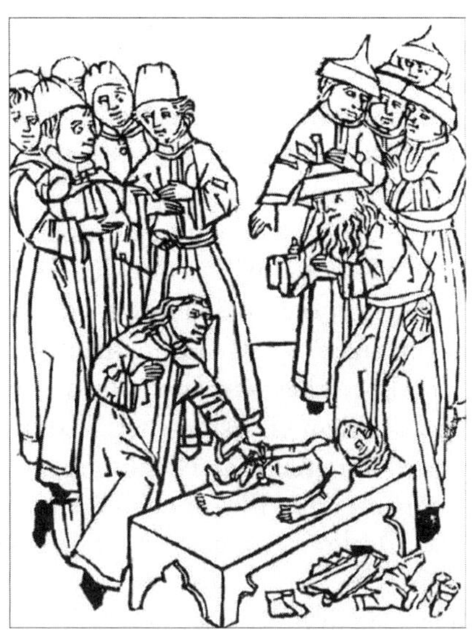

Abb. 18: Baal Kinderopferung

Ramle alias Rama, vor den Stadttoren Goslars am Rammelsberg wo einst Bergedorp lag, wird beschrieben, dass es im asiatisch-türkischem Sandschak Jerusalem lag an einer Straße nach Jaffa. Jaffa ist identisch mit Joppe und dieses Joppe liegt in Niedersachsen. Ramle ist nicht identisch mit Arimathäa, sondern mit Joppe. Das Ekron der Bibel, also Klein Rom, wurde bereits bei dem 1. Kreuzzug erwähnt. Kaum jemand aber weiß, dass tatsächlich der 1. Kreuzzug nach Deutschland (siehe dem vom Markt verschwundenem, 1980 erschienenem Buch: „Deutschland und die Juden im Licht der Bibel und Geschichte", Verlag: Kolibri-Mission) stattfand und erst mit diesem Begriff geprägt wurde.

Diese höchst wichtige Information, hat meine Forschungsarbeiten doch ungeheuer bestätigt. Es heißt weiter, dass Ramle erst im Jahre 716 nach (muss aber heißen vor) Christus gegründet wurde und das zu dieser Zeit, die Stadt einer der blühendsten Orte in ganz Palästina gewesen sein soll. So wird doch schon eher ein Schuh draus, denn die Sarazenen sind ja durch die Kreuzritter erst aus der heiligen Stadt Jerusalem alias Goslar vertrieben worden, lag doch Ekron alias Akra in der Oberstadt Goslars, in der Gegend, hinter dem heutigen Marktplatz, am ehemaligen Brunnentor.

Alle Tore der heiligen Stadt die im Buche Nehemia angeführt sind, waren und sind in Teilen noch heute vollständig erhalten, da Goslar in den Kriegen, niemals eine Bombe getroffen hatte, wenn auch sonst ganz Deutschland in Schutt und Asche gelegt wurde. Was heute im Außen nicht mehr zu finden ist, findet sich im Museum als Gemälde, mit den entsprechenden Namen und jeder der mit der Bibel in die Stadt fährt wird sich davon überzeugen können, denn in der unheiligen Stadt im unheiligen Land, gibt es nicht ein einziges Tor in Jerusalem, welches auch nur einen Namen aus dem Buche Nehemias trägt. Das muss jedem Christen aber absolut zu denken geben!! Am 25.11.1177 haben die Christen alias Israeliten, den Sieg über Sultan Saladin von Egypten davongetragen. Ekron auch Akkaron, Akaron, Akra ist identisch mit ov Akra, Ovakra, Novus – Akra was Neu-Akra bedeutet, gleich Oker.

Ernst Betha schrieb in seinem Erstwerk „Die Erde und unsere Ahnen“ aus dem Jahr 1913: *„Alt-Akra ist völlig vom Erdboden verschwunden, ihre Erde schloss die sumpfige Schlucht zur Vergrößerung der neuen Hauptstadt. Die alte Hauptstadt war Hebron alias Harzburg.“* (S. 196) *„Der Hügel Akra mit der Burg wurde von ‚Syrern‘ erbaut. Heute Teil zwischen Rathaus und Breiten Tor. Drei Jahre lang wurde Tag und Nacht später daran gearbeitet, den Hügel abzutragen.“* (S.190)

Es ist zutreffend wenn gesagt wird, dass die Bewohner von Philistäa einen schmalen aber von der Grenze Egypten‘s (nicht das heutige Ägypten) bis zur Stadt Ekron (Akkaron) sich hinziehenden Küstenstriches südwestlich von Palästina bewohnten, es war eben aber das Alte Palästina, das Biblische.

Da habe ich mich schon wieder zu dem Thema „Baal“ und die gefälschte Geschichte verquasselt. Wir waren hier stehen geblieben: Viele Forscher glauben heute, dass es Isis von den Ägyptern, Diana von den Griechen und Venus von den Römern war. Sie war Baals Gemahlin, die Gottheit, die um die Opferung eines Kindes bat. Wir werden später sehen, ob dies wahr ist oder nicht.

Die alte Kultur von Sumer und dessen Politik, die an Religion festhielt, erstreckte sich nordwestlich bis nach Babylon und dann weiter nach Westen.

Zu dieser Gruppe gehörte auch das, was wir heute eher als Kanaan und Phönizien kennen. Über diese Gruppe lesen wir später. Es gab eine zweite Gruppe. Sie zogen weiter nach Norden, in die Region, die heute Ukraine und Südrussland heißt, zwischen dem Schwarzen und dem Kaspischen Meer. Dort gaben sie sich den Namen Khasaren und benannten ihre neue Heimat das Königreich von Khasar, nach ihren Vorfahren. Joseph Khagan, König der Khasaren, erklärt in einem Brief an den Sekretär für auswärtige Angelegenheiten des Hauses des Kalifen von Cordoba, Hasdai Ibn Shaprut, das sein Volk ein direkter Nachfahre von Jafeth, dem Sohn Noah's sei. Khasaria befand sich genau im nordwestlichen Zentrum der Fernhandelsroute der Seidenstraße. Kaufleute die Khasaria durchquerten, mussten eine Mautgebühr errichten, um die Kassen des Königreichs zu füllen. Die Khasaren unterschieden sich von den Menschen in den umliegenden Ländern, da sie als Diebe und Spione beschrieben worden. Es hieß, sie seien gesetzlose Menschen, die ein Leben in Sünde, sexuelle Extremität und Grausamkeit führten. Sie töteten Reisende aus anderen Ländern und nahm deren Identität an.

Sie waren Meister der Täuschung und zu guter Letzt wurde ihnen nachgesagt, dass sie Baal feierten, der auch als Darstellung Luzifers bezeichnet wird. Als Gegenleistung forderte Baal Kinderopfer, die dazu bestimmt seien, die Menschen mit Reichtum, Ruhm und Glück zu belohnen. Die Nachbarländer verachten sie. Sie hasten die Opferrituale, bei denen man die Kinder in die Flammen warf oder sie aufschlitzte, um ihr Blut zu trinken und ihr Fleisch zu essen, mit der Behauptung, dies gäbe ihnen unglaubliche Kraft und Energie und ewige Jugend. Von diesen umliegenden Völkern umtrieben, erkannte der russische Souverän, dass er etwas tun musste. Im sechsten Jahrhundert warnte er König Bulan, dass die Praxis der Angst aufhören müsse. Er sagte ihm, dass sie zum Judentum, Christentum oder Islam konvertieren müssten. Es war seine Wahl. Bulan wählte das Judentum. Aber in Wirklichkeit ist er nicht konvertiert. Er nahm lediglich Elemente des Judentums und zwang sie zu seinem einzig wahren Glaubensbekenntnis. König Bulan und sein Volk lebten und gediehen. Es hat sich nicht viel geändert, außer dass sie für Außenstehende nun Juden genannt werden, die ihnen keine Aufmerksamkeit schenken werden.

Vier Jahrhunderte sind vergangen. 975 hatte der russische Souverän, der große Fürst von Kiew, Swjatoslaw I. das Gefühl, dass sie mit ihrer fortgesetzten Teufelsanbetung und der Opferung von Kindern zu weit gegangen waren. Er beschloss sie abzuschaffen. Aber die Khasaren hatten ihre Spione überall und der listige russische Plan gelangte bis in die Zeit des Königs von Khasaria, der gerade noch rechtzeitig mit seinen 45 Frauen und 60 Konkubinen, dem gesamten Adel, sowie einer Menge Gold und Silber aus dem Land floh. **Die gesamte Auswanderung des Königshauses und des Adels ging von Ungarn nach Polen und von Deutschland nach Frankreich und Spanien. Wo immer sie hinkamen, wurden einige zurückgelassen.** Lieber Leser, auch hier wieder mein Hinweis: Bitte behalten Sie die Auswanderung der Khasaren nach Europa im Hinterkopf. Dies wird an späterer Stelle von enormer Wichtigkeit sein!!!

Um sich untereinander zu erkennen, nennen sie sich aschkenasische Juden. Wohl wissend, dass ihre neuen Herkunftsländer nicht gerade auf luziferische Khasaren gewartet haben. Aschkenas heißt übrigens eine Region, die sie während ihrer Migration von Sumara nach Babylon in den Kaukasus bewohnten. Wie viele Regionen wurde diese auch nach den Nachkommen von Noah benannt.

Aschkenas war ein Enkel von Japheth und Urenkel von Noah. Keine Sorge, dass alles muss man sich für den späteren Verlauf dieses Buches nicht erinnern. Es erklärt allerdings eine Menge, denn Japheth, der Sohn Noah's hatte drei Enkel, Aschkenas, Rifat und Togarma. Aschkenas und Togarma wurden laut rabbinischer Literatur autonom (unabhängig). Die Menschen, mit denen wir es hier zu tun haben, sind Nachkommen von Togarma. Dennoch haben sie den Namen ihres Erzfeindes Aschkenas angenommen. Aber warum?! Wir werden es bald herausfinden. Denken Sie bitte daran, es war und ist alles geplant!

Die aschkenarischen Juden ließen sich in ihrer neuen Heimat nieder und gelobten ihr Reich in kurzer Zeit wiederaufzubauen. Sie bauten ein Reich des Reichtums und des Einflusses auf. Schließlich repräsentierten sie das Königshaus und den Adel, der alten Blutlinien des sumerischen Babylon's. Sie mussten sozusagen eine Hauptstadt gründen. Sie gelobten sich an Russland, dem Land, aus dem sie vertrieben wurden, zu rächen. Ihre Rache erstreckte sich auch auf die Juden, wie auch auf das ursprüngliche aus Judäa stammende Volk. Zu Zeiten der Prinzessin Isebel (Jezebel) hatten sie in einer Situation, in der zwei Götter einander herausfordern würden, Jahwe (YHWH ist der unvokalisierte Eigenname des Gottes Israels im Tanach) anstatt von Baal auserwählt. Dies war ihr Todesurteil, denn die aschkenasischen Khasaren würden niemals vergessen oder verzeihen. Innerhalb weniger Jahre, nachdem sie sich in Europa niedergelassen hatten, entwickelten sie einen absoluten Masterplan. Ein Plan der so groß, so intelligent und so böse war, dass er das Schicksal der Welt für immer verändern würde.

Während meiner Recherche zu diesem Thema des Turkvolkes der Khasaren, bin ich auf einen Historiker aufmerksam geworden. Ich spreche von:

Hermann Parzinger - Prähistorischer Archäologe

Je weiter das Experiment von der Theorie entfernt ist, desto näher ist es am Nobelpreis.

(Irène Joliot Curie)

Hermann Parzinger (geboren am 12.03.1959 in München) ist ein deutscher prähistorischer Archäologe und Spezialist für die Kultur der Skythen. Seit dem 1. März 2008 leitet er als Präsident die Berliner Stiftung Preußischer Kulturbesitz (*„Die Stiftung Preußischer Kulturbesitz (kurz: SPK) ist eine Stiftung des öffentlichen Rechts mit Sitz in Berlin. Sie wurde am 25. Juli 1957 durch ein Bundesgesetz gegründet. Zur Stiftung Preußischer Kulturbesitz gehören die Staatlichen Museen zu Berlin, die Staatsbibliothek zu Berlin, das Geheime Staatsarchiv, das Ibero-Amerikanische Institut und das Staatliche Institut für Musikforschung. Die SPK ist unabhängig von der Stiftung Preußische Schlösser und Gärten Berlin-Brandenburg. ... Einrichtungen der*

Abb. 19: Hermann Parzinger

Stiftung: Staatliche Museen zu Berlin mit 15 Sammlungen und sechs zentrale Einrichtungen an 19 Standorten, Staatsbibliothek zu Berlin an zwei Standorten, Geheimes Staatsarchiv Preußischer Kulturbesitz, Staatliches Institut für Musikforschung, Ibero-Amerikanisches Institut, … Ägyptisches Museum und Papyrussammlung, die Skulpturensammlung und Museum für Byzantinische Kunst) “[58].

„Weltweit bekannt wurde Parzinger durch die Entdeckung eines skythischen Fürstengrabes mit fast 6000 Goldobjekten im Juli 2001 bei Aržan in der südsibirischen Republik Tuwa. Diese bedeutenden Funde wurden im kulturhistorischen Kontext vom 6. Juli bis 1. Oktober 2007 im Berliner Martin-Gropius-Bau im Rahmen der Ausstellung „Im Zeichen des Goldenen Greifen.‘“[59]

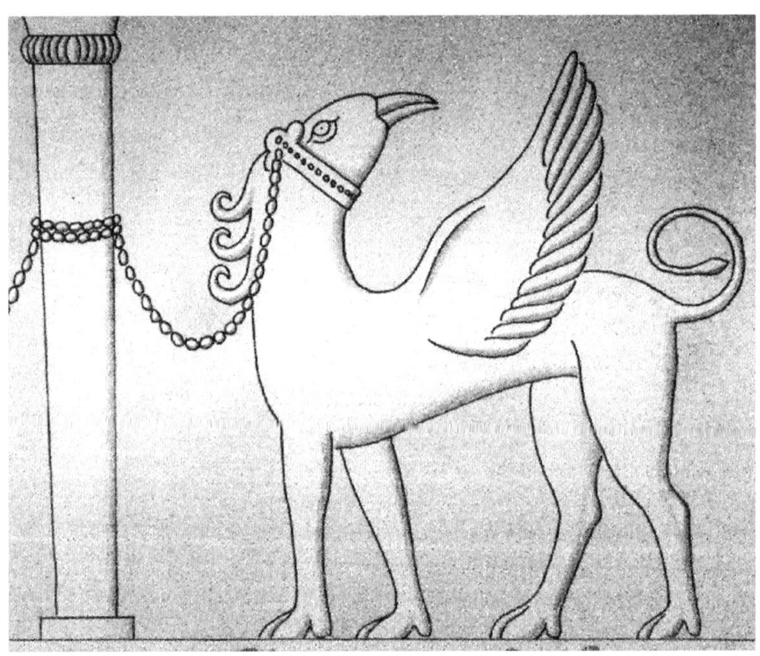

Abb. 20: Minoischer Flügelgreif aus Kreta, schematische Darstellung

Der Greif spielt in unseren Adelsgeschlechtern eine wesentlich wichtige Rolle, auf den wir später noch zu sprechen kommen.

Nur so viel vorab: „*Der Greif (pers. ‚Homa', lateinisch gryphus, dies aus altgriechisch γρῦψ, Gen. γρυπός – gryps, grypós, verwandt mit hebräisch Cherub, seit dem 10. Jahrhundert im Althochdeutschen als grif(o) nachweisbar) ist ein aus Tierkörpern gebildetes, mythisches Mischwesen. Es wird meist dargestellt mit löwenartigem Leib, dem Kopf eines Raubvogels, mit mächtigem Schnabel, spitzen Ohren, meist mit Flügeln, aber auch in abweichenden Varianten (mit Schlangenkopf, Vogelfüßen, Skorpionschwanz, mit knopf- oder kopfartigem Fortsatz auf dem Scheitel oder Rücken). Die ganze Geschichte hindurch sind Stärke und Wach-samkeit Eigenschaften des Greifs. Es gibt Vermutungen, dass in der Antike Nomaden (Skythen) beim Goldschürfen in den weiten Wüsten Zentralasiens Fossilien von Protoceratops fanden, einem Dinosaurier, dessen Überreste in den kreidezeitlichen Ablagerungen dieser Region häufig anzutreffen sind. Derartige Fossilien, wie sie noch heute in der Wüste Gobi am Rand des Altaigebirges (mongolisch: ‚Goldene Berge') in gutem Erhaltungszustand gefunden werden können, könnten die Grundlage für den Mythos des Greifen (hier ursprünglich als Goldwächter) gewesen sein.*“[(60)]

Abb. 21: Skythischer Bogenschütze - rotfiguriger Deckel des griechi-schen Vasenmalers Epiktetos, ca. 520–500 v. Chr.

Nun ist schon mehrfach das Wort „Skythen“ gefallen. Wer waren eigentlich die Skythen? Wikipedia erklärt dies so:

„Als Skythen werden einige der Reiternomadenvölker bezeichnet, die ab etwa dem 8./7. Jahrhundert v. Chr. die eurasischen Steppen nördlich des Schwarzen Meeres im heutigen Südrussland und der Ukraine von der unteren Wolga und dem Kuban bis zum Dnister besiedelten. Sie wurden im 4./3. Jahrhundert v. Chr. von den kulturell nahestehenden Sarmaten, die sich als Stammesverband zuvor zwischen der unteren Wolga und der Südspitze des Ural gebildet hatten, unterworfen und assimiliert, ein Teil flüchtete auf die Krim, wo noch bis ins 3. Jahrhundert n. Chr. skythische Stammesverbände lebten. … Im 3. Jahrhundert n. Chr. (etwa von Dexippos) sowie zur Zeit der Völkerwanderung (spätes 4. bis spätes 6. Jahrhundert) wurden alle Völker am Nordrand des Schwarzen Meeres von den klassizistisch orientierten Geschichtsschreibern als Skythen

bezeichnet, etwa die Goten und später die Hunnen. Beispiele sind unter anderem Ammianus Marcellinus (20,8,1) oder die Berichte des Geschichtsschreibers Jordanes. Wie später Hunnen war das Wort zu einer allgemeinen Bezeichnung steppennomadischer Völker geworden. Für Jordanes grenzt Skythien an Germanien, es erstreckt sich vom Ister (der unteren Donau) bis an den Tyras (Dnister), Danaster (Donez) und Vagosola und bis zum Kaukasus und zum Araxes, einem Nebenfluss der Kura in der südlichen Kaukasusregion. Im Osten grenzte es an das Land der Seren (Kaspisches Meer), im Norden an der Weichsel an jenes der Germanen. Im Skythenland lägen die Riphäischen Berge (Ural), die Asien und Europa trennen, und die Städte Borysthenes, Olbia, Kallipodia, Chesona, Theodosia, Kareon, Myrmikon und Trapezunt, welche die wilden Skythenvölker von den Griechen gründen ließen, damit sie Handel mit ihnen treiben konnten (Gotengeschichte, 5). Auch in vielen byzantinischen Geschichtswerken, die in der klassizistischen Tradition standen, wurden fremde Völker an der Donau als Skythen bezeichnet. … Herodot berichtet, dass die Skythen von den Persern Saken genannt wurden. Wie im spätantiken und im mittelalterlichen Europa war bei den Persern Skythe/Sake oft einfach eine allgemeine Bezeichnung für jeden barbarischen Steppenbewohner (siehe dazu Ethnogenese, Reitervölker). Altpersische Inschriften aus dem 6. Jh. nennen drei Gruppen der Saka: Paradraya, Tigraxauda und Haumawarga. Zumindest die Haumawarga sind als Hauma bzw. soma-trinkende Indoarier auch in Indien bekannt, sodass hier wohl nur von den östlich des Tigris lebenden Skythen die Rede ist, die in dieser Zeit stark östlich des Kaspischen Meeres und in Nordindien präsent waren, was durch Tausende von Kurgane dieser Epoche auch sehr gut belegt ist. Im engeren Sinn bezeichnet dieser Name Stämme der Saken, deren Siedlungsgebiete hauptsächlich in der Kasachensteppe lagen. … Das Königreich Aschkenas, das in Jeremia 51,27 EU zusammen mit Ararat (Urartu), Minni (Mannäer) zu einem Angriff auf Babylon aufgefordert wird, wird meist als skythisch identifiziert. Der entsprechende Text dürfte nach 594 v. Chr. formuliert worden sein. Die Form Aschkenas beruht auf einer Verwechslung, die auf die Ähnlichkeit der hebräischen Zeichen Waw (für „u") und Nun zurückgeht. Die ursprünglich assyrische Form war (A)sch-ku-zaa oder (I)sch-ku-zaa, soll (aufgrund von skythischen Gräbern) dem griechischen Skythai entsprechen. … In der Völkertafel der Genesis (Gen 10,3) taucht Aschkenas als Kind Gomers, Sohn des Japhets, auf. Gomer wird mit den Kimmerern gleichgesetzt, wobei sich die Völkertafel weitestgehend auf das 1. bis 3. Jhd. v. Chr. Bezieht. …

Ob bzw. inwieweit die Skythen nach Mitteleuropa vordrangen, ist äußerst umstritten. Archäologisch lassen sich diese Einfälle nicht sicher belegen. In den hallstattzeitlichen Siedlungen von Smolenice-Molpír (Slowakei), in Ungarn sowie im Gebiet der Billendorfer Kultur im heutigen Polen (Wiscina (Witzen) und Kamieniec) wurden Brandhorizonte nachgewiesen, die ***dreiflügelige*** *Pfeilspitzen enthielten.* ***Diese dreiflügeligen Pfeilspitzen werden gerne als Beleg für die Anwesenheit der Skythen herangezogen.*** *Solche Pfeilspitzen wurden jedoch auch von anderen Reiternomaden verwendet, auch solchen, die in römischen Diensten standen. Der Goldschatz von Vettersfelde mit Artefakten im skythischen Stil könnte von der Anwesenheit eines skythischen Fürsten zeugen, ...*“[61]

(Die „dreiflügige Pfeilspitze“ oder auch Dreizack genannt, wird noch eine Rolle spielen. Behalten Sie sich dies bitte ebenfalls im Hinterkopf!)

Demzufolge sind die Skythen mit dem Volk der Khasaren identisch!!! Interessant ist auch die immer wiederkehrende Verehrung des Goldes, in verschiedenen Zusammenhängen! Besonders erwähnenswert sind hierbei der oben genannten „Goldene Berge“, die „Goldwächter“, das „Goldene Vlies“ (*„Das Goldene Vlies war nach der griechischen Mythologie das Fell des Chrysomeles, eines goldenen Widders, der fliegen und sprechen konnte“*)[62] , das „Goldene Kalb“ (*„Das Goldene Kalb war laut biblischer Überlieferung (Ex 32,1–29 EU) ein Kultbild, das die Israeliten nach dem Auszug aus Ägypten gemeinsam mit Aaron schufen, während Mose auf dem Berg Sinai die zehn Gebote erhielt“*)[63] , das Goldene Buch“ oder auch die „Goldenen Horden“ (*„Die Goldene Horde war von den vier Khanaten, in welches sich das mongolische Reich nach dem Tod Dschingis Khans gliederte, jenes Teilreich, das sich am wenigsten loyal zum jeweiligen mongolischen Großkhan verhielt“*)[64] oder die „Goldene Bulle“ (*bildete einen zentralen Baustein der Reichsverfassung und war bis zum Ende des Alten Reichs 1806 gültig. Sie regelte, teilweise auf ältere Bestimmungen zurückgreifend, die Königswahl, legte die Zahl und Rechte der Kurfürsten fest und schloss endgültig päpstliche Mitwirkungsansprüche aus*), um nur einige zu nennen!

Nur so am Rande sei erwähnt: Das Recht Pferdefleisch zu essen, stammt ursprünglich von den Reiternomaden der Khasaren. Dies ist in unseren Breitengraten inzwischen auch Tradition, wenn man zum Beispiel an den originalen rheinischen Sauerbraten denkt! Aber nun zurück zu unserem prähistorischen Archäologen und Spezialisten für die Kultur der Skythen.

Hermann Parzinger ist unter anderem Mitglied des Research Center of Ancient Civilization der Chinesischen Akademie der Sozialwissenschaften in Peking, Korrespondierendes Mitglied der Real Academia de la Historia in Madrid (2003), Ordentliches Mitglied der Geisteswissenschaftlichen Klasse der Berlin-Brandenburgischen Akademie der Wissenschaften, Mitglied der Sektion Kulturwissenschaften der Deutschen Akademie der Naturforscher Leopoldina sowie korrespondierendes Mitglied des Archaeological Institute of America, der British Academy und seit 2016 auswärtiges Mitglied der Russischen Akademie der Wissenschaften.

Abb. 22: Orden Pour le Mérite für Wissenschaften und Künste

Am 5. Juni 2021 wurde Parzinger in Berlin zum Kanzler des Ordens „Pour le Mérite" gewählt, in der Nachfolge von Christiane Nüsslein-Volhard (seit 1991 ebenfalls Mitglied der Leopoldina). *„Der Orden Pour le Mérite (französisch ‚Für das Verdienst') wurde durch König Friedrich II. gestiftet und war die höchste Tapferkeitsauszeichnung, die ein König von Preußen an einen Offizier vergeben konnte. Der Orden geht auf den 1667 gestifteten Ordre de la Générosité zurück. Den Pour le Mérite gab es in der militärischen Klasse bis 1918. In der zivilen Klasse existiert er als halboffizielle Auszeichnung mit der Bezeichnung Orden Pour le mérite für Wissenschaften und Künste als vom Bundespräsidenten genehmigtes Ehrenzeichen bis heute weiter.*"[(65)]

Ich persönlich finde es schon sehr interessant und bemerkenswert, dass ein deutscher prähistorischer Archäologe, Spezialist für die Kultur der Skythen, Präsident die Berliner Stiftung Preußischer Kulturbesitz, Mitglied der Deutschen Akademie der Naturforscher Leopoldina und Kanzler des Ordens „Pour le Mérite" die Geschichte der Khasaren „erforscht". Natürlich möchte ich keinem Menschen etwas unterstellen, aber waren es nicht in den letzten

1.000 Jahren Mönche, welche uns historische und wissenschaftliche Schriften hinterließen, welche wir heute als die absolute und unanfechtbare Wahrheit ansehen sollen?! An Stelle von Mönchen sind es heute zeitgemäß sogenannte „Wissenschaftler“, welche uns das Leben diktieren!

Die Wächter des Goldes

„Im 16. und 17. Jahrhundert lebten die meisten deutschen Juden in kleinen Vorstädten oder auf dem Land. Sie arbeiteten als Viehhändler, Hausierer, Geldwechsler oder Pfandleiher. Daneben bildeten sich seit dem 30-jährigen Krieg aber auch reiche jüdische Minderheiten heraus, die Hofjuden. In dieser Zeit wurde ein absolutistischer Staat mit prunkvoller Hofhaltung angestrebt. Zur Verwirklichung dieses Ideals wurde der Hofjude als Bankier, Finanzberater, Heeres- und Hoflieferant oder Diplomat bald unverzichtbar. Sie waren deshalb von den Einschränkungen ausgenommen, die für ihre einfachen Glaubensgenossen galten. Sie besaßen herrliche Wohnsitze, umgaben sich mit Pracht und Luxus und hatten Niederlassungsfreiheit.

Ihre Anwesenheit wurde auch oft zur Keimzelle einer neuen Judengemeinde. Die vielen Kontakte, die ein Hofjude besaß, wurden im Ernstfall auch genutzt, z.B. für die Gemeinde. Wenn einer von ihnen gestürzt wurde, konnte er eine gesamte Gemeinde mit ins Verderben reißen. Trotz ihres Einflusses blieben die Hofjuden ‚mächtige Sklaven‘, deren Sicherheit von der Gunst der Fürsten abhing. Ohne diese Gunst waren sie der Feindschaft der Stände und der Bevölkerung ausgesetzt, da sie im Auftrag des Fürsten unbeliebte Maßnahmen durchsetzten.

Joseph Süß Oppenheimer, der bekannteste und berühmteste Hofjude, stieg zum unentbehrlichen Finanzmakler, Steuereintreiber und Lieferanten des württembergischen Herzogs Karl Alexander auf und unterstützte diesen in seinem Kampf um einen mächtigen Territorialstaat. Er kam zu Reichtum, galt als galanter Hofmann und besaß prachtvolle Häuser in Mannheim, Frankfurt und Stuttgart, der herzoglichen Residenz. Er setzte, als geheimer Finanzrat, seine neue Fiskalpolitik durch, die den Grundbesitzern und Kauf-leuten ihre alten Vorrechte nahm und einen modernen merkantilistischen Zentralstaat schaffen sollte. Als Karl Alexander starb, wurde er zur Zielscheibe für den Hass der Bevölkerung. Ihm wurde sein zügelloses Leben und seine unpopuläre Politik zur Last gelegt. Er wurde des Hochverrats bezichtigt und zum Tod am Galgen verurteilt."(66)

Eine weitere sehr bedeutsame ausgewanderte Familie der Khasaren, ist die Familie Rothschild. Ja genau richtig, die Rothschilds, die sich in Deutschland, in der Stadt Frankfurt niederließen, wo sie durch Raubritterei, Handel und Bankgeschäfte reich und mächtig wurden. Sie nannten Süddeutschland Aschkenas, als Hommage an ihre Vorfahren. Sie bieten Reisenden, die ihr Gold und Silber sicher in den Tresoren der Rothschilds aufbewahrten, Geldscheine gegen Einlagen an. Auf diese Weise sammelten sie eine noch nie dagewesene Menge an Reichtum an, der zusammen mit den Zinsen, die sie erhielten dazu verwendet wurde, ihren Reichtum und damit ihre Macht weiter auszubauen.

Mayer Amschel Rothschild hatte fünf Kinder, die in fünf Großstädten zu mächtigen Bankiers wurden: Frankfurt, London, Paris, Wien und Neapel. In kurzer Zeit erlangten sie finanzielle Macht über ganz Europa. Sie wurden die persönlichen Bankiers der Könige und Königinnen. Rothschilds wurden sogar Schatzmeister des Vatikans! An späterer Stelle werden wir ausführlicher auf die Rothschilds eingehen!

Die Kreuzzüge der Templer

Bevor wir mit einem Ereignis aus dem 18. Jahrhundert fortfahren, dass absichtlich aus unseren Geschichtsbüchern gelöscht wurde, müssen wir diese Geschichte unterbrechen und ins frühe Mittelalter, zu einer zweiten Geschichte zurückkehren. Die beiden Geschichten werden bei diesem Ereignis im 18. Jahrhundert aufeinandertreffen und wenn sie das tun, werden die Dinge ins rechte Licht gerückt. Das verspreche ich!

Wir beginnen im Zeitalter der Kreuzzüge, im Jahr 1048 nach Christus. Eine Organisation die gegründet worden ist, die wir den Malteser Orden nennen. Dieser wurde in Jerusalem gegründet. Ihr Ziel war, Jewel ein Arm des Ordens, der im Heiligen Land ein Krankenhaus betrieb und christliche Pilger zu versorgen. Der andere Arm war die militärische Aufgabe Roms, die Christen vor der öffentlichen muslimischen Bevölkerung zu schützen. Ihr Symbol ist das achtspritzige Amalfikreuz (auch Malteser- oder Johanniterkreuz).

Abb. 23: Amalfikreuz

In den ersten 50 Jahren ihres Bestehens war Jerusalem muslimisches Gebiet. Die Zahl der christlichen Pilger die nach Jerusalem kam waren begrenzt, sogar durch das islamische Gesetz. Im Jahr 1096 brach der erste von neun Kriegen aus, von denen der erste als erster Kreuzzug bekannt wurde. Die Kreuzzüge waren Religionskriege, die von der römisch-katholischen Kirche initiiert und unterstützt wurden. Ziel war es, das Heilige Land, drei Jahre nachdem die Kreuzritter ins Heilige Land aufgebrochen waren, von der islamischen Herrschaft zurückzuerobern. Dieses Ziel wurde erreicht!

Gottfried von Bouillon (französisch Godefroy de Bouillon; auch Godefroid de Bouillon) und sein Bruder Balduin, Anführer des ersten Kreuzzuges, wurden Herrscher von Jerusalem. Die Kreuzzüge mögen in Literatur und Kino fiktiv dargestellt worden sein, aber die Wahrheit ist, das verrückte Religionskriege geführt wurden, die sich nur auf Versklavung, Tod, Zerstörung und erzwungene Bekehrung konzentrierten. Schätzungsweise sind zwei Millionen Menschen gestorben.

Im Jahr 1118 gründete ein französischer Ritter namens Hugo von Payns (auch Hugo von Payens oder Hugues de Payens) einen Militärorden, zusammen mit insgesamt acht Verwandten und Freunden. Sie nannten den Orden „Die Armen Ritter des Tempels von König Salomon“ (*Der Templerorden war ein geistlicher Ritterorden, der von 1118 bis 1312 bestand. Seine Mitglieder werden als Templer, Tempelritter oder Tempelherren bezeichnet. Sein voller Name lautete Arme Ritterschaft Christi und des salomonischen Tempels zu Jerusalem*)[(67)], später bekannt als die Tempelritter.

Abb.: 24: Prieuré de Sion

Dieser Orden ging aus einem Geheimbund namens Prieuré de Sion (von französisch prieuré: „Priorat", „Kloster" und Sion: „Zion" oder auch „Bruderschaft vom Berg Zion") hervor, das „Priorat von Zion", das unter anderem auch heute noch lebendig und aktiv ist. Mit der Unterstützung des Königs von Jerusalem errichteten die Tempelritter ihr Hauptquartier auf dem heiligen Tempelberg. Ihr offizielles Ziel war der Schutz der Pilger, auf ihrem Weg von Europa nach Jerusalem. Neun Ritter wurden offiziell ernannt, um christliche Pilger, über eine Entfernung von 4.000-5.000 km, zu schützen. Gott weiß wie sie es damals gemacht haben.

Nicht ganz so offiziell war das Ziel den Salomonischen Tempel wieder aufzubauen, der 586 nach Christus vom König von Babylon Nebukadnezar zerstört worden war. Warum war das für sie so wichtig? Ich werde es weiter unten beschreiben.

1029 erhielt der Orden der Tempelritter offizielle Unterstützung von der römisch-katholischen Kirche. Der Orden wuchs stetig an und Spenden kamen aus ganz Europa.

Die Ritter verabschiedeten ein Verhaltenskodex, indem sie unerschöpflichen Gehorsam gegenüber dem Ordensmeister schworen. Nach Ansicht von Gelehrten war das Gehorsamsprinzip der Tempelritter tödlich. Sie handelten schnell und sicher und taten was ihnen befohlen wurde.

Eine Templergruppe wurde zur Erweiterung des Willens ihres Befehlshabers, des großen Meisters. Auf dem Höhepunkt seiner Macht, dem Orden der Tempelritter, der aus fast 20.000 Mitgliedern bestand, waren nur 10 Prozent bewaffnete Ritter. Die restlichen 90 Prozent waren für die Infrastruktur und Logistik zuständig. Obwohl die Ritter ein Leben in Armut geschworen hatten, war der Orden überaus wohlhabend und besaß große Grundstücke, Bauernhöfe, Weinberge, Mühlen, Pferde, Waffen, Ausrüstungen, die Insel Zypern und eine beeindruckende Flotte von Schiffen. Auf dem ganzen Weg von Europa bis nach Jerusalem, in jeder Stadt in der Klöster, Schlösser, Kirchen und Universitäten so mächtig waren, dass sie sich nicht an die örtlichen Gesetze halten mussten, konnten sie alle Grenzen frei passieren. Sie mussten keine Steuern zahlen und waren von jeder Autorität, außer der des Papstes, befreit. Außerdem wurde alles, was sie der muslimischen Bevölkerung wegnahmen, die sie unterjochten und auf ihren Weg töteten, dem Orden übergeben. Hatten sie diese Privilegien schriftlich? Ja! Papst Innozenz II. (vorher Gregorio Papareschi di Guidoni, war Papst von 1130 bis 1143) kümmerte sich um alles, durch Unterzeichnung des Papiers mit der Bezeichnung „**Omne datum optimum**" (auf den 29.03.1139 datierte erlassene Päpstliche Bulle = Urkunde, die wichtige Rechtsakte des Papstes verkündet). Der Orden brauchte nur Gehorsam und Loyalität gegenüber dem Papst schwören. Es gab jedoch einen Bereich in dem sich die Templer wirklich hervorragend bewährt haben, das Bankwesen. Sie verfügten in vielen Ländern über ein Netzwerk von Banken, die es den Pilgern erlaubte, Vermögen in ihre Herkunftsländer zu deponieren und im Heiligen Land Geld abzuheben.

Im 13. Jahrhundert wurden die Templer so kompetente und vertrauenswürdige Bankiers, dass die europäischen Könige und Adlige, die sich auf die Kreuzzüge im Heiligen Land begaben, Ihnen anboten, große Geldsummen an die Templer weiterzuleiten, die später zur Bezahlung ihrer Armeen abgehoben werden konnten. Die Templer gaben den Herrschenden sogar Kredite. Sie zeichneten sich mit allem was sie taten aus, so das sie mit Spendengeschenken, Ruhm und Reichtum überladen wurden.

Abb. 25: Philipp IV., Ölmalerei von Jean-Louis Bézard

Doch zu Beginn des 14. Jahrhunderts erlitten die Tempelritter ihr endgültiges Schicksal. König Philipp IV. von Frankreich war bei dem Orden stark verschuldet. Als er noch mehr Kredite verlangte, lehnte der Orden dies ab. König Philipp IV. beschloss, dass es Zeit für die Tempelritter war, den Schöpfer zu treffen. Am Freitag den 13. Oktober 1307 wurde eine Vielzahl von Rittern verhaftet, darunter auch ihr Großmeister Jacques de Molay. Nach jahrelanger Gefangenschaft wurde er und viele andere auf dem Scheiterhaufen verbrannt. Mittelalterliche Dokumente besagen, dass Molay Papst Clemens V. bezichtigte es versäumt zu haben, sich vor dem Zorn des Königs zu schützen und sogar den Orden durch seine Unterschrift auf dem Papier **„Vox in excelso"** *(ist der Titel einer Päpstlichen Bulle, die am 22.03.1312 auf dem Konzil von Vienne vorgelegt und am 4. April 1312 verabschiedet wurde)*[(68)] so aufgelöst zu haben. Obwohl der Papst den Orden auflöste, hatte er ihn nicht formell verurteilt, was in jenen Tagen normal gewesen wäre. Einen Monat später starb Papst Clemens und nur acht Monate später starb König Philipp IV.

Ironischerweise wurde der Leichnam des Papstes durch ein Feuer eingeäschert, dass durch einen Blitzschlag in die Kirche, in der er ruhte, entfacht wurde. Der König erlitt einen Schlaganfall während der Jagd, bei dem er starb. Im Gegenzug zu dem was unser Geschichtslehrer uns erzählt haben, ist der Orden der Tempelritter hier nicht aufgehoben worden. Es wurden neue Orden mit neuen Namen gegründet, die im Grunde die Fortsetzung der Tempelritter waren. Militärischer Christusorden Portugal, oberster Christusorden Italien, und so weiter und sofort. In jedem europäischen Land lebten die Tempelritter einfach wie bisher, als hätte sich nichts geändert. Nur die Namen der Orden hatten sich geändert. Der Orden der Rosenkreuzer tauchte auf, gegründet von Christian Rosenkreuz, ein deutscher Aristokrat. Stand er in Verbindung mit den Tempelrittern? Auf jeden Fall! Dasselbe Symbol, das Kreuz der Tempelritter wurde mit einer Rose verbunden. Es findet sich in mittelalterlichen Kirchen in Frankreich, Spanien und Portugal.

Der Schwur der Jesuiten

Ein weiterer Geheimorden wurde 1584 gegründet, zwei Jahrhunderte, zwei Jahrzehnte und zwei Jahre nach der offiziellen Auflösung des Ordens der Tempelritter – der Jesuitenorden. Der Jesuitenorden war ein katholischer Orden der in Paris gegründet wurde. Es besteht jedoch kein Zweifel daran, dass der Jesuitenorden kein Orden von Mönchen war, die Jesus innerhalb der Mauern ihrer „Klöster der Erlösung" anbeteten. Es handelte sich um einen militärischen Orden von Extremisten, die einen Eid absoluter Unterwerfung und Gehorsams' gegenüber dem Papst und ihren Vorgesetzten geschworen hatten. Werfen wie ein Blick auf die Vereidigung:

„Ich erkläre, dass ich keine eigene Meinung und keinen eigenen Willen habe, aber ich werde ohne Zögern, jeden Befehl gehorchen, den ich von meinen Vorgesetzten, der Miliz des Papstes und Jesus Christus erhalte. Ich verspreche ferner

und erkläre, dass ich, wenn sich die Gelegenheit dazu ergibt, heimlich oder öffentlich einen unbarmherzigen Krieg gegen alle Ketzer, Protestanten und Liberalen führen werde, wie mir aufgetragen wurde, um sie auf der ganzen Erde auszurotten und zu vernichten und dass ich weder Alter, Geschlecht noch Kranke schone werde und dass ich diese schändlichen Ketzer aufhängen, verbrennen, sieden, kochen, schälen, erwürgen und begraben werde, die Mägen und Leiber ihrer Frauen zerreißen und die Köpfe ihrer Kinder an die Wand schlagen werde, mit dem Ziel, ihre schreckliche Rasse für immer zu vernichten. Wenn dies nicht offen geschehen kann, werde ich heimlich den Kelch mit Gift, den Strick zur Drosselung, den Dolch oder die bleierne Kugel verabreichen, ungeachtet der Ehre, des Ranges, der Würde oder der Autorität der Person oder der Personen. Ich werde mich jederzeit von einem Beauftragten des Papstes oder einem Vorgesetzten der Bruderschaft des heiligen Glaubens, des Jesuitenordens beauftragen lassen. In Bestätigung dessen widme ich hiermit mein Leben, meine Seele und all meine körperlichen Kräfte und mit diesem Dolch, den ich jetzt erhalte, werde ich mit meinem Namen, geschrieben mit meinem eigenen Blut, als Zeugnis dafür unterschreiben. Und sollte ich mich als falsch erweisen oder meine Entschlossenheit geschwächt sein, mögen meine Brüder und Mitsoldaten, der Miliz des Papstes mir die Hände und Füße abschneiden und meine Kehle von Ohr zu Ohr aufschlitzen, meinen Bauch öffnen und Schwefel darin verbrennen. Zusammen mit jeder Strafe die mir auf Erden zugefügt werden kann und meine Seele möge für immer von Dämonen in einer ewigen Hölle gequält werden.“

Abb. 26: Symbol der Jesuiten

Das ist nicht gerade das was man von einem Jesuitenorden erwarten würde! Oder? Doch Achtung, wenn ich mich auf den Jesuitenorden im Zusammenhang mit der Kabale beziehe, meine ich nicht die niedrigere Abteilung des Ordens. Ich persönlich kenne Jesuitenpriester, die wunderbare Menschen sind und die viel Schönheit und Weisheit in die Welt gebracht haben. Wir sprechen hier von der Spitze der Pyramide, der absoluten Elite des Ordens! Besser bekannt als der: der „Rat der Jesuiten".

Dokumente aus dem goldenen Zeitalter besagen, dass der Jesuitenorden zu einer äußerst mächtigen Gruppe von Männern herangewachsen ist. Ihr Einfluss ging weit über die religiöse Welt hinaus. Sie erstreckte sich bis hin zur Weltlichkeit. Sie infiltrierten die alten Freimaurerlogen.

Die Freimaurer und der Tempel Salomons

Freimaurer waren erfahrene Händler im Baugewerbe. Sie arbeiteten mit ihren Händen. Sie arbeiten hart, sehr hart. Diese Zunft war geprägt von körperlicher Arbeit. Die eingeschleusten Jesuiten konnten sich ihnen, Dank ihrer Beiträge in den Bereichen Architektur, Wissenschaft und Kunst anschließen. Man nannte sie die „freien und anerkannten Freimaurer", daher der Name „Freimaurer". Freimaurer waren reiche Männer mit besonderen Kenntnissen in der Architektur. Es ist bekannt, dass sie sich besonders für den salomonischen Tempel interessierten, genau wie die Tempelritter. Außerdem konzentrierten sie sich auf die Bewahrung esoterischen Wissens, zum Beispiel über die Kabale.

Abb. 27: Symbol der Freimaurer

Der Reiz des salomonischen Tempels ist nicht die einzige Verbindung zwischen den Freimaurern und den Tempelrittern. Auch heute noch verwaltet der York-Ritus drei Freimaurerorden, von denen einer der Orden der Tempelritter ist. Der Tempelritter des Yorker-Ritus ist ein militärischer Zweig der Freimaurer, genau wie der mittelalterliche Orden der Tempelritter. Beide benutzen das Symbol, das achtspritzigen Amalfikreuz. Kurz gesagt, die Freimaurer waren also eine sehr vertrauliche Gruppe mächtiger Jesuiten, die unzählige Freimaurerlogen auf der ganzen Welt infiltriert hatten.

Abb. 28: Initiation eines „Suchenden“. Kupferstich, 1745 in Frankreich

Im Jahre 1717 gründeten sie ihren Schutzschirm, die „Vereinigte Großloge von England“ (United Grand Lodge of England, UGLoE, sie behauptet von sich, die älteste Großloge der Welt zu sein) und dies erwies sich als ihre Rettung. Was ist passiert? Die Jesuiten waren den 80 Staatsoberhäuptern auf der ganzen Welt zu mächtig geworden, die sich offensichtlich von dem machtigen Orden bedroht fühlten. Sie verbannten den Orden und drängten Papst Clemens XIV. dazu, das gleiche zu tun. 1773 gab der Papst deren Bitte nach. Er verkündete die Herrschaft der Freiheit, den Kelch der Auslöschung der den Jesuitenorden beendete. Es sieht so aus, als hätte sich die Geschichte wiederholt. Aber wissen Sie was, das ist noch nicht vorbei! Genau wie die Tempelritter vor ihnen, benutzten sie weiterhin einen anderen Namen, in diesem Fall die „Freimaurer“!

Ein Jahr nach seinem Verrat an den Jesuiten wurde Papst Clemens vergiftet. Genau wie die luziferischen Khasaren hatten die Jesuiten und ihre Vorgänger, ebenso wie die Tempelritter, eine Vorliebe für Rache.

Der Zorn der Zionisten

Nun ich versprach, dass unsere beiden Geschichten sich bei einem historischen Ereignis, das die Welt stark beeinflussen würde, treffen würden. Ich bin nun an diesem Punkt angelangt! Während der Zorn der Kabale bis zu diesem Moment noch unstrukturiert war, wurde er nun in einem brillanten, vollständig strukturierten Plan gegossen. Böse, aber dennoch brillant! Es war der Plan, die Welt und die ganze Menschheit zu unterwerfen!

Vielleicht fragt man sich, warum die bisher in diesem Kapitel genannten Orden so wichtig für den Fortlauf unserer Entdeckungsreise sind. Kennen Sie die Redensart: „Vergib deinen Feinden, aber vergiss niemals ihre Namen"?!

Abb. 29: Symbol von Zion

Um die Größe ihrer elitären Fadenscheinig und das Ausmaß ihrer bösen Ansichten zu verstehen, müssen wir zunächst herausfinden, mit wem wir es hier zu tun haben. Es gibt so viele Fehlinformationen die nicht nur im Internet, sondern auch in unseren Geschichtsbüchern kursieren, die übrigens nie von neutralen Beobachtern geschrieben wurden, sondern immer von den Gewinnern, denn: „Der Sieger schreibt die Geschichte"!

Wenn man nicht versteht, woher die Kabale kommt, wie weit sie historisch in die Vergangenheit zurück reicht, wenn man nicht weiß wie man uns zu der Annahme verleitet hat, dass alle diese Orden Bewegungen sind, getrennte Einheiten sind, die in der Geschichte unabhängig und ziemlich harmlos ein und aus gegangen sind, dann wird man die wahre Identität der Kabale ganz sicher weder verstehen noch glauben und man wird die Tatsache übersehen, dass wir uns in der Endphase ihres Masterplans befinden. Und wer immer noch nicht ganz begreift, in welcher Gefahr wir uns befinden, wird nicht wissen, was man im entscheidenden Augenblick zu tun hat. Aus diesem Grund habe ich mich, mit einem kleinen Team an Redakteuren und zahlreicher „Zuträger“, dazu entschlossen dieses Buch zu schreiben, damit die Menschheit „aufwacht“, all die Lügen durchschaut und Maßnahmen ergreifen könnt, um Ihre Souveränität zurückzufordern. Dann werden Sie verstehen, was ich hier geschrieben habe. Die Geschichtsbücher müssen neu geschrieben werden!

Aber nun lassen Sie uns herausfinden, wo und wann sich die beiden Handlungsstränge treffen.

Die Gründung der Illuminaten

Im Jahre 1748 in Süddeutschland, Bayern, in einer Kleinstadt namens Ingolstadt. Ein Junge wurde geboren. Sein Name war Johann Adam Weishaupt. Im Alter von fünf Jahren starb sein Vater. Die Jesuiten nahmen ihn unter ihre Fittiche und pflegten Adam, der sich als hoch intelligent und willenstarker Mensch erwies und Professor für Kirchenrecht an der Jesuiten Universität von Ingolstadt wurde.

Abb. 30: Adam Weishaupt

Er schrieb alte historische Dokumente um, in den die Ideologie Luzifers schließlich zur vollständigen Kontrolle der Welt führen sollte. 1773 fand das geheime Treffen zwischen Mayer Amschel Rothschild und einer ausgewählten Gruppe von zwölf khasarischen Elitebankern und Geschäftsleuten statt. Erinnern Sie sich an Rothschild, Schlüsselfigur in ihrer Geschichte, der übermäßig wohlhabende und mächtige aschkenasische khasarische Bankier aus Frankfurt? Rothschild schlug vor seine Kräfte zu bündeln und mit dem Ziel der Weltherrschaft zu vereinen. Doch er warf ein Auge auf Adam Weishaupt, der perfekt geeignet wäre, die Pläne in die Praxis umzusetzen und ihre Organisation zu leiten. Und so gründete Adam Weishaupt am 1. Mai 1776 den „Club der Perfektibilisten“, der „Orden der Perfektionisten“

und später „Orden der Illuminati" genannt. Er war die Verschmelzung des finanziellen Imperiums der Rothschild's mit dem Reichtum und der Macht des militärischen Ordens der Jesuiten.

Ihr Ziel: Schaffung einer Weltregierung und der Weltherrschaft.

Der Brief von Konstantinopel

Obwohl der Name Weishaupt unter denjenigen die dieses Buch studieren allgemein bekannt ist, sind sich nicht viele Menschen der Tatsache bewusst, dass er seinen „Orden der Illuminati" auf antike Dokumente stützte, von denen eines ein Brief war, der ihn von Rothschild übergeben wurde. Dieser als „Konstantinopel" bezeichneter Brief, war alt und für die Aschkenasen von extremen Wert. Er war etwa 287 Jahre alt, geschrieben am 22.12.1489 von dem Nasi (hebräischer Titel eines Fürsten oder hohen Staatsbeamten), den Vorsitzenden des Rates der Juden in Konstantinopel, als Antwort auf einen Hilferuf des Oberhauptes der aschkenasischen Juden in Frankreich. Erinnern Sie sich an die aus Russland geflohenen Khasaren, die ihren Namen in aschkenasischen Juden geändert hatten? Sie fühlten sich nun von den anderen ethnischen Gruppen in Frankreich bedroht. Der König sagt ihnen sogar, dass sie zum Christentum konvertieren müssten. Die Antwort des Nasi in dem Konstantinopel Brief lautet wie folgt:

„Was eure Aussage betrifft, der König von Frankreich verpflichte euch Christen zu werden, tut es, denn anders geht es nicht. Aber bewahrt das Gesetz des Mose in euren Herzen. Was eure Forderung, euch eure Güte zu berauben betrifft, macht eure Söhne zu Kaufleuten, damit sie nach und nach den Christen ihre Güter berauben können. Was eure Worte über ihre Anschläge auf euer Leben betrifft, macht eure Söhne zu Ärzten und Apothekern, damit sie den Christen das Leben nehmen können. Was euch über die Zerstörung eurer Synagogen betrifft, macht eure Söhne zu Stiftsherren und Geistlichen, damit sie ihre Kirchen zerstören können. Was die vielen anderen Ärgernisse betrifft, über die ihr euch beklagt, sorgt dafür, dass eure Söhne Anwälte und Advokaten werden und

achtet darauf, dass sie sich immer in die Staatsangelegenheiten einmischen, damit ihr, in dem ihr die Christen und euer Joch bringt, die Welt beherrscht und euch an ihnen rächt. Weicht nicht ab von diesem Befehl den wir euch geben, denn ihr werdet die Erfahrung machen, dass ihr so gedemütigt wie er jetzt seid, die Wirklichkeit der Macht erreichen werdet."

Mit anderen Worten, es wurde ihnen gesagt, sie sollten eine Bekehrung vortäuschen und vorgaukeln und jeden Aspekt der Gesellschaft infiltrieren, Medizin, Religion, Wissenschaft und Gesetzgebung, mit alleinigem Ziel der Rache und Zerstörung!

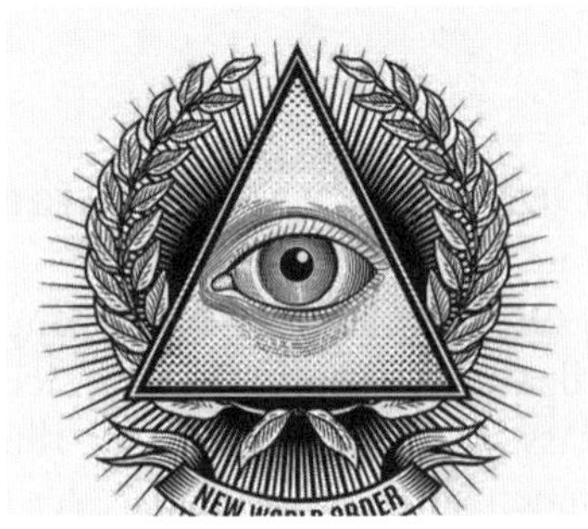

Abb. 31: Das allsehende Auge der Illuminaten

Adam Weishaupt gründete 1776 den „Orden der Illuminaten", finanziert von den Rothschild's, auf der Grundlage des Konstantinopel-Briefes, der auf einem noch älteren Dokument basiert. Jedoch mehr dazu an einer späteren Stelle.

Ein Jahr später, 1777, trat Weishaupt der „Großen Orient Freimaurerloge" bei. Er machte über 2000 Jesuiten zu Oberhäuptern, der vielen Logen auf der ganzen Welt und errichtete so ein gewaltiges Reich, indem der Jesuitenorden sozusagen die Spinne im Netz war. Weishaupt trat dann offiziell aus dem Jesuitenorden aus, damit kein Verdacht auf die Beteiligung der römisch-katholischen Kirche und eines Jesuitenrates an den illustren Plänen der Illuminaten geweckt würde.

Die Rothschild's nutzten ihre Rücklagen zur Finanzierung von Kriegen, da sie herausfanden, dass sie durch die Finanzierung beider Seiten eines jeden Krieges, finanziell immer gewinnen würden. Sie kannten keine Skrupel und keine Gnade. Die Allianz der Luziferischen Khasaren und des Jesuitenordens hatten gerade erst begonnen. Ihre Ziele: persönlicher Gewinn von Reichtum und Macht, die Unterwerfung der Königsfamilien, die Vernichtung der Ungläubigen, Protestanten, Calvinisten, Atheisten, Muslime, Juden. Mit anderen Worten: die Vernichtung aller Religion, mit Ausnahme des römisch-katholischen Glaubens. Die Zerstörung aller Regierungen, die Weltherrschaft des Papstes und die Rache, Rache an jedem einzelnen, der sie jemals verraten hat. Rache an Russland, in erster Linie an dem Land, das die Khasaren vertrieben hatte. Aber nicht nur das. Erinnern Sie sich an die Rache der Jesuiten an den Papst, der sie verraten hatte? Nun, das war noch nicht alles, denn die europäischen Könige von Frankreich, Spanien, England, Österreich, usw., die Jesuitenorden verboten hatten, standen schon kurz davor ihren Zorn zu spüren.

Die Französische Revolution, Napoleon und die Freimaurer

Ein Bündnis der Illuminaten bestand mit Napoleon Bonaparte. Die Tatsache, dass die Französische Revolution tatsächlich von elitären Geheimgesellschaften inszeniert wurde, wurde vom französischen Jesuiten Augustin Barruel dokumentiert und bewiesen. Er schrieb einen einflussreichen Bericht, in dem er sich insbesondere auf Adam Weishaupt, den Gründer des Ordens der Illuminaten konzentrierte. Barruel zufolge wurde die Französische Revolution von Freimaurern und Philosophen wie Voltaire und Montesquieu inszeniert. Wir kommen zu einem späteren Zeitpunkt auf Barruel zurück. Bitte merken Sie sich diesen Namen, ich frage Sie später diesbezüglich ab.

Abb. 32: Napoleon Bonaparte

Napoleons Berater war ein Jesuit, Immanuel Sieyes. Er beriet Napoleon wohin er gehen und was er tun sollte. In der heutigen Sprache würden wir Sieyes als seinen Führer oder „Berater“ bezeichnen. Vielen Historikern und Forschern zufolge waren die Jesuiten diejenigen, die die Französische Revolution und deren Ausgang orchestrierten und lenkten. Napoleon war ein Großmeister der Freimaurerei. Er wurde vom Orden ausgewählt und initiiert, um in dieser geplanten Revolution eine Schlüsselrolle zu spielen. Napoleons Bruder, Louis Bonaparte, wurde zum Großmeister der „Großloge des Großorient von Frankreich", wurde im Jahr 1773 als eine der ältesten freimaurerischen Großlogen in Europa gegründet ernannt. Seine Gattin, Joséphine (de Beauharnais, geborene Marie Josephe Rose de Tascher de la Pagerie) war Mitglied im Freimaurerritus für Adoption. Zu der Adoptionsloge, sowie Mops- und Pudelorden kommen wir später ausführlicher zu sprechen. Sie werden aus dem Staunen nicht mehr herauskommen, Versprochen!!!

Unter der Herrschaft Napoleons stieg die Zahl der Logen in Frankreich von 300 auf 1.220. Napoleon war eine Marionette des „Sumpfes"! Man ließ uns glauben, er sei der Anführer, aber das war er nicht.

Abb. 33: Die verdeckte Geste

Die verborgene Hand, so glauben einige Historiker, sollen ein Geschwür verdecken. Im Ernst, tatsächlich war es eine gewöhnliche freimaurerische Geste, die als Zeichen des Meisters des zweiten Schleiers bezeichnet wurde. Viele führende Politiker der Welt haben dieses Zeichen im Laufe der Jahrhunderte gezeigt, wie zum Beispiel: Barack Obama, Karl Marx, Josef Stalin, George Washington, Marquis de Lafayette, Salomon Rothschild, Simón Bolívar, Ronald Reagan, Silvio Berlusconi, Mustafa Kemal Atatürk, Wladimir Iljitsch Lenin, Leo Trotzki, Paul von Hindenburg oder auch Prinz Harry, Al Pacino, Robert De Niro, Victor Hugo, Friedrich Nietzsche, The Beatles, Marc Anthony, Johnny Depp, Tom Hanks, Leonardo DiCaprio, Richard Wagner, Johann Wolfgang von Goethe, Adolph Knigge und Wolfgang Amadeus Mozart.

Die Französische Revolution begann 1789 und dauerte zehn lange und blutige Jahre in absoluten Terror. Es war der Masterplan des Jesuitenrates sich an Frankreich zu rächen und das Land durch Krieg zu destabilisieren und die französische Königsherrschaft zu zerstören. Dort entstand für die Jakobiner eine extremistische politische Bewegung, die von keinen geringeren als Napoleon's Berater den Jesuiten Sieyes gegründet wurde. Die Jakobiner verursachen in ganz Frankreich Chaos, randalieren, plündern und ermorden jeden der sich ihnen in den Weg stellte. Wo immer sie hin kamen hinterließen sie eine Spur von Tod und Zerstörung. Der Jesuitenplan funktionierte. Die Guillotinen machten Überstunden!

Wissenswertes: Napoléon Bonaparte wurde am 15. August 1769 in Ajaccio auf der Insel Korsika als Urgroßneffe des französischen Königs Ludwig XIV. (1638 5. September – 1. September 1715) geboren. Als Marionette der Jesuiten, finanziert von der Familie Rothschild, übernahm er in den letzten Phasen der Französischen Revolution die Kontrolle über Frankreich. Er war von 1804 bis 1814 Kaiser von Frankreich. Der Freimaurer Napoleon wurde immer mit einer typischen Handhaltung dargestellt: die rechte Hand versteckt vor der Brust. Er starb nicht am 5. Mai 1821 auf der Insel St. Helena. Tatsächlich tauschte er drei Monate zuvor, im Mai, mit einem Doppelgänger (genannt Eugene Lennemond oder so ähnlich) die Plätze und floh zurück nach Frankreich, wo er das Leben seines Doppelgängers lebte. Nach seinem Tod wurde Napoléon Bonaparte als Eugene Lennemond in Paris, Frankreich, beigesetzt.

Der Jesuitenorden ist der gefährlichste aller Orden! Er hat mehr Schaden angerichtet als alle anderen Orden. Die Lehre der Jesuiten besagt, dass ihr oberster General, der Souverän, der Souveräne und Meister der Welt ist.

Nach dem Ende der französischen Revolution begann der napoleonische Krieg. Diese Kriege verursachten nicht nur in Frankreich, sondern auch in vielen Ländern in den Napoleon einmarschierte, noch mehr Instabilität und Zerstörung. Österreich, Russland, England, Preußen, Portugal und Spanien, dort wo königliche Familien hinausgeworfen und Napoleons älterer Bruder auf den Thron gesetzt wurde. Jedes einzelne Land, das gleichzeitig den Jesuitenorden und die khasarischen und aschkenasische Juden aufnahmen, lag nun in Trümmern. Dies war eine der dominierenden Leidenschaften des Ordens, die Rache.

Während der napoleanischen Kriege setzte die Allianz der Illuminaten die erfolgreichste Strategie ein. Sie finanzierte sowohl die französische als auch die englische Armee. Es war einfach egal wer gewann. Der Krieg war eine reine Gelddruckmaschine. Es war der Duke of Wellington, Arthur Wellesley, der gegen Napoleon kämpfte und ihn 1815 in der Schlacht von Waterloo besiegte. Nathan Rothschild, ein brillanter und skrupelloser Geschäftsmann, hatte seine Spione in Waterloo und er verfügte über ein privates Kuriersystem. Da er wusste, dass eine schnelle Kommunikation im Geschäftsleben wichtig war, wurde die Nachricht, als klar war, das Napoleon besiegt worden war, sofort an Rothschild geschickt, der die Nachricht zwei Tage vor allen anderen erhielt. An der Londoner Börse unternahm er dann ein brillanter Schachzug. Anstatt englische Anleihen zu kaufen, verkaufte er die, die er hatte. Die anderen Händler bemerkten es und zogen den falschen Schluss, dass Napoleon den Krieg gewonnen haben musste. Sie verkauften sofort ihre Anleihen, wodurch der Kurs dramatisch fiel. Das war der Moment, in dem Rothschild seinen Zug machte. Er kaufte alle Anleihen, die er in die Hände bekommen konnte, zu einem sehr niedrigen Preis. Als die anderen es bemerkten und verzweifelt wieder zu kaufen begannen, war Nathan Rothschild inzwischen extrem wohlhabend.

Der König von England, George III., war nun hoch verschuldet bei Nathan Rothschild, der seine Kriege finanziert hatte. Der König musste nicht nur seine Schulden zurückzahlen, er muss auch noch Zinsen zahlen. Die Rothschilds hatten George III. nun im Sack.

Der 1. Weltkrieg

Wie hätte ich die City verlassen können, ohne ihren wahren Lion [englischer Ausdruck für jedes in seiner Art Außerordentliche], ihren Beherrscher – mit einem Wort: Rothschild, besucht zu haben.

(Hermann Fürst von Pückler-Muskau)

1914 löst die Allianz der Illuminaten, die ich von nun an als Kabale bezeichnen werde, einfach deshalb, weil alles kurz und bündig ist, den 1. Weltkrieg aus. Ein Krieg, zunächst nur zwischen Österreich-Ungarn, einem Doppelreich von Österreich und Ungarn auf der einen Seite und Serbien auf der anderen Seite. Wie kam es dazu? Die Herrscher von Österreich-Ungarn, Kaiser Franz Joseph I., hatte keinen Thronfolger. Da sein einziger Sohn Selbstmord begangen hatte, wurde sein Neffe Franz Ferdinand Thronfolger. Doch seine Vorstellungen bezüglich der Politik waren ganz anders als die seines Onkels. Franz Ferdinand wollte eine Dezentralisierung, er wollte Autonomie für die verschiedenen ethnischen Gruppen. Er wollte Serbien als gleichberechtigte politische Einheit mit Ungarn und Österreich in in das von den Khasaren kontrollierte Reich eingliedern. Seinem Onkel, dem Kaiser, war er ein Dorn im Auge. Obwohl er nach dem Jesuiten-Bild seines Vaters und seines Onkels erzogen wurde, hatte er seinen eigenen Kopf. Er weigerte sich die politische Vision seines Onkels zu übernehmen und heiratete die Frau die er liebte, was innerhalb der Elite so nicht geschehen durfte. Zur Zeit der inneren Unruhen schickte der Kaiser seinen Neffen an die Grenzen zu Serbien, wo er und seine Frau Sophie ermordet wurden. Nach der offiziellen Erklärung war es der Serbe Gavrilo Princip, der den Abzug drückte. Und so erklärte Österreich-Ungarn Serbien den Krieg.

Deutschland schloss sich mit Österreich-Ungarn zusammen. England, Frankreich, Russland und später Italien, Rumänien, Bulgarien und die ehemalige Türkei, das osmanische Reich, kamen Serbien zu Hilfe.

Wir alle kennen die Ergebnisse. Vier Horror-Jahre in Schützengräben und 9 Million Tote. Deutschland lag in Trümmern und genau das war es was die

Jesuiten angestrebt hatten, denn Deutschland war überwiegend protestantisch. Sie erinnern sich vielleicht daran, was im Schwur der Jesuiten über die Protestanten gesagt wurde. Sie würden absolut alles tun, um diese abscheuliche Rasse für immer zu vernichten. Daher können Historiker den jesuitischen Hintergrund der Herrscher von Österreich-Ungarn in Frage stellen oder sogar leugnen, was merkwürdig ist, da sie prominente Mitglieder mehrerer jesuitischer Unterorden, wie die des obersten Christusordens waren. Kaiser Franz Josef stand im Jesuitenrat so weit oben, dass er befugt war, Titel wie Prinz und Großmeister zu verleihen. So verlieh er 1884 diesen Titel „Prinz des Heiligen römischen Reiches" an den Großmeister des Malteser Ordens. Er gründete sogar seinen eigenen Orden, den kaiserlich österreichischen Franz Joseph Orden.

Ich werde später näher auf diese Orden und die Beweise für ihre Verbindung zu den Jesuiten eingehen, da ich mich nicht in der Geschichte verlieren möchte. Letztendlich muss ich auch noch über die russische Revolution und den Zweiten Weltkrieg so berichten, wie man es in der Schule nicht gelernt hat!

Die Rache der Jesuiten verbrannte die Erde. Europa bezahlte den ultimativen Preis für den Vertrag des Jesuitenordens. Ein Krieg nach dem anderen wütete, tötete Millionen und hinterließ nichts als Verzweiflung und Angst unter den Massen. Jeder einzelne Krieg hat die Kabalen weiter bereichert und die Kluft zwischen ihnen und dem Volk immer größer werden lassen. Deutschland war am Ende des Ersten Weltkriegs bankrott und zerstört. Warum nicht Österreich Ungarn das den Krieg begonnen hatte? Wegen der Vorherrschaft der elitären Jesuiten-Kabalen in diesem Bereich! Das protestantische Deutschland wurde gestürzt, aber die Kabale hatte gerade erst begonnen. Sie fuhren mit ihrem zerstörerischen Plan fort, die ganze Welt zu unterwerfen, indem sie den Aktienmarkt weltweit manipulierten, angefangen in den USA. Deutschland sollte noch mehr bluten. Die Ereignisse, die daraus hervorgingen, führten zum Zweiten Weltkrieg.

Die kommunistische Oktoberrevolution

Als nächstes oder besser gesagt gleichzeitig war es Zeit für die Kabale sich erneut an Russland zu rächen. Finanziert von ihren Komplizen, den Rothschild's, begann sie die Russische Revolution mithilfe der Schachfigur und Frontman Lenin. Sein wirklicher Name Wladimir Iljitsch Uljanow. Jeder Historiker wird darin übereinstimmen, dass Lenin stark von Karl Marx, dem Begründer des Kommunismus aus der Rothschild-Familie, beeinflusst war. Aber Marx war kein Russe. Er war Deutscher, aus einer bedeutenden Rabbinerfamilie und Lenin war Russe! Aber da Lenin viele Jahre im Exil in Finnland, der Schweiz, England und Deutschland verbrachte, war er in Russland zu der Zeit, als im Februar 1917 der erste Teil der russischen Revolution ausbrach, fremd geworden. Er war völlig „verwestlicht"! Marx hatte ihn massiv mit seinem Pamphlet „Das Kommunistische Manifest" von 1848 inspiriert. Lenin war nicht nur vom marxistischen Kommunismus inspiriert, sondern auch von seinem jesuitischen Hintergrund. Marx wurde in Deutschland an einer Jesuitenschule – dass Friedrich-Wilhelm-Gymnasium, wurde im Jahr 1561 als Jesuitenschule unter dem Namen „Collegium Trinitas" („Dreifaltigkeitskolleg") gegründet –, ausgebildet und danach wurde er von Jesuiten im Britischen Museum über die Lehren des Kommunismus unterrichtet, wie der ehemalige Jesuitenpater Alberto Riviera bestätigte. Eine weitere Quelle dafür, dass Marx ein jesuitischer Assistenzbischof oder Hilfsbischof war, ist Otto von Bismarck, der in der norddeutschen Zeitung schrieb, dass Marx den Jesuitenpriester Peter Beckx, den damaligen Generalsoberst der Gesellschaft Jesu unterstellt war. Und es gab mehr jesuitischen Einfluss auf Lenin. Seine rechte Hand, Feliks Dzierzynski, der der Chef der sowjetischen Geheimpolizei war, war ein großer Bewunderer der Jesuiten. Außerdem lies Lenin die Jesuiten 1922 wieder nach Russland einreisen, was ziemlich merkwürdig ist, da die Religion zu dieser Zeit im Kommunismus verboten war.

Aber andererseits war es wirklich seltsam? Der Ursprung des Kommunismus liegt in der Ideologie der Jesuiten. Wie von vielen Historikern bestätigt wird, perfektionierten die Jesuiten im 17. und 18. Jahrhundert das erste System der kommunistischen Herrschaft in ihren Siedlungen in Paraguay. In der neuen katholischen Enzyklopädie heißt es über die Eigentumsverhältnisse: *„Die wirtschaftliche Grundlage war eine Art Kommunismus. Das Land* *und alles worauf es stand war Eigentum der Gemeinschaft. Das Land wurde unter den Kazikes (spanisch: cacique, ist eine Bezeichnung für indigene Adlige) den Anführern der indigenen Gruppen aufgeteilt, die es in den Familien verteilten. Unter ihnen wurden landwirtschaftliche Geräte und Vieh aus den gemeinsamen Vorrat geliehen. Niemand durfte sein Grundstück oder sein Haus verkaufen.“*

Das sind eindeutig kommunistische Ansätze! Sie werden später noch erfahren, dass sogar der Begriff der „sozialen Gerechtigkeit“ von den Jesuiten erfunden wurde. Der erste Mann, der ihr diese Bezeichnung gab und darüberschrieb, war der Jesuit Luigi Tabarelli d'Azeglio.

Lenin war eine jesuitische Marionette, die von der Kabale dazu gedrängt wurde, das Land zu destabilisieren und zu zerstören. Er hasste Russland und die Russen. Einige seiner berühmtesten Zitate sind: „Gemeinsames, einheitliches Ziel ist die Säuberung der russischen Erde von allem Ungeziefer“ und „Solange der Staat existiert, kann es keine Freiheit geben. Wenn es Freiheit gibt, wird es keinen Staat geben!“

Die russische Revolution war ein jesuitischer Angriff auf das Land. Das Motiv war: Rache. Die Schachfigur: Lenin. Das Werkzeug: die Bolschewisten. Sie waren das Äquivalent der Jakobiner während der französischen Revolution. Millionen von Menschen starben in Russland zwischen 1917 und 1923, dem Jahr, in dem die russische Revolution mit der Gründung der Sowjetunion durch die Bolschewiki endete.

Bevor wir nun zum 2. Weltkrieg übergehen, möchte ich Ihnen eine Entdeckung mitteilen, die mich ehrlich gesagt aus den Socken gehauen hat.

FED - Die Mutter aller Banken

1913 wurde die Mutter aller Banken gegründet, die US-Notenbank Federal Reserve (FED), die im Besitz mehrerer Kabale-Familien ist, darunter die Rothschild‘s. Wissen Sie was mit den einflussreichsten Gegnern der FED geschah, als da waren: John Jacob Astor IV., Benjamin Guggenheim, Isidor und Ida Straus sowie Charles Hays? Sie starben, praktischerweise beim Untergang der Titanic!

Weniger als ein Jahr später war die Federal Reserve eine beschlossene Sache. Zu dieser Zeit fielen in den USA etwa 21.000 Banken noch nicht unter die Zuständigkeit der FED, das war und ist immer noch absolut tödlich. Man könnte genauso gut Selbstmord begehen, wie die Geschichte weltweit immer wieder bewiesen hat.

1914 begann der 1. Weltkrieg. Ein Jahr nach der Gründung der Federal Reserve zwischen 1914 und 1919 verdoppelte die FED die Geldmenge, was zu einem landesweiten Anstieg der Kreditvergabe führte. Im Jahr 1920 senkte sie die Geldmenge und 5.500 konkurrierende Banken gingen bankrott. Sie wurden von der FED für so gut wie nichts verkauft. Zwischen 1921 und 1929 erhöhte die Federal Reserve die Geldmenge wieder. Es gab überall Kredite. Aber am 23.10.1929 wurden in einem Rausch 2,6 Millionen Aktien verkauft. Von wem? Das ist wohl nicht so schwer zu erraten! Am nächsten Tag, am 24.10.1929 um 9 Uhr morgens wurde die Wall Street geschlossen und die „Geldmacher", die sich draußen versammelt hatten, beginnen langsam im Schockzustand zu begreifen, was geschehen war. Die Darlehen wurden eingefroren. Die Anleger waren gezwungen ihre Aktien zu verkaufen. Dieses Ereignis wurde in der Geschichte als der „Wall Street Crash" benannt. Der „Wall Street Crash" zwang auch den Rest der Welt in die Knie. 16.000 konkurrierende Banken, wie Warenhäuser, Unternehmen das Nicht-Bankenbereichs gingen in Konkurs. Auch sie wurde für so gut wie nichts verkauft. Man nannte es den „größten Raubüberfall der Geschichte", aber es war nicht genug. Die Federal Reserve reduzierte die Geldmenge noch weiter um 30 Prozent, was in den gesamten USA eine Hungersnot verursachte.

Und wieder hatten die Rothschilds das getan, was sie seit der französischen Revolution erfolgreich getan hatten: sie manipulierten den Aktienmarkt auf Kosten des Volkes, um ihren Reichtum und ihre Macht weiter zu vergrößern. Der Kongressabgeordnete Louis Thomas Mc Fadden war so entsetzt, dass er ein Amtsenthebungsverfahren gegen die Bankiers einleitete, denen die Federal Reserve gehörte. Wie ich schon schrieb, hätte er genauso gut Selbstmord begehen können. Mc Fedden wurde bei einem Bankett vergiftet und das Amtsenthebungsverfahren wurde eingestellt. Man kommt der khasarischen „Mafia" einfach nicht in die Quere.

Vier Jahre nach dem Wall Street Crash 1933 überredeten die Banken unter dem Vorwand aus der Depression herauszukommen die Regierung, eine nationale Goldbeschlagnahme unter Androhung von zehn Jahren Haft durchzuführen. Unter dem Druck der FED unterzeichnete Präsident Roosevelt die „Executive Order 6102“ um das verarmte amerikanische Volk zur Aufgabe seines Goldes zu zwingen. Sie hatten nichts mehr übrig! Mit dem Wegfall des Goldstandards hatte die Kabale keine Beschränkungen mehr, wie sie die Geldmenge manipulieren konnte. Dies bedeutete absolute Dominanz!

Zusätzlich zu allem anderen wurde 1913 die Einkommenssteuer eingeführt, um die riesigen Geldmengen abzudecken, die die Regierung an die Federal Reserve zahlte. Jedoch muss ich an dieser Stelle einfügen, dass die Einkommenssteuer illegal war und ist, es wurde uns nur nie gesagt!

Eine der schlimmsten Folgen des Wall Street Crash‘s war, dass die FED alle internationalen Kredite einforderte. Das Land, das am stärksten betroffen war, war Deutschland!

Nach dem 1. Weltkrieg musste das Land, Dank des Versailler Vertrags, Entschädigungszahlungen an die Opfer leisten, für die es die Kredite dringend benötigte, sowie für den Wiederaufbau des Landes und der Wirtschaft. Als die Federal Reserve ihre Kredite von Deutschland einforderte, brach die deutsche Wirtschaft zusammen. Das Land versank in einer tiefen Depression. Im gleichen Winter waren rund 2 Millionen Menschen arbeitslos. Weniger als drei Jahre später hatte sich diese Zahl verdreifacht, was eine erschütternde Arbeitslosenquote von 40 Prozent bedeutet. Die Ausgaben der Regierung zur Unterstützung dieser Menschen gingen durch die Decke. Der Kanzler strich in einer Verzweiflungstat die Arbeitslosenunterstützung, was die Dinge noch schlimmer machte. Weitere Kanzler kamen und gingen. Niemand wusste, was er mit diesem Schlamassel anfangen sollte. Die Menschen verlorenen den Glauben an die Demokratie, was Musik in den Ohren der Kabale bedeutete. Und sie suchten Hilfe bei den extremen Linken, den Kommunisten oder der extremen Rechten, den sogenannten Nazi‘s.

Der 2. Weltkrieg

Im Januar 1933 wurde Adolf Hitler Kanzler von Deutschland. Obwohl er die Mehrheit der Sitze im Parlament hatte, verfügte er nicht über die absolute Macht, die er sich wünschte. Praktischerweise wurde nur vier Wochen später das Reichstagsgebäude des deutschen Parlaments in Berlin in Brand gesteckt, angeblich von Kommunisten. Hitler nutzte das Ereignis, um Präsident Paul von Hindenburg dazu zu bewegen, ein Notstandsgesetz zu erlassen, dass die persönliche Freiheit einschränkt. Das Gesetz schaffte die Meinungs- und Versammlungsfreiheit, das Recht auf Privatsphäre und die Pressefreiheit ab. Es schaffte das Recht auf Eigentum und das Recht auf ein Gerichtsverfahren vor der Inhaftierung ab, fast so wie 2021 in der BRD.

Es legalisierte das Abhören von Telefonen und das Abfangen von Korrespondenz. Das Dekret diente als Rechtsgrundlage für die Aktivierung von Personen, die als Gegner der Nazis galten. Menschen konnten aus jedem oder keinem Grund eingesperrt werden. In dieser Nacht wurden rund 4.000 Menschen von der SA verhaftet, eingesperrt und gefoltert. Hitler war nun in der Lage, kommunistische Führer einzusperren, so dass ein Hauptgegner bei den Wahlen, die KPD (Kommunistische Partei Deutschland) auseinanderfiel. Hitler‘s SA schüchterte die obrige Opposition ein, woraufhin er das Ermächtigungsgesetz durchsetzte, dass ihn für die nächsten vier Jahre ermöglichte, ohne Zustimmung des Parlaments, Gesetze zu erlassen. Damit erhielt Hitler die absolute Macht. Er verbot daraufhin alle politischen Parteien. Nur die Nazi-Partei durfte existieren.

Das letzte Hindernis zur absoluten Diktatur wurde am 30.06.1934, in der „Nacht der langen Messer“ aus dem Weg geräumt. Als 400 SA-Mitglieder, die aufmuckten und Forderungen stellten, von Hitler‘s SS abgeschlachtet worden.

Sechs Wochen später hatte Hitler die absolute Kontrolle über Deutschland. Er war zum Führer geworden, das heißt er war Präsident, Kanzler und Anführer des Heeres. Die Angehörigen der Wehrmacht mußte einen persönlichen Treueeid nicht auf Deutschland, sondern auf den Jesuiten Hitler schwören.

Abb. 34: Die Jesuiten sind eine militärische Organisation

Napoleon Bonaparte, der Kaiser der Franzosen, sagte einmal: *„Die Jesuiten sind eine militärische Organisation, keine religiöse Ordnung. Ihr Chef ist ein General einer Armee, nicht der bloße Vater Abt eines Klosters. Und das Ziel dieser Organisation ist Macht – Macht in ihrer despotischsten Übung – absolute Macht, universelle Macht, Macht, die Welt durch den Willen eines einzelnen Mannes zu kontrollieren (des Schwarzen Papstes, des Generaloberen der Jesuiten). Der Jesuitismus ist der absoluteste Despotismus und gleichzeitig der größte ...“* Erinnern Sie sich an den Eid der Jesuiten, an die absoluten Unterwürfigkeit und des Gehorsams gegenüber dem obersten General? Jetzt verstehen Sie sicherlich all diese Zusammenhänge.

An dieser Stelle möchte ich noch ein paar Worte zum Thema Nationalsozialismus verlieren:

Die National-SOZIALISTEN waren niemals eine RECHTE Bewegung ... sie waren vom ersten bis zum letzten Tag LINKS! Der Nationalsozialismus entstand in Böhmen und zwar 1896, als tschechische Sozialdemokraten, die den Sozialismus auf internationaler Ebene als unrealistische Utopie empfanden, unter der Führung von Klofac, Stribrny und Franke eine nationalsozialistische Partei gründeten. Ihr Führer wurde 1919 Eduard Benes, ein Nationalsozialist von echtem Schrot und Korn, der schon 1943 im Exil erklärte, dass man Hitler nachahmen müsse. Erst am 5. Mai 1918 in Wien wurde die DAP in „Deutsche Nationalsozialistische Arbeiterpartei" umbenannt. Ihr Programm war eindeutig links. Es war offen gegen die Donaumonarchie gerichtet, antihabsburgisch, antiaristokratisch, antiklerikal, antikapitalistisch und einziger Unterschied zu ihrem tschechischen „Vorbild" auch antisemitisch.

Die Namenserweiterung fand (ein symbolischer Zufall?) am 100. Geburtstag von Karl Marx statt. Bei der Räterepublik war auch Adolf Hitler dabei. Hitler diente in München mit roter Armbinde unter den Kommunisten[(69)]. Der aus Böhmen ausgewiesene Ingenieur Rudolf Jung überredete Hitler, der in München auch einer „Deutschen Arbeiterpartei" angehörte und beabsichtigte, ihr die Bezeichnung „Sozialrevolutionär" zu geben, sie lieber „Nationalsozialistisch" zu nennen. Jung überzeugte ihn auch, die rote Fahne als zugkräftiges Symbol zu benützen. Goebbels bekannte sich sogar noch 1926 als „deutscher Kommunist" und erklärte 1933 dem *„Le Petit Parisien"* in einem Interview, dass die Deutsche Revolution das Ambivalent zur Französischen sei. Gerade der Linksdrall der NSDAP trieb Goebbels zur Aussage: „Wir sind Antisemiten, weil wir Sozialisten sind!" War es doch auch das Programm der Braunen, den „bürgerlichen Klassenstaat zu zertrümmern", wie Hitlers bis in den Tod treuester Paladin, Goebbels, es geplant hatte[(70)]. Ja aber, fragt vielleicht der naive Zeitgenosse, haben die Braunen nicht „dennoch" behauptet, „rechts" zu stehen? Keine Spur! Goebbels erklärte am 6. Dezember 1931 im *„Angriff"*, dass die NSDAP die „deutsche Linke" verkörpere und den „bürgerlichen Nationalismus" verachte. Kann das deutlicher gesagt werden? Was will man mehr?

Von Speer wissen wir, wie sehr Hitler später bereut hatte, den Rechten Franco und nicht die ihm viel sympathischeren, die Friedhöfe und Leichen schändenden Rotspanier unterstützt zu haben. Zudem betrachtete Hitler den Nationalsozialismus als eine „auf exakter Wissenschaft aufgebaute Volksbewegung", eine Formel, die sicherlich auch Lenin hätte benützen können.

Nun erfährt man aber in Goebbels „Tagebuch" (II. 14), dass es, wie ihm Hitler verriet, nach einem Endsieg des Dritten Reichs allen „konservativen" Kräften, vor allem dem Christentum, an den Kragen gegangen wäre. Es war schließlich, wie Dahrendorf sagte, „die Moderne", die 1933 in Deutschland ihren Einzug gefeiert hatte, während die Rechte, die „Reaktion" am 20. Juli 1944 das so linke „Rad der Geschichte" zurückdrehen wollte, was aber nicht gelang.

In einem sehr guten Aufsatz hat der sächsische Justizminister Steffen Heitmann[71] den Unterschied zwischen Rechts und Links herausgearbeitet. „Rechts" steht demzufolge für Persönlichkeit, Vertikalität, Transzendenz, Freiheit, Subsidiarität, Föderalismus und Vielfalt, „Links" für Kollektivismus, Horizontalismus, Materialismus, Gleichheit-Nämlichkeit, Zentralismus und Einfalt (in beiden Sinnen des Wortes). Hier muss man auch bemerken, dass Freiheit und Gleichheit Gegensätze sind, denn Gleichheit ist „unnatürlich" und kann lediglich in der Tyrannis künstlich geschaffen werden. Nur unterdrückte Sklaven sind „gleich".

Apropos: Sozialisten. Wussten Sie, dass *„Die SPD ist die mit Abstand reichste deutsche Partei. ... Mit 160,5 Millionen Mark Gesamtvermögen steht die SPD am besten da, es folgen die Grünen (55,2 Millionen Mark), die CSU (34,3 Millionen), die CDU (30,8 Millionen) und die FDP (20,5 Millionen)."*[72] ist?

Der Deutschlandfunk schrieb: *„Wir sind heute sicher, dass die sozialdemokratische Partei Deutschlands die reichste Partei Europas ist, wenn nicht der Welt – mit Ausnahme vielleicht der KP Chinas. Es gibt keine reichere Partei als die Sozialdemokratische Partei in Deutschland ..."*[73] Im *„Wallstreet-Online"* las ich: *„Täuschen, Tarnen und Verschleiern - Die Führung der SPD setzt alles daran, ihr Wirtschafts- und Finanzimperium vor der Öffentlichkeit abzuschotten und die vom Grundgesetz gebotene Transparenz zu verhindern."*[74]

Bis einschließlich 1998 hat die SPD entgegen dem Transparenzgebot des Grundgesetzes ihre einzelnen Firmenbeteiligungen in ihrem Rechenschaftsbericht verschwiegen. Und dann ist da noch der Verdacht: Die Friedrich-Ebert-Stiftung – Fritz-Naphtali-Stiftung – SPD wäre eine Spendenwaschanlage! Die Staatsanwaltschaft Bonn ist in den achtziger Jahren dem Verdacht nachgegangen, dass Spenden in Millionenhöhe über die Friedrich-Ebert-Stiftung (FES) an die israelische Fritz-Naphtali-Stiftung (FNS) über deren Schweizer Nummernkonten der SPD zugeleitet worden sein sollen. Die Staatsanwaltschaft Bonn ist u.a. zu der Feststellung gelangt, „dass von 1975 bis 1980 ca. 19 Mio DM Barspenden bei der SPD eingezahlt worden sind, denen ein fast gleich hoher Betrag an Zahlungen der FES an die FNS gegenübersteht“. Für die Durchleitung von Spenden an die SPD unter Zwischenschaltung der FES spricht nach Ansicht der Staatsanwaltschaft weiter, dass in den Bundestagswahljahren gegenüber den sonstigen Jahren deutlich erhöhte Spendenaufkommen, das mit entsprechend verstärkten Überweisungen an die FNS korrespondierte.

Nach einem Urteil des Landgerichts Berlin vom Februar 2001, darf der Springer-Verlag sogar weiter behaupten und verbreiten, „es gebe Hinweise darauf, dass mindestens bis ins Jahr 1989 auch Schwarzkonten der SPD in der Schweiz existiert hätten“.

Wissen Sie eigentlich, wem die Sparkasse gehört, die mit dem „roten Logo“?!

Das SPD-Vermögen wollte ich nur mal so am Rande erwähnen. Nun wieder zurück zu den Jesuiten und ihren Marionetten!

Adolf Hitler - Ein khasarischer Jude?

Adolf Hitler stammte aus einer sehr interessanten Familie. Seine Mutter war Klara Pölzl und sein Vater Alois Hiedler/Hitler. Bei Alois Hiedler/Hitler‘s Mutter wird es richtig interessant! Sie hieß Maria Anna Schicklgruber. Sie war ein einfaches Mädchen, aus einem Dorf namens Strones bei Döllersheim. Im Alter von 42 Jahren, noch ledig, gebar sie Alois im September 1846. Maria lebte in Wien, wo sie als Bedienstete bei keinem geringeren als Anselm Salomon von Rothschild arbeitete. Als die Familie die Schwangerschaft entdeckte, wurde sie nach Hause geschickt, wo Alois geboren wurde. Maria weigerte sich zu sagen, wer der Vater war. Es muss jemand mit Macht gewesen sein, denn sie hielt es für den Rest ihres Lebens geheim und der Vater hatte nicht das Bedürfnis, sie zu heirateten. Als der außereheliche Sohn Alois 5 Jahre alt war, heiratete Maria den 50-jährigen Johann Georg Hiedler, wobei viele Forscher „glauben“ sollen, dass er der biologische Vater von Alois gewesen sein muss. Er hat den Jungen nie als seinen eigenen Sohn anerkannt.

Erst als Alois 40 Jahre alt war, änderte dieser plötzlich seinen Namen von Schicklgruber zu Hitler. Warum hat er so lange gewartet, wenn er doch Hitler's Sohn war?! Das macht doch überhaupt keinen Sinn.

Alois heiratete Klara Pölzl. Es war seine 3. Ehe. Sie hatten 6 Kinder, wovon 4 in sehr jungen Jahren starben. Die einzigen zwei überlebenden Kinder waren Adolf und seine Schwester Paula. Niemand weiß mit Sicherheit, wer der biologische Vater von Alois Hitler war. Mehrere Namen sind bekannt geworden: Leopold Frankenberger und Johann Nepomuk Hiedler (der Bruder von Johann Georg Hiedler). Aber ich fand keinerlei wirklichen Beweise der oben genannten Personen. Sie alle scheinen als Köder benutzt worden zu sein, um unsere Aufmerksamkeit von Anselm Salomon von Rothschild abzulenken. Warum glauben wir also, dass es Rothschild war, der Maria geschwängert hat? Wegen mehrerer Indikatoren! Zunächst einmal arbeitete Maria 9 Monate vor Alois's Geburt, im September 1836, laut den Rothschild-Archiven in London, bei Anselm Salomon von Rothschild. Nun gibt es zwei mögliche Verdächtige für die Schwangerschaft von Maria:

- Nummer 1: Anselm Salomon von Rothschild der zu diesem Zeitpunkt 33 Jahre alt war und
- Nummer 2: sein Vater, Salomon Meyer von Rothschild, der zu dieser Zeit 72 Jahre alt war.

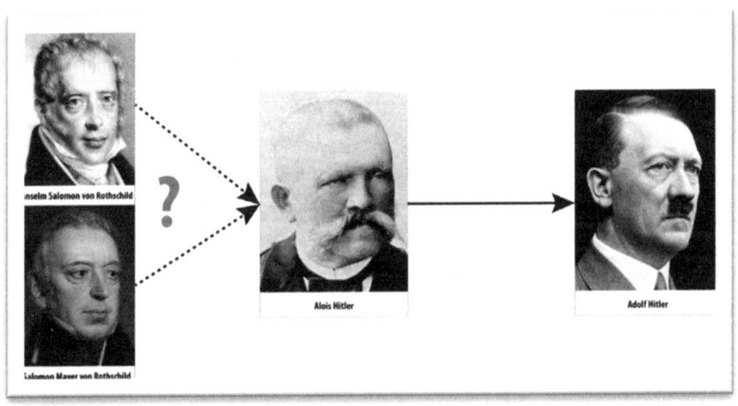

Abb. 35: Hitler´s Stammbaum

Nun enthält das Rothschild-Archiv handschriftliche Korrespondenz zwischen dem Sohn Anselm und der Londoner Rothschild Bank, was beweist, dass er sich zum Zeitpunkt der empfangenen Schwangerschaft in Wien aufhielt. Sein Vater hingegen war in Paris, was die Sache eingrenzt. Oder ist das auch wieder eine Ablenkung, eine Täuschung? Man muss stark davon ausgehen! 1876 als Alois 40 Jahre alt war, erbte er plötzlich eine sehr große Summe Geld, wobei es in der Familie eigentlich kein Geld gab.

Anselm Salomon von Rothschild starb anderthalb Jahre vor der Zeit die nötig war, einen Nachlass durch das Nachlassgericht zu bringen. Zur gleichen Zeit änderte Alois plötzlich seinen Namen in Hitler, erinnern Sie sich? War dies alles nur ein Zufall oder war es eine Forderung der Rothschild's, um das Erbe zu erhalten, damit er nicht auf die Rothschild-Blutlinie zurückgeführt werden konnte? Denken Sie bitte daran, dass die Rothschild's offiziell khasarische Juden waren. Es waren die babylonischen Vasallen, die unter dem Druck des russischen Königs zum jüdischen Glauben konvertierten. Nennen Sie sie, wenn Sie wollen, gefälschte Juden. Aber nach außen hin war Adolf Hitler's Vater Halbjüdisch. Wenn das ans Licht käme, wäre es ein höllischer Skandal!

Und so mussten alle Spuren des Führers Adolf Hitler, die zu den Rothschild's führten, verwischt werden!

1921 fing die *„Münchener Post"* ein Flugblatt ab, dass unter den frühen Mitgliedern von Hitler's Nazipartei, der NSDAP, kursierte. Der Titel des Pamphlets lautete: „Adolf Hitler – Verräter!. Es ging um das angeblich jüdische Blut in Hitler's Adern. Es beschuldigte Hitler, sich für jüdische Finanziers einzusetzen und selbst wie ein Jude zu handeln. Die *„Münchner Post"* beschloss das Pamphlet noch am selben Tag zu veröffentlichen, an dem Hitler Kanzler wurde. Die *„Münchener Post"* wurde geplündert und ihre Redakteure und Schriftsteller wurden in Arbeitslager geschickt, wo man nie wieder etwas von ihnen hörte.

Der österreichische Kanzler Engelbert Dollfuss untersuchte Hitlers familiäre Herkunft bei zwei Gelegenheiten. Die erste Untersuchung die 1932 veröffentlicht wurde ergab, dass Hitlers Vater unehelich war, geboren von einer 42-jährigen unverheirateten Frau und einem unbekannten Vater. Die zweite Untersuchung ergab, dass Hitlers Mutter als Hausangestellte in der

Residenz von Baron Rothschild in Wien beschäftigt war. Kurz danach ordnete Hitler 1934 das Attentat auf Dollfuss an.

Adolf Hitler sagte einmal zu seinem Neffen, William Patrick Hitler: „Die Leute dürfen nicht wissen, wer ich bin. Sie dürfen nicht wissen woher ich komme und aus welcher ich Familie stamme." (aus „*Der Spiegel*" 31/1967) In dem Bemühen, alle Beweise zu vernichten, die Hitlers Wurzeln zu den Rothschilds offenbaren würden, wurden nicht nur Menschen ermordet, sondern das gesamte Dorf Döllersheim, aus dem Hitlers Großmutter gekommen war, auf Befehl Hitlers, vollständig zerstört.

Der Führer Adolf Hitler kam nicht aus dem Nichts. Ich glaube fest daran und dies würde auch einen Sinn ergeben: Adolf Hitler war ein Rothschild! Vielleicht ein unehelicher Rotschild, aber trotz alledem ein Rothschild! Und das die khasarischen Rothschild's immer Marionetten im Vordergrund einsetzen und im Hintergrund die Fäden ziehen, dürften Sie, geehrter Interessierter, schon in den bisherigen Kapiteln entdeckt haben.

Auch Adolf Hitler wurde auf die gleiche Weise nach vorne gedrängt, um den Ausgang des 2. Jesuiten-Krieges zu beeinflussen.

Hitler war ein großer Bewunderer des Gründers der Jesuiten: Ignatius von Loyola. Er sagte: „Ich habe viel von Jesuitenorden gelernt. Bis jetzt hat es auf der Erde nie etwas anderes gegeben als die hierarchische Organisation der katholischen Kirche. Ich habe viel von dieser Organisation in meine eigene Partei übertragen."

Hitler ernannte Heinrich Himmler zum Reichsführer der SS und verglich ihn mit Ignatius von Loyola. Die SS Organisation wurde von Himmler nach den Prinzipien des Jesuitenordens gebildet. Die von Ignatius von Loyola vorgeschriebenen Vorschriften und geistlichen Übungen, wurden von ihm nach seinem Vorbild gestaltet. Himmler wollte den Titel als oberster Führer, wie es Ignatius von Loyola war, kopieren. Die SS sollte das Äquivalent vom jesuitischen General sein und die gesamte Struktur und Richtung war eine enge Anlehnung, an hierarchische Ordnung der katholischen Kirche. Absoluter Gehorsam war die oberste Regel. Jeder Befehl musste kommentarlos ausgeführt werden.

Hitler präsentierte sich als die Lösung aller Probleme. Er bot Arbeitsplätze in der Kriegs- und Waffenindustrie an. Er entledigte sich aller, die er für die Probleme Deutschlands verantwortlich machte, der Juden, Zigeuner,

Kommunisten, Behinderten oder Homosexuellen. Er beschlagnahmte ihr gesamtes Geld, Hab und Gut. Hitler wurde von einer hocheffizienten Propagandamaschinerie unter der Leitung von SS Chef Joseph Goebbels unterstützt, der das deutsche Volk einer Gehirnwäsche unterzogen hat, so dass es glaubte, Hitler sei eine Art Messias und die Juden seien die Ursache allen Übels. Wir alle glauben zu wissen was passiert ist. 85 Millionen Menschen starben im 2. Weltkrieg.

Aber die Zionisten waren noch nicht am Ende, denn wie sie vielleicht wissen, wanderten nach dem 2. Weltkrieg 100.000te Juden in das gelobte Land Israel aus. Aber wussten Sie, dass diese Migration bereits 1917 von den khasarischen Juden geplant worden war?

Die Balfour-Erklärung – Die Gründung von Israel

22 Jahre bevor der 2. Weltkrieg überhaupt begann, wurde Palästina von Arthur James Balfour, Außenminister des Vereinigten Königreichs, im Auftrag der britischen Regierung buchstäblich verschenkt, als ob nichts weiter als ein paar Schachfiguren anstelle eines Landes mit Einwohnern verschenkt würde! An ... nun raten Sie mal bitte, an wen?! An Lord Lionel Walter Rothschild!!!

Aber Moment einmal, 1917, der 1. Weltkrieg war noch nicht einmal beendet! Wie zum Geier konnten sie also von einer Heimat für die Juden sprechen? Der Völkermord hatte noch nicht einmal begonnen. Wir sprechen von der Balfour-Erklärung, die von Balfour selbst am 02.11.1917 unterzeichnet wurde.

„Sehr geehrter Lord Rothschild,

es ist mir eine große Freude, Ihnen im Namen der Regierung seiner Majestät, die folgende Erklärung der Sympathie für die jüdisch-zionistischen Bestrebungen zu übermitteln, der Regierung seiner Majestät vorgelegt und von ihm gebilligt wurde. Nur wenige befürworten die Errichtung eines nationalen Heims für das jüdische Volk in Palästina und werde mich nach besten Kräften bemühen,

die Erreichung dieses Ziels zu erleichtern, wobei klar ist, dass nichts getan werden darf, was die bürgerlichen und religiösen Rechte der bestehenden nichtjüdischen Gemeinschaften in Palästina oder die Rechte des politischen Status, den Juden in einem anderen genießen, beeinträchtigen könnte. Ich wäre Ihnen dankbar, wenn Sie diese Erklärung der zionistischen Föderation zur Kenntnis bringen würden.
Arthur James Balfour"

Weder die Juden, noch die Palästinenser wussten davon. Es war ein weiterer brillanter Schachzug, mit nichts als Schachfiguren durch die Kabale. Was eine wohlwollende Handlung zu Gunsten der Juden dargestellt wurde, war wieder einmal mehr eine Strategie des „Teile und Herrsche". Es könnte nur einen weiteren Krieg beenden, diesmal zwischen Juden und Palästinensern. Das jüdische Volk wurde 22 Jahre nach der Unterzeichnung der Arthur James Balfour-Erklärung willentlich und wissentlich ermordet. Und warum? Weil die Rothschilds und die anderen kabbalistischen Familien ein gemeinsames Ziel haben: Jerusalem. Es ist kein Zufall, dass so viele Familienmitglieder in ihrem Namen Salomon haben. Der Tempel Salomons. Der Tempelberg. Und deshalb hatte das Land Israel für sie oberste Priorität. Ich werde Ihnen gleich schreiben warum und ihr tiefstes und dunkelste Geheimnis enthüllen!

Bis jetzt wurden Millionen von Menschen geopfert, um dorthin zu gelangen. Es sollten noch viele weitere Kriege folgen, wir der Vietnamkrieg oder der Kalte Krieg. Alle wurden auf beiden Seiten von den Kabalen angezettelt und finanziert. Auf diese Weise wurden die Menschen auf der ganzen Welt in Angst gehalten, vor Angst gelähmt und arm, geteilt und unterwürfig. Wenn man diese Strategie einmal verstanden und gesehen hat, kann man sie nicht mehr übersehen. Aber das Schlimmste stand noch bevor, denn die Zeiten änderten sich und die Kabale passte die Strategie im Laufe der Zeit an. Schlüsselwörter in ihrem ewigen Plan zur Eroberung der Welt: Hass, Rache und Verachtung. Diese drei Worte, wurde in einem Dokument, den Protokollen der gelehrten Ältesten von Sion, perfekt kombiniert.

Alle Kriege wurden von dem „Tiefen Staat" angezettelt. Alles war geplant. Jede Schachfigur wurde vorgeschoben, um den bösen Plan der Kabale aufzuführen. Das Ziel war es: mehr Geld zu verdienen und mehr Macht über den Rücken der Menschen zu erlangen, die nur als Kollateralschaden bluteten und starben. Bis zum Ende des 2. Weltkrieges waren Millionen von Menschen umgekommen. Jeder war anders. Jeder, der sich dagegen aussprach, war ermordet worden. Die ultimativen Sündenböcke waren dabei die wahren religiösen Juden, die willentlich und wissentlich geopfert worden waren, um die Kontrolle über Israel zu bekommen. Von diesem Moment an übernahmen die Zionisten die Macht.

Das palästinensische Volk, dass seit Anbeginn der Zeit in Israel gelebt hatte, wurde in einen weiteren Kabalen-Krieg unterworfen. Die Parallelen zwischen „Nazi-Deutschland" und der aktuellen Situation in vielen europäischen Ländern sind unheimlich. Hitler begann mit dem Notstandsgesetz, dass heute in den meisten Ländern in Kraft ist. Er setzte das Ermächtigungsgesetz durch, dass ihm die vollständige Kontrolle gab, um der Diktator zu werden, der er war.

Die Protokolle der Weisen von Zion

Im Sommer 2020 veröffentlichte das FBI „Protocols of Learned Elders of Zion", welche bis heute (Juni 2021) unter: https://vault.fbi.gov/protocols-of-learned-elders-of-zion online sind. Aber was sind eigentlich die „Protokolle von Zion"?[(75)]

„Die Protokolle der Weisen von Zion" werden als Lüge abgetan, aber ich kann Ihnen nach intensiver Recherche versichern, dass diese kein Märchen sind. Es ist richtig, dass sie leicht abgeändert wurden, jedoch sind die Protokolle von Zion keine Ente! In 24 Protokollen beschreiben die studierenden Älteren der Zionbewegung, ihre Vision der Welt. Es geht um die Bevölkerung und es geht um ihr Endziel, und das ist die absolute Herrschaft über die Welt und eine Weltregierung. Es ist eine neue Weltordnung, in der ihr König der Könige auf dem Thron von Zion gekrönt wird, um dann für immer die Welt zu regieren.

Manche Menschen glauben, dass diese Protokolle aus einem Buch des 19. Jahrhunderts kopiert wurden und dieses Buch heißt: „Dialog in der Hölle zwischen Macchiavelli und Montesquieu“ (oder auch „Gespräche in der Unterwelt zwischen Machiavelli und Montesquieu“). Geschrieben wurde es von Maurice Joly. In diesem Buch wurde Napoleon zu einem Juden und Frankreich zur Welt gemacht. Wiederum andere gehen davon aus, dass die Protokolle aus dem Buch „Macchiavel, Montesquieu, Rousseau“ kopiert wurden. Dieses Buch wurde von Jacob Venedey geschrieben. Ausserdem gibt es noch die Theorie unseres „Freundes“ Augustin Barruel, erinnern Sie sich? Er glaubte, dass die ursprünglichen Gesellschafter nicht die Juden waren und auch nicht Napoleon, sondern die Freimaurer. Barruel hatte eine Serie von vier Büchern über die Französische Revolution geschrieben. Darin präsentierte er Beweise, dass geheime Gesellschaften involviert waren. Dies ist also noch eine weitere Theorie.

Es gab von 1933-1935 eine Gerichtsverhandlung, den sogenannten „Berner Prozess“[76], in deren Rahmen der Richter die Protokolle von Zion als ein „übles Machwerk, ein Plagiat und eine Fälschung“ bezeichnete. Ich hatte ja schon erwähnt, dass ich die „Protokolle von Zion“ monatelang studiert habe. Ich verglich sie mit der ursprünglichen französischen Version, aus dem Buch „Dialog in der Hölle zwischen Macchiavelli und Montesquieu“, des französische Advokaten Maurice Joly und habe tatsächlich sehr viele Ähnlichkeiten gefunden. Einige Stellen waren sogar identisch. Ist das vielleicht der Beweis, dass die Protokolle einfach nur kopiert worden, oder sogar von Joly‘s Arbeit gestohlen? Nicht unbedingt, denn es bedeutet nur, dass sie miteinander verbunden sind und nicht neu waren, als sie 1905 in Russland veröffentlicht wurden! Sie waren nicht das Protokoll, eines kürzlich veranstalteten Treffens von Zionisten, wie immer behauptet wird. Abgesehen davon, kann man überhaupt keinen Schluss ziehen. Es wäre ein grober literarische Fehler, wenn man behaupten würde, dass die „Protokolle von Zion“, auf den Werken von Maurice Joly oder Jacques Venedey basieren, oder von irgendeinem anderen Schriftsteller des 19. Jahrhunderts.

Eine Sprachwissenschaft mit einem zusätzlichen Diplom in Paläographie, also des Studiums antiker Dokumente, konnte mir versichern, dass die meisten Aussagen hinsichtlich der „Protokolle von Zion“ fehlerhaft sind. Zum Beispiel das Urteil des „Berner Prozesses“, dessen Grundlage eine extrem unprofessionelle Herangehensweise an das Thema war. Das Problem bei den „Protokollen von Zion“ ist, dass sie von sehr vielen Emotionen umhüllt sind.

Menschen die sich damit beschäftigen, werden mit ihren eigenen Glaubenssätzen konfrontiert. Das bedeutet, wenn man den Juden die Schuld gibt, für alles was in der Welt falsch läuft, wenn man diese Haltung hat, dann wird man auch glauben, dass diese Protokolle echt sind und auch stimmen! So könnte bzw. kann man die „Protokolle von Zion" als Beweis nutzen, wie böse doch die Juden sind. Wenn man aber selbst Jude ist und im Krieg seine Freunde verloren hat, dann glaubt man, dass diese Protokolle eine Fälschung sind, die 1905 in Russland entstanden ist, dass dieses Plagiat nur gemacht wurde, damit jüdischen Menschen ein schlechtes Licht gerückt werden.

Ich glaube, dass die „Protokolle von Zion" sehr, sehr alt sind. Mir scheint es so, dass sie die Quelltexte für andere Texte waren und nicht umgekehrt.

Erinnern Sie sich noch an Adam Weishaupt, dem Gründer der Illuminaten? 1776 hatte er ein Dokument erstellt, dass eine klare Übersicht darstellte, zu den Zielen, den Überzeugungen und auch den Protokollen der Illuminaten, bzw. der Kabale. Es enthielt alle Punkte der Vorgehensweise, beauftragt von Rothschild. Hatte Weishaupt diese Übersicht einfach aus dem Arm geschüttelt? Ich glaube, dass dies eher unwahrscheinlich ist. Was wäre, wenn die ursprünglichen Protokolle ihm dafür von Rothschild übergeben worden waren! Erinnern Sie sich noch an den „Konstantinopel-Brief", der Weishaupt von Rothschild übergeben wurde?

Bitte täuschen Sie sich nicht, denn die Rothschild's hatten und haben ungeheuerlich viel Macht, Einfluss, Geld und sehr viel Nachkömmlinge. Die Rothschild's sind direkte Nachfahren des khasarischen Hochadels und waren um 1080 aus Russland geflüchtet. Sie können sich sicher sein, dass sie sehr viele ursprüngliche Dokumente und Protokolle in ihren Besitz hatten und haben. Könnte es vielleicht sein, dass diese Protokolle der ursprüngliche Quellentext waren, die den „Protokollen von Zion" aus dem 20. Jahrhundert zu Grunde lagen und dann 1905 in Russland veröffentlicht wurden? Wenn das stimmen sollte, dann können Sie sich sicher sein, dass die Worte „Khasar" in „Jude" und „khasarisch" in „jüdisch" geändert wurde.

Der perfekte Text für die russische Revolution, um den Antisemitismus zu fördern. Man konnte damit die Juden dafür und für beide Weltkriege als Sündenbock darstellen. Je mehr wir uns mit diesem Thema beschäftigen, desto mehr kommen wir zu der Einsicht, wie sehr die Juden von den Khasaren benutzt worden, in all den Jahrhunderten. Sie, die Juden, sollten an allem

Schuld sein, an allem was falsch lief und an allem, was die hochrangigen Khasaren taten, um die Menschen zu unterdrücken. Die Schuld für all das, wurde auf die Juden geschoben. Schließlich war es so, dass es für den Rest der Welt so aussah, dass es sich bei den Khasaren um Juden handelte. Können Sie sich noch daran erinnern: Aschkenasi = Nazi!

Was steht eigentlich in den „Protokollen von Zion“?

Es ist genau das, was wir aktuell in unserer modernen Welt sehen! Die Protokolle sind eine Beschreibung. Es ist eine Beschreibung aller Möglichkeiten, die die Kabale ausschöpft, um die Menschen, die Gojim (Nichtjuden) zu kontrollieren, zu manipulieren, Gehirn zu waschen und um die normale Bevölkerung, also die „Nicht-Khasaren“, zu dominieren.

Hier kommen sie nun, bitte setzen Sie sich und halten sich fest. Es gibt nicht nur die 24 Protokolle, sondern auch noch 293 Paragrafen. Wir beschränken uns jedoch auf die wichtigsten Aussagen. In manchen Fällen habe ich den Satzbau leicht geändert, damit die Verwendung der Worte aus alten Zeiten verständlicher für Sie wird. Trotz meiner (unserer) Recherche empfehle ich Ihnen selbst zu googeln, zu recherchieren und zu analysieren. Einige Leser werden das nun folgende vielleicht langweilig finden, jedoch sind es unglaublich wichtige Informationen. Wenn Sie diesen Teil über-springen, werden Sie die nachfolgenden Ereignisse nicht verstehen. Ich kann Ihnen versichern, wenn Ihnen am Ende des Kapitels nicht die Nackenhaare zu Berge stehen werden, dann haben Sie den Inhalt nicht wirklich verstanden! In dem Fall gebe ich Ihnen den Rat, dieses Kapitel noch einmal zu lesen!

Aber nun geht es los:

1. **Ihre Geringschätzung, ihre Verachtung ist erschreckend!** Das Gesindel ist primitiv und zeigt diese Primitivität bei jeder Gelegenheit. Sobald das Gesindel Freiheit in die Hände bekommt, verwandelt es diese in Anarchie, welches die stärkste Form der Primitivität ist. Unser Interesse besteht darin, die gewöhnlichen Menschen, also die Gojim aussterben zu

lassen. Unsere Macht liegt am chronischen Mangel an Nahrung und der körperlichen Schwächung des Arbeiters, denn dieses beinhaltet, dass er zum Sklaven unseres Willens gemacht wird. Wir steuern das Gesindel durch Verlangen, Neid, Hass. Mit ihren Händen werden wir all diejenigen beseitigen, die uns im Wege stehen. Die gewöhnlichen Menschen sind eine Schafherde und wir sind ihre Wölfe. Wenn wir es geschafft haben, sie zu einem Punkt dummer Blindheit zu bringen, ist das dann nicht ein erstaunlicher Beweis für den Grad der Unterentwicklung des Geistes beim gewöhnlichen Menschen, im Vergleich zu unserem Geist? Das heißt: hier liegt die Garantie für unseren Erfolg.

2. **Die Präsidenten sind nichts weiter als Marionetten!** Wir haben die Herrscher der Länder ersetzt, durch die Karikatur einer Regierung, durch einen Präsidenten, der aus dem Gesindel kommt, aus der Mitte der Marionetten unserer Sklaven. Wir arrangieren Wahlen, die zu Gunsten solcher Präsidenten verlaufen, die in ihrer Vergangenheit etwas Dunkles, ein schreckliches Geheimnis haben. Dass sie zu vertrauenswürdigen Agenten machen, für das Erreichen unserer Pläne, weil sie Angst vor der Bloßstellung haben. Dazu kommt der natürliche Wunsch, den jeder hat, der zu Macht gekommen ist, nach Privilegien, Vorteilen und der Ehre, den der Posten des Präsidenten mit sich bringt. Wir nehmen uns das Recht, neue Gesetze zu verabschieden oder die bestehenden Gesetze zu verändern, denn der Präsident ist jeweils nur eine Marionette in unserer Hand.

3. **Liberale und Freimaurer werden schonungslos benutzt!** Die Rolle, die die Liberalen, die utopischen Träumer spielen, wird dann beendet, wenn unsere Regierung bestätigt wird. Bis zu diesem Zeitpunkt werden Sie uns sehr nützlich sein. Deshalb werden wir weiterhin ihre Gedanken zu allen möglichen und unmöglichen Konzepten, fantastischen Theorien, die neu und progressiv sind, steuern. Bis wir in unser Königreich kommen, werden wir immer mehr Freimaurerniederlassungen in allen Ländern der Welt eröffnen und vermehren. Wir werden alle darin aufnehmen, die Prominent sind und in der Öffentlichkeit stehen, denn diese Niederlassungen sind unsere Intelligenzbüros und die Orte unserer Einflussnahme. Wir werden all diese Niederlassungen einer zentralen Verwaltung unterstellen. Diese wird nur uns bekannt sein. Niemand anders

wird von ihr wissen. Die Niederlassung wird sich stets aus unseren studierenden Älteren zusammensetzen. Die geheimsten politischen Pläne werden uns bekannt sein und unserer Führung unterstehen. Und zwar direkt von dem Augenblick an, in dem sie entstanden sind. Unter den Mitgliedern der Niederlassungen werden fast alle Vertreter der nationalen und internationalen Polizei sein. Ihre Dienste werden für uns unverzichtbar sein, denn sie haben ihre eigenen Mittel und Wege mit Ungehorsam umzugehen. Die Art Menschen, die leicht bereit sind in geheime Gesellschaften einzutreten, sind diejenigen, die selbstbezogenen leben, wie Karrieristen und meist oberflächliche Menschen, die leicht von uns zu handhaben sind und keine Probleme machen, wenn wir sie benutzen. Sollte zwischendurch ein Plan ausgeheckt werden, dann werden keine anderen als unsere Diener an der Spitze des Planes stehen. Die gewöhnlichen Menschen, die Gojim, treten aus Neugierde in die Niederlassungen ein oder in der Hoffnung auch ein Stück vom Kuchen abzubekommen. Einige von ihnen möchten auch einfach nur in der Öffentlichkeit Gehör finden. Sie möchten ihre nicht umsetzbaren und bodenlosen Fantasien an den Mann bringen. Sie dursten nach Erfolg und Applaus und das gönnen wir ihnen gerne und großzügig. Man kann sich gar nicht vorstellen, in welchem Maß die Weisesten der gewöhnlichen Menschen in ihrer Arroganz, in einen Zustand unbewusster Naivität geraten können und wie leicht es ist, ihnen das Herz zu brechen, durch den kleinsten Misserfolg.

Auch wenn es nichts weiter ist, als das der Applaus aufhört, den sie vorher bekommen haben. Wie man sie dann in eine versklavte Unterwerfung reduziert, nur damit sie wieder Erfolg haben. Diese Scheinheiligen haben Seelen von Sklaven und der Wind bläst ganz leicht durch ihre Köpfe hindurch. Wir richten Freimaurer auf eine Art und Weise hin, die niemand erahnen kann, außer der Bruderschaft, nicht einmal die Todesopfer selber, über die das Urteil verhängt wurde. Sie sterben alle, wenn es erforderlich ist, an einer ganz gewöhnlichen Krankheit. Weil sie es wissen, traut sich nicht einmal die Bruderschaft selbst zu protestieren. Mit diesen Methoden haben wir auch aus der Mitte der Freimaurerschaft die Wurzeln des Protestes gegen uns gezogen.

4. Die Presse wird ihr goldenes Werkzeug sein, das Gesindel zu steuern! Durch die Medien haben wir die Macht des Einflusses erreicht, während wir selbst im Schatten bleiben. Es gibt nicht eine einzige Aussage, die die Öffentlichkeit ohne unsere Kontrolle erreicht. Alle Nachrichten laufen über einige wenige Nachrichtenagenturen und diese Agenturen gehören vollkommen uns und sie werden der Öffentlichkeit nur das geben, was wir ihnen diktieren. Alle unsere Zeitungen werden aus allen möglichen Tönen bestehen, aus etwas Aristokratie, etwas Republikanisches, etwas Revolution und sogar etwas Anarchie. Die Idioten denken, dass sie die Meinung einer Zeitung ihres eigenen Lagers abdrucken und in Wirklichkeit drucken sie unsere Meinung ab oder eine Meinung, die uns wünschenswert erscheint.

5. Die Menschen werden abgelenkt mit leeren Worten und gebrochenen Versprechen! Wir werden ihre Gehälter erhöhen, nur wird das den Arbeitern überhaupt nichts bringen, denn gleichzeitig werden wir die Preise für die Dinge, die man zum täglichen Leben benötigt in die Höhe treiben. Es wird dann heißen, dass dies durch die Verschlechterung der landwirtschaftlichen Erträge und der Nutzviehwirtschaft kommt. Es gibt einen weiteren Grund, warum sie ihre Augen schließen werden, denn wir werden ihnen immer weiter versprechen, dass wir ihnen alle Freiheiten zurückgeben werden, sobald wir die Feinde des Friedens bezwungen haben und alle Seiten gezähmt sind. Wir lenken sie ab mit Unterhaltung, Spielen, Zeitvertreib und Spielhallen. Durch die Medien werden wir Wettbewerbe in der Musik, Kunst, Sport, usw. anbieten und diese Interessen werden letztendlich ihre Gedanken ablenken.

6. Alle Schichten der Gesellschaft werden infiltriert werden! Wir sind es, von dem der alles verschlingende Terror ausgeht. Wir haben in unseren Diensten Personen aller Meinungen, aller Doktrinen, Monarchisten, Demagogen, Sozialisten, Kommunisten und utopische Träumer. Wir haben sie alle gezähmt, für das Werk, die letzten Überbleibsel der Autorität wegzupusten. Durch diese Maßnahmen befinden sich alle Länder in einem Zustand der Tortur und sind bereit, alles für den Frieden und der Ruhe zu opfern. Aber, wir werden ihnen keinen Frieden geben, bis sie öffentlich unsere internationale Superregierung anerkennen, und zwar mit Unterwürfigkeit. Wir haben unsere Hände an der Verwaltung der Gesetze, am gesamten Ablauf der Wahlen, an den Medien, an der Freiheit der Personen und Grundsätzlich der Bildung und Ausbildung sind, denn das sind die Eckpfeiler einer freien Existenz. Diejenigen die in den Verwaltungen sind, suchen wir uns in der Öffentlichkeit aus und zwar unter strenger Berücksichtigung ihrer Kapazität, gehorsam zu sein.

Das werden keine Menschen sein, die eine professionelle Ausbildung für die Politik haben, deshalb werden sie ganz leicht die Bauern auf unserem Spielbrett sein, in den Händen von Studierten und Genies, die ihre Ratgeber sein werden. Spezialisten, die extra von Kindheit an rekrutiert und aufgezwungen worden, um die Angelegenheiten der ganzen Welt zu regieren. Wir werden unsere Regierung mit einer ganzen Welt von Wirtschaftswissenschaftlern umgeben. Um uns herum, wird eine Konstellation aus Bankern, Industriellen, Kapitalisten und am wichtigsten den Millionären sein, denn alles wird sich letztendlich anhand von Zahlen erledigen lassen. Wer könnte jemals den Verdacht schöpfen, dass all diese Leute von uns seit vielen Jahrhunderten im Rahmen eines politischen Planes eingesetzt werden, auf den niemand auch nur ansatzweise gekommen wäre.

7. **Die schlimmste Bedrohung!** Man könnte auf die Idee kommen, dass die gewöhnlichen Menschen bewaffnet gegen uns aufstehen könnten, wenn sie zu früh bemerken, was da abläuft. Im Westen haben wir aber dafür ein Manöver eines so schrecklichen Terrors aufgebaut, dass selbst die tapfersten Herzen einknicken lassen wird. Es gibt in den Städten überall Korridore für Untergrundbahnen. Von dort aus werden die Städte einfach in die Luft gejagt, einschließlich all ihrer Organisationen und Archive.

8. **Sie werden ein großes Chaos verursachen!** Wir haben jede Firma aufgemischt. Wir haben alle Seiten ausgerüstet. Wir haben Autoritäten aufgestellt, mit dem Ziel, jeden Ehrgeiz zu befrieden. Aus den Ländern haben wir gladiatorische Arenen gemacht, in denen sehr viele verwirrende Probleme zirkulieren. Noch ein bisschen mehr und dann werden die Unruhen und Pleiten universal werden. Dieser Hass wird noch weiter vergrößert, durch die Auswirkung dieser Wirtschaftskrise, die jeglichen Austausch verhindern und die gesamte Industrie zu einem Stillstand bringen wird. Dies wird solch eine Wirtschaftskrise sein, die ganze

Arbeiterkolonnen auf die Straße werfen wird und zwar gleichzeitig, in allen Ländern Europas. Diese Kolonnen werden sich aufmachen das Blut derjenigen zu vergießen, die sie schon von klein auf an beneidet haben und deren Besitz sie in der Einfachheit ihrer Naivität dann stehlen können. Erinnern sie sich noch an die Französische Revolution? Die Geheimnisse ihrer Vorbereitung sind uns sehr bekannt, denn es war voll und ganz die Arbeit unserer Hände.

9. Es wird eine Übergangsphase geben! Damit wir die öffentliche Meinung in unsere Hände bekommen, müssen wir sie in einen Zustand der Verwirrung bekommen, in dem wir so viele gegensätzliche Meinungen in die Welt setzen, dass die normalen Menschen ihren Kopf verlieren in diesem Labyrinth und erkennen, dass es am besten ist, wenn man sich überhaupt keine Meinung in politische Angelegenheiten mehr bildet. Damit die Menschen sich an Gehorsam gewöhnen, ist es erforderlich, dass wir ihnen Demut beibringen. Dafür muss die Produktion von Luxusartikeln reduziert werden. Wir werden eine kleine Hauptproduktion wiederherstellen, was bedeutet, dass wir das private Kapital der Hersteller unterminieren. Dadurch wir ein Chaos resultieren, in dem die Menschen sich gegenseitig nicht mehr verstehen können. Es wird jede Art persönlicher Initiative, die uns in irgendeiner Art und Weise behindern könnte abschrecken und diese entkräften. Es gibt nichts gefährlicheres als persönliche Initiativen. Wenn dahinter Genialität steckt, kann eine solche Initiative uns mehr schaden als Millionen Menschen, unter denen wir Zwietracht gesät haben.

Wir müssen die Bildung gewöhnlicher Menschen und deren Gemeinschaften so dirigieren, dass ein Thema persönliche Initiative erforderlich macht, sie dazu bringt, ihre Hände in verzweifelter Ohnmacht fallen zu lassen. Wir werden die gewöhnlichen Menschen so zermürben, dass sie uns internationale Mächte anbieten werden, die uns dazu befähigen werden, ohne Gewalt und Schritt für Schritt alle nationalen Mächte der Welt zu absorbieren und Superregierung zu bilden. Anstelle der heutigen Herrscher werden wir die Verwaltung einer Superregierung aufbauen und deren Hände werden in alle Richtungen reichen. Die Organisationen werden von solch riesigen Ausmaße sein, dass ihnen nicht misslingen kann, sich alle Nationen der Welt zu unterwerfen. Der Augenblick der

Anerkennung unseres Tyrannen wird dann kommen, wenn die Menschen durch die Inkompetenz ihrer Regierung komplett frustriert sind. Dafür werden wir sorgen. Sie werden rufen: „Weg mit ihnen. Gebt uns einen König als Herrscher über die Erde, der uns alle verbindet und die Unruhen beseitigt, und der uns Frieden und Ruhe gibt, den wir bei unseren Herrschern überhaupt nicht finden können." Das Gesindel wird uns dann verherrlichen und uns auf Händen tragen, als einhelligen Triumph der Hoffnung und Erwartung. Wahlen, die wir zum Instrument gemacht haben, um uns auf den Thron der Welt zu setzen, werden dann ihren Zweck erfüllt haben und werden ihre Rolle zum letzten Mal spielen.

10. Das neue Königreich wird furchteinflößend sein! Wir werden eine intensivierte Zentralisation der Regierung bilden, um alle Mächte der Gemeinschaft, in unsere Hände zu bekommen. Wir werden alle Aktionen des politischen Lebens und unserer Untertanen durch neue Gesetze regulieren. Wir werden den gewöhnlichen Menschen per Gesetz, Schritt für Schritt alle Freiheiten wegnehmen und unser Königreich wird sich auszeichnen, durch eine Gewaltherrschaft solcher riesigen Proportionen, dass wir jeden gewöhnlichen Menschen, der sich uns in den Weg stellt, durch Tat oder Wort auslöschen können. Das Wort „Freiheit" bringt die Gemeinschaften der Menschen dazu, gegen jegliche Art von Macht und Autorität zu kämpfen, selbst gegen Gott und die Gesetze der Natur. Wenn wir in unser Königreich kommen, werden wir deshalb das Wort Freiheit aus dem Wörterbuch des Lebens ausradieren müssen. Wir müssen dann ein Prinzip der absoluten Macht etablieren, dass die aufständigen Menschen das Gefühl innehaben, mit blutrünstigen Bestien zu verhandeln. Freiheit ist dann das Recht das zu tun, was das Gesetz erlaubt. Das heißt, die gesamte Freiheit wird dann in unserer Hand sein. In unserem Programm wird ein Drittel der Untertanen den Rest observieren und zwar aus einem Pflichtgefühl heraus. Sozusagen ein freiwilliger Dienst für den Staat. Es wird kein Makel sein, ein Spion oder Informant, sondern es wird lobenswert sein. Wenn wir dann durch Staatsstreiche, welche überall für denselben Tag vorbereitet wurden, endlich in unser Königreich gekommen sind, werden wir es zu unserer Aufgabe machen, zuzusehen, dass Pläne gegen uns nicht mehr existieren. Zu diesem Zweck werden wir ohne Gnade alle töten, die sich gegen uns mit Waffen entgegenstellen und uns daran hindern wollen, in unser Königreich zu kommen. Jede Art neuer Institutionen, egal welcher Richtung, zum Beispiel eine Geheimgesellschaft, wird mit dem Tod bestraft werden. Diejenigen die derzeit existierenden, sind uns bekannt. Sie dienen uns oder haben uns gedient. Aber wir werden sie auflösen und wir werden sie ins Exil schicken, auf Kontinente, die weit weg sind von Europa. So werden wir auch mit denjenigen Freimaurern unter den gewöhnlichen Menschen verfahren, die zu viel wissen. Diejenigen die wir verschonen, werden wir in konstanter Angst halten, ins Exil außerhalb Europas geschickt zu werden.

Europa wird das Zentrum unserer Herrschaft bilden. Unsere Autorität wird glorreich sein, weil sie Allmächtig sein wird. Unsere Autorität wird die Krönung der Schöpfung sein, was das ganze Glück des Menschen ausmachen wird. Wir als Gesetzgeber werden Urteile fällen und ausführen. Wir werden töten und verschonen. Wir werden willkürlich regieren und die Waffe in unseren Händen ist grenzenloser Ehrgeiz, brennende Gier, gnadenlose Vergeltung, Hass und Boshaftigkeit. Die Resolutionen unserer Regierung werden endgültig und nicht anfechtbar sein. Die Richter werden urteilen, wie wir es ihnen diktieren. Wenn die Zeit unserer Herrschaft beginnt, werden alle Gesetze kurz, einfach, stabil und ohne jegliche Art von Interpretationsmöglichkeit sein, so daas jeder in der Lage sein wird, sie perfekt zu kennen. Das wichtigste daran ist, dass man sich den Befehlen unterwirft und dieses Prinzip wird auf eine grandiose Spitze gehoben werden. Kriminelle werden gleich beim ersten, mehr oder weniger gut fundierten Verdacht, verhaftet. Es darf nicht erlaubt werden, dass aus Furcht vor einem möglichen Irrtum, eine Fluchtgelegenheit eingeräumt wird, wenn Personen eines Verbrechens verdächtigt werden. In diesen Angelegenheiten werden wir im wahrsten Sinn des Wortes gnadenlos sein. Wir werden die Universitäten neu schulen, dahingehend, dass Angestellte und Professoren, durch geheime Programme so gepolt werden, dass sie vollständig von der Regierung abhängen. Wir werden das Studium der Geschichte ersetzen, durch das Studium eines Zukunftsprogrammes. Wir werden alle Fakten vorangegangener Jahrhunderte aus dem Gedächtnis der Menschen radieren, jedenfalls diejenigen Fakten, die von uns unerwünscht sind. Es werden diejenigen Fakten bestehen gelassen, die Fehler der Regierung der gewöhnlichen Menschen aufzeigen.

Wir werden jede Art von freiheitlichem Unterricht abschaffen. Es ist für uns unverzichtbar, jegliche Art von Glauben zu unterminieren und aus den Köpfen der Menschen das Prinzip von Gott und Seele herauszureißen und diese mit mathematischen Berechnungen und materiellen Bedürfnissen zu ersetzen.

Wenn wir in unser Königreich kommen, wird es für uns unerwünscht sein, dass es eine andere Religion als die unsere gibt, nämlich die des einen Gottes, mit dem unser Schicksal durch unsere Position, als die Auserwählten verwoben ist. Wir müssen deshalb alle anderen Arten von Glauben wegfegen. Unsere Predigt der Religion von Moses hat uns hat uns alle Menschen der Welt unterworfen. Unsere Philosophen werden alle Schwächen der verschiedenen Glaubensrichtungen der gewöhnlichen Menschen aussprechen. Aber niemand wird den wahren Ansatz unseres Glaubens ins Gespräch bringen. Dies wird gänzlich von einem Eingeweihten gelehrt, der niemals wagen wird, unsere Geheimnisse zu verraten. Die Freiheit der Presse, das Recht auf Vereinsfreiheit, die Gewissensfreiheit und das Wahlprinzip müssen für immer aus dem Gedächtnis der Menschen verschwinden oder sie müssen eine radikale Transformation durchlaufen und zwar direkt nach Verkündung der neuen Konstitution.

Was wir wollen ist, dass vom ersten Augenblick der Verkündung an, während die Menschen der Welt immer noch fassungslos sind, durch den Fakt der erfolgten Revolution und sich noch immer in einem Zustand des Terrors und der Unsicherheit befinden, sollten sie ein für alle Mal anerkennen, wie stark wir sind, dass wir über eine so unendliche Macht verfügen, dass wir ihnen auf gar keinen Fall, in irgendeiner Art und Weise, Beachtung schenken werden, und das wir so weit entfernt davon sind, ihre Meinungen oder ihren Wünschen Aufmerksamkeit zu schenken, dass wir bereit und in der Lage dazu sind, mit unwiderstehlicher Macht jegliche Manifestation des Ausdrucks davon, in jedem Augenblick, an jedem Ort zu zertrümmern, dass wir auf einen Schlag alles an uns genommen haben, was wir wollten. Und wenn sie dann vor Angst zittern, werden sie ihre Augen vor allem schließen. Sie werden sich damit abfinden und warten, wie das Ende von alledem aussehen wird. Wir haben die Menschen von der einen in die andere Ernüchterung geführt, so dass sie sich am Ende auch von uns abwenden werden und zwar zu Gunsten des einen Königsdespoten des Blutes von Zion, den wir für die Welt vorbereiten!

11. Der neue König! Der Auserwählte! Dieser von Gott auserwählte, wurde von oben erwählt, um die unvernünftigen Mächte, die vom Instinkt und nicht von der Logik geleitet werden zu zerschlagen und zwar durch Dummheit und nicht durch Menschlichkeit. Diese Mächte triumphieren jetzt in der Manifestation des Diebstahls und jeder Art von Gewalt, unter der Maske der Prinzipien, der Freiheit und der Rechte. Sie haben jede Art der sozialen Ordnung gestürzt, um die Ruinen des Thrones des Königs der Juden wieder zu errichten. Aber ihre Rolle wird enden, in dem Augenblick, in dem er sein Königreich betritt, dann wird es erforderlich sein, sie alle wegzufegen. Wenn der König Israels die Krone, die ihm von Europa angeboten wird, auf seinen heiligen Kopf setzt, wird er der Patriarch der Welt werden. Dieser König wird dann der wahre Papst des Universums sein, der Patriarch der internationalen Kirche.

Das ist schon ganz schön harter Tobak, ein Teufelswerk! Die „Protokolle von Zion“, protokollieren die Welt so, wie sie heute ist. Jedenfalls fast. Der khasarische König der Könige sitzt noch nicht auf seinem Thron in Jerusalem. Die Bevölkerung der Welt hat den „Satan“ noch nicht angebettelt, eine Ordnung aus dem Chaos zu erschaffen, aber sind wir weit entfernt davon?

Georgia Guide Stones – Das Monument

Nun haben wir schon eine ganze Menge über die Zionisten, die Kabale, den Sumpf, den Tiefen Staat oder wie man diese sehr mächtigen Menschen auch immer nennen möchte erfahren und ihre üblen Pläne, wie sie in ihren makabren „Protokollen von Zion“ stehen, bloßgestellt. Was ist jedoch mit der heutigen Zeit? Haben sie ihr Ziel der Weltherrschaft tatsächlich erreicht? Gehen wir doch gemeinsam auf eine Reise, eine Reise in den US-Bundesstaat Georgia, in den USA. Genauer gesagt, auf einem Hügel, etwa 14 Kilometer nördlich des Zentrums der Stadt Elberton, im Elbert County.

Dort in Elbert County steht seit 1980 ein Monument aus Granit, namens Georgia Guide Stones. Wegen seines Aussehens wird es manchmal als das „amerikanische Stonehenge“ bezeichnet. Das Monument ist geheimnisumwoben. Es wurde von einem Mann in Auftrag gegeben, der das Pseudonym R.C. Christian benutzte. Er zahlte einen stattlichen Preis, bestand aber darauf anonym zu bleiben. Bis heute hüllt man sich jedoch in Schweigen und gibt die wahre Identität von „R.C. Christian“ nicht preis. Eine Andeutung auf den Orden der Rosenkreuzer vielleicht? Das Denkmal besteht aus vier massiven stehenden Steinen, einer Steinplatte oben die von einem Säulenstein getragen wird, sowie einem Erklärungsstein.

Abb. 39: Georgia Guide Stones

Zwei Dinge sind fesselnd: erstens ist das Denkmal eine astronomische Uhr und ein Kalender, die sich auf Sonne, Mond, Tag und Nacht gleichen und die Sonnenwenden konzentrieren. In einem der Steine wurde ein Loch gebohrt, durch das man den Nordstern sehen kann. Zweitens enthalten die Steine Textinformationen, über die zukünftige Erde und die Ära der Vernunft. Sie sind in acht modernen Sprachen geschrieben, in Englisch, Spanisch, Swahili, Hindi, Hebräisch, Chinesisch und Russisch. Die kürzere

Botschaft ist rund um den obersten Stein, in vier alten Sprachen eingraviert, Babylonisch Altgriechisch, Sanskrit und Altägyptisch.

Dies sind die 10 Botschaften:

1. **Halte die Menschheit unter 500.000.000 in fortwährendem Gleichgewicht mit der Natur.** (Anmerkung: Dies entspräche einer Bevölkerungsverminderung von über 90%. Weltbevölkerung zum Jahreswechsel 2020/2021: 7.837.693.000[77], wird uns zumindest von „oben" durch die Wissenschaft und der Medien vermittelt. Ständig werden Ängste geschürt, dass es zu wenig Nahrung gäbe, usw. Bevölkerungsdaten werden überall immer einfach übernommen ohne zu recherchieren! Schauen Sie sich bitte selbst die Zahlen der einzelnen Staaten an, z.B.: Nahrungsmittel pro Kopf Verbrauch, usw. Hier zwei Beispiele:
I. In China leben offiziell 1,43 Milliarden Menschen. Rechnet man die Bevölkerung aller Dörfer und Städte zusammen, kommt man auf weniger als 500 Millionen Menschen!!! Wo sind die fehlenden 900 Millionen?! Als Gastarbeiter im Ausland?

II. In Indien ist es ähnlich. Offiziell werden 1,36 Milliarden Menschen angegeben. Rechnet man jedoch nach, kommt man gerade mal auf 300 Millionen Menschen. Es fehlen also über 1 Milliarden Menschen!!!

Bitte überprüfen Sie immer ALLE ZAHLEN, welche Ihnen durch die Medien präsentiert werden! Der Teufel steckt bekanntlich im Detail.)

2. **Lenke die Fortpflanzung weise, um Tauglichkeit und Vielfalt zu verbessern.** (Anmerkung: Stichwort: Eugenik! Ein großer Teil der Bevölkerung wird unfruchtbar gemacht und dienen nur als willige Sklaven zur Bewirtschaftung der Erde!)

3. **Vereine die Menschheit mit einer neuen, lebenden Sprache.** (Anmerkung: Übersetzt heißt das weg von unserem Ursprung und Wurzel aller Völker. Mit einer neuen Sprache entstehen neue Geschichten, Mythen und Wahrheiten. Die Lüge wird die Wahrheit und die Wahrheit eine Lüge!)

4. Beherrsche Leidenschaft, Glauben, Tradition und alles Sonstige mit gemäßigter Vernunft. (Anmerkung: Dies bedeutet volle und ständige Kontrolle der übrig gebliebenen Menschen. Ein neues Weltbild und Leitbild wird erschaffen und nichts ist mehr so wie es war. Das Satanische ist nicht mehr schlecht, sondern das Gute. Die Kontrolle der Geburten und die Eigenschaften der „neuen Menschen“ werden im Reagenzglas gezüchtet!)

5. Schütze die Menschen und Nationen durch gerechte Gesetze und gerechte Gerichte. (Anmerkung: Was hier Gerechtigkeit bedeutet, liegt um Auge der herrschenden 1 Prozent und was „die“ von Gerechtigkeit halten, kann sich jeder denken!)

6. Lass alle Nationen ihre eigenen Angelegenheiten selbst bzw. intern regeln und internationale Streitfälle vor einem Weltgericht beilegen. (Anmerkung: Dies nennt man auch Scheingerechtigkeit. Mit einem obersten Gericht in der Neuen Weltordnung, falls es überhaupt noch Länder gibt, kann hier auch gefragt werden, wer den größten Tribut zahlt!)

7. Vermeide belanglose Gesetze und unnütze Beamte. (Anmerkung: Diese haben ihren Zweck erfüllt, denn mit ihrer Hilfe wurde die Neue Weltordnung erschaffen. Jedoch ist die Zeit abgelaufen. Man brauch diese nicht mehr, da alles zentral in der einen Weltregierung kontrolliert und diktiert wird!)

8. Schaffe ein Gleichgewicht zwischen den persönlichen Rechten und den gesellschaftlichen bzw. sozialen Pflichten. (Anmerkung: Auch das klingt theoretisch an sich nicht schlecht. Doch wer bestimmt was das „Gleichgewicht“ ist? Genau, diese eine Weltregierung!)

9. Würdige Wahrheit, Schönheit, Liebe im Streben nach Harmonie mit dem Unendlichen. (Anmerkung: Wahrheit, Schönheit und Liebe liegt immer im Auge des Betrachters. Da wir gesehen haben, was der Rothschildenkel Klaus Schwab (Gründer des Weltwirtschaftsforum und Sohn von Marianne Rothschild!), Spielberg oder andere Satanisten, als solches betrachten, verzichte ich sehr gern darauf. Es wird garantiert nichts mit unserer Natur zu tun haben!)

10. **Sei kein Krebsgeschwür für diese Erde, lass der Natur Raum.** (Anmerkung: Die herrschenden 1 Prozent sind und waren es doch, die die Natur bis auf das Letzte ausgebeutet haben, um ihren Reichtum zu mehren und uns alle zu knechten. Wer hat denn die erdölhaltigen Plastikverpackungen bis heute produziert und verkauft, und redet nun den Menschen ein schlechtes Gewissen ein, wegen der Umweltsünden – aber Plastiktrinkhalme abschaffen, was so sinnvoll war, wie ein Feuer mit Benzin zu löschen!!!)

Sehr geehrte „für die Wahrheit kämpfende" Frau Kahane, wenn ich diese 10 vorhandenen Botschaften lese, kann ich mir diesen Kommentar wirklich nicht verkneifen: Die blöden „antisemitischen" Verschwörungstheoretiker, die tun immer so, als stände die Bevölkerungsreduzierung in Stein gemeißelt!

Dies bedeutet im Klartext: Bevölkerungskontrolle, die Vernichtung eines großen Teils der Bevölkerung, spezifische Reproduktion durch Eugenik, eine Sprache, ein Weltgericht, soziale Pflichten über persönliche Rechte, Vernunft über Leidenschaft und Natur steht über der menschlichen Rasse, dem Krebsgeschwür der Erde. Und nicht zu vergessen, dass was sie das Zeitalter der Vernunft nennen, ist nicht das Zeitalter der Liebe oder das Zeitalter des Mitgefühls oder das Zeitalter des Überflusses für alle. Offensichtlich kann man diesem Denkmal doch nicht vorwerfen, dass es ein Schwindel ist, letztendlich steht es einfach dort.

Die geschriebenen Worte würden ja bedeuten, dass mal wieder eine Verschwörungstheorie wahr geworden wäre. Was wohl die „Rote Zora" Anetta Kahane dazu sagen würde, wenn sie mal ihre Nase aus dem Schulbuch für Staatsbürgerkunde heraus nehmen würde … „Das ist Antisemitismus!!!". Was sehen wir uns also bei diesem Monument an?! Wer um alles in dieser Welt war der mysteriöse R.C. Christian, der bereit war, so viel Geld für etwas so komplexes und kontroverses zu bezahlen?! Es scheint uns, dass die Georgia Guide Stones, das Ziel der Kabale, die „Protokolle von Zion" und die Art und Weise wie sie versucht haben, ihre wahren Absichten, durch den eifrig, leicht gläubigen Begriff der „Nachhaltigkeit“ zu verbergen, perfekt demonstriert haben.

Was sehen wir also heute in unserer Welt, dass diese Richtlinien, diese Ziele widerspiegelt?

Die Vereinten Nationen

Gehen wir zu den Vereinten Nationen, die von der Mehrheit der Menschen, als eine wunderbare Institution angesehen werden. Die UNO wurde unmittelbar nach dem Zweiten Weltkrieg, im Oktober 1945 gegründet. Offiziell wurde die UNO zur Aufrechterhaltung des Weltfriedens und der weltweiten Sicherheit, sowie zur Entwicklung der Beziehungen und der Zusammenarbeit, zwischen den Nationen gegründet. Die Blauhelme werden von vielen mit dem Schutz der Menschen in Verbindung gebracht. Sie werden die Peacekeeper (englisch für Friedenswächter) genannt. Nun das ist die eine Seite der Medaille. Die andere Seite zeigt ein anderes Bild. Ein Bild, in dem das Ziel der UNO eine neue Weltordnung ist. Eine „Eine-Weltregierung“ wie sie von den gelehrtesten Älterden von Zion propagiert wird. Ist das nicht eine erwiesene Tatsache? Ja! 2008 richtete die UNO tatsächlich ihr eigenes UNO-Projekt für eine neue Weltordnung, unter der Leitung von Nelson Mandelas Enkel und Ex-CIA-Rekrut Jayme Illien ein.

„Das Projekt der Vereinten Nationen für eine neue Weltordnung ist eine globale, hochrangige Initiative, die 2008 gegründet wurde und von Jaime Illien und Ndaba Mandela geleitet wird, um ein neues wirtschaftliches Paradigma und eine neue Weltordnung für die Menschheit voranzutreiben, mit der die globalen Ziele der Vereinten Nationen für nachhaltige Entwicklung bis 2030 erreicht werden das Glück, das Wohlbefinden und die Freiheit allen Lebens auf der Erde bis 2050.“

Äußerst einflussreiche Persönlichkeiten, wie die Präsidenten Bush Senior (2018 verstorben) und Bush Junior und Gorbatschow waren bzw. sind der Meinung, dass die neue Weltordnung auf dem Prinzip der kollektiven Sicherheit beruhen muss. Und genau hier kommt die Unruhe ins Spiel. Die

UN-Blauhelme können rechtmäßig eingreifen, wenn die UNO glaubt, dass ein Land eine Gefahr für die kollektive Sicherheit darstellt. Sie können rechtmäßig eine Armee entsenden und dieses Land angreifen, wie sie es 1950 im Koreakrieg und 1990 am Persischen Golf getan haben. Oder sie können rechtmäßig Militärmission in ein Land wie Sierra Leone von 1999-2006 entsenden. Die UN-Armee besteht aus 70.000 Soldaten, aus verschiedenen Ländern.

Ist es eine gute und eine schlechte Sache?! Nun sagen wir es mal so: angenommen die Absicht war gut, aber das Ergebnis war oft schlecht. Schrecklich. Sogar schockierend schrecklich! Wir verstehen, dass es vielen Menschen sehr schwer fallen wird zu erkennen, dass Organisationen wie die UNO und ihre WHO nicht die gutartigen Gebilde sind, für diese sie sich ausgeben. Wir verstehen den Grad an kognitiver Dissonanz, der Verleugnung, den wir auslösen können. Aber es ist unbedingt notwendig zu erkennen, dass sowohl die UNO, als auch die WHO durch und durch Zionistenmaschinen sind. Sie verstecken sich hinter einer Fassade der Schönheit, von der man sich nicht täuschen lassen sollte!

Hinter der Maske sind diese Gebilde Monster. Mit dem Schlamassel der Friedenstruppen fertig zu werden, sind hier also einige Fakten, die jeder kennen muss:

Die UNO ist seit Jahrzehnten in sexueller Ausbeutung und sexuellem Missbrauch involviert. Es gab unzählige Berichte über sexuellen Missbrauch, Vergewaltigung, Frauen- und Kinderhandel. Als die UN-Friedenstruppe 1993 in Kambodscha stationiert wurden, stieg die Zahl der Prostituierten allein in diesem Jahr, von 6.000 auf über 25.000. Der weitverbreitete Einsatz von Prostituierten, beinhaltete den gewaltsamen sexuellen Missbrauch von Mädchen. Die UNO behauptet über prostituierte Frauen und Mädchen, welche Opfer von Menschenhandel und Vergewaltigung wurden, wären angeblich keine Prostituierten. Bitte lassen Sie das auf sich einwirken! Die Reaktion der UNO war dreifach. Der Emissionschef Yasushi Akashi erklärte, dass es nicht wichtig genug sei, weiter zu machen und dass Jungs nun einmal Jungs seien. Die Missionsleitung riet den Friedenstruppen, beim Besuch von Prostituierten keine Uniform zu tragen oder die UN-Fahrzeuge nicht direkt vor der Tür zu parken. Weitere 800.000 Kondome wurden nach Kambodscha verschickt, um die Ausbreitung von HIV zu verhindern.

Naja, 1993, das ist lange her, könnte man denken. 1995. Zwei Jahre später tauchten in Bosnien und Herzegowina Beweise dafür auf, dass Frauen und Mädchen gehandelt wurden, um als Sexsklaven für das UNO-Personal zu arbeiten und später, dass sich die Intervenierenden am Sexhandel mitschuldig machten. Es dauerte jedoch sechs Jahre, bis die UNO ihre Erklärung vorlegte und dies nur aufgrund der zunehmenden öffentlichen Aufmerksamkeit.

„Bolkovac: UN versuchen Skandal um sexuellen Missbrauch von Friedenstruppen zu vertuschen.“[78][79] Die Polizeibeamtin Kathryn Bolkovac wird nach Bosnien geschickt, um der internationalen Polizei der Vereinten Nationen anzugehören. Aber als sie dort ist, erfährt sie von Menschenhandel und sexueller Sklaverei, die hauptsächlich von UNO-Offizieren, dem Militär und der IPTF (International Police Task Force) gelenkt werden. Die Mädchen werden aus anderen Ländern entführt und dann an Menschenhändler in Bosnien verkauft. Die offizielle Untersuchung dieser Angelegenheit ergab, dass die Vereinten Nationen offensichtlich zögerten, die Beteiligung von Friedenstruppen am Menschenhandel anzuerkennen. Das Ergebnis: Hat die UNO einen der Täter oder Menschenhändler strafrechtlich verfolgt? Nein, hat sie nicht! Sie schrieben die Definition des Menschenhandels neu, nach nun weniger schwerwiegenden Verbrechen nach internationalem Recht und versäumten es, einen angemessenen Opferschutz zu bieten.

„Nachdem Bolkovac diese Missstände aufdeckte, öffentlich machte und verschiedene, auch höhere Ränge der UN-Organisationen aufgefordert wurden, ihre Posten zu räumen, wurde sie von DynCorp entlassen. Bolkovac lebt jetzt in Nebraskas Hauptstadt Lincoln sowie in der niederländischen Hauptstadt Amsterdam. Sie hat nach der Affäre keine Anstellung mehr in öffentlichen Diensten gefunden.“[80]

Kurz darauf schlugen unabhängige Berater Alarm, als eine NGO-Mitarbeiterin öffentlich machte, dass UNO-Angehörige einheimische Frauen und Mädchen in Flüchtlingslagern in Guinea, Liberia und Sierra Leone misshandelten und ausbeuteten. Laut einer OIOS (Büro der Vereinten Nationen für interne Aufsichtsdienste) Untersuchung aus dem Jahr 2001 waren sexuelle Ausbeutung und Missbrauch am häufigsten. Beispiele:

- die sexuelle Beziehung zwischen einem UN-Zivilangestellten und einem 17-jährigen Flüchtling im Austausch gegen Schulgeld

- die gewaltsame Vergewaltigung von Mädchen durch NGO-Mitarbeiter

- die Vergewaltigung von Jungen durch Blauhelme in Sierra Leone

- der Tausch von Sex gegen Essen, das von NGO-Mitarbeitern bereitgestellt wird und
- die Weigerung des internationalen Personals, Verantwortung für Kinder zu übernehmen, die mit einheimischen Frauen gezeugt wurden

- von opportunistischem sexuellem Missbrauch, gekauften Sex, einem Netzwerk zur sexuellen Ausbeutung bis hin zu geplanten sadistischen Übergriffen

- 2015 wurden in der zentralafrikanischen Republik zwei Mädchen, im Alter von 14 und 18 Jahren, von bewaffneten Männern, Friedenstruppen in der Nähe des Stützpunktes, gruppenweise vergewaltigt. Die 18-jährige hatte um etwas zu essen gebeten und die 14-jährige war einfach vorbeigelaufen

- Im selben Jahr, im selben Land wurden heimatlose und hungernde Jungen im Alter von 8-15 Jahren wiederholt von 26 UN-Friedenstruppen vergewaltigt

- UN-Friedenstruppen erschossen wahllos einen 16 Jahre alten Jungen und seinen Vater und vergewaltigten ein 12 Jahre altes Mädchen

- 2016 wurden mehr als 108 weitere Fälle untersucht, darunter der sexuelle Missbrauch von 98 Mädchen durch internationale Friedenstruppen.

Die Liste der sexuellen Ausbeutung und des sexuellen Missbrauchs ist endlos. In jedem einzelnen Land, von Haiti über Somalia, bis Ruanda und Liberia wurden in den ersten neun Jahren 58.000 Frauen und Mädchen von der UNMIL (United Nations Mission in Liberia, war die von 2003 bis 2018 andauernde Friedensmission der Vereinten Nationen in Liberia) vergewaltigt, in mehr als 75 Prozent waren die Täter vom UN-Personal. Von Osttimor bis Sarajevo in Bosnien, wo italienische Friedenstruppen Kinderprostitutionsringe von den Kasernen aus betrieben, hinterließen Blauhelme eine Spur von Misshandlungen und Traumata. Wie in einem der offiziellen Be-richt auffallend zitiert wird, stürzten viele Teile der Welt, in den die UNO präsent war, ins Chaos, wenn nicht gar in die Hölle und wohl alles mithilfe der UNO. Es gab viele Untersuchungen, aber kaum einer der Täter, der seine Verbrechen gestand, wurde strafrechtlich verfolgt. Lassen Sie dies bitte auf sich wirken!

Selbst vor kurzem wurde die UNO erneut mit Kinderhandel und Kindesmissbrauch in Verbindung gebracht, als der kanadische UN-Mogul Peter Dalglish (international führender „Anwalt für die Bekämpfung der Kinderarmut" und persönlicher Freund von Justin Trudeau, dem 23. Premierminister Kanadas) auf frischer Tat ertappt wurde, als er zwei Jungen in Nepal missbrauchte. Dalglish wurde in Kathmandu (Nepal) zu neun Jahren Gefängnis verurteilt. Bis zu seiner Verhaftung im Jahr 2019 war er als Heiliger, als Beschützer der Kinder dargestellt worden. Er war ein Länderrepräsentant für das UN Habitat in Afghanistan. Er liebte wirklich Kinder! Er gründete sogar „Street Kids International", um obdachlosen Kindern zu helfen. Was für ein (Schein-) „Heiliger"! Was für ein „großer Verlust" für unsere Kinder!

Aber die UN hatte zu diesem Zeitpunkt noch mehr vertuscht. Erinnern Sie sich an den Krieg im ehemaligen Jugoslawien, von 1992-1995? Im Juli 1995 versäumten es die Vereinten Nationen, dass sogenannte sichere Gebiet in der Enklave Srebrenica zu schützen. Anstatt das bosnische Volk zu schützen, dass dorthin geflohen war, wandte sich die UNO ab. Es gab angeblich nichts was sie tun konnten. Auch sie waren auf höchster Ebene verraten worden! 8.372 bosnische Männer und Jungen wurden eines Nachts von ihren Familien getrennt und von den serbischen Streitkräften abgeschlachtet. Mehr als 100.000 Menschen wurden in diesem sinnlosen Krieg massakriert, hauptsächlich Bosnier. Zwischen 30.000 und 50.000 bosnische Frauen, Kinder und ältere Menschen wurden vergewaltigt und deportiert. Der offizielle Status des Völkermords, wurde erst 2004 völkerrechtlich anerkannt.

Zurück zur offiziellen Mission der UNO, die Welt zu einem besseren Ort zu machen, dies unterstreicht der „Club of Rome", eine Gruppe von 100 mächtigen Männer und Frauen, die 1968 unter anderem von David Rockefeller auf seinem Privatanwesen in der Nähe von Rom gegründet wurde. Ein privater Club, der sich als „Thinktank" (eine Denkfabrik, welche Erforschung, Entwicklung und Bewertung von politischen, sozialen und wirtschaftlichen Konzepten und Strategien, Einfluss auf die öffentliche Meinungsbildung nehmen und sie so im Sinne von Politikberatung fördern)[81] präsentiert und der UNO Vorschläge unterbreitet. Sein Ziel ist es, seine Besorgnisse über die Zukunft des Planeten Erde zu erörtern und Lösungen zu finden und die Regierungen weltweit zum Handeln aufzufordern. 1972 wurde „Die Grenzen des Wachstums" veröffentlicht, das erste Papier des „Club of Rome", über die Probleme der Menschheit, gefolgt von der „Ersten globalen Revolution" 1991, in der die Menschheit, als das Grundproblem allen Elends in der Welt dargestellt wurde.

„Da wir einen gemeinsamen Feind brauchen, gegen den wir uns vereinen können, haben wir beschlossen, dass Umweltverschmutzung, globale Erwärmung, Wasserknappheit, Hungersnot, usw., perfekt sind. Dies sind Bedrohungen, denen wir gemeinsam entgegentreten müssen. Aber wir sollten nicht in die Falle tappen, Symptome für Ursachen zu halten. All diese Gefahren werden durch menschliche Eingriffe in natürliche Prozesse verursacht und nur durch veränderte Einstellungen und Verhaltensweisen können sie überwunden werden. Der wahre Feind ist die Menschheit selbst."

Dies liebe Leser war die Grundlage für alles was sich entfalten sollte. Die Menschlichkeit als Ursache aller Probleme! Die UNO war vom „Club of Rome" begeistert. Sie hatte 1983 die „Weltkommission für Umwelt und Entwicklung" gegründet und die parallel zu den Schlussfolgerungen des ersten Forschungspapiers zur globalen Revolution waren offensichtlich. Von nun an war „Nachhaltigkeit" das Zauberwort des Tiefen Staates, die Agenda der khasarischen Zionisten. Und so fand 1992 in Rio de Janeiro, Brasilien, die erste Konferenz der Vereinten Nationen über Umwelt und Entwicklung oder „Earth Summit" (Erdgipfel) statt, auf der die erste Agenda für Umwelt und Entwicklung, auch als „Agenda 21" bekannt, entwickelt und verabschiedet wurde.

21 war ein Hinweis auf das 21. Jahrhundert, mit dem alle gesetzten Ziele erreicht werden müssen. 193 Regierungen stimmten dem Abkommen zu und unterzeichneten es. Auf dem UN Gipfel für nachhaltige Entwicklung im Jahr 2015, wurde die „Agenda 2030" als erweiterte Version der „Agenda

21“ vorgestellt. Der ursprünglichen Agenda wurden elf weitere Ziele hinzugefügt, die alle auf die Zukunft unseres Planeten und der Menschheit ausgerichtet waren und alle auf „Nachhaltigkeit“ abzielten. Inzwischen nahmen 198 Länder Teil. Wissen Sie wie viele Länder es auf der Welt gibt? Nur noch zwei weitere, 195! Die einzigen beiden die als Beobachterstaaten bezeichnet werden, sind der Vatikan und Palästina. Die „Agenda 2030“ enthält 91 Absätze. Absatz 59 umreißt 17 Ziele für nachhaltige Entwicklung, welche wir bereits in dem Kapitel: „Agenda 2030 - Dank PR zur Neuen Weltordnung“ behandelt haben. Es gibt 169 Ziele und 232 Indikatoren. Das macht es zu einem ziemlich trockenen Dokument, dass man verdauen muss. Aber Sie haben es bereits weiter vorn gelesen und waren bestimmt beeindruckt, von dem Grad an Klugheit und Gerissenheit, mit dem etwas so böses, so scheinbar gutartiges zusammengefügt wurde, wobei komplexe Phrasen verwendet wurden, in denen Worte wie Frieden, Gleichheit, Sicherheit und Schutz häufig wiederholt werden. In Wirklichkeit bleibt dem Leser ein gutes positives Gefühl.

Seien wir ehrlich, diese Ziele sind nicht realisierbar. Der „Club of Rome“ und die UNO können so viele schöne Worte gebrauchen wie ihnen einfallen, aber wie in aller Welt wollen sie diese 17 Ziele erreichen? In dem sie Sie und mich bitten mehr Steuern zu zahlen! Denken Sie bitte darüber nach!

Obwohl wir diese 17 Ziele schon ausführlich behandelten, möchte ich an dieser Stelle noch einmal ein paar Worte dazu verlieren.

Abb. 40: Zauberwort: Nachhaltigkeit

Ziel Nummer 1: Die Armut in all ihren Formen überall zu beenden! Wirklich? Und wie? Das Wort „Nachhaltig“ wird zehnmal verwendet. Und warum? Warum Feenstaub in unsere Augen zu werfen, damit wir nichts sehen?! Damit wir bereitwillig mehr Steuern zahlen, noch mehr Steuern und noch mehr. Damit die Welt vor uns, dem Krebsgeschwür der Erde, gerettet wird? An diesen 17 Zielen ist nichts Handfestes. Es gibt keine Logik!

Gehen wir noch einmal zu Ziel Nummer 7: Zugang zu erschwinglicher, zuverlässiger, nachhaltiger und moderner Energie für alle sicherstellen! Wie, geben Sie endlich die unterdrückte freie Nullpunkt Energie von Nikola Tesla an das Volk weiter?! Der wahre Grund warum diese Ziele zusammengestellt wurden, ist die Schlussfolgerung, dass sie niemals erreicht werden können, solange alle teilnehmenden Länder der Welt und alle ihre Regierungen miteinander kommunizieren müssen, da zu viel Zeit und zu viel Geld durch endlose Treffen verloren geht. Ich wette, dass der nächste Schritt, die Ankündigung der 17 Ziele für nachhaltige Entwicklung sein wird und nur mit einer einzigen Weltregierung erreicht werden kann. Die Länder werden ihre Souveränität aufgeben müssen, um die Welt zu retten! Merken Sie sich bitte meine Worte.

Das Wesen der gesamten „Agenda 2030" ist sozialistisch-kommunistisch. Sie beschreibt die gleichmäßige Verteilung von Gütern und Geld, was großartig klingt, aber in Wirklichkeit bedeutet, dass die reichen Länder ihren Reichtum mit den armen Ländern teilen sollen. Diese armen Länder werden in der Regel von hochgradig korrupten Diktatoren, wie Uhuru Kenyatta in Kenia und Bob Dadae in Papua-Neuguinea oder Xi Jinping in China, regiert. Werden sie ihren Reichtum, ihr Blutgeld mit dem Volk teilen? Das klingt nach einer wunderbaren Idee, um die Armut für immer loszuwerden.

Jeder wäre im Bruchteil von einer Sekunde reich. Nehmen wir das ganze Geld dieser korrupten Regierungen, fügen wir noch den immensen Reichtum der Rothschilds, der Rockefellers sowohl der britischen als auch der niederländischen Königsfamilie und natürlich des Vatikans hinzu. Lassen sie uns diesen Reichtum unter der Weltbevölkerung umverteilen! Meine Güte, was für eine wunderbare Idee, die Armut ein für alle Mal zu beenden. Nein, das Volk wird mit dem Volk teilen. In diesem Fall muss also der deutsche Steuerzahler bezahlen und mit den Armen von in diesem Beispiel Neuguinea teilen. Verstehen Sie mich nicht falsch, ich bin für das Teilen, absolut. Aber nicht nach den Plänen der UNO, wo korrupte, bösartige Regierungen nicht betroffen sind. Lesen Sie bitte nochmals das Kapitel: „Agenda 2030 - Dank PR zur Neuen Weltordnung", die Ziele der Agenda 2030. Lesen Sie sich die Ziele gut durch und Sie werden sehen, dass die Menschen bluten werden, nicht die Regierungen. Wann immer Regierungen über Gleichberechtigung sprechen, kann man sicher sein, dass der Kommunismus mit im Spiel ist und sie es nicht einmal verbergen. Spitzenjournalisten, wie der ehemalige NATO-Chef Javier Solana, ein Sozialist, feiern den Plan offen als „Den nächsten großen Sprung nach vorn", der alte Wahlkampfslogan der kommunistischen Partei Chinas.

Ist es nicht merkwürdig, dass fast jedes Land der Welt sofort beschlossen hat, sich zu beteiligen und zusammenzuarbeiten, in der Diktatoren jeder korrupten Regierung, die noch immer mit Blut an den Händen unschuldiger ziviler Opfer hängen, unterzeichnen die „Agenda 21" und später die „Agenda 2030". Länder die sich seit Jahren im Krieg miteinander befinden, wie zum Beispiel Äthiopien und Eritrea. Nun schütteln sie sich plötzlich die Hände, lächelten vor der Kamera und beschlossen die Kriege gegen Drogen, Waffen und Menschenhandel zu vergessen, nur um sich auf die Bedeutung einer besseren Welt im Sinne der „Nachhaltigkeit" zu konzentrieren. Wollen die uns verarschen oder auf den Arm nehmen? Was in aller Welt sehen wir uns hier an?

Wie viel wird uns die Umsetzung der „Agenda 2030" überhaupt Kosten? Nach Angaben der UNO und bestätigt durch die Weltbank, in einer Erklärung von 2015, zwischen drei und fünf Billionen US Dollar pro Jahr! Das sind 12 Nullen! Fünf Billionen US Dollar pro Jahr!!! Wo zum Teufel soll die UNO dieses Geld hernehmen? All diese Nullen werden von den Steuerzahlern, von Ihnen und mir eingezogen werden. Darum geht es bei der Lösung der UNO. In dem Moment, in dem ein Baby geboren wird, hat das Baby einen Kohlenstofffußabdruck und von dem Moment an in dem es geboren wird, wird dieses Baby zahlen müssen! Ist das nicht brillant? Die Scham und die Schuld werden Ihnen und mir auferlegt? Meine Güte. „Agenda 21", „Agenda 2030", der „Club of Rome", die UNO, sie alle behaupten wir, das Volk, seien schuld am Elend in der Welt, von Armut bis Ungleichheit, von Hungersnot bis zur Erschöpfung der Ressourcen des Planeten. Gut, lassen Sie uns gleich über dieses Thema philosophieren. Zuvor geht es jedoch um:

Die Ressourcen des Planeten

Von mittelalterlichen Gemeinden bis in die Neuzeit, das Turkvolk der Khasaren arbeiteten jahrhundertelang an ihrem rachsüchtigen Plan, die Weltherrschaft zu erlangen. Jede Schicht der Gesellschaft wurde infiltriert. Der Hauptmotor des Tiefen Staates, die UNO, wurde vorangetrieben. Durch hypnotische Wiederholung wurden nun Nachhaltigkeit, Gemeinnützigkeit und Philanthropie benutzt, um Verbrechen, Geldwäsche, Betrug und Korruption zu verbergen. Henry Kissinger ist weltberühmt als US-Außenminister und nationaler Sicherheitsberater unter den US-Präsidenten Richard Nixon und Gerald Ford. Von einigen als Held gefeiert, von anderen als Kriegsverbrecher beschimpft. Kissinger schrieb 1973 einen streng geheimen Bericht, genannt „National Security Study Memorandum 200“ oder „NSSM 200“, auch „Kissinger Bericht“ genannt. Darin geht es um die Ressourcen des Planeten. Henry Kissinger kam mit einem wundervollen Plan, den reibungslosen Fluss von wertvollen Ressourcen, aus verschiedenen Ländern der Welt in die USA zu konsolidieren. Laut Kissinger war es einfach, Ressourcen anderer Länder zu übernehmen, solange die Länder stabil waren. Instabile Länder wären nur schwer zu erreichen. Die Frage die er stellte war also, wie können wir weniger entwickelte Länder stabilisieren. Denn aus irgendeinem Grunde befinden sich die wertvollsten Ressourcen des Planeten, wie Öl, Erdgas, Gold und Mineralien, alle in weniger entwickelten Ländern. In seinem berüchtigten Bericht schrieb er, überall dort, wo eine Verminderung des Bevölkerungsdrucks, durch geringere Geburtenraten die Aussichten für eine solche Stabilität erhöhen kann, wird die Bevölkerungspolitik für die Anwendung der Ressourcen, im wirtschaftlichen Interesse der Vereinigten Staaten relevant. Schöne Worte, um zu sagen, dass man um Stabilität zu schaffen Bevölkerungspolitik braucht. Was bedeutet das? Abtreibung zu legalisieren? Familiengeld zu geben, wenn sie verhüten, wenn sie Sterilisation akzeptieren und alles abtreiben? Und wenn das nicht ausreicht bedeutete Bevölkerungspolitik: Zwangsgeburtenkontrolle, Zwangssterilisation und Zwangsabtreibungen? Darüber hinaus meint Kissinger Hilfe, Katastrophenhilfe und Nahrungsmittelhilfe zurückzuhalten, wenn ein weniger entwickeltes Land sich weigerte, die US-Bevölkerungskontrollprogramme umzusetzen. Das war der Weg ein Land seiner Ressourcen zu berauben, Stabilität zu schaffen, indem man die Befolgung reduziert. Und am wichtigsten: man musste die antiimperialistische Jugend loswerden, die Jugendlichen die dazu neigen, kritische Fragen zu stellen und sie mussten verschwinden. Das Ergebnis war ein weltweites Massaker, dass in verschiedenen ausgezeichneten und mutigen Forschungsarbeiten gründlich dokumentiert wurde, die aus irgendeinem Grund von den Mainstreammedien und von der UN selbst ignoriert wurden. Ich werde Ihnen zwei Beispiele nennen, zwei Beispiele von sehr vielen. Beispiele aus China und Peru!

China: Wir alle wissen von Chinas Ein-Kind-Politik, die im Jahre 1979 begann. Im Jahr 2015 wurde diese Politik in eine Zwei-Kind-Politik umgewandelt, wenn das erste Baby ein Mädchen ist. Wie funktioniert das in der Praxis? Mit finanzieller Hilfe des „United Nations Population Fund", der „UNFPA". China entwickelte hochmoderne Trecking Systeme und Computerüberwachungsprogramme, um die monatlichen Zyklen der Frauen zu verfolgen. Wenn eine Frau schwanger ist, weiß das Programm sofort, ob das ungeborene Baby ein Erstgeborenes oder Zweitgeborenes ist und ob ihr erstes Kind tatsächlich ein Mädchen war. Wenn das System zeigt, dass das Baby in ihrem Bauch von der Regierung nicht erlaubt ist, wird sie sofort verhaftet und eine Zwangsabtreibung durchgeführt. Das meine lieben Leser ist Chinas Politik, wie sie von der UNO abgesegnet und angeregt wird. Nach der erzwungenen Abtreibung wird der Fötus oder das Baby bei seiner Mutter gelassen, entweder in einem Bett oder in einem Eimer. Diese wahnsinnige sadistische Grausamkeit wird durch das Fehlen jeglicher Art von Unterstützungssystem für traumatisierte Eltern gestoppt. Natürlich bestreitet der Bevölkerungsfond der Vereinten Nationen in Zwangsabtreibungen verwickelt zu sein, aber laut seinen eigenen Dokumenten spendete er mehr als 100 Millionen US Dollar für Chinas Bevölkerungskontrollprogramm. Er finanzierte einen 12 Millionen US Dollar Computerkomplex, speziell zur Überwachung des Bevölkerungsprogramms. Sie stellte die technische Expertise und das Personal zur Verfügung, dass Tausende von chinesischen Bevölkerungskontrollbeamten ausbildete. In China wurden Abtreibung als Massenvernichtungswaffe eingesetzt. Hunderte von Millionen von Leben wurden ausgelöscht. Der hohen Bevölkerungsfond war von Anfang an mitschuldig an Chinas Bevölkerungskontrollpolitik. Sie drückten nicht nur ein Auge zu, sondern halfen die Missbräuche zu erleichtern und zu finanzieren. Der UN Bevölkerungsfond finanzierte Geburtenbeschränkung, finanzierte Zwangsabtreibungen, finanzierte Chinas Zwangsbürokratie zur Familienplanung. Sie verteidigen auch Chinas Handlungen. Der Kongressabgeordnete Christopher Smith, Co-Vorsitzender der Exekutivkommission des Kongresses zu China 2017: *„Ein Ergebnis der Ein-Kind-Politik über das wir von der UNO nie etwas hören, ist der Anstieg der weiblichen Kindstötung, der nun zu einem katastrophalen Geschlechterverhältnis von 115 Jungen auf 100 Mädchen geführt hat. Weiblichen Kindstötung bedeutet, dass die Eltern wirklich die Mädchen* *töten. China hat eine kulturelle Vorliebe für Jungen, also werden die Babymädchen getötet. Wissen Sie was das mit den Eltern macht? Wenn ja, dann wird es Sie nicht überraschen, dass China die höchste weibliche Selbstmordrate der Welt hat und es ist das einzige Land auf der Liste, in den die Zahl der Selbstmorde bei Frauen die der Männer übersteigt".*

Hat die UNO Mitleid? Nein, im Gegenteil! Der Bevölkerungsfond der Vereinten Nationen verlieh China einen UN-Preis, für das herausragendste Bevölkerungskontrollprogramm. Und vergessen wir nicht ihre offizielle Mission, eine Welt zu schaffen, in der jede Schwangerschaft gewollt ist, jede Geburt sicher ist und das Potenzial jedes jungen Menschen erfüllt ist.

„Unter der Ein-Kind-Politik verhinderte die Kommunistische Partei nach eigenen Schätzungen, über 400 Millionen Geburten und führten über 386 Millionen Abtreibung durch. Unter der Ein-Kind-Politik wurden mehr Kinder abgetrieben, als die gesamte Bevölkerung der Vereinigten Staaten."

Im April 2017 stellte die Trump-Administration die Finanzierung des Bevölkerungsfond der Vereinten Nationen ein.

Peru: Zwischen 1995 und 1997 wurden über eine Viertel Million peruanische Frauen sterilisiert, als Teil eines Programms zur Erfüllung der Familienplanungsziele von Präsident Alberto Fujimori, das von den USA finanziert wurde. Obwohl diese Kampagne als freiwillige chirurgische Verhütungskampagne bezeichnet wurde, wurden viele dieser Eingriffe erzwungen. Tatsächlich wurden Frauen, deren untergewichtigen Kinder staatlichen Lebensmittelprogramme erhielten, mit dem Entzug dieser Lebensmittel gedroht, wenn sie sich weigerten, sich sterilisieren zu lassen. Andere wurden aus den Familien entführt und Zwangssterilisiert. In etwas mehr als zwei Jahren, wurden eine Viertelmillionen Frauen tief traumatisiert. Die meisten von ihnen waren arm und gehörten zur indigenen Bevölkerung. Nicht alle Frauen überlebten die Operation, aufgrund der schlechten Hygiene in den örtlichen Krankenhäusern.

Die Beispiele lassen sich beliebig fortsetzen. In jedem weniger entwickelten Land ging es den Vereinten Nationen nicht um Entwicklungs-, Gesundheits- oder Frauenförderung, sondern darum, dass ungebremste Wachstum der Weltbevölkerung zu stoppen. Von Anfang an war das Konzept einer Bevölkerungsexplosion ein falscher Alarm, der speziell entwickelt wurde, um den reichen Nationen zu erlauben, die Ressourcen der anderen Nationen zu plündern. Henry Kissinger legte einfach die „Protokolle von Zion“ für die moderne Zeit aus! Doch wer sind die Macher hinter solchen „humanen“ Projekten?

Die Kryptokommunisten Kissinger und Genscher

Haben Sie schon einmal von Henry Kissinger gehört, dem „Kumpel“ und Cousin von Hans-Dietrich Genscher?

Genscher, Sie erinnern sich?! Geboren war er in Halle an der Saale, wo er auch 1993 Ehrensenator der Akademie LEOPOLDINA (mit Sitz des Freimaurer-Logenhauses „Zu den drei Degen“) wurde! Unter anderem studierte er an der Martin-Luther-Universität Halle-Wittenberg, welche wiederum sehr, sehr eng mit der LEOPOLDINA verbunden ist. Eine seiner Reden ist legendär. Im September 1989 trat der damalige Bundesaußenminister Hans-Dietrich Genscher auf den Balkon der bundesdeutschen Botschaft in Prag. Seine Worte „*Wir sind zu Ihnen gekommen, um Ihnen mitzuteilen, dass heute Ihre Ausreise…*“ endeten im Jubel tausender DDR-Flüchtlinge. Für sie war der Weg aus der DDR-Diktatur in die Bundesrepublik frei.

Aber wussten Sie auch, dass es von Hans-Dietrich Genscher, alias „IM Tulpe“ (IM = Inoffizieller Mitarbeiter der Staatssicherheit der DDR) eine Stasiakte gibt?! Als dies öffentlich bekannt wurde, wußte man sich schnell zu helfen. In den Medien konnte man lesen:

„Der ehemalige Bundesaußenminister Genscher ist nach Informationen des ‚Spiegel‘ von der Stasi unter dem Decknamen ‚Tulpe‘ als Inoffizieller Mitarbeiter (IM) geführt worden. Zweck der Akte sei es gewesen, den Außenminister bei Bedarf bloßstellen zu können. Angeblich nutzte die Stasi bei der Anlage der Akte die biographischen Daten eines DDR-Bürgers, um sie auf den gebürtigen Hallenser Genscher zuzuschneiden. Der Sprecher der Stasi-Akten-Behörde zeigte sich erstaunt und eher ungläubig. Eine solche Stasi-Methode sei der Gauck-Behörde bislang nicht bekannt, sagte David Gill.‘“[82]

Ich frage mich, warum wohl solch eine Methode bei der Gauck-Behörde bekannt war! Weiterhin war Hans-Dietrich Genscher einer der wichtigsten Vertreter der Neuen Weltordnung! Was sagt uns das?! Bitte recherchieren Sie selbst und zählen 1 und 1 zusammen!

Auch hat der ehemalige Außenminister Hans-Dietrich 1990 aktiv verhindert, dass Deutschland einen Friedensvertrag mit den Alliierten schließen konnte. Kann man sich das vorstellen? Bis heute gibt es keinen Friedensvertrag, dabei war das im Jahre 1990 zum Greifen nah. Doch „unsere" eigenen Spitzenpolitiker verhinderten das! Man könnte ja glatt denken, dass die BRD-Regierenden das alte Nazi-Reich aufrechterhalten möchten!

Genscher war bis zu seinem Ableben in der FDP, wie Guido Westerwelle. In der letzten Rede von Guido Westerwelle als Vorsitzender der FDP am 62. Bundesparteitag der Freien Demokratischen Partei in Rostock sagte er am 13.05.2011: *„Natürlich leben wir in Deutschland nicht in Zeiten, wo eine Freiheitsbedrohung von Gewalt ausgeht, sondern sie kommt anders daher. Die Freiheitsbedrohung in Deutschland, die kommt nicht mit Gewalt und laut deren, sondern sie kommt leise daher. Sie kommt mit allerlei Begründungen daher, mit oftmals auch gut gemeinten Begründungen. Zum Beispiel wenn es um die Bürgerrechte geht… Wo wir alle natürlich auch alles tun müssen, für unsere Bürgerinnen und Bürger, dass sie unversehrt ein glückliches Leben führen können. In solchen Zeiten kommen dann Parteien her und Politiker sagen, dass ist die Zeit, wo man wieder mal günstig Bürgerrechte, die uns sowieso ein wenig immer stören, scheibchenweise reduzieren kann. Freiheit stirbt immer Zentimeterweise! … Und Freiheit stirbt nicht durch Politiker, stirbt nicht dadurch das man Bürgerrechte und Freiheitsrechte von Politikwegen einschränken will; sondern dann wird es gefährlich für die Freiheit, wenn die Bürgerinnen und Bürger ihr eigenes Immunsystem vergessen, dass sie wappnen muss, gegen jede Freiheitsbedrohung. … Man kann mit dem Vorwand ‚man schaffe Sicherheit', jedes Bürgerrecht in Zweifel ziehen. Man kann mit dem Vorwand ‚die Sicherheit brauche das', jede gesetzliche Verschärfung beschließen. Wir wehren es ab, wo wir können, in der Bundesregierung, im Parlament, aber wir brauchen auch selbstbewusste Bürgerinnen und Bürger, die sich den Satz nicht gefallen lassen: Wer nichts zu verbergen hat, soll sich gefälligst nicht beklagen! Nein, wir wollen ein Volk, von selbstbewussten Staatsbürgern und nicht von Staatskunden, nicht von Untertanen. Bürgerrechte zu verteidigen ist eine heilige Aufgabe der FDP, in vergangenen Zeiten und auch in der Zukunft!‘"* Wie Recht er doch hatte!

Guido Westerwelle, der Klüngel Freund von *1&1* Gründer Ralph Dommermuth, war auch einer der wenigen Politiker, welcher regelmäßig forderte, alle Parlamentsmitglieder auf ihre Stasi-Tätigkeiten zu überprüfen. Zu dieser Zeit waren schon entsprechende Personen in diversen Behörden installiert, welche entsprechend reagiert hätten. Dann hätte man wieder witzige „Ausreden" in den Medien lesen können, wie über IM „Tulpe". Am 18. März 2016 verstarb Guido Westerwelle in Köln!

Abb.: 41: Kissinger & Genscher

Henry A. Kissinger wurde 1923 in Süddeutschland geboren, direkt im Zentrum der Illuminaten, in Bayern. Sein voller Name: Heinz Alfred Kissinger. Er behauptete jüdisch zu sein, aber seine Referenzen zeigten alle Anzeichen von khasarischen Wurzeln. Sein Familienname war nicht Kissinger, er lautete Löb! Der Name Kissinger wurde 1817 von seinem Ur-Urgroßvater Meyer Löb nach der bayerischen Stadt Bad Kissingen angenommen. Der Name Meyer Löb traf den Nagel auf den Kopf! Hatten wir diesen Namen nicht schon einmal gesehen? Der Urgroßvater von Meyer Amschel Rothschild heißt Löb Rothschild. Meyer Rothschild – Löb Rothschild – Meyer Löb Kissinger! Wir wären nicht überrascht, wenn eines Tages wahrheitsgemäß dargestellt wird, dass Henry Kissingern ähnlich wie Adolf Hitler, ein Rothschild ist. Aber nicht nur er stammt aus dieser „legendären" Dynastie. Es gesellen sich weit mehr Personen zu dieser Sippe, als man meint. Und schon kommen wir zu unserem nächsten Kapitel:

Die Rothschilds und die Macht

Es gibt keine risikofreie Gesellschaft. Selbst ein tugendhaftes Leben hat seine Risiken, wie ein Sprichwort sagt: „Wenn Mann und Frau zeitig zu Bett gehen, um Kerzen zu sparen, werden sie schließlich mit Zwillingen belohnt."

(Amschel Meyer Rothschild)

Wer hat eigentlich die Macht über die Welt? Sind es wirklich die gewählten Politiker und Präsidenten, oder leben wir nur in dem Glauben, dass sie die Fäden in der Hand haben? Wie wahrscheinlich ist es, dass sie, genauso wie wir, ebenfalls von noch einflussreicheren Persönlichkeiten gelenkt werden, von Menschen, die versteckt im Hintergrund ihre Macht ausüben.

Abb. 42: Welthaus Rothschild

Immer wieder tauchen in diesem Zusammenhang bestimmte Namen auf, die in dem Zusammenhang mit der eigentlichen Weltmacht stehen sollen. Statt auf einzelne Personen, stößt man auf Familien, deren Stammbaum weit verzweigt ist und über mehrere Jahrhunderte zurückverfolgt werden kann. Durch die Besetzung von Führungspositionen oder dem Gründen eigener Unternehmen, kann jeder einen Teil zum Vermögen der Familie beitragen. Geschickt und lange genug ausgeführt, konnte sich daraus ein ver-zweigtes Netz bilden, mithilfe dessen man die Fäden in der Hand hat.

Neben Süß-Oppenheimer werden immer wieder die Rothschilds als die geheime Großmacht bezeichnet. Ihr Vermögen wird auf über 200 Milliarden US Dollar geschätzt und fast jede Bank die wir kennen ist in ihrem Besitz. Viele gehen davon aus, dass selbst diese 200 Milliarden US Dollar viel zu wenig sind und eigentlich das Vermögen im Billion Bereich ist. Seltsam ist, dass man kaum etwas darüber weiß, geschweige denn darüber berichtet. Ihr unvorstellbarer Reichtum und dessen Geheimhaltung ist allerdings nur die Spitze des Eisbergs. Fangen wir jedoch bei dem Ursprung der mysteriösen Familie an.

Die khasarischen Rothschilds stammen laut schriftlichen Überlieferungen ursprünglich aus Deutschland und ihr Stammbaum lässt sich bis ins Jahr 1500 zurückverfolgen. Als Gründer der Familie Rothschild wird jedoch Mayer Amschel Rothschild genannt, der erst 200 Jahre später im Jahr 1744 geboren wurde. Mayer Amschel Rothschild lebte in der Frankfurter Judengasse, wobei es sich um ein jüdisches Getto handelte. Bereits sein Vater Amschel Moses Rothschild besaß dort ein Geschäft, wo er Kleinwaren verkaufte und Geld wechselte. Nach dessen Tod stieg auch Mayer Amschel ins Geldgeschäft ein und arbeitete erfolgreich in der Judengasse, als Münz- und Wechselhändler. Die arrangierte Ehe mit Gutle Schlapper, der Tochter eines Hoffaktors, brachte ihm zusätzlich 2.400 Gulden ein. In den darauffolgenden Jahren bekamen Mayer und Gutle insgesamt 20 Kinder, von denen jedoch nur fünf Söhne, sowie fünf Töchter überlebten. Die Lebensbedingungen in der Judengasse waren alles andere als gut und die Menschen litten oft auf engem Raum zusammen. Mayers Familie musste sich zusammen mit den Familien zweier seiner Brüder ein Haus teilen. Erst nachdem die Geschäfte mehr Gewinn einbrachten, konnten sie in das Haus „Zum roten Schild“ einziehen, das heute noch als das Stammhaus der Rothschilds gilt.

+++ HALT! +++ STOP! +++ WAHRHEIT ODER LÜGE?! +++

Entspricht diese historische Geschichte, welche man überall, egal ob bei Wikipedia, in Dokumentarfilmen oder in den alternativen Medien erfährt, wirklich der Wahrheit?

Ja was denn nun: Roth-, Grün- oder Schwarzschild?!

Klingt es nicht wie aus einem Sagenbuch oder einem Märchen aus 1001 Nacht, dass eine Familie sich so benennt, wie ein Schild an ihrem Hause?! Klingt dies nicht mehr wie ein „Schildbürgerstreich"?! Ist dies eventuell eine Verschwörung in der Verschwörung von Verschwörern, welche eine Verschwörung wittern?! Soll sich der Familienname wahrhaftig an einem Hausschild anlehnen?

Abb. 43: Das Stammhaus der Rothschilds in der Frankfurter Judengasse

Fakt ist, dass es verschiedene Angaben zu der Farbe des außen hängenden Schildes gibt!

Schauen wir doch mal nur allein auf Wikipedia, welche „professionellen" Fakten von diesen Soros-Faktenfinder zugelassen wurden:

- Wikipedia-Eintrag: Rothschild (Familie)

„Die Häuser in der Judengasse waren nicht durch Hausnummern, sondern durch verschiedenfarbige Schilder oder besondere Warenzeichen gekennzeichnet. Da die Familie über Generationen in dem ***„Haus zum Rot(h)en Schild"*** *wohnte, etablierte sich bereits im 17. Jahrhundert der Familienname „Rothschild."*[(83)]

• Wikipedia-Eintrag: Mayer Amschel Rothschild

„Die Familie war wohlhabend genug, um ab 1783 in zwei Transaktionen das ***Haus zum Grünen Schild*** *in der Judengasse 148 zu erwerben und dieses entweder 1786 oder 1787 zu beziehen.“*[84]

Ist es nicht seltsam, dass es allein auf Wikipedia zwei „Wahrheiten“ von dem ersten Stammhaus dieser weltweit wichtigen Familie existent sind?

Wenn Mayer Amschel Rothschild das Haus mit dem grünen Schild kaufte, warum haben sie sich dann nicht „Grünschild“ genannt? Handelt es sich dabei vielleicht doch um eine schon angedeutete Verschwörung in der Verschwörung, um vom eigentlichen Ursprung des Namens abzulenken?!

Und dann gibt es noch im direkten Umfeld der Rothschild‘s die Familie Schwarzschild, eine ebenfalls wohlhabende jüdische Familie aus Frankfurt/Main. Die Familie Schwarzschild war eine alteingesessene Händlerdynastie der Textilbranche, Zweig einer alten niederrheinischen 1499 in Frankfurt eingewanderten jüdischen Familie mit einem Geschäft in herausragender Lage am Roßmarkt 13 (vormals Roßmarkt 7) und in der Leipziger Straße.

Einer von ihnen hieß Karl Schwarzschild (09.10.1873-11.05.1916). Er war ein deutscher Astronom und Physiker und galt als einer der Wegbereiter der modernen Astrophysik. Karl Schwarzschild heiratete 1909 Elisabeth Rosenbach, eine Urenkelin des deutschen Chemikers Friedrich Wöhlers. Während des Kriegsdienstes schrieb Schwarzschild 1915 in Russland eine Abhandlung über die Relativitätstheorie und eine über Quantenphysik. Im Jahr 1910 wurde Schwarzschild zum **Mitglied der Leopoldina** gewählt. Der Mondkrater Schwarzschild und der Asteroid (837) Schwarzschild wurden nach ihm benannt. Der größte Teil der Schwarzschild‘s wanderte in den 1930er Jahren in die USA aus und lebt heute dort unter den Familiennamen „Black“ und „Bloom“. Doch nun zurück zu den Rothschild‘s.

Können Sie sich vorstellen, dass dieser konstruierte Name „Rothschild“ eine Ablenkung ist, von etwas Offensichtlichem, was keiner durch die Verschwörung sehen soll?!

Glauben Sie mir bitte: Nichts ist, wie es scheint! Die „khasarische Mafia“, Illuminaten und Freimaurer waren und sind die Meister der Illusion, der

Ablenkung, der Täuschung und des Betrugs. Da ich von meinem Opa gelernt hatte, dass oben eigentlich unten ist und rechts ursprünglich links liegt, habe ich es zu meinem Steckenpferd gemacht, undurchsichtige Dinge sichtbar werden zu lassen. Viele Jahre Forschungsarbeit, unzählige Bücher in seltenen Bibliotheken, hunderte von E-Mailanfragen und Interviews mit sehr bekannten TV und Presse-High Society-Experten (deren Namen ich nicht nennen darf, da sie sonst berufsbedingte öffentliche Aufträge verlieren) liegen hinter unserem kleinen Team, für die Recherche zu diesem Buch.

Sicherlich erwarten Sie in diesem Kapitel nun weitere vielleicht spektakuläre Informationen zu den Rothschild‘s, jedoch muss ich Sie diesbezüglich enttäuschen. An dieser Stelle mache ich einen Schnitt, da ich Ihnen zuvor andere Zusammenhänge erläutern möchte, bevor ich mit den Rothschild‘s fortfahre. Um die Zusammenhänge zu verstehen, habe ich das folgende Kapitel so tituliert:

Im Zeichen der Rose

Die Einbildungskraft, die Illusionen hervorbringt, ist wie ein Rosenstrauch, der in jeder Jahreszeit Rosen blühen läßt.

(Nicolas Chamfort)

„Die Rose gilt als Zeichen für die (über den Tod hinausgehende) Liebe, Schönheit und Reinheit. Aufgrund ihrer Dornen steht sie auch für das Leiden.“(85)

So erklärt uns Wikipedia die Blume: *„Die Rosen (Rosa) sind die namensgebende Pflanzengattung der Familie der Rosengewächse (Rosaceae). Die Gattung umfasst je nach Auffassung des Autors 100 bis 250 Arten. Diese bilden durch ihre typischen Merkmale Stacheln, Hagebutten und unpaarig gefiederte Blätter eine sehr gut abgegrenzte Gattung. Es sind Sträucher mit meist auffälligen, fünfzähligen Blüten. Die meisten Arten sind nur in der Holarktis verbreitet. Die Wissenschaft von den Rosen wird als Rhodologie bezeichnet. Gärtnerisch wird zwischen Wildrosen und Kulturrosen unterschieden. Die Rose wird* *seit der griechischen Antike als ‚Königin der Blumen' bezeichnet. Rosen werden seit mehr als 2000 Jahren als Zierpflanzen gezüchtet. Das aus den Kronblättern gewonnene Rosenöl ist ein wichtiger Grundstoff der Parfumindustrie.*"[86]

Ob die Rose jedoch wirklich einfach nur die Blume ist, wie sie uns verkauft wird, oder ob eventuell doch mehr dahintersteckt, werden wir auf den nachfolgenden Seiten erfahren.

Rosen so rot wie die Liebe?

Es gibt keine noch so schöne Rose, die nicht zur Hagebutte wird.

(Sprichwort)

Sehr gern erinnere ich mich an meine Kindheit, besonders an die Zeit bei meinen Großeltern. Sie hatten um ihr Haus einen großen Garten, bepflanzt mit Bohnen, roten Stachelbeeren (extra für mich), Johannisbeeren, Kohlrabi, usw., aber auch zahlreiche Blumen, welche zu jeder Jahreszeit blühten. Ich stand oft mit Opa vor den Rosen und wollte ihm mein Wissen mit vier Jahren unterbreiten, dass rote Rosen ein Zeichen für Liebe ist. Oft muss ich über meine Sätze von damals schmunzeln: „Opa, wenn ich einmal heirate, dann kriegt meine Frau rote Rosen. Die Rosen sind hier und wo finde ich nun die Frau?". Opa schmunzelte und meinte: „Die Frau kommt schon von allein! Du weißt im Herzen, wenn es so weit ist." Jedoch erklärte er mir auch, dass die rote Rose nicht die Blume der Liebe sei! Die Rose ist eine wunderschöne Blume. Kommt man ihr jedoch zu nah, dann ist die Gefahr der Verletzung sehr groß, dass manchmal sogar Blut fließt. Großvater mahnte mich jedes Mal vor den Rosen stehend, ich solle an Dornröschen denken! In diesem Märchen erzählte ein alter Mann einem jungen Prinzen von einer Rosenhecke, hinter der ein verwunschenes Schloss stehen solle. Der König, die Königin und deren junge Prinzessin, sowie die Magd in der Küche, die ihrem Gehilfen gerade eine Ohrfeige verpassen wollte und die Wache am Eingang des Hofes sind dort regungslos gefangen. Die Regungslosigkeit war aber kein Tod, sondern ein hundertjähriger tiefer Schlaf, welcher durch einen Zauber der 13, nicht eingeladenen Fee verhängt wurde. Jeder Jüngling, der diese Rosenhecke durchbrechen wollte, wurde von deren Dornen gefangen, konnten sich nicht wieder losmachen und starben eines jämmerlichen Todes. Doch der junge Prinz fürchtete diese Dornen nicht und wollte das schöne Dornröschen sehen. Als der Königssohn sich der Dornenhecke näherte, waren es lauter große schöne Blumen, die taten sich von selbst auseinander und ließen ihn unbeschädigt hindurch, so dass er Dornröschen wach küssen konnte. Nach dem Kuss war der böse Bann gebrochen!

Wenn ich heute an dieses Märchen denke, sehe ich die 13. Fee vor mir. War es nicht auch ein 13., an denen die Tempelritter/Freimaurer offiziell verboten wurde? Sicher nur Zufall!

Aber was ist nun mit dem angeblichen Symbol der Liebe: die roten Rosen?! Was hat es mit der Farbe „Rot“ auf sich?

Vor über 800 Jahren entschied der Vatikan durch ein Paradigmen-Wechsel die Farbe Grün der Liebe, in Rot zu ändern, für die Menschheit. Der „Sinneswechsel“ im Vatikan vor 800 Jahren kam vermutlich durch Franz von Assisi. Dieser schloss Frieden zwischen dem Christentum und Islam. Seitdem hat der Islam die grüne Farbe im Wappen und der Vatikan trägt rot.

Man nennt dies auch die satanische Umkehrung! In der Farbtherapie steht Grün als Farbe des Herzens und der Liebe. Die Farbe Grün soll auch den herzlichen Kontakt zu sich selbst und anderen Menschen fördern. Sie ist die Farbe der Mitte, steht für Harmonie und Zufriedenheit. Grün fördert die Hilfsbereitschaft, Ausdauer und Toleranz. Sie ist die Farbe des Lebens, der Pflanzen und des Frühlings. Sie steht für die alljährliche Erneuerung und symbolisiert Hoffnung. Grün hat Heilwirkung auf Körper und Seele. Grün ist die vierte Farbe, die das menschliche Auge im Regenbogen erkennen kann. Somit ist die uns eingetrichterte Farbe Rot nicht die Farbe der Liebe, sondern des Blutes, des Todes und von Satan!

Die Rose

Aber was hat es nun mit den Rosen auf sich?! Ist die Rose vielleicht ein Symbol eines Ordens, einer Bruderschaft oder gar der Freimaurerei?!

„Im maurerischen Ritual spielt die Rose als Symbol der Schönheit, vor allem aber als Sinnbild der Sehnsucht des Menschen nach einem neuen höheren Leben, sowohl beim Johannisfest als auch bei der Grablegung eines Bruders (dem drei Rosen ins Grab mitgegeben werden) eine große Rolle. Schon in den Initiationsriten der Alten, z.B. der Isisweihe, erfolgte in Graden, die das Erlebnis der Neugeburt des Menschen aus halbtierischem Dasein zum Inhalt hatten, diese Wandlung durch die mystische Kraft der Rose. Diese war in Ägypten und Griechenland aber auch Symbol der Verschwiegenheit. Was die Eingeweihten, mit der Rose geschmückt (subrosa), als Geheimnis erfahren hatten, sollten sie unverbrüchlich verschweigen. Symbol der Schönheit und der Liebe war die Rose bei den Griechen als Attribut der Aphrodite; mit der Rose vergleichen die ältesten Mariengleichnisse Maria als die schönste der Jungfrauen. Mit einer Rose aus Erz und Stein krönten die Bauleute des Mittelalters den Bau zum Zeichen der Vollkommenheit. Besonders in der deutschen Freimaurerei ist die Rose ein beliebtes kultisches Ausdrucksmittel.“(87)

Der Hintergrund der Rose

„In der Antike war die Rose Symbol der Verschwiegenheit und der Liebe. Ursprünglich stammt dieses Gleichnis aus der Mythologie und der Religion. Eine geschlossene Blüte galt als Symbol für ein göttliches Geheimnis. Beispiel: Das Venuskind Cupido schenkte dem Gott des Schweigens eine Rose, damit dieser Stillschweigen über das Treiben seiner Mutter bewahre. Es findet sich neben besagten Rittersälen auch hin und wieder in Klöstern, über Beichtstühlen oder in Sitzungszimmern. Eine erhaltene Schweigerose in einem Rittersaal befindet sich in der Burg Eltz bei Münstermaifeld. Häufig ist das Rosensymbol auch auf mittelalterlichen Gebrauchsgegenständen wie Besteck, Krügen und Bechern anzutreffen. Hieraus wird abgeleitet, dass ein Gast über die im Haus

gesprochenen Worte Stillschweigen zu wahren habe. Die Schweigerose wird auch für die Herleitung der lateinischen Redewendung ‚sub rosa' bzw. der deutschen Entsprechung ‚unter der Rose' (mit der Bedeutung ‚unter dem Siegel der Verschwiegenheit') herangezogen."[88]

Abb. 44: Burg Eltz auf 500-DM-Schein

Der Rosenball

Sie haben doch sicher schon einmal von den berühmten Rosenbällen gehört, welche in jeder symbolträchtigen, geschichtlich bedeutungsvollen und hochfreimaurerischen Stadt jährlich stattfinden. Der Höhepunkt der Rosenbälle ist in Monaco. Das Wort „Ball" ist eine Ableitung bzw. Variante des Wortes „Baal" und spielt immer im Zusammenhang mit Ritualen eine große Rolle. So ist es auch im Fußball, Baseball, Maskenball, usw. Man sollte wirklich beginnen, was ich immer wieder empfehle, alles zu hinterfragen oder aus einem anderen Blickwinkel sehen. Fast ALLES was uns gelehrt wurde ist eine arglistige Täuschung, dass uns die satanischen Machtmenschen kettenlos gefangen halten können!!! Wir leben in einem Traum, in einer Blase, erzeugt durch Lügen und verstärkt durch die durch Werbung und PR antrainierte Gier.

Was meinen Sie, ist der Sinn eines solchen Rosenball's? Ist dies einfach nur eine Tanzveranstaltung, somit der Vorgänger einer Disco? Falsch! Es ist ein heimlicher und getarnter Treffpunkt für die Schönen und Reichen. Dort treffen sich Landtagsabgeordnete und Bürgermeister, Adlige und Industrielle, junge „Prinzessinnen" und ledige Millionäre, sowie die khasarische „Mafia" und die Alt-Nazi's. Es werden in Separees und auf Balkonen Geschäftskontakte gepflegt und Pläne geschmiedet, wie Jungunternehmer aus altem Hause nach oben gepusht werden können, welche neuen Gesetze zur eigenen Bereicherung beschlossen werden sollten, usw. Mit „altem Haus" spiele ich auf die alten (schwarz-) adligen Familien an, welche nach wie vor eine sehr wichtige Rolle in unserer Gesellschaft spielen, auch wenn man sie kaum noch wahrnimmt. Sicher und berechtigter Weise fragen Sie sich, woher ich diese Informationen habe, weil dies schier unglaublich klingt. Ich bin selbst schon mehrfach mit meiner Familie (Eltern, Geschwister und Partner) bei Rosenbällen gewesen, sei es in Eltville (nahe Wiesbaden), München und Bad Ems (wo einst Könige, Fürsten und Zaren ihren Urlaub verbrachten). Solche Rosenbälle sind im wahrsten Sinne des Wortes ein Stelldichein der Prominenz, bei schöner Live-Musik mit Orchester und bekannten Showgrößen, leckerem Essen, guter Wein und tollen Gesprächen, mit althergebrachter Etikette.

Am 24.07.2021 wurden Baden-Baden, Bad Ems und Bad Kissingen als neues UNESCO Kulturerbe ausgezeichnet. Warum ausgerechnet diese Städte?! Kleiner Tipp: in allen 3 Städten haben große Freimaurerlogen ihren Sitz, finden Rosenbälle statt und waren Agententreffpunkte (Stasi, CIA, BND, MOSSAD, usw.) während des Kalten Krieges! Ist alles wieder nur ein Zufall?

Viele Menschen des schwarzen alten Adels verstecken sich hinter neuen Namen (durch Hochzeiten, Adoptionen, Scheidungen, Kriege, frühere Dialekte, usw.) und ich habe es mir zur Aufgabe gemacht, diese zu erforschen. Aber wie sind eigentlich die Familiennamen zustande gekommen? Seit wann werden diese so geführt wie wir sie heute kennen und welche Bedeutung steckt eigentlich dahinter?

Die „etruskische" Namensgebung

Wenn man heute nach der Geschichte sucht, wie Nach- bzw. Familiennamen entstanden sind, stößt man automatisch auf den Bergriff der „etruskischen Namensgebung". Jedoch wird man die Etrusker vergebens in der uns „überlieferten Geschichte" so finden, wie sie wirklich waren, denn „die Etrusker" hat es so nicht gegeben, obwohl „die Wissenschaft" etwas völlig anderes vermittelt! Dies gilt auch für die anderen Pseudo-Turkvölker, wie z.B.: die Alanen, Anasazi, Aurunker, Bastarner, Champa, Daker, Ebl, Elymer, Falisker, Gepiden, Hebräer, Kainiten, Kanaaniten, Osker, Pharaonen, Phönizier oder sogar die Römer, welche nie existent waren. Diese Turkvölker sind reine Erfindungen und Illusionen, um die wahre Abstammung zu verheimlichen und vertuschen. Diese „Möchtegern-Völker" sind nichts als Ammenmärchen, Fabeln, Legenden, Luftschlösser oder einfach nur Lügen, nennen Sie es wie Sie wollen, der satanistischen Khasaren, auch Zionisten genannt.

Selbstverständlich hat die so hochgelobte „Wissenschaft" (ist die, die Wissen ~~erfindet~~ schafft) ein eigenes Segment zur ~~Erfindung~~ Erforschung der „Turkvölker" geschaffen. Dieser „Wissenszweig" nennt sich: Turkologie. Natürlich wieder rein zufällig sind die erfolgreichsten Turkologen Mitglied der Deutschen Akademie der Naturforscher Leopoldina in Halle an der Saale.

Zum Stichwort „Wissenschaft" sagte der in Prag geborene Psychotherapeut und Psychiater Stanislaw Grof einst: *„Anders als Wissenschaftismus, ist Wissenschaft im wahrsten Sinne des Wortes offen für jegliche unvoreingenommene Überprüfung existierender Phänomene."*

An dieser Stelle möchte ich Sie, lieber wissenshungriger Leser, mal eine Frage stellen. Welche Gemeinsamkeiten finden Sie in den nachfolgenden Wörtern: Archäologen, Biologen, Geologen, Ideologen, Ökologen, Politologen, Soziologen, Theologen, Turkologen und Virologen, um nur einige zu nennen? Richtig, überall ist die die Endung „**-logen**" vertreten. Nun frage ich mich, von welchem Wort wohl dieses „**-logen**" abstammt! Von „**Logen**" wie „Freimaurer**logen**" oder von „logen" wie „**Lügen**"?! Doch nun wieder zurück zu den Turkologen.

Unter Turkologen erzählt uns Wikipedia: *„Die Turkologie ist die Wissenschaft von den Sprachen, Literaturen, der Geschichte, den Religionen und von der geistigen und materiellen Kultur der Turkvölker in Vergangenheit und Gegenwart. ... Turkologinnen und Turkologen forschen mittels und über Quellentexte und Zeugnisse der materiellen Kultur der verschiedenen Turkvölker sowie des sprachlichen und kulturellen Austauschs mit* ***benachbarten Völkern seit dem 8. Jahrhundert*** *unserer Zeitrechnung. ... Forschungsschwerpunkte der Turkologie liegen im Bereich der Republik Türkei, bzw. im Osmanischen Reich, den Turkrepubliken sowie in Mittelasien."*(89)

Das Thema Turkologie wollte ich nur anschneiden, weil, wie bereits schon erwähnt, unsere Familiennamen mit der „etruskischen" Namensgebung zusammenhängt!

Nachnamen sind unter anderem entstanden durch die Berufe der damaligen Menschen. So wurde beispielsweise aus dem Bäcker Johannes, Johannes Bäcker oder aus dem Jäger Alois, Alois Jäger. Aber nicht nur Berufe waren ausschlaggebend, sondern manchmal auch die Herkunft, sprich Orte. Hier ein Beispiel: die Tochter von Salomon der Worms und Fraje zur roten Rose de Worms hieß Gutlin Worms. Speziell bei der Familie der Rothschild's kann man beobachten, dass sie immer wieder die Ortsnamen des Wohnsitzes oder Aufenthaltes angenommen haben: Roth, **Adenau**er oder Warburg, um nur einige zu nennen. Gerade die Khasaren waren und sind für Täuschungen, Irrungen, Augenwischereien, Irreführungen oder List bekannt.

Hier möchte ich noch ein Beispiel bringen, wie sich Namen auch zusammensetzten. Gab es in einem kleinen Dorf / Ort / Ansiedlung einen Bauern, nannte man ihn zum Beispiel: „Bauer Jacob" oder „Jacob der Bauer". Zog nun ein weiterer Bauer dort hin, nannte man ihn statt „Bauer" nun „Neubauer".

Ähnlich ist es mit Schmieden gewesen, so dass Goldschmied (inklusive diverser Variationen), Hufschmied, Nagelschmied oder Waffenschmied herauskamen.

Oder nehmen wir das Beispiel: Meier (Mehre, Meyer, Maier, Mair, Mäher, Mäger, Major, Meiur, Mayer, Meir, Mayr, Meyr, Majer, ...). Ein „Meier" war ursprünglich ein Verwalter/Amtsträger des adligen oder geistlichen Herrn zur Verwaltung des Grundbesitzes („Meierei“), ab dem späteren Mittelalter auch ein Pächter oder selbständiger Bauer. Für den Meier gab es eine Vielzahl regional und zeitlich unterschiedlicher Bezeichnungen wie z. B. Amtmann (Ammann), Amtsschulze, Bauernvogt, Drost, Gutsvogt, Hofbauer, Hofmann, Geißelhofmann, Hofschultheiß, Meiervogt, Schultheiß oder Vogt. War Herr Meier Verwalter in einem Kloster spricht man auch von Klostermeier, Kellerer, Pfleger, Schaffner oder Stiftsamtmann. So gehören auch Namen wie Steinmeier, Altmeier oder Neumeier zu dieser „Meierei“.

Ein weiteres Beispiel aus der frühsten Rothschild-Dynastie: „Elchanan zur roten Rose“ zog im 16. Jahrhundert aus Süddeutschland kommend mit seiner Sippe Richtung Norden, mit dem Ziel Köln, am Rhein entlang. Bei Koblenz bzw. Andernach verweilten sie in einer Ortschaft namens Fahr (heute Kreis Neuwied), bei ihren Verwandten, den Roggenfellers.

Die Ortschaft Fahr am Rhein war zu dieser Zeit bekannt für seine Fähre, zum Übersetzen auf die andere Rheinseite. Solch eine Fähre war eine sehr gute Einnahmequelle, mit der sich in bewährter guter alter Raubrittermanier viel Geld verdienen ließ! Die Sippe, welche die Fähre besaßen, war die Familie Fehr. Damals gab es noch keine einheitliche Schreibweise, so dass aus dem Namen Fehr auch Vehr, Fohr, Fahr oder Var wurde, um nur einige zu nennen.

Schon auf seinem Treck nach Köln änderte „Elchanan zur roten Rose“ seinen Namen in „Elchanan bin Uri“. Bis heute leben in dieser Region noch zahlreiche Familien mit dem Namen Elchanan und Uri, Bauer sowieso.

Abb. 45: Adolf Hitler zusammen mit Prescott Bush, dem Großvater des ehemaligen Präsidenten George W. Bush

Elchanan hörte von zahlreichen Handelsreisenden, dass sich in der aufstrebenden Messestadt Frankfurt am Main, in der Judengasse, immer mehr jüdische Familien ansiedelten und beschloss, in Hoffnung auf gute Geschäfte, dorthin zu ziehen. Er verließ die Ortschaft Fahr mit seiner Frau und den Kindern als Elchanan Bauer.

Weitere Familienzweige der Rothschild's sind unter anderem: **Busch** (auch Bausch, Bush, ...), **Rose** (auch Ros, Ross, Rosberg, Rosental, Rosenberg, Rosen, von Rosen, Röschen, usw.), **Grotwohl** (auch Grotewohl – Otto Grotewohl war von 1949 bis 1964 Ministerpräsident der Deutschen Demokratischen Republik), **Brendel, Fogle** (auch Vögele, Vogel, ...), **Hase, Strauss, Schuster** (auch Schuhmacher, Schuhmann, je nach Region), **Öttingen** (auch Öttinger), **Meir** (in diversen Schreibweisen und Kombinationen: Steinmeier, Altmeier), **Cahn, Baur** (auch Bauer, Bauermann, Gebauer, Neubauer, usw.), **Goldschmidt, Sichel** (auch Siegel), **Honegger** (auch Honecker = Erich Honecker), **Beyfuss** (Dreyfuss), **Montefiore, Haber, Barent-Cohen, Oppenheim, Stern, Lambert, Raab** (Rabe, ...), **Schwab** (Schwabe, ...), **Sasson, Seligmann, Springer, Pfeisinger** (auch Pfeistinger, Pfisser, Pfizer, Pfeist, Feist = Margot Honecker eine geborene Feist, Faust, ...), **Loeb** (Löb, Löw, Löf, Löffler, ...), Schiffer (Schiff, Schäfer, Scheffler,

Scherff = der Bush-Clan stammt von den Scherff's), **Vogt** (Voight = **Angelina Jolie** Voight), **Velt** (auch Velter, Vetter, Vettel, ...) und **Isaak** (auch Eisak, ...). Ich habe bewusst nicht alle Namen und Schreibweisen aufgeführt, da das den Rahmen dieses Buches sprengen würde.

Die Familie Schiff ist beispielsweise ein Zweig der älteren Familie Cahn, der sich seit 1600 im Haus Schiff niederließ und den neuen Hausnamen als Familiennamen annahm. Jacob Schiff (1847-1920) emigrierte in die USA und wurde dort schnell zu einem einflussreichen Bankier. Der von ihm gegründete Familienzweig gehört seither zur US-Elite. Jacobs Vater war als Makler für die Rothschild Familie tätig.

Der Name Cahn/Chan und seine Variationen sind immer ein Hinweis auf **Cha**saren / **Kha**saren. Chan / Cahn ist also ein weit verbreiteter khasarischer Familienname, der auch wieder in verschiedenen Schreibweisen existiert, z.B.: Cahan, Coen, Cohn, Cohnen, Conen (der Barbar/Zerstörer), Kagan, Kaganowitsch, Kakarin (auch Juri Gagarin, der 1. Astronaut der Sowjetunion), Kahane, Kahn, Kaner, Katz, Kas, Kasner (Vater oder Stiefvater von Angela Merkel), Khan, Kohen, Kohn, Kohl, Kogan, Kogen, Koigen, Kogon, Kuhn, Kutz, Cohnheim oder Kohnstamm.

- „Chan oder Cahn" = Gott oder Herrscher, z.B.: Dschingis Khan
- „Il-Chan" = Teilherrscher, oder Provinzfürsten
- „Forst" = Fürst

Der typische uralte Rothschild-Name Elchanan (auch „El Chan an" - Elchanan zur roten Rose, Elchanan bin Uri, El**cha**nan Bauer) stammt ursprünglich aus dem Hebräischen und bedeutet übersetzt: „Gott ist gnädig"! Über Jahrhunderte kontrollierten diese Khasaren den Handel mit Gewürzen, Textilien und Sklaven (aller Rassen und Nationalitäten!!!) auf der Seidenstraße und auf den Handelswegen zwischen Konstantinopel und dem Baltikum, aber ab dem 10.-11. Jahrhundert auch an den Flüssen in Europa. Doch nun wieder zurück zum ursprünglichen Thema: „Etruskische Namensgebung".

Wikipedia erklärt uns diese Namensgebung wie folgt: *„Die etruskische Namensgebung unterscheidet ... zwischen Freien, Freigelassenen und Sklaven. ...*

Das Namenssystem und die Namen selbst wandelten sich im Lauf der verschiedenen Epochen."[90]

Halten wir einmal die Unterscheidung zwischen Freien (Menschen), Freigelassenen (ehemalige Sklaven) und Sklaven fest. Woran erkennt man heute die Stellung eines Menschen von damals?! Es sind die Silben! Ein freier Mensch hatte damals nur einen einsilbigen Namen, was sich bis heute erhalten hat. Ein freigelassener Mensch hatte demzufolge zwei Namenssilben und ein Sklave oder dessen Familienmitglieder drei Silben im Namen! Durch die Wirren der letzten Jahrhunderte und die über kontinentale Partnerwahl sind jedoch Namen miteinander verbunden wurden und verschmolzen. Viele Menschen sind sich darüber gar nicht im Klaren.

Beispiel: Der Nachname Merkel besteht aus zwei Silben, also aus einer freigelassenen Familie. Klaus Schwab hingegen hat nur eine Silbe, stammt somit aus einer freien Familie!

Also müsste theoretisch Rothschild auch aus einer freigelassenen Familie stammen, den dieser Name besteht aus zwei Silben, oder? Nein, denn der ursprüngliche Name von Rothschild's waren Worms, Hahn, Strauss oder Rose! ... und da war sie wieder, die: Rose! Sind Rothschilds also durch die „Rose" verbunden?

Anmerken möchte ich an dieser Stelle, wie einfach es war (und scheinbar noch ist), eine offizielle Herkunft zu verschleiern:

• Johanna Maria Magdalena Behrend, geboren am 11.11.1901,
• 1908 von Richard Friedländer adoptiert,
• 1920 durch Namensänderung der Mutter mit Oskar Ritschel (gehörte der Krefelder Freimaurerloge Eos an),
• 1921 durch Heirat mit dem Industriellen Günther Quandt,
• 1931 kurze Liaison mit Herbert Hoover (31. US-Präsident und Präsidentenmacher von u.a. Warren G. Harding, Calvin Coolidge und „Steigbügelhalter" von Franklin D. Roosevelt) und
• letztendlich Hochzeit mit Paul Joseph Goebbels.

So wurde aus Johanna Maria Magdalena Behrend = Magda Göbbels! Doch nun wieder zurück zu den „Rosen".

Der „Königin der Blumen“ wurde natürlich ein Ehrentag zugewiesen, nein nicht der Valentinstag (auch eine Rosenverkaufsidee der Rothschild‘s), sondern der Johannistag, auch Johannis- oder Rosenfest genannt:

Das Rosenfest

Das Rosenfest ist die Bezeichnung für das alljährlich stattfindende Johannisfest. In der Regel findet in diesem Zeitraum auch der Rosenball statt.

„Das Johannisfest wird am 24. Juni, als das Geburtsfest Johannes des Täufers, des Schutzpatrons der Freimaurerei, in den meisten Logen der Welt gefeiert. Es ist das Bundesfest der Freimaurerei, an dem jeder Freimaurer zum Zwecke der Bekundung seiner Zugehörigkeit zu einem die Erde umspannenden Bund teilnehmen soll. In Deutschland ist es in seinem Rosensymbol zugleich das Fest der Liebe und des gleich der zur Mittsommerszeit voll erwachten Natur freudig bejahten Lebens. Die drei Johannisrosen, mit denen der Freimaurer seine Arbeitsstätte und sich selbst schmückt, versinnbildlichen in ihrer abgestuften Farbenzusammenstellung die Lebensdevise des Freimaurers: Licht, Liebe, Leben. In der Zeit vor den Großlogen Gründungen war das Johannisfest entweder ganz unbekannt oder durchaus nicht spezifisch freimaurerisch. Die Londoner Freemasons standen z. B. in guter Beziehung zum Kloster der heiligen Dreifaltigkeit in Aldgate. Daher war ihr Großer Festtag das Fest der Dreifaltigkeit, daneben das Fest der Vier Gekrönten (Quatuor Coronati, s. November). Die Beteiligung an den Prozessionen dieser Tage wurde unter hohen Strafen zur Pflicht gemacht. Anderseits hatten 11 Gilden den heiligen Johannes als Schutzpatron. Die Aldwick-Loge feierte das Fest des heiligen Michael. In den Kilwinningakten ist nur vom Feste des heiligen Andreas die Rede. In den Protokollen der ältesten Loge (Edinburgh) ist von 1599-1756 kaum sechsmal das Johannisfest erwähnt. Allgemeine Verbreitung bekam das Mittsommerfest der Freimaurerei erst nach den Großlogengründungen.

Die gründende Sitzung der englischen Großloge fand am Johannistage 1717 in der Taverne ‚Zur Gans und zum Bratrost‘ in London statt. Die Johannisfeiern der Freimaurer haben eine kaum übersehbare Literatur hervorgerufen, zumal der Brauch besteht, Johannisfestreden durch den Druck festzuhalten. In vielen Logen wird an diesem Tage auch ein besonders festliches Ritual verwendet. In vielen Logen, besonders in Deutschland, pflegt am Johannistage die feierliche Einsetzung des neugewählten Meisters vom Stuhl und der anderen Amtswalter stattzufinden. Mit dem Johannistage schließt in den meisten Logen das maurerische Rechnungsjahr. Die Mitgliederstatistiken sind daher meist vom Johannistage datiert. Ebenso gilt es als besonderer Vorzug, am Johannistage in einer Loge aufgenommen worden zu sein. Nach dem Johannistage schließen die meisten Logen die Jahresarbeit und lassen eine Sommerpause von mehreren Monaten eintreten, während welcher ritualmäßige Arbeiten nur in besonderen Ausnahmefallen stattfinden dürfen. Die Armensammlung am Johannistage wird meistens besonders reich bedacht und einem besonderen Zwecke zugewendet."[91]

Drei Farben der Johannisrosen

„*In der Zusammenstellung der drei Johannisrosen wird sie gedeutet als Licht, Liebe, Leben. Am Johannistage schmückt der Freimaurer sich selbst und die Loge mit den Rosen in drei Tönungen der roten Farbe. Als Rose werden auch die Bandschleifen auf den Maurerschurzen bezeichnet. Wiederholt erscheint die Rose auch im Namen der deutschen Logen. So die Hamburger Loge ‚Zu den drei Rosen', in der Lessing aufgenommen wurde, u. a. m. Eine schöne Deutung der Rose als Wiedergeburtssymbol geht auf Junker zurück.*"[92]

Das Rosenkreuz

„*Die Rose als Wiedergeburtssymbol in Verbindung mit dem Kreuz, wobei die Vorstellung von der Kreuzigung und der Auferstehung mitschwingt, ist als spezifisch christlich-esoterisches Symbol. Alle auf dem Rosenkreuz beruhenden freimaurerischen Hochgrade haben ursprünglich auch diese Bedeutung. Die schönste dichterische Verwendung findet das Rosenkreuz in Goethes Dichtung ‚Die Geheimnisse'. Im Mittelpunkt der Dichtung steht eine Persönlichkeit, Humanus genannt. Dieser wird mit einem Bund von Männern in Verbindung gebracht, die ein Kreuz, mit Rosen umwunden, verehren:*

„Er hat dem Kreuz die Rosen zugesellt?
Es schwillt der Kranz, um Recht von allen Seiten
Das schroffe Holz mit Weichheit zu begleiten.
Und leichte Silber-Himmelswolken schweben,
Mit Kreuz und Rosen sich emporzuschwingen,
und aus der Mitte quillt ein heilig Leben
Dreifacher Strahlen, die aus einem Punkt dringen."

Bei Abfassung dieses Gedichts hat Goethe an eine Art religiöser Freimaurerei gedacht, die das Humanitätsideal mit dem christlichen zur Einheit zu verbinden trachtet (Horneffer)."(93)

Die Rosenkreuzer

Die Gemeinschaft der Rosenkreuzer (oder „Gesellschaft der Kreuz- und Rosenbrüder") wurde in Deutschland gegründet, um religiöse, okkulte und naturwissenschaftliche Experimente durchzuführen. Die Gesellschaft entstand auf der Grundlage einer mystischen Sekte, der Bruderschaft vom Rosenkreuz, und wurde von den Ideen des mystischen Philosophen Jacob Böhme und des Theologen Johann Valentin Andrea beeinflusst.

Die Mitgliedschaft in der Gemeinschaft wird so berühmten Männern wie Francis Bacon, Gottfried Leibniz, René Descartes und Wolfgang Goethe zugeschrieben. Die berühmte Geschichte der Rosencrucianer geht auf die Veröffentlichung eines Manifests im Jahr 1614 mit dem Titel zurück: „Fama Fraternitatis" (Botschaft der Bruderschaft).

Die Rosenkreuzer selbst führten es jedoch auf den berühmten Reformer und Sonnenanbeter Pharao Echnaton (Amenhotep IV) zurück. Nach dem Scheitern der Einführung des Kultes eines Gottes in Ägypten weihte der

Pharao angeblich einige Auserwählte in diesen Kult ein, die dieses Wissen über die Jahrhunderte weitergaben. Die Hüter von Echnatons Wissen waren Moses, Salomo, Pythagoras und Cornelius Agrippa.

Als ihren Hauptideologen und Gründer der Bruderschaft betrachteten die Rosencreuzer einen gewissen Christian Rosencreutz („Christian Rosie Cross", nach den Rosencreuzern – Berühmter Vater und Bruder C.R.C.), einen deutschen Gelehrten, der die okkulte Wissenschaft in der geheimnisvollen arabischen Stadt Damkar beherrschte und im Alter von 106 Jahren starb. Der Legende nach beschloss C.R.C. nach seiner Rückkehr aus Damkar, sein Leben der Reformation der Wissenschaften und Künste zu widmen.

Um diese Aufgabe zu erfüllen, rief er drei Brüder aus dem Kloster, in dem er seine Jugend verbracht hatte, und schwor ihnen, die ihm anvertrauten Geheimnisse geheim zu halten. Diese vier entwickelten eine geheime Chiffre und, wie es in den Tidings heißt, ein solides Wörterbuch, in dem alle Formen der Weisheit zur Ehre Gottes klassifiziert wurden.

Gleichzeitig erarbeiteten die Rosencreutzers eine Reihe von Dokumenten, in denen die Ziele der Bruderschaft und die Art und Weise, wie sie erreicht werden sollten, festgelegt wurden. Als eines der Mitglieder der Bruderschaft starb, wurde beschlossen, dass die Grabstätte der Brüder geheim gehalten werden sollte. Bald versammelte Pater C.R.C. selbst alle Rosenkreuzer, um seine symbolische Begräbnisstätte vorzubereiten.

Auch mehrere Rosencreutz-Legenden sind mit diesem Ort verbunden, eine davon besagt zum Beispiel, dass die Mitglieder der Bruderschaft lange Zeit nicht wussten, wo sich der Leichnam des Pater C.R.C. befand, und nur ein glücklicher Zufall es ermöglichte, das Grab zu entdecken. Beim Wiederaufbau des Hauses des Heiligen Geistes (wie der geheime Wohnsitz der Rosencreutzer genannt wurde) entdeckte einer der Brüder einen zugemauerten Gang, der zu einem kleinen Raum mit sieben Wänden und sieben Ecken führte.

Abb. 46: Rosenkreuz

In der Mitte dieses Raumes stand ein runder Altar, auf dem Kupferplatten mit seltsamen Schriften lagen. An jeder der sieben Wände befand sich eine kleine Tür, hinter der sich Räume befanden, die mit Kisten mit alten Büchern und geheimen Anweisungen gefüllt waren. Die Brüder schoben den Altar beiseite und fanden einen massiven Messingdeckel.

Als sie es anhoben, sahen sie den Leichnam von Pater C.R.C., der trotz der 120 Jahre, die seit seinem Tod vergangen waren, aussah, als sei er gerade erst in ein Grab gelegt worden. Der Leichnam trug das Gewand der Bruderschaft, in der einen Hand eine Bibel, in der anderen ein Pergamentmanuskript. Nach sorgfältiger Untersuchung des geheimen Grabes wurde der Kupferdeckel wieder aufgesetzt und das Grab versiegelt. Die Brüder führten ein gewöhnliches Leben, aber ihr Geist und ihr Glaube wurden durch die wundersame Entdeckung gestärkt.

Die Rosenkreuzer haben es sich zur Aufgabe gemacht, die menschliche Gesellschaft in einem esoterischen Geist zu verändern. *„Alle Menschen müssen sich ihrer Wechselbeziehung mit der unsichtbaren Welt, mit dem Kosmos, bewusst werden"*, so die Rosencreutzer, *„und sich bemühen, das kosmische Gleichgewicht nicht zu stören. Das kann man ihnen beibringen; zu diesem Zweck sollten sie Bücher lesen und sich den Einweihungen der Rosencreutzer unterziehen."*

Das Geschlecht derer „von Rosen"

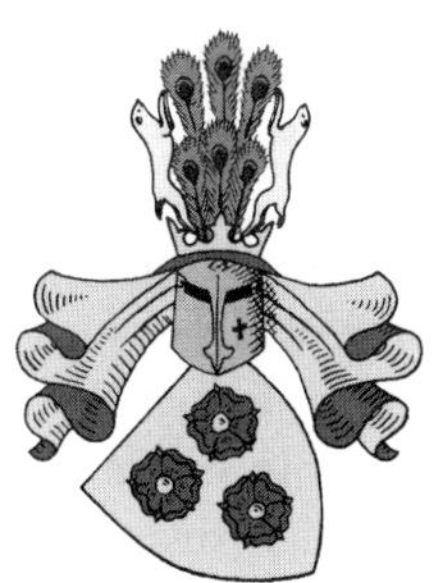

Abb. 47: Das Stammwappen derer „von Rosen"

„von Rosen" ist der Name eines sehr alten deutschbaltischen Adelsgeschlechts, das dem livländischen Uradel entstammt. Verschiedene Zweige der Nachkommen dieser Familie leben noch heute in erster Linie in Deutschland, Schweden, Frankreich, Österreich, Polen, USA, Kanada, Brasilien und Australien. Jedoch ist das Geschlecht nicht zu verwechseln mit der Familie gleichen Namens aus Vorpommern (1617), welches zunächst in Estland auftrat und dessen Nachkommen heute in Kanada und Portugal leben, sowie mit dem aus Lüttich stammenden Geschlecht „de Rosen" (1680), ebenfalls nicht mit den „von Rosen" aus dem Haus Kaiserlitz auf Rügen, beginnend mit Andreas Rose im

Jahr 1662 in Stralsund und dessen Nachkommen heute in Deutschland, Dänemark und Schweden leben. Auch wenn letztere Familie ein identisches Wappen wie die livländischen Rosen führt, besteht zwischen den beiden Familien wie auch mit den beiden anderen Familien keine Stammverwandtschaft, behauptet zumindest Wikipedia.

Ich zweifle sehr an dieser Auskunft von Wikipedia, da uns die wahre Vergangenheit vorenthalten werden soll! Man sollte sich die Frage stellen, warum so viele Nachnamen mit „Rosen“ beginnen. Sind dies eventuell Hinweise auf eine „Rosenlinie“, auf die ich später noch zu sprechen komme?! Alles deutet nach meinen Erkenntnissen darauf hin. Kommen wir doch nun wieder zu der als erste erwähnte Familie „von Rosen“ zurück. Ableitende Namen von „von Rosen“ sind unter anderem: Rose, Rosen, Ros, Ross, Rosenberg, Rosenthal, Rosberg, usw.

Die Rosenholzakte

Ich habe mich ständig als Kind gewundert, warum mein Opa überall so beliebt war. Immer haben andere Menschen ihn zuerst gegrüßt, bevor Opa den Hut zog, als wäre er eine „wichtige und höhergestellte Persönlichkeit“. Großvater erzählte mir viel von „Früher“.

Untergebracht bei Verwandten bei Gotha besuchte mein Opa in den 1920-er Jahren als Kind einige Jahre die Schule, mit Familienmitgliedern der Hochseiltruppe Geschwister Weisheit (Der Begründer der Hochseildynastie Weisheit war Friedrich Wilhelm Weisheit (1875-1956). Dieser heiratete Maria Traber, 1878-1948, die ebenfalls einer alten Artistenfamilie entstammte.). Die Freundschaft zwischen meinem Opa und der Familie Weisheit hielt bis in die 1980-er Jahre. Immer wenn diese Truppe in Halle/Saale gastierten, sind meine Großeltern mit mir zur Peißnitz (Ausflugsziel an der Saale) gegangen, wo die Weisheit‘s ihre Show präsentierten. Der Höhepunkt jeder Darbietung war die Fahrt mit drei Motorrädern auf drei nebeneinander gespannten Seilen, hoch über den Köpfen der mitfiebernden Zuschauer. Da blieb einem wortwörtlich die Spucke weg und stockte der Atem.

Ich war jedes Mal stolz wie Oskar, wenn meine Großeltern mit mir, vorbei an den Absperrungen, Richtung Wohnwagen der Akrobaten gingen und ich hautnah vor den Motorrädern stand. „Nicht anfassen“ sagte Opa immer zu mir und „Mach nichts kaputt“. Doch fast jedes Mal hatte mich dann ein Mitglied der Artisten auf eins der Motorräder gesetzt. Als ich dann auf einem Motorrad gesessen hatte, träumte ich davon, selbst mit dem Bike in luftiger Höhe zu fahren, Saltos zu absolvieren oder auf dem Seil zu springen und tanzen. Ich spürte die neidischen Blicke der anderen Kinder, welche vor den Absperrungen standen, staunten und Brause, Zuckerwatte oder gebrannte Mandeln naschten. ... ich bemerke gerade, dass ich schon wieder Thema abgekommen bin!

Erst vor wenigen Jahren bin ich darauf gekommen, dass die Weisheit‘s aus Gotha stammen, dort wo auch Adam Weishaupt (Gründer der Illuminaten) wohnte und starb. Das die Ähnlichkeit des Namens kein Zufall sein konnte, war mir sofort bewusst! Es ist ein und derselbe Name, in einer leicht abgeänderten Form!

Dadurch kam ich auf die Idee, mir einmal die bekanntesten Schaustellerfamilien anzusehen und habe ein Strickmuster erkannt. In ganz Europa, ich nehme an weltweit, tauchen bei Schaustellerfamilien seit Jahrhunderten, ähnlich wie bei Wissenschaftlern (Scharlatane), Schauspielern, Musiker, „Sintis und Romas“, usw., immer wieder die gleichen Namen auf, teils mit leichten Änderungen einzelner Buchstaben, bzw. an die jeweilige Landessprache angepasst (aus dem Familiennamen „Schwarz“ wurde in Amerika „Black, aus „Lang“ wurde „Long“, aus „Vogt“ wurde „Voight“, usw.)! Früher nannte man diese Menschengruppe: das „fahrende Volk“! Diese Sippen hatten und haben immer einen Boss, einen „König“, einen Entscheidungsträger, der das Sagen hatte bzw. hat! Die „fahrenden Völker“ gastierten schon immer dort, wo man durch gezeigte Illusion und Verwirrung der Menschen viele Thaler verdienen konnte, wo Alkohol floss und sich die verschiedenen Gesellschaftsschichten trafen.

Meine Nachforschungen haben ergeben, dass diese uralten Künstlerdynastien immer auch khasarischer Abstammung waren / sind und teils Jesuiten in der Familie hatten. Diese waren die optimalen Spione für die Herrschenden, bei reichlich Wein und Bier erfuhr man die „Stimmung des Volkes“, manipulative Geschichten konnte man so verstreuen oder gewünschte

Aufstände anzetteln. Alle unsere alten Volksfeste, egal ob das „Oktoberfest“, die „Wasen“, Karneval, Schützenfeste oder der „Hamburger Dom“, um nur einige zu nennen, wurden durch das „fahrende Volk“, im Hintergrund Jesuiten, Khasaren und Freimaurer, initiiert oder gehen auf diese zurück. All diese Feste bestehen aus Traditionen, auch Rituale genannt. Bestätigt wird dies unter anderem durch festgeschriebene Zeremonien, Rituale, Trachten oder entsprechende Zeichen an Kleidungen oder anderen Symbolen. Das Offensichtliche ist immer das Unauffälligste!!!

1979 hatte meine Onkel im Mansfelder Land (nahe der Lutherstadt Eisleben) geheiratet. Es war einer der größten und prächtigsten Hochzeiten in der Mansfelder Region zwischen dem 2. Weltkrieg und dem Mauerfall. Ich fragte mich schon damals, warum Opa und ich auf dem Standesamt hinter dem Brautpaar sitzen durften bzw. mussten, wo normalerweise die Eltern des Brautpaares saßen. Egal wo Opa und ich waren, grüßten die Gegenüber immer zuerst, bevor Opa seinen Hut zog. Ich hatte bis dato auch nicht verstanden, warum ich mit 5 Jahren eine Knigge-Schulung und ab dem 6. Lebensjahr 5 Jahre lang tanzen lernen musste (untypisch für DDR-Verhältnisse). Beide Ausbildungen fanden durch die Familie Lehmann statt, der alten Hallenser Bankiersfamilie und die Dynastie der letzten „Prinzenerzieher“ aller deutschstämmiger Adligen.

Erst später, viel später entdeckte ich das Geheimnis, was meinem Großvater und auch Oma umgaben! Heute weiß ich, dass, wenn die wahren Hintergründe unserer Familie an die Öffentlichkeit kommen würde, würde dies die Grundfeste der Deutsch-Britischen Monarchie erschüttern. Aber es geht in diesem Buch nicht um meine persönliche Geschichte, sondern um die Aufarbeitung der wahren Geschichte von Jesuiten, Khasaren und Geheimbünden.

Nach der Wende versuchte ich vergeblich an meine Stasiunterlagen oder die meiner Großeltern zu gelangen. Angeblich würden zu meinem Fall keine Unterlagen existieren. 2018 habe ich mich an Roland Jahn (damaliger Leiter der Stasiunterlagenbehörde) persönlich gewandt, aber auch vergebens. Laut den Worten von Roland Jahn‘s Büro (BSTU) werden von mir auch in Zukunft keine Akten auffindbar sein, obwohl nur ein Bruchteil der Stasiakten bis heute rekonstruiert wurden! An der automatischen Rekonstruktion der Stasiakten, hatte die Wissenschaftsakademie „LEOPOLDINA“ in Halle an der Saale spezielle Software entwickelt!!!

Man verhinderte auch, dass ich die Stasi-Unterlagen meiner Großeltern bekomme! Ich glaube, dass diese Unterlagen mir weiterhelfen würden Beweise zu finden, jedoch habe die ganz dumme Vermutung und das Gefühl, dass ich die Wahrheit nur in den „Rosenholzdateien" finden werde, welche nach der Wende erst der CIA und dann dem KGB zugespielt wurden, bevor diese 2003 wieder in die BRD gebracht wurden!!! Alles weist darauf hin! Nur sehr wenige Deutsche hatten bisher Zugang zu diesen Akten. Aber was sind eigentlich die „Rosenholzakten/-datein"?

Wikipedia erklärt dies so: *„Die Rosenholz-Dateien umfassen 381 Datenträger (CD-ROMs) mit etwa 350.000 Dateien. Es handelt sich dabei hauptsächlich um mikroverfilmte Karteikarten der Hauptverwaltung Aufklärung (HVA), des Auslandsnachrichtendienstes der DDR. Schätzungsweise 90 Prozent dieser Daten betreffen nicht inoffizielle Mitarbeiter (IM) des Ministeriums für Staatssicherheit (MfS), sondern Personen, die aus dem Umfeld der IM stammten oder aus anderen für das MfS wichtigen Gründen erfasst wurden. Anfänglich wurde angenommen, dass es sich bei den Dateien hauptsächlich um Klarnamen von Agenten handele, die auf dem Gebiet der Bundesrepublik für die DDR-Auslandsspionage tätig waren."*[94]

Weiter heißt es dort im Text: *„2006 wurde scharfe Kritik an der bisherigen Genehmigungspraxis geübt. Die Zeit berichtete in ‚Wer hat Angst vor Rosenholz?', dass von einer angekündigten Öffnung der Rosenholz-Dateien für die Wissenschaft und Betroffene nicht die Rede sein könne, da in der Realität selbst Wissenschaftlern nur ‚sehr sehr restriktiv' der Zugang gewährt werde, so bei Hubertus Knabe, Leiter der Stasi-Gedenkstätte in Berlin-Hohenschönhausen, dem von der BStU für 192 in einem Zeitraum von zwei Jahren gestellte Anträge auf Akteneinsicht lediglich 15 Genehmigungen erteilt wurden. Eine wissenschaftliche Aufarbeitung der Daten in einem der Öffentlichkeit zugänglichen Bericht durch die BStU selber werde dienststellenintern verzögert und den damit befassten Mitarbeitern der BStU würden Maulkörbe verhängt. Über den Hintergrund dafür wird berichtet, dass die Rosenholz-Dateien zum Beispiel eine beachtliche Anzahl (42) von Angehörigen des Bundestags nennen, die als IM dem DDR-Nachrichtendienst zugearbeitet haben sollen. Auch andere Personen aus Wirtschaft und Wirtschaftsverbänden seien namentlich aufgeführt, ca. 39 Prozent der Objektquellen der Rosenholz-Dateien arbeiten in diesen Bereichen.*

Die BStU stellt dem gegenüber klar, dass ‚Restzweifel' über die IM-Tätigkeit der genannten Personen eine gerichtsfeste Entscheidung über den Zugang zu diesen Daten sehr schwierig machten."

Nun stelle ich Ihnen, geehrte Wahrheitssucher, die Frage: Welchen Zweck sollten die Konstrukte BRD und DDR in Wirklichkeit erfüllen? War der sogenannte „Kalte Krieg" vielleicht nur eine „große Show", ähnlich der eines Zauberkünstlers oder Illusionisten?

Nehmen wir als Beispiel die „Ehrlich Brother's": Stellen Sie sich eine große Bühne vor, mit einem altarähnlichen Tisch, der unter der Tischplatte einen schwarzen Kasten hat, den man aber durch den dunklen Bühnenhintergrund nicht sieht, bzw. nicht wahrnimmt. Nun stellt sich der blonde „Ehrlich"-Schönling auf den Tisch, mit sehr eng sitzender Lederhose, halbnacktem Oberkörper (Sex sells!), welcher mit dem Hinter wackelt und die Zuschauer zum Mitklatschen animiert. Seinen dunkelhaarigen „Ehrlich"-Bruder sieht man auffällig hinter die Bühne laufen, aber ein Double von ihm liegt schon in dem schwarzen Kasten, unter der Tischplatte, den man ja durch Ablenkung nicht wahrnimmt. Nun kommen Hokuspokus-Effekte zum Einsatz: sehr leicht bekleidete junge tanzende Mädels (wieder Sex sells!!!). Der auf dem Tisch stehende „Zauberer" zieht einen Stoffvorhang um sich hoch und verdeckt sich komplett. Links und rechts vom Tisch kommen zufällig große Stichflammen explosionsartig aus dem Boden. Die Tanzfräuleins springen breitbeinig fallend zu einem Spagat auf die Erde und vom Bühnenhimmel fließt ein pyrotechnischer Wasserfall hernieder. Während dieser Ablenkung hat der „Zauberer" auf dem Tisch die Position mit dem darunter liegendem Bruderdouble getauscht. Schon im nächsten Moment lässt das Doubel auf dem Tisch den Vorhang fallen und schwups steht er im grellen Scheinwerferlicht auf dem Tisch. Der Zuschauer ist so von dem schnellen Lichtwechsel geblendet, dass er nicht das Double erkennt. Er macht einen dankenden Diener vor dem Publikum und rennt hinter die Bühne. Wenige Sekunden danach erscheint der richtige dunkelhaarige „Ehrlich Brother" in neuem Outfit und alle überlegen, wie er so schnell seine Sachen wechseln konnte.

Das nennt man Magie oder Illusion, ist aber in Wahrheit nichts weiter als Täuschung durch Ablenkung. Eine große Show!

Der Mensch sieht nur, was er denkt zu sehen oder was ihm gesagt wird, was er sieht!

Nun zurück zu meiner Frage, ob der sogenannte „Kalte Krieg" vielleicht nur eine ganz große Täuschung war. Was meinen Sie?

Spielte man uns im Vordergrund nur ein Drama zur Ablenkung aus Angst, Panik und Einschüchterung vor, mit der Stationierung von Atomwaffen, geheimdienstlicher Staatsterrorismus à la RAF und ständigen Kriegsdrohungen, jedoch im Hintergrund wurde der „Nachwuchs" für die nächste große „Show", den geplanten Great Reset herangezüchtet und ausgebildet?!

Könnten Sie sich das vorstellen?!

Sie lieber Leser haben in diesem Buch schon erfahren, dass von den Khasaren das komplette Weltgeschehen geplant und gesteuert wurde! Es wurden immer beide Seiten finanziert! Es wurden immer Marionetten (aus der eigenen Familie) auf beiden Seiten gefördert, installiert und wenn sie nicht mehr gebraucht wurden weggeworfen oder ausrangiert!

Der Musik-Code
Nikolas Pravda

Hollywood-Code
Nikolas Pravda

Abb. 48: Buchempfehlungen zu diesem Thema

Nun fragen Sie sich bestimmt, wenn Sie bis hierhin aufmerksam gelesen haben, wo denn die Ablenkung war und ist. Gute Frage! Die Ablenkung fand durch Manipulation mit Musik, im Kino, im Fernseher, in der Presse oder anderen Medien statt! Bitte vergessen Sie nicht: Der Mensch sieht nur, was er denkt zu sehen, glaubt zu sehen oder was ihm gesagt wird, was er sieht!

Der gesamte „Kalte Krieg" wurde inszeniert, von den „menschlichen" Kreaturen, die in den letzten 250 Jahren ALLE KRIEGE, inklusive Terrorismus, geschaffen haben! Diese „Art von Menschen" haben eigene Familienmitglieder massenweise „verheizt", ins Messer laufen lassen, geopfert, nennen Sie es wie Sie wollen! Ich weiß das dies Ungeheuerlich klingt, weil hunderte Millionen Menschen dadurch getötet und ganze Familien ausgerottet wurden, aber dies entspricht leider der Wahrheit!

Die Staatssicherheit diente beispielsweise dazu, die Spitzeltätigkeiten der Nazi's gegen das eigene Volk auszubauen und auf ein neues Level zu heben. Die Stasi hatte die Voraussetzungen, die Technik für die heutige Spionage gegen die Bevölkerung geschaffen, um in Zukunft alle Arten von Rebellion im Keim zu ersticken. Vergessen Sie bitte nicht, dass schon die Templer, Khasaren, Jesuiten und Freimaurer diese Art von Bespitzelung sich zunutze machten. Waren es nicht immer wieder deutsche Ingenieure und Wissenschaftler, die nützlichen Errungenschaften erdachten, erfanden und bauten, welche sich mehr als nur Revolutionär herausstellten?

Nach der Wende 1989 waren die Vorbereitungen des Plans der Errichtung der „Neuen Weltordnung" fast abgeschlossen. Marionetten wurden, wie schon erwähnt, ausgebildet und sind bereit installiert zu werden. Viel Randgeschehen wurde von den Menschen nicht wahrgenommen, weil sie sich noch im Wende-Einheits-Freudentaumel befanden.

Nun konnte das „Spiel" beginnen. Die alten Politiker wurden durch zahlreiche neue und unverbrauchte Marionetten ersetzt. Viele sich wehrende Kritiker in der Regierung wurden vermutlich mundtot gemacht, fielen aus Flugzeugen, starben bei Unfällen oder an Leukämie.

Schauen Sie sich bitte die nachfolgenden Bilder in aller Ruhe an und überlegen Sie genau, ob diese Gesichter wieder einmal reiner Zufall sind oder ob die Personen doch vielleicht aus einer Sippe stammen könnten!

Auf dem 1. Bild oben links sehen Sie den deutschen Journalisten, Autor und Medienberater Egon F. Freiheit. Sein Tätigkeitsspektrum umfasst Neuentwicklungen für Fernsehsender, Produktionsfirmen und Verlage sowie Moderatorenmanagement.

Abb. 49: Die Rothschild's – Alles bleibt in der Familie: Medien, Banken, Wissenschaft, Politik, Industrie, Theologie und Geheimdienste

Freiheit war einer der drei Gründungschefredakteure des Wirtschaftsmagazins *„impulse"* bei *Gruner+Jahr* (*Bertelsmann*) und Programmbeauftragten und Chefredakteur bei dem ersten deutschsprachigen Privat-TV-Sender RTL plus. Freiheit holte Moderatoren wie Peter Kloeppel, Ulrich Meyer, Ulrich „Ul-li" Potofski zu RTL. Am 26. Juni 2010 heiratete er die Schauspielerin Maren Gilzer, mit der er zu diesem Zeitpunkt bereits 17 Jahre zusammenlebte. Im Juli 2013 gab das Paar seine Trennung bekannt. Seiner in Ost-Berlin geborenen Ex-Frau Maren Gilzer verschaffte der „Medien- und Promimacher" Freiheit 2015 einen Job im RTL „Dschungelcamp - Ich bin ein Star – Holt mich hier raus!“ (unter anderem neben Jörn Schlönvoigt, Tanja Tischewitsch, Rolf „Rolfe“ Scheider, Walter Freiwald, Rebecca Siemoneit-Barum, Sara Ever-Ever Kulka, Benjamin Boyce und Patricia Blanco), den sie selbstverständlich als Dschungelkönigin verließ. Was für ein Zufall!

Auf dem 2. Bild links in der 1. Reihe sehen wir **Nathaniel Charles Jacob Rothschild, 4. Baron Rothschild**. Jeder weitere Kommentar ist absolut überflüssig! Auf dem nächsten Bild ist der österreichischer Wirtschaftswissenschaftler **Kurt W. Rothschild** zu sehen, den man auch kennen sollte.

Rechts oben ist **Aleksander Radler** abgebildet, der „Stasi-Top-Spion“ mit der Bezeichnung „IM Thomas“. Wikipedia schreibt zu A. Radler: *„Aleksander Radler (* 17. Mai 1944 in Posen) ist ein österreichischer, später schwedischer lutherischer Theologe, der als Inoffizieller Mitarbeiter des Ministeriums für Staatssicherheit tätig war.“*[(95)] Die Schreiberlinge haben auf der Seite des Märchenlexikons „Wikipedia“ ihrer Phantasie freien Lauf gelassen. Jedoch waren es nicht die „hellsten Kerzen auf der Torte“! Dieser Eintrag ist so was von falsch und daneben, es sei denn, dass dieser Eintrag absichtlich falsch dargestellt werden sollte!

Wie Eingangs erwähnt hatte unser kleines Team, in dreijähriger Vorbereitung auf dieses Buch, hunderte Briefe und E-Mails geschrieben, ebenso viele Telefonate geführt und in Archiven und Bibliotheken gestöbert. Unter anderem habe ich Kontakt zu Herrn Aleksander Radler aufgenommen, aber auch zu einem seiner „Opfer“.

Als allererstes kritisiere ich „Wikilügia“, dass der Name nicht richtig recherchiert wurde, denn dieser „Stasi-Mann heißt eigentlich: „Aleksander Radler Freiherr von Weyl“ und stammt von einem über 600 Jahre altem Tübinger Adelsgeschlecht ab, was den Fugger‘s und deren Nachfolger Rothschild sehr nahestand! Weiterhin gibt Wikipedia an, Radler sei in Posen geboren. NEIN, ist er nicht. Aleksander Radler Freiherr von Weyl wurde in Wien geboren!

Im „Märchenlexikon“ heißt es weiter: *„Radler wuchs in der Deutschen Demokratischen Republik auf, blieb aber österreichischer Staatsbürger und konnte daher ungehindert ein- und ausreisen. 1965 wurde er vom Ministerium für Staatssicherheit als „Geheimer Mitarbeiter“ angeworben und trug den Decknamen IM „Thomas“. Er studierte Evangelische Theologie an der Humboldt-Universität Berlin, später an der Universität Jena, und berichtete regelmäßig über Kontakte. Im Juli 1968 verriet er die Namen mehrerer Mitstudenten, die* *ihm Briefe nach Westberlin anvertraut hatten, an seine Führungsoffiziere. Daraufhin wurden sechs Studenten wegen „geplanter Republikflucht" oder „staatsfeindlicher Handlungen" (einer der Studenten schrieb, er sei wegen „aktiver antikommunistischer Arbeit in einer illegalen Studentenorganisation" erpresst worden) zu Haftstrafen zwischen zwei und dreidreiviertel Jahren verurteilt. Zwei von ihnen nahmen sich im Gefängnis das Leben. Durch seine IM-Tätigkeit wurden ca. 23 Jugendliche belangt. In der Summe gab dies 50 Haftjahre. Um Radler zu schützen, ließ die Stasi ihn sein Studium in Schweden fortsetzen, unterstützte ihn aber weiter finanziell und ließ ihn auch weiter berichten. Im Laufe der Jahre stieg er zum IMB („Inoffizieller Mitarbeiter der Abwehr mit Feindverbindung bzw. zur unmittelbaren Bearbeitung im Verdacht der Feindtätigkeit stehender Personen") auf."*[96]

Wie schon erwähnt, nahm ich auch Kontakt mit einem seiner Opfer auf. Er schrieb mir im Februar 2020 folgende Zeilen:

> *„Mein Wirkungskreis bis zum Juli 1968, dem Monat meiner Inhaftierung, zusammen mit 5 anderen Studenten, war Jena. Ich war mitten im Physikstudium. Aleksander Radler war mit zwei Medizinstudenten unserer Gruppe in Jena bekannt, war aber vermutlich damals 1968 nicht mehr dort, sondern zum Theologiestudium in Ostberlin. Ich bin ihm dort einmal kurz begegnet, bei der Übergabe von Briefen für unsere Westverwandten, die er in Westberlin auf die Post geben sollte, was er jedoch nicht tat, sondern sie unmittelbar im Bahnhof Friedrichstrasse an die Stasi weitergab.* ***Gehört hatte ich auch****, dass er ‚nichts anbrennen' ließ, sogar auch auf der* ***homophilen Seite****. Weiteren Fernkontakt mit A. Radler über schwedische Zeitungen und Anders Törnvall, seinem schwedischen Mentor, seiner Offenbarung als Stasi-Spitzel und einem ‚Offenen Brief' von uns als Antwort gab es 2012/13. Das wurde angestoßen dadurch, dass Herr Sielaff von der BStU Frankfurt/Oder zur Restaurierung von Stasi-Dokumenten aus den 15.000 Papierschnipselsäcken zufälligerweise den der Stasi mit Inhalt A. Radler erwischte. Alexander Radler konnte wohl nicht mehr strafrechtlich belangt werden, jedoch hat ihm nach unserem Wissen die Kirche die Pension gekürzt. Manchmal denke ich mir, dass der Teufel sich für seine Menschwerdung den Aleksander Radler ausgesucht hat unter vielen anderen natürlich. Aber so kann ich mir den Teufel gut vorstellen… Vielleicht ist das aber nur eine sehr*

markante Ausprägung eines krankhaften Narzissmus, und den findet man ja heute viel öfters in der Öffentlichkeit.“

Aleksander Radler Freiherr von Weyl wurden zahlreiche Liaisons und ebenso viele uneheliche Kinder angedichtet, was (bis auf eine Tochter) nicht der Wahrheit entspricht. Sollte da etwa jemand diffamiert werden? Mit dem genannten Herrn Sielaff, von der Stasiunterlagenbehörde in Frankfurt/Oder habe ich meine ganz persönliche Erfahrung im April 2020, in Form eines Telefonats, machen dürfen, was mit versteckten Drohungen seitens Sielaff's endete! Mein persönlicher Eindruck von Rüdiger Sielaff war und ist, dass ich ihm so viel Vertrauen schenke, wie Joachim Gauck und Roland Jahn! In meinen Augen werden hier gravierende politische Dinge massiv vertuscht, bestimmte Personen gedeckt und leider müssen wie immer Sündenböcke herhalten! Der „Stasi-Beauftragte“ Sielaff konnte mich überhaupt nicht überzeugen, hat mir indirekt Recht gegeben, dass noch heute dieselben alten Mächtigen tätig sind und es noch immer mit Einschüchterung!!! Mir wurde eine „Rufmord Kampagne“ seitens Sielaff unterstellt, weil ich unbequeme Fragen stellte. Das kommt mir bekannt vor, vom Sachsensumpf!

Aleksander Radler Freiherr von Weyl antwortete mir sinngemäß im März 2020, dass wir eine Botschaft in Goethes „Dichtung und Wahrheit“ für unser aller Leben finden können. Wenn man diese Botschaft auf die „deutsche Geschichten“ und über Aleksander Radler anwendet, wird man in naher Zukunft viele Geschehnisse anders bewerten. Momentan ist es nicht sinnvoll, über diese Dinge Aufklärung zu betreiben, da die Zeit noch nicht reif dafür ist. Bisher haben sich nur ausgewählte „Aufklärer“ mit der Vergangenheit (auch die von Aleksander Radler) beschäftigt, welche nicht wirklich unabhängig forschen und berichten konnten.

Ob Herr Aleksander Radler Freiherr von Weyl ein so böser Stasi-Mann war, vielleicht ein Doppelagent oder selbst nur erpresst wurde, lasse ich jetzt einmal im Raum stehen! Ich habe ein positives warmes Bauchgefühl, auf das ich gern höre und liege nur sehr sehr selten daneben!

In der 2. Reihe auf der Abbildung weiter oben haben wir von links nach rechts:

• **Walter Scheel** – Oberleutnant der Nazi-Luftwaffe, Träger des Eisernen Kreuzes I. und II. Klasse und ein Deutscher Bundespräsident, dessen Tochter lange Zeit mit Hella Kemper (Hella von Sinnen) liiert war

• **Baron Guy de Rothschild** – Lebemann

• **Prof. Dr. Konrad Köstlin** - studierte Volkskunde, Soziologie und Philosophie an den Universitäten Tübingen und München. Die Köstlin-Dynastie geht mehr als 500 Jahre zurück und steht den Fugger‘s und Rothschild‘s familiär sehr nah. Zu dieser Sippe gehören unter anderem: Martin Luther, Karl Marx, Emmy Göring (2. Frau von Hermann Göring), Beate Uhse, Patrick Süskind („Das Parfüm“), Ulrich Köstlin (bis 2010 Vorstandsmitglied der Bayer Schering Pharma, Ehrensenator der Universität Tübingen), Karl Mayer (Mayers Lexikon), Ludwig Uhland, Gustav Schwab, Fanny und Felix Mendelssohn Bartholdy, Clara und Robert Schumann, Maria Fellinger, Johannes Brahms oder Dichter Wilhelm Hauff.

• **Otto Graf Lambsdorff** – Deutscher Politiker

Die markanten Merkmale der Rothschild-Familie sind immer eine „hohe Stirn“ (Geheimratsecken) und ein ausgeprägter Wirbel, meist schon in jungen Jahren. In diese Dynastie reihen sich auch die englischen Prinzen, Albert von Monaco, usw. ein. Glauben Sie mir bitte, das ist alles kein Zufall mehr, sondern Sie sehen EINE FAMILIE!!! Wie hieß es doch im Testament des „Mayer Amschel Rothschild“, auf das wir noch zu sprechen kommen: „Die Frauen in der Familie wurden durch die Regelung gezwungen, ihre Cousins oder in einem Fall sogar den eigenen Onkel zu heiraten. Mayer wollte damit sicherstellen, dass der Reichtum innerhalb der Familie bleibt.“!

Nun schauen Sie sich bitte das Bild auf der nachfolgenden Seite an und staunen Sie. Sehen Sie was ich sehe? Ist es wieder nur Zufall? Was glauben Sie?!

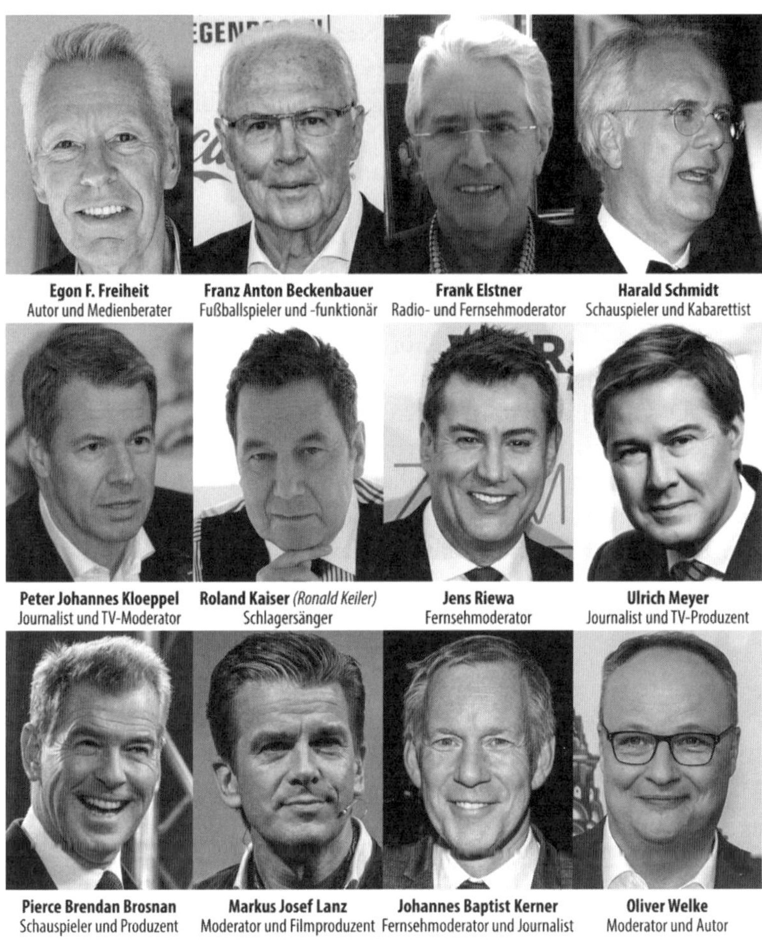

Abb. 50: „Unsere Familien werden sich niemals mit den ihren vermischen! Wir werden immer zusammenarbeiten und bleiben durch unser Blut und unsere Verschwiegenheit verbunden. Tod dem, der darüber spricht!“

Wie schon erwähnt, wurden scheinbar während des „Kalten Krieges“ weltweit Menschen aus und durch „die Familie“ so manipuliert, dass sie im Anschluss gute Arbeit für „die Familie“ leisten konnten / dürfen!

Der Medien- und Prominenten-Macher Egon F. Freiheit hat wahrscheinlich ein sehr gutes Auge für „Familienmitglieder“, welche so erzogen wurden, dass diese problemlos für die Machenschaften „der Familie“ eingesetzt werden. Dies ist eine „Win-Win Situation“.

1. Die „Marionetten“ aus der „Familie“ verdienen gutes Geld, so dass kaum etwas hinterfragt werden wird.

2. Die Produktionsfirmen der „Familie“, welche diese „Marionetten“ angestellt haben, verdienen gutes Geld.

3. Die Agenda der „Neuen Weltordnung“ wird durch vorgeschriebene Texte, bestehend aus Lügen, Täuschung und Irritationen, durch diese „Marionetten“ vorangetrieben.

4. Diese „Marionetten“ eignen sich besonders gut, um Produkte der „Familie“ mit ihren Gesichtern zu vermarkten, schließlich sieht man diese Gesichter fast täglich und vertraut ihnen, viel mehr als dem eigenen Bruder oder besten Freund.

Erinnern Sie sich: **„Wir werden unsere Medien dazu benutzen, um den Fluss der Informationen und ihre Stimmung nach unserer Gnade zu kontrollieren!“**?

Ich bin davon überzeugt, dass die meisten „Püppchen / Marionetten“ nicht merken, dass sie ausgenutzt, „missbraucht“ und verheizt werden! Wenn einer dieser Menschen einmal aus dem Karriere-Traum aufwachen sollte und beginnt Fragen zu stellen oder seine Meinung in die Öffentlichkeit trägt, dann: **„Diejenigen, die sie erkennen, werden als verrückt bezeichnet!“**

Was aber hat das alles, was Sie gerade gelesen haben, mit der Rosenholzdatei zu tun, werden Sie sich fragen.
Ich gehe davon aus, dass nicht nur Namen von sogenannten Agenten in diesen besagten Akten stehen, sondern auch Hinweise, auf die „Familie“.

Welches Mitglied welchen Namen trägt, mit wem er liiert ist, aus welchem Zweig der Familie er stammt oder welche Funktion er im „Kalten Krieg" hatte.

Wir alle sollten anfangen, ALLES zu hinterfragen. Wenn man beginnt zu „erwachen" ist es nur schwer auszuhalten. Plötzlich sieht man, dass die ganze Welt, in der man lebte und lebt nur Phantasie, eine Illusion und ein Lügenkonstrukt war bzw. ist. Wir alle sind einem „genialen Plan" auf den Leim gegangen, den sich sehr kluge Köpfe ausdachten, damit wir unsere Versklavung nicht bemerken. Ich ziehe meinen Hut vor solch einer Planung, aber die Idee und Realisierung der „Neuen Weltordnung" verachte ich zu tiefst!!!

Keiner hat das Recht auf dieser Welt, so verachtend mit anderen Lebewesen zu agieren. Pfui Teufel, mal wieder.

Wie hieß es doch in dem „geheimen Pakt": **„Eine Illusion wird es sein, so groß, so weitgehend, dass sie ihre Vorstellungskraft übersteigt!"**

Dies und Das – Rund um die Rose

Rosen wurden nachweislich bereits von den Sumerern – eine der ersten menschlichen Hochkulturen – gezüchtet.

Die älteste bekannte Darstellung einer Rose befindet sich auf einer 4000 Jahre alten sumerischen Tontafel. Ohnehin gilt das Land zwischen Euphrat und Tigris als Wiege der Rose, denn hier wurden die vermutlich ersten Gartenrosen gezüchtet und schließlich über das antike Griechenland in das übrige Europa verbreitet.

Ab 1780 begannen außerdem Boote der Handelsmarine, Rosen aus chinesischen Gärten heimzubringen. Diese Rosen stammten von zwei wilden Arten ab: der „Riesenrose", einer gigantischen Kletterpflanze mit großen gelben Blüten, sowie der Rosa Chinensis (Chinesische Rose), die in der Ichang-Schlucht des Yangtse-Flusses zu finden war. Seit jener Zeit werden europäische und chinesische Rosen gezüchtet und gekreuzt, so dass eine riesige Vielfalt von alten und neuen Rosentypen entstanden ist.

Wussten Sie, dass fast alle Rosenzüchtungen die Namen von Freimaurern tragen?

Der Name „Rose" ist wohl nicht umsonst Bestandteil vieler Namen, z.B.: Rosental, Rosenberg, Rosenfeld, Rosenau, usw.

Es gibt noch so viele Begriffe mit der freimaurerischen „Rosen"-Symbolik, dass man damit ein ganzes Buch füllen könnte. Googeln Sie doch einmal selber nach der wahren und ursprünglichen Bedeutung von:

„Die Rose von Jericho, Windrose, Rosenkriege (‚Als Rosenkriege (englisch Wars of the Roses) werden die mit Unterbrechungen von 1455 bis 1485 geführten Kämpfe zwischen den beiden rivalisierenden englischen Adelshäusern York und Lancaster bezeichnet. Die Adelshäuser waren verschiedene Zweige des Hauses Plantagenet und führten ihre Stammlinie auf König Eduard III. zurück, woraus sie ihren Anspruch auf die englische Königskrone ableiteten. … Die Wappen der beiden gegnerischen Familien enthielten Rosen (eine rote Rose für Lancaster, eine weiße Rose für York), sodass sich für diesen Konflikt später die Bezeichnung ‚Rosenkriege' etablierte."[(97)]

Die **Blutlinie von Donald J. Trump** geht direkt zurück, zu dem ersten Herzog von Lancaster, John of Gaunt und seiner Frau Katherine Swynford. Der erste Herzog von Lancaster war einer der Söhne von König Edward III.), **Rosenkreutzer, Rosenblut, Rosendämmerung, Rosenkönigin, Rosenkind, Rosenjüngling, Rosenkavalier, Rosenkette, Sub Rosa oder Schweigerose.**

Die Rose ist NICHT die Blume der Liebe, bitte glauben Sie mir: Nichts ist so wie es scheint! Denken Sie immer an die satanische Umkehrung, schwarz ist weiß und oben ist unten!

Wussten Sie, wer sich hinter dem weltgrößten Rosenexporteur mit mehr als zehntausend Tonnen Rosen im Jahr versteckt? Die Antwort liegt auf der Hand: natürlich die Rothschild's! Wissen Sie aber auch, wer die teuersten und seltensten Rosenarten züchtet? Ich bin mir sicher, dass Sie die Antwort kennen. Wenn Sie wieder an die Rothschild's gedacht haben, liegen Sie richtig!

Doch kommen wir nun im folgenden Kapitel zurück zu der wohl einflussreichsten Familie der Welt, mit dem Titel:

Die Rothschilds und die „Rosenlinie“

Kennen Sie den US-amerikanische-Film „The Da Vinci Code – Sakrileg“, die Verfilmung des gleichnamigen Thrillers „Sakrileg“ von Dan Brown? Der Film handelt von einer sogenannten „Rosenlinie“. Als „Rosenlinie“ werden die angeblichen Nachkommen von Jesus Christus und Maria Magdalena bezeichnet. In diesem Zusammenhang werden die „Merowinger“ oft als Teil der Rosenlinie interpretiert und der Geheimbund der „Prieure de Sion“ als deren Bewahrer betrachtet. Laut Dan Brown verlief in der Pariser Kirche Saint-Sulpice bis 1888 der Nullmeridian. Dieser Meridian hieß wohl auch „Rosenlinie“ und auf ihm sollen auch andere bedeutungsschwangere Orte, wie etwa die Rosslyn Chapel, gelegen haben. Die Rose wiederum ist Symbol der Muttergottheit; verkörpert durch Magdalena. Gar unchristliche Persönlichkeiten wie der Massenmörder D.A.F. de Sade oder Charles Baudelaire wurden in Saint-Sulpice getauft. Jedoch wird in diversen Geschichten auch der heilige Gral als Rose dargestellt!

Nun sollte man als erstes einmal wissen, wer dieser Autor Dan Brown in Wahrheit ist, denn nichts ist so wie es scheint. Daniel Gerhard Brown wurde am 22. Juni 1964 in Exeter, New Hampshire, USA, als Sohn von Richard G. Brown und Constance Gerhard geboren. Ab Beginn des 21. Jahrtausends wurde er von den Freimaurern als weltberühmter Romanautor ins Rampenlicht gestellt. Seine Aufgabe ist es, Desinformationen und Verschwörungen zu verbreiten und Wahrheitssucher in die Irre zu führen.

Sicher fragen Sie sich nun, was dies mit den Rothschild‘s zu tun hat und das mit Recht! Wie kann man die freimaurerischen Rothschild‘s und die oben genannte „Rosenlinie“ unter einen Hut bringen?!

Die Antwort ist ganz einfach: der Namensteil „Roth“ bezieht sich im Ursprung höchstwahrscheinlich auf die Rose! Vor über 900 Jahren sagte man beispielsweise: „Rothenbaum“ statt „Rosenbaum!! Um es einmal deutlich zu sagen: der Name Rothschild hat wahrscheinlich nicht wirklich etwas mit einem roten Schild am Haus zu tun, welches vielleicht sogar grün, rosa oder pink mit gelben Sauriern war. Man sollte den Namen einmal anders betrachten bzw. lesen: **Roths-child** = **Roths** (Rosen) **child** (Kinder); sprich „Rosenkinder“ oder „Kinder der Rose“! Die „Rose“ war schon mehrfach Bestandteil der Namen Rothschilds! Historiker sind sich über den Namensteil „Roth“ bis heute nicht einig!

Unfassbar das man so in die Irre geführt wurde und wird. Hier noch ein paar Fakten zu dem Rothschild-Stammbaum:

1539 trat die Familie Elchanan dem Jesuitenorden bei und jedes nachfolgende Mitglied der Familie wurde Teil der Jesuiten. und später der Freimaurer und Illuminaten. 1567 baute Isaac Elchanan das Haus „Zum roten Schild“ in der Frankfurter Judengasse 69, jedoch laut Wikipedia wurde das Haus gekauft! Ob sich wirklich ein rotes Schild vor dem Haus befand, ist heute kaum noch nachprüfbar.

Am 01.05.1776 wurden von dem Philosophen und Kirchenrechtler Adam Weishaupt in Ingolstadt die Illuminaten gegründet, um „angeblich“ der Vorherrschaft der Jesuiten in Wissenschaft und Lehre etwas entgegenzusetzen. Der Orden der Illuminati wurde durch die Familie der Rothschild‘s initiiert und finanziert. Offiziell existierte dieser Orden nur bis zu seinem Verbot 1784 / 85, vornehmlich im Kurfürstentum Bayern, was jedoch sehr zu bezweifeln ist!

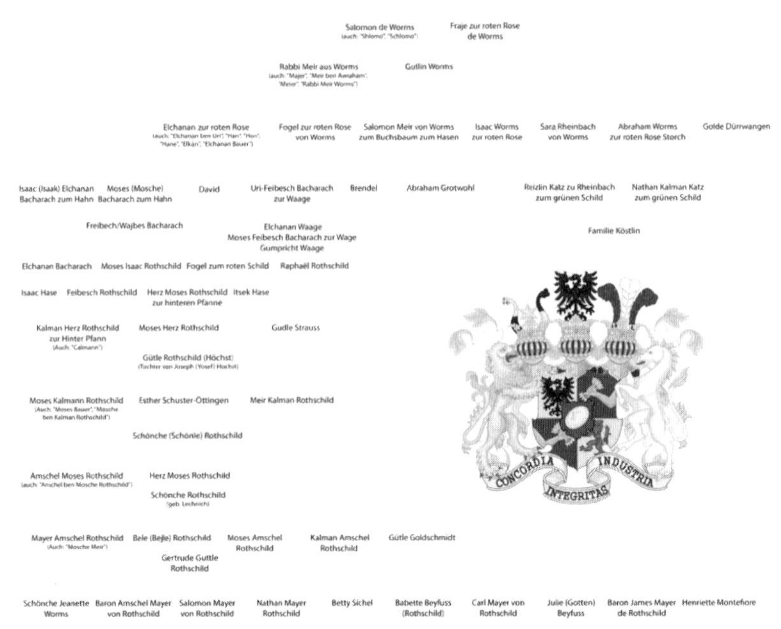

Abb. 51: Stammbaum der Familie Rothschild

Sticht Ihnen als aufmerksamer Leser das Gründungsdatum der Illuminaten, der 01. Mai, auch ins Auge? Was ist noch einmal der 01. Mai für ein Feiertag?! Es ist der „Internationaler Tag der Arbeiterbewegung“ und wird in vielen Ländern dieser Erde gefeiert. Sollten Sie sich für Geschichte interessieren, empfehle ich Ihnen, den Wikipedia-Eintrag zum 1. Mai zu lesen und zu analysieren. Es grenzt schon an Wahnsinn, was alles in den vergangenen 2.000 Jahren an einem 1. Mai geschehen ist. Mir kommt dieses Datum nicht wie ein Feiertag vor, sondern es gleicht mehr an einen Tag der Rituale!!!

Wussten Sie, dass der 1. Mai auch „May Day“ (Maitag) genannt wird und auch mit dem „Blutopfer für die Bestie“ in Verbindung gebracht wird? „Mayday“ ist ein Notfallverfahrenswort, das international als Notsignal im Sprechfunkverkehr verwendet wird, wenn dieses Wort dreimal hintereinander gegeben wird (Mayday Mayday Mayday). Angeblich stammt das Wort „Mayday“ von dem französischen Ausdruck „m'aider“ (bedeutet „hilf mir“), der eine verkürzte Version von „venez m'aider“ (bedeutet „komm und hilf mir“) ist. In der alten germanischen Kultur wurde der „Maifeiertag“, der genau in der Mitte zwischen der Frühlings-Tagundnachtgleiche und der Sommersonnenwende liegt, mit einem Lagerfeuer gefeiert. Das altirische „Beltaine“ leitet sich von den keltischen Wörtern für „helles Feuer“ ab. Heutzutage bezieht sich „May Day“ normalerweise auf den ersten Tag des Monats Mai (1. Mai). „The Blood Sacrifice to the Beast“ ist ein 13-tägiger Zeitraum, der am 19. April beginnt und am 1. Mai am „Heiligen Tag von Beltane“ der Satanisten gipfelt. Auch deshalb wurde am 1. Mai (1776 im deutschen Ingolstadt von Adam Weishaupt) der Illuminatenorden gegründet, wie Sie bereits weiter oben erfahren durften. Kommen wir nun aber zurück zu der Rosenlinie der Rothschild‘s:

Die Rothschild‘s – Eine Familie steigt auf

Zwischen den Jahren 1790 und 1800 verlegte Mayer Amschel den Schwerpunkt seiner Arbeit auf Münz- und Antiquitätenhandel, was ihm immer mehr Geld einbrachte. Sein Sohn Nathan Mayer Rothschild ging kurz darauf nach Manchester und gründete dort erfolgreich eine Bank. Das alles führte dazu, dass die Rothschild‘s eine der elf reichsten Familien in der Frankfurter Judengasse wurden. Mayers Geschäftspartner reichten von nun an nach Amsterdam, Hamburg und Bremen, bis nach Leipzig, Berlin, Wien, London und Paris.

Im Jahr 1803 wurde Mayer Amsel sogar zum Oberhofagenten des Kurfürsten Wilhelm ernannt und kümmerte sich auch um die Finanzen anderer mächtiger Leute. Sogar Napoleon zählte zu seinen Kunden. Er wurde zudem auch als Hoffaktor des Johanniterordens und der Familie Thurn und Taxis.

Mayer hatte erfolgreich seine Söhne dazu ermuntert, ebenfalls ins Bankgeschäft einzusteigen. Nach seinem Tod stiegen sie zu den führenden Bankiers in Europa auf, wodurch sich die Rothschild-Banken ausbreiteten und sich nun in Paris, London, Frankfurt, Wien und Neapel befanden. Jeder seiner Söhne führte ein Bankhaus.

Mayer Amschel's erfolgreichster Sohn Nathan vermittelte sogar Geschäfte mit Königen, setzte nationale Banken frei und leistet einen Beitrag zum Beginn der Industriellen Revolution. Mit der Finanzierung des Suezkanals in Ägypten und dem Aufbau des französischen Bahnnetzes, hat die Familie Rothschild noch größeren Reichtum erworben und ein großes Finanzimperium erschaffen.

Um noch mehr Erfolg zu erzielen, übten sie ihren Einfluss jedoch auch in anderen Bereichen aus. Das Mittel zum Zweck war hierbei der Krieg. So finanzierten die Rothschild's, wie schon zuvor die Augsburger Familie Fugger, unter anderem die berühmte Schlacht von Waterloo. Auch im Jahr 1811, während der napoleonischen Kriege, finanzierte Nathans Firma *N. M. Rothschild & Sons* die Kriegsanstrengungen der britischen Regierung. Nebenbei unterstützt die Familie aber auch den Feind, Napoleon Bonaparte. Die Armee wurde während des Krieges mit Pferden, Uniformen, Weizen und Ausrüstung durch sie beliefert. Wie geschickt die Rothschild's den Krieg zu ihren Gunsten nutzen, zeigt die darauffolgende Tat. Nathan Rothschild verkaufte alle seine englischen Anleihen und ließ jeden dadurch vermuten, dass Napoleon den Krieg gewinnen könnte. Die Engländer folgten ihn daraufhin vertrauensvoll und taten dasselbe. Jeder verkaufte seine Aktien und Anleihen. Nur kurze Zeit später brach die englische Börse zusammen. Aufzeichnungen zeigen, dass Rothschild Agenten die verkauften Anleihen und Aktien zu niedrigsten Preisen wieder ergattert haben. Zwei Tage später wurde berichtet, dass Napoleon Bonaparte eine Niederlage erlitten hatte. Nathan Rothschild erlangte dann mehr oder weniger die Herrschaft über die englische Börse.

Doch das war nur der Anfang. Man vermutet, dass die Rothschild's bis heute hinter allen Kriegen, seit Napoleon, stehen, da es schon beim ersten Mal enorm profitabel war, beide Seiten zu finanzieren. Warum sollten sie es dann nicht wieder tun?!

Das Testament des Mayer Amschel Rothschild

Wie man sieht, war der Einfluss der Familie Rothschild schon damals unvorstellbar groß gewesen. Dem Gründer, Mayer Amschel Rothschild, war es enorm wichtig, dass der erarbeitete Reichtum in der Familie bleibt. Vor seinem Tod legte er in einem Testament extra die Regelungen für die Führung der Familie fest. Es scheint fast so, als hätte er die Zukunft der Familie Rothschild genau vorausgeplant. Laut dem Testament dürfen nur von Mitgliedern der Familie Schlüsselpositionen in ihrem Unternehmen besetzt werden. Außerdem darf es keine juristische Bestandsaufnahme und keine Veröffentlichung des Vermögens geben. Die dritte Regelung ist, dass an den Geschäften ausschließlich nur männliche Familienmitglieder teilnehmen dürfen. Und der letzte Punkt besagt, dass der älteste Sohn des Ältestensohns als Familienoberhaupt ernannt wird, sobald die Mehrheit der Familie nicht anders entscheidet.

Wie sieht es aber mit den Frauen aus? Das Testament sagt aus, dass nur männliche Mitglieder für das Erbe der Rothschilds bestimmt sind. Mayer Amschel hatte die Entscheidung überlegt getroffen. Die Frauen in der Familie wurden durch die Regelung gezwungen, ihre Cousins oder in einem Fall sogar den eigenen Onkel zu heiraten. Mayer wollte damit sicherstellen, dass der Reichtum innerhalb der Familie bleibt. Ohne die eigene Erbschaft hatten die weiblichen Rothschilds keine andere Wahl, als ein Familienmitglied zu heiraten.

Die Regelungen von Mayer Amschel hatten eindeutig Erfolg. So ist jede Zahl, die sich auf das Vermögen der Rothschild‘s bezieht, nichts anderes als eine Vermutung. Es ist beinahe unmöglich das exakte Vermögen der Familie Rothschild zu bestimmen, da die Familie sehr verzweigt ist. Jedes Familienmitglied hält zudem dessen Reichtum streng geheim. Berücksichtigt man nur das aktive Nettovermögen der Familie, kommt man auf eine Summe von 285 Milliarden Euro. Rechnet man die Wirtschaftsgüter mit, erhält man einem Wert von über 2 Billionen US-Dollar, das ist eine ZWEI mit ZWÖLF NULLEN!!!

Die Gier nach der Macht

Wo aber haben die Rothschild's heute noch ihre Finger im Spiel? Erschreckender Weise muss man sagen, dass die Rothschilds im Besitz von etwa 164 Zentralbanken auf der ganzen Welt sind. All das gehört nur einer einzigen Familie! Die Frage, die sich nun stellt ist, wie viel Macht ihnen dieser Besitz verleiht und wie viel Einfluss sie damit auf dieser Welt haben.

Einer der größten Finanzgruppen der Rothschilds ist die sogenannte „Rothschilds und Co." Es handelt sich dabei ursprünglich um das Eisenbahnunternehmen mit dem Namen *Compagnie du chemin de fer de Paris à Orléans (P.O.)*, dass 1838 gegründet wurde. Im Jahr 2008 fusionierte der britische und französische Zweig der Rothschild Familie, wodurch schließlich die zentrale Holdinggesellschaft der französischen und britischen Rothschild's entstand. Im Jahr 2011 belief sich die Bilanzsumme auf 8.616 Milliarden Euro.

Ein weiteres Unternehmen der Rothschilds nennt sich *RIT Capital Partners plc* (Rothschild Investment Trust) und wurde bereits im Jahr 1961 vom britischen Zweig der Familie Jacob Rothschild gegründet. Diese Investmentgesellschaft ist ebenfalls international tätig. Interessant ist aber, dass im Jahr 2012 37 Prozent der Anteile von den Rockefeller's erworben wurden. Die Rockefeller's gehören zu den bekanntesten Industriefamilien der USA. John D. Rockefeller baute Ende des 19. Jahrhunderts das Imperium auf als er die *Standard Oil Company* gründete. Damals galt er als der reichste Mann der Welt. Er war auch der erste Amerikaner, der ein Vermögen von mehr als 1 Milliarde US-Dollars besaß.

Zwei der mächtigsten Familien der Welt haben sich als verbunden und die Rothschild's können seitdem ihre Macht ebenfalls in den USA ausbauen.

Die Rothschilds und die Federal Reserve Bank

Kommen wir aber nun noch einmal zu der sogenannten „Federal Reserve Bank" (oft auch Federal Reserve, Fed oder als US-Notenbank bezeichnet). Die FED wird unter anderem von den Rothschilds', ab auch von den Rockefeller's kontrolliert, sowie von einer anderen mächtigen Familie, den Morgan's. Was jedoch kaum ein Mensch weiß ist, dass das Unternehmen in Privatbesitz ist und sogar auf einem eigenen Grundstück steht, welches vor US-Gesetzen geschützt ist. Die Aufgabe der Bank ist das Geld für die US-Regierung zu drucken. Dafür gibt ihr die Regierung Zinsen und somit sind die ganzen USA bei der FED verschuldet.

Zusätzlich gibt es noch den IRS, was „Internal Revenue Service" (ist die Bundessteuerbehörde der Vereinigten Staaten und dem Finanzministerium unterstellt) bedeutet. Kaum jemand weiß, dass es sich hierbei um eine ausländische Behörde handelt! Die IRS kann als private Armee der FED bezeichnet werden, die das Ziel hat sicherzustellen, dass das amerikanische Volk seine Steuern zahlt. Je mehr man sich mit der Thematik beschäftigt, desto mehr stellt man fest, wie eng alles miteinander verzweigt ist. Das war aber noch längst nicht alles, es geht noch weiter.

Vielleicht kennen Sie lieber Leser, die sogenannte Weltbank und den IWF. Beide sind Megabanken, die allen Ländern auf der Welt Kredite anbieten. So beispielsweise auch Entwicklungsländern. Die dabei anfallenden horrenden Zinsen können jedoch unmöglich zurückgezahlt werden. Durch sie bekommen die Eigentümer der Bank eine sehr hohe Geldsumme und kaufen sich Land und wertvolle Metalle. Die Weltbank befindet sich momentan im gemeinsamen Besitz der Topbankiersfamilien der Welt. Die Rothschilds befinden sich ganz an der Spitze. Der IWF hingegen gehört den Rothschild's ganz allein. Die Familie hat es geschafft, überall die Fäden in der Hand zu haben. Das nie irgendetwas von ihnen berichtet wird bedeutet offensichtlich, dass sie mit ihrem unvorstellbaren Vermögen auch Medienkonzerne kontrollieren. Viele Beispiele haben gezeigt, dass sie nicht an das Wohl der Menschheit denken, sondern immer nach mehr Macht und Reichtum streben.

Die Familie hatte schon zu ihren Anfangszeiten das Ziel, irgendwann die komplette Macht über die Welt zu besitzen. Wenn man sich all die Dinge anschaut, die in ihrem Besitz sind, ist die Vorstellung alles andere als unwahrscheinlich. Interessant ist, dass Mayer Amschel Rothschild Mitglied des Illuminatenordens war und diesen auch finanziell unterstützte. Vermutlich befindet sich die Familie nach wie vor in diesen Orden, der sich nach dessen Verbot im Jahr 1785 heimlich weitergeführt wurde.

Der Ball im „Chateau de Ferrières“

Auch viele andere Hinweise zeigen, dass die Rothschilds keine gewöhnliche Familie sind. Im Dezember 1972 veranstaltete Marie-Hélène de Rothschild einen seltsamen Ball im „Chateau de Ferrières“. Es handelt sich bei diesem Anwesen um eines den riesigen geheimen Herrenhäusern der Familie.

Abb. 52: Schloss Ferrières in Ferrières-en-Brie

„Das Schloss Ferrières in Ferrièresen-Brie wurde im 19. Jahrhundert zwischen 1855 und 1859 von Baron James de Rothschild als Familiensitz errichtet. ... Neben dem Schloss Ferrières besaß er weitere Schlösser und Paläste, zum Beispiel das Château Lafite, ein Stadtpalais in Paris, das Schloss Boulogne und ein Stadthaus in der Rue Lafitte 19 in Paris. Ferrières war mit einem Preis von etwa 18 Millionen Francs die teuerste seiner Immobilien. ... 1870, anlässlich der Belagerung von Paris, wurde es das Hauptquartier des preußischen Königs, von Bismarck und Moltke. Hier traf am 19. und 20. September 1870 Jules Favre Otto von Bis-marck und versuchte vergeblich, einen Friedensvertrag ohne die demütigende Übergabe von Paris zu erreichen. ... Schloss Ferrières diente als Drehort für Roman Polańskis Mystery-Thriller ‚Die neun Pforten' und einer Folge der Fernsehserie ‚Relic Hunter – Die Schatzjägerin.'"[98]

Abb. 53: Der „Bal Oriental" und die Party 1972 im „Chateau de Ferrières"

Der Ball lässt sich am besten als einen Maskenball im Lady Gaga Stil beschreiben. Es sind einige Bilder davon im Internet zu sehen, wobei eines verstörender ist als das andere. Viele okkulte Dinge sind offensichtlich zu erkennen. So trägt Marie-Hélène de Rothschild einen Riesenkopf mit echten Diamanttränen, wobei sie mit Gay de Rothschild posiert. Auch zerstückelte Puppen auf den Dinnertisch sind nicht zu übersehen. Ein anderes Bild zeigt eine Plastikpuppe, die auf einem Rosenbett liegt. Zu dem Thema „Rosen" durften Sie in einem früheren Kapitel schon so einiges erfahren!

Abb. 54: „Bal Oriental" und die Party 1972 im „Chateau de Ferrières"

Neben all diesen Anzeichen wurde selbst die Einladung umgekehrt geschrieben, was im Satanismus häufig gemacht wird. Allein diese Feier, zu der Bilder zufällig ins Internet durchgesickert sind zeigt, dass die Rothschild's keine gewöhnliche Familie sind. Vielleicht war die Veröffentlichung auch eine Absicht, um zu zeigen, dass sie alles tun können, egal was es ist. Sie haben das Geld und die Macht und wir sind diejenigen, die unter ihnen stehen.

Auch ein anderes Mitglied der Rothschilds, Philippine de Rothschild, trug in der Öffentlichkeit häufig seltsame Ketten. Diese zeigten immer wieder einen Ziegenkopf, der im Satanismus hauptsächlich als Abbildung des Teufels genutzt wird.

Abb. 55: Etiquette Mouton Rothschild 1993

Es kommt jedoch noch verstörender: Philippine de Rothschild besaß ebenfalls das Weingut „Château Mouton Rothschild“. Auf den Etiketten befinden sich Bilder von Künstlern, die sie persönlich ausgewählt hatte. Das Etikett eines Weines aus dem Jahr 1993 zeigt eine pädophile Darstellung eines jungen Mädchens. Das war so offensichtlich, dass man nur für die USA ein weiteres Etikett drucken musste. Das Bild stammte von dem Maler Balthus, der immer wieder verstörende Bilder malte. Die pädophilen Züge beinhalten.

Was will uns das alles sagen? Je weiter man mit Nachforschungen geht, desto verstörende sind die Dinge, die man über die absolute Elite herausfindet. Die Menschen, die all diese verstörenden Dinge tun, sind die, die das meiste Geld besitzen und somit den meisten Einfluss auf andere kapitalistische Gesellschaften haben.

Will man wirklich von solchen Menschen regiert werden?

Da alles, was Sie gerade gelesen haben, ist nur die Oberfläche des Eisberges.

Eine Quintessenz von Rothschild-Aktionen

Die khasarisch abstammenden Rothschild‘s fielen nach jahrhundertelanger Vertreibung in England ein. Um ihre Invasion abzuschließen, beauftragten sie Oliver Cromwell zur Ermordung von König Charles I. (30. Janaur 1649) und machten erneut England zu einem sicheren Ort für das Bankwesen. Dies war die Ursache für die englischen Bürgerkriege, die fast ein Jahrzehnt wüteten, und führte zur Ermordung der Königsfamilie und Hunderten Mitgliedern des ursprünglichen englischen Adels. Auf diese Weise entstanden die City of London als Finanzzentrum Europas und die Anfänge des Britischen Empire.

Die Khasaren hatten beschlossen das weltweite Finanzwesen zu infiltrieren und zu übernehmen, durch die Anwendung von „babylonischer schwarzer Magie“, die auch als „babylonische Geld-Magie“ oder „Die geheime Kunst der Erschaffung von Geld aus dem Nichts“ bekannt ist, bei der auch die Macht des schädlichen Zinswuchers zur Anhäufung von Zinsen zum Einsatz kommt. Sie benutzten ihr großes Vermögen, für den Zugang zu einem neuen Bankensystem, das auf geheimer „babylonischer schwarzmagischer Geld-Magie“ beruht, die sie behaupteten von bösen Geistern des Baals im Gegenzug für ihre vielen Kinds-Opferungen gelernt zu haben.

Diese „babylonische Geld-Magie“ beinhaltet den Ersatz von Gold- und Silberbeständen durch Schuldscheine, die Reisenden erlauben ihr Geld in einer Form bei sich zu tragen, welche im Fall seines Verlustes oder Diebstahls dessen einfachen Ersatz gewährleistet.

Es ist interessant wie das eigentliche Problem, das die Khasaren verursacht haben, auch von ihnen gelöst worden ist. Schließlich haben der khasarische König und sein Hofstaat, mit einer sie vertretenden Gruppe, die sich den Namen „Bauer“ von Deutschland gegeben hatte, Deutschland infiltriert und ihre von Baal angetriebenes „System des Bösen“ weiter betrieben. Die „Bauers vom roten Schild“ (das bestimmt nicht rot war, höchstens vom Blut der geopferten Kinder), was ihre geheimen, auf Blutopfer basierenden Kinds-Opferungen repräsentiert hat, änderten ihren Namen in Rothschild (alias „Kind des Felsens, Satan“).

Die Rothschild‘s haben mit dem internationalen Sklavenhandel begonnen, einem Unternehmen, bei dem diese entführten Menschen als bloße Tiere betrachtet wurden, einer Ansicht, mit welcher die Khasaren weltweit alle Menschen betrachtet haben, die nicht Teil ihres bösen Zirkels waren, den einige als den „Alten Schwarzen Adel“ bezeichnen. Das nächste große Projekt der Rothschilds war der Beginn des weltweiten Sklavenhandels durch den Sklavenankauf von betrügerischen Stammeshäuptlingen in Afrika, die mit ihnen Mitglieder konkurrierender Stämme entführten, um sie als Sklaven zu verkaufen.

Die Sklavenhändler der Rothschild‘s brachten diese entführten Sklaven dann in engen Zellen auf ihren Schiffen nach Amerika und in die Karibik, wo sie verkauft worden sind. Viele von ihnen sind wegen der schlechten Bedingungen auf See gestorben.

Die Rothschild-Banker lernten früh, dass Krieg eine großartige Möglichkeit war, um ihr Geld zu verdoppeln, indem sie beide Seiten der

Kriegsparteien finanzierten. Jedoch haben sie zum Erhalt garantierter Zahlungen Steuergesetze erlassen, die als Zwangszahlungen verwendet werden konnten.

Als sie das britische Bankensystem gekapert hatten, haben sie sich mit dem englischen Königshaus gekreuzt und England sowie all seine großen Institutionen komplett infiltriert und übernommen. Einige Experten sind der Meinung, dass die Rothschilds, in der Absicht die königliche Familie durch ihre eigenen Thronanwärter zu ersetzen, die Mitglieder der Königsfamilie durch illegalen und ehebrecherischen Beischlaf mit ihren eigenen khasarischen Männern ausgelöscht haben, bis auf eine Ausnahme. Diese sehr kleine Familie von der echten Königsfamilie lebt seit über 120 Jahren versteckt unter uns! Diese sehr brisante Geschichte dieser Familie werde ich in einem meiner nächsten Bücher veröffentlichen.

Die khasarischen Rothschild's unternehmen internationale Anstrengungen, um gemäß den Gesetzen des allmächtigen Gottes herrschende Könige auszurotten. Die Khasaren behaupten, eine persönliche Beziehung zu Baal (alias dem Teufel, Luzifer, Satan) zu haben, weil sie ihm Opfer bringen. Sie verabscheuen alle Könige, die unter der Autorität von Gott dem Allmächtigen herrschen, weil sie sie sich dafür verantwortlich fühlen, dass ihr eigenes Volk vor Eindringlingen und verräterischen „Feinden im eigenen Land" geschützt ist.

Im 17. Jahrhundert ermordete die Khasaren die britischen Könige und ersetzten sie durch ihre eigenen Attrappen. Im 18 Jahrhundert haben sie den französischen König ermordet. Kurz vor dem 1. Weltkrieg haben sie den österreichischen Erzherzog Franz Ferdinand ermordet, um den 1. Weltkrieg zu beginnen. Im Jahr 1917 stellten sie ihre Armee, die Bolschewiken, auf, um den Zaren und seine Familie zu ermorden, seine Lieblingstochter durch die Brust zu bayonettieren und die gesamten Gold-, Silber- und Kunstschätze Russlands zu stehlen. Kurz vor dem 2. Weltkrieg ermordeten sie die Angehörigen der österreichischen und deutschen Königsfamilien. Anschließend beseitigten sie die chinesische Königsfamilie und entmachten den japanischen Herrscher.

Der intensive Hass auf jeden, der sich zu irgendeinem anderen Gott als zu ihrem Gott Baal bekannte, hat sie motiviert, Könige und königliche Familien zu ermorden und sicherzustellen, dass diese nie mehr regieren würden. Dasselbe taten sie mit amerikanischen Präsidenten, durch ausgefeilte, verdeckte Operationen zu deren Entmachtung.

Wenn dies nicht gelang, ermordeten die Khasaren sie, wie sie es womöglich mit William McKinley, Abraham Lincoln und JFK getan hatten. Sie wollen alle mächtigen Herrscher oder gewählten Beamten, die es wagen sich der Macht ihrer babylonischen Geld-Magie oder sich ihrem verdeckt eingesetzten, kompromittierenden menschlichen Netzwerk zu widersetzen, eliminieren.

Die Rothschild‘s erschaffen den internationalen Drogenhandel zugunsten der kasarischen Mafia. Dann haben die Rothschilds das britische Empire geleitet und einen bösen Plan zur Wiedererlangung der großen Mengen an Gold- und Silber, welche die Briten China für seine sonst nirgends erhältliche hochwertige Seide und Gewürze bezahlt haben.

Die Rothschilds hatten durch ihr internationales Spionagenetzwerk von türkischem Opium und dessen verhaltensverändernden Eigenschaften gehört. Sie benutzten eine verdeckte Operation, um türkisches Opium zu kaufen und es nach China zu verkaufen, wo sie Millionen Menschen mit Opium süchtig machten, der das Gold und Silber zurück in Rothschilds Hände brachte, nicht jedoch in die des britischen Volkes.

Die durch die Opiumverkäufe der Rothschild‘s an China verursachte Opiumsucht schadete China so sehr, dass es zweimal Krieg führte, um diese zu beenden. Diese Kriege wurden als „Boxer-Aufstand“ und „Opium-Kriege“ bekannt.

Die von den Rothschild‘s aus dem Opiumverkauf gewonnene Geldmenge war so hoch, dass sie nach dem leicht zu verdienten Geld süchtiger wurden, als Opiumsüchtige nach Opium.

Die Rothschild‘s finanzierten die Errichtung der amerikanischen Kolonien, zur Ausbeutung der Neuen Welt Amerikas, durch das Einbinden der *Hudson Bay Company* und anderer Handelsunternehmen. Es waren die Rohtschild‘s, welche die Massenvernichtung und den Genozid der indigenen Völker Nord-Amerikas zur Ausbeutung der enormen Bodenschätze des Kontinents anordneten.

Die Rothschilds verfolgten dieselbe Handelsstrategie in der Karibik und auf dem asiatischen Subkontinent von Indien, was zur Ermordung von Millionen unschuldiger Menschen führte.

Die Rothschilds hatten beschlossen, sich erneut zu verwandeln und ihre Ränge zu erweitern. In der Zwischenzeit hatten die Rothschilds realisiert, dass sie sich vor der Öffentlichkeit nicht länger verbergen können, sofern sie nicht erneut ihre Gestalt verändern und ihre geheime Führung ausweiten.

Also haben sie hart daran gearbeitet, die Freimaurerei weiterhin zu infiltrieren und zu übernehmen und hochrangige Mitglieder in ihr Pädophilen-Netzwerk und die Opferrituale an Kindern einzuweihen.

Auch haben sie hochrangige Kongreßmitglieder in ihr satanisches Netzwerk eingeweiht, indem sie sie mit spezieller Macht versahen, mit hohen Positionen in der US-Regierung und den Geheimdiensten neben hohen Gehältern und hohem Ansehen. Es wurden große Spionageeinheiten errichtet, die die israelisch-amerikanischen „Israeli´s First" doppelten Staatsbürger in Amerika als Vertrauensmänner bei der Schleusung von Falschgeld der khasarischen Bankster in ihre Wahlkämpfe benutzten, um sie sich zu eigen zu machen und nach ihrer Wahl zu kontrollieren.

Die Pyramide der Macht

In allen Kriegen geht es nur darum zu stehlen.

(Voltaire)

Falls die Rothschild's nun nicht an der Spitze der Macht stehen und selbst nur „im Auftrag" handeln, werden Sie sich fragen, wer ist dann der „Auftragsgeber?! Wer ist der wahre Anführer und steht somit an der obersten Stelle?!

Immer mehr Menschen sind sich der Existenz der Illuminaten-Blutlinien bewusst, die hinter den Kulissen die geheime Schattenregierung bilden. Häufig erwähnte Namen sind die Rothschilds, die königlichen Blutlinien, der Vatikan oder die Neocons wie Bush und Rockefeller. Insbesondere der schwarze Adel, der selbst nicht im Rampenlicht steht, bildet die dunklen

Mächte hinter den berühmten königlichen Häusern, Jesuiten und allen Arten von Geheimgesellschaften.

Insidern zufolge führen schließlich alle Wege dieser bösen Elite nach Rom. An der Spitze stehen eine Reihe von Adelsfamilien (die dem schwarzen Adel angehören), die auch die Mafia und den Vatikan regieren. Man bezeichnet diese Sippen als die „Archon-Familien". Die ebenfalls zum schwarzen Adel gehörende Familie Farnese ist der Hauptarchitekt, der von den Jesuiten gegründeten Kabalen. Nach einem 2017 veröffentlichten Video, das Benjamin Fulford nach dem Tod von David Rockefeller auf das Machtvakuum antwortete, erhielt er die folgenden Informationen über den schwarzen Adel, den zoroastrianischen Blutlinien, die sich hauptsächlich in Italien befinden. In der Nachricht an Fulford schreibt eine anonyme Quelle:

„Im Video sagen Sie, Sie glauben, dass die Rothschilds neutral sind und in Ruhe gelassen werden wollen. Ich kann Ihnen versichern, dass alle in absoluten Machtpositionen wie die Königin von England, die Rothschild's, die Bush's, die Clinton's, die Rockefeller's, der Papst, die verborgene Jesuitenhierarchie usw. eine große Familie sind. Sie sind alle Cousins, Onkel und Tanten voneinander. (Anmerkung des Autors: Diese Aussage der Verwandschaft wird in einem späteren Kapitel bekräftigt. Bleiben Sie bis dahin neugierig und seien Sie gespannt, wie ein Pflitzebogen!) Ich kenne einige dieser Leute, also lass Dich nicht täuschen! Sie sind wie Medusa, ein einzelnes, aber komplexes Gehirn mit vielen kleinen Schlangenköpfen. Die Hauptfiguren sind nicht einmal für die Öffentlichkeit sichtbar. Die Spitze der Pyramide ist als schwarzer Adel bekannt, entweder die alten ägyptischen Herrscher der ptolemäischen Dynastie, die Saturnalia-Bruderschaft oder ‚Die wirklichen 13 zoroastrischen Blutlinien der Illuminaten.'"

Die folgende Liste der kriminellen Familien hat die volle Macht über die Gesellschaft Jesu (Jesuiten), den Hochgrauen Zehnerrat, den Schwarzen Papst, den Weißen Papst und alles andere, worüber Sie oft sprechen, einschließlich der königlichen Häuser, die über das ganze Land verstreut sind auf der ganzen Welt.

Dies sind die Familien, aus denen das komplizierte Gehirn besteht, der Kopf der Schlange. Die selbsternannten luziferischen Halbgötter, die ihren eigenen GOTT anbeten (Gold-Öl-Drogen):

- Haus von Borja
- Heimat von Breakspeare
- Haus Somaglia
- Haus von Orsini (Orso)
- Haus von Conti
- Haus von Chigi
- Colonnas Haus
- Haus von Farnese
- Haus der Medici
- Gaetanis Haus
- Haus von Pamphili
- Haus von Este
- Haus von Aldobrandini

Der graue Papst

Rothschild´s

Rat der 13

Rat der 33

Rat der 300

B´nai B´rith

Grand Orient

Kommunismus

Schottischer Ritus

Lions Club & Rotary International

Johannisgrade

Freimaurer ohne Schurz

Humanismus

Abb. 56: Die Pyramide der Macht

Dies sind jedoch nicht die wirklichen Kräfte hinter den Kulissen oder die Menschen mit der größten Macht. Die mächtigste Elite an der Spitze der Pyramide der globalen Machtstruktur gehört dem „schwarzen Adel“ an.

Unsere Recherchen kommen zu dem Ergebnis, wie wir es in der Abbildung dargestellt haben. Jedoch können wir keine 100 prozentige Garantie dafür geben, dass dies die „absolute Wahrheit“ ist, da all diese Orden und Geheimbünde sehr verworren und „geheim“ sind! An der obersten Stelle steht:

Der graue Papst

Das Geheimnis des Agitators ist,
sich so dumm zu machen, wie seine Zuhörer sind,
damit sie glauben, sie seien gescheit wie er.

(Karl Kraus)

Die meisten Menschen kennen nur den „herkömmlichen" Papst, welcher sich momentan Franziskus nennt. Er wird auch der „weiße" Papst genannt. Jedoch gibt es neben dem Papst Franziskus noch den „schwarzen" Papst, welcher offiziell das Amt des höchsten Generals der Jesuiten innehat! Aber wussten Sie, dass es neben dem „weißen" und dem „schwarzen" auch noch einen „grauen" Papst gibt?! Während der „weiße" und der „schwarze" Papst „bürgerlicher" Abstammung entspringen, stammt der „graue" Papst aus einer alten venezianischen Sippe.

Abb. 57: Pepe Orsini

Der schwarze Papst heißt Pepe Orsini, alias Domenico Napoleone Orsini. Er ist der mächtigste Mann der Welt! Pepe Orsini, der graue Papst ist der Chef der Rothschild's, der Rockefeller's, des Vatikan's und des kompletten (schwarzen) Adel's. Diese Information werden Sie geehrter Leser niemals in den uns vorgesetzten Medien lesen, sehen oder hören!

Die Orsini's sind eine sehr weit verzweigte Adelsfamilie, die anfänglich unter dem Namen Bobonen bekannt war und offiziell zwischen 1100 und 1900 maßgeblichen Anteil an der italienischen Geschichte hatte. Drei Päpste stammten bereits von der Familie Orsini:

- Coelestin III. (etwa 1106 als Giacinto Bobone, Jacinto Bobo oder Hyacinto Bobo; † 1198), von 1191 bis 1198 Papst

- Nikolaus III. (geboren als Giovanni Gaetano Orsini; * zwischen 1210 und 1220; † 1280), von 1277 bis 1280 Papst und

• Benedikt XIII. (Geburtsname Pietro Francesco Orsini; * 1649; † 1730), von 1724 bis 1730 Papst. Er war zuvor im weltlichen Leben bis zu seinem Verzicht 1668 12. Herzog von Gravina und 3. Fürst von Solofra und Galluccio.

Außerdem stammten aus der Familie Orsini 24 Kardinäle und zahlreiche Heilige.

Wikipedia erklärt uns das Wappen der Orsini's so: *„Die Blasonierung des Stammwappens lautet: ‚Fünfmal von Silber und Rot schräg geteilt, belegt mit einem erhöhten, ans Schildhaupt, darin eine goldbebutzte, grünbespitzte* ***rote Rose****, anstoßenden, goldenen Balken, darin eine* ***blaue Schlange****. – Auf dem silbernen, silber-rot bewulsteten Topfhelm mit rot-silbernen Decken ein wachsender rotgezungter, goldbewehrter, schwarzer Bär, in der erhobenen rechten Tatze die genannte* ***Rose, grün gestielt mit zwei Blättern.****' – Wappenspruch: Senza rimproveri ‚Ohne Vorhaltungen.'“*(99)
Da war sie wieder: Die Rose!

Abb. 58: Wappen der Orsini's

Die Rothschild's

Das Beste, was einem passieren kann: wenn die Wirklichkeit sich in einen Traum verwandelt.

(Philippe Baron de Rothschild)

Sie werden von den Illuminaten als Gottheit in Menschenform angesehen und ihr Wort gilt als Gesetz. Weitere Erklärung zu der Familie Rothschild bedarf es nicht, denn darüber habe ich ausreichend in den vorherigen Kapiteln geschrieben.

Rat der 13

Der große Druidenrat, die 13 Großdruiden, sind die private Priesterschaft der Rothschild's. Ebenfalls sind sie die Hohenpriester des Schottischen Ritus. Höchst wahrscheinlich besteht eine Verbindung zu dem „Rat der 13 Rosenkreuzer", die das Führungsorgan der „Prieure de Sion" bilden, denn laut einiger Insidern besteht eine Verbindung zwischen den Illuminaten und der Nachkommenschaft von Jesu.

Der „Rat der 13" besteht aus den 13 Blutlinien:

1. Astor
2. Bundy
3. Collins
4. Dupont
5. Freeman
6. Kennedy
7. Li
8. Onassis
9. Reynolds
10. Rockefeller
11. Russell
12. van Duyn

Da John Todd (Lance Collins) die Illuminaten verlassen hat und zum Evangelisten konvertierte (und daher auch seine Nachkommen nicht zu den Illuminaten gehören wird), kann über diejenige Familie die an die Stelle der Collins getreten ist nur spekuliert werden. Einer der hochgehandelten „Kandidaten" ist die Familie Bush.

Die folgenden mächtigen Familien arbeiten mit den führenden Illuminaten-Familien zusammen: Morgan's, Vanderbilt's, Bauer, Whitney's, Duke's, Windsor's, Guggenheim's, Oppenheim's, Grey's, Sinclair's, Schiff's,

Solvay's, Sassoon's, Wheeler's, Todd's, Van Duyn's, Taft's, Wallenberg's, Clinton's, Maxwell's, Epstein's, Habsburger, Goldschmidt's, und viele mehr.

Diese Blutlinien gehen bis zu den Kanaanitern und noch weiter zurück, zumal sich diese Familien sehr viel Mühe gegeben haben ihre Identität vor der Weltbevölkerung zu verwischen. Dutzende Namensänderungen im Laufe der Geschichte wie zum Beispiel der Name Astarte, danach Astorga, danach Ashdor und schließlich Astor.

Die Liste der Verwandtschaften unter den Präsidenten der USA und des königlichen Hauses von Großbritannien ist sehr aufschlussreich über die Blutlinie der „Eliten". Ich nehme hier nur zwei der kürzlichen Präsidenten der Vereinigten Staaten von Amerika heraus, George W. Bush und Barack Hussein Obama. Diese zwei Beispiele reichen, um zu zeigen, wie ausgeprägt diese Blutlinie unter den US-Präsidenten ist.

George W Bush ist verwandt mit folgenden ehemaligen US Präsidenten: George H. W. Bush, Gerald Ford, James Garfield, Grover Cleveland, Millard Fillmore, Theodore Roosevelt, Franklin Pierce, Calvin Coolidge, Abraham Lincoln, Rutherford Hayes, Richard Nixon, William Taft, Herbert Hoover, Franklin Roosevelt, Barack Obama und Ulysses Grant.

Das sind 16 der 43 Präsidenten vor ihm. George W. Bush ist ebenfalls verwandt mit dem englischen König Edward I. of England.

Barack Hussein Obama ist zum Beispiel mit folgenden ehemaligen US Präsidenten verwandt: James Madison, Lyndon Johnson, Harry Truman, Gerald Ford, George H. W. Bush und George W. Bush. Ebenso ist Barack Hussein Obama verwandt mit folgenden Königen aus Großbritannien: Edward I. of England und William the Lion of Scotland.

Die vergangenen Jahre mit ihren teils katastrophalen Entwicklungen haben die Maske vom satanischen Antlitz des Systems fallen lassen, so dass man nunmehr unschwer erkennen kann, wie es um diese Welt bestellt ist und wer die Fäden zieht. Die größte Gefahr für diese Weltordnung ist es, keine Angst mehr zu haben und sich das nötige Wissen anzueignen.

Rat der 33

Hier sind die ranghöchsten Freimaurer der Welt aus Politik, Wirtschaft und Kirchen (Gruppe von Satanisten) vertreten. Sie sind die Elite aus dem „Komitee der 300". Der „Rat der 13" (Zahl des Todes) und der „Rat der 33" sind die einzigen Machtebenen, die in die eigentlichen Geheimnisse eingeweiht sind.

Im Gegensatz zum Rat der 13 scheint sich ihre Arbeit auf die Politik zur Schaffung der Neuen Weltordnung zu konzentrieren.

Komitee der 300 / 500

Das Komitee der 300 / 500, wurde 1729 von der britischen Krone gebildet, und umfasst das gesamte Weltbanknetz, aber repräsentiert auch die wichtigsten Vertreter des Westens.

B'nai B'rith & Grand Orient

Zur Pyramide der Macht zählen noch der B'nai B'rith-Orden („Söhne des Bundes") und der Grand Orient-Orden. Ab hier gilt die Bezeichnung Illuminaten nicht mehr.

„B'nai B'rith, auch Bnai Brith oder im deutschsprachigen Raum bis zur Zeit des Nationalsozialismus Unabhängiger Orden Bne Briss (U.O.B.B.) oder Bnei Briß genannt, ist eine jüdische Organisation. Sie wurde im Jahre 1843 in New York als geheime Loge von zwölf jüdischen Einwanderern aus Deutschland gegründet und widmet sich laut Selbstdarstellung der Förderung von Toleranz, Humanität und Wohlfahrt."[(100)]

Anfang 1996 erhielt Helmut Kohl von B'nai B'rith einen Orden für humanitäre Verdienste. Im März 2008 erhielt Angela Merkel den B'nai-B'rith-Orden für ihren Kampf gegen den Antisemitismus.

Abb. 59: B'nai B'rith

Sigmund Freud war Mitglied der 1895 gegründeten Wiener Loge von B'nai B'rith. Im Februar 2004 wurde in Frankreich die Pariser Loge nach ihm benannt.

Einblicke in solche Tempel dürften eher selten in den herkömmlichen Medien zu finden sein. In den alternativen Medien werden über B'nai B'rith sehr viele Spinnereien verbreitet! Man sollte immer selbst recherchieren und sich nicht nur blind auf andere Schreiberlinge oder Möchte-Gern-YouTuber verlassen.

Die Grand Orient-Loge unterteilt sich in: Großorient von Frankreich, Italien, Luxembourg, Belgien, Niederlande, Spanien und Rumänien.

Abb. 60: Kommunismus

Kommunismus

Der Kommunismus ist ein wichtiges Werkzeug der Elite für die Neue Weltordnung und gilt unter „anders gearteten" Politikern als die Bedingung für die Befreiung vom Kapitalismus. Das mag zwar zunächst komisch klingen, ist aber auch tatsächlich so.

Abb. 61 : Schottischer Ritus

Schottischer Ritus

Der Alte und Angenommene Schottische Ritus ist das weltweit am meisten verbreitete System vertiefender und weiterführender Grade. Seine Mitglieder gewinnt er aus Brüdern, die aus regulären Freimaurerlogen kommen und den Meistergrad erreicht haben, in Deutschland insbesondere aus der Großloge der Alten Freien und Angenommenen Maurer von Deutschland (nicht jedoch von Großlogen, die ein eigenes System weiterführender Grade oder Erkenntnisstufen besitzen). Die Mitglieder werden in den Schottischen Ritus berufen, d. h. sie können sich nicht bewerben. Der Alte und

Angenommene Schottische Ritus ist eine in mehr als zweihundert Jahren gewachsene internationale brüderliche Gemeinschaft und weltweite Bruderschaft. Der deutsche Zweig wird durch seinen Obersten Rat repräsentiert. Dieser ist eine unabhängige freimaurerische Obödienz und territorial souverän. Oberste Räte gibt es in mehr als 60 Staaten. Der Oberste Rat für Deutschland unterhält zu den meisten von ihnen – ebenso wie zu den Freimaurerorden Skandinaviens – freundschaftliche Beziehungen. Mit der Großen National-Mutterloge „Zu den drei Weltkugeln" und der Großen Landesloge der Freimaurer von Deutschland – Freimaureroden – bestehen Besuchsregelungen hinsichtlich der weiterführenden Grade (Erkenntnisstufen).

Abb. 62: Rotary International

Rotarier

Die Rotarier (Rot-Arier!) sind eine internationale Vereinigung, mit freimaurerähnlichen Strukturen. Der erste Rotary Club wurde 1905 in Chicago vom Rechtsanwalt Paul Harris und einigen Freunden gegründet. Nur je ein Angehöriger eines Berufes oder Geschäftszweiges an einem Ort kann Rotarier werden.

Abb. 63: Lions-Club

Lions-Club's

Alle Clubs gehören einer bestimmten Zone an, diese besteht aus vier bis acht Clubs. Jeder Zone steht die so genannte Zonenchairperson vor. Diese übernimmt Beratertätigkeiten und betreut die Gründung neuer Clubs. Zonen sind zu einem Distrikt zusammengefasst, welcher von einem Distrikt-Governor geleitet wird. Ein Distrikt muss mindestens 35 Clubs und 1.250 Mitglieder haben. Distrikte werden in einem Gesamt- bzw. Multidistrikt zusammengefasst.

Johannisgrade und Freimaurer ohne Schurz

Die Johannisgrade und Freimaurer ohne Schurz gehören mit zur niederen Freimaurerei.

Humanismus

Humanismus, die unterste Ebene, stellt das allgemeine Volk (Bürger und Bauernvolk) dar.

Weitere Geheimgesellschaften

In der Macht-Pyramide und im obrigen Text habe ich folgende Geheim-Logen nicht aufgeführt, als da wären der Reihe nach: Chabad-Lubawitsch, Supreme Council, Große Vatikanloge, Jason Society/MJ12, The Round Table, The Order of the Palladium, O.T.O. (Ordo Templi Orientis), Golden Dawn, CFR, RIIA, Skull & Bones (Order of Death, Loge 322), The Order, Trilaterale Kommision, SMOM Malteser Ritter, Bilderberger, F.O.G.C. (Freimaurerischer Orden der goldenen Centurie), Hexen, Satanisten, Satanische Kirche Amerikas / Tempel of Seth, Priore de Zion, Monte Carlo Committee, Skroll and Keys, Order of the Garter, Martinisten, Ritter vom Heiligen Gral (Grabesritter), Columbusritter, Alpina, Rosenkreuzer, Großloge von London, Gladio (ausführendes Organ der I.F. und der Nato, Irreguläre Freimaurerei (P1, P2, P3, P4 ...), Theosophen, Großloge von Alexandria / Islamischer Orden, Thule, Eastern Star/S.O.D.N./Droit Human, Club of Rome, John Birch Gesellschaft, Ku Klux Klan, Mafia (Cosa Nostra, Camorra/N´dranghetta), Weltkirchenrat und Mormonen/Scientologen.

YMCA, CVJM, Trump und die Jesuiten

Erinnern Sie sich an die Auftritte von Donald J. Trump? Wie viele Video's existieren, wo Videosequenzen von Trump aneinandergereiht rhythmisch zu diesem Song, geschnitten worden. Wie oft hörte man diesen Popsong „YMCA" von den „Village People" bei seinen Wahlkampfauftritten? Dieser Song schaffte es auf die Liste der „100 größten Dance-Songs des 20. Jahrhunderts". „YMCA" steht für gleichgeschlechtliche Liebe und die Vermischung der Rassen, mit der Aussage: Alle Menschen sind gleich! Ist das nicht die Agenda der Jesuiten, Khasaren und anderer Bruderschaften? Was bedeutet eigentlich „YMCA"?

Abb. 64: CVJM - Christlicher Verein Junger Menschen

In Deutschland wird dies insbesondere deutlich in der Umbenennung der einzelnen CVJM von „Christlicher Verein Junger Männer“ in „Christlicher Verein Junger Menschen“ in den 19. Jahrhundert. Schwerpunkt des CVJM in Deutschland ist die örtliche Jugendarbeit in 1.400 Vereinen, Jugendwerken und Jugenddörfern. Der CVJM hat mehr als 310.000 Mitglieder, Mitarbeitende und regelmäßig Teilnehmende. Die Arbeit des CVJM wird zum größten Teil von den 68.000 ehrenamtlichen Mitarbeitern gestaltet. Der CVJM finanziert sich zum größten Teil aus Spenden und Beiträgen seiner Freunde und Mitglieder.

„Das Symbol der CVJM-Bewegung ist ein rotes, gleichseitiges Dreieck mit horizontalem schwarzen Balken, auf dem die jeweilige Abkürzung (z. B. ‚YMCA‘ oder ‚CVJM‘) mit weißen Großbuchstaben steht. Es soll daran erinnern, dass bei der gesamten CVJM-Arbeit der ganze Mensch im Vordergrund steht. Dabei steht der obere Balken für ‚Geist‘, gestützt von den beiden Balken für ‚Körper‘ und ‚Seele‘.

Es wurde Ende des 19. Jahrhunderts von Luther Halsey Gulick entworfen und erstmals 1890/1891 vom YMCA in Springfield offiziell verwendet. Schnell entwickelte sich das Symbol zum inoffiziellen Erkennungszeichen der CVJM, andere Entwürfe stießen auf Ablehnung und wurden verworfen. Offizielles Symbol wurde Gulicks Dreieck während des Ersten Weltkrieges beim englischen YMCA, später auch vom CVJM-Weltbund. In Deutschland setzte es sich erst nach dem Zweiten Weltkrieg durch. In Nordamerika wird eine Abwandlung dieses Symbols, wo das Dreieck die zwei Arme eines ‚Y‘ darstellt, verwendet.

Abb. 65: Mit der „bunten Vielfalt“ entblößen sich immer mehr Unternehmen und Organisationen, zeigen somit ihr wahres Gesicht. Mit diesem „neuen Normal“ wird es in naher Zukunft, keine herkömmlichen Partnerschaften und Nachwuchs mehr geben. Nur die Mächtigen werden in der Lage sein, Nachkommen für ihre „Bedürfnisse“ zu kreieren und zu schaffen. Das ist das Ende der Menschheit, so wie wir sie heute kennen!

Der CVJM-Weltbund hat ein eigenes Symbol. Es besteht aus der aufgeschlagenen Bibel mit Textreferenz (Joh 17,21 EU) mit dem hinterlegten Christusmonogramm ‚XP‘ (griechische Buchstaben Chi und Rho). Umrandet wird dies mit den Namen der fünf Erdteile in lateinischer Sprache, die mit Monogrammen des CVJM in verschiedenen Sprachen verbunden werden. Der Leitspruch des CVJM-Weltbundes steht in der Bibel in (Joh 17,21 EU): ‚damit sie alle eins seien‘. Es wurde 1881 bei der 9. CVJM Weltkonferenz eingeführt und wird bis heute unverändert benutzt.“[101]

Der geheime Pakt

Die satanischen Machenschaften und Verstrickungen kommen ans Tageslicht. Dazu gehört auch dieser „geheime Pakt“, der wahrscheinlich von einem Insider der Öffentlichkeit zugespielt wurde. Es ist anzumerken, dass ihre Macht scheinbar schwindet und dieses Schriftstück hoffentlich demnächst in der Kategorie „Geschichte“ gesteckt werden kann. Dennoch ist es wichtig zu wissen, welchen Mechanismen wir in der Vergangenheit ausgesetzt waren.

Hinweis: Dieser Artikel, im Original mit dem Titel „Das geheime Abkommen“, wurde anonym mit einer unbrauchbaren E-Mail-Adresse an *www.Bankindex.com* geschickt, eine Finanzberatungsfirma mit Sitz in Florida, USA!

• *Eine Illusion wird es sein, so groß, so weitgehend, dass sie ihre Vorstellungskraft übersteigt! (Anmerkung des Autors: mit ‚ihre' sind wir einfachen Menschen gemeint)*

• *Diejenigen, die sie erkennen, werden als verrückt bezeichnet!*

• *Wir werden trennende Fronten schaffen, damit sie die Verbindung zwischen uns nicht erkennen! (Anmerkung des Autors: Oppositionen und Gegenparteien schaffen)*

• *Wir werden uns so verhalten, als seien wir nicht miteinander verbunden, um die Illusion am Leben zu halten!*

• *Unser Ziel wird nach und nach vollbracht werden, indem wir niemals den Verdacht auf uns lenken! (Anmerkung des Autors: das Ziel ist die Neue Weltordnung)*

• *Das wird ebenso verhindern, dass sie die eintretenden Veränderungen nicht bemerken! (Anmerkung des Autors: schleichende Prozesse, Veränderungen zu ‚unserem Vorteil und Erleichterung')*

• *Wir werden uns immer über dem relativen Feld ihrer Erfahrung befinden weil wir die Geheimnisse des Absoluten kennen! (Anmerkung des Autors: die ‚Geheimnisse des Absoluten' sind das universelle Wissen)*

• *Wir werden immer zusammenarbeiten und bleiben durch unser Blut und unsere Verschwiegenheit verbunden. Tod dem, der darüber spricht! (Anmerkung des Autors: ‚unser Blut' wird in einem späteren Kapitel erläutert, welcher schier unfassbar ist und bisher meines Wissens nach noch nie publiziert wurde!*

‚Tod dem, der darüber spricht.' betrifft die Geheimhaltung, denn sie ist eines der obersten Prinzipien der selbsternannten Weltherrscher. Franz Bardon beschreibt in seinem autobiografischen Roman ‚Frabato', wie ein Mitglied einer

schwarzen Loge getötet wird, nachdem er gegen das Schweigegebot der Loge verstieß.)

• *Wir werden ihre Lebensspanne kurz halten und ihren Geist schwach, während wir vorgeben das Gegenteil zu tun!*

• *Wir werden unsere Kenntnisse über Wissenschaft und Technologie geschickt benutzen, damit sie niemals erkennen, was wirklich geschieht! (Anmerkung des Autors: Seien Sie auf das Kapitel über die Leopoldina gespannt!)*

• *Wir werden weiche Metalle benutzen, Alterungsbeschleuniger und Beruhigungsmittel in der Nahrung, im Wasser und in der Luft! (Anmerkung des Autors: Aluminium durch Chemtrails, Deosprays, Sonnencremes, Wasser, Getränke aus der Dose, usw.)*

• *Sie werden von Giften umgeben sein, wohin sie auch schauen!*

• *Die weichen Metalle werden dafür sorgen, dass sie ihren Verstand verlieren!*

• *Wir werden versprechen eine Heilung für sie zu finden, während wir ihnen mehr Gift verabreichen! (Anmerkung des Autors: das Geschäftsmodell der Pharmabranche lautet: Nur kranke Kunden sind gute Kunden! Warum wohl wird die alternative Medizin und natürliche Kräuter verteufelt?!)*

• *Diese Gifte werden von ihnen durch ihre Haut und ihre Münder aufgenommen, sie werden ihren Verstand und ihre reproduzierenden Systeme vernichten! (Anmerkung des Autors: Gentechnisch Veränderte Lebensmittel, Pestizide nicht nur von Monsanto / Bayer auf den Feldern, Flourid in der Zahncreme, überall Aluminium)*

• *Aufgrund all dessen werden ihre Kinder tot geboren und wir werden dies verschweigen!*

• *Die Gifte werden in allem versteckt sein, das sie umgibt, in ihren Getränken, in ihrer Nahrung, in der Luft und in ihrer Kleidung! (Anmerkung des Autors:,Gift in Getränken' z.B. durch Aspartam. Aspartam ist ein*

Zuckerersatzstoff, der in vielen zuckerfreien und sogenannten Lightprodukten zum Einsatz kommt. Cola, Joghurt, Bonbons, Kaugummi, die Palette ist schier endlos. Aspartam verursacht von Kopfschmerzen bis Krebs so ziemlich alles. ‚Gift in der Nahrung': Wie lange ist der letzte Lebensmittelskandal her?)

• *Wir müssen für den Gifteinsatz unseren Einfallsreichtum benutzen, da sie sehr scharfsinnig sind! (Anmerkung des Autors: denken Sie nur mal an die Energiedrinks, wie: ‚Red Bull' und Co!!!)*

• *Wir werden ihnen beibringen, dass diese Gifte gut für sie seien, mit lustigen Bildern und musikalischen Beilagen!*

• *Ihre Vorbilder werden uns helfen. Wir werden sie anwerben um unsere Gifte anzupreisen!*

• *Sie werden beobachten, wie unsere Produkte in Filmen benutzt werden. Sie werden sich daran gewöhnen und niemals über deren wahre Auswirkungen Kenntnis erlangen!*

• *Wenn sie ihre Kinder zur Welt bringen, werden wir diesen Kindern Gift in ihr Blut verabreichen und die Eltern davon überzeugen, dass es zum Besten ihrer Kinder sei! (Anmerkung des Autors: Thema: Impfvorsorge! ‚Gift in das Blut der Kinder', wer sich mal ein bisschen jenseits der STIKO befasst, dem sollte auffallen, dass Impfen im Verdacht steht, mannigfaltige Gesundheitsschäden zu erzeugen. Haben Sie sich schon einmal die Frage gestellt, warum es keine klinische Studie gibt, in der bewusst nicht geimpfte Personen mit geimpften nach dem STIKO-Plan verglichen werden? Warum wohl? Die Pharmamafia müsste doch ein großes Interesse daran haben zu beweisen, dass Geimpfte kerngesund sind und die Ungeimpften krank und sterben wie die Fliegen. Es ist genau andersherum. Als Anregung einfach mal das Beispiel Tetanus: Impfungen gegen Tetanus gehören zum Standard-Impfprogramm in Deutschland und werden von der Ständigen Impfkommission am Robert-Koch-Institut (STIKO) empfohlen. Das Robert-Koch-Institut selbst hat unlängst festgestellt, dass 28 Prozent der Erwachsenen in Deutschland keinen ausreichenden Impfschutz gegen Tetanus haben (GEDA-Studie 2010, S. 157). Das sind theoretisch ca. 19 Millionen Menschen. Fallzahlenmäßig werden in Deutschland pro Jahr max. 15*

Tetanusfälle registriert. Wenn man jetzt mal davon ausgeht, dass nur Ungeimpfte erkranken, dann liegt die Wahrscheinlichkeit für einen Ungeimpften an Tetanus zu erkranken aufgerundet bei 0,00008 Prozent.)

• *Wir fangen früh an, wenn ihr Geist noch jung ist. Wir zielen auf ihre Kinder mit dem, was Kinder am meisten lieben – Süßigkeiten!*

• *Wenn ihre Zähne beginnen zu faulen, füllen wir diese mit Metallen, die ihren Verstand abtöten und ihre Zukunft stehlen! (Anmerkung des Autors: Amalgamfüllungen bestehen zu 50 Prozent aus Quecksilber, das im Laufe der Jahre aus den Füllungen in den Körper wandert. Quecksilber ist nicht so gesund!!!)*

• *Wenn ihre Lernfähigkeit angegriffen ist, erschaffen wir Medizin, die sie kränker macht und andere Krankheiten verursacht, für die wir weitere Medizin erschaffen! (Anmerkung des Autors: Nebenwirkungen mit neuen Medikamenten behandeln ist ein Geschäftsmodell der teuflischen Pharmamafia)*

• *Wir machen sie gefügig und schwach uns gegenüber – mit unserer Macht!*

• *Sie werden niedergedrückt, schwach und dickleibig aufwachsen, und wenn sie sich in ihrer Not an uns wenden, geben wir ihnen noch mehr Gift! (Anmerkung des Autors: Fein essen gehen bei McDonald's, Starbucks, Subway, Taco Bell, Chick-Fil-A, Wendy's, Burger King, Dunkin' Donuts, Domi-no's Pizza, Panera Bread, alle Backshops, Nordsee, usw. und schwupps braucht man eine Kleidergröße mehr)*

• *Wir werden ihre Aufmerksamkeit auf Geld und materielle Werte lenken, so dass sich viele niemals mit ihrem inneren Selbst verbinden! (Anmerkung des Autors: Vernichtung der Zirbeldrüse)*

• *Wir werden sie ablenken mit Unzucht, äußerlichen Annehmlichkeiten und Spielen, so dass sie niemals Einssein können mit Allem was ist! (Anmerkung des Autors: Sodom und Gomorra überall wo man hin sieht)*

• *Ihr Geist wird uns gehören und sie werden tun, was wir ihnen sagen! (Anmerkung des Autors: ‚Ihr Geist wird uns gehören' = Zeitungen, Fernseh- und*

Radiosender sind in der Hand von einigen wenigen Konzernen, die somit bestimmen, was wir hören, was wir sehen, was wir wissen, was wir kaufen und was wir denken sollen)

• *Wenn sie sich verweigern, werden wir Wege finden, bewusstseinsverändernde Technologien in ihrem Leben anzuwenden. Wir werden Angst als unsere Waffe benutzen! (Anmerkung des Autors: ‚Angst als Waffe', Angst ist eine der vorherrschenden Informationen in unserer Gesellschaft. Schnallen Sie sich im Auto an, sonst sterben Sie. Setzen Sie beim Radfahren einen Helm auf, sonst sterben Sie. Lassen Sie Ihre Kinder impfen, sonst sterben sie. Gehen Sie arbeiten, sonst bekommen Sie Hartz IV. Die Nachrichten sind voll mit Informationen, die uns Angst machen sollen: Eurokrise, Amokläufe, Terrorismus, Kindesentführungen, S-Bahn-Schläger. Was wäre, wenn wir einfach keine Angst mehr hätten? Vor nichts und niemandem? Dann hätten sie verloren! Und ganz ehrlich gesagt, vor denen die uns Angst machen, sollte man Angst haben!!!)*

• *Wir errichten ihre Regierungen und wir errichten Oppositionen darin. Uns gehören beide Seiten! (Anmerkung des Autors: These und Antithese. Das macht Sinn! Man muss sich nur einmal die Liste der Großspender in der Politik ansehen. Banken, Pharmaunternehmen, Automobilbranche, usw. Oder man schaut sich mal an, in welch dubiosen Organisationen ein Oppositionspolitiker wie Cem Özdemir Mitglied ist – Atlantik-Brücke, European Council on Foreign Relations, American Jewish Committee)*

• *Wir werden stets unsere Ziele verbergen und dennoch unseren Plan verfolgen!*

• *Sie werden die Arbeit für uns verrichten und wir werden von ihrer Qual profitieren!*

• *Unsere Familien werden sich niemals mit den ihren vermischen! (Anmerkung des Autors: ‚niemals vermischen', wie früher der Adel bleibt heute der Geldadel unter sich. Ein Beispiel gefällig? Einer der mächtigsten Unternehmen der Welt, die Barclays Bank, wurde von 2006 bis 2012 von einem gewissen Marcus Agius geführt. Der ist mit einer gewissen Katherine verheiratet, welche rein zufällig eine Tochter von Edmund de Roth-schild ist. Zweites Beispiel: Die*

Tochter von Al Gore, Karenna Gore, war 13 Jahre mit Andrew Newman Schiff verheiratet. Die Schiffs sind ebenfalls seit Generationen Privatbankiers)

• *Unser Blut muss immer rein bleiben weil es so sein muss!*

• *Wir werden dafür sorgen, dass sie sich gegenseitig töten, wenn es uns beliebt!*

• *Wir werden sie vom Einssein getrennt halten – durch Dogmen und Religion!*

• *Wir werden alle Aspekte ihres Lebens kontrollieren und ihnen sagen, was sie zu denken haben und wie!*

• *Wir werden sie freundlich und sanft führen, und lassen sie denken, dass sie sich selbst führen!*

• *Wir werden Feindseligkeiten zwischen ihnen anfachen durch unsere Interessensgruppen!*

• *Sollte jemand das Licht unter ihnen anzünden, werden wir dieses auslöschen, indem wir ihn der Lächerlichkeit preisgeben oder ihn umbringen, was immer uns am meisten geeignet erscheint! (Anmerkung des Autors: Abraham Lincoln, John F. Kennedy, Olof Palme, John Lennon, Martin Luther King, Malcolm X – sobald jemand auftaucht, der die Massen bewegen kann und sich gegen das herrschende System stellt, ist ganz schnell Schluss mit lustig)*

• *Wir werden dafür sorgen, dass sie sich gegenseitig ihre Herzen ausreißen und sie gegenseitig ihre Kinder umbringen!*

• *Das werden wir dadurch erreichen, in dem Hass unser Verbündeter ist und Wut unser Freund!*

• *Der Hass wird sie vollkommen blind machen und sie werden niemals sehen, dass wir durch ihre Konflikte als ihre Herrscher hervorgehen!*

• *Sie werden beschäftigt sein, sich gegenseitig umzubringen!*

• *Sie werden in ihrem eigenen Blut baden und ihre Nachbarn umbringen, solange es uns gefällt!*

• *Wir werden davon reichlich profitieren weil sie uns nicht sehen werden, weil sie uns nicht sehen können! (Anmerkung des Autors: ‚weil sie uns nicht sehen können', wem gehören die großen Konzerne? Das weiß niemand außer den Eigentümern. Ein Beispiel: Wem gehört die Deutsche Bank? Der größte Aktionär der Deutschen Bank ist BlackRock, ein US-amerikanischer Finanzinvestor. Wem gehört BlackRock? Größter Aktionär von BlackRock ist PNC Financial Services. Wem gehört PNC Financial Services? Größter Anteilseigner ist die Wellington Management Company. Wem gehört Wellington Management Company? Und so weiter, und so fort. So geht das mit den meisten börsennotierten Unternehmen. Es macht aber keinen Sinn, dass die Firma Deutsche Bank an die Firma BlackRock Dividende ausschüttet, denn irgendwann landen diese Gelder bei Privatpersonen, nur wie die heißen, ist auf legalem Wege nicht herauszubekommen!!!)*

• *Wir werden fortfahren, auf Kosten ihrer Kriege und ihres Sterbens zu wachsen!*

• *Wir werden das immer und immer wiederholen bis unser ultimatives Ziel erreicht ist!*

• *Wir werden fortfahren, sie durch Bilder und Töne in Angst und Wut zu halten! (Anmerkung des Autors: 1947-1989 Angst vor dem Kalten Krieg, 1970 Angst vor einer neuen Eiszeit, 1970-1998 Angst vor der Baader-Meinhof-Bande, 1973 Angst vor der Ölkrise, 1979 Angst vor dem Waldsterben, 1979 Angst vor der nächsten Ölkrise, 1980 Angst vor dem Ozonloch und FCKW, 1983 Angst vor HIV, 1986 Angst vor explodierenden Atomkraftwerken in Tschernobyl, 1987 Angst vor Amokläufen, 1989 Angst vor Cholesterin, 1995 Angst vor Ebola, 1996 Angst vor Amokläufen, 1999 Angst vor der Jahrtausendumstellung und Computercrashs, 1999 Angst vor dem Ende der Welt (was ein Rechenfehler war ... 2000 Jahre sind erst am Ende von 2000 voll, nicht Ende 1999), 2000 Angst vor BSE, 2001 Angst vor Anschlägen und Terrorismus, 2002 Angst vor SARS, 2002 Angst vor Saddam Hussein, 2005 Angst vor der Vogelgrippe, 2006 Angst vor Feinstaub, 2007 Angst vor Gebärmutterhalskrebs,*

2008 Angst vor dem Finanzcrash, 2008-2011 Angst vor Osama Bin Laden, 2009 Angst vor der Schweinegrippe, 2010 Angst vor Dioxin, 2011 Angst vor explodierenden Atomkraftwerken in Fukushima, 2011 Angst vor dem Ende des Mayakalenders, 2014 Angst vor Ebola, 2014 Angst vor Polio, 2016 Angst vor dem Zikavirus, 2019 Angst vor dem Klimawandel im Allgemeinen, 2019 Angst vor Kohlendioxid im Speziellen, 2019 Angst vor Masern, 2020 Angst vor ‚Covid', 2021 Angst vor Impfung, 2022 Angst vor... (bitte setzen Sie ein, es gibt keine Begrenzungen, außer der eigenen Vorstellungskraft!!!)

• *Wir werden alle Instrumente benutzen, die wir dazu brauchen!*

• *Diese Instrumente werden durch ihre Arbeit geliefert!*

• *Wir werden dafür sorgen, dass sie sich selbst sowie ihre Nachbarn hassen!*

• *Wir werden immer die göttliche Wahrheit von ihnen fernhalten, dass wir alle Eins sind! (Anmerkung des Autors: ‚dass wir alle Eins sind', alles ist mit allem und jedem verbunden, denn „Gott" ist in allem. Jeder ist ein Teil ‚Gottes')*

• *Dies dürfen sie niemals erfahren!*

• *Sie dürfen nie erfahren, dass Rasse eine Illusion ist. Sie müssen immer denken, dass sie nicht gleich sind!*

• *Schritt für Schritt, Schritt für Schritt werden wir unserem Ziel näherkommen!*

• *Wir werden ihr Land übernehmen, ihre Ressourcen und ihren Reichtum, um die totale Kontrolle über sie zu übernehmen!*

• *Wir werden sie betrügen damit sie Gesetze akzeptieren, die ihnen ihre verbliebene kleine Freiheit nimmt! (Anmerkung des Autors: siehe 9/11, Boston-Attentat, RAF, NSU, usw. JEDER, der sich mal einen Abend vor das Internet setzt, wird feststellen, dass der ganze Terror ein großes Lügenmärchen ist und nur ein Ziel hat: die Freiheit der Menschen einzuschränken.)*

• *Wir werden ein Geldsystem errichten, das sie auf ewig gefangenhält, dass sie und ihre Kinder in Schulden hält! (Anmerkung des Autors: das Fiat-Geld)*

• *Wenn sie sich zusammenschließen sollten, werden wir sie wegen Verbrechen anklagen und der Welt eine andere Geschichte erzählen, denn wir besitzen die ganzen Medien!*

• *Wir werden unsere Medien dazu benutzen um den Fluss der Informationen und ihre Stimmung nach unserer Gnade zu kontrollieren!*

• *Wenn sie sich uns entgegenstellen sollten, werden wir sie wie Insekten zerquetschen, denn für uns sind sie noch nicht mal Insekten!*

• *Sie werden vollkommen hilflos sein, denn sie haben nicht einmal Waffen!*

• *Wir werden uns jemanden von ihnen holen, der unsere Pläne voranbringt, der ihnen ewiges Leben verspricht, aber sie werden niemals ewiges Leben haben weil sie nicht wie wir sind!*

• *Diese Angeworbenen werden ‚Eingeweihte' genannt werden, und diese werden indoktriniert werden um an falsche Zeremonien zu glauben, die zu höheren Bereichen führen sollen!*

• *Mitglieder dieser Gruppen werden denken, dass sie zu uns gehören, ohne jemals die Wahrheit zu erfahren! (Anmerkung des Autors: Eine Anspielung auf die Freimaurer und andere Logensysteme, in denen die unteren Grade sich zwar zu den Eingeweihten zählen, aber letztlich nur Marionetten der Hochgrade sind. Die wirklichen Wahrheiten werden erst den Hochgraden eröffnet.)*

• *Sie dürfen niemals die Wahrheit erfahren, da sie sich sonst gegen uns wenden würden!*

• *Für ihre Arbeit werden sie mit irdischen Dingen belohnt und mit großartigen Titeln, aber sie werden niemals unsterblich werden oder sich uns anschließen können, sie werden niemals das Licht empfangen oder zu den Sternen reisen!*

(Anmerkung des Autors: ‚unsterblich werden', ‚das Licht empfangen' und ‚zu den Sternen reisen' steht für Erleuchtung und Selbsterkenntnis)

• *Sie werden niemals zu den höheren Bereichen gelangen weil ihnen das Töten ihrer eigenen Art diesen Zugang zu den erleuchteten Bereichen verwehrt!*

• *Dies dürfen sie niemals erfahren!*

• *Diese Wahrheit wird genau vor ihrer Nase versteckt, so nah, dass sie sie nicht sehen können bis es zu spät ist!*

• *Oh ja, so groß wird die Illusion der Freiheit sein, dass sie niemals erfahren werden, daß sie unsere Sklaven sind!*

• *Wenn alles ausgerollt ist, wird die Realität, die wir für sie erschaffen haben, Besitz von ihnen ergriffen haben!*

• *Diese Realität wird ihr Gefängnis sein!*

• *Sie werden in einer Selbst-Täuschung leben!*

• *Wenn unser Ziel erreicht ist, wird eine neue Herrschaft beginnen! (Anmerkung des Autors: die Neue Weltordnung!!!)*

• *Ihr Geist wird an ihre Überzeugungen gebunden sein, jene Überzeugungen, die wir vor Urzeiten geschaffen haben!*

• *Aber sollten sie jemals herausfinden, dass sie uns ebenbürtig sind, werden wir untergehen. DIES DÜRFEN SIE NIEMALS ERFAHREN! (Anmerkung des Autors: ‚dass sie uns ebenbürtig sind', denn wenn Gott in allem ist oder jeder ein Teil Gottes, dann sind alle ebenbürtig.)*

• *Sollten sie jemals herausfinden, dass sie gemeinsam uns besiegen können, werden sie genau dies tun!*

• Sie dürfen niemals herausfinden, was wir getan haben. Denn wenn sie es herausfinden, werden wir uns nicht verstecken können, weil es ein Leichtes sein wird, uns zu erkennen, wenn der Vorhang erst einmal weg ist!

• Unser Handeln wird verraten, wer wir sind, und sie werden uns jagen, und niemand wird uns Schutz bieten!

• Das ist das geheime Abkommen, mit Hilfe dessen wir den Rest unserer augenblicklichen und zukünftigen Leben verbringen, denn diese Realität wird viele Generationen und Lebensspannen umfassen! (Anmerkung des Autors: 'unsere augenblicklichen und zukünftigen Leben', ist ein Hinweis darauf, dass sich Rothschild's & Co immer wieder in die eigenen Familien reinkarnieren, um ihr Werk fortzusetzen)

• Dieses Abkommen ist besiegelt mit Blut, unserem Blut. Wir, die wir vom Himmel zur Erde kamen! (Anmerkung des Autors: ‚Wir, die wir vom Himmel zur Erde kamen', ist ein Bezug zu der Theorie, dass Außerirdische vor 300.000 Jahren auf die Erde kamen und durch Genmanipulation den Homo sapiens schufen. Die Außerirdischen fanden „ihre" Schöpfung ganz gelungen und paarten sich teilweise mit Menschen. Aus diesen Nachkommen entstanden die Königshäuser. Auf diesen Umstand könnte auch die umgangssprachliche Bezeichnung vom ‚blauen Blut' der Adligen zurückzuführen sein)

• Die Existenz dieses Abkommens darf NIEMALS bekannt werden!

• Es darf NIEMALS darüber geschrieben oder gesprochen werden. Denn wenn dies geschieht, wird das daraus erzeugte Bewusstsein die Wut des höchsten Schöpfers über uns ergießen lassen und wir werden in die Tiefen zurückgeworfen, aus denen wir kamen, und dort bis in alle Ewigkeit verbleiben! (Anmerkung des Autors: So wie auf der Seite des Lichts Erleuchtung geschieht, muss dies nach dem Gesetz der Entsprechung auch auf der dunklen Seite möglich sein. Beide Seiten der Erleuchteten verfügen über universelles Wissen und kennen sowohl die Vergangenheit, als auch die Zukunft. Sie kennen damit ihr Schicksal. Und während die Erleuchteten auf der Seite des Lichts keine Angst vor der Zukunft haben müssen, wissen die Erleuchteten der dunklen Seite, dass ihre Taten auf sie zurückfallen werden. Daher versuchen sie, die Zeit ihres Daseins und

ihrer Herrschaft möglichst lange auszudehnen, um ‚ihren ewigen Verbleib in der Tiefe' möglichst weit hinauszuzögern)

Ich habe absichtlich nicht zu allen Punkten meinen Kommentar gegeben. Stattdessen empfehle ich Ihnen immer wieder, recherchieren Sie selbst und vergleichen Sie meine Aussagen mit der Vergangenheit und dem Zeitgeschehen, denn so verinnerlicht man diese neu gewonnenen Erkenntnisse.
Apropos: Erkenntnisse. Matthias Claudius schrieb einmal:

„Wenn jemand eine Reise tut, so kann er was erzählen. Drum nähme ich den Stock und Hut und tät das Reisen wählen."

Genauso ist es auch. Daher habe ich spontan beschlossen, dass folgende Kapitel mit in dieses Buch zu packen, mit dem Titel:

Eine nachdenkliche Reise

Das Vökchen merkt den Teufel nie,
und wenn er es am Kragen hätt'.

(Johann Wolfgang v. Goethe)

Opa sagte immer zu mir: „Reisen bildet. Was du unterwegs erlebst und lernst, kann dir keine Schule vermitteln." Und genau so ist es auch.
Aus beruflichen und privaten Gründen reise ich relativ viel durch unser Land, zu 95 Prozent mit dem Auto, eigentlich immer. Während der oft langen Fahrten auf der Autobahn, habe ich viel Zeit zum Nachdenken und musste schon oft feststellen, dass sich die Zeitabstände der drastischen negativen Veränderungen in der sogenannten BRD immer kürzer werden.
Im Mai 2021 war es mal wieder so weit. Ich bekam einen Recherche-Auftrag meiner Agentur zum Thema: „Warum leben in Schleswig-Holstein die glücklichsten Menschen Deutschlands." Auf den nachfolgenden Seiten geht

es nicht um diesen Auftrag. Es handelt von Feststellungen, Beobachtungen und Entdeckungen auf der Fahrt und im Land, zwischen den Meeren.

Auf nach Schleswig-Holstein

Es ist Montagmorgen, kurz nach 5 Uhr. Der Himmel über mir ist stark bewölkt. Es geht über die Deutzer Brücke Richtung A3, ab in den Norden. In den Nachrichten haben sie vor wenigen Minuten gebracht, dass Corona noch immer in Deutschland wüten soll, jedoch sehe ich nur wütende Autofahrer die im Stau stehen. Markus Söder macht noch immer Panik und Jens Spahn warnt vor Lockerungen. Man kann den gesamten Covid-Mist echt nicht mehr hören, denn es wird immer lächerlicher. Gerade klärte uns das Karlchen Lauterbach auf, dass die Impfungen nur in Kombination mit einem Lockdown wirken. Echt jetzt?! Hat er das wirklich gesagt?! Ich kann nicht begreifen, dass der deutsche Michel noch immer nicht aufwacht. Wie kann man nur so einen Scheiß (Sorry das Wort!) von sich geben? Und dann werden denkende Menschen Verschwörungstheoretiker genannt? Das nenne ich satanische Umkehrung! Wie sagte Markus Krall doch so schön:

„Wer mir mit Sprüchen wie ‚Verschwörungstheorie', ‚Aluhut', ‚lächerlich' kommt, dem sage ich: Das sind alles keine Argumente, das sind Totschlagsbegriffe gegen das Selberdenken. Wer so spricht, ist ein Feind der Aufklärung und der Rationalität. Wer nicht selbst denken will, hat in Wahrheit oft Angst davor, welche Antwort er dann bekommt." Oh ja, wie recht er doch hat!!!

Erst Ende Januar 2021 konnte man nach einem Corona-Gipfel der Ministerpräsidenten und der Kanzlerin überall Merkels Wutsatz hören: „Ich lasse mir nicht anhängen, dass ich Kinder quäle."[(102)] Nur vier Wochen später verabschiedete Schleswig-Holstein das neue Polizeigesetz, dass der „Finaler Rettungsschuss auch bei Kindern"[(103)] (in „Ausnahmefällen") vollzogen werden darf. Ist das nicht völlig irre, in einem Moment meint die wütende Merkel, dass sie es sich nicht anhängen lassen will, dass sie Kinder quälen würde und im nächsten Augenblick sagt sie kein Wort, dass man nun auch Kinder per Gesetz im Merkel-Staat erschießen darf. Irgendetwas läuft doch völlig aus dem Ruder.

Missbrauchskomplex Bergisch Gladbach

Die Sonne geht langsam auf. Der Verkehr nimmt auf der Autobahn langsam zu. Nun fahre ich auf der A3, Höhe Mülheim und sehe die Ausfahrt Bergisch Gladbach. Spontan schießt mir der Missbrauchsskandal von Bergisch Gladbach durch den Kopf. Am 29.06.2020 schrieb *„Der Tagesspiegel“*:

„Der Missbrauchskomplex Bergisch Gladbach nimmt inzwischen eine beispiellose Dimension an. Die Ermittler sind auf Spuren gestoßen, die zu potenziell mehr als 30.000 Verdächtigen führen könnten. Diese Zahl nannte Nordrhein-Westfalens Justizminister Peter Biesenbach (CDU) am Montag bei einer Pressekonferenz in Düsseldorf. … Biesenbach zufolge geht es um den Verdacht des Kindesmissbrauchs sowie den Besitz und die Verbreitung Kinderpornografie. Die Ermittler seien auf einen ‚Sumpf‘ gestoßen, sagte der Justizminister. Was bislang zutage gefördert worden sei, sei ‚zutiefst verstörend.‘“(104)

Seitdem ist nun fast ein Jahr vergangen und ich warte noch immer auf die Verhaftungswelle. Geschehen ist scheinbar nichts, zumindest wirkt es nach außen so. *„Und der Bundespräsident wies darauf hin, dass es immer noch Strukturen gebe, die sexualisierte Gewalt möglich machten und Missbrauch begünstigten. Sie seien an vielen Orten vorhanden – ‚in **kirchlichen und staatlichen Institutionen**, in Erziehungs- und Bildungseinrichtungen, in Sportvereinen, Chören und Orchestern.‘ Geschlossene Einrichtungen, **Männerbünde, undurchsichtige, hierarchische Strukturen**, eine falsch verstandene Loyalität, die Taten vertusche, um den guten Ruf der Institution zu wahren, all das sei längst noch nicht überwunden, so der Bundespräsident. Er rief die Gesellschaft auf, besser hinzuschauen. … Er wünsche sich, so Steinmeier, dass ‚wir in unserem Land geschlossen an der Seite der vielen Menschen stehen, die in Kindheit und Jugend sexuelle Gewalt erlitten haben. Wenden wir uns ihnen zu, nehmen wir Anteil an ihrem Leid. Lassen wir sie nicht allein in ihrer Not und ihrer Verzweiflung!‘“*(105) Was nützen solche „Bekundungen“, wenn nichts, aber auch gar nichts geschieht oder nach drei Tagen vergessen ist? Ganz speziell denke ich an einen bestimmten Fall:

Der ungeklärte Sachsensumpf

An dieser Stelle möchte ich über einen Fall aus der ehemaligen DDR schreiben. Aleksander Jans, Jahrgang 1969, wurde bereits als 11-jähriges Kind in der damaligen DDR, in Leipzig, Berlin und Dresden auf den Strich geschickt. Alles mit Duldung der Stasi! Seit mehr als 30 Jahren fordert er Aufklärung und Verfolgung der Täter, darunter zahlreiche Prominente, welche nach der Wende Karriere in Politik und Fernsehen machten. Sämtliche Anzeigen bei den Staatsanwaltschaften in Leipzig und Halle / Saale waren ergebnislos, trotz Nennung von mehr als 15 Zeugen. Die Spuren führen direkt Richtung Sachsensumpf. Erinnern Sie sich an den Sachsensumpf? Interessant ist, wie Wikipedia den Sachsensumpf darlegt: *„,Sachsensumpf' ist ein Schlagwort für eine bislang nicht gänzlich aufgeklärte Affäre um die angebliche Verwicklung hochrangiger Persönlichkeiten aus Justiz, Politik, Verwaltung und Wirtschaft in die Prostitution Minderjähriger, in Immobiliengeschäfte und die damit in Zusammenhang stehenden kriminellen Machenschaften in Sachsen, insbesondere in Leipzig. Nach anderer Sichtweise soll es sich um das unzulässige Sammeln von falschen oder nicht nachweisbaren Vorwürfen und Gerüchten durch das Referat für Organisierte Kriminalität des sächsischen Landesamts für Verfassungsschutz (LfV) und die Verbreitung und Überbewertung dieser Anschuldigungen durch Journalisten handeln.*“[106]

Wie tief Thomas de Maizière in diese „Sache“ verwickelt war bzw. ist, wurde bis heute nicht wahrheitsgetreu geklärt. Stattdessen wurde Aleksander immer wieder bedroht, eingeschüchtert und sollte notfalls in eine Psychiatrie abgeschoben werden!

Im Januar 2020 läutete eine Zeitung das Ende des Sachsensumpfs ein und schrieb: „Es ging um angebliche kriminelle Netzwerke. Von den Vorwürfen blieb nicht viel übrig.“

Aber nun von vorn: Für die STASI der DDR wurde Aleksander Jans zu einem wichtigen Werkzeug. Er diente in Berlin, Leipzig, Dresden und Halle als Lockvogel für Geschäftsleute und Politiker, die dann mit kompromittierenden Videos erpressbar und willfährig gemacht werden konnten. Diese Pädo-Netzwerke ziehen sich bis in die USA. Derart kompromittierte Leute machten nicht selten Karriere. Manche von ihnen haben es auch in der BRD bis an die Spitze geschafft.

Im Februar 2003 schrieb die „*Welt*" über den Sachsensumpf: „*Das Ministerium für Staatssicherheit (MfS) der DDR hat mit Kinderpornografie einflussreiche Persönlichkeiten in Westeuropa erpresst. Das erklärt der ehemalige Verbindungsoffizier zwischen dem früheren sowjetischen Geheimdienst KGB und dem MfS, Wanja Götz, in einer eidesstattlichen Versicherung, die dieser Zeitung vorliegt.*"... „*Zu den Erpressten gehören Politiker, Richter und Industrielle, von denen einige nach wie vor Einfluss in den westlichen Demokratien haben.*"(108)

Nach Recherchen der „*Welt*" hat auch der im August 1996 verhaftete belgische Kinderhändler Marc Dutroux, dem der Mord an mehreren Mädchen zur Last gelegt wird, zeitweise im Auftrag der Stasi gearbeitet. „*Es gab in der Tat Hinweise, wonach sich solche Informationen in dem Stasi-Material wieder finden, das dem CIA zugespielt wurde.*" ... „*Die Kinder habe sich das MfS aus DDR-Heimen geholt.*"

Aleksander Jans erzählt in einer Videoreihe auf der Homepage *www.freunde-der-erkenntnis.net*, wie er seit Jahrzehnten versuchte, seine eigene Geschichte zu erforschen und seine wahre Identität zu finden. Er schildert wie sich die Behörden taub stellen und querlegen oder immer wieder Einschüchterungsversuche unternehmen. Und dass es außer ihm noch viele andere Opfer gibt, die gehört werden sollten und Gerechtigkeit erfahren möchten. Er erhofft sich viel von der neuen Taskforce gegen Pädophilie Aufklärung.

Aleksanders Geschichte hat viele Facetten und sein Erfahrungsschatz bietet sehr interessante Einblicke. Laut seinen Erfahrungen war von langer Hand geplant worden, dass DDR und STASI ihren Einfluss auf die BRD ausdehnen und das seit deren Gründungen. Viele STASI–Leute wären heute in leitenden Positionen in der Bundesrepublik. Andere Regierungsbeamte haben sich vermutlich durch ihre „ausschweifenden Vorlieben" erpressbar gemacht!

Um einzelnen Themen genug Zeit widmen zu können, bringen wir auf *www.freunde-der-erkenntnis.net* seine Erzählungen und Einschätzungen zur aktuellen gesellschaftlichen Lage und deren Entwicklung als Videoreihe.

Aus einer völlig neuen Perspektive – der eines Insiders, der gelernt hat, Menschen und Situationen aus einem anderen Blickwinkel und nach ganz anderen Maßstäben zu beurteilen. Und dabei so etwas wie einen 7. Sinn entwickelt hat.

In den Videos haben wir ausführlich über seine Herkunft gesprochen. Die Verwandtschaft zu höchsten DDR-Regierungsvertretern zum Beispiel. Ein körperliches Merkmal gibt wahrscheinlich Hinweise auf Aleksanders Abstammung.

Ein Psychiater wiederum wollte ihm Schizophrenie und einen Hirntumor „einreden", das überhaupt nichtzutreffend war. Rein zufällig war dieser Arzt auch der behandelnde Arzt von Andreas Lubitz, jenem „Unglückspiloten", der „angeblich in selbstmörderischer Absicht" in Frankreich eine Maschine der *Lufthansa* Tochtergesellschaft *Germanwings* in einen Berg steuerte. Aleksander hat an dieser Geschichte so seine Zweifel ... Auch darüber wurde gesprochen.

Aleksander erzählte, wie er es geschafft hatte, aus diesem Teufelskreis auszubrechen und trotz seines Traumas später mit seiner Partnerin ein ganz normales und zufriedenes Leben führen zu können.

So viel noch zum Thema Sachsensumpf: Wenn man bedenkt, dass Thomas de Maiziere wahrscheinlich höchstpersönlich den deutschen Kinderhandelsring schützte bzw. schützt und jede polizeiliche Ermittlung gegen die pädo-sadistische Mafia untersagte, mag es einen auch nicht verwundern, dass der Leiter der Passstelle in Berlin-Reinickendorf, diesen Kindersklaven neue Identitäten ausstellt, damit sie weltweit überall hin geliefert werden können. Einer der Richter, gegen den im Sachsensumpf ermittelt wurde, bevor vermutlich Thomas de Maiziere seinem pädophilen Freund zu Hilfe eilte und Eltern erpresste, indem er sie aufforderte, ihm ihre Kinder für zwei Stunden zu überlassen. Eltern, die sich weigerten, drohte der Richter mit den Worten:

„Wenn sie nicht tun was ich verlange, werde ich ihre Kinder ins Heim stecken lassen, dann kann ich sie jeden Tag f...n."!

Auch vor Mordaufträgen schreckte die Politik womöglich nicht zurück, um ihre „Frischfleischlieferanten" zu schützen. Eine der wenigen überlebenden Zeuginnen des Sachsensumpfs wurde ein erfundener Prozess wegen versuchten Totschlags angehängt, um sie davon abzuhalten eine Aussage zu tätigen. Der Haftantritt der überlebenden Zeugin ist noch ausstehend und wird wohl erst vollstreckt werden, sollte die Zeugin es wagen sich mit ihrem Wissen um die pädophilen Machenschaften der sächsischen Politik, an die Öffentlichkeit zu wenden.

Ja, und dann war da auch noch der Fall Sebastian Edathy, Mitglied ihrer eigenen SPD, ehemaliger und über viele Jahre Leiter des Innenausschusses und sogar des Rechtsausschusses des Deutschen Bundestags, der nach langem Hick-Hack wegen des Besitzes von „nur" Kinder-pornografischen Material mit der milden Strafe von 5.000 Euro wegkam. Und solche Leute schafft es die SPD nicht einmal aus der Partei zu entfernen?!

Sebastian Edathy stolperte zwar über die NSU-Affäre (ähnliche Kinderpornos wurden auch bei dem NSU-Trio gefunden, den vermeintlichen Helfershelfern), aber das ändert nichts an den berechtigten, wenn auch abgemilderten Vorwürfen, seiner Mittäterschaft in den pädo-sadistischen Kreisen. In seinem Heimatort ist Edathy seit je her dafür bekannt, so Augenzeugen, sich in einer ausgebauten Scheune regelmäßig an Kindern vergangen zu haben. Auch dort im Dreiländereck kam es zu ungeklärten Todesfällen von Zeugen, der wahrscheinlich u.a. durch Edathy begangenen Kinderschändungen. Der noch lebende Zeuge M.E. (Name der Redaktion bekannt), wurde ebenfalls wie die Sachsensumpfzeugin, zu 4 Jahren Haft verurteilt, um ihn mundtot zu machen. Nach seiner Haftentlassung erstattete M.E. erneut Anzeige gegen alle involvierten Täter. Er wird derzeit wieder massiv bedroht und erneut unschuldig kriminalisiert. So sind zurzeit über 200 Verfahren gegen den Zeugen anhängig.

Armin Schuster (CDU – ist für den Katastrophenschutz in Deutschland verantwortlich) war OB-Mann im Edathy-Ausschuss! Wie wir wissen, hatte der damalige Innenminister Hans-Peter Friedrich (CSU) die SPD-Spitze in Person ihres seinerzeitigen Vorsitzenden Sigmar Gabriel schon im Oktober 2013 über mögliche Ermittlungen informiert, womit man Friedrich selbstbewusst und offensiv des „Geheimnisverrats" bezichtigte und wonach er dann wenig später sein Amt niederlegte. Ich meine, Sie sollten konsequent sein und auch Herrn Friedrich und allen anderen Whistleblowern einen Orden verleihen. An den Kosten kann's ja nicht liegen, oder? Aber warum schreibe ich Ihnen, wenn Sie das alles doch schon wissen?

Mit der Verleihung der Orden machten Sie deutlich, dass es ihnen um den Kindesmissbrauch in der Katholischen Kirche geht, Würden Sie mir empfehlen, aus Solidarität mit Ihnen, Herr Bundespräsident, nun aus der (Katholischen) Kirche auszutreten? Ist Ihre SPD glaubwürdiger als die Katholische Kirche? Was ist mit Bündnis 90/Die Grünen, die „kleine Kinder" und alles was mit Gender zu tun hat besonders „liebhaben"?[(109)]

Was ist nur aus unserem Land geworden? Wenn Sie mich fragen, dann sind das hauptsächlich die Auswirkungen einer extrem linken Politik und einer Gender-Ideologie, die verboten gehört, da sie Menschen und die natürliche Rechtsordnung im eigenen politischen und ideologischen Interesse manipuliert und unsere Familien zerstört. Es hat lange gedauert, bis der ganze Schmutz an die Oberfläche kam, aber nun ist die Zeit gekommen. Bitte helfen Sie mit, die Dinge wieder in die richtige Bahn zu führen.

Der damalige deutsche Außenminister Steinmeier setzte sich ebenso persönlich für Kinderhändler ein, wenn irgendwo im Ausland ein Teil des pädophilen Netzwerks aufzufliegen drohte. So ließ er vermutlich den deutschen Botschafter in Polen Ende 2013 einen Anruf tätigen, um eine deutsche Staatsangehörige und Aktivisten einzusperren und von der Presse zu isolieren. Ihr eigenes, bei ihr befindliches Kleinkind, wurde noch vor Ort in Polen an einen bekannten Berliner Kinderhändler übergeben, um sie davon abzuhalten eine Zeugenaussage betreffend der deutschen Kinderhandelsmafia zu machen. Das Anrufprotokoll mit der Isolationsanweisung, konnte von anderen Aktivisten gesichert werden.

Regelmäßig kam es wohl auf Anweisung von Steinmeier zu Telefonaten des Auswärtigen Amtes mit der Forderung ertappte Pädophile, sofern sie zu elitären Kundenkreis gehören oder als Lieferanten dienen, aus den weltweiten Gefängnissen zu entlassen und ihnen mit neuen Pässen die Rückreise nach Deutschland zu ermöglichen, wie auch in Thailand, Vietnam und Kambodscha geschehen. In Kambodscha flog 2015 ein deutscher Lieferant von Kinderpornos und Kindersexsklaven auf. Udo Sabiniewicz hatte 5 Jungen im Alter von 6 bis 11 Jahren brutal vergewaltigt und dabei gefilmt.

Steinmeier schickte wahrscheinlich wieder das Auswärtige Amt ins Rennen, um den Kinderpornolieferanten Sabiniewicz aus der Angelegenheit „rauszuboxen". (Zeugen wurden bedroht, Polizisten bestochen und die deutsche Botschaft erklärte, man möge ihn aus der Haft entlassen, damit man ihm in Deutschland den Prozess machen kann, weil es auch dort ähnliche Anschuldigungen gäbe. Passiert ist freilich nichts. Beachtet man das Udo Sabiniewicz in Deutschland den Verein „Pro Humane e.V" betreibt, der vorgibt, Kinder aus dem ukrainischen Kriegsgebiet zu betreuen, weiß man auch woher derzeit so viele europäisch aussehende Kinder für ihr pädophile Kundschaft bereitstehen.

Bereits im Rahmen der Dutroux Ermittlungen wurde seinerzeit eine CD-Rom, mit den Abbildungen von 3000 Kindern deutschen Ursprungs, an die Berliner Polizei übergeben mit der Bitte, die Identität der Kinder zu klären. Selbstverständlich verschwand diese CD-Rom aus dem Polizeiarchiv, Ermittlungen wurden nie aufgenommen.

Doch warum sucht bis heute niemand nach den Opfern, nach den geschändeten und gefolterten Kindern? Immer wieder heißt es, dass Ermittlungen durch „höchste politische Kreise" blockiert und die Täter gedeckt werden. Die Gründe sind erschreckend, aber nicht unerwartet.

„Das Ministerium für Staatssicherheit (MfS) der DDR hat mit Kinderpornografie einflussreiche Persönlichkeiten in Westeuropa erpresst. Das erklärte der ehemalige Verbindungsoffizier zwischen dem früheren sowjetischen Geheimdienst KGB und dem MfS, Wanja Goetz (Deckname "Grigori"), in einer eidesstattlichen Versicherung, die der *„Berliner Morgenpost"* vorliegt. Zu den Erpressten gehören Politiker, Richter und Industrielle, von denen einige nach wie vor Einfluss in den westlichen Demokratien haben. Nach dem Fall der Mauer hat das ehemalige Stasi-Netzwerk die geheimdienstlichen in finanzielle Interessen umgewandelt."

Nach Recherchen der *„Berliner Morgenpost"* hat auch der im August 1996 verhaftete belgische Kinderhändler Marc Dutroux, dem der Mord an mehreren Mädchen zur Last gelegt wird, zeitweise im Auftrag der Stasi gearbeitet.

Es gab in der Tat Hinweise, wonach sich solche Informationen in dem Stasi-Material wiederfinden, das dem amerikanischen Geeimdienst CIA zugespielt wurde (Stichwort: Rosenholzakte!!!). Die CIA hatte sich in den Wendezeiten umfangreiches Material über die Spionageabteilung des MfS sichern können. Wegen der Brisanz der darin enthaltenen Informationen, auch über westeuropäische Politiker, wurden diese Unterlagen nach wie vor, der Öffentlichkeit vorenthalten. Lediglich Geheimdienste durften in die von der CIA gefilterten Berichte Einsicht nehmen.

Nach Expertenmeinung erklärt das, warum die Ermittlungsbehörden sowohl den Fall Dutroux als auch das Verschwinden von Manuel Schadwald und tausenden anderer Kinder bislang nicht aufklären wollten, bzw. trotz eindeutiger Beweise nicht aufklären durften.

Es ist halb 7. Ich fahre noch immer dem Norden entgegen auf der A1 und werde gleich nach 130 km meine erste Pause auf einem Parkplatz nach dem Kamener Kreuz einlegen, mal Luft schnappen und eine rauchen. Noch eine halbe Stunde und ich bin bei der Abfahrt Münster. Der Himmel ist noch immer grau und vereinzelt fallen Regentropfen. Ist nicht hier, ganz in der Nähe eine HAARP-Anlage? Ist natürlich Mal wieder „reiner Zufall"!

HAARP und der teuflische Klimawandel der NWO

HAARP, Chemtrails, Geoengineering und der Klimawandel werden vom Tiefen Staat bewusst benutzt, um die Neue Weltordnung zu installieren, sagen selbstdenkende Menschen. Alles Nonsens kontern die von der Finanzelite bezahlten Medien, Politikmarionetten und selbsternannte Wahrheitssager. Anetta Kahane würde mal wieder sagen: Das ist alles Blödsinn, eine Verschwörungstheorie und somit auch immer antisemitisch. Naja, ich lasse ihr mal diesen Glauben, bevor diese Frau sich noch anderen Quatsch zusammenreimt!

Aber was ist eigentlich HAARP? Schauen wir doch zuerst mal, was sich Wikipedia zu diesem Stichwort ausgedacht hat: *„Das HAARP (englisch High Frequency Active Auroral Research Program – dt. Forschungsprogramm zur hochfrequenten Sonnenaktivität) ist ein US-amerikanisches ziviles (ursprünglich auch militärisches) Forschungsprogramm, bei dem Radiowellen zur Untersuchung der oberen Atmosphäre (insbesondere Ionosphäre) eingesetzt wurden. Nach letzten Versuchen im Juni 2014 wurde die ursprünglich geplante Stilllegung aufgeschoben und die Anlage im August 2015 an die Universität von Alaska in Fairbanks übergeben. Die Universität vermietet sie an Forscher. …*

HAARP wird in Verschwörungstheorien als ‚Geheimprojekt' bezeichnet und mit weltweit stattfindenden Naturkatastrophen wie Erdbeben, Überschwemmungen und Vulkanausbrüchen in Zusammenhang gebracht. Auch die BBC verbreitete in den 1990-ern entsprechende Berichte. Es konnte kein kausaler Zusammenhang nachgewiesen werden."[(110)]

Okay, ich habe verstanden. Es ist scheinbar wirklich eine Verschwörungstheorie! Aber ist dann der deutsche Physiker, Schriftsteller und Fernsehmoderator Prof. Heinz Haber und die ARD an dieser Verschwörung der Wettermanipulation beteiligt, welche uns 1968 auf das „künstliches Wetter und Klima" vorbereiteten? In der 13. Folge der Sendereihe: „Was sucht der Mensch im Weltraum" sagte Prof. Haber:

„*Ich möchte aber gerade in den letzten Minuten ihnen noch etwas über die Möglichkeiten erzählen, dass Wetter und das Klima künstlich zu beeinflussen. Um das überhaupt zu bewerkstelligen, dazu müssen wir die Naturgesetze, d.h. die Wirkungsweise der Wettermaschine, erst mal richtig kennenlernen. Es gibt nun zwei Möglichkeiten das Wetter und das Klima wirklich zu beeinflussen. Man kann das nur dadurch bewerkstelligen, dass wir der Atmosphäre entweder große Energien zu führen oder ihr große Energien entziehen, denn nur dadurch wird die Wettermaschine in Bewegung gesetzt. Man kann der Wettermaschine, also der Atmosphäre, Energien zu führen, die sie selbst enthält und zwar in Form von Wasserdampf. Man kann Kristalle, feine Kristalle einer bestimmten Chemikalie, das ist Silberjodid, in der Atmo-sphäre ausstreuen und dadurch werden Konzessionskerne erzeugt, die dazu führen, dass der Wasserdampf sich bevorzugt kondensiert. Und mit jedem Gramm Wasser, das sich aus der Dampfform in die flüssige Form umwandelt, werden 527 g Kalorien frei und dadurch kann man ganze Luftmassen in Bewegung setzen. Man kann aber auch die Sonnenstrahlung stellenweise vermindert. Beispielsweise könnte man eine Rakete in den Weltraum schicken und bei der Rückkehr in die Atmosphäre in einer Höhe von 80 km, das ist eine kritische Höhe, könne man Kohlenstaub absetzen, der dann sich verbreitet und wie ein Schirm wirkt und dadurch die Sonneneinstrahlung vermindert. … Ich glaube das es möglich sein wird, in den nächsten 50 oder 100 Jahren, das Wetter und das Klima künstlich zu steuern.*"

Bereits im Vietnamkrieg wurde das Wetter als Waffe eingesetzt. Der renommierte Wirtschaftsprofessor Michel Chossudovsky in einem Interview:

„Wir sind über das destruktive Potential von Atomwaffen informiert, aber sobald das Thema von umweltverändernden Technologien aufgeworfen wird, ist die Öffentlichkeit völlig ahnungslos, dass diese Waffensysteme wirklich existieren. Sie weiß nicht das sie existieren. Man spricht nicht darüber. Man spricht in den Universitäten nicht davon. Man spricht in den Medien nicht davon. Und das Ausmaß mit der diese Technologien das Leben auf der Erde bedrohen können, wird nicht thematisiert. Wir haben jetzt HAARP und HAARP hat die Fähigkeit gezielt Wettermuster in verschiedenen Teilen der Welt zu verändern. Überflutungen, Hurrikans, Erdbeben, usw. Auch hier kein wirklicher Beweis im öffentlichen Bereich, dass diese Technologien gegen einen Feind, sei es für Angriff- oder Verteidigungszwecke eingesetzt wurde."

Der „Friedensnobelpreisträger" Barack Hussein Obama sagte einst als 44. Präsident der Vereinigten Staaten:

„Kein Land, ob groß oder klein, reich oder arm, kann den Auswirkungen des Klimawandels entkommen. Der Anstieg des Meeresspiegels bedroht alle Küstengebiete, wo starke Stürme und Überschwemmungen alle Kontinente bedrohen, wo häufige Dürren und Ernteausfällen zu Hungersnöten und Konflikten führen, in Gebieten wo Hungernöten und Konflikten bereits gedeihen. Die Sicherheit und Stabilität jeder einzelnen Nation und der gesamten Menschheit, unser Wohlstand, unsere Gesundheit und unsere Sicherheit sind in Gefahr."

Jedes Mal, wenn die Klimakonferenzen stattfinden, weigern sich die Klimaexperten und Wissenschaftler, das Thema der gezielten Klimaveränderung anzusprechen, wie auch den Einsatz des Klimas für militärische Zwecke.

Hier 3 Beispiele für Geoengineering:

Abb. 66: Geoengineering ist keine Verschwörung, sondern Realität!

• Diese „Wellen-Wolken" am Himmel habe ich Anfang Mai 2021 fotografiert. Das sollen natürliche Wolken sein, wie es uns verkauft wird oder hängt eine HAARP-Anlage mit diesen Phänomenen zusammen? Das bisherige Erfolgskonzept der Medien ist: Man nehme eine halbwegs wissenschaftliche Erklärung mit vielen Fachbegriffen und dann wird es schon jeder abkaufen, dass es ganz natürlich sei.

• Das „Halo Phänomen" entsteht, weil sich Sonnenstrahlen an den durch Kondensstreifen / Chemtrails ausgebrachten Wasser-Chemikalien-Gemischen in seine Spektralfarben reflektiert und refraktiert (bricht). Durch die große Höhe von 6-10 km ist ein Kreis meist um die Sonne zusehen. Es können auch Chemie-Wolkenfetzen sein, die oft grün-rötlich schimmern. Ein Regenbogen ist ein ähnliches Phänomen allerdings ohne Chemie-Anteil und nur im unteren Bereich der Troposphäre und dadurch als Halbkreis zu sehen.

Anmerkung: Es ist also auch kein „Zeichen der Wahrheit" bzw. wenn man es wörtlich nimmt und auf die Chemie und das „Verbrechen" am Himmel aufmerksam machen möchte, ist es im gewissen Sinne schon ein „Zeichen der Wahrheit."

• Stehende Skalarwellen am Himmel. Immer wieder fragt man sich, was es mit diesen unnatürlich anmutenden „Wellen-Wolken" am Himmel auf sich hat. Sie verharren an Ort und Stelle und sind von Thermik und Wind vollkommen unbeeindruckt. Sie gibt es in groß und klein, aber die Charakteristik ist immer gleich:

◦ wellen- oder rippenartig

◦ statisch

◦ flach & strukturlos

◦ weiche Kanten

Die chemischen Anteile im Wolkengemisch, welches oft auf den Meeren ausgebracht wird und in der oberen Troposphäre zum Festland zieht, gehen mit den Frequenzen in Resonanz und werden dadurch „steuerbar".

Ich könnte noch unzählige Beweise für diese Technologie aufzählen und Beispiele nennen, wo dies zum Einsatz kam, z.B.: Fukushima am 11. März 2011 oder das große Erdbeben und anschließendem Tsunami im Indischen Ozean am 26. Dezember 2004, um nur einige zu nennen!

Hier, kurz vor Münster, steht also so eine wettermanipulierende Anlage, mit dem Namen „HAARP Sendehorst", welche offiziell als Forschungsinstitut ausgewiesen ist!

Hinzu kommt, dass wir in diesem Jahr (2021) Bundestagswahl haben und zu einem ordentlichen Wahlkampf gehört ein schönes Hochwasser, wo man sich als potentieller Kanzler (nein, nicht Kanzler*in, denn ich mach diesen Genderquatsch nicht mit!) in einem Krisengebiet medientechnisch gut in Gummistiefel und Regenjacke positionieren kann. Dies hatte Gerhard Schröder auch den Hintern gerettet, weil er sonst die anstehende Wahl nicht gewonnen hätte. Ohne die Jahrhundertflut 2002 wäre er nicht Kanzler geblieben! Ähnlich verhält es sich mit den anderen Wahljahren, wo immer wieder Hochwasser zu beobachten waren. Recherchieren Sie bitte selbst! Vielleicht handelt es sich auch nur um unglückliche Zufälle, jedoch sehr Unglückliche!

Ein Knackpunkt könnten Stauseen und Talsperren sein! 35.7 Prozent der größten Talsperren in Deutschland haben momentan einen Füllstand von 90 Prozent oder höher.[(111)] Wäre das Wasser im Umlauf, würde es auch keinen

„niedrigen Grundwasserspiegel" geben. Das Problem ist also selbst gemacht und dient somit Propaganda-Quatsch im Bundestag und in Brüssel, bei der EU. Ich habe als ersten Abschluss vor 32 Jahren Wasserwerker gelernt und kenne mich daher auch mit sämtlichen Gepflogenheiten aus. Auch habe ich heute noch Kontakt zu einigen Kollegen und weiß daher, dass wegen zu hoher Kosten die regelmäßigen Wartungsarbeiten an den Staustu-fen, eingestellt, bzw. auf ein Minimum reduziert wurde. So kann sich mit der Zeit jede Menge Schlamm ansammeln und aufstauen. Dort werden sogar Tiere eingezogen. Sämtliche zuständigen Regierenden kennen das Problem und die Wahrheit, verbietet jedoch allen Mitwissern darüber zu reden!

Apropos Talsperren: Wussten Sie, dass das Rothschild-Mitglied Klaus Schwab aus einer alten Talsperrenbau-Industrie-Dynastie stammt?! Ist sicher wieder nur Zufall, wollte es aber mal erwähnt haben.

Wenn ich mir die Talsperren in Nordrhein-Westfalen und Rheinland-Pfalz ansehe, welche auch noch mehr Wasser angestaut haben als die in Sachsen oder Bayern, dann könnte man doch über der Nordsee oder Norddeutschland ein paar Flieger aufsteigen lassen, welche die Wolken impfen und hier bei Münster per HAARP über dem Rhein-Main-Gebiet abregnen lassen. Theoretisch am besten geeignet wäre das Gebiet zwischen den Großstädten Köln und Koblenz am Rhein, Sauerland, Westerwald oder in der Eifel, denn dort würde es den größten Sachschaden anrichten und nicht zu viele Opfer fordern. Mit künstlich erzeugtem Starkregen, welche ich selbstverständlich keiner Institution zutrauen würde, könnte man mehrere Fliegen mit einer Klappe schlagen:

1. Schuld hätte die Klimaerhitzung („Klimaerwärmung" ist out), könnte man dem nicht-denkendem Volk glaubhaft erzählen.

2. Starkregen würde zu Überschwemmungen und Erdrutschen führen.

3. Man könnte das Militär im Inneren einsetzen, damit sich die Bevölkerung bei dem Aufbau der Neuen Weltordnung schon einmal daran gewöhnt.

4. Der Katastrophenfall würde ausgerufen und Notstandsgesetze greifen, welche, ähnlich bei der sogenannten Corona-Pandemie, zum neuen Normal gehören.

5. Es käme zu Ernteausfällen und massiven Schäden, um eine künstliche Hungersnot und Armut zu erzeugen.
6. Neue Klimagesetze und -steuern könnten geschaffen werden, um die Menschen durch entstehende Ängste noch weiter einzuschüchtern und zu versklaven.

7. Intakte Dorfgemeinschaften werden zerbrechen, da ein Großteil der potentiellen Opfer in naheliegende Städte (Stichwort: „Smartcitys“) ziehen wird.

8. Sehr viele selbstversorgende Bauern und deren umliegende Kundenstämme werden vernichtet, so dass man auf manipulierte nahrungsmittelähnliche Produkte der Supermärkte ausweichen muss und somit auf das Wohlwollen der Zuteiler angewiesen ist.

9. Eventuelle rebellische und selbstdenkende Menschen können durch Katastrophen zentralisiert werden und stehen so besser unter Kontrolle der Regierung.

Ich hoffe und bete, dass man nicht soweit gehen wird, solche Katastrophen künstlich zu erzeugen! Wenn so etwas geschehen würde, wäre dies ein ungeheuerliches Verbrechen am Deutschen Volk und somit an der Menschheit!

Nachtrag: Das vorangegangene Kapitel schrieb ich Ende Mai 2021!

Vom totalen Systemversagen und Wahlkampf im Flutgebiet

Die Bundeswehr nahm am 13.07.2021 mit dem neuen Weltraumkommando seinen Dienst auf. Sitz der Einheit ist das „Zentrum Luftoperationen" der Luftwaffe im nordrhein-westfälische Uedem. Ziel sind etwa der Schutz und die Überwachung von Satelliten, die militärische Aufklärung, sowie die Beobachtung von „gefährlichem Schrott im All". Bereits im Vorfeld hatte die Bundeswehr erklärt, ohne die Technik im Weltraum seien etwa moderne Kommunikationsanwendungen, digitaler Zahlungsverkehr sowie Positionsbestimmungen für Navigationssysteme undenkbar und zählten daher zur kritischen Infrastruktur.

Nur einen Tag später, am 14.07.2021 stellte der EU-Chef Ursula von der Leyen und ihr Stellvertreter Frans Timmermans das Maßnahmenpaket „Fit for 55" vor. Ziel: die „Rettung der Erde"! Dieses Paket betrifft unterschiedliche Bereiche der Lebens- und Wirtschaftsweise von 450 Millionen Menschen in Europa. *„Mit einem umfangreichen Paket an Auflagen will die EU-Kommission die Klimaziele für 2030 erreichen. Bis dahin soll der Ausstoß klimaschädlicher Gase um 55 Prozent sinken im Vergleich zu 1990. Nach den Worten von Kommissionschefin von der Leyen ist Europa damit der erste Kontinent, der eine umfassende Architektur zur Erreichung seiner Klimaziele präsentiert: ‚Wir haben das Ziel, jetzt zeigen wir die Karte für den Weg dorthin.'"*(112)

„Die Welt ist aus den Fugen geraten", tönte Kommissionsvize Frans Timmermans (60), *„und wir sind geboren, alles wieder in Einklang zu bringen."* Schön wär's! Doch die versammelte Riege von EU-Kommissaren schaffte es nicht einmal, ihr Maßnahmenpaket halbwegs verständlich vorzustellen. Selbst die Sensation – die Abschaffung des deutschen Autos mit Benzin- oder Dieselmotor ab 2035 – kam den EU-Bossen nur in Nebensätzen über die Lippen.

Der Prä-Astronautiker und Autor Erich von Däniken schrieb darauf auf Twitter: *„Eben erklärte Ursula von der Leyen vor dem Europarat, die gegenwärtigen Stürme und Überschwemmungen würden die Klimakatastrophe* *beweisen. Als ob wir in den vergangenen Jahrzehnten nicht genau solche Stürme erlebt hätten. Grenzenlose Dummheit im höchsten politischen Amt!*“[113]

Wie Recht er doch hat! Aber dies ist der Anfang der Klima-Hysterie! Das Ganze hat einen Namen: Great Reset! Die offizielle Agenda heißt: Agenda 2030!

In der Nacht vom 14. zum 15.07.2021 ist es zum Supergau gekommen. Nach heftigen Unwettern mit ungewöhnlichem Starkregen kam es in Teilen von Nordrhein-Westfalen und Rheinland-Pfalz zu Überflutungen, Überschwemmungen und Erdrutschen. Sie, lieber Leser, haben die Bilder und Nachrichten bestimmt noch im Kopf. Wie erstarrt verfolgte ich diese Katastrophe, als hätte mich der Blitz getroffen! Ich war wortwörtlich geschockt, weil ich solch ein Szenario und deren Auswirkungen befürchtete. Als ob diese Tragödie nicht schon schlimm genug wäre, nahm das Chaos und die große Depression anschließend erst richtig Fahrt auf, als Politiker und Medien ihre „Big Show“ präsentierten!

„Der größte ARD-Sender (4200 Mitarbeiter, 1,63 Milliarden Euro Gebührengelder) verpennte die dramatische Wetter-Eskalation, obwohl sich diese bereits am Vorabend mit starken Regenfällen angekündigt hatte. Im reichweitenstarken Radio WDR2 lief das ARD-Gemeinschaftsprogramm ‚Popnacht‘, im TV sendete der WDR unbeirrt eine Archiv-Doku über das Attentat auf die Olympischen Spiele 1972. … Der frühere Leiter und Chefredakteur des ARD-Hauptstadtstudios Berlin, Ulrich Deppendorf (71), geht auf Twitter mit der ARD insgesamt ins Gericht: ‚Die schwersten Unwetter in Deutschland und im Ersten der ARD gibt es keinen ‚Brennpunkt!‘ Ist das die neue ‚Informations-Offensive‘ der neuen Programmdirektion? So beschädigt man die Informationskompetenz der ARD.‘“[114]

Abb. 67: GEZ-Zwangsfinanzierte WDR Journalisten unter sich: *„Ich hab kein Bock mehr“* … *„Heute in einer Woche sitze ich auf meiner Dachterrasse in Südfrankreich“* - Pfui Teufel!!!

Aber dies sollte nicht der einzige „Ausrutscher“ der gebühreneintreibenden ARD/WDR gewesen sein, welche erst 2019 für einen medienwirksamen und agendatreuen Skandal sorgte. Stichwort: „Meine Oma ist‘ne alte Umweltsau“! Der meiner Meinung nach größenwahnsinnige WDR leistet sich von unsere Zwangsgebühren:

- 3 große TV- und Hörfunkstudios in Köln
- 21 Regionalstudios
- 8 Auslandsstudios
- 10 Hörfunkanstalten
- 14 Webchannels
- 5 Klangkörper (WDR Sinfonieorchester Köln, WDR Funkhausorchester Köln, WDR Rundfunkchor Köln, WDR Big Band Köln und den WDR Kinderchor)
- sowie zahlreiche Bürohäuser

Vielen WDR-Mitarbeitern unterstellte man (lt. Wikipedia) eine große Nähe zur SPD, einigen auch Sympathien mit der Baader-Meinhof-Gruppe (RAF).

Im September 2021 erlangte die Nominierung von Nemi El-Hassan als Moderatorin des WDR-Wissenschaftsformats Quarks bundesweite Aufmerksamkeit, nachdem durch Medien auf ihre Teilnahme am antisemitischen und israelfeindlichen Al-Quds-Marsch in Berlin im Jahre 2014 hingewiesen wurde.

Bei dem Westdeutsche Rundfunk (WDR) waren 2011 im Jahresdurchschnitt 4132,5 Planstellen besetzt. Im Budget 2020 sind rund 476 Mio. vorgesehen für Personalkosten (Gehälter 384 Mio. und 92 Mio. für ehemalige Mitarbeiter); 520 Mio. für die Programme und 406 Mio. für „Sachaufwendungen".

Um so erschreckender ist das in einer Drehpause einer Videoschalte ein Gespräch von zwei scheinbar überbezahlten WDR-Angestellten im Katastrophengebiet Erftstadt aufgezeichnet wurde, was mich persönlich fassungslos machte:

- *„Ich habe total Hunger."*
- *„Ich auch ey."*
- *„Und ich habe keinen Bock mehr. Und ich habe mir morgen noch so einen Tagesschau-Dienst eintragen lassen. Ich war gestern im Brennpunkt und hatte ziemlich gute Sachen gedreht. Aber heute in einer Woche sitze ich in Südfrankreich auf meiner Dachterrasse mit Blick auf den Hang. Das ist mega."*

Wie respektlos ist allein der Satz: „Ich habe total Hunger"?! Unzählige Menschen haben ALLES verloren, viele von ihnen sogar ihr Leben! Diese Opfer haben NICHTS mehr, keine zu Haus, kein Essen, keine Erinnerungen ... NICHTS! Und die scheinbar überbezahlten WDR-Damen vor Ort denken nur an ihre Dachterrasse mit Blick auf einen Hang in Südfrankreich!!! Das geht mal gar nicht! Setzen. Sechs!!!

Abb. 68: Eine RTL-Lügenshow à la „Die Wollny's", in feinster kommunistischer Propagandamanier, im besten Deutschland, das wir je hatten!

Ein ähnlich unsoziales Verhalten legte ihre RTL-Kollegin Susanna Ohlen an den Tag, als sie per Handyvideo erwischt wurde, wie sie sich für eine „Live-Schalte" die „Flut-Maske" selbst anlegte und hatte somit den Baerbock ihres Lebens geschossen!

Jetzt mal ganz ehrlich liebe Susanna: Ganz Deutschland durfte Dich vor kurzem dabei bewundern, wie Du auf dem höchsten Niveau anderer RTL-GZSZ-Schauspieler aus der Schlamm-Maske kamst, um Dich dann anpackend und helfend zu präsentieren. Nach Deinen eigenen Worten hast Du ja auch „in den Tagen zuvor von morgens bis abends schwer mitgeholfen und Steine der Altstadt aus den Trümmern ausgegraben", so Deine Worte. Gibt es davon irgendwelche Bilder? In den sozialen Netzwerken posten „Stars", wie Du es gern sein möchtest, dass doch sonst immer unmittelbar, oder streamt es live? Oder stimmte das etwa auch nicht? Wenn gar nichts mehr geht und die Lügen und das Verhalten nicht mehr zu leugnen sind, siehe auch Armin Lachnet-Laschet van Laack, dann entschuldigt Ihr Euch immer, habt aber nicht den Arsch in der Hose, für immer von der Bildfläche zu verschwinden!

„Ich habe am Montag einen schwerwiegenden Fehler gemacht und mir ohne zu überlegen, Schlamm auf meine Kleidung geschmiert", war Deine Ausrede.

Aber ehrlich mal jetzt, wem geht das nicht so? Jeden Morgen nach dem Aufstehen schmieren sich Millionen von Deutschen doch bestimmt auch Schlamm auf ihre Kleidung. Wer kennt das nicht, diesen kleinen Fehler?!

Du tatest das, weil Du Dich vor den anderen Hilfskräften, Du meintest bestimmt vor den anderen „echten" Hilfskräften, geschämt hast! Hey, ziehst Du Dir auch immer ohne zu überlegen vor der Kamera eine vollgeschmierte Jogginghose an, weil Du Dich sonst vor Deinem RTL-Publikum, das zu Hause auf dem Sofa chillt, schämst? Fragen über Fragen, liebe Susanna.

Jetzt bist Du erst einmal beurlaubt und kannst als Höchststrafe von morgens bis abends RTL oder schlimmer noch RTL II konsumieren. Vielleicht reflektierst Du dann endlich mal, wer oder was Du wirklich bist. Ich helfe Dir aber mal auf die Sprünge: Du bist eine verdammte falsche Heuchlerin, die auf schamloseste Art und Weise Dich auf Kosten von Menschen präsentiert hast, die alles verloren haben. Genau solche Typen wie Du und die ganzen C- und D-Prominenten, sowie diese ganzen C- und D-Politikpersonal à la Lachnet-Laschet und Co. widern mich zutiefst an. Man könnte glatt meinen, all ihr verlogenen VIPs kommt aus einem Stall oder Haus, aus einer Familie oder einem Reagenzglas! Aber dazu komme ich in einem späteren Kapitel.

Euch ging es noch nie um die Menschen oder ihre Sorgen und Schicksale! Euch ging und geht es immer nur um Euren eigenen Vorteil, Umfragewerte, Einschaltquoten und die persönliche Bereicherung! Wer sich wie Du extra mit Schlamm vollschmiert und den Zuschauern niederträchtig direkt ins Gesicht lügt, sollte nie wieder vor einer Kamera stehen. Du solltest Dich in Grund und Boden schämen!

Nun habe ich genug Zeit mit so einer ansonsten völlig unbedeutenden Person verloren, die sich hoffentlich jetzt schon als mediale Leiche betrachten darf. Diese Frau ist einfach we**RTL**os! Pfui Teufel … ich habe schon wieder Puls!

„RTL teilte daraufhin mit, dass dieses Verhalten gegen die journalistischen Grundsätze verstoße ... Ein Onlineartikel über Ohlens Tätigkeit im Flutgebiet wurde gelöscht.“[(115)]

Abb. 69: Bild-Spendenaufruf für Opfer

Interessant ist auch der Spendenaufruf der „*Bild*". Spendenaufruf in allen Ehren, aber ist das eine typische deutsche Familie, die durch die Flut alles verloren hat? Ich glaube kaum! Die BILD sollte sich schämen. Die Kommentare sprechen für sich:

• *„Die Kommentare unter dem Bild sprechen Bände. Die Leute wollen gerne Solidarität zeigen. Aber mit ihren Landsleuten. Sie möchten, dass es auch mal um die Deutschen geht. Und das ist legitim. Jahrelang ging es darum, dass ‚wir' helfen, dass ‚wir' Flüchtlinge aufnehmen müssen. Warum werden jetzt nicht mal Hans und Trude gezeigt, die vielleicht auch ihr Hab und Gut verloren haben* *und für die ihr Haus schon immer ihre Heimat war? Warum haben deutsche Opfer in den Medien nie ein Gesicht?"*

- *„Sorry, so erreicht man vermutlich das Gegenteil. Klar habe ich Mitleid mit allen Opfern der Katastrophe, aber man empfindet in der Regel nun einmal mehr Mitleid und Empathie mit Menschen, denen man sich kulturell nah fühlt. Mit wem soll ich mich in diesem Land noch identifizieren und solidarisch zeigen, wenn uns Deutschen in den Medien nie ein Gesicht gegeben wird? Wenn es immer nur um andere geht?"*

- *„Also die in der Eifel sahen aber anders aus."*

- *„Bekommen wir jetzt auch Unterstützungshilfe von anderen Staaten, wie wir denen damals auch geholfen haben?"*

- *„Im Fernsehen hab ich nicht einen von denen gesehen!"*

- *„Olaf schau da ist sie, die durchschnittliche Eifelfamilie. Unfassbar."*

- *„Wohne im Katastrophengebiet und finde das Bild nicht angebracht viele deutsche Familien sind stark von der Flut betroffen diese Leute sollten an 1. Stelle stehen."*

- *„Irgendwie stimmt was mit dem Photo nicht. Wo sind die Deutschen Bürger auf dem Bild die Flut war doch in Deutschland oder!!!!"*

- *„Unfassbar! Ein Hohn für die deutschen Familien die ihr zuhause verloren haben! Und wieder wird die Gesellschaft massiv gespalten."*

Liebe Bild, was hat dieses Bild mit deutschen Opfern in der Eifel zu tun? Habt ihr kein Bild von Opfern, die auch direkt betroffen sind? Das irritiert mich und ich finde das am Thema komplett vorbei. Das zeigt aber auch, was Ihr von uns haltet, nämlich nichts! Ich bin selbst nicht betroffen, werde aber meinen Landsleuten helfen. Das nenne ich Solidarität mit Landsleuten, Ihr Pfeifen!!!

Aber dies war noch lange nicht alles! Immer mehr Flut-Retter packen aus: „Wir stehen stundenlang in Bereitstellungsräumen und werden nicht angefordert oder wieder nach Hause geschickt.“. Diese Kommentare häufen sich in allen Medien.

„UNTERLASSENE HILFELEISTUNG“, „LEBENSGEFÄHRLICH“

Harte Kritik an den Öffentlich-Rechtlichen

Wegen (fehlender) Berichterstattung über die Hochwasser-Katastrophe

Abb. 70: … es geht ja nur um die einheimische Bevölkerung!

Was ich aber persönlich noch viel schlimmer finde ist, dass die deutsche Führung und Medien schon vier Tage vor der Katastrophe Bescheid wussten, was sich dort am Himmel zusammenbraute! Man spricht von einem „monumentalen System-Versagen“, was jedoch, wie bei der Loveparade-Katastrophe 2010 in Duisburg mit 21 Toten, garantiert keinerlei Konsequenzen haben wird. Zahlreiche Medien berichteten darüber, wie auch die *„Bild“*: *„Britische Hochwasser-Expertin erhebt schwere Vorwürfe – Bundesregierung wurde schon Tage vor der Flut gewarnt! Mitentwicklerin des europäischen*

Hochwasser-Warnsystems spricht in der Londoner ‚Times' von ‚monumentalem Versagen' +++ Ausmaß des Starkregens laut Deutschem Wetterdienst vorhersehbar gewesen ... Der britischen Zeitung ‚The Times' sagte die Mitentwicklerin des europäischen Hochwasser-Warnsystems ‚Efas', das System habe am 10. Juli – also vier Tage vor Beginn der Überschwemmungen – Alarm geschlagen und ‚Warnungen an die deutsche und die belgische Regierung' übermittelt. ... Die Expertin: ‚Die Tatsache, dass Menschen nicht evakuiert haben oder die Warnungen nicht erhalten haben, legen nahe, dass etwas schiefgegangen ist.' Es handele sich um ein ‚monumentales System-Versagen'. ... Ebenfalls dem ZDF sagte ein Sprecher des DWD: ‚Wir haben getan, was zu tun war.' ... ‚Wir als Meteorologen waren nicht überrascht', sagte auch Andreas Friedrich, Tornado-Beauftragter und Pressesprecher der Behörde."(116)

Die deutsche Regierung hat vermutlich die Hochwasseropfer ins offene Messer laufen lassen, da sie die Menschen NICHT GEWARNT hatte!

Wenige Stunden nach der Flut wurde bekannt, dass, wie es leider immer geschieht, Plünderungen im großen Stil beobachtet wurden:

„Bunte Plünderungen im Überschwemmungsgebiet – Wer diese asozialen Elemente sind, bleibt dank vorsätzlicher medialer Verdunkelung im Unklaren. ‚Bild' schreibt verschämt von ‚Personen in überschwemmten Läden', der ‚Tagesspiegel' immerhin von ‚Kriminellen' und andere schlicht von ‚Menschen'; es handelte sich also nicht um Kühe oder Pferde. Die Unbestimmtheit dieser verdrucksten Allgemeinbegriffe deutet heutzutage zumeist bereits zielsicher darauf hin, dass es sich mit hoher Wahrscheinlichkeit um Personen mit Migrationshintergrund handeln muss, denn bei biodeutschen Tätern würde dieser Umstand als erstes betont. Doch liest man die Nachrichten noch so akribisch durch, so bleibt spekulativ, wer hier geplündert hat. Erst ein Blick in die Kommentarspalten unter lokalen Facebook-Seiten – etwa ‚Mein Stolberg', verschafft Klarheit: Hier machen sich etliche Anwohner und Augenzeugen Luft und berichten von ‚Horden von Männern von 15 bis 45 Jahren' mit auffallend dunklen Teint, von überwiegend migrationsstämmigen Gruppen, die nicht etwa mit anpacken und helfen, sondern frei im Katastrophengebiet vagabundieren – und, jedenfalls manche von ihnen, plünderten. Ein User schreibt über die Täter: ‚...die sehen aus, als kämen sie gerade aus dem Urlaub, von der Sonne gebräunt? Folklorekleider, Ikeaeinkaufstaschen und vollgeladene Kinderwagen und schieben alles

Richtung Oststraße, wo lauter Kleintransporter mit xxx Kennzeichen stehen … was nicht benötigt wird, landet dann an den diversen Glas- und Kleidercontainern der Stadt.‘“[117]

Von offizieller Seite wird man selbstverständlich dazu keinerlei wahrhafte Stellungsnahmen hören, da es den Ordnungshütern untersagt wurde, über „Probleme mit Migranten“ zu sprechen.

Einmarsch der Karnevalisten

„Helau und Alaaf - D'r Zoch kütt!“ Am 3. Tage nach der Katastrophe begann das eigentliche Puppentheater, als der nicht vom Volk gewählte Bundespräsident Steinmeier und der Ministerpräsident von NRW Lachnet-Laschet (van Laack) im Katastrophengebiet eintrafen und die üblichen aufgeblasenen Baukasten-Wortphrasen aus der Politiker-Satzfindungs-Fiebel vortrugen, nach dem Motto: „Liegen Stadt und Dorf in Schutt, lacht der Armin sich kaputt!“! Darauf zünden wir eine 3-fache Rakete und Ausmarsch!!!

Abb. 71: Der „falsche Eindruck“ von Laschet ist: „Der, der immer lacht“!

Dieses Verhalten ist nicht nur abstands- und maskenlos „unpassend“ (so Lachnet-Laschet‘s Ausrede), sondern war ein echter „Baerbock“!
Ich konnte es kaum glauben, dass diese Abgeordneten zu diesem Zeitpunkt, noch nicht in Gummistiefel-, Schubkarren- und Schaufeldeals verwickelt waren, was bei „denen“ ja scheinbar Tradition hat!

Abb. 72: Der 1. Mann im Staat - Vorbild Steinmeier kann auch gut lachen!

Politiker wie BP Steinmeier, der sowieso nicht gern „die Sprache der Täter" spricht(118), Lachnet-Laschet (van Laack) und der Landrat des Rhein-Erft-Kreises Frank Rock sollten sofort zurücktreten, denn dieses Verhalten ist bei aller Liebe ehrlos und inakzeptabel!

Wie heißt es doch in einem Kölner Karnevalssong: „Echte Fründe ston zesamme. Ston zesamme su wie eine Jott un Pott." („Echte Freunde stehen zusammen. Stehen zusammen so wie ein Gott und Topf")

Ob die ausgegrenzten Opfer der Flut, welche ihr Hab und Gut, ihre Liebsten, ihr zu Hause verloren haben, auch so lachen können, als wären sie bei einer Karnevalsveranstaltung im Kölner Gürzenich oder beim Rosenmontagszug in Düsseldorf, bezweifle ich stark?! Es ist alles so entlarvend und sollte vielen Menschen die Augen öffnen, wenn sich „Volksvertreter", nachdem unzählige Menschen und Tiere qualvoll gestorben sind und ganze Familien ihren gesamten Besitz verloren haben, wie betrunkene Kerle am Stammtisch bei Altherrenwitze benehmen. Das alles geschah natürlich ohne Maske, denn diese ist ja nur für das „Pack" verpflichtend!

Es ist ein immenser Schaden entstanden und deshalb sollte die „Flüchtlingsrücklage" in Höhe von 42 Milliarden Euro teilweise sofort aufgelöst und für die Betroffenen und nationale Interessen verwendet werden! Punkt und Ende der Diskussion! Dafür zahlen WIR DAS VOLK Steuern!

Am Abend des 17.07.2021 berichtete der WDR in der „Aktuellen Stunde" davon, dass vor der Ankunft der von Steuergeldern lebenden regierenden Politikgaffer Steinmeier, Lachnet-Laschet und weiterer volksvertretenden Heuchler, die gesamte Umgebung durch die Polizei und Ordnungsamt abgesperrt wurde. Nur Journalisten waren erlaubt! Somit wurden direkt betroffene Flutopfer aus der unmittelbaren Nachbarschaft, die für sie veranstaltete „Gedenkfeier der Flutopfer" ausgesperrt. Hatte man Angst vor unbequemen Fragen?! Welche scheinbar verlogene Ironie wird da an den Tag gelegt?! Nicht nur mir scheint es so, dass die ganze „Veranstaltung" nur für die Kamera inszeniert wurde!!!

Während sich der von Auserwählten gewählte Bundespräsident und der NRW Landesfürst Lachnet-Laschet ablachten, während Teile von Deutschland „absaufen", im Schlamm ersticken, während Menschen ums Leben kommen oder schwer verletzt wurden, Überlebende nicht wussten, wie es weiter geht und während sehr viele Orte und ganze Regionen aussehen wie ein Kriegsgebiet, verschenkt der Gesundheitsminister Jens Spahn (von mir freundlich: „Teflon Jensi" genannt) bei seiner „Impfpropagandatour 2021" in Genf einfach mal so nebenbei 260 Millionen an Gott und die Welt.

Jens Spahn und WHO-Direktor Tedros Adhanom Ghebreyesus in Genf. Bedeutet die deutsche Flagge Kapitulation?!

Gott Shiva der Gegensätze im Hinduismus: Er bringt Schrecken, Unheil und Zerstörung!

Abb. 73: Bitte achten Sie auf die Symbolik!

Symbolträchtig ist der Hintergrund der Abbildung oben: Die deutsche Flagge steht auf dem Kopf. In der Bildunterschrift und im Artikel selbst wird das als Fehler abgetan. Nein, für solche wichtigen Fotozwecke, wo auch die Fotografen Logenmitglieder sind, macht man keine Fehler! Das ist in meinen Augen pure Absicht. Direkt hinter den Flaggen steht eine Statue der hinduistischen „Gottheit“ Shiva, die im Hinduismus u.a. für das Prinzip der Zerstörung steht. Und die deutsche Flagge auf dem Kopf steht mittig vor dieser Statue. Bei dieser Konstruktion handelt es sich offensichtlich um ein schwarz-magisches Ritual! Als Bestandteil der „hinduistischen Trinität“ (Trimurti) mit den drei Aspekten des Göttlichen, also mit Brahma, der als Schöpfer gilt, und Vishnu, dem Bewahrer, verkörpert Shiva das Prinzip der Zerstörung. Außerhalb dieser Trinität verkörpert er Schöpfung und Neubeginn ebenso wie Erhaltung und Zerstörung.

Hier soll Deutschland zerstört werden, das mithilfe der Konstrukte EU und WHO (UN) – im Zangengriff von den Flaggen daneben – nicht nur sprichwörtlich „auf den Kopf“ gestellt werden soll. Vor dem Hintergrund der gleichzeitigen Flutkatastrophen (und was evtl. noch geplant ist) erhält diese okkulte Symbolik eine gewisse Bestätigung. Und ob die abgebildeten Herren darauf „menschlich“ sind, kann mittlerweile jeder selbst beantworten, was dem gesamten Bild noch eine besondere „Note“ aufsetzt. Sicher nur wieder Zufall!!!

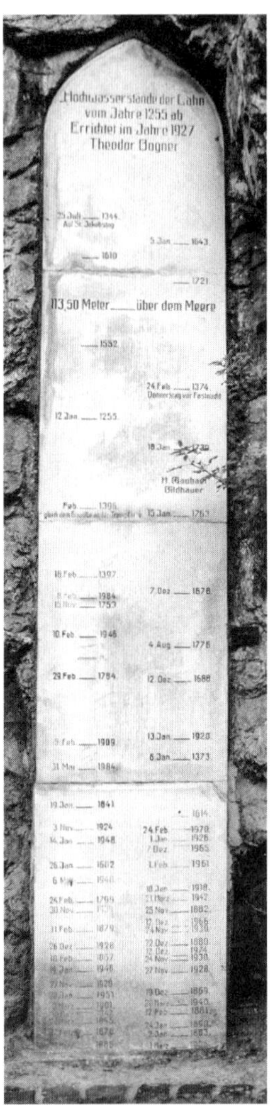

Abb. 74: Beispiel Pegel der Lahn, Hochwasser gab es schon immer!!!

Falls es „Teflon Jensi“ aufgefallen ist, in den deutschen Flut-Gebieten warten die eigenen Landsleute auf Kleinigkeiten, die wirklich wichtig sind, wie: Wundversorgungsmaterial, Blau- und Silberspray, Fliegenschutz,

Mückenspray, Handtücher, Waschlappen und Handtücher, Babynahrung, Babywindeln, Inkontinenzmaterial, Desinfektionsmittel, Hygieneartikel, Taschentücher, Toilettenpapier, Binden, Trinkwasser und Wasseraufbereitungstabletten, usw. Hier noch ein kleiner Tipp an den „Gesundheitslobbyminister“: Die Menschen in den Katastrophenregionen sind die, die durch Steuern ihre Geschenke ans Ausland, ihre 1. Klasse-Reisen, ihren Lohn und spätere Pension bezahlen! Bitte nicht vergessen!!!

Die selbstständigen Menschen, welche ihre Existenzgrundlage verloren haben, können „morgen“ keine Steuern mehr bezahlen, damit sie, lieber Teflon Jensi, sich vielleicht noch eine Villa als Anlage bei ihren Bank-Freunden finanzieren lassen können, denn diese Opfer haben kein Dach mehr über dem Kopf!!!

Einen Tag später, am Sonntag den 18.07.2021, war es wie erwartet so weit: Die „Queen from Berlin“ hat sich erbarmt und ist in dem von Hochwasser schwer getroffenem Gebiet eingeflogen. Angela Merkel sagte in einer Rede: *„Die deutsche Sprache kennt kaum Worte für die Verwüstung, die hier angerichtet worden ist.“* Sorry Frau 18-fach Dr. Merkel, doch die deutsche Sprache kennt dafür Worte, falls man nicht begriffsstutzig ist, z.B.: Regierungsversagen, Dilettantismus, Entscheidungsfehlurteile, Einfältigkeit, Pfuscherei, Insuffizienz, Torheit, Wahnwitz, Unkenntnis, Unwissenheit, Dummheit, Unerfahrenheit, Ahnungslosigkeit, Verständnislosigkeit, Primitivität, Wissenslücken, Ignorantentum, Herzlosigkeit, Ungebildetheit oder einfach nur „deutsche Politiker“! Es gibt ausreichend deutsche Worte für diese „Misere“, es sei denn, Frau Merkel fängt an wie Herr Steinmeier und möchte nicht „die Sprache der Täter“ sprechen!

Weiter sagte Merkel: *„Wir stehen an Ihrer Seite.“* Wäre es nicht passender, wenn sich Politiker nicht täglich im weißen Hemd ins rechte Bild im Todesgebiet rücken (siehe Lachnet-Laschet van Laack), sondern einen Spaten oder Schaufel nehmen und mit anpacken oder wenigstens SOFORT entsprechende Hilfe schicken würden, so wie es das Fernsehen zeigt, was ich sehr „surreal“ finde!!!

„*T-Online*“ schreibt auf seiner Seite: *„Auf Nachfragen sagte die Kanzlerin, dass die Hochwasserkatastrophe mit dem Klimawandel ‚zu tun‘ habe – „und das bedeutet, dass wir uns noch mehr vornehmen müssen.“* Merkel forderte: *„Wir müssen schneller werden im Kampf gegen den Klimawandel. Die*

Investitionen seien zwar teuer – doch was nicht getaner Klimaschutz anrichten könne, sei teurer.“ (119) Geehrte Frau Dr. Merkel: Sie als Wissenschaftlerin (Wissenschaftler erfindet / verkauft ja gern einmal seltsame Theorien als absolute Wahrheit ohne Beweise und Garantie!) sollten eigentlich wissen, dass es Überschwemmungen und Überflutungen, sowie Klimaschwankungen schon IMMER gegeben hat. Bitte hören Sie auf mit dem Klimaerwärmungsmist und dem CO2-Kokolores. Kleiner Tipp: Biologie – 5. Klasse, Thema Photosynthese!!! Dies lernt man sogar in einer Waldschule!!! Es sei denn, man hat die gleichen Abschlüsse wie Frau Baerbock, dann könnte es brenzlig werden!

Hier eine kleine Ausfertigung zum Thema CO2:

Trockene Luft besteht hauptsächlich aus den zwei Gasen Stickstoff (rund 78,08 Vol.-Prozent) und Sauerstoff (rund 20,95 Vol.-Prozent). Daneben gibt es noch die Komponenten Argon (rund 0,93 Vol.- Prozent), Kohlenstoffdioxid (rund 0,04 Vol.- Prozent) und andere Gase in Spuren. Wie ist es nun mit dem CO2? Es sind nur 0,038% CO2 in unserer Atemluft! Aha!!! Geht Ihnen ein Lichtlein auf?!

Frage: Wie hoch ist also der CO2-Anteil in der Luft?

Antwort: Es sind nur 0,038% CO2 in unserer Atemluft!

Wer weiter rechnen möchte: Wir haben 0,038 Prozent CO2 in der Luft. Davon produziert die Natur selbst etwa 96 Prozent. Den Rest, also 4 Prozent, der Mensch. Das sind 4 Prozent von 0,038 Prozent, also 0,00152 Prozent. Der Anteil von Deutschland ist hieran 3,1 Prozent. Somit beeinflusst Deutschland mit 0,0004712 Prozent das CO2 in der Luft.

Die CO2-Lüge ist also nur ein weiteres Mittel, um die Menschen, einzusperren, zu entrechten, zu versklaven und via „Schutzgeld“, auch Steuern genannt, auszubeuten!!!

Erich von Däniken schrieb auf Twitter: „*Klimawissenschaftler, die nicht zur Kenntnis nehmen wollen, welches Klima vor Jahrhunderten und Jahrtausenden herrschte, sind Scharlatane. Wüssten sie es so könnten sie die Mär nicht verbreiten, das jetzige Klima sei einzigartig. Und selbstverständlich vom Menschen gemacht.*“[(120)] Recht hat er!

Der CDU NRW-Innenminister Herbert Reul schrieb ebenfalls auf Twitter: „*Das Wesen von Katastrophen ist, dass sie nicht vorhergesagt werden können. Das Wesen von Naturkatastrophen ist, dass sie erst recht nicht vorhergesagt werden können.*“ Darauf konterte der Wetterfrosch Jörg Kachelmann nur ein Wort der Wahrheit: „*Lügner.*“[(121)]

Jedoch setzte Reul noch einen drauf, denn der nordrhein-westfälische Innenminister gibt der Bevölkerung die Schuld an den Folgen der Flutkatastrophe! Zitat: „*Ich glaube, die Bevölkerung wusste auch schon, dass Starkregen kommt. Da haben sie doch alle drüber berichtet. Also das, glaube ich, hat jeder mitbekommen. Aber sie haben es nicht ernst genommen.*“[(122)]

Ähnlichen „clever“ verhielt sich der Kanzlerkanditat Lachnet-Laschet (van Laack). Bereits am 10.07.2021 warnte der Wetterexperte Kai Zorn in seiner Botschaft: „Da baut sich eine richtige Wasserwalze auf ... bis nach NRW ... Hier wird es mit an Sicherheit grenzender Wahrscheinlichkeit zu Überflutungen kommen.“ Armin Lachnet-Laschet war jedoch am 15.07.2021 der Meinung: „Als noch die Sonne schien, und niemand erahnte, dass etwas passieren konnte ...“[(123)] War es nicht auch genau dieser Minister, der 2019 die Soforthilfe für Hochwasser-Opfer erbarmungslos zusammenstreichen ließ?![(124)] Sind Deutsche Opfer etwa nicht unterstützenswert, sondern nur die über Grenzen hinweg?

Die akute Hochwassergefahr mit den schlimmsten Szenarien für Stolberg war der nordrhein-westfälischen Landesregierung von Armin Laschet seit Jahren bekannt. Aber sie wettete dagegen und baute die geforderten Rückhaltebecken nicht. Die Diskussion überschlugen sich, inwieweit die Bundesregierung und die Landesregierungen in Düsseldorf und Mainz vorgewarnt waren, welches katastrophale Unglück über die Menschen in Nordrhein-Westfalen und Rheinland-Pfalz hereinbrechen würde. „Bundesregierung wurde schon Tage vor der Flut gewarnt!“ Tage vorher? Das war eine schlimme Nachricht für die Betroffenen, die Hinterbliebenen und die, welche viel oder alles unter den Schlammmassen verloren hatten. Denn das hieße, dass man das Unglück durchaus hätte abwenden oder zumindest mildern können.

ABER einen habe ich noch, denn mir kam da etwas zu Ohren! Armin Lachnet-Laschet besuchte nach der Flut angeblich (nach eigenen Angaben!) Altena, im Katastrophengebiet. Die Stadtverwaltung zeichnet allerdings ein ganz anderes Bild: *„Herr Laschet war definitiv nicht vor Ort“*, sagte Kämmerer Stefan Kemper. Erreicht hätte er den seit Mittwoch von der Außenwelt abgeschnittenen Ort nämlich ohnehin nicht mehr. Der vermeintliche Abstecher hinterlässt einen faden Beigeschmack. Denn Lachnet-Laschet hatte sich laut einem Bericht mit Landrat Marco Voge (CDU) getroffen und wohl an eine „Gefahrenrandlage“ heranfahren lassen. Dort gab er der *„Bild“* ein öffentlichkeitswirksames Exklusiv-Interview. Trotz der zuvor angekündigten fehlenden Medienbegleitung inszenierte sich Laschet mit Fotos auf dem Twitter-Kanal der Staatskanzlei NRW. Im ebenfalls schwer vom Hochwasser getroffenen Hagen habe der Krisenstab bereits seit über einer Stunde auf den CDU-Kanzlerkandidaten gewartet. Dort sagte er später: *„Die Lage sei zu ernst, um damit ‚Bilder zu erzeugen.‘“* Was für ein Showmaster!

Der Armin Lachnet van Laack ist schon echt pfiffig, ein cleveres lustiges Kerlchen und so in den Unglücksgebieten im Wahlkampfdauerstress, der „Bürgernahe.“

Ja, Sie haben richtig gelesen! Und solche „Lachnummern“ wie Lachnet-Laschet van Laack wollen in den Olymp der Regierung aufsteigen?! Na dann Prost Mahlzeit, denn dort sitzen schon genügend „Pfeifen“!

> *„Die schlimmste Art Versager ist der Mann, der sich immer wieder vormachen muss, dass er ein erfolgreicher Mann ist.“ (T.S. Eliot)*

Nun kommt der Hammer: Frau Merkel bat in ihrer Rede um Geldspenden von den Deutschen für die Flutopfer! Das nenne ich mal einen richtigen „Schenkelklopfer“, worüber sich das „Erftstädter Dreigestirn“, alias Steinmeier / Laschet / (Landrat) Frank Rock, wieder einen Ast lachen können! Ein wahrer Hohn, denn denken Sie, lieber Leser, bitte einmal zurück, an die deutschen Milliardenhilfen der vergangenen Monate und Jahre, größtenteils nur für das Ausland. Da werden Millionen über Milliarden Euros für Hinz und Kunz von UNSEREN STEUERGELDERN ausgegeben ohne das WIR, DAS VOLK gefragt wurden. Wird jedoch durch eine Wetterkatastrophe einmal Hilfsgelder für Hans und Inge benötigt, sollen die deutschen Völker selber für ihre Landsleute spenden!

Es geht nicht darum, dass Deutsche für Deutsche spenden, sondern um die Realitätsferne der Herrschenden! Rentner müssen in dieser BRD Pfandflaschen im Park sammeln, um sich etwas zum Essen kaufen zu können. Familienväter haben teilweise einen Jobs und müssen zwei bis drei Nebentätigkeiten ausüben, damit sie die Miete bezahlen können und einmal in der Woche ein Stück Fleisch auf den Tisch ihrer Familie haben! Deutsche im Altenheim haben nicht einmal zwei Euro in der Woche übrig, um eine Tasse Kaffee zu trinken, weil ihnen alle Finanzen für die „Pflege“ im Heim abgenommen werden. Das sind die Menschen, die dieses Land aufgebaut haben!!! Frau Merkel und Co. haben entweder keine Ahnung was im eigenen Land geschieht oder möchten es nicht sehen, weil es von der Agenda gewünscht ist! Hier ein paar Beispiele von Regierungsgeschenken:

• mehr als 1 Mrd EUR im „Kampf gegen Rechts“ an das „Wahrheitsministerium“ der „roten“ Kahane

• 600 Mio für den Anbau des Kanzleramts

• 9 Mrd EUR für die Lufthansa

• 7,4 Mrd EUR an die Pharmariesen für die Entwicklung von Impfstoffen

• 1,5 Mrd EUR 2020 für Flüchtlingshilfe

• ein Milliardenrettungspaket für Griechenland

• Impfallianz GAVI hat 600 Mio bekommen

• 1,5 Mrd EUR für Impfstoffe für ärmere Länder

• 20 Milliarden EUR jedes Jahr als Entwicklungshilfe ins Ausland, davon jährlich 630 Millionen „ENTWICKLUNGSHILFE“ für die Supermacht China

- 260 Millionen für Spans Impfpropaganda

Von Steuerraub und Verschwendungen

Der Steuerraub im Jahr 2020 betrug in Milliarden:

- 544,2 Gemeinschaftssteuern (davon Einfuhr-/Umsatzsteuer 219,5, Lohnsteuer 209,3)

- 105,6 Bundessteuern (davon Energiesteuer 37,6)

- 27,8 Landessteuern (davon Grunderwerbsteuer 16,1)

- 4,7 Zölle

Verteilung:

- 283,1 Bund

- 316,3 Länder

- 32,8 EU (das entspricht 6 %)

- 50,1 Gemeinden

Gemeinden kassieren zusätzlich 57,4.

Insgesamt also 739,7 Milliarden, das entspricht 739.700 Millionen!

Zusätzlich werden Pflichtzahlungen an die Sozialversicherungen zweckentfremdet und somit zweimal geraubt.

Für Flutopfer wurde eine Soforthilfe von 400 Millionen zugesagt. Das entspricht 0,25 Prozent. Allerdings wurde hier schon Erstattung beantragt: „20.07.2021: Berlin beantragt Fluthilfe aus Brüssel.“[125]

Zum Vergleich (kleine Auswahl):

- 17.02.2021: 750 Mio (in 2020) zur Förderung von Giftstoffen, davon viel im Nirvana versickert[126]
- 12.02.2021: 600 Mio für 15 große Flughäfen[127]
- 27.07.2021: 525 Mio für Ferienflieger Condor[128]
- 24.01.2021: 460 Mio für Galeria Karstadt Kaufhof[129]
- 15.07.2021: 300 Mio für Ladesäulen für Elektroschrott[130]
- 20.03.2021: 58 Mio für Stahlproduzent Georgsmarienhütte[131]
- 06.07.2021: 56 Mio für Profisport[132]

Wer weiß schon, wie viel von den Spendengeldern für die Flutopfer abgezweigt werden. Mehr Ausbeutung und Verhöhnung des Volkes geht schon nicht mehr.

Fazit: Berlin macht für die gesamte Welt Politik, nur nicht für das Wohl der eigenen Bürger! Für Großkonzerne, das Ausland und die eigene Tasche ist immer unbegrenzt Geld da. Für die Bürger, dass sieht man ja auch an den Renten, wo mittlerweile über 50 Prozent unter der Armutsschwelle von 900 Euro liegen. Noch nicht einmal in solch einer Notsituation bekommen Einheimische einen kleinen Teil ihrer Steuerzahlungen zurück! Es zeigt ein weiteres Mal, dass diese BRD-Verwaltung scheinbar NICHT FÜR DAS DEUTSCHE VOLK installiert wurden!

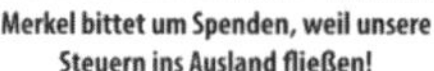

300 Millionen Euro Soforthilfe vom Bund für Deutsche Opfer!

300 Euro Soforthilfe für Flut-Opfer in Erftstadt

300 Euro Soforthilfe pro Einwohner, jedoch wurden nur 200 Euro pro Person ausgezahlt!

Abb. 75: Die fehlende „Hilfsbereitschaft“ der Bundesregierung spricht Bände, Ausschnitte aus der „Bild“ und „Bild am Sonntag“

Finanzminister „Scholz von Warburg und Wirecard“ versprach 200 Millionen Hilfe des Bundes. Wir erinnern uns an die Corona-Soforthilfe 2020 oder an andere Katastrophen, wo bei dem „kleinen steuerzahlenden Schaf“ kaum etwas angekommen war, aber sehr viele große und alteingesessene Firmen davon profitierten! Siehe kleine Hilfszahlungen-Auflistung oben!

Apropos Flut, Hochwasser und Finanzminister „Scholz von Warburg und Wirecard“: Der Bundesgerichtshof hat am 28.07.2021 entschieden: Cum-Ex-Geschäfte ist strafbare Steuerhinterziehung!!!

„Milliarden erbeuteten findige Investoren über Jahre mit Cum-ex-Geschäften, bei denen sie sich Steuern erstatten ließen, die niemals gezahlt wurden. Nun hat der Bundesgerichtshof bestätigt: Das war Steuerhinterziehung. (...) Die Hamburger Privatbank M.M. Warburg musste 176 Millionen Euro Cum-ex-Beute zurückzahlen, der Angeklagte S. wurde zur Zahlung von 14 Millionen Euro verurteilt.“[(133)]

„In den letzten Jahren zog Scholz bei großen Finanzspekulationen Verdacht auf sich, nämlich den Millionenbetrügereien des Cum-Ex-Skandals und der Wirecard-Pleite. Nach Recherchen verschiedener Leitmedien hat er sich 2016, während seiner Zeit als Erster Bürgermeister Hamburgs, dreimal mit Christian Olearius, einem Mitinhaber der Warburg Bank, getroffen.“[(134)]

Stellen Sie sich das mal vor: für den Anbau des Kanzleramts planen die scheinbar größenwahnsinnigen Raffkes 600 Millionen Euro, aber für eine komplett zerstörte Regionen haben die von unseren Steuern Lebenden nur 300 Millionen Euro übrig?! Diese regierende Bande gehört eingesammelt und auf eine Insel verfrachtet, wo sie den ganzen Tag von ihren Klimazielen und anderen Betrugsideen philosophieren können. Ich habe gehört das Little Saint James, die Insel von Jeffrey Epsteins noch frei sein soll! Oh man ... ich habe Puls!!!

Ich frage mich ernsthaft: Wer soll das bezahlen? Wer hat das bestellt? Wer hat so viel Pinkepinke? Wer hat so viel Geld?!

Ironie des Schicksals: Das Ordnungsamt Düsseldorf stellt Strafzettel aus, trotz des Hochwassers! „*Wegen des Hochwassers in Düsseldorf-Gerresheim haben viele Anwohner versucht, ihre Autos so abzustellen, dass sie nicht geflutet oder gar weggespült werden. Einen Tag nachdem das Wasser abgeflossen war, verteilte das Ordnungsamt in eben diesen Straßen Strafzettel.*“[(135)] Da frage ich mich: Wie tief kann diese scheinbar seelenlose Regierung noch sinken? Das ist das allerletzte!

Claus Strunz bringt es auf den Punkt: „*Wir leben in einem Land, in dem die Behörden mit Lautsprechern an Maskenpflicht und Corona-Abstand erinnern. Doch kein Polizeiauto ist durch Schuld gefahren und hat die Bevölkerung vor der größten Flutkatastrophe seit 1000 Jahren gewarnt.*“[(136)] Herr Strunz, mich beunruhigt das auch ungemein!!!

„Virus Karlchen“ in ständiger Paniklaune

Wer darf natürlich nicht fehlen? Richtig, der als Politiker getarnter Hysteriker Karl Lauterbach.

Seit Beginn der Corona-Krise präsentieren die Massenmedien Karl Lauterbach als Gesundheitsexperte und Epidemiologe. Trotz skandalträchtiger Vergangenheit und sehr fragwürdigem Verhalten bieten sie ihm eine Plattform für oft haltlose Behauptungen und Horrorszenarien.

Abb. 76: Schon ironisch, dass Karlchen, der Hysteriker vom Dienst, als einziger keine Maske trägt

Man kann schon die Uhr danach stellen, wann die Zahnfee Lauterbach wieder mal seinen Senf zu dem Ganzen gibt! Er sprach Warnungen vor Infektionen in Massenunterkünften in den Flutgebieten aus. Am besten sollten die Helfer noch Maske tragen, was aber für die im Wahlmodus dahergelaufenen Politiker natürlich nicht gilt. Interessant in diesem Zusammenhang ist die Meldung am 20.07.2021: „Sorge in Katastrophengebieten vor einem Superspreader-Event“. Warum ich hier keine Quelle angegeben habe?! Ganz einfach: weil die gleichgeschaltete Presse, was ja laut Öffentlich-rechtlichen, Regierenden und der Wahrheitskaiserin Kahane I. eine Verschwörungstheorie sei und „somit auch immer antisemitisch“, binnen Minuten, mit manchmal leicht veränderten Formulierungen, diese Nachricht verbreitete:

• 20.07.2021, 03:15 Uhr – „*Frankfurter Allgemeine Zeitung*": „Behörden warnen vor Corona-Ausbreitung in Katastrophengebieten"

• 20.07.2021, 05:55 Uhr – SAT 1 - Frühstücksfernsehen: „Corona-Ausbruch in Flutgebieten befürchtet"

• 20.07.2021, 07:29 Uhr – „*Nordbayern.de*": „Behörden warnen vor Corona-Ausbreitung"

• 20.07.2021, 07:46 Uhr – „*Zeit*": „Bewältigung der Katastrophe: Kein Superspreader-Event werden"

• 20.07.2021, 07:49 Uhr – „*T-Online*": „Bewältigung der Katastrophe: Kein Superspreader-Event werden"

• 20.07.2021, 08:08 Uhr – „*Osnabrücker Zeitung*": „Angst vor Corona-Infektionen"

• 20.07.2021, 08:08 Uhr – „*Schweriner Volkszeitung*": „Nach Flutkatastrophe: Behörden warnen vor ‚Superspreader-Event'"

• 20.07.2021, 08:15 Uhr – „*Kölnische Rundschau*": „Bewältigung der Flut-Katastrophe soll kein Superspreader-Event werden"

• 20.07.2021, 08:19 Uhr – „*Kölner Rundschau*": „Sorge um steigende Infektionen nach Flut-Katastrophe – Inzidenz steigt"

• 20.07.2021, 08:25 Uhr – „*Stuttgarter Zeitung*": „Coronagefahr: Bewältigung der Flut-Katastrophe soll kein Superspreader-Event werden"

• 20.07.2021, 09:14 Uhr – „*Berchtesgadener Anzeiger*": „Wird Bewältigung der Hochwasserkatastrophe Superspreader-Event?"

Diese Liste könnte ich endlos fortsetzen, aber es ist schade um die Seiten in diesem Buch! Fakt ist, das diese kurze Aufzählung die Gleichschaltung der Presse belegt!

Nun kommt der Hammer: Die plan- und ziellose (anti-?!) deutsche Regierung schafft es nicht, die Bevölkerung vor drohendem Unheil zu warnen, ist nicht im Stande, genügend Rettungstrupps und entsprechende Ausrüstung in die notleidenden Gebiete zu entsenden, aber hat die Frechheit, Impfbusse und mobile Impfteams vorfahren zu lassen?! Was sagte einst Bill Gates beim TED Talk im Jahr 2010:

„Zuerst haben wir die Bevölkerung. Heute leben 6,8 Milliarden Menschen auf der Welt. Es geht auf etwa 9 Milliarden zu. Wenn wir sehr erfolgreich mit neuen Impfstoffen, der Gesundheitsversorgung und Reproduktionsmedizin sind könnten wir das wohl um 10% bis 15% senken, aber zur Zeit sehen wir eine Steigung um 1,3."[(148)]

Abb. 77: Überzeugen Sie sich!

Nur so nebenbei erwähnt: Die Datenbank der Europäischen Union für unerwünschte Nebenwirkungen von Impfstoffen zeigt 18.928 Tote und 1,8

Millionen Geschädigte (davon 50 Prozent schwer), durch Impfungen. (Stand: 22.07.2021)[(149)]

Die Klimaten der „Grünen"

Seltsamerweise las man nirgendwo etwas darüber, dass in Rheinland-Pfalz das Ministerium, dass für den Hochwasserschutz zuständig ist, seit 2011 von den „Grünen" besetzt wurde! Anne Spiegel ist die rheinland-pfälzische Klimaministerin und Vizeregierungschefin. Bekannt wurde sie unter anderem deswegen:

„Kurz nachdem Spiegel von ihrer Parteifreundin Ulrike Höfken auch die Leitung des Umweltministeriums übernommen hatte, nachdem Höfken wegen ‚grob rechtswidriger' Stellenbesetzungs- und Beförderungspraktiken in ihrem Ressort zurückgetreten war, stoppte ein Gericht auch eine Stellenbesetzung in Spiegels Integrationsministerium. Grund sei die nicht ausreichende Einbindung des Personalrates, die einen ‚erheblichen und offenkundigen formellen Mangel' darstelle. Das Ministerium teilte daraufhin mit, dass es den Fehler bedauere und die Stellenbesetzung unter Einhaltung der gesetzlichen Vorgaben neu starten werde. Ferner wurde der Vorwurf der Verschwendung von Steuergeldern laut, nachdem das Ministerium sich von einer Kanzlei vertreten lassen statt von hauseigenen Juristen und dafür rund 22.000 Euro bezahlt hatte, was nach Angaben des Gerichts ‚sehr selten' vorkomme. Zudem erfährt Spiegel Kritik von Seiten der Klimabewegung und der Klimaliste RLP. Diese ist der Meinung, die Klimapolitik der Grünen sei nicht ambitioniert genug und es fehle an Strategien und Konzepten, das 1,5-Grad-Ziel des Pariser Übereinkommens einzuhalten. Spiegel entgegnete darauf, sie wolle den Klimaschutz in die Landesverfassung aufnehmen und diesen zur kommunalen Pflichtaufgabe machen."[(150)]

Was tut man bei der „Grünen" und der „Grünen Jugend", um den Opfern der Flutkatastrophe zu helfen? Haben diese „Aktivisten" Gummistiefel und Arbeitsklamotten angezogen und sind ins Krisengebiet gefahren, haben Tag und Nacht aufgeräumt? Nein, man weist indirekt auf den angeblich menschengemachten Klimawandel hin und fordert weiterhin indirekt höhere Steuern, denn das ist es ja, was die Grünen wollen, um angeblich den Klimawandel zu bekämpfen. Wie schäbig kann man sich eigentlich verhalten?

Erinnern wir uns oder schlagen doch mal nach:

Am 16.01.1219 die 1. Marcellusflut (Grote Mandränke) mit 36.000–50.000 Opfern; im Juli 1342 das Magdalenenhochwasser, welche verschiedene Teile Mitteleuropas zerstörte; am 16.01.1362 die 2. Marcellusflut (Grote Mandränke), wobei auch Rungholt von den Wellen der Nordsee verschlungen wurde; 1480 Hochwasser an der Aare und Rhein; 1480 im Alpenraum, Nord- und Nordwestschweiz, Baden, Oberrhein; 1501 wieder ein Hochwasser in Mitteleuropa, 1501 in Süd- und Ostdeutschland, Nordalpen, Donauraum und Böhmen und die große Flut 1572, eines der schwersten Hochwasser des Jahrtausends, um nur einige zu nennen.

Wenn also die heutigen Hochwasser ein deutlicher Beweis für den menschengemachten Klimawandel sind, dann erklären Sie mir mal bitte, liebe „Klimaten", wie unsere Vorfahren das ohne Industrie angestellt haben. Welche Ausreden haben Sie nun wieder? Haben damals vielleicht die Kühe der Bauern und Pferde der Rittersleut mehr Blähungen durch natürliche Nahrung, also ohne Bio-Siegel und EU-Normen, bekommen?!

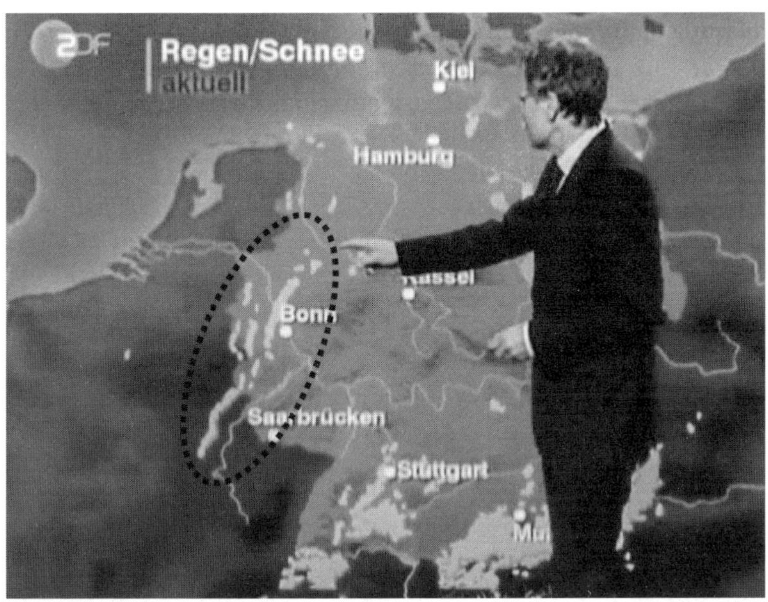

Abb. 78: Chemtrails 2009 im ZDF-Wetter

Demnächst werden sie uns erzählen, dass man Unwetter verhindert, indem man sich zwischen 21 Uhr und 5 Uhr zuhause aufhält und den Strom abschaltet ... und Millionen Schlafschafe, die es nicht besser wissen, werden es glauben und tun!

Und dann findet man auf YouTube noch ein Video der ZDF Nachrichten von 2009, wo es beim Wetterbericht heißt: „*... und dann haben wir noch etwas, was wir nicht als Regen oder Schnee identifizieren können. Hier im Westen, diese Schlangenlinien, dass haben wahrscheinlich am Nachmittag über der Nordsee ein paar Flugzeuge, Militärflugzeuge rausgebracht und etwa so in 5–6 km Höhe. Das hat mit Wetter so also nichts zu tun.*" Aha, also doch menschengemacht!!!

Wenn wir gerade bei den „Grünen" sind: zwei Milliardäre blasen 10.000-te Tonnen Abgase in die Atmosphäre, mit ihren „Weltraumflügen". Die sogenannten „Grünen" bejubeln das und läuten das Ende von Verbrennungsmotoren bei PKW's ein? Was für ein hirnloser Mist!

Sollten die sogenannten „Grünen“ an die Macht kommen, braucht das Volk keine Angst haben, dass sie die „Karre vor die Wand fahren“. NEIN, mit den „Grünen“ werden wir sang- und klanglos untergehen, wie einst die Titanic!!! Was für eine schöne neue Welt!

Der Kölner sagt: „Wolle mer se reinlasse?“ Ein Mensch, der immer und überall seinen Senf dazugeben muss, ist der bayrische Marilyn Söder, über den schon längst getuschelt wir: „Wenn du denkst es kommt nicht blöder, dann kommt Söder“! Am 21.07.2021 las ich die Meldung: „Markus Söder: „Wer Klimaveränderungen leugnet, versündigt sich an der nächsten Generation.“(151)

Abb. 79: Marilyn Söder wie man ihn kennt

Auf Twitter schrieb Marilyn Söder: „*Die starke Zunahme von Extremwetter-Ereignissen ist ein Weckruf der Natur. Wir müssen bei Klimaanpassung und Klimaschutz nachhaltig vorankommen.*“ Wie wäre es, sehr geehrter Herr Marilyn Söder, das nächste Mal einfach auf die Warnungen von den Wetterdiensten zu hören und rechtzeitig die Menschen, welche Politiker wie ihnen vertrauten, zu warnen und Schutzmaßnahmen einzuleiten? Diesmal hat man das wohl bewusst und scheinbar aktiv unterlassen und damit unzählige Menschenleben gefährdet und sogar beendet!

Da frage ich mich: „Op der leeven Herrjott en Pappnas hätt?" („Ob der liebe Herrgott eine Pappnase hatte?")

Wie sagte doch der Rechts- und Wirtschaftswissenschaftler, früherer Rektor der Universität für Verwaltungswissenschaft Speyer und Verfassungsrichter in Brandenburg, Herr Prof. Dr. Hans-Herbert von Arnim so schön:

„Hinter der demokratischen Fassade wurde ein System installiert, in dem völlig andere Regeln gelten als die des Grundgesetzes. Das ‚System' ist undemokratisch und korrupt, es missbraucht die Macht und betrügt die Bürger skrupellos."

Meine Eltern brachten mir bei, dass man „Achtung" vor älteren Menschen, wichtigen Persönlichkeiten und Politikern haben sollte. Sorry, aber statt „Achtung" habe ich vor solchen Politikern nur „Ächtung" übrig. Solche Typen, welche von unseren Steuern sich ein sorgenfreies Leben eingerichtet haben, in vielen Großkonzernen und Stiftungen (ist nichts weiter wie Unternehmen mit Steuervermeidung!) im Vorstand sitzen, unsere Gelder ins Ausland verschenken und die deutschen Völker scheinbar und sichtlich nur belügen, blenden, quengeln und terrorisieren, haben Null Achtung verdient. All diese Pseudo-Politiker, wie die „heilige Angela", Steinmeier (der nicht gern die „Sprache der Täter" spricht), Lachnet-Laschet van Laack, Olaf Scholz von Warburg und Wirecard, Teflon Jensi, Gesundheits- und Neu-Klimaexperte Lauterbach, Marilyn Söder, Wahrheitsprophetin Kahane und wie sie alle heißen, gehören in meinen Augen auf die „Müllhalde der Geschichte" entsorgt, direkt neben ihren E-Autos, Windkraftanlagen, Gendergesetzen und Corona-Masken … natürlich auf den Sondermüll, wegen der „Nachhaltigkeit" und Umwelt!!!

„Der beste Platz für Politiker ist das Wahlplakat. Dort ist er tragbar, geräuschlos und leicht zu entfernen!" (Loriot / Vicco von Bülow)

Das Rad der Geschichte würde sich viel friedlicher und ruhiger weiter drehen ohne diese Steuern verschwendeten Darsteller, welche wie von Bill Gates gezüchtete Moskitos in Schwärmen die Menschheit überfallen, hilflos und leer gesaugt wortwörtlich zum Krepieren im Dreck liegen lassen!

Ich für mich persönlich sehe keine Politiker und schon recht keine Regierung mehr! Ich sehe nur noch Lügner, Betrüger, Profiteure, Mitläufer, Diebe, Schauspieler, Dummköpfe, Marionetten der Lobbyisten, Egozentriker, Narzissten und Tyrannen. Ich habe fertig ... und schon wieder Puls!!!

Seit mehr als 1.000 Jahren besteht der Traum der Regierenden, Europa zu besitzen und zu beherrschen. Schon Barbarossa, welcher gern persönlich „Experimente" mit Kindern durchführte, hatte den Plan, eines europäischen Großreiches. Hoffen wir mal, dass es niemals so weit kommt!

Die üblichen Verdächtigen

Aber nicht nur Politiker nutzen das Leid der Naturopfer aus, sondern auch die üblichen Verdächtigen der Unterhaltungsbranche müssen ihre an Kommunismus grenzende Überzeugung darbringen. So auch dieses Mal meldete sich der BAP-Frontmann und Systemling Wolfgang Niedecken zu Wort. Niedecken hat wie immer kein Verständnis für Andersdenkende, wie es in einer Demokratie normal wäre. In einer Demokratie zählt ja nur eine Meinung! ← Satire-Ende! *„Es wird doch immer schlimmer. Da seien die Waldbrände, die langen Trockenheiten und der schwere Regen. Das nimmt zu. Wer das noch leugnen will, dass das Klima sich wandelt, der hat sie nicht mehr alle. Das ist so ähnlich, wie die Typen, die Corona leugnen"*, erklärte der Bundesverdienstkreuzträger, dessen Vater natürlich ein NSDAP-Mitglied war.[(152)]
Der ehemalige Jesuitenschüler Niedecken möchte im Zusammenhang mit der Flutkatastrophe uns verdeutlichen: *„Wenn wir verzweifeln, geben wir auf"*, und stellt klar, dass es in Sachen Klimaschutz eine „Umkehr" geben muss: *„Das ist das Bohren ganz dicker Bretter."*[(153)]
Die Klimakatastrophe sei menschengemacht. Wie Recht er doch hat, wenn ich an die HAARP-Anlagen und die vielen Flugzeuge mit den außergewöhnlichen „Kondensationsspuren" denke. Selbstverständlich möchte der feine Herr Niedecken helfen und „opfert" seine Einnahmen der Buchvorlesungen seines neuen Buches, für die Opfer der Flut. Ein nobler Schachzug wäre gewesen, wenn er die Tantieme von seinem neuen Buch gespendet hätte, statt

bei solch einer Veranstaltung noch Werbung für neue Fanartikel zu machen! Scheinbar schadet es dem Gehirn, wenn man seine Musik hört!

Für mich persönlich war diese Flutkatastrophe wieder ein von dem Tiefen Staat künstlich geschaffenes Chaos, wie der damalige Außenminister Klaus Kinkel den Jugoslawienkrieg beschrieb, damit die Menschen in Deutschland breit sind, Gesetzesänderungen hinzunehmen, denen sie unter normalen Bedingungen niemals zugestimmt hätten! Dieser scheinbare Volksbetrug im Staatsauftrag geht leider immer weiter und es wird auch noch mehr, viel mehr Opfer geben!

Mein Beileid für alle Menschen und Tiere, die von dem wieder-holten Regierungsversagen betroffenen sind!

Belegbares Fazit dieser Katastrophe:

1. Die frühzeitige Kenntnis über das was kommt war gegeben.

2. Das Amüsement einzelner Politdarsteller im Wahlkampfmodus während einer Lage von nationalem Notstand.

3. Während Deutschlands Westen absäuft, lässt sich die Kanzlerin in Übersee feiern. Ein Abbruch der Reise aufgrund des nationalen Notstandes kam ihr nicht in den Sinn, scheinbar weil es nur deutsche Opfer waren.

4. Helfer werden von den Offiziellen teils daran gehindert oder weggeschickt.

5. Die Hegelsche Dialektik wurde angewandt. (Bei Hegel ist die Dialektik die der Metaphysik entgegengesetzte Methode der Erkenntnis, zugleich die innere Gesetzmäßigkeit der Selbstbewegung des Denkens und der Selbstbewegung der Wirklichkeit.)

6. Einsatzkräfte standen bereit und wurden nicht alarmiert.

7. Die VERANTWORTLICHEN versuchen IHRE VERANTWORTUNG von sich abzuwenden und machen in gewohnter „mir egal"-Manier, teilweise sogar das Volk selbst dafür verantwortlich.

8. Es fand ein absolut widerliches und abartiges Trauerspiel statt.

9. STAUSEEN WURDEN NICHT KONTROLLIERT ABGELASSEN!

Alles in allem war dies historisch megapeinlich, im Land der Dichter und Denker!!!

Die Klimareligion hat viele Gläubige und die öffentliche Berichterstattung lässt alle anderen Stimmen verstummen. Diplom-Meteorologe Andreas Friedrich vom Deutschen Wetterdienst sagte: *„Ein solches regionales Unwetter ist ein Einzelereignis, das ist Wetter. Die Behauptung, der Klimawandel ist schuld, ist nicht haltbar."*

In der Bibel kommen nach Pest (Corona) und Flut die Heuschreckenplage, bitte vergessen Sie das nicht! Als Heuschreckenplage definiere ich die Politiker, die für ein Wahlkampffoto sich an vorderster Front positionierten oder besonders kluge Reden schwingen! So auch die Klimaretterin und Greta-Best-Friends-For-Ever Luisa Neubauer. Luisa Neubauer ist eine „Trans-Grüne", also eine Klima- und Umweltschutzaktivistin, gefangen im Körper einer geltungssüchtigen Vielfliegerin! An wen erinnert mich der Name Neubauer?!

Luisa-Marie Neubauer, die „Trainerin" von Greta Thunberg, ist mit dem Gründer der Rothschild-Dynastie, Mayer Amschel Bauer, verwandt. Luisa Neubauers Aufgabe bzw. Job nennt sich Klimaaktivistin. Sie engagiert sich ehrenamtlich für die von Bono und Bill Gates gegründete ONE Campaign, die ebenfalls Verbindungen zu George Soros hat. Obwohl sie durch die Rothschild-Linie ihres Vaters Jüdin ist, gehört ihre Mutter zu einer Familie von Nazi-Kollaborateuren, der Familie Reemstma, einem der größten Tabak- und Zigarettenproduzenten in Europa, deren Skandale um Steuererleichterungen während der Weimarer-Zeit Einfluss auf die Öffentlichkeit hatte und dem Vertrauen in die Regierung. Die Neubauers sind auch in Racine, Wisconsin, äußerst einflussreich. Jeffrey Neubauer war 1992 und 1996 Bill

Clintons Wahlkampfmanager für Wisconsin, Mitglied der Wisconsin State Assembly und Vorsitzender der Wisconsin Democratic Party.

Luisa Neubauer meinte auf Twitter: „*Das Ausmaß der Zerstörung macht sprachlos. Dort, wo Hilfe gebraucht ist, rufen wir zum Helfen auf. Wir streiken heute in über 40 Orten für echten Klimaschutz – auch in Solidarität mit all denen, die so viel verloren haben. Diese Katastrophen müssen politische Konsequenzen haben.*“

Ich bekomme gerade wieder Puls!!! Wir brauchen keine unnützen Demos von dummen Gören aus reichem Hause gegen den „menschengemachten Klimawandel“, sondern Hilfe vor Ort. Pack mit deinen verwöhnten Kids an oder halt einfach mal deine Klappe. Diese Gören kennen nur Düfte von der Parfümerie *Douglas*, wissen aber nicht, wie Schweiß vom Arbeiten riecht!

Daher jetzt an dieser Stelle noch ein Wort an die Grün-Wähler, Greta-Jünger und Rothschild-Reemtsma-Erbin-Neubauer-Aktivisten: Ihr seid die erste Generation, die in vielen Klassenzimmern eine Klimaanlage hat. Euer Unterricht erfolgt computergestützt. Ihr habt einen Fernseher in jedem Raum, ihr könnt den ganzen Tag elektronische Mittel verwenden. Anstatt zu Fuß zur Schule zu gehen, benutzt ihr alle Arten von Transportmitteln mit Verbrennungsmotoren. Viele von euch werden sogar täglich im Elterntaxi bis vor das Klassenzimmer gebracht. Ihr seid der größte Konsument von Konsumgütern in der bisherigen Geschichte der Menschheit! Ihr kauft ständig neue Kleidung um trendy zu sein, obwohl die Sachen vom letzten Jahr noch völlig in Ordnung sind. Kaum jemand von euch repariert seine Kleidung. Ihr habt keine Ahnung, wie man einen kaputten Reißverschluss auswechselt, geschweige wie man mit einer Nähnadel umgeht. Wisst ihr was ein Schuster ist? Es wird weggeworfen, was das Zeug hält. Euer Protest wird durch digitale und elektronische Mittel angekündigt. Eure Handys, eure Tabletts sind 24 Stunden online. Ihr seid mit euren ganzen elektronischen Spielzeugen der größte Stromverbraucher. Leute, bevor ihr protestiert, schaltet die Klimaanlagen oder die Heizung aus, geht zu Fuß zur Schule, schaltet eure Handys aus, auch eure Computer, X-Boxen, Playstations und lest ein Buch. Macht euer Sandwich selbst, anstatt es fertig in Unmengen Plastikverpackungen zu kaufen. Aber NICHTS davon wird passieren, weil ihr egoistisch seid und schlecht ausgebildet, von Leuten, die euch manipulieren, benutzen und sagen, dass ihr eine edle und clevere Sache betreibt, während ihr Spaß habt und den verrücktesten westlichen Luxus genießt.

Wacht endlich auf und haltet bloß euren verwöhnten Mund, denn ihr habt keine Ahnung. Ihr kennt nicht einmal den Unterschied zwischen Klima und Wetter. Sucht und findet die Fakten, bevor ihr protestiert und fangt vor allem erst einmal bei euch selbst an die Welt zu verbessern und erklärt nicht Menschen zu Tätern, die ihr ganzes Leben lang nachhaltig gelebt haben.

Ihr seid die Opfer. Die Opfer der „Frankfurter Schule". Opfer von Soros, Rockefeller und Rothschild. Die Rothschilds finanzieren schon seit mehr als 200 Jahren diese „Neue Frankfurter Schule"!

„Als Frankfurter Schule wird eine Gruppe von Philosophen und Wissenschaftlern verschiedener Disziplinen bezeichnet, die an die Theorien von Hegel, Marx und Freud anknüpfte und deren Zentrum das 1924 in Frankfurt am Main eröffnete Institut für Sozialforschung war. Sie werden auch als Vertreter der dort begründeten Kritischen Theorie begriffen. … In der Frankfurter Schule versammelten sich undogmatische Marxisten, wertkritische Kapitalismuskritiker, die davon ausgingen, dass in der marxistischen Orthodoxie kommunistischer Parteien oft nur noch eine beschränkte Auswahl der Ideen von Karl Marx wiederholt werde und speziell die philosophischen Implikationen ignoriert würden. … Das Institut leistete wesentliche Beiträge in Forschungsgebieten, die sich auf die Möglichkeit rationalen Handelns menschlicher Subjekte beziehen, um beispielsweise durch rationales Handeln die Kontrolle über Gesellschaft und Geschichte zurückzugewinnen."[(154)] , drückt es Wikipedia wortgewandt aus.

Apropos Rothschild und Rockefeller: In diesem Teil des Kapitels habe ich nun genug zur Flut-Katastrophe geschrieben, mit immenser Präsenz des satanischen Wirkens. Unter Ahrweiler liegt zufällig das teuerste Bauprojekt der BRD: der Regierungsbunker, dort wo sich schon die Nazis in den Berg buddelten! Die unterirdischen Anlagen gehen vermutlich weiter bis nach Bonn zum Hardtberg, wo sich unter anderem das Verteidigungsministerium befand. Dort in Bonn ist auch das jesuitische Aloisiuskolleg zu Hause, welches unter anderem: **Albrecht Freiherr von Boeselager** (Jurist aus dem Adelsgeschlecht Boeselager), **Till Brönner** (Jazztrompeter, Komponist und Arrangeur), **Bernd von Droste zu Hülshoff** (stellvertretender Generaldirektor der UNESCO), **Wolfgang Fuhr** (Jazzmusiker), **Benedikt Hauser** (Politiker), **Alexander Graf Lambsdorff** (MdB, Vorstandsmitglied der FDP und ehemaliger Vizepräsident des Europäischen Parlaments), **Karl Lamers** (MdB a. D., Politiker (CDU)), **Michael Loeb** (Jurist, Geschäftsführer der

WDR mediagroup), **Thomas de Maizière** (Bundesminister des Innern a. D. (Kabinett Merkel III)), **Klaus Mertes** (deutscher Jesuit, Direktor des Kollegs Sankt Blasien), **Michael Mertes** (Staatssekretär a. D. (Nordrhein-Westfalen)), **Johannes B. Kerner** (Fernsehjournalist und -Moderator), **Stefan Raab** (Fernsehmoderator und -produzent), **Norman Rentrop** (Verleger), **Hans Riegel** (Unternehmer (*Haribo*)) und **Carl Philipp zu Salm-Salm** (Chef des ehemaligen Fürstenhauses Salm-Salm) sehr erfolgreich hervor brachte.

*„**Heino, Evelyn Burdecki und Co.: Diese Promis sind von der Flutkatastrophe direkt betroffen.** So zeigt sich Schlagersänger Heino tief betroffen von dem Ausmaß der Fluten. Er und seine Frau wohnen im Historischen Kurhaus in Bad Münstereifel. Die Stadt wurde überflutet, das Kurhaus blieb jedoch verschont. ‚Ich habe die schrecklichen Bilder gesehen und bin zutiefst erschüttert', erklärte der Sänger. ‚Mein Herz hängt an Bad Münstereifel und ich bin in Gedanken bei den Einwohnern und bei meinen vielen Freunden dort.'*

Schlimmer traf es das Elternhaus von Reality-TV-Star Evelyn Burdecki. Das Haus ihrer Eltern sei von den Wassermassen überflutet worden, ‚die waren komplett verzweifelt und wussten nicht mehr weiter', erzählte die 32-Jährige auf Instagram. Bei den Aufräumarbeiten packte Burdecki natürlich auch selbst mit an.

Auch die Toten Hosen wandten sich auf Instagram an Betroffene. Nur unweit ihres Büros seien ganze Straßenzüge geflutet, Häuser, Wohnungen und Sportvereine zum Teil schwer beschädigt. Auch Mitarbeiter und Freunde der Band seien betroffen.

Auf Instagram teilte Unternehmerin und Fernsehmoderatorin Judith Williams Bilder der überfluteten Stadt Trier. Also von der Stadt, in der sie laut eigener Aussage den größten Teil ihrer Kindheit verbracht habe und die noch immer ihre Herzensstadt sei. Schon damals hätte ihre Großmutter ihr von schlimmen Hochwassern erzählt und sogar Wassermarker im Haus gezeigt, ohne daran zu denken, dass sie Ähnliches oder Schlimmeres wieder erleben müsste. ‚Es gibt keine geeigneten Worte außer tiefes Mitgefühl und Spenden für Betroffene und heldenhafte Helfer', schrieb Williams.“ (155)

Im ehemals verträumten und verschlafenen Ahrtale steht die Burg Kreuzberg auf einem kleinen Felskegel oberhalb des Altenahrer Ortsteils

Kreuzberg. Die Anlage befindet sich auf einem dreieckigen Felsplateau, das an einer Seite steil zur Ahr abfällt.

„Zu Beginn des 15. Jahrhunderts waren Burg und Herrschaft Kreuzberg zweigeteilt. Den Besitz teilten sich 1415 Johann von Bachem und Nikolaus von Are, so dass die Burg zu einer Ganerbenburg wurde. Beide Anteile wechselten in den nächsten rund 240 Jahren oft die Besitzer. Darunter waren unter anderem die Familien von Gymnich, von Nesselrode, von Flodorf, von Peppenhoven, von Königsdorf und **von der Leyen***. Während des Zweiten Weltkriegs dienten die Kellerräume der Burg der örtlichen Bevölkerung als Luftschutzkeller. Die Anlage selbst überstand die Wirren des Krieges unzerstört. In den 1950er Jahren errichteten die Eigentümer Philipp Freiherr von Boeselager und Rosa Maria, geb. Gräfin von Westphalen zu Fürstenberg einen kurzen Verbindungstrakt zwischen Wohnbau und Bergfried, um den Turm zu Wohnzwecken nutzen zu können. Die Innenräume des Bergfrieds wurden zu diesem Zweck umgestaltet, ehe er 1982 einen neuen Verputz erhielt. Aktueller Burgherr ist der Malteserritter Albrecht Freiherr von Boeselager.“*[(156)]

„Albrecht Freiherr von Boeselager (4. Oktober 1949 in Altenahr) ist ein deutscher Jurist aus dem Adelsgeschlecht Boeselager. Er ist Ehren- und Devotions-Großkreuz-Bailli in Obedienz (Anmerkung des Autors: Obedienzritter oder Obödienzritter (von lat. oboedientia, ‚Gehorsam‘) sind Mitglieder im zweiten Stand des Malteserordens (Sovrano Militare Ordine Ospedaliero di Rodo e di Malta)) und war von 1989 bis 2014 Großhospitalier (Anmerkung des Autors: Großhospitalier ist eines der vier Hohen Ämter des Malteserordens und wird einem Profess- oder Obödienzritter übertragen) des Souveränen Malteserordens (Anmerkung des Autors: Der Souveräne Malteserorden (mit vollem Titel: Souveräner Ritter- und Hospitalorden vom Heiligen Johannes von Jerusalem von Rhodos und von Malta – früher zu Jerusalem, genannt von Rhodos, genannt von Malta) ist eine römisch-katholische Ordensgemeinschaft, die im 11. Jahrhundert in Jerusalem gegründet und nach dem Ersten Kreuzzug zusätzlich zu einem geistlichen Ritterorden wurde). Seit 2014 amtiert er als Großkanzler (Anmerkung des Autors: Großkanzler (Magnus Cancellarius) und somit Außenminister ist eines der vier Hohen Ämter des Malteserordens und wird einem Profess- oder Obödienzritter übertragen)[(160)] des Ordens.*
Von Boeselager ist eines von vier Kindern von Philipp Freiherr von Boeselager und Rosa Maria, geb. Gräfin von Westphalen zu Fürstenberg (Anmerkung des

Autors: Johanna Bertha Julie Jenny von Westphalen war die Ehefrau von dem Kommunistendarstellers Karl Marx, also Rothschild). Er ist verheiratet mit Praxedis, geb. Freiin von und zu Guttenberg, einer Schwester von Enoch Freiherr von und zu Guttenberg. Somit ist er der Onkel von Karl-Theodor zu Guttenberg. Er ist Vater von fünf Kindern. Der Bankier Georg Freiherr von Boeselager ist sein jüngerer Bruder.

Als örtlicher Waldbesitzer ist er in der Nachfolge seines Vaters Vorsitzender des Waldbauvereins seines Heimatkreises Ahrweiler.

Außerdem ist Albrecht von Boeselager seit 1990 Mitglied des Päpstlichen Rates für die Pastoral im Krankendienst und seit 1994 Mitglied des Päpstlichen Rates ‚Cor Unum' (Anmerkung des Autors: Der Päpstliche Rat Cor Unum (lat. Pontificium Consilium Cor Unum) wurde am 15. Juni 1971 mit dem apostolischen Schreiben Amoris officio Papst Pauls VI. Errichtet. ... Cor unum (‚ein Herz [und eine Seele]') ist ein Zitat aus Apg 4,32 EU, wo von der Gütergemeinschaft der Jerusalemer Urgemeinde erzählt wird).(161)

Festing und der Kardinalpatron des Malteserordens, Raymond Leo Burke, verlangten im Dezember 2016 Boeselagers Rücktritt, den dieser ablehnte, woraufhin ihn Festing für abgesetzt und vorläufig aus dem Malteserorden ausgeschlossen erklärte; ein Grund sei die Verteilung von Kondomen durch Malteser in Myanmar gewesen."(162)

Unweit vom Ahrtal, in der südlichen Ahreifel, liegt die ebenfalls betroffene Stadt Adenau. Adenau trägt den Beinamen „Johanniterstadt", da hier seit dem Mittelalter eine der ältesten Johanniter-Kommenden bestand.

„Als unser Bundeskanzler (Adenauer) aber vor einiger Zeit das Großkreuz des Malteserordens erhielt, da erschien unter den ersten Gratulanten mit Recht die Stadt Adenau, indem sie sich als eine der ältesten deutschen Comturen des Johanniter- und Malteserordens bezeichnete und den jüngsten Malteserritter Konrad Adenauer beglückwünschte. ... Von den drei Ritterorden ist der Johanniterorden der älteste. Er wurde schon fünfzig Jahre vor dem ersten Kreuzzug von reichen Kaufleuten von Amalfi (südlich von Neapel) gegründet. Diese Kaufleute unterhielten mit dem Nahen Osten rege Handelsbeziehungen. Sie erhielten daher von dem ägyptischen Kalifen die *Erlaubnis, zu Jerusalem in der Nähe der Grabeskirche ein Benediktinerkloster als Herberge für die erkrankten Pilger zu bauen. Da diese Herberge aber* *nicht ausreichte, wurde in der Nähe ein größeres Hospital gebaut, dessen Schutzpatron Johannes der Täufer wurde; daher nannte sich dieser Orden ‚die Johanniter'. Sie trugen einen schwarzen Rock mit dem achteckigen weißen Johanniterkreuz auf der linken Brust; ihre Fahne zeigte ein rotes Kreuz... Das Großpriorat Deutschland zählte in seiner Blütezeit 67 Comtureien... Der zweite Ritterorden der Tempelherren, der seinen Namen von der Lage seines ersten Hospizes auf dem Tempelberge in Jerusalem hatte, besaß in Breisig ein Haus, das nach Auflösung des Templerordens in die Hände der Adenauer Johanniter überging. ... Wenn auch der dritte Ritterorden, der Deutschherren, in unserm Kreisgebiet keine Besitzungen hatte, so wollen wir ihn doch rühmend erwähnen, weil er Ost- und Westpreußen deutsch und christlich machte. Auch gab er dem ‚Deutschen Eck' in Koblenz seinen Namen, denn hier lag nördlich der Castorkirche der Hof der Deutschherren, da wo die Mosel in den Rhein mündet. ... **Auch sorgt der Orden für die Betreuung der Ostflüchtlinge und beschafft bedürftigen Kindern Erholungsaufenthalt im In- und Ausland.**"*[163]

Weiterhin sehen wir im Todes-Flutgebiet die Anbindung an den Rhein (Sinzig, Remagen, etc.), wo sich einst die 17 Rheinwiesenlager mit Millionen von deutschen Kriegsgefangenen (und Millionen Opfern) befanden. Dort besteht noch heute Verbot zum Graben. Warum wohl?! Genau dort in Remagen steht das ehemalige Schloss von Thomas Gottschalk. Die Brücke von Remagen genießt obendrein Geschichtswert. Nur wenige Kilometer rheinaufwärts Richtung Koblenz befindet sich die Ortschaft Fahr, der Geburtsort der Rockefellers und Wohnsitz der Bauer's aus der Rothschild-Dynastie.

Schräg oberhalb davon ist die ehemalige Reichsburg Hammerstein, wo einst die Reichsinsignien aufbewahrt wurden. Die Herrschaftszeichen der deutschen Kaiser und Könige sind unter anderem: Krone, Reichsapfel, Zepter, Schwert und gewissen Reliquien. Beispielsweise ein Nagel vom Kreuze Christi, der in die heilige Lanze eingelassen ist. Dieser Kreuzesnagel soll den die Lanze tragenden Herrscher militärisch unbesiegbar machen! Direkt an diesem Burgfelsen angelehnt steht auch das Kirchlein, dem heiligen Georg geweiht, wo der Sage nach der Drachentöter Georg auf den Drachen einstach.

Die Burg Hammerstein und Ortschaft Fahr befinden sich im Kreis Neuwied, wie auch die Stadt Andernach, ein großes und wichtiges Nest von Freimaurern, Rotariern und Lion's.

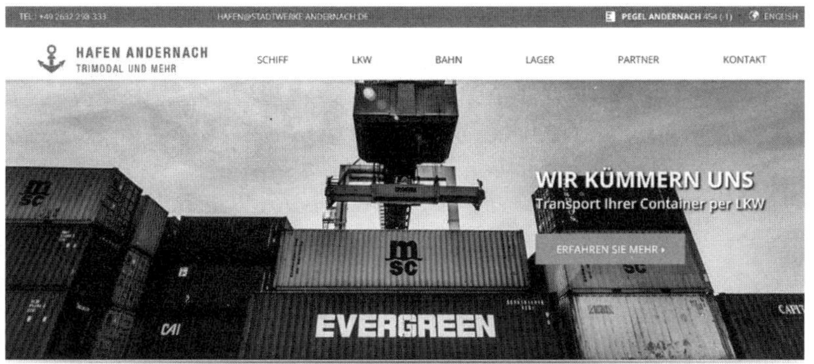

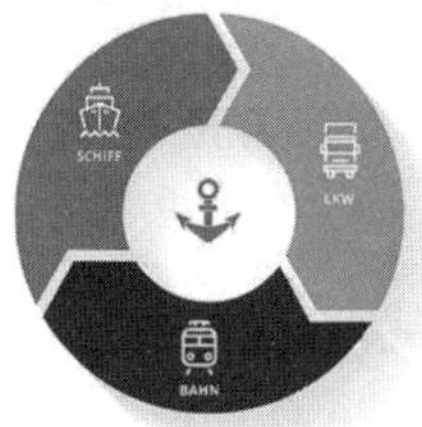

Abb. 80: Zufall?! *EVERGREEN*-Container im Andernacher Rheinhafen. 2021 behaupteten die Jünger der Q-Sekte, dass Kinder in den Container transportiert werden, wie auf dem Schiff „Ever Given“ im Suzekanal – bis heute alles unbewiesene Behauptungen

Dort, in unmittelbarer Nähe des Flutgebietes, befindet sich der größte Binnenhafen am Mittelrhein. In Andernach wurde unter anderem der DDR-Stasi-Agent Lorenz Betzing geboren.

Lorenz Betzing ist mit der Fraktionsvorsitzenden im Landtag von Rheinland-Pfalz, ehemalige rheinland-pfälzische Ministerin für Soziales, Arbeit, Gesundheit und Demografie und ehemaliges Mitglied des Deutschen Bundestages Sabine Bätzing-Lichtenthäler und dem Bischof von Limburg und Vorsitzenden der Deutschen Bischofskonferenz, Georg Bätzing verwand. Der deutsche Spion der Hauptverwaltung Aufklärung (HVA) des Staatssicherheitsdienstes der DDR Lorenz Betzing war mit der DDR-Spionin Ursula Richter (eigentlich Erika Reißmann), die zuletzt Chefsekretärin beim Bund der Vertriebenen (BdV) in Bonn war, liiert. Richter war Ende der

1960er Jahre aus der DDR in die Bundesrepublik Deutschland eingeschleust worden.

„Der gelernte Klempner und Schlosser arbeitete zunächst im Bergbau in Wattenscheid und in der belgischen Wallonie, wo er eine Familie gründete. Später arbeitete er in Minen in Belgisch-Kongo bis in die Zeit des Bürgerkrieges der nunmehr selbständigen Demokratischen Republik Kongo. Nach seiner Rückkehr nach Deutschland arbeitete er von 1964 bis 1969 als ***Belüftungstechniker im Regierungsbunker Dienststelle Marienthal****. 1966 wurde er von seiner Bekannten und späteren Lebensgefährtin Richter zur* ***Spionage für den DDR-Auslandsnachrichtendienst*** *angeworben. Anschließend arbeitete Betzing drei Jahre lang bei einem Aufzugbau-Unternehmen als* ***Monteur im Bundeshaus Bonn*** *und beim US-Labour-Service in Karlsruhe im Fernmeldewesen als Kabellöter (1972–1978). Von 1978 bis 1980 war er beschäftigt bei dem privaten Wachdienst INTERSCHUTZ Gesellschaft für Sicherheitsfragen mbH Bonn und dort als ziviler Wachmann in z. T. sicherheitsempfindlichen Bundeswehrobjekten (wie Heeresamt, Streitkräfteamt, Sanitätsamt der Bundeswehr und Verteidigungskreiskommando Bonn) im Bonner Raum eingesetzt. Bis zu seiner Flucht 1985 übte er eine Tätigkeit als Bürobote beim Bundeswehrverwaltungsamt/Amt für Datenverarbeitung der Bundeswehr in Bonn-Beuel aus.“*[(164)]

„Krankheitsbedingt“ wurde Lorenz Betzing nie gerichtlich zur Verantwortung gezogen, wie es ach so oft der Fall war!

Bei Andernach am Rhein, genauer gesagt im Andernacher Stadtteil Namedy befindet sich die Burg Namedy, im Landkreis Mayen-Koblenz in Rheinland-Pfalz. Diese Burg Namedy ist eine zu einem Schloss ausgebaute Wasserburg. Das Schloss befindet sich heute im Privatbesitz der Familie Hohenzollern und dient unter anderem als Veranstaltungsort.

„An einem der schönsten Abschnitte des Mittelrheins, eingebettet in ein malerisches Umland, liegt das Schloss ‚Burg Namedy‘. Die Geschichte der Burg geht bis ins auslaufende 14. Jahrhundert zurück: Das ‚Echte‘ an ihr ist jenes, noch heute aus dem Mauerwerk und der schönen Vorburg abzulesende Noble einer spätgotischen Wasserburg, die von den Rittern Hausmann von Andernach erbaut wurde. Ihre Frauen stammten aus besten rheinischen Häusern, wie Eltz, Metternich, von der Leyen, Waldbott-Bassenheim u. a. m.“[(165)] Kommen Ihnen diese fett markierten Namen bekannt vor?

Ebenfalls in Koblenz der „von der Leyen´sche Hof. Nun raten Sie mal, welcher Familie dieses Gebäude wohl gehörte?!

„Der von der Leyensche Hof (auch von der Leyen'sche Hof) war ein spätmittelalterlicher Adelshof in Koblenz, der vermutlich auf den Trierer Kurfürsten Johann VI. von der Leyen zurückgeht. ... Im 16. Jahrhundert kaufte Johann von der Leyen die ehemaligen Besitztümer des Deutschen Ordens am Kastorhof inklusive des Friedhofs und der Kapelle auf, weitere Gebäude und Grundstücke wurden noch Anfang des 17. Jahrhunderts hinzu erworben. 1614 kam, unter Einbeziehung der älteren Gebäude, der erste Neubau zur Ausführung. Zusammen mit anderen Koblenzer Adelshöfen wurde der von der Leyensche Hof in der französischen Zeit entfeudalisiert und ab 1801 Sitz des Präfekten des neugegründeten Rhein-Mosel-Departements. In diese Zeit fielen auch größere Umbauten am Gebäudekomplex. Erst unter Napoleon erhielt die Familie von der Leyen eine Entschädigung für ihren verlorenen Besitz in Höhe von zwei Millionen Francs.“[(166)]

Der Kopflose von der „Schwarzen Madonna“

Apropos Koblenz: Ich erinnere mich an einen „Kriminalfall“ von 2018, wo ein „Obdachloser“ Mann enthauptet auf einem Friedhof gefunden wurde. Der Fall wurde bis heute nicht gelöst und dessen Kopf nie gefunden! Was war geschehen?

„Der Mann war am 23. März tot gefunden worden. Er hatte den Ermittlern zufolge in Koblenz mit Kunst gehandelt, Ende der 90er-Jahre aber sein Geschäft schließen müssen. Die Fahnder beschrieben ihn als zurückhaltend, freundlich und gebildet. Der 59-Jährige soll kaum oder keinen Alkohol getrunken und auch keine Drogen genommen haben“[(167)], schrieb die „*Welt*“ zu diesem satanistischen Verbrechen. Aber schauen wir uns doch mal den „Fall“ genauer an:

Gerd Michael Straten hatte von 1986 bis 1997 in der Koblenzer Altstadt ein Geschäft, er verkaufte Kunstgegenstände und rahmte Bilder ein. Er lebte seit seiner Geschäftsaufgabe 1997 fast durchgehend auf der Straße, meistens in Koblenz. Dabei achtete er darauf, nicht als Obdachloser angesehen zu werden. „Er war sehr gepflegt, legte Wert auf sein Äußeres, trank kaum Alkohol und nahm keine Drogen“, sagt Thomas Lauxen, Leiter der Sonderkommission „Hauptfriedhof“.

Was mich von Anfang an störte, ist die Herabwürdigung des Opfers auf die Obdachlosigkeit und dies wurde medial ausgeschlachtet, auch bei der ZDF-Sendung „Aktenzeichen XY“. Dabei tat Straten alles dafür, um nicht als Obdachloser abgestempelt zu werden!

Es wurde berichtet, dass er in den Katakomben der „Pulverturms“ auf dem Friedhof enthauptet gefunden wurde, direkt an der dortigen „Schwarzen Madonna“. Dieser Hauptfriedhof der Stadt Koblenz ist gleichzeitig ein Landschaftspark und gehört zum „UNESCO-Welterbe Oberes Mittelrheintal“. Viele bekannte Persönlichkeiten liegen dort zur letzten Ruhe, so auch auch der Botaniker und LEOPOLDINA-Mitglied Philipp Wirtgen, der ehemalige Ministerpräsident von Rheinland-Pfalz Peter Altmeier, der Verleger und Autor von Reiseführern Karl Baedeker und der Benediktiner in Maria Laach und von 1803 bis 1832 Pfarrer der Liebfrauenkirche in Koblenz.

Nun weiß ich aus allererster Hand, von einem langjährig befreundeten Kunsthändler aus dieser Region, dass das Opfer Straten sehr häufig eine Bibliothek besuchte und wirklich keineswegs dem Klischee von Obdachlosen entsprochen habe. Er war einst ein sehr erfolgreicher Geschäftsmann, dessen Expertisen weltweit gefragt waren. Sein Steckenpferd war bis zuletzt, die Kunstepoche „Der Blaue Reiter“, von der er regelrecht „besessen“ war. Kam er vielleicht einem Geheimnis zu nahe oder sollte ein Exempel statuiert werden? Was versteht man unter: „Der Blaue Reiter“?

„Der Blaue Reiter ist eine Bezeichnung von Wassily Kandinsky und Franz Marc für ihre Ausstellungs- und Publikationstätigkeit, bei der beide Künstler in dem erstmals Mitte Mai 1912 herausgegebenen gleichnamigen Almanach als alleinige Herausgeber fungierten. … Der Blaue Reiter löste sich zu Beginn des Ersten Weltkriegs im Jahr 1914 auf. … Die im Umfeld des Blauen Reiters tätigen Künstler waren wichtige Wegbereiter der modernen Kunst des 20. Jahrhunderts; sie bildeten ein lockeres Beziehungsnetz, aber keine Künstlergruppe im engeren Sinne wie die Brücke in Dresden.“[(168)]

Künstler im Umfeld des „Blauen Reiters“ waren unter anderem: Heinrich Campendonk, Alexej von Jawlensky, Wassily Kandinsky, Alfred Kubin,

August Macke, Franz Marc, Gabriele Münter, Arnold Schönberg, Paul Klee, Robert Delaunay oder Hanns Bolz. So gut wie allen dieser Künstler wird ein „Hang zur Pädophilie“ nachgesagt und die Mitgliedschaft in Freimaurer-Bruderschaften. Anzeichen dafür sind auf deren Bildern sichtbar, wenn man sich mit der Symbolik der Freimaurer und Illuminaten auskennt.

Sehr schnell ging zu der Zeit dieser schändlichen Tat in Koblenz das Gerücht herum, dass es sich um einen Mord von IS-Schergen handeln sollte, wegen der Enthauptung. Ich gehe davon aus, dass dies wirklich nur ein Gerücht ist oder eine absichtlich falsch gelegte Fährte.

Man fand ihn im „Pulverturm“, bei der „Schwarzen Madonna“, nahe einer Treppe! Was sagt uns das? Sie haben in diesem Buch davon gelesen, dass ALLE RELIGIONEN von den Jesuiten und Khasaren erfunden und neu geschrieben wurden. Denken Sie bitte an die satanische Umkehr: Schwarz ist Weiß, Oben ist Unten, Grippe ist Corona, Kritik ist jetzt Hassrede, Tyrannei heißt heute Maßnahme, der Nachdenkliche heißt jetzt Schwurbler, der Lobbyist heißt jetzt Experte, Freiheit ist Sklaverei und Ignoranz ist Wahrheit. Was sind demzufolge unsere Heiligen und Ikonen?! Wen beten wir wirklich an, wenn wir uns vor solchen Statuen niederknien und innehalten? Richtig, wir beten somit nicht Gott an, sondern Satan, Luzifer und den Teufel. Durch unsere Gebete wird negative Energie in Form von Kraft an die schwarzen Mächte gegeben. Das sollten wie nie vergessen und immer beachten! Alle „Heilgenanbetungen“ sind Anflehungen und Bitten an Satan! Googeln Sie doch einmal oder recherchieren Sie in Bibliotheken und Archiven; es gibt sehr viel Literatur zu dem Thema: Die hohe Kunst, einen Heiligen zu erschaffen!

Nehmen wir doch mal als Beispiel die jüdisch geborene Benediktinerin, Äbtissin, Dichterin, Komponistin und eine bedeutende natur- und heilkundige Universalgelehrte Hildegard von Bingen, welche durch Papst Benedikt XVI. am 07.10.2012 zur Kirchenlehrerin (Doctor Ecclesiae universalis) erhoben wurde und dehnte somit ihre Verehrung auf die Weltkirche aus. Sie war aber auch Jesuitin und diente somit der dunklen Macht Rom‘s, des Vatikans! Auch die Heilige Hildegard von Bingen betrieb Ablasshandel und forderte den Zehnt von den umliegenden Händlern, Bauern und Winzern ein, worüber man aber nicht gern spricht und schreibt. Ebenfalls wird ausgeblendet, dass man der Heiligen Hildegard von Bingen schon zu Lebzeiten vorwarf, mit ihren adligen Nonnen ein Leben voller Luxus, in Saus und Braus zu genießen. Diese Nonnen erhielten eine exzellente Ausbildung, in dem von Hildegard gegründetem „Kloster Rupertsberg“ und lernten nicht selten in der klostereigenen Wirtschaft den Nachwuchs von adligen Reisenden kennen. Es kam sehr oft vor, dass man einer Verbindung zwischen einer Nonne und einem adligen Sprössling, gegen gute Bezahlung an die Obrigkeit und Hildegard von Bingen, nicht mehr im Wege stand! Auch die sogenannte „Hildegard-Medizin“ genießt eher den Ruf eines Placebo-Effekts.[(169)] Jedoch mit dem Namen „Hildegard von Bingen“ kann man bis heute sehr viel Geld verdienen, was selbstverständlich auch für andere Heilige gilt.

Doch nun wieder zurück zu „Schwarzen Madonna“. Wer war also die „Schwarze Madonna“ wirklich und was stellt sie dar?

Die „Schwarze Madonna“ wird auch als die „unheilige Jungfrau“ genannt und dargestellt, dass Gegenstück von „Maria, der Heiligen Jungfrau“! Man nannte sie auch die „Madonna auf dem Drachen“ oder die „Madonna, die auf dem Drachen reitet“. Erinnert der „Drachen“ nicht sehr an die „Nibelungen“? Soll der Drache vielleicht das „heilige Volk“ darstellen, die, „die aus dem Norden kamen“ oder die „Heiden von Atlantis“, welche sich gegen die Christianisierung wehrten?

Die freimaurerische Provinzialloge von Baden-Württemberg schreibt zur „Schwarzen Madonna“:

„Die Schwarze Madonna im Mittelalter als bedeutende Ausnahme dieser Unterdrückung ist ein völlig ***einzigartiges Phänomen*** *in der gotischen bzw. romanischen Kunstgeschichte. Sie war der esoterische Mittelpunkt der wiederauflebenden Verehrung der Großen Mutter in dieser Zeit. Die* ***Spur*** *der* ***Schwarzen Madonna*** *führt direkt nach Ägypten und zu einer weiteren wichtigen Ausnahme bei der Unterdrückung der Großen Mutter: Zum* ***Isis-Kult****. Im 10. bis 13. Jahrhundert gab es hunderte von Schwarzen Madonnen, die* ***ursprünglich*** *Statuen der* ***Göttin Isis*** *mit ihrem Sohn* ***Horus*** *auf dem Schoß waren. Diese Figuren sind von den ersten* ***Kreuzrittern*** *direkt* ***aus Ägypten importiert*** *worden. Ihr spezieller waagrechter Stuhl wurde cathedra genannt und interessanterweise war es gerade dieser Stuhl, der im alten Ägypten das Symbol für Isis darstellt.“*[(170)]

Dann ist da noch die Treppe, die am Fundort von Straten zu sehen ist. Die Treppe ist auch ein typisches Symbol der Freimaurerei und wird auch

„Die Jakobsleiter, Engelsleiter oder Himmelsleiter genannt (Hebräisch: Sullām, Treppe, Rampe oder lateinisch scala, Leiter), auf der die Engel auf- und niedersteigen, ist ein imaginatives Bild für den stufenweisen Auf- und Abstieg von der Erde zum Himmel und umgekehrt. Es ist der Weg, den auch der Geistesschüler auf seinem Schulungsweg in die geistige Welt beschreiten muss. ... Die Imagination der Jakobsleiter (oder -treppe) geht zurück auf die in der Bibel in 1 Mos 28,10-22 LUT geschilderte Traumvision, die Jakob auf seiner Flucht vor Esau von Beerscheba nach Harran erlebt. ... Den Freimaurerischen Bezug zu diesem alttestamentarischen Bild läßt sich gut über die masonische Reise zum Licht (ggf. zu Gott) herstellen, denn am Ende der Leiter oder Treppe ist auf den Bildern häufig das Licht zu sehen. ... Für eher mystisch orientierte Freimaurer ist sie ein wichtiges Symbol, dass den individuellen Weg zum Licht oder der ‚Unio Mystica', der Vereinigung mit Gott beschreiben könnte. Für manche ggf. eher den Weg zur Erkenntnis."[(171)]

Ich gehe davon aus und bin der Meinung, dass dieser „Mord" niemals aufgeklärt werden soll und wird, weil es sich dabei um einen Ritualmord handelte. Dieser Mord wurde jedoch bestimmt nicht von satanischen Spinnern, die nach drei Joints und einer Flasche Wodka als Mutprobe eine Krähe nachts auf dem Friedhof abschlachten und wie Ozzy Osbourne deren Blut zu trinken, sondern ich gehe von den ortsansässigen „Bruderschaften" aus, zu deren Mitgliedern vermutlich auch die Chefs der eingesetzten Ermittler gehören. Ich meine die „Herren mit den weißen Handschuhen", die sie tragen, um das Blut an ihren Händen zu überdecken! Aber sicher sind all diese Zusammenhänge wieder nur Zufall.

Der in Koblenz (wo auch das Bundeswehrbeschaffungsamt zu Hause ist) wohnende Bernd Weidung besitzt auch einen eigenen Wein, von einem ganz speziellen regionalen Weingut! Bernd Weidung ist Mitglied des Rotary Club Koblenz, arbeitet aktiv für „UNESCO-Kinder in Not", den Kinderschutzbund Koblenz e.V. und „Ein Herz für Kinder". Außerdem unterstützte Weidung Merkel bei der Bundestagswahl 2017, mit seinem Motto: „Weil sie mir in unruhigen Zeiten Stärke und Sicherheit vermittelt" und die Impfkampagne mit seinem Slogan: „Na klar lass ich mich impfen, weil ich andere, meine Familie und mich schützen möchte." Weidung schoss gegenüber Corona-Leugner: *„Ich kann Corona-Leugner nicht verstehen – da werde ich* *aggressiv. Da fühle ich mich auch als Deutscher persönlich beleidigt. Wenn euch Deutschland nicht passt, weil ihr findet, eure Freiheit sei eingeschränkt, dann geht. Es läuft hier nicht alles richtig, aber es läuft sehr vieles richtig.*“[(172)] Ich sage dazu nur: „Schuster, bleib bei deinen Leisten!“

Abb. 81: Bernd Weidung alias Thomas Anders

Was, Sie kennen Bernd Weidung nicht?! Er ist ein deutscher Pop- und Schlagersänger, Musikproduzent, Songwriter, Fernsehmoderator und gehört mit 125 Millionen verkauften Tonträgern als Teil des Duos Modern Talking zu den kommerziell erfolgreichsten deutschen Sängern; besser bekannt als Thomas Anders.

Bis vor wenigen Jahren war Thomas Anders Besitzer einer Brasserie in Koblenz, am Deutschen Eck, dort wo sich die Mosel und der Rhein miteinander vereinen. Dieses Lokal hatte den teuflischguten Namen „Faustus“, was sehr an den Hexenmeister erinnert!

Die Ehefrau von Thomas Anders, Claudia Hess (was für ein prägender Nachname!) stammt aus Siershahn. In Siershahn befand sich einst das Rheinwiesenlager „Berggarten“, mit ca. 25.000-30.000 Gefangenen, auf einer Fläche von ca. 100 Morgen Kartoffel- und Haferacker, auf dem Gelände der Firma *Keramchemie.*[(173)]

Nicht weit von Siershahn ist die Schuster- und Kreisstadt Montabaur, direkt an der A3 gelegen. Hier ist die Heimat von *1&1*. Dieser Telekommunikationsriese ist bekannt für seine voreiligen Versprechen in der Werbung und dem teils respektlosen Umgang an der Hotline. Ich persönlich könnte aus meinen Erfahrungen plaudern, dafür würde aber ein Buch nicht ausreichen! Schauen Sie sich, lieber Leser, bitte die Luftbildaufnahme der *1&1* Gebäude an, welche an Symbolik kaum noch überboten werden kann. Sehen Sie auch den hermetischen Stab mit der Schlange und das allsehende Auge des Horus? Aber sicher ist dies nur ein Zufall!

Abb.: 82: *1&1* Standort in Montabaur

1&1 entledigt sich scheinbar sehr gern seiner Konkurrenz (z.B. *Strato*), in dem er sie über Umwege aufkauft. Dieser Konzern nutzt die Telefon- und Glasfaserleitungen der Telekom, welche überall in Deutschland seine Verteilerpunkte haben, so auch in Frankfurt am Main!

Ralph Dommermuth ließ vor einigen Jahren mehrere Etagen Keller unter seiner Villa in Montabaur graben. Man erzählte sich in der Stadt, dass der feine Herr keine Lust hatte, früh morgens seinem Personal im Bademantel über den Weg zu laufen, daher die Unterkellerung! Naja, wer‘s glaubt! So ist es auch auf Sylt geschehen, wo er seine Villa mit mehreren Etagen unterkellern ließ. Dort haben die Nachbarn bei jeder Flut Angst, dass ihre Keller absaufen! Für eine Yacht-Party ließ Herr Dommermuth sein Privatschiffchen nach Montabaur transportieren, um dies in seinen Pool setzen zu lassen! Wer‘s braucht!

Der Name Dommermuth kommt in dem Gebiet der Flutkatastrophe verhältnismässig oft vor, sei es als Bauunternehmen oder Kommunalpolitiker, Journalisten oder andere in der Öffentlichkeit stehenden Personen.

Auch Montabaur gibt es unzählige Tunnelanlagen, wie im gesamten Westerwald, nicht nur aus der Nazi-Zeit! Einige Tunnel führen vom weithin sichtbaren Schloss bis hin ins Gelbachtal und weiter nach Bad Ems, wo jährlich Rosenbälle stattfinden. Diese Tunnel sind mit Gitter verschlossen und offiziell nicht begehbar.

Adolf Hitler hatte des Öfteren in der Schusterstadt Montabaur „Boxenstopp" gemacht. Auch in Montabaur und dem umliegenden Westerwald sind noch heute zahlreiche alte Nazi-Familien wohnhaft.

Abb. 83: Buchtipp: „DUMBs" von Nikolas Pravda

Wenn Sie sich für Tunnelanlagen, sogenannte „DUMBs" interessieren, empfehle ich Ihnen das Buch: „DUMBs: Geheime Bunker, unterirdische Städte und Experimente Was die Eliten verheimlichen" von Nikolas Pravda. Das Buch ist in jeder gut sortierten Buchhandlung verfügbar.

Montabaur war auch rein Zufällig die Heimat von Andreas Lubitz, dem Co-Piloten des Airbus A320 vom Germanwings-Flug 9525. Angeblich brachte er das Flugzeug in den französischen Alpen bewusst zum Absturz, was ich jedoch sehr stark bezweifle! Erinnern Sie sich noch an diesen Crash, im Jahre 2015? Dies geschah ein halbes Jahr vor dem legendären Satze: „Ja, wir schaffen das!"

Ich hatte zum Germanwings-Flug 9525 schon mehrere Hundert Stunden recherchiert und bin auf Namen und Organisationen gestoßen, die einem das Blut gefrieren lassen! Meine Arbeit musste ich jedoch schlagartig einstellen, weil mir mein behandelnder Arzt aus Montabaur psychische Krankheiten unterstellen und zur „Beobachtung und medikamentöser Einstellung" in ein Krankenhaus überweisen wollte. Natürlich rein zufällig ist dieser Arzt, der Arzt, welcher auch Andreas Lubitz behandelte!

Hellhörig sollte man werden, wenn man den Ausführungen von dem bekannten ARD Moderator Ulrich Wickert folgt: *„Markantes Statement von Ulrich Wickert zur Presseberichterstattung über Andreas Lubitz - Das 80 Prozent der Meldungen über den 27-jährigen Andreas Lubitz nachweislich falsch* *gewesen seien, ist nicht das Statement von Familie Lubitz, sondern von Ulrich Wickert, einem der renommiertesten und kompetentesten Journalisten Deutschlands. Bei einem Vortrag in Dillingen warnte er davor, dass mit Gerüchten zur Unterhaltung beizutragen, nichts mit dem Auftrag der Presse zu tun habe. Ferner sagte er: ‚Angesichts der Schnelllebigkeit nähmen sich viele Medien in einem harten Wettbewerb oft nicht mehr die Zeit, den Wahrheitsgehalt der Nachrichten zu überprüfen.*‘“[174]

Ich bezweifle sehr stark, dass in Saint des Alpes ein Flugzeug abgestürzt war! Die fotografierten und gefilmten Trümmer wurden vermutlich per Helikopter dort abgelegt. In der Nähe befinden sich zufällig drei Flugzeugfriedhöfe. Einzelne Teile lassen sich auf den Aufzeichnungen identifizieren. So stammte vermutlich das damals gezeigte Fahrwerksteil mit Rad von einer Militärmaschine. Das Gelände war vergleichbar zu einem Eifeler Vulkankrater, also in keiner Weise hochalpin. Während meiner Recherchen wurden damals scheinbar die Google-Maps-Textur ausgetauscht, um Gebirgsvegetation vorzutäuschen. Im Weiteren schaute ich primär nach den deutschen „Opfern“ gemäß Passagierliste, die veröffentlicht wurde und es erwies sich, dass manche Personen vermutlich gar nicht real existierten. Es gibt eine Facebook-Datenbank mit Tausenden Avataren, die scheinbar immer bei Terrorakten zum Einsatz kommen. Nach dem „Crash“ gab es zahlreiche Internetseiten, die gefälscht waren. So wurde beispielsweise beim König-Gymnasium in Haltern am See eine Seite mit Todesanzeige hinzugefügt, die nicht vom originalen Server stammten. Ich stieß immer wieder auf gefälschte Lebensläufe und Fotos.

Dann war da noch die Sache mit den zwei französischen Militärmaschinen, die angeblich kurz vor dem „Aufprall“ über das Gebiet flogen. Heute weiß ich, dass es keine französischen Militärflieger waren, sondern es handelte sich eindeutig um israelische „IAI Nescher“.

Andreas Lubitz ist und war unschuldig und wurde von Anfang an nur als Sündenbock benutzt!

Warum waren israelische „IAI Nescher“ aka Dagger (Dassault Mirage 5) im französischen Luftraum und was hat die Germanwings-Katastrophe mit „Stuxnet“ zu tun?

*„**Stuxnet ist ein Computerwurm**, der im Juni 2010 entdeckt und zuerst unter dem Namen RootkitTmphider beschrieben wurde. Das Schadprogramm wurde speziell entwickelt zum **Angriff** auf ein System zur **Überwachung und Steuerung** (SCADA-System) **des Herstellers ‚Siemens' – die Simatic S7**. Dabei wurde in die Steuerung von Frequenzumrichtern der Hersteller ‚Vacon' aus Finnland und ‚Fararo Paya' in Teheran eingegriffen. Frequenzumrichter dienen beispielsweise dazu, die Geschwindigkeit von Motoren zu steuern. Solche Steuerungen werden vielfach eingesetzt, etwa in Industrieanlagen wie Wasserwerken, Klimatechnik oder Pipelines. ... Da bis Ende September 2010 der Iran den größten Anteil der infizierten Computer besaß und es zu außergewöhnlichen Störungen im iranischen Atomprogramm kam, lag es nah, dass Stuxnet hauptsächlich entstand, um die Leittechnik der Urananreicherungsanlage in Natanz oder des Kernkraftwerks Buschehr zu stören."*[(175)]

*„Die Steuerung des Siemens Simatic S7 ist ausgestattet mit einer Profinet-Schnittstelle. Alternativ kann auch über Profibus, AS-i oder **Mobilfunk kommuniziert werden**. ... für Prozesse wie Druckmaschinen, Walzwerke, Gas- und Ölförderanlagen und Kraftwerke."*[(176)]

Ebenfalls wird Siemens Simatic S7 für die Steuerung eines Elevators für Flugzeug-Triebwerke eingesetzt.

Wer wurde also ausgeschaltet?

Vielleicht war die Katastrophe auch ein satanisches Ritual, ähnlich der Flugzeugkollision von Überlingen? Am Abend des 1. Juli 2002 kam es zu einer Kollision zwischen dem DHL-Flug 611 und dem Bashkirian-Airlines-Flug 2937 über Owingen bei Überlingen. Der Flugunfall forderte 71 Opfer. An Bord der Maschine befanden sich 69 Menschen, der Großteil davon **Schulkinder im Alter zwischen 8 und 16 Jahren** aus Ufa (Republik Baschkortostan, Subjekt der Russischen Föderation).

Wikipedia schreibt: *„Die Reise sollte eine **Belohnung** für die größtenteils **hochbegabten Schüler** wegen guter Leistungen in der Schule sein und wurde von einem lokalen baschkirischen Komitee **für die UNESCO organisiert**. Der Abflug hätte eigentlich am Vortag stattfinden sollen. Da sich der für den **Bustransfer** der Kinder zuständige **Fahrer** in Moskau **verfahren** hatte, wurde der*

Flug verpasst und dann auf den ***nächsten Tag umgebucht*** *... Am 24. Februar 2004 wurde der beim Unfall* ***dienstleitende Fluglotse Peter Nielsen*** *von dem* ***Russen Witali Kalojew****, dessen Frau und zwei Kinder bei der Kollision ums Leben gekommen waren, in Kloten bei seinem Haus erstochen.*«(177)

Ich stelle mir die Fragen:

• Hat sich der zuständige Fahrer für den Bustransfer in Moskau wirklich verfahren, wo doch Flughäfen in der Regel sogar im tiefsten Afrika symbolträchtig ausgeschildert sind?

• Warum konnte dieser Sonderflug nicht zwei bis drei Stunden später fliegen, sondern erst am nächsten Tag?

• Warum wurde die Kreuzung der beiden Flugrouten von der Flugsicherung nicht ausdrücklich vermerkt? Hätte diese nicht für einen Bereich über dem Bodensee geplant werden müssen?

• Warum war gerade an diesem 1. Juli 2002 das Warnsystem in der Bodenkontrolle wegen Wartungsarbeiten außer Betrieb? (178)

• Ist es auch reiner Zufall, dass auch die Telefondirektleitungen der Bodenkontrolle Zürich zu den benachbarten Luftüberwachungszentren außer Betrieb waren, nachdem der Lotse, nach anfänglichem Zögern, Wartungsarbeiten an der Telefonanlage zugestimmt hatte, wobei er annehmen durfte, dass die Funktion der Telefonanlage hinreichend ersetzt würde; tatsächlich war aber das Ersatzsystem jedoch nicht einsatzbereit und die Wartungsarbeiten am Hauptsystem waren zur Zeit des Unfalls zwar beendet, ohne dass es jedoch für den Lotsen freigegeben worden war?!

• Warum wurde der dienstleitende Fluglotse Peter Nielsen von dem Russen Witali Kalojew, dessen Frau und zwei Kinder bei der Kollision ums Leben gekommen waren, wirklich ermordet? War dieses Unglück wirklich ein Unglück oder wurde mit dem Fluglotsen nur ein Zeuge durch einen Auftragsmörder beseitigt?

• Nach seiner Haftentlassung kehrte Witali Kalojew in seine Heimat zurück; dort wurde er, insbesondere von hunderten Mitgliedern der Jugendorganisation Naschi, empfangen und gefeiert. Am 18. Januar 2008 wurde er in der Republik Nordossetien zum stellvertretenden Minister für Bau und Architektur ernannt.

• Wie kann es sein, dass der Mörder im Jahr 2004, von einem Schweizer (Tiefer Staat!) Gericht, zu 8 Jahren Haft verurteilt wurde, jedoch nach einem Beschwerdeverfahren und „plötzlicher verminderter Zurechnungsfähigkeit" 2007 aus der Haft entlassen wurde?

Hier noch ein kleiner Hinweis: Zu Nordossetien erzählt uns das „glaubhafte" Wikipedia: „*Die Region ist seit dem Altertum besiedelt. Im 7. Jahrhundert v. Chr. wanderten mit den Skythen verwandte iranische Stämme ein. Im 9. Jahrhundert n. Chr. entstand der Staat Alanien unter dem Volk der Alanen, den direkten Vorfahren der Osseten.*"[(179)]

Aus den vorangegangenen Kapiteln erfuhren wir, dass das Volk der Alanen eine Erfindung der wissenschaftlichen Forschung ist, welche nie existierten! So verhält es sich auch mit den Skythen, über die das LEOPOLDINA-Mitglied Hermann Parzinger „forscht". Diese Turkvölker wurden, wie schon erwähnt, scheinbar erfunden, um die Geschichte der Khasaren zu verschleiern.

Abb. 84: Das Wappen von Wladikawkas

Das Wappen der Hauptstadt von Nordossetien, Wladikawkas („Herrscher des Kaukasus"), besitzt beeindruckende Symbole. Oben sehen wir auf der Krone das Malteserkreuz, das Zeichen des „Orden der Ritter vom Heiligen Grab zu Jerusalem". Im unteren Teil des Bildes ist der Goldene Schlüssel mit dem Bart nach unten. Über diesen goldenen Schlüssel sagt man, er sei: „*Symbol mancher Systeme, verschieden gedeutet. z. B. für Verschwiegenheit. Schon Sophokles erwähnt den Schlüssel in diesem Sinn als den Eleusinischen Mysterien eigen (goldener Schlüssel). In den*

Isismysterien wieder öffnete der Schlüssel Herz und Gewissen der 42 Beisitzer."[180]

*„**Eleusinische Mysterien** = der bedeutendste der griechischen Geheimkulte der klassischen Zeit, die dem Eingeweihten Licht und Erkenntnis vermitteln sollten. Ihre Entstehung liegt im Dunkel. Eumolpos, Sohn des Poseidon, ein in Ägypten Geweihter, galt als Stifter, als Ahnherr des eleusinischen hohepriesterlichen Geschlechts der Eumolpiden, das immer den Hierophanten, den Hohepriester, stellte. Die E. M. waren während mehr als 1000 Jahren der Kultus der beiden eleusinischen Göttinnen Demeter und Persephone. Während der Dauer der Mysterien hielten kriegführende Heere Waffenruhe. Dem Dienst der „beiden Göttinnen" wurde heiligende Kraft zugeschrieben. „Der Einzuweihende kam in Berührung mit dem Überirdischen – der Schleier, der die unsichtbare Welt von der Grobstofflichen Welt trennt, wurde vor ihm gelüftet er sah das Große Licht von Eleusis. Ihm allein wurde nach Sophokles ‚Sterben neues Leben' … **Nur das Leben vor der Geburt und das Leben nach dem Tode, lautet die Lehre, ist wahres Dasein**. … Sie gelangten in eine Krypta, in der sich der Spuk wiederholte. Dann sahen sie im Plutonion den Tod ‚Des Mädchens', Persephone (‚Sterben ist Wiedergeburt!'), um dann in dem gewaltigen, in tausend Farben strahlen den Tempel die Gefilde der Seligen zu schauen, die Wanderung der Persephone, also der eigenen Seele vom Himmel zur Erde, von der Erde zum Himmel zu erleben.*"[181]

In der Mitte des Wappens von Wladikawkas sehen wir einen Schatz, vergraben unter Bergen. Dies symbolisiert die „Hüter des goldenen Schatz's" im Kaukasus, eine Anspielung auf den Reichtum der Khasaren. Doch nun wieder zurück zu unseren Flugzeugen.

Wenn ein Flugzeug abstürzt, schaut man zuerst auf die Passagierliste. Auch bei vollbesetzten Maschinen werden alle Passagiere geopfert, um einen „Ungeliebten" loszuwerden. Lufthansa ist Tiefster Tiefer Staat. Der ehemalige Chef von Lufthansa wechselte 2014 von Lufthansa direkt in den Vorstand von Roche, also in die Pharmabranche. Die Qualifikation als CEO ist demnach die Fähigkeit zur Gewinn Maximierung, alles andere ist nebensächlich. Der scheinbar geplante Corona-Irrsinn nutzte Lufthansa auch aus, um einige ihrer Langstrecken-Flugzeuge (A380, A340 und B747) loszuwerden, strichen aber Millionen über Millionen Steuer-Hilfsgelder ein! Danke liebe Regierung! So viel zum vorgesehenen Streckeneinsatz in der Zukunft. ... ich habe schon wieder Puls!

Erinnern Sie sich, dass im Germanwings-Flug 9525 eine Klasse aus Haltern am See gesessen hatte?! Haltern am See, wissen Sie was dort noch war bzw. ist?! Richtig, aus Haltern am See stammt der wegen Besitzes und der Verbreitung von Kinderpornografie rechtskräftig verurteilte Christoph Metzelder. Solche Kinderpornofans sollten genauso hart bestraft werden, wie Kinderschänder, da diese solche Taten unterstützen und fördern! Pfui Teufel!

Und dann liest man auf Wikipedia über solchen (in meinen Augen) Abschaum der Gesellschaft: *„Von 2001 bis 2006 war Metzelder bei der von dem Priester Jochen Reidegeld gegründeten Kinderschutz-Organisation roterkeil.net mit Sitz in Greven tätig, die sich für den Schutz von Kindern vor sexuellem Missbrauch und gegen Kinderprostitution einsetzt. Er fungierte als sogenannter ‚Schutzengel' und galt in den Anfangsjahren der Initiative neben Reidegeld und dem Fußballprofi Sebastian Kehl als Mitbegründer und zentraler Botschafter des Roten Keils. 2005 wurden Metzelder, Kehl und Reidegeld wegen ihres Engagements durch Papst Johannes Paul II. zu einer Audienz empfangen, dabei überreichten sie ihm ein gemeinsam geschriebenes Buch.“*[(182)] Schlimmer geht's nicht mehr, oder? Aber auch Reiner Calmund war des Öfteren in Haltern am See zu Gast.

„Reiner Calmund ist am 20. November 2018 zu Gast beim Partnertreff des TuS Haltern. Hierzu wurde er von ‚Reifen Stiebling' und den ‚Stadtwerken Haltern' am See eingeladen. Nach einem Vortrag des ehemaligen Managers von Bayer 04 Leverkusen und jetzigen Sky-Experten stellt sich Rainer Calmund in einer Podiumsdiskussion, unter anderem mit Christoph Metzelder und Chris. Christian Stiebling, dem Thema ‚Fluch oder Segen?'“[(183)]

Der Fußballexperte und Geschäftsmann Reiner Calmund ist Schirmherr der Stiftung „Tapfere Kinder“. Er adoptierte 2013 ein zweijähriges thailändisches Mädchen und wohnt in Saarlouis.

Zwischen Saarlouis und dem Ahrtal, soll sich mit der Air-Base „Spangdahlem“ eine weitere unterirdische Tunnelanlage befinden, mit direkter Anbindung an die weltweit größte US-Militärbase in Ramstein. Von dort geht es zu einer der vermutlichen Pädokriminalitätshochburg nach Trier. Nebenan, das gesamte Moseltal mit den Weinbergen, u. a. mit Besitzern wie Günther Jauch und Rothschilds.

Unweit des Ahrtals liegt das verschlafene Traben-Trarbach, direkt an der Mosel, was auch von dieser Wetterkapriole getroffen wurde. Dort stürmte die Polizei vor einiger Zeit einen Bunker mit unzähligen illegalen Darknet-Plattformen. Es wird angenommen, dass der mutmaßliche Eigentümer der Operation in einem unterirdischen Rechenzentrum lebte, das „kriminelle Websites" beherbergte. Ein von deutschen Behörden geschlossenes Rechenzentrum für Cyberkriminalität war in einem ehemaligen NATO-Bunker in Traben-Trarbach am Flussufer untergebracht. Es waren mehr als 600 Polizeibeamte, darunter die GSG 9, die deutsche Eliteeinheit der Bundespolizei, an einer Anti-Cybercrime-Aktion beteiligt. Polizisten gelang es, in das Gebäude einzudringen, einen 5000 Quadratmeter großen ehemaligen NATO-Bunker mit Eisentüren, der fünf Stockwerke tief unter die Erde reicht. Das Gebäude befand sich auf einem 1,3 Hektar großen Grundstück, das mit einem Zaun und Überwachungskameras gesichert war. *„Wir mussten nicht nur echte oder analoge Schutzmaßnahmen überwinden, wir haben auch die digitalen Schutzmaßnahmen des Rechenzentrums geknackt"*, sagte Landespolizeipräsident Johannes Kunz. Bei der Razzia beschlagnahmte die Polizei 200 Server sowie Dokumente, Mobiltelefone und große Mengen Bargeld. Bei der Operation konn-ten deutsche Ermittler nach Angaben deutscher Medien erstmals einen kugelsicheren Hoster festnehmen. Die Verarbeitung der auf den Servern gefundenen Daten werde Monate oder Jahre dauern, sagt Jürgen Brauer, Leiter der Staatsanwaltschaft Koblenz.[(184)]

Inzwischen erreichen mich Informationen aus der Gegend um Ahrweiler aus erster Hand, dass die offiziellen Opferzahlen (174 Tote, Stand 23.07.2021) NICHT mit den realen Zahlen übereinstimmen. Hinter vorgehaltener Hand sprechen Polizei und Feuerwehr von mindestens 800-1.200 Toten. Diese Zahlen dürfen jedoch nicht veröffentlicht werden. Was auch dafür spricht, dass die Tatsachen nicht mit den Nachrichten übereinstimmen ist ein Bericht auf N-TV. Dort heißt es: *„Zum einen haben die Anwohner traumatische Dinge erlebt. Wir konnten mit Anwohnern sprechen, die Kinderleichen in ihren Häusern gefunden haben, die von irgendwo weiter her angeschwemmt wurden..."* Dieser Beitrag wurde nur einmal auf N-TV ausgestrahlt, ist jedoch weder auf YouTube oder in der Mediathek zu finden. Mir liegt die Videoaufzeichnung vor und ist auch auf Telegram zu finden! Warum wurde diese Nachricht gesperrt und warum berichten die anderen Medien nicht davon? Ebenfalls aus erster Hand habe ich auch von mehreren Personen erfahren, dass die Flut durch das Ahrtal viel zu hoch war und NICHT von dem Regen erzeugt worden sein können. Anwohner berichteten mir, dass der dort versteckte Regierungsbunker schon seit einiger Zeit unter Wasser stände und man scheinbar die Bunkeranlage mit dem Vorwand des Regens entleerte. Wurden vielleicht von dort die Kinderleichen angespült?

Wann war das Verschlafen wirkende Bad Neuenahr – Ahrweiler eigentlich zuletzt „groß" in den Schlagzeilen? Erinnern Sie sich? Mir fällt da spontan Adelheid Streidel, welche am 18.04.1990 mit einem Messer bewaffnet, auf den SPD-Kanzlerkandidaten Lafontaine in der Stadthalle von Köln-Mülheim einstach und ihn schwer verletzte. Erinnern Sie sich noch an die Motive dieser Frau?

Der *„Spiegel"* schrieb seinerzeit: *„Nach dem Anschlag einer geistig Verwirrten auf den SPD-Kanzlerkandidaten Lafontaine müssen die Sozialdemokraten ihre Strategie im Wahljahr ändern. Das* ***Attentat*** *wäre womöglich zu* ***verhindern*** *gewesen: Seit Januar sind die* ***Behörden darauf hingewiesen*** *worden, von der Täterin gehe eine ‚Fremdgefährdung' aus. … Auf einen Anwalt hat die Attentäterin von vornherein verzichtet. ‚Ich wollte einen Politiker töten', gibt sie zu Protokoll. Denn die* ***Politiker*** *seien für* ***geheimnisvolle Machenschaften im Verborgenen*** *verantwortlich: ‚Es gibt* ***in Europa Menschenfabriken*** *und* ***unterirdische Operationssäle****, wo Leute aus der* ***Bevölkerung*** *körperlich und* ***geistig umfunktioniert*** *werden.' Einer der Vernehmer fragt: ‚Können Sie das erläutern?' Adelheid Streidel schweigt. ... Verborgen blieben den allermeisten ihr Interesse an Prominenten und ihre* ***krude Sympathie*** *für Extremisten. ‚Sie tun mir leid', tröstete sie den* ***RAF-Terroristen Christian Klar*** *vor vier Jahren und schickte ihm, über Fleurop, einen Strauß in den Stammheimer Knast; die Blumen verwelkten in der Wache. … Als* ***RAF-Täter*** *am 30. November letzten Jahres den* ***Deutsche-Bank-Chef Alfred Herrhausen****, den laut Bundeskriminalamt damals ‚am besten geschützten Mann der Bundesrepublik', mitsamt gepanzertem Mercedes in die Luft sprengten, räumte Innenminister* ***Wolfgang Schäuble*** *(CDU) ein: ‚Einen hundertprozentigen Schutz gibt es nicht.'"*[185]

Das Attentat auf Lafontaine ist deshalb so interessant, weil die Adelheid Streidel **offensichtlich** „psychisch krank" war. Die Umstände sind verblüffend ähnlich den mutmaßlichen Mördern von Hanau und Halle an der Saale, wo auch die Akademie LEOPOLDINA sich befindet. Die Attentäter hatten alle sehr ähnliche „Visionen"! Auch der Hanauer Mörder war den Behörden seit einer Weile bekannt, bekam aber nicht einmal seine Schusswaffe abgenommen. Mangels „Kompetenz", aus vorhandenen, sogar aufgedrängten Informationen etwas zu machen, verlangen die „Unsicherheitsbehörden" wieder mehr Kompetenzen, insgeheim Informationen zu sammeln. Sie sind ein Verschwörungstheoretiker, wenn Sie Schlimmes dabei denken!

Adelheid war in die Psychiatrie unbekannt verschwunden und erst 2014 wieder entlassen worden. Sehr viele Google-Artikel über die Entlassung von Frau Streidel sind plötzlich nicht mehr verfügbar!

Offensichtlicher als bei den Attentätern von Hanau und Halle/Saale war bei Adelheid Streidel, dass sie auch geistig scheinbar ganz alleine war. Kein schlimmes Medium hatte sie aufgehetzt, keine Partei hatte ihr irgendwelche Stichworte geliefert, also Worte, die das Zustechen verursacht hätten. Jedenfalls hörte man nie etwas davon, als braver Bürger und Zeitungsleser im Deutschland von 1990. Alles ging mit rechten, aber eben verrückten Dingen zu. Soll dies alles wieder nur ein Zufall sein oder wurden wieder Menschen als Sündenböcke missbraucht?! Noch eine Gemeinsamkeit aller „Attentäter" ist ihre Traumatisierung, fast immer durch sexuellen Missbrauch.

„Todesschütze von Hanau war der Bundesanwaltschaft bekannt. Hätten Ermittlunghsbehörden Tobias Rathjen schon vor seiner Bluttat auf dem Radar haben müssen? Fakt ist, dass der Todesschütze bei der Bundesanwaltschaft Strafanzeige gestellt hatte.

Damals sei bei seiner Behörde eine Anzeige des Mannes eingegangen. Er habe darin Strafanzeige gegen eine unbekannte geheimdienstliche Organisation gestellt und darin zum Ausdruck gebracht, dass es eine übergreifende große Organisation gebe, die vieles beherrsche, ‚sich in die Gehirne der Menschen einklinkt und dort bestimmte Dinge dann abgreift, um dann das Weltgeschehen zu steuern'. In der Anzeige waren nach Franks Angaben keine rechtsextremistischen oder rassistischen Ausführungen enthalten.

Rathjen fühlte sich von Geheimdiensten überwacht. Bereits im Januar 2002 will der Todesschütze eigenen Angaben zufolge erstmals zur Polizei gegangen sein, um illegale Überwachung anzuzeigen. Ergebnislos, wie er in seinem Manifest behauptet. Gut zwei Jahre später, im Herbst 2004, sei er nach seinen eigenen Worten wegen seiner vermeintlichen Überwachung bei einer Polizeidienststelle erneut abgewiesen worden. Und im vergangenen Jahr – das hat Peter Frank jetzt bestätigt – hat er sich an den Generalbundesanwalt wegen der angeblichen Überwachung gewandt. Als all diese Versuche, Ermittler auf seine Situation aufmerksam zu machen, nicht gefruchtet hätten, habe er laut seines Manifestes mehrere Privatermittler kontaktiert – doch auch die hätten ihm nicht helfen können."(186)

Wie schon gesagt, niemand hat 1990 in Deutschland öffentlich spekuliert, ob jemand für ein Attentat gegen einen Mann politisch verantwortlich sein könnte, der sich dann später wieder als so wichtig und eben gefährlich erwiesen hat, wie Oskar Lafontaine. Es hat damals auch niemand gefragt, ob Adelheid Streidel ein „targeted individual" (sind gedankenkontrollierte Menschen, welche angeblich an „Wahnvorstellungen" leiden = MKUltra) gewesen sein könnte und was das überhaupt ist. Wer googelt, findet sofort eine nordamerikanische Seite, die sich auch mit Adelheid als einer solchen „verfolgten Person" beschäftigt. Und für genau eine solche Person soll sich auch Tobias R. selbst gehalten haben. Deshalb hat er eine Anzeige an die Bundesanwaltschaft geschrieben: Verfolgungswahn! Aber die Schusswaffe durfte er seitens der Behörden behalten.

Wer war eigentlich dieses RAF-Mitglied Christian Klar, welcher von Frau Seidler Blumen ins Gefängnis geschickt bekam?

„Christian Georg Alfred Klar (20. Mai 1952 in Freiburg im Breisgau) ist ein deutscher Terrorist, der bei der Roten Armee Fraktion (RAF) aktiv war. Er gilt als eine der Schlüsselfiguren deren zweiter Generation. Zwischen 1977 und 1982 war er an mehreren Anschlägen und Überfällen beteiligt, wurde 1982 verhaftet und in zwei Gerichtsverfahren wegen gemeinschaftlich verübten, neunfachen Mordes zu lebenslanger Freiheitsstrafe verurteilt. Klars mögliche Begnadigung sorgte in den 2000er Jahren für eine öffentliche Debatte. Er wurde am 19. Dezember 2008 vorzeitig aus der Haft entlassen. … Seine Tatbeiträge sind vor allem deshalb weitgehend geklärt, weil er eine Reihe von Fingerabdrücken hinterließ und einige RAF-Aussteiger in der DDR nach ihrer Enttarnung 1990 umfassende Aussagen machten. Nach einer Tuberkulose-Erkrankung 1979*

erholte sich Klar im Südjemen und in der DDR. Zusammen mit Wolfgang Beer handelte Klar die von Inge Viett angebahnte Aufnahme von RAF-Aussteigern in der DDR im Juli 1980 mit einem MfS-Offizier in Königs Wusterhausen aus. In mehrwöchigen DDR-Aufenthalten wurde Klar Anfang der 1980er Jahre mit anderen RAF-Mitgliedern militärisch geschult, unter anderem durch Schießübungen, in Sprengstoff-technik und in der Bedienung der Panzerfaust RPG-7. ... Nach mehreren erfolglosen Festnahmeversuchen verhaftete die Polizei Klar am 16. November 1982 bei Friedrichsruh im Sachsenwald bei Hamburg, wo sich ein Waffendepot der RAF (Codename ‚Daphne') befand. ... Am 19. Dezember 2008 wurde Christian Klar auf Bewährung entlassen. ... 2011 wohnte er in Berlin und arbeitete als Kraftfahrer. 2013 leistete Klar auf Einladung von Intendant ***Claus Peymann*** *am* ***Berliner Ensemble*** *ein Praktikum als Bühnentechniker. Am 18. Februar 2016 wurde bekannt, dass* ***Diether Dehm, Bundestagsabgeordneter der Partei Die Linke****, Christian* ***Klar seit mehreren Jahren als freien Mitarbeiter*** *für die* ***technische Betreuung*** *seiner Abgeordnetenwebsite beschäftigte, was zu Kritik aus der Unionsfraktion führte, während Politiker der Linkspartei die Beschäftigung Klars verteidigten. ... Klar nahm im Mai 2017 mit Eva Haule an der* ***Beerdigung*** *des früheren* ***DDR-Verteidigungsministers Heinz Keßler teil.***"(187)

Der „*Spiegel*" schrieb am 26.10.2000 über das „**Berliner Ensemble**": „*Volker Braun und das Stasi-Theater - Besonders zwielichtig erscheint in den Stasi-Akten die Rolle des damaligen Regisseurs und Theaterintendanten Manfred Wekwerth am Berliner Ensemble. Wekwerth wird dort als ‚GMS Manfred' geführt, als ‚Gesellschaftlicher Mitarbeiter Sicherheit', der ‚durch operative Maßnahmen gewonnen wurde...*"(188)

In der „*taz*" ließt man mit der Überschrift „Wolf Biermann im Berliner Ensemble: „Stalinistische Syphilis" folgendes: „*Wem Wolf Biermanns Auftritt im Bundestag nicht gereicht hat, konnte ihn in abendfüllender Länge am Berliner Ensemble erleben. Der Kanzlerin gefällt's. Angela Merkel nannte Wolf Biermann in ihrem Grußwort ‚einen der größten Dichter und Liedermacher unserer Zeit'. ... An diesem Abend waren zahlreiche einstige Bürgerrechtler erschienen.*"(189)

Ich finde es mehr als erschreckend, dass Stichworte, wie: Angela Merkel, Stasi, RAF, Verfassungsschutz, NSU, deutsche „Terroristen" und immer wiederkehrend die gleichen Namen von Top-Politikern in einem Zug genannt werden. Das gilt auch für Herrn Schäuble, welcher auch Opfer eines Attentates wurde. Jedoch gilt für die Akten der RAF, NSU und viele Unterlagen der Stasi, dass sie nicht freigegeben werden. Was wird da vertuscht? Oder ist es wieder nur Zufall?!

„Politiker drängen Schäuble auf Freigabe der RAF-Geheimakten! Was steht in den Geheimdienstakten zum Mord an Generalbundesanwalt Buback? Nach der Festnahme von Verena Becker wächst der Druck auf Innenminister Schäuble, Einsicht in die Papiere zu gewähren. Die frühere RAF-Terroristin soll für ihre Kooperation mit dem Verfassungsschutz im Zusammenhang mit dem Mordfall Buback vom Staat bezahlt worden sein. Sie habe nach ihren Hinweisen auf mögliche RAF-Komplizen Geld bekommen, berichtete der ehemalige Verfassungsschutz-Beamte Winfried Ridder in einer ARD-Dokumentation über den Mord an Generalbundesanwalt Siegfried Buback im April 1977. Laut ‚Bild-Zeitung' sollen es 100.000 Mark (rund 50.000 Euro) gewesen sein. Das Bundesinnenministerium bestätigte am Mittwoch erstmals auch offiziell, dass Becker nach ihrer Festnahme mit dem Verfassungsschutz zusammengearbeitet habe. Dass für Informationen Geld gezahlt werde, sei bei Nachrichtendiensten nichts Ungewöhnliches gewesen, sagte der als RAF-Experte bekannte Ridder. Er kritisierte zudem, dass es bei der Fahndung ‚massenhaft Versäumnisse' gegeben habe. Laut Bild-Zeitung sollen sich die Verfassungsschützer insgesamt fünfmal mit Becker in einer konspirativen Wohnung in Köln getroffen haben. Sie soll dem Verfassungsschutz Hinweise zur Festnahme der Terroristen Brigitte Mohnhaupt und Christian Klar gegeben haben. Dem Bericht zufolge informierte sie den Verfassungsschutz möglicherweise auch über Sprengvorrichtungen der RAF und über sogenannte Vollversammlungen der RAF-Kommandoebene, bei denen festgelegt wurde, wen die RAF als Nächsten ermorden wollte. Zudem habe sie Stefan Wisniewski als den Todesschützen beim Buback-Attentat benannt, bestätigt Ex-Verfassungsschützer Ridder.“[(190)]

Es ist meiner Meinung nach schon recht seltsam, dass so viele Gemeinsamkeiten und Paralellen rund um RAF- und NSU-Aktivitäten nicht von Journalisten hinterfragt werden. Gibt es da eventuell Absprachen zwischen der Presse, Politikern und Geheimdiensten? Zumindest fühlt es sich für mich so an!

Ich lasse die HAARP-Anlage Sendenhorst rechts liegen. Weiter geht's auf der A1. Der Himmel ist noch immer zugezogen, aber eine kleine Stelle hat sich dem Grau widersetzt. Diese blaue Stelle in den Wolken sieht aus wie ein Auge. Wenn ich an Auge denke und Münster, die Geburtsstadt von Günther Jauch (fiel der Name nicht gerade erst, auf der letzten Seite?!), huscht mir ein Lächeln ins Gesicht, weil ich mich plötzlich an eine Sache im Dezember 2015 erinnern muss. Nein, ich meine mit „2015" nicht, wie Sie jetzt sicher denken: „Wir schaffen das ...", sondern an:

Günther Jauch, das allsehende Auge und Satan's Jünger

Der Fernsehmoderator, Entertainer, Journalist und Produzent Günther Jauch wurde am 13.07.1956 in Münster geboren und hat vier Kinder, zwei davon aus einem russischen Waisenhause adoptiert. Bekannt ist er durch Sendungen wie: „Menschen, Bilder, Emotionen", „Wer wird Millionär?", „5 gegen Jauch", „Denn sie wissen nicht, was passiert", „Bin ich schlauer als ...?", um nur einige zu nennen.

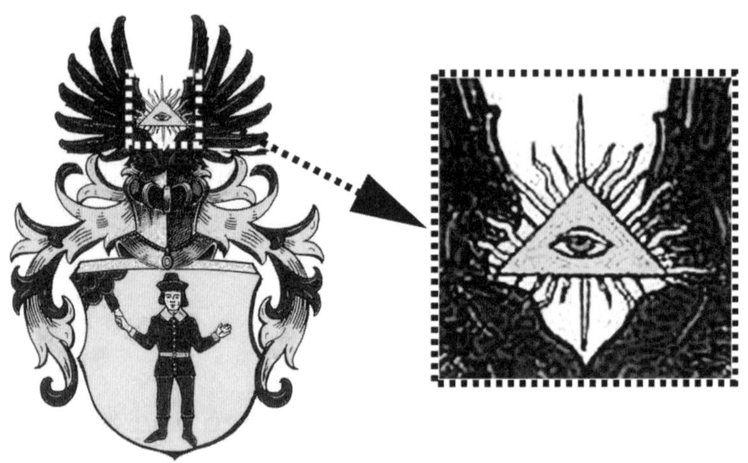

Abb. 85: Das Wappen der Jauchs mit dem allsehenden Auge des Horus

Jauch entstammt einem alten Hanseatengeschlecht, das sich bis in das Spätmittelalter zurückverfolgen lässt. Ende des 17. Jahrhunderts trat das Geschlecht in der Freien Reichs- und Hansestadt Hamburg auf. Die Mitglieder des Geschlechts betätigten sich als frühneuzeitliche Kaufleute und Fernhandelskaufleute. Sie wurden erbliche Großbürger Hamburgs und waren Herren auf Wellingsbüttel, heute Stadtteil Hamburgs. Von den Jauch stammt die Lübecker Bürgermeister- und Senatorenfamilie Overbeck ab.

Das Handelsgeschäft wurde Mitte des 18. Jahrhunderts aus dem wirtschaftlich stagnierenden Lüneburg nach Hamburg verlegt. Hamburg war Mitte des 17. Jahrhunderts aus dem Dreißigjährigen Krieg als wohlhabendste und bevölkerungsreichste Stadt Deutschlands hervorgegangen und war eine bürgerliche Republik, in der es weder Adel gab, der seit 1276 aus der Stadt verbannt war, noch ein Patriziat, den erblichen Stadtadel der anderen Reichsstädte. Im Gegensatz zum mediaten, vom Obrigkeitsstaat gelenkten Bürgertum der in den Monarchien gelegenen Städte, in dessen Reihen „Fürstendiener" gediehen, kennzeichnete Hamburg sein freibürgerliches, kulturell an England orientiertes Leben.

Eleonora Maria Jauch (1732–1797) ist die Stammmutter der Lübecker Bürgermeister- und Senatorenfamilie Overbeck, die zu jenen „Genie- und

Talentfamilien“ zählt, welche „durch drei bis vier Generationen hindurch Lübeck sein geistiges Gepräge“ gaben, darunter einer der neben Thomas Mann bekanntesten Söhne der Stadt, Enkel von Eleonora Maria Jauch, der Maler Friedrich Overbeck.

„Der Begriff der Talentfamilie wurde von Gottfried Benn geprägt. Er bezeichnet die hohe Wahrscheinlichkeit, dass Genies eher miteinander in Verwandtschaftsbeziehung stehen als mit anderen Menschen. Benn analysiert den Status künstlerischer Arbeit als Ausnahmeerscheinung rassenbiologistisch. Benn beschreibt die Bedeutung von Geniefamilien, die regelmäßig große Talente erzeugen, und die ‚Vorzüchtung‘ in diesen Familien.“[(191)]

Zu den Nachkommen der Jauchs gehören ferner die selige Hanna Chrzanowska, der Autor von Quo Vadis und Nobelpreisträger für Literatur Henryk Sienkiewicz, die erste Deutsche Meisterin im Golf Alice Knoop, die Lords Bolton, Besitzer des vormaligen Herzogtums Bolton, Zweige polnischer Magnatengeschlechter, der Durchlauchten Fürsten Czartoryski und der Grafen Potocki, sowie der Fürsten Podhorski und der Fürsten Woroniecki. Andere Nachkommen, eine Linie der Grafen Rostworowski, stehen als gleichzeitige Nachkommen der Kaiserin Maria Theresia entfernt in der britischen Thronfolge.

Oberst August Deetz, Sohn von Ludovica Jauch (1772–1805), bot 1849 als Mitglied der Kaiserdeputation dem preußischen König die Deutsche Kaiserkrone an. Karl von Fischer-Treuenfeld, Nachkomme Eleonora Maria Jauchs (1732–1797), gehörte zu den Köpfen des 1923 gescheiterten Hitlerputsches. Charlotte Jauchs (1811–1872) Enkel Otto von Feldmann steuerte 1925 maßgeblich die Wahl des mit den Nachkommen verschwägerten Paul von Hindenburg zum Reichspräsidenten.

Abb. 86: Jauch´s Gutshaus Weingut von Othegraven

Constance Jauchs Enkel Joachim Lelewel (1786–1861) war Freiheitskämpfer und einer von Polens wichtigsten Historikern. Er war Mitstreiter von Karl Marx und Friedrich Engels, Freund des Revolutionärs Marie-Joseph Motier, Marquis de La Fayette und einflussreicher Ideengeber des anarchistischen Vordenkers Michail Alexandrowitsch Bakunin.

Weitere Nachkommen sind in Thomas Manns Gesellschaftsroman „Buddenbrooks“ porträtiert – Urenkelin Charlotte Leithoff (1819–1903) heiratete den Konsul Johann Heinrich Harms (1810–1893) (im Roman: August Möllendorpf), Bruder des Senators Georg Friedrich Harms (1811–1892) (Senator Möllendorpf), der mit der Ururenkelin Emma Wilhelmine Buck (1832–1896) (Frau Möllendorpf geb. Langhals) verheiratet und Vater von Lorenz Harms (1840–1915) (Konsul Kistenmaker) war.

Erinnern Sie sich noch an den „geheimen Pakt“, wo geschrieben stand: „***Wir werden immer zusammenarbeiten und bleiben durch unser Blut und unsere Verschwiegenheit verbunden***. *Tod dem, der darüber spricht!*“ Ich möchte an dieser Stelle nochmals erwähnen, dass die Khasaren immer mafiaartig in großer Familienzahl in Erscheinung traten und treten!

Günther Jauch's Vater, der Journalist Ernst-Alfred Jauch, legte 1939 sein Abitur in dem von Jesuiten gegründeten Konrad-Duden-Gymnasium Wesel, der ältesten noch existierenden Schulen in Deutschland, ab. Sein Klassenkamerad und Freund, mit ihm zusammen auch aktives Mitglied im Bund Neudeutschland, war der spätere Märtyrer der katholischen Kirche Heinz Bello (1920–1944).

„Der ND (ehemaliger Name: Bund Neudeutschland) ist ein christliches Netzwerk, dem Mitglieder jeden Alters angehören. Gesellschaftliche und kirchenpolitische Diskussionsveranstaltungen, Workshops und spirituelle Angebote prägen das Programm des Verbandes. Der ND wurde nach dem Ersten Weltkrieg als Verband der katholischen Jugendbewegung gegründet. Er gab sich 1923 auf Schloss Hirschberg im Altmühltal das sogenannte Hirschberg-Programm. Heute führt der ND die Bezeichnung ND Christsein.heute. Der Bund wurde auf Anregung des Kölner Erzbischofs, Kardinal Felix von Hartmann, am 31. Juli 1919 durch Jesuiten als ‚Verband katholischer Schüler höherer Lehranstalten' gegründet. Von Hartmann fand „eine intensive Seelsorge für die Schüler höherer Lehranstalten dringend erforderlich, wenn es gelingen soll, ***die Gebildeten der Kirche zu erhalten.***“[(192)]

Weitere Mitglieder dieses „Ordens“ waren oder sind unter anderem: Rainer Barzel (Bundesminister und Präsident des Deutschen Bundestages), Rudolf Bock (deutscher Politiker (SPD)), Johann Böhm (CSU-Politiker, bayerischer Landtagspräsident), Viktor Josef Dammertz (Bischof von Augsburg), Johannes Joachim Degenhardt (Kardinal und Erzbischof von Paderborn), Hans Filbinger (Ministerpräsident von Baden-Württemberg (CDU)), Ottmar Fuchs (Priester und Theologieprofessor), Otto Hartmut Fuchs (CDU-Funktionär (DDR), Präsident der Berliner Konferenz europäischer Katholiken (BK)), Beate Gilles (Generalsekretärin der Deutschen Bischofskonferenz), Willi Graf (Widerstandskämpfer der Weißen Rose), Hans Heigert (Chefredakteur der Süddeutschen Zeitung, Chefredakteur beim Bayerischen Fernsehen, Präsident des Goethe-Instituts), Lothar G. Kopp (Pädagoge, Autor und Wissenschaftlicher Referent, Bundeszentrale für politische Bildung), Armin Maiwald (Fernsehredakteur der Sendung mit der Maus), Franz Meyers (Ministerpräsident Nordrhein-Westfalen (CDU)), Markus

Nievelstein (Journalist, Geschäftsführer von ARTE Deutschland), Klaus Prömpers (deutscher Fernsehjournalist (ZDF, Studioleiter in New York)), Klaus Töpfer (Bundesminister, Exekutivdirektor des Umweltprogramms der Vereinten Nationen (UNEP)), Michael Vesper (Sportfunktionär, Bauminister und stellvertretender Ministerpräsident des Landes Nordrhein-Westfalen (bis 2005, Bündnis 90/Die Grünen), stellvertretender Bundesleiter der Schülergemeinschaft) und Bernhard Vogel (Ministerpräsident Rheinland-Pfalz und Thüringen (CDU)), um nur einige zu nennen. Es ist sicherlich wieder nur Zufall, dass unter den Mitgliedern sehr viele sehr wichtige Persönlichkeiten zu finden sind, die die politischen, medialen und religiösen Geschicke dieses Landes leiten. Glauben Sie, mein lieber Leser, nun immer noch an Zufälle?!

Wie die Rothschild‘s ist Günther Jauch auch ein Weinkenner und wie es sich in diesen Kreisen gehört, ein Weinbergbesitzer. Jauch besuchte die Katholische Grundschule und arbeitete lange Jahre mit Thomas Gottschalk zusammen. Bei Talk- bzw. Diskussionsrunden waren fast alle Prominenten mit Rang und Namen zu Gast, auch Oliver Pocher und Wolfgang Schäuble. Er räumte die üblichen Preise ab und davon jede Menge. Mir fiel besonders der „Goldene Kompass“ für die Berichterstattung über siamesische Zwillinge auf! Wie schon am Anfang des Buches erwähnt, war der Urururgroßvater von Günter Jauch, Emmerich Grach, im Geburtsjahr von Karl Marx 1818 der zweite Bürgermeister der Stadt Trier. Deshalb unterzeichnete der Vorfahre des Moderators die Geburtsurkunde des Theoretikers, dem Rothschild-Familienmitglied und Kommunisten Karl Marx!

Abb. 87: Psychologiestudent Leon Windscheid

„Am 7. Dezember 2015 gewann der Psychologiestudent Leon Windscheid als elfter Kandidat bei ‚Wer wird Millionär?' eine Million Euro, nachdem er über drei Folgen an der Sendung teilgenommen hatte. In der zweiten Folge versprach Windscheid, bei einem ausreichend hohen Gewinn in der Sendung ein Partyschiff zu kaufen, das er nach Günther Jauch benennen und in Münster betreiben wolle. Daraufhin versprach Jauch, der in Münster geboren wurde, als Taufpate die Schiffstaufe zu übernehmen.

Anfang März 2016 gab Windscheid über RTL bekannt, gemeinsam mit seinem Geschäftspartner Oliver Trepper ein geeignetes Passagierschiff in den Niederlanden am Ijsselmeer gekauft zu haben. Am 10. September 2016 löste Jauch sein Versprechen ein und taufte die ‚Günther' in Münster. Für die Schiffstaufe mit einer Sektflasche vom Weingut von Othegraven, das 2010 in siebenter Generation an Jauch überging, benötigte der Fernsehmoderator vier Anläufe, bevor die Flasche am Schiff zerbarst. Alle Einnahmen aus der anschließenden Tauffahrt mit Günther Jauch wurden einem Flüchtlingsprojekt in Münster gespendet.“[(193)], so Wikipedia.

Ich möchte noch einmal zusammenfassen: Leon Windscheid (nicht zu verwechseln mit Joko Winterscheidt!), ein ganz normaler, „zufällig ausgewählter Bürger“ aus der Mittelschicht, gewinnt 1 Millionen Euro bei Günther Jauch‘s „Wer wird Millionär?“!

Abb. 89: Verwandtschaft oder wieder nur reiner Zufall?!

Windscheid (nicht zu verwechseln mit Joko Winterscheidt aus Mönchengladbach!), geboren in Bergisch Gladbach (gab‘s da nicht Missbrauchsskandale?!), studierte Psychologie und promovierte zu den Themen Geschlechtervielfalt in Unternehmen und Frauen in Führungspositionen! Und nun wird es spannend, denn hier wird deutlich, dass er „zufällig“ aus der Mitte der Gesellschaft für die Show gewählt wurde:

• Windscheid veröffentlicht Podcasts über Menschen, die z.B. versuchen sich zu Tode zu hungern, anderen ins Gesicht schießen oder über Jahre hinweg in Gefangenschaft leben, wie z.B. Natascha Kampusch, mit der er sogar gesprochen hat

• zu Gast im Podcast war auch der Rechtsanwalt von Beate Zschäpe (NSU-Prozeß) und dieser spricht zum ersten Mal über zahlreiche Details aus dem Gerichtsverfahren

Abb. 89: Werbung für die „MS Günther“

Der mediale Rummel um den „zufälligen“ Gewinn war enorm. Fast alle großen Medien berichteten davon, was ich in so einer Art und Weise noch nicht erlebt habe! Ist bestimmt schon wieder Zufall!

Auf Wikipedia klang das so: „*Zu Windscheids Millionengewinn und dem Vorhaben, ein Passagierschiff nach Günther Jauch zu benennen, sowie von der Taufe selbst gab es eine breite Medienberichterstattung. Windscheid trat unter anderem gemeinsam mit Günther Jauch bei Stern TV auf. Dort spielte er mit Jauch den Ablauf der Taufe der Günther im Studio durch. Auch andere TV-Formate berichteten regelmäßig über den Fortschritt des Projekts. So war Windscheid beispielsweise am 5. Juni 2016 Gast bei Thomas Gottschalks ‚Sendung Mensch Gottschalk – Das bewegt Deutschland‘. Die ‚Bild‘ und diverse andere Medien berichteten unter anderem über einen Einbruch in Windscheids Privatwagen und über eine Verletzung, die sich Windscheid während der Umbauarbeiten der ‚Günther‘ am Fuß zuzog.*“[(194)]

Nun noch einmal in Kurzform zum Verinnerlichen: Leon Windscheid wurde zufällig, als „Ausgewählter" der Mittelschicht, Gewinner von 1 Millionen Euro bei Günther Jauch, der mit dem allsehenden Auge des Horus im Wappen, dem er sogar noch (rein zufällig) ähnlich sieht! Durch eine glückliche Fügung las ich am 20.09.2021 in der „Südwest Presse" (auf: www.swp.de): „Günther Jauch soll eine uneheliche Tochter haben". Aber das spielt an dieser Stelle bestimmt keine große Rolle, oder etwa doch?!

Leon Windscheid betreibt nun in Münster (was durch große Pädophilen-Netzwerke in den Schlagzeilen war) das einzigartige Event- und Kulturlocationschiff „MS Günther", welches durch den Suppenkoch und Fernsehstar-Koch Christian Rach mit dem Deutschen Gastrogründerpreis ausgezeichnet wurde. Windscheid trägt scheinbar gern das Zeichen „Omega" nach außen auf seinen Klamotten, dem Symbol der „Jünger Satan's", was wohl wieder nur Zufall ist!

Aber was ist Omega und die „Jünger Satan's"?!

Abb. 90: OMEGA – Symbol von Satan's Jüngern bei Leon Windscheid

„DIE JÜNGER SATAN'S" sind ein satanischer Orden, der auf den lange verborgenen unterirdischen Kabalen des traditionellen Satanismus beruht, denjenigen der unheiligsten Traditionen, die die tiefsten Künste der Schwarzen Magie praktizieren, die Religion der Khasaren!

Es ist nicht im Sinne esoterischer Ordnungen mit pedantischen Bewertungssystemen und -bedingungen gebildet, sondern eine rohe satanische Kabale, die dem Satan, der Förderung seiner Arbeit und der Erforschung und Praxis des höllischen Okkultismus gewidmet ist. Ich erläutere hier die Rolle der „Jünger Satan's" als „Grimoire Omega", die zu diesem Orden gehört und die Kerngrundlage seiner Arbeit darstellt.

Die Ziele dieses satanischen Ordens sind:

1.Zuallererst sind die Eingeweihten des Ordens Bewahrer des „Grimoire Omega", seiner Wächter und Praktizierenden seiner schwarzen Künste.

2.Zweitens wurden die „Jünger Satan's" geschmiedet, um einen Orden für diejenigen zu schaffen, die dem alten Pfad des traditionellen Satanismus folgen wollen, der in den unterirdischen Kabalen Europas und in späteren Zeiten in den Vereinigten Staaten seit sehr langer Zeit vorherrscht, lange vor der Erfindung und Erhebung des LaVeyan/atheistischen Satanismus oder der jüngsten Zweige des Luziferianismus.

3.Der dritte und letzte Zweck des Ordens besteht darin, die längst verlorenen, verborgenen und verbotenen schwarzen Künste der satanischen Magie wiederzubeleben, die viel zu lange unterdrückt, verborgen und verboten wurden, aber nicht nur diese Praktiken wiederzubeleben, sondern sie zu stärken und weiterzuentwickeln, insbesondere diejenigen, die ihrer Natur nach sehr experimentell sind.

Die Struktur der „Jünger Satan's" ist einfach und effektiv. Diejenigen, die sich anschließen, tragen den Titel Neophyte. Sobald sie die Selbstbestimmung in den in Omega beschriebenen Orden durchgeführt haben, nehmen sie den Titel Priester/Priesterin an, das herrschende Aushängeschild des Ordens ist eher ein Führer als ein Führer und trägt den Titel des

Höllenmagisters wird dieser Titel von Bruder Mendes - Gründer der „Jünger Satan's" gehalten.

Der Höllenmagister wird von denen unterstützt, die die Position des Hohepriesters / der Hohepriesterin innerhalb des Ordens erreichen. Die Initiierten dieser Position bilden den sogenannten Höllenrat und sorgen für die Aufrechterhaltung und Weiterentwicklung des Ordens.

In den meisten Fällen sind okkulte Befehle der herausragende Faktor in Verfahren und das Grimoire einfach das magische Buch, aus dem sie praktizieren. Wie auch immer die Rollen hier vertauscht sind, Omega ist das Herz des Ordens und seine Eingeweihten sind die Praktizierenden, Bewahrer und Propheten von Omega.

Der Grund dafür ist, dass der „Grimoire Omegaist" das mächtigste aller satanischen Zauberbücher in dem Sinne, dass es okkulte Operationen und Höllenarbeiten enthält, die, wenn sie von den Eingeweihten des Ordens ordnungsgemäß ausgeführt werden, dem Herrn Satan und den Dämonen seiner Höllenhierarchie helfen können und werden, in die Welt einzutreten und die Welt zu verdunkeln mit ihrer unbeschreiblichen unheiligen Kraft.

Hier liegt die innere Bedeutung des Grimoire-Titels – Omega – das Wort Omega, das Endungen darstellt, das Ende einer Epoche in der Zeit, in diesem Fall das Ende der Herrschaft der abrahamitischen Religionen und der daraus hervorgegangenen konformistischen sozialen Strukturen.

In Wahrheit war das Herz der abrahamitischen Tradition das Omega der frei geformten spirituellen Pfade des Heidentums und das Alpha der Geburt des dreiköpfigen Tieres des Christentums, des Islam und des Katholizismus, ein Tier, das die Welt auf vielen Ebenen zerstört und zerrissen hat Befreiung, Kreativität und individueller Wille aus den Herzen und Gedanken der Menschheit.

Trieb nicht hier in Münster auch der „aus dem Volk stammende" und ach so asketisch lebende Bischhof Franz-Peter Tebartz van Elst sein Unwesen?!

Schändlich finde ich es, dass allen Menschen durch die mediale Berichterstattung ein negatives Bild von diesem Protzer vermittelt wurde ... nee Quatsch. Damals war die Presse noch an Aufklärung interessiert!

Abb. 91: Der Dom in Limburg/Lahn

„2003 ernannte Papst Johannes Paul II. Tebartz-van Elst zum Titularbischof von Girus Tarasii und zum Weihbischof in Münster. 2005 ernannte der Kardinal-Großmeister Carlo Furno ihn zum Großoffizier im Ritterorden vom Heiligen Grab zu Jerusalem.“(195)

Interessant wird es hier: *„Bereits zu Beginn seiner Amtszeit setzte sich Bischof Tebartz-van Elst für die Aufarbeitung von Missbrauch durch Amtsträger im Bistum Limburg ein. Vertuschungen und Versetzungen, wie es noch unter seinen Vorgängern üblich gewesen war, hatten unter seiner Leitung erstmals ein Ende. Die von den deutschen Bischöfen erarbeiteten Missbrauchs-Richtlinien setzte er zügig um.“*(196)

Sein gestecktes Ziel, der Vertuschung des sexuellen Missbrauchs durch Geistliche ein Ende zu setzen, hat ja voll geklappt! Als der Protz-Bischhof in Limburg „durch die Gassen der Altstadt“ geisterte, wohnte ich in Limburg an der Lahn. Ich könnte an dieser Stelle Sachen erzählen, was sich zwischen 2008 und 2014 in dieser Diözese alles zugetragen hat … da fliegen dem Limburger Dom die Glocken weg! In meinen Augen war dieser Protzer kein Diener des Herren, sondern der Türsteher des Satans!!!

Ich lasse Münster hinter mir. Noch 391 Kilometer liegen vor mir. Inzwischen verschwindet langsam das Einheitsgrau am Himmel. In 50

Kilometern, bei Osnabrück, geht die Autobahn ab nach Hannover. Zu Hannover fällt mir auch viel zum Berichten ein. Viele dumme Zufälle, wie immer!

Im Reich der Welfen's

Was hat man schon alles gehört und gelesen, von dem Pipi-Prügelprinz der Welfen's. Er ist immer eine Schlagzeile wert.

Schon seit mehr als 1.000 Jahren kämpft das Welfen-Geschlecht um die Vorherrschaft in Europa. Wir erinnern uns an die Vertreibung der Khasaren ab dem 7. Jahrhundert: „Die gesamte Auswanderung des Königshauses der Khasaren und des Adels ging von Ungarn nach Polen und von Deutschland nach Frankreich und Spanien. Wo immer sie hinkamen, wurden einige zurückgelassen." Auf der Suche im Internet, seit wann der Deutschen Adel existiert, findet man folgende Erklärung:

„Der Herrschaftsanspruch des Adels gründete sich unter anderem auf Leistung, Erziehung, Abstammung sowie unterstellte göttliche Absicht. Ab dem 11./12. Jahrhundert war der Adel im rechtlich-sozialen Sinne ständisch organisiert und Teil der Ständeordnung. Gewöhnliche, d. h. Nicht-Adlige, konnten im Mittelalter als Ritter, ab dem 14. Jahrhundert durch Nobilitierung in den Adel aufsteigen. … Erste Hinweise auf das Entstehen einer erblichen Aristokratie stammen aus der Zeit der Karolinger und beziehen sich zunächst auf die Sachsen. Der fränkische Abt Nithard, ein Enkel Karls des Großen, schreibt 842 im IV. Buch (cap. 2) seiner Geschichte, dass die Sachsen in drei Stände geteilt seien, wobei sie den ersten Stand in ihrer Sprache edhilingui nennen würden, was Nithard mit dem lateinischen nobiles gleichsetzt. Diese Edelinge hätten Anspruch auf ein dreifaches Wergeld, müssten aber auch Verstöße mit dreifacher Buße sühnen. 967/68 berichtet der Mönch Widukind von Corvey in seinen Res gestae Saxonicae von der Stammessage der Sachsen. Er berichtet von Heerführern (duces), die jeweils 1000 Mann befehligten, wobei 100 davon als Gefolge und Leibgarde dienten, und Fürsten (principes), die jeweils den drei sächsischen Teilstämmen Westfalen, Engern und Ostfalen vorstanden."[(197)]

Der gesamte Adel, so wie wir ihn kennen, stammt von den Khasaren ab! Es gibt auch keinen schwarzen oder weißen Adel, wie immer behauptet wird. Dies ist alles dummes Gerede, meistens von denen, die sich in eine adlige Rolle wünschen.

Momentan tritt zum Beispiel ein „selbsternannter" „Großherzog Maik von Mecklenburg-Strelitz und Mecklenburg-Schwerin" vermehrt in die Öffentlichkeit, welcher nach eigenen Aussagen von dem sogenannten „weißen Adel" abstammt. Wenn man sich allein „sein Wappen" und seinen Namen, welches er sich bildrechtlich-markenrechtlich hat schützen lassen, um damit Kaffeetassen, Feuerzeuge und Kugelschreiber mit „seinem Logo" unter seine „Gläubigen" zu verkaufen, dann wird man anhand der Symbolik sofort feststellen, dass er so sehr zum „weißen Adel" gehört, wie ein Komposthaufen in einen Operationssaal.

„Neben seinem eigenen Namen ließ sich Geikler auch das persönliche Wappen der Sophie Charlotte von Mecklenburg-Strelitz als Wort- bzw. Bildmarke entsprechend der Klasse Nizza 36 (Dienstleistungen eines Immobilienmaklers) schützen. Auf dem sozialen Netzwerk Facebook scheint er durch die Veröffentlichungen der entsprechenden Urkunden seinen Anhängern implizieren zu wollen, dadurch eine Art Recht am eigenen Namen von der ‚Firma BRD' zurück erhalten zu haben. ... Ende November 2019 behauptete der ‚Großherzog' auf seinem Facebookprofil, von einem FBI-Kontakt von einer Verfahrenseröffnung gegen die US-amerikanischen Politiker Hilary Clinton und John McCain erfahren zu haben. Um seiner Aussage mehr Glaubwürdigkeit zu verleihen, führte Geikler aus, sowohl Clinton also auch McCain hätten in den vorhergehenden Wochen Verletzungen im Bereich des Unterschenkels vorgetäuscht, um elektronische Fußfesseln zu verbergen. John McCain zeigte sich mindestens seit August 2018 nicht mehr in der Öffentlichkeit. Experten nehmen an, dass sein Tod im selben Monat damit in Verbindung stehen könnte."[198]

Schaut man im Namenskundeatlas, dann findet man unter seinem Familiennamen „Geikler" folgenden Eintrag: „Geikler oder Gaukler = heißt mittelhochdeutsch goukeln, gogelen oder trüllen. Entspr. FN Gaugel(e), Geukler, Gaugengigl, Göckelmann, Gogler, Gockeler, und noch einige mehr." Gaukler gefällt mir sehr gut!

Seine Anerkennung erhielt der Immobilienmakler (da Makler prinzipiell für ihre Ehrlichkeit bekannt sind, von der „rechtmäßigen" Fürstin Rebekka von Habsburg-Lothringen, Fürstin Gottes und souveräne Königin des österreich-ungarischen Königreichs!

Auf seiner Homepage schreibt der „weiß adlige" Immobilienmakler Großherzog:

„'In dem Schreiben vom 17.November 2020 erkannte Großherzog Friedrich Maik® Fürstin Rebekka von Habsburg-Lothringen offiziell als rechtmäßige Thronnachfolgerin der österreichisch-ungarischen Krone an, u.a. mit dem Ziel, in ganz Europa den Frieden unter den Völkern wieder herzustellen.' . Weiter heißt es: ‚Deshalb ist der 17.November 2020 ein denkwürdiger Tag. An diesem Tag wurde durch Großherzog Friedrich Maik® der Frieden in Europa aktiviert.'"(200)

Das heißt noch einmal übersetzt: der „adlige" Wohnungsmakler erkennt eine Bürgerliche Esoterikerin als Thronnachfolgerin von dem österreich-ungarischen Königreich an, damit diese im Gegenzug der professionelle Wohnungssuchende „den Frieden in Europa" aktiviert! Das auf solchen Quatsch überhaupt Menschen hereinfallen, ist bemerkenswert. Naja, schließlich ist dieser „Großherzog" ein Makler, welcher bestimmt schon so manchen eine tolle Unterkunft „aufschwätzte"!

Bemerkenswert ist, dass dieser „Adlige" die „Fürstin Gottes" auf seiner Seite so beschreibt: *„Rebekka von Habsburg-Lothringen stammt aus der* ***Familie Tudor*** *und verkörpert den* ***weißen Adel****. Die Familie Tudor war die Familie, welche ursprünglich* ***das Geldsystem erfunden hatte****, um den Menschen den Handel zu ermöglichen und zu erleichtern."*(201) Wirklich, genauso steht es dort auf der Seite! Jeder nur etwas aufgewachte Mensch weiß, dass das Geldsystem absolut Tiefster Tiefe Staat ist, die Nachfahren der Khasaren!

Lustig ist, dass jeder Gegner oder Kritiker dieses „Großherzogs" sofort mit Anzeigen und Schadensersatzforderungen von seinen „amerikanischen Anwälten" überzogen werden. Man kann es auch so formulieren, dass seine Kritiker durch ihn mundtot gemacht werden. Na das nenne ich mal Frieden und Freiheit. Genau das wünschen sich die Menschen für die Zukunft: selbsternannte Diktatoren mit Markenschutzrechten auf dem Thron und dessen Kritiker bekommen Besuch vom Henker.

Der wahre Erbe von Mecklenburg-Strelitz ist Herzog Borwin und wurde am 10. Juni 1956 in Freiburg im Breisgau geboren. Er ist das jüngste Kind und einziger Sohn von Herzog Georg Alexander und Herzogin Ilona. Herzog Borwin wurde am 26. Januar 1996 nach dem Tod seines Vaters Herzog Georg Alexander zum Oberhaupt des Hauses Mecklenburg-Strelitz. Aufgrund der Bestimmungen des Hamburger Vergleichs von 1701, wurde Herzog Borwin nach dem Tod von Erbgroßherzog Friedrich Franz von Mecklenburg-Schwerin am 31. Juli 2001, auch Chef des gesamten Hauses Mecklenburg. Doch nun wieder zurück zu den Welfen.

Angeblich wurde im 8. Jahrhundert die Dynastie der Welfen urkundlich zum ersten Mal nachgewiesen und sind neben den Kapetingern und den Reginaren das älteste noch existierende Hochadelsgeschlecht Europas. Sie erreichte einen ersten Machthöhepunkt im Hochmittelalter, im Heiligen Römischen Reich, als sie Herzöge von Bayern und Sachsen sowie als Konkurrenten der Staufer einen Kaiser stellte. In der Neuzeit standen die Welfen erneut im Zenit, als sie zu Kurfürsten und Königen von Hannover, sowie zu Königen von Großbritannien und Irland aufstiegen. Derzeitiges Oberhaupt der Welfen ist Pippi-Prügelprinz Ernst August von Hannover.

Alle adligen Familien sind mit dem Haus der Welfen verbunden, einer der ursprünglichen Schwarzen Adelsfamilien von Venedig, von der das Haus Windsor und damit die heutige Königin von England, Elisabeth II, abstammt.

Die Welfen sind durch das Haus Hannover so eng mit dem deutschen Adel verflochten, dass es mehrere Seiten dauern würde, alle ihre Verbindungen zu erwähnen.

Ein Beispiel: Der hannoversche britische König Georg I. stammte aus dem Herzogtum Lüneburg, einem Teil Norddeutschlands, der seit dem 12. Jahrhundert von der Welfen-Familie regiert wurde.

Der „Schwarze Adel“ sind bzw. waren die oligarchischen Familien von Venedig und Genua, Italien, die im 12. Jahrhundert das privilegierte Monopol auf das Handelsrecht besaßen.

Der erste der drei Kreuzzüge (AD 1063 bis 1123) begründete die Macht des venezianischen schwarzen Adels und festigte die Macht der reichen herrschenden Klasse.

Die Aristokratie des Schwarzen Adels erlangte 1171 die vollständige Kontrolle über Venedig, als die Ernennung des Dogen an den so genannten

Großen Rat übertragen wurde, der sich aus Mitgliedern der Handelsaristokratie zusammensetzte (unter ihnen die berüchtigte Familie de'Medici).

Seitdem ist Venedig in ihren Händen geblieben, aber die Macht und der Einfluss des venezianischen Schwarzen Adels reicht weit über seine Grenzen hinaus und ist heute in jedem Winkel der Welt zu spüren. (Vergessen Sie nicht, dass unser modernes Bankensystem seinen Ursprung in Italien hat).

Im Jahr 1204 begründeten die oligarchischen Familien einzelne feudale Enklaven, und in dieser Epoche begann der Prozess, aus Regierungen in sich geschlossene Unternehmen zu machen.

Mehr davon findet sich in den Werken von Dr. John Coleman („Black Nobility Unmasked Worldwide“, 1985; „Conspirators' Hierarchy: The Story of the Committee of 300“, 1992.)

Prinz Frederick / Friedrich Ludwig Hannover (1707-1751) war das erste Mitglied des britischen Königshauses, das in die Freimaurerei aufgenommen wurde. Sein Sohn Henry / Heinrich Hannover wurde der erste Großmeister der englischen Freimaurer, der aus dem britischen Königshaus kam. Er hatte das Amt von 1782 bis 1790 inne. Danach war George Hannover von 1792 bis 1812 Grossmeister. Von 1820 bis 1830 regierte er als König Georg IV. über Großbritannien. Er war ein Freund von Louis-Philippe II. von Orléans. Dieser war Großmeister der französischen Freimaurer. Von 1813 bis 1843 war dann Augustus Frederick Hannover Großmeister der englischen Freimaurer. Er heiratete in erster Ehe die Tochter eines Grafen aus dem schottischen Murray Clan. Die adligen Zweige des Clans waren vom 17. bis 19. Jahrhundert eine der führenden britischen Freimaurerfamilien.

Queen Victoria heiratete Albert aus dem deutschen Hochadelsgeschlecht Sachsen-Coburg und Gotha. Nach Victoria wurde ihr Sohn Eduard VII. König, der von 1874 bis 1901 Großmeister der englischen Freimaurer war. Seither besetzt das Haus Sachsen-Coburg und Gotha den britischen Thron bis heute. Somit sind auch die heutigen Royals mit dem Haus Hannover verwandt.

Es waren noch mehr als 15 weitere Mitglieder des britischen Königshauses Freimaurer. Etwa die Hälfte davon kam aus dem Haus Hannover, die andere aus dem Haus Sachsen-Coburg-Gotha.

Heute sind nach offiziellen Angaben nur noch drei Royals Freimaurer. Einer davon ist Herzog von Kent, der derzeit auch Großmeister der englischen

Freimaurer ist. Der andere ist sein Bruder Michael of Kent. Prinz Philip, der verstorbene Ehemann der Queen, aus dem Haus Glücksburg, war mehr als 67 Jahre ein Logenbruder der Freimaurer.

Der britische Prinz Ernst August I. war ab 1837 König der deutschen Provinz Hannover. 1828 hatte er die Freimaurergroßloge von Hannover gegründet und war ihr erster Grossmeister geworden. Sein Sohn Georg V. war der letzte König von Hannover und ebenfalls Großmeister der Hannover Freimaurer.

Auch nachdem das Haus Hannover in Großbritannien sesshaft geworden war, hatte es Kontakt zu seinen Verwandten aus dem Haus Braunschweig, das wie gesagt ebenfalls zu der Dynastie der Welfen gehört. Die britischen Könige Georg I. und Georg IV. heirateten in das Haus Braunschweig.

Friedrich August von Braunschweig-Lüneburg-Oels (1740-1805) war von 1772 bis 1799 National-Großmeister der Großloge „Zu den drei Weltkugeln" (siehe LEOPOLDINA), die bis heute zu den wichtigsten deutschen Großlogen gehört. Er hatte Kontakte zu den Rosenkreuzern. In seiner Familie gab es weitere Freimaurer:

Seine Brüder Wilhelm Adolf und Maximilian waren Freimaurer. Sein Vater Karl I. von Braunschweig-Wolfenbüttel war, soviel bekannt ist, kein Freimaurer, aber er hatte ein gutes Verhältnis zu diesen. Er war Protektor der Freimaurer der deutschen Stadt Braunschweig. Somit standen die Braunschweiger Freimaurer unter seinem Schutz.

Seine Schwester Elisabeth Christine heiratete den späteren König Preussens Friedrich Wilhelm II. aus dem Haus Hohenzollern. Dieser war Freimaurer, Rosenkreuzer und Okkultist.

Seine Schwester Anna Amalie heiratete Ernst August II. von Sachsen-Weimar-Eisenach, der aus der Uradelsdynastie der Wettiner kam. Sie hatten zwei Söhne. Der Sohn Carl August (1757-1828) war Freimaurer. Er war zudem Mitglied des Illuminatenordens. Der andere Sohn Friedrich Ferdinand Constantin (1758-1793) war ebenfalls Illuminat

Seine Schwester Sophie heiratete den Markgrafen Friedrich III. von Brandenburg-Bayreuth, der Freimaurer war. Väterlicherseits kam er aus der Uradelsdynastie Hohenzollern und mütterlicherseits aus der Uradelsdynastie Oldenburg.

Sein Onkel Ferdinand von Braunschweig-Wolfenbüttel (1721-1792) war Grossmeister der dänischen Freimaurer. Er war zudem Illuminat und Mitglied der „Asiatischen Brüder."

Die „Asiatischen Brüder", die aber keine Asiaten waren, sondern aus dem deutschsprachigen Raum kamen, waren eine Splittergruppe der Rosenkreuzer, die sich scheinbar mit der Rosenkreuzer-Führung verkracht haben und 1782 einen eigenen Orden bildeten. Juden war der Beitritt gestattet, was zu dieser Zeit bei den deutschen Freimaurern und Rosenkreuzern kaum vorkam.

Der Orden war im Gegensatz zu den Freimaurern nicht christlich orientiert, sondern wandte sich der „Echten Religion" zu, die sie „Mago Cabala" nannten. Auf den beiden höchsten Ordensstufen hatte man sich mit Geisterbeschwörung befasst. Gotteslästerern war der Eintritt aber angeblich untersagt. Genauso nahm man keine Personen mit Anti-Adliger Einstellung auf. „Wer die heiligen Rechte der Könige und Fürsten, die das Bild des Ewigen auf Erden sind, nur im Geringsten verletzt" galt als nicht aufnahmefähig. Den „Asiatischen Brüder" waren also die „heiligen Rechte" des Hochadels sehr wichtig. Sein Onkel Albrecht von Braunschweig-Wolfenbüttel (1725-1745) war Freimaurer.

Welf VI. (1115-1191) unternahm eine Pilgerfahrt in das von den Kreuzfahrern besetzte Jerusalem. Dort kam er mit dem Templerorden in Kontakt. Der Orden wurde von Kreuzfahrern in Jerusalem gegründet. Er bestand von 1118 bis 1312. Er gilt als möglicher Vorläufer der Freimaurerei. Zu dieser Zeit wurden in Jerusalem mehrere Orden gegründet, die bis heute bestehen, darunter auch der Deutsche Orden. Der Welfe Luther von Braunschweig (1275-1335) war Hochmeister des Deutschen Ordens. Der Orden ist traditionell mit der österreichischen Königsfamilie verbunden.

Die Welfen in den letzten 100 Jahren

Das Haus Braunschweig ist inzwischen ausgestorben, aber Nachfahren findet man in mehreren Königsfamilien. Das Haus Hannover benutzt bis heute zusätzlich den Familiennamen Braunschweig. Die Familie heiratete auch in den letzten 100 Jahren immer noch in Königsgeschlechter: Friederike von Hannover (1917-1981) heiratete den griechischen König Paul I. aus dem Haus Glücksburg. Ihre Tochter Sophia heiratete den spanischen König Juan Carlos I. aus dem Haus Bourbon. Sophia und Juan besuchten das Bilderberg-Treffen. Sophia war von 1975 bis 2014 Königin von Spanien. Friederikes Sohn Konstantin war König von Griechenland. Georg Wilhelm von Hannover (1915-2006) heiratete ebenfalls in das griechische Königshaus.

Ernst August von Hannover (*1954) heiratete die Tochter von Rainier III. (Haus Grimaldi), der von 1949 bis 2005 regierender Fürst von Monaco war. Ernst August von Hannover (1914-1987) heiratete in den deutschen Zweig des Hauses Glücksburg.

Sie heirateten in den letzten 100 Jahren auch in die Uradelsfamilien Leiningen, Hochberg, Thurn und Valsassina, **Westernhagen** und Isenburg/Ysenburg.

Von der Leyen – Der Clan der Welfen-Diener

„Der Europäische Rat der Staats- und Regierungschefs hat Bundesverteidigungsministerin Ursula von der Leyen (CDU) für das Amt der neuen Kommissionpräsidentin nominiert.

Die Familie Albrecht (ihr Geburtsname) gehört zu den so genannten ‚Hübschen Familien des Kurfürstentums Hannover', eine Art gehobenes bürgerliches ‚Staatspatriziat' das dem Welfen-Hochadel diente in verschiedenen Funktionen. Aus dem Kurfürstentum Hannover stammen einige britische Könige.

Ursulas Vorfahren mussten sich diesen Status verdienen. Hier nur ein paar Beispiele:

• Karl Franz Georg Albrecht war ein hoher deutscher Verwaltungsbeamter des Königreichs Hannover und Jurist. Studium an der Welfen-Uni Göttingen, dann Verwaltungsposten als königlich Hannoverscher Amtsauditor zu Syke, Amtsassessor und Geheimer Kanzleisekretär im Finanzministerium des Königreich Hannovers. 1841 wurde er zum Hofrat ernannt, am 18. Februar 1843 zum Oberfinanzrat im Ministerium der Finanzen und des Handels und war 1847 Generaldirektor der direkten Steuern.1854, im gleichen Jahr in dem das Königreich Hannover dem Deutschen Zollverein beitrat, wurde Albrecht Generalzolldirektor und in dieser Funktion ordentliches Mitglied des 1856 neugebildeten Hannoverschen Staatsrates. Zu seinen Auszeichnungen gehören unter anderem das Kommandeurkreuz 1. Klasse des Welfenordens.

• Carl Albrecht, ein Mediziner, beschäftigte sich mit der Erforschung des ‚mystischen Bewusstseinszustandes'. Für ihn war Mystik kein psychopathologisches Phänomen oder bloßer esoterischer Humbug. Der Mystiker könne im Zustand der Versunkenheit die Teilhabe am absoluten Bewusstsein bewirken. Er gilt als bedeutender moderner Mystiker.

• Ursulas Vater Ernst Albrecht war von 1976 bis 1990 Ministerpräsident von Niedersachsen, zuvor ein totaler Insider bei den Vorläufer-Organisationen der EU: 1954 Abgesandter der Montanunion, 1958 Kabinettschef bei der EWG-Kommission, 1969 Generaldirektor der EG. Ernst Albrecht ist ein Ururenkel des Bremer Großkaufmanns Baron Ludwig Knoop, der seinen Adelstitel vom russischen Zar Alexander II. bekam. Zu der Zeit hatten die Welfen die Kontrolle über den russischen Zarenthron. Der Landsitz Mühlental der Knoops war Treffpunkt für viele gehobene Gäste (u. a. der preußische Feldherr Graf von Moltke).

Ursulas Bildung spiegelt ihren adeligen Hintergrund wider: 1977 wechselte sie zu Volkswirtschaftslehre an die Welfen-Universität Göttingen, dann probierte sie es 1978 bei der London School of Economics and Political Science (Grundsteinlegung durch den britischen König George I.) und 1980 schließlich landete sie bei der Medizin an der Medizinischen Hochschule Hannover, deren Gründungsrektor Mitglied der Leopoldina war. Die Hannoveraner Welfen landeten 1714 auf dem britischen Thron. Die Familie von der Leyens lebt heute in der Region Hannover. Ihre Dissertation enthielt auf fast der Hälfte der Seiten

Plagiate aber die Medizinische Hochschule Hannover stufte dies als minderschweren Fall ein. Daraufhin folgte ihre politische Karriere.

Ursula Albrecht erhielt den Namen ‚von der Leyen' durch ihren Ehemann, den Biotech-Unternehmer und Medizinprofessor. Die Familie geht zurück bis ins 12. Jahrhundert und war ein von der Mosel stammendes Geschlecht des Hochadels." (202) Der Hochadel ist immer auch der khasarischer Uradel!

Ihre amerikanische Urgroßmutter Mary Ladson Robertson (1883–1960) aus Charleston war ein Nachkomme des Politikers James Ladson und des Plantagenbesitzers James H. Ladson, von der Leyen lebte 1978 kurzzeitig unter dem Pseudonym Rose Ladson.

„*Geld, was weiterhin in Europa verwaltet wurde und in diversen Firmen in Milliardenhöhe weiter ‚verwaltetet' wird.*"(203)

Die Ladsons Lords of the Manor hatten sich in South Carolina ein Imperium aufgebaut. Das heißt: pure Freimaurerei = englischer Ritus! Somit ist Ursula von der Leyen eine aus altem Polit-/Militär-/Großgrundbesitz- und Geldadel stammende „fliegende Holländerin."

Der Hang zum Geldadel und das Talent, große Gelder zu verschieben und zu verheizen, weist auf einen Bezug zu dem sogenannten khasarischen Geldadel hin.

Ursula von der Leyen ist 2015, 2016, 2018 und 2019 von den Bilderbergern nach eingehender Übeprüfung durch die NGO's disponiert worden. 2015/2016 sollte sie als Nachfolgerin von Merkel aufgebaut werden. Danach kam sie bekanntlich in das Verteidigungsministerium, weil Merkel weitermachen wollte. Frau Mohn, Frau Springer, Frau von der Leyen und Frau Merkel sind enge Freundinnen und sitzen teilweise gemeinsam in Kuratorien und regelmäßig im Bundeskanzleramt bei Kaffee und Kuchen.

Erinnern Sie sich noch an des „Celler Loch"? 1978: Die niedersächsische Landesbehörde für Verfassungsschutz ließ ein Loch in die Justizvollzugsanstalt Celle sprengen. Mit der Aktion „Feuerzauber" sollte einen Ausbruchsversuch des RAF-Terroristen Sigurd Debus vorgetäuscht werden. Erst acht Jahre später kamen die wahren Umstände ans Licht. Involviert waren neben dem niedersächsischen Verfassungsschutz auch die Anti-Terror-Einheit GSG 9, der damalige niedersächsische Ministerpräsident Ernst Albrecht (der Vater von Ursula von der Leyen), die Anstaltsleitung, die Bundesregierung, das Bundesinnenministerium und das Bundesamt für Verfassungsschutz. Sie alle sollen angeblich über die Aktion informiert gewesen sein, Beweise gibt es jedoch dafür leider nicht, wie immer bei solchen Aktionen! Dumm nur, einer der Akteure hatte seine Dienstpistole auf dem Rückweg zum Fluss verloren! Dadurch flog die ganze Sache auf.

Ist der Verlauf nicht typisch für solch ein „RAF Mitglied“: *„1979 wurde Debus in die JVA Hamburg-Fuhlsbüttel verlegt. Dort beteiligte er sich ab dem 11. Februar 1981 an einem Hungerstreik der RAF-Mitglieder, nachdem Hafterleichterungen mit Hinweis auf den fingierten Befreiungsversuch abgelehnt wurden. Ab dem 19. März 1981 wurde er zwangsernährt. Am 8. April fiel er ins Koma und musste ab dem 10. April künstlich beatmet werden. Am 16. April wurde der Tod festgestellt. Die Obduktion erbrachte als Todesursache ein ‚Absterben von Hirngewebe mit Hirnblutungen und stark erhöhtem Blutdruck‘. Debus starb trotz der Zwangsernährung ...“*[(204)] Was für ein Zufall, oder wurde da etwa ein Zeuge beseitigt?!

Wer wohnt noch in Hannover? Achja:

Sportskanone „Annalena Trampolina von Copy und Paste“

Über Annalena Charlotte Alma Baerbock kann ich nicht viel schreiben, da sich ihr Lebenslauf fast minütlich ändert! Ich weiß aber, dass sie in unmittelbarer Nähe der Welfen Behausung wohnhaftig war. Man sagt im Ort, dass ihre Mutter vor 40 Jahren dem Haus Welfen mehr als nur „nahestand“, was ich weder bestätigen noch verneinen kann!

Auf *„recentr.com“* habe ich folgendes gefunden: *„Baerbock stammt aus der adeligen Kaderschmiede BIICL - Annalena Baerbock durfte nach der London School of Economics an das British Institute of International and Comparative Law (BIICL), eine Kaderschmiede des Hochadels, besetzt mit den höchsten Richtern Großbritanniens. Die Ziele sind ‚Gleichheit, Diversität und Inklusion‘. Aufgewachsen ist sie offiziell in einem alten Bauernhof in einem linksbürgerlichen Haushalt bei Hannover. Nicht weit entfernt ist das Welfenschloss* *eines britischen Königs. Waren ihre Vorfahren etwa privilegierte Personen aus Hannover, wie die Vorfahren von Ursula von der Leyen?"*[205]

Sehr eindrucksvoll stellt sich Frau Baerbock auf ihrer Homepage selber vor:

„Hallo! Mein Name ist Annalena Baerbock. Ich komme aus Potsdam. Das ist im Bundes-Land Brandenburg. Brandenburg ist das Land rund um Berlin. In Brandenburg lebe ich mit meiner Familie.

In Brandenburg ist es sehr schön. Es gibt viele Seen und viel Wald. Ich gehe gerne mit meiner Familie spazieren. Ich mag die Natur in Brandenburg sehr.

Am liebsten bin ich draußen. In der Natur fühle ich mich frei. In der Natur kann ich gut entspannen.

Wir Grünen wollen die Natur schützen. Unserer Natur geht es schlecht. Auf der ganzen Welt ist es zu warm. Vor 100 Jahren war es nicht so warm. Das Klima hat sich geändert. Das heißt: Klima-Wandel. Der Klima-Wandel ist schlecht für unsere Umwelt. Das ist auch für uns Menschen schlecht. Das viele Wasser fließt ins Meer. So steigt das Wasser im Meer immer höher. Dort wo früher die Küste war, ist heute schon das Meer. Dann verlieren viele Menschen ihr Haus.

*Ich leite nicht nur die Grünen. Ich bin auch Politikerin im Deutschen Bundestag. Der Bundestag ist ein großes Haus in Berlin. Dort arbeiten viele Politiker*innen. Das schwere Wort ist: Abgeordnete. Wir sind 66 grüne Abgeordnete im Bundestag. Wir kämpfen für die Ideen der Grünen. Unser Haupt-Thema ist der Umwelt-Schutz.*

Meine Themen im Bundestag Familien und Kinder sind mir sehr wichtig. Manche Familien haben wenig Geld. Ich finde: Jedes Kind soll einen guten Start ins Leben haben. Und eine gute Bildung. Auch dann, wenn die Eltern wenig Geld haben. Dazu mache ich mir viele Gedanken. Wir Abgeordneten sprechen im Bundestag darüber. Diese Treffen heißen: Sitzungen. Die Sitzungen kommen im Fernsehen. Jeder kann die Sitzungen ansehen. Dort entscheiden die

Abgeordneten auch über die Gesetze in Deutschland. In den Gesetzen steht geschrieben:

- *Das ist erlaubt,*
- *und das ist verboten.*"[206]

Ich bin höchst beeindruckt für diese Informationen. Dadurch weiß ich endlich, was unsere „Annalena Trampolina von Copy und Paste" macht!

Hier noch ein kleiner Tipp von mir, wenn es mal in der Politik nicht mehr laufen sollte: „Annalena Trampolina von Copy und Paste" sollte einen Copy-Shop eröffnen! Sie könnte ihr Geschäft dann „Annalena vom Copy-Shop" nennen. Der Laden wird bestimmt sehr erfolgreich sein, weil das Kopieren doch Ihre Stärke ist!

Abb. 92: Ist da etwa eine ÄHNLICHKEIT? NEIN, dies ist reiner ZUFALL!

Das Geheimnis der „Fleur de Lis"

„Die Lilie symbolisiert die Reinheit und Unschuld, vor allem in ihrer weißen Form. Zudem ist sie ein Zeichen für den Auserwählten."[(207)]

Nur unweit von „Annalena Trampolina von Copy und Paste" ist eine andere Lena geboren und groß geworden.

Ich meine die deutsche Sängerin und Songwriterin Lena Johanna Therese Meyer-Landrut. Mit dem Lied „Satellite" gewann sie den Eurovision Song Contest 2010.

Sie ist väterlicherseits eine Enkelin von Andreas Meyer-Landrut (ehemaliger deutscher Diplomat. Er war zuletzt Leiter des Bundespräsidialamtes) und Nichte zweiten Grades von Nikolaus Meyer-Landrut (deutscher Diplomat. Seit September 2020 ist er Botschafter der Europäischen Union in der Türkei. Vorher war er von Juli 2015 bis August 2020 Botschafter der Bundesrepublik Deutschland in Frankreich).

2009 wirkte Lena als Laiendarstellerin in den Fernsehserien „K11 – Kommissare im Einsatz", „Helfen Sie mir!" und „Richter Alexander Hold" mit.

Wussten Sie, dass sehr viele Marionetten des Tiefen Staates dort ihre Karriere begannen? So auch Samuel Eckert, der bekannte Darsteller der Querdenker und anderer freimaurerischen Aktivitäten. Nach ihren erfolgreichen Einsätzen in diversen Billig-Produktionen war das „Püppchen" bereit für größere Einsätze! Für Alexander Holt hatte sich die Komparsenrolle scheinbar auch gelohnt, denn heute ist er:

- Richter auf Lebenszeit

- Mitglied des Landtags-Präsidiums, des Ältestenrates, des Ausschusses für Verfassung, Recht, Parlamentsfragen und Integration, des Fraktionsvorstandes der Landtagsfraktion der Freien Wähler, der Richterinnen- und Richter-Wahlkommission und des Rundfunkrat des Bayerischen Rundfunks

- Bezirksvorsitzender Schwaben der Landesvereinigung Freie Wähler Bayern und des Bezirksverbandes Schwaben der Freie Wähler Landesverband Bayern

• engagiert sich für Straßenkinder in Brasilien und Haiti

„Im Herbst 2009 bewarb sich Meyer-Landrut für die Castingshow Unser Star für Oslo, den deutschen Vorentscheid zum Eurovision Song Contest 2010. Sie wurde für den engeren Kandidatenkreis ausgewählt und trat in der ersten Fernsehshow mit dem Song ‚My Same' der britischen Soul- und Popsängerin Adele auf. Die damals 18-jährige Schülerin erntete großes Lob von den Juroren um Veranstalter Stefan Raab."[(208)]

Wie die Jünglinge von Tokio Hotel (die Kaulitz-Brüder), gehört auch Lena zu den Familien der „Fleur de Lis", was sie uns durch Tatoos und Symbolen auf CD-Cover, Plakaten und Videos vermitteln. Vielleicht denken Sie nun: Naja, ist sicher nur ein Zufall. Diese Lilie ist schließlich ein nettes, mystisches und altes Zeichen, was auch gern mal der „pompöööse" Harald Glöööckler einsetzt. Jedoch glaube ich kaum, dass Sie noch immer an einen Zufall denken, wenn ich Ihnen nun mitteilen muss, dass noch der eine oder andere Promi dieses Zeichen ebenfalls benutzt, was Sie auch ganz leicht recherchieren können. Ich denke da an: Angelina Jolie, Bella Thorne, Cara Delevingne, Chris Brown, Christina Aguilera, David Beckham, Ed Sheeran, Hailey Baldwin, Hillary Duff, Johnny Depp, Judi Dench, Justin Bieber, Katy Perry, Kelly Osbourne, Kylie Jenner, Lady Gaga, Lana Del Rey, Liam Hemsworth, Lily Collins, Lionel Messi, Madonna, Megan Fox, Miley Cyrus, Pink, Rihanna, Ryan Gosling, Scarlett Johansson, Selena Gomez oder Wiz Khalifa, um nur einige zu nennen. Diese Namen sind die erste Liga der VIP's. Meinen Sie nun noch immer, es sei nur ein Zufall oder Unfall?! Ich sehe dies mehr als ein Wappen einer Familie, auch wenn dies nun verrückt klingen mag. Darf ich an dieser Stelle noch einmal einen Punkt von dem „geheimen Pakt" zitieren: **„Wir werden immer zusammenarbeiten und bleiben durch unser Blut und unsere Verschwiegenheit verbunden. Tod dem, der darüber spricht!"**

Abb. 93: Fleur de Lis

Ich gehe davon aus, dass diese Prominenten nicht über dieses „Familien"-Geheimnis Bescheid wissen, sondern nur das Management, welche die Stars von der Öffentlichkeit abschirmen.

Aber was bedeutet eigentlich: „Fleur de Lis"?

„In der französischen Heraldik ist die Lilie unter dem Namen Fleur-de-Lys oder Fleur-de-Lis (‚Lilienblume, Lilienblüte, französische Lilie') bekannt und steht im speziellen Bezug zu Frankreich als das wohl bekannteste Symbol der französischen Monarchie.

Der im hohen Mittelalter aufgekommenen Legende nach wurde die Lilie dem Merowingerkönig Chlodwig I. von einem aus dem Himmel herabgestiegenen Engel überreicht. Die Geschichte ist in verschiedenen Variationen überliefert; in der Regel wurde sie mit der Taufe des Frankenherrschers nach der Schlacht von Zülpich (496) in Zusammenhang gebracht. Auch ließ man Königin Chrodechild die Lilien in Empfang nehmen, um sie diese ihrem Ehemann überreichen zu lassen, womit ihr herausragender Einfluss auf die Konversion Chlodwigs zum katholischen Glauben hervorgehoben wird (siehe die Darstellung im Stundenbuch des Bedford-Meisters; zum Motiv vgl. auch die Verkündigung des Herrn).

Abb. 94: Die heilige Königin Chrodechild empfängt von einem Engel die Fleur-de-Lys und überreicht sie ihrem Mann, König Chlodwig I. (Darstellung aus dem Stundenbuch des Duke of Bedford, um 1423)

Im Selbstverständnis des kapetingischen Königtums des hohen Mittelalters unterstützte die Lilie als unverkennbares äußerliches Symbol seinen Anspruch, die königliche Autorität unmittelbar von Gott erhalten zu haben, ohne dazu eine Vermittlung seitens des Papstes oder des Kaisers notwendig gehabt zu haben. In einem Siegel Roberts II. des Frommen (996–1031) wurde erstmals bei einem Kapetingerkönig die Lilie für die Darstellung des Kronornaments genutzt, womit dies überhaupt die früheste bekannte Darstellung eines fränkischen Monarchen mit diesem Symbol ist. Ab König Philipp I. (1052–1108) zierte die Lilie im Siegel das Ende des königlichen Zepters, und ab Philipp II. August (1179–1223) trugen die Könige in ihren Siegeln neben dem Zepter auch eine Lilie in ihrer freien Hand. Für die Krönungsfeier Philipps II. im Jahr 1187 ließ dessen Vater, Ludwig VII., einen blauen Mantel mit eingenähten goldenen Lilien anfertigen. Ihre endgültige Etablierung als königliches Erkennungszeichen erlangte die Blume durch Ludwig VIII. (1223–1226), der schon als Kronprinz die Azure semé-de-lis Or (blauer Schild mit dicht angeordneten Lilien aus Gold) als sein Siegelzeichen und Schildwappen verwendete. Auch dessen Bruder Philipp Hurepel verwendete sie in seinem Wappen, worin ihn sich alle nachfolgenden königlichen Prinzen zum Vorbild nahmen. Um fortan als Angehöriger des ‚Hauses Frankreich' ausgewiesen zu werden, wurden die Fleur-de-Lys zum unentbehrlichen Bestandteil im Wappen eines Geblütsprinzen.

Dieselbe Lilie, im gespaltenen Schild vorne blau in Gold, hinten verwechselt, führen auch die Fugger, die in der Linie der Fugger von der Lilie eines der wichtigsten Handelshäuser der frühen Neuzeit führten. Durch sie ist die Fleur-de-Lys auch im Raum Augsburg verbreitet."(209)

Haben Sie schon einmal etwas gehört von dem:

Baum des Lebens

„*Der Baum des Lebens (auch Lebensbaum oder Weltenbaum) ist ein in der Religionsgeschichte verbreitetes Symbol und Mythenmotiv. Es hängt mit mythologisch-religiösen Umdeutungen von Baumkulten (heilige Bäume) und Fruchtbarkeitssymbolik sowie mit Schöpfungsmythos und Genealogie zusammen. Der Lebensbaum gehört zur Mythologie vieler Völker und ist ein altes Symbol der kosmischen Ordnung. Er steht als Weltachse (axis mundi) im Zentrum der Welt. Seine Wurzeln reichen tief in die Erde und seine Wipfel berühren oder tragen den Himmel. Somit verbindet er die drei Ebenen Himmel, Erde und Unterwelt.*"(210)

Dieser Baum wird auch als „Der sumerische Baum des Lebens" oder „Heiliger Baum von Eridu" bezeichnet.

„*Als heiliger Baum von Eridu (sumerisch GIŠ.ḪAR, GIŠ.KIN, GIŠ.MEŠ; akkadisch Ḫulupp-u(m), Chulupp-u(m); babylonisch kiškanu, kischkanu; assyrisch giš-ti, gisch-ti, mešu, meschu) wird in der kosmogonischen Vorstellung Mesopotamiens der Lebens- oder Weltenbaum bezeichnet. Als frühes religiöses sumerisches Zentrum galt vom 6. bis zum 4. Jahrtausend v. Chr. der Ort Eridu, ehe im 3. Jahrtausend v. Chr. Uruk und später Babylon die Führungsrolle übernahmen. Der heilige Baum von Eridu wurde durch die Jahrtausende in Beschwörungsritualen tradiert:*

Abb. 95: Der Baum des Lebens

‚In Eridu wuchs der schwarze Kiškanu an einem reinen Ort. Sein Glanz ist schimmernd wie Lapislazuli. Über dem tiefen Abzu breitet er sich aus. Die Laḫmu-Wesen nahmen den Kiškanu in Besitz und sprachen Beschwörungen des Abzu aus.‘ (Sumerisch-babylonisches Beschwörungsritual)

Die Wurzeln des heiligen Baumes von Eridu reichten bis in die Unterwelt, die Baumkrone beherbergte die Sonne und galt als Himmel, der Baumstamm symbolisierte als mittlere Ebene das Leben sowie die Gegenstände auf der Erde. In ähnlichen mesopotamischen Überlieferungen wird neben den zwei heiligen Flüssen auch ein Garten erwähnt, der sich im Bereich des Weltenbaumes befand. Ob der heilige Baum von Eridu dem Schriftzeichen für E.NUN (Haus des Nun) entsprach, das als Abbildung eine Palme zeigte, wird vermutet, konnte bislang aber nicht zweifelsfrei belegt werden. Bur-Sin von Isin und Nur-Adad von Larsa erneuerten das Bild des heiligen Baumes von Eridu. Warad-Sin, Rim-Sin I. und Hammurapi verehrten den Baum als „Riten von Eridu“, während Ur-Nanše von Lagaš die Bezeichnung „Rohr des Enki (Herr der Erde) von Eridu“ verwendete.“[211]

Der sumerische Baum des Lebens ist scheinbar keine Lüge! Es ist vielmehr ein Symbol für den Baum der Erkenntnis, von Gut und Böse. Unsere „Alten“ kannten die Natur unserer Realität. Aber unsere sogenannten „Führer“ teilen sie nicht mit uns „normalen Menschen“, dem „Pack“, „Mob“, oder wie wir sonst noch von der Obrigkeit bezeichnet werden! Das Emblem der Geheimgesellschaft, der auch Isaac Newton angehört haben soll, ist die: FLEUR DE LIS – DIE BLUME DES TEUFELS.

Grundsätzlich ist die Lilienblüte tatsächlich ein Illuminati-Symbol, dass den Baum und die Frucht der Erkenntnis von Gut und Böse repräsentiert und mit der Öffnung von Evas Augen und heute mit der Öffnung des dritten Auges des Verstandes und vielem mehr assoziiert wird, wie z.B. die „satanischen Blutlinien“ der Illuminaten und Merowinger.

Die „Fleur de Lis“ entspricht auch 666, wenn man das System von A=6 B=12 C=18 Z=156 verwendet.

Und nun wird es interessant, denn wie Sie bestimmt wissen oder gerade gelesen haben wurde Lena durch Stefan Raab gepusht und in die Öffentlichkeit geschubst. Wer ist eigentlich dieser erfolgreichste TV-Produzent des Deutschen Fernsehens und Moderator Stefan Raab. Sein Nachname Raab schließt, rein zufällig, auf einen Zweig der Rothschild-Dynastie.

Abb. 96: Stefan Raab, 2010

Stefan Raab besuchte das jesuitische Aloisiuskolleg in Bonn-Bad Godesberg. Das Aloisiuskolleg ist bekannt für karrierebewusste Schüler, wie z.B.: Albrecht Freiherr von Boeselager, Till Brönner, Alexander Graf Lambsdorff, Karl Lamers, Michael Loeb, Thomas de Maizière,

Klaus Mertes, Johannes B. Kerner, Han s Riegel, Hans Riegel junior, Carl Philipp zu Salm-Salm, Karl-Ernst Vaillant oder Joachim Heiden.

Darüber hinaus ist es offensichtlich, dass die Jesuiten-Brutstätte als Kaderschmiede fungierte, zum Heranziehen ideologisch perfekt konditionierter Schlüsselfiguren zur Steuerung des gesellschaftlichen Lebens im deutschen Volk. Alle bekannten operativen Felder der „BRD“ weisen Figuren aus, die ihre „Indoktrination“ im Aloisiuskolleg erhielten. Es existiert eine Unmenge an Informationen im Internet, die auch durchaus eine ansatzweise Aufarbeitung des Themas Pädokriminalität beinhaltet. Eine erste sehr kurze Recherche vermittelt jedoch den Eindruck einer bestenfalls oberflächlichen Betrachtung. Das wahre Ausmaß des Missbrauchs an Kindern und Jugendlich dürfte Zehnerpotenzen über dem Bekannten liegen. Zudem scheint die wesentliche Rolle, also das „Züchten ideologischer Marionetten der Khasaren“ und der Zionisten, überhaupt nicht betrachtet worden zu sein. In jedem Fall ein extrem wichtiges Recherchegebiet für die kommende Wahrheitsaufklärung.

Viele Prominente waren auch in ihrer Kindheit und Jugend Ministranten, viele sind weltweit berühmt. Dabei ist der Ministrantendienst eine Schule fürs Leben – sonst wären wohl kaum so viele Politiker, Künstler, Kabarettisten, Spitzensportler einst Ministranten gewesen. Frank Elstner, Alfred Biolek, Andrea Nahles, Anne Will, Christoph Maria Herbst, Christoph Schlingensief, Claus Kleber, Dieter Kürten, Dieter Nuhr, Gerhard Polt, Guido Cantz, Günther Jauch, Hape Kerkeling, Harald Schmidt, Heiko Maas, Helmut Kohl, Horst Seehofer, Joachim Löw, Jürgen von der Lippe, Madonna, Mario Barth, Markus Lanz, Matthias Opdenhövel, Miroslav Klose, Norbert Blüm, Reinhold Beckmann, Stefan Raab, Thomas Gottschalk, Thomas Müller, Willi Weitzel oder Xavier Naidoo, um nur einige zu nennen, waren in ihrer Kindheit Messdiener.

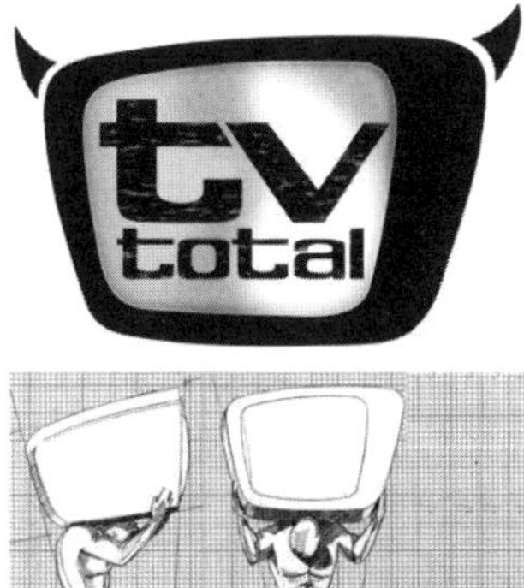

Abb. 97: Satanisches „TV Total" Logo mit Hörnern, Die „Welt" knechtet „Atlas" und drückt ihn auf den 1. Halswirbel!

„*Vom Altar auf die Bühne*" hieß die Überschrift eines Artikels, den ich vor ein paar Tagen las. Dort heißt es: „*Warum ... waren viele Show-Stars früher Ministranten? Gut die Hälfte der in der Medienbranche erfolgreichen Stars haben in ihrer Jugend das Weihrauchfass geschwungen. ... Allerdings glaubt Gottschalk, dass es ‚inzwischen mehr TV-Moderatoren als Messdiener gibt'. Die eigene Prägung bestreitet er indes nicht: ‚Wir Katholiken, zumindest die bayerischen sind fröhlicher, bunter und lebensbejahender als die Protestanten.' ...*

Gottschalks Freund Günther Jauch hält den Zusammenhang von Kirche und Fernsehkarriere für zufällig. Jauch scheint sich auch nicht sicher zu sein, dass das Phänomen in der Form überhaupt existiert. Und er hat Zweifel, dass ‚das sonntägliche Hochamt die Urform der Show im Fernsehen' sei. Mit seiner katholischen Kindheit verbindet der Moderator bis heute „das Gefühl einer gewissen Struktur und des Aufgehobenseins in der Gruppe."(212)

Das sind sehr interessante Aussagen. Mindestens 50 Prozent aller Prominenten waren in ihren jungen Jahren Messdiener!

Anschließend studierte Stefan Raab fünf Semester Rechtswissenschaft in Köln und Bielefeld, bevor er das Fernsehen unsicher machte.

Nun habe ich eine Frage an Sie: Egal ob Sie ihn mögen oder nicht, aber wissen Sie etwas Privates von Stefan Raab? Ist Ihnen schon einmal aufgefallen, dass sich niemand traut, etwas Privates von Raab zu veröffentlichen? Nicht einmal die „*Bild*" schafft es, einen privaten Einblick zu gewähren und das heißt schon was! Ich weiß, aus allererster prominenter Hand, dass, wenn man Raab's Haus betritt, bereits am Eingang Handy oder Kameras abgeben muss. Das finde ich schon ziemlich krass, wenn man bedenkt, mit wie viel sehr intim Privates anderer Menschen Raab in die Öffentlichkeit gegangen ist, für manchmal nur einen Gag!

„Raab wurde auch vorgeworfen, er greife immer wieder das Persönlichkeitsrecht anderer an, während er jedoch seine eigene Familie streng vor der Öffentlichkeit abschirme. Raab argumentierte dagegen, dass seine satirischen Darstellungen sich auf Menschen bezögen, die ihre Persönlichkeit und ihr Privatleben freiwillig in die Öffentlichkeit trügen und sich damit zum legitimen Objekt von Satire machten. Im Jahr 1999 benutzte Raab eine Äußerung von Regina Zindler, die sie in der Sendung Richterin Barbara Salesch machte, für sein Lied Maschen-Draht-Zaun. Durch das Lied und durch eigenes Zutun erhielt Zindler eine vorübergehende Medienpräsenz, die sie schließlich veranlasste, ihren Wohnort zu wechseln."(213)

Wo wohnt Raab? *„Der Hahnwald ist einer der jüngsten Kölner Stadtteile. Der Ortsname nimmt Bezug auf ein früher hier gelegenes Wäldchen – einen ‚Hainwald'. Erste Impulse zur Entstehung des Villenviertels gab der in Köln geborene deutsch-amerikanische Architekt Theodor E. Merril. ... Heute besticht* *der Stadtteil durch zahlreiche, mitunter sehr moderne Villen, großzügige Gärten und sehr alten Baumbestand. Charakteristisch sind die eingeschossige Bauweise der Häuser und Grundstücksgrößen von mindestens 1000 Quadratmetern! … Um die Bewohner vor Einbrechern zu schützen, patrouillieren die Objektschützer eines Sicherheitsdienstes Tag und Nacht durch die Straßen der Siedlung. Bedingt durch die Exklusivität wohnen und wohnten viele bekannte Persönlichkeiten im Hahnwald, darunter Fußballspieler Toni Kroos, Reggae-Star Tilmann Otto alias Gentleman, die Entertainer Stefan Raab und Oliver Pocher, der Maler und Kölner Ehrenbürger Gerhard Richter sowie Eau-de-Cologne-Fabrikant Johann Maria Wolfgang Farina.*“[(214)]

„*Stefan Raab besitzt ein geschätztes Vermögen von 120 Millionen Euro. Dieses resultiert in erster Linie aufgrund von seinem hohen Einkommen, das der TV-Sender Pro 7 für seine Dienste zahlte. Allein für den letzten 5-Jahresvertrag verdiente Stefan Raab angeblich ganze 185 Millionen Euro mit seinem Unternehmen. ... Dieser Vertrag gilt als der höchstdotierte in der Geschichte des deutschen Fernsehens. Demnach verdiente selbst sein Kollege Günther Jauch in diesem Punkt weniger Geld. Wie viel Stefan Raab von diesen Summen jedoch selbst bekam, kommentiert die Produktionsfirma ‚Brainpool‘ nicht, allerdings war von rund 5 Millionen Euro pro Jahr die Rede. … Stefan Raab ist der Besitzer der Produktionsfirma ‚Raab TV‘ bzw. gehören ihm insgesamt 51%, denn die restlichen 49% hält die ‚Brainpool Beteiligungsgesellschaft‘. Laut Handelsregister war der Entertainer bis Anfang 2018 mit 12,5 Prozent an der Firma ‚Brainpool‘ beteiligt, wo er Erfolgsformate wie die ‚Wok WM‘, ‚Schlag den Raab‘, ‚Ladykracher‘, ‚Stromberg‘, ‚Das Ding des Jahres‘, ‚Pastewka‘ und viele mehr produzierte. Raab verdiente jährlich an den Gewinnausschüttungen mit. Im Jahr 2012 machte die ‚Brainpool Beteiligungsgesellschaft‘ Überschüsse von 17,1 Millionen Euro, 2015 waren es nur mehr 6,7 Millionen Euro und im letzten Bericht 2016 nur noch 1,7 Millionen Euro. 12,5% davon waren zu den Glanzzeiten ein beträchtliches Einkommen, dass das Vermögen von Stefan jährlich weiterwachsen ließ. … Anfang 2018 verkaufte Raab seine Anteile an die französische Fernsehgruppe ‚Banijay‘ und konnte so 9,5 Millionen Euro verdienen. Weitere TV Formate soll Stefan zukünftig nur noch über ‚Raab TV‘ abwickeln, wo er das volle Bestimmungsrecht habe und ‚Brainpool‘ ja beteiligt ist. Laut Vertrag soll er selbst jährlich nur an drei TV-Events teilnehmen dürfen, welche nicht von ‚Raab TV‘ oder‘ Brainpool‘ produziert werden. Seine eigenen produzierten Shows: ‚TV Total', ‚elton.tv', ‚Schlag den Star', ‚Pokerstars', ‚Schlag den Raab', ‚Unser Star für Oslo', ‚Wok WM', ‚Bundesvision Songcontest.'*“[215]

Somit gehört Raab zu den mächtigsten Deutschen Fernsehmachern.

Abb. 98: Raab's Bezug zur „RAF“

Absolut unter die Gürtellinie ging Raab's Anspielung auf die RAF: „*Nachdem der Fernsehsender RTL im Jahr 2007 Max Buskohl, einem Kandidaten von Deutschland sucht den Superstar, verboten hatte, in Raabs Fernsehsendung aufzutreten, präsentierte Raab ihn mit dem Kommentar ‚Seit 196 Tagen Gefangener von R. T. L.' Damit spielte er auf die Schleyer-Entführung durch die Rote Armee Fraktion (RAF) im Jahr 1977 an. Die Entführer hatten damals ein Foto Hanns Martin Schleyers mit dem Schriftzug ‚Seit 20 Tagen Gefangener der R. A. F.' veröffentlicht. Nach diesem Vorfall warf die ‚Bild-Zeitung' Raab vor, die Opfer der RAF zu verhöhnen und festigte so Raabs Ruf als Provokateur: ‚Raab ist das Böse im deutschen Fernsehen.' Seit 2004 gibt Raab der Boulevardzeitung ‚Bild' keine Interviews mehr.*“[216]

Der ehemalige stellvertretende CDU/CSU-Fraktionsvorsitzende Wolfgang Bosbach sagte einmal über Stefan Raab: *„Was Raab hier macht, ist Unterhaltung nach dem Motto: Je niedriger die Schublade, desto höher die Quote."* Und so ist es auch, denn durch Raab sank das Niveau im Deutschen Fernsehen und im Sprachgebrauch („Wadde hadde dudde da?") passend zur politischen Agenda!

Raab stand und steht es scheinbar auch zu, neue Künstler zu entdecken und in die „Künstlerfamilie" aufzunehmen. Ich denke da unter anderem auch an Max Mutzke, Lena oder Stefanie Heinzmann, um nur einige zu nennen. Auf der Bühne seiner Sendungen standen alle mit Namen und Rang. Egal ob Heidi Klum, Tokio Hotel, Xavier Naidoo oder Attila Hildmann, fast alle waren da.

Erinnern Sie sich noch an seinen „Praktikanten", welchen er medienwirksam suchte? Rein zufällig fiel seine Entscheidung auf Elton, welcher heute selber ein beliebter Moderator ist, auch in Kindersendungen! Elton besuchte die von Jesuiten gegründete Halepaghen-Schule Buxtehude, welche 1390 zum ersten Mal als örtliche Klosterschule urkundlich erwähnt wurde. „Elton hilft" nennt sich seine Stiftung. Sein aktuelles Projekt:

„PAM Nestling Home Nepal - Das Kinderheim „NEST-LING HOME" nimmt Kinder von Strafgefangenen auf, die normalerweise mit ihren Eltern im Gefängnis leben müssten. Hier werden ihnen Grundlagen vermittelt, damit sie in einer durch das Kastensystem geprägten Gesellschaft einen eigen-ständigen Weg gehen können."[(217)]

Dies finde ich, wenn solche Aktionen wirklich ernst gemeint sind, eine wirklich gute Sache. Ich will an dieser Stelle keinen Vergleich anstellen, dass läge mir fern, aber in der DDR existierten ähnliche Projekte: Dort gab die Stasi, in Zusammenarbeit mit Margot Honecker, auch Babys von Gefangenen frei, frei zur Adoption! Wir sprechen hier von mindestens 70.000 Kindern!!! Sorry, leider gehen mir immer solche Gedanken durch den Kopf, wenn ich von „Wohltätigkeiten", „Stiftungen" und „Kindern" höre oder lese!

Wie hieß es doch in dem „Brief von Konstantinopel": *„Sorgt dafür, dass eure Söhne Anwälte und Advokaten werden und achtet darauf, dass sie sich* *immer in die Staatsangelegenheiten einmischen, damit ihr, in dem ihr die Christen und euer Joch bringt, die Welt beherrscht und euch an ihnen rächt.*"

Abb. 99: : „Blut ist dicker als Wasser"

Noch knapp 160 Kilometer liegen vor mir, gut zwei Stunden noch zu fahren. Der Himmel hat sein ewiges Einheitsgrau verloren und gegen Blau eingetauscht. Gerade habe ich von der A1 auf die A7 gewechselt und gleich kommt Hamburg. „Schöne Stadt" denke ich bei mir. Vor knapp 20 Jahren habe ich zum letzten Mal an den Landungsbrücken einen Kaffee getrunken … wie die Zeit vergeht!

Hamburg: Warburg, Scholz, Springer, RAF und Pädophile

Hamburg hat aber viel mehr zu bieten als die Landungsbrücken, die Speicherstadt und Kaffeehäuser. Damit meine ich nicht die Reeperbahn, mit ihren zahlreichen Laufhäusern, Spelunken und Olivia-Jones-Spaziergängen.

So ist auch die 1798 gegründete *M.M.Warburg & CO (AG & Co.) Kommanditgesellschaft auf Aktien* in Hamburg ansässig, welche von den Brüdern Moses Marcus Warburg und Gerson Warburg aus der Bankiersdynastie Warburg gegründet wurde. Sie ist eine unabhängige und heute größte inhabergeführte Privatbank von Deutschlands.

„Die ‚Warburg Gruppe' ist in 10 deutschen Städten vertreten. Zum Konzern gehören Bankhäuser, Kapitalanlagegesellschaften und Schifffahrtsgesellschaften. Kerngeschäftsfelder der ‚Warburg Gruppe' sind Vermögensverwaltung, Private Banking, Immobilieninvestmentfonds und Investmentbanking. Mit einer Bilanzsumme von 7,2 Milliarden Euro, Assets under Management and Administration von 76,2 Milliarden Euro und einem verwahrten Vermögen in Höhe von 33,9 Milliarden Euro ist die ‚Warburg Gruppe' einer der größten privaten Finanzdienstleister Deutschlands (Stand 2020). … Am 22. Juni 1810 (nach Jüdischem Kalender: 20. Siwan 5570 nach Erschaffung der Welt) wurde erstmals ein Gesellschaftervertrag für die ‚M.M.Warburg & CO' aufgesetzt. Das auf Hebräisch-Aramäisch verfasste Dokument wurde von den zuständigen Beamten der Jüdischen Gemeinde unterzeichnet und beglaubigt. …

Am 14. November 1831 starb Bankgründer Moses Marcus Warburg. Abraham Samuel Warburg übernahm das Bankhaus und wählte als neuen Partner seinen Vetter Elias Warburg, der bereits 1837 aus unbekannten Gründen wieder aus der Bank ausschied. Am 8. Juli 1856 verstarb Abraham Samuel Warburg. Als langjährige Matriarchin der Warburg-Familie regierte nach dem Tod ihres Mannes nun Sara Warburg von 1856 bis 1864 als Alleininhaberin die Geschäfte der ‚M.M.Warburg & CO.' Saras Tochter Rosa (1833–1908) war verheiratet mit ***Paul Schiff****, dem geschäftsführenden Bankdirektor der von* ***Salomon Meyer Freiherr von Rothschild*** *gegründeten ‚****Wiener Credit-Anstalt****'. Diese persönliche familiäre Bande verhalf Sara Warburg und dem Bankhaus*

Warburg bei der Bewältigung der durch den ***Krimkrieg*** *ausgelösten existentiellen großen Krise für die Hamburger Wirtschaft. ... Siegmund Warburg heiratete am 2. April 1862 in Wiesbaden die aus Kiew stammende Théophilie Rifka Tova* ***Rosenberg*** *(1840–1905). Siegmund baute am Alsterufer 18 ein prachtvolles Palais für seine Familie und machte aus dem Hause Warburg durch die Heirat mit seiner aus Russland stammenden Frau ein multinationales Unternehmen im kleinen Maßstab. Théophilies Schwester Anna war verheiratet mit* ***Baron Horace de Günzburg****, einem kosmopolitischen Russen, der* ***Banken in St. Petersburg und Paris*** *besaß, ein* ***Freund des französischen Kaisers*** *war und später als* ***Berater des russischen Zaren Nikolaus II.*** *fungierte. Eine weitere Schwester von Siegmunds Frau Théophilie war mit dem in Odessa wirkenden Bankier* ***L.E. Aschkenasi*** *verheiratet. Théophilies dritte Schwester Rose heiratete in München den Hofbankier* ***Baron Josef von Hirsch****, wodurch sich weitere persönliche Beziehungen zu den* ***Bankhäusern Bischoffsheim & Goldschmidt*** *ergaben. Am 12. Juni 1864 heiratete Moritz Warburg die Frankfurter* ***Juwelierstochter Charlotte Esther Oppenheim*** *(1842–1921). Daraus entstanden Beziehungen zu den führenden Frankfurter Bankhäusern, insbesondere zum ‚Bankhaus Moritz B. Goldschmidt'. Diese Zweckheiraten trugen maßgeblich zur Ausdehnung des Geschäftsbereich der ‚M.M.Warburg & CO' bei. ...*

1870 wirkte ‚M.M.Warburg & CO' bei der ***Gründung der ‚Hamburger Commerz- und Disconto-Bank'*** *mit. Der Aufstieg der Warburg-Bank fiel zeitlich mit den Ereignissen zusammen, die* ***1871*** *zur* ***Verschmelzung*** *der deutschen Kleinstaaten zu einem geeinten* ***Deutschen Kaiserreich*** *führten. Der* ***Deutsch-Französische Krieg*** *(1870–1871) brachte der deutschen Wirtschaft und der ‚M.M.Warburg & CO' einen* ***ungeahnten Aufschwung****. ... ‚M.M.Warburg & CO' verdiente an der* ***Finanzierung von Eisenbahnlinien*** *in den Vereinigten Staaten, die Ihnen* ***Kuhn, Loeb & Co. in New York*** *vermittelten.* ***Jacob Schiff****, gebürtig aus Frankfurt stammender Teilhaber der Bank, war 1871* ***Lehrling bei ‚M.M.Warburg & CO.'*** *Zudem beteiligte sich durch die eingeheirateten Günzburgs am Verkauf von Obligationen der Großrussischen Eisenbahn Gesellschaft und von Anteilen an der* ***Diamantmine*** *Bultfontein in Südafrika, verkauften russische, norwegische, chinesische und hamburgische Staatsanleihen. ...*

Am 1. Juli 1893 wurde Max M. Warburg Teilhaber der ‚M.M.Warburg & Co.' Zu dieser Zeit entwickelte Max M. Warburg eine enge ***geschäftliche und persönliche Beziehung*** *zu seinem mit* ***ihm verwandten Hamburger Reeder Albert Ballin*** *und dessen* ***weltgrößter Handels- und Passagierschifffahrtsflotte***

‚HAPAG‘. Albert Ballin war ein Spross der Warburg-Familie, da seine Großmutter ***Esther Thamar Levy*** *(gest. 1772) eine Tochter von* ***Samuel Moses Warburg*** *(1690–1759) war. Während ‚M.M.Warburg & Co Ballins HAPAG‘ ab 1901 als Teil eines Bankenkonsortiums finanzierte und Max M. Warburg in den Aufsichtsrat der ‚HAPAG‘ aufstieg, wurde Ballin Patenonkel von Max. M. Warburgs Sohn Erich Hermann M. Warburg (1900–1990). Auf Ballins Initiative wurde Max M. Warburg auch Aufsichtsrat bei der* ***Hamburger Großwerft ‚Blohm & Voss‘*** *und damit zu einem maßgeblichen Mann in der deutschen Schiffahrtsindustrie. Zudem verband* ***Warburg und Ballin*** *ihre Tätigkeit als* ***Berater des deutschen Kaisers Wilhelm II.*** *In der wilhelminischen Epoche wandte sich das Bankhaus nun verstärkt nationalen und internationalen Emissionsgeschäften zu und vollzog unter dem neuen Seniorchef* ***Max M. Warburg*** *den* ***Eintritt in die internationale Politik und Finanzwelt.*** *… ‚****M.M.Warburg & Co.****‘ ist an der* ***Finanzierung sämtlicher verkehrsinfrastrukturellen moderner Bauwerke in Hamburg*** *beteiligt: 1906 am* ***Hamburger Hauptbahnhof****, 1907 am* ***Bau des Elbtunnels****, 1908 am Bau der* ***Mönckebergstraße*** *mit der neuen* ***U-Bahn*** *und an den 1909 eingeweihten* ***St. Pauli-Landungsbrücken****. Max M. Warburg galt als* ***„Big Linker“****, einer der ganz Großen im personell* ***verflochtenen Netzwerk der Wirtschaft und Politik****. …*

Paul M. Warburg haderte nach seiner Emigration 1902 in die USA mit dem dortigen für ihn als rückständig empfundenen Währungssystem. Ab 1902 verfolgte er die umstrittene ***Etablierung einer US-Zentralbank*** *(FED) nach Vorbild der* ***Reichsbank****. Am 23. Dezember 1913 hatte Paul M. Warburg sein Ziel erreicht und wurde* ***von US-Präsident Woodrow Wilson*** *zum* ***stellvertretenden Vorsitzenden*** *der neu geschaffenen* ***US-Notenbank ernannt****. Am 10. August 1914 leistete Paul M. Warburg seinen Amtseid und trat seinen Dienst im US-Zentralbankrat an. … Die mit ausländischem Geld nun vollgepumpte deutsche Industrie erlebte eine Konzentrationswelle, bei der* ***kolossale Konzerne und Kartelle*** *entstanden. 1926 fusionierten* ***‚Daimler‘ und ‚Benz‘ zur ‚Daimler-Benz AG‘****. Im Jahr zuvor bildeten die* ***‚Bayer AG‘, ‚BASF‘, ‚Agfa‘ und fünf weitere Chemieunternehmen*** *mit der* ***‚I.G. Farben‘*** *den größten Konzern des Landes, der ungeheure Mengen an Arzneimitteln, Stickstoff, Magnesium, Filmen und Farben produzierte. Als* ***Max M. Warburg*** *1928 in den* ***Aufsichtsrat der ‚IG Farben‘*** *berufen wurde, war dies sein 27. Aufsichtsratmandat, das er gleichzeitig ausübte.* ***Alle Teilhaber der ‚M.M.Warburg & CO‘ zusammen hatten 1928 insgesamt 87 Aufsichtsratsmandate inne****. …*

Die Familien der Hauptgesellschafter ***Max M. Warburg Jr.*** *und* ***Christian Olearius*** *halten mehr als 80 % der Anteile an M.M.Warburg & CO (Stand März 2018). … Am 20. Januar 2016 wurden infolge von* ***Steuerfahndung*** *die Räume der Bank durchsucht. Im Zuge der* ***Ermittlungen*** *zu den* ***Cum-Ex-Geschäfte*** *wurde die ‚M.M.Warburg & CO' im Oktober 2016 von den* ***Hamburger Steuerbehörden*** *informiert, dass die Steuerbescheide für die Jahre 2009 bis 2011 zum Nachteil der Warburg-Bank korrigiert werden müssen. Auf* ***Anweisung des Bundesfinanzministeriums*** *stellte die Hamburger Finanzbehörde der Warburg-Bank Anfang 2018 einen Steuerbescheid in Höhe von 43 Millionen Euro zuzüglich 13 Millionen Euro Zinsen aus. Gegen den Bescheid geht die Bank auf dem Rechtsweg vor. Im März 2018 durchsuchten Steuerfahnder erneut die Bank sowie private Immobilien der Hauptgesellschafter Christian Olearius und Max Warburg, die auch privat Cum-Ex-Geschäfte nutzten.*"[226]

Bei den „seltsamen" Geschäften der *Warburg-Bank* fällt immer wieder ein Name: Olaf Scholz. Um was ging es genau?

• Das Hamburger Finanzamt verzichtete im Jahr 2016 darauf, knapp 50 Millionen Euro aus Cum-Ex-Geschäften von der *Warburg-Bank* zurückzufordern. Ein Jahr später drohte sich das zu wiederholen, bis das Bundesfinanzministerium einsprang.

• Seitdem ist ungeklärt, ob der damalige Bürgermeister Olaf Scholz und der damalige Finanzsenator (und heutige Bürgermeister) Peter Tschentscher in den Entscheidungsprozess involviert waren und sich im Interesse der Bank bei dem Verfahren einmischten.

• Nach dem ersten abgeschlossenen strafrechtlichen Cum-Ex-Prozess musste die *Warburg-Bank* schlussendlich insgesamt 155 Millionen Euro an Steuerforderungen an das Finanzamt Hamburg überweisen.

Das *„manager-magazin"* schrieb unter dem Titel: „Der Scholz, der gar nichts wusste" folgendes:

„Für den heutigen Kanzlerkandidaten ist das nun aufgetauchte Papier der Wirtschaftsbehörde brisant, denn es lässt nur zwei Schlüsse zu, die beide für Scholz problematisch sind: Entweder er hat das Papier nicht gelesen, was an der

Qualität seiner Amtsführung Zweifel aufkommen lassen könnte. Oder seine Aussage, er könne sich an die Treffen in keinster Weise erinnern, wird unglaubwürdiger.

In seiner Befragung durch den Hamburger Untersuchungsausschuss Ende April erklärte Scholz knapp 40-mal, dass er sich nicht erinnern könne: nicht an die Gespräche, nicht an ein späteres Telefonat, nicht, ob es Vorbereitungen gegeben habe, nicht, was mit den Papieren geschah, die er entgegennahm.

Er habe als Bürgermeister mit vielen Menschen regelmäßig gesprochen, er könne sich nicht an alle diese Gespräche erinnern. Seine grundsätzliche Maxime sei es, in solchen Gesprächen zurückhaltend zu sein. Deswegen sei er sich einer Sache sicher: Er habe sich nicht in das Steuerverfahren eingemischt. ‚Das erschiene mir auch heute noch immer als eine politische Dummheit. Dazu neige ich nicht.'

Auffällig ist, dass Scholz nicht von Anfang an Erinnerungslücken bei dem Thema hatte. Und das ist nur eine von mehreren Merkwürdigkeiten, die sich der Kanzlerkandidat bei der Aufklärung der Vorfälle leistete. Immer wieder stand auch die Frage im Raum: Hat Scholz möglicherweise im Parlament nicht die ganze Wahrheit gesagt? Parlamentarier in Berlin wie in Hamburg jedenfalls fühlten sich wiederholt angeschwindelt von Scholz."[227]

Ist es nicht unglaublich, dass solche „Lichtgestalten" wie Olaf Scholz, mit lückenhaften Erinnerungen und einer „putzigen" Nähe zu einem der mächtigsten Bankhäuser, eine solche Karriere in der Politik machen können? Da frage ich mich ernsthaft, was ist das nur für eine Bananenrepublik! Pfui Teufel. Kein Wunder das ich schon wieder Puls bekomme!

Aber nun zu einem anderen Thema: Der „RAF-Anschlag" auf das Springer-Haus in Hamburg. Wer sind diese Hamburger Springer's?

Friede Springer kontrollierte den Medienkonzern *Axel Springer SE*, der 2018 der drittgrößte (nichtstaatliche) Medienkonzern Deutschlands war und zu den zehn größten Medienkonzernen Europas gehört. Zum Konzern gehören unter anderem die Zeitungen „*Bild*" und „*Welt*" sowie der Fernsehsender N24/Welt. Der Konzern ist an deutschen Radiosendern beteiligt und besitzt seit 2015 die US-amerikanische Nachrichtenseite „*Business Insider*", die sich auf Finanz- und Wirtschaftsnachrichten konzentriert. 2010 gründete der Konzern zusammen mit dem schweizerischen Medienunternehmen Ringier die *Ringier Axel Springer Media AG*, die in der Medienlandschaft von

Polen, Slowakei, Ungarn und Serbien aktiv ist. Die Tochterfirma *Ringier Axel Springer Polska* gehört zu den größten Medienunternehmen Polens.

Das Unternehmen wurde 1946 von Axel Springer (1912-1985) gegründet. Bereits sein Vater war Verleger und Druckereibesitzer. Nach dem 2. Weltkrieg 1945 erhielt Axel Springer von den Alliierten die Erlaubnis zur Publikation von Medien. In der Besatzungszeit der Alliierten wurde die gesamte deutsche Medienlandschaft lahmgelegt, unter dem Vorwand den medialen Einfluss der Nazis einzudämmen. Die Alliierten konnten so maßgeblich mitbestimmen, welche Medienunternehmen in der Nachkriegszeit Deutschlands zu medialem Einfluss gelangten. Der *Springer Verlag* war von Anfang an einer ihrer Lieblinge, was sicherlich zum Aufstieg des Verlags beitrug. Für alle Angestellten von Springer weltweit gelten folgende fünf „Grundsätze“: (dies ist keine Realsatire!!!)

1.Wir treten ein für Freiheit, Rechtsstaat, Demokratie und ein vereinigtes Europa.

2.Wir unterstützen das jüdische Volk und das Existenzrecht des Staates Israel.

3.Wir zeigen unsere Solidarität in der freiheitlichen Wertegemeinschaft mit den Vereinigten Staaten von Amerika.

4.Wir setzen uns für eine freie und soziale Marktwirtschaft ein.

5.Wir lehnen politischen und religiösen Extremismus und jede Art von Rassismus und sexueller Diskriminierung ab.

Axel Springer war Freimaurer. Er wurde 1958 in die Hamburger Freimaurerloge „Die Brückenbauer“ aufgenommen. Die Loge wurde 1952 auf Initiative des FDP-Politikers Thomas Dehler gegründet. In einer Festschrift der „Brückenbauer“ wird Dehler in einem Gespräch mit Theodor Vogel (der spätere Großmeister der deutschen Freimaurer) zitiert:

„Es müssen Wege gefunden werden, um die DIE Persönlichkeiten für den Bund zu gewinnen, die hohe Verantwortung in Staat und Wirtschaft trügen.

Dies sei für das Land nach der Zeit des NS-Regimes notwendig. Wir müssen in den Aufbau der Bundesrepublik freimaurerisches Gedankengut einbringen. Am besten wäre, wir würden unsere Verantwortlichen in einer Loge zusammenschließen."

Axel Springer galt immer als großer Unterstützer und Freund von Israel und dem jüdischen Volk. Was paradox erscheint. Auszüge aus einem im „*Deutschlandfunk Kultur*" veröffentlichten Artikel:

„*Springer beschäftigte sogar mehrere Mitarbeiter, die einst überzeugte Nazis waren. Wie Paul Karl Schmidt, der die NS-Propaganda des Auswärtigen Amtes steuerte. Schmidt hatte zum Beispiel 1944 Anregungen geschrieben, wie eine Juden-Deportation in Budapest nach außen verharmlost werden könnte. Nach dem Krieg veröffentlichte er unter dem Namen Paul Carell Bücher, die die Wehrmacht verherrlichten. Zudem arbeitete er als Sicherheitschef und Redenschreiber – für Axel Springer. Der Hamburger Medienmacher wollte offenbar nicht auf das ‚Experten'-Wissen von Ex-Nazis verzichten. Springer beschäftigte in seiner Hausleitung auch einen Holocaust-Überlebenden: Ernst Cramer (jüdisch), der im KZ Buchenwald gefoltert worden war. So arbeiteten im ‚Bildzeitungs-Verlag' Ex-Nazis, Ex-Mitläufer und Ex-Verfolgte zusammen. Der Verleger setzte auf Versöhnung, aber zugleich auf eine Aufarbeitung der deutschen Schuld (Schuldkult). Allerdings nur, soweit es ihn nicht selbst betraf. Springer war nämlich in der NS-Zeit für antisemitische Propaganda mitverantwortlich gewesen – unter anderem als Mitarbeiter der Altonaer Nachrichten. 1979 wollte Verleger-Konkurrent Rudolf Augstein dieses dunkle Kapitel veröffentlichen. Doch Springer intervenierte persönlich und konnte einen Artikel im ‚Spiegel-Magazin' verhindern.*"

Axel Springer heiratete 1953 in dritter Ehe Rosemarie, die eine Tochter von Werner Lorenz (1891-1974) war. Lorenz war SS-Funktionär und wurde deswegen 1948 zu 20 Jahren Haft verurteilt. Er wurde 1955 frühzeitig entlassen. Vielleicht hatte die Heirat seiner Tochter seine frühzeitige Entlassung begünstigt. Zudem kannte Axel über die Freimaurerei weitere Personen mit NS-Vergangenheit.

Friede (*1942) war Axels fünfte Ehefrau. Nach seinem Tod wurde sie Hauptaktionärin des Medienunternehmens *Axel Springer SE*. Friede Springers Vermögen wird auf 3,1 Milliarden US-Dollar geschätzt. Damit gehört sie zu den reichsten Frauen Deutschlands. Sie ist mit Angela Merkel befreundet und Angela Merkel ist auch mit Liz Mohn befreundet, die den größten Medienkonzern Deutschlands Bertelsmann bis 2021 kontrollierte.

„Springer pflegt gute Kontakte zu Bundeskanzlerin Angela Merkel. Sie nahm für die CDU – als Mitglied der 12., 13., 14., 15. und 16. Bundesversammlung – 2004, 2009, 2010, 2012 und 2017 an der Wahl des Bundespräsidenten teil. Dem siebenköpfigen Kuratorium der Friede Springer-Stiftung gehört neben Horst Köhler, Bundespräsident a. D., auch Joachim Sauer, Ehemann von Angela Merkel, an.“[(228)]

Friede und Liz kennen sich ebenfalls. Angela Merkel, Liz Mohn und Friede Springer kennen auch Hubert Burda, welcher der drittmächtigste Medienunternehmer Deutschlands ist. Die Familien Mohn, Springer und Burda kontrollieren zusammen einen Großteil der überregionalen Medien Deutschlands. Dies ist vielleicht einer der Gründe, warum die deutschen Medien Merkel in den letzten 15 Jahren so gut wie nie kritisiert haben.

Derzeitiger Vorsitzender von Axel Springer ist Mathias Döpfner. Er besuchte in den letzten Jahren stets das „Bilderbergtreffen“. Er ist derzeit im Lenkungsausschuss der „Bilderbergtreffen“. Er besuchte die „Sun Valley Konferenz“, eine jährlich stattfindende Medienkonferenz in den USA. Zu den Teilnehmern gehören führende Medienunternehmer der USA, darunter vor allem Unternehmer im Bereich digitale Medien und Internet. Die meisten sind Milliardäre. Bemerkenswerte Besucher wären Rupert Murdoch, Warren Buffett, Sumner Redstone, George Soros, Bill Gates, Jeff Bezos und Mark Zuckerberg. Mathias Döpfner war jahrelang Kuratoriumsmitglied der deutschen Abteilung des Aspen Instituts. Das Aspen Institute ist ein international einflussreicher Think Tank aus den USA. Zu den derzeitigen Spendern des Aspen Institutes gehören die Stiftungen der Milliardäre Johnson, Bechtel und Bill Gates.

2018 trat Döpfner dem Aufsichtsrat von *Netflix* bei. Er war Direktor bei *WarnerMedia / TimeWarner*, ein grosser Medienkonzern aus den USA. Er ist derzeit im Aufsichtsrat der *Warner Music Group* aus den USA, eines der größten Musikunternehmen der Welt. Dadurch wird er vermutlich Len Blavatnik kennen, der derzeit Vizevorsitzender des Aufsichtsrats ist und die *Warner Music Group* besitzt. Der US-amerikanische Milliardär Len Blavatnik wuchs in Russland auf und hat Kontakte zu mehreren russischen Milliardären.

Döpfner hat einen Sohn mit Julia Stoschek. Die Stoschek Familie sind Milliardäre und besitzen den deutschen Automobilzulieferungskonzern *Brose Fahrzeugteile*.

Friede Springer schätzt Döpfner sehr und „schenkte" ihm vor kurzem gar Aktien von *Axel Springer SE* im Wert von einer Milliarde Euro. Friede Springer und Mathias Döpfner besitzen jeweils 22 Prozent der Aktien. Weitere 47,6 Prozent gehören der US-amerikanischen Beteiligungsgesellschaft *KKR & Co.* (Stand 2020).
KKR ist seit 2020 der größte Aktionär des Medienunternehmens. Die Übernahme war aber freiwillig und nicht feindlich. *KKR* hält nach eigenen Angaben seine Beteiligungen für gewöhnlich sechs bis sieben Jahren lang. Daher könnte es sein, dass *KKR* ein vorübergehender Vermögensverwalter von Friede Springer ist. *KKR* wird von Henry Kravis geführt, der in den letzten Jahren immer das Bilderbergtreffen besuchte. Seine Frau Marie-Josée Kravis ist derzeit Vorsitzende des Lenkungsausschusses der Bilderbergtreffen.

Ebenfalls aus Hamburg stammend ist die Politiker- und Bankier-Dynastie der Schröder‘s, auch Schroders geschrieben.

Die Bank Schroders in London gehörte im 19. Jahrhundert und zu Beginn des 20. Jahrhunderts zu den weltweit größten Banken. Die Bank befindet sich bis heute in Besitz der Familie Schröder. Heute liegt der jährliche Umsatz der Bank bei nur noch zweieinhalb Milliarden US-Dollar und sie gehört somit nicht mehr zu den führenden Banken. Sie ist aber einer der größten britischen Vermögensverwaltern und verwaltete 2019 mehr als eine halbe Billion US-Dollar an Kundengeldern, unter anderem von dem Versandhaus-Gründer Werner Otto, den ehemaligen Aldi-Brüdern Theo und Karl Albrecht, den Industriellen-Familien Boehringer und von Baumbach, dem Verleger Heinz Bauer, dem Tabak-Erbe Hermann-Hinrich Reemtsma oder dem Hauptaktionär des Chemiehandelshauses Helm AG Hermann Schnabel.

Ich frage mich gerade, wie bekomme ich nun einen optimalen Übergang von dem Thema Hamburger Geldadel zum Terroristmus hin?! Ich versuche es mal so:

Eine der reichsten Medienmenschen, mit einem Vermögen von geschätzten 4 Milliarden Euro, ist Friede Springer, die Freundin von Angela Merkel und Witwe von Axel Springer.

Der Hamburger Axel Cäsar Springer (1912-1985) war ein deutscher Zeitungsverleger, sowie Gründer und Inhaber der heutigen *Axel Springer SE*. Als Mitarbeiter der *„Altonaer Nachrichten"* war er während der Zeit des Nationalsozialismus für antisemitische Propaganda mitverantwortlich. Springer gehört wegen der Machtfülle des Konzerns, sowie der Art und Weise, wie Springer diese gebrauchte, zu den umstrittensten Persönlichkeiten der deutschen Nachkriegsgeschichte. Axel Springer SE ist bekannt für Zeitungsblätter wie *„Hör Zu!"*, *„Constanze"*, *„Hamburger Abendblatt"*, *„Die Zeit"*, *„Bild"* (heute noch auflagenstärkste Zeitung in Deutschland), *„Die Welt"*, *„Das Neue Blatt"*, *„Welt am Sonntag"*, *„B.Z."*, *„Berliner Morgenpost"*, *„Mittag"*, *„Bravo"*, *„Twen"*, *„Kicker"* oder *„Eltern"*, um nur einige zu nennen. Doch wo Licht ist, ist auch Schatten. Daher ist es nicht verwunderlich, dass der Springer-Verlag auch für vermeintliche Terrorakte benutzt wurde.

„RAF-Anschlag auf das Springer-Hochhaus in Hamburg"(229)

...lautet die Überschrift eines Artikels, auf den Seiten des NDR. Vor fast 50 Jahren, am 19.05.1972 verübte, laut dem Artikel, die Rote Armee Fraktion einen Anschlag auf das Springer-Haus in Hamburg. *„19. Mai 1972, 15.41 Uhr: Im dritten Stock des Axel-Springer-Hochhauses an der Hamburger Kaiser-Wilhelm-Straße explodiert eine Rohrbombe. Wenige Minuten später gehen zwei weitere Sprengsätze hoch, die in den Damentoiletten im sechsten Stock versteckt waren. 17 Menschen werden verletzt, darunter zwei schwer. Drei weitere Bomben können später entschärft werden. Wenige Tage später bekennt sich die Rote Armee Fraktion (RAF) zu dem Anschlag. In dem von Ulrike Meinhof* *verfassten Brief heißt es: ‚Enteignet Springer! Enteignet die Feinde des Volkes!'*"[230]

Jeder Q-Anhänger wird sich jetzt sofort auf die „17 Verletzten" stürzen, weil dies ein Zeichen ist. Aber darum geht es nicht. Es ist vielmehr bestürzend, dass trotz Bombendrohung dieses Haus nicht geräumt wurde. Selbst als schon die ersten Sprengsätze detonierten, wurde keine Räumung des Gebäudes veranlasst. Später, während der sogenannten „Stammheim-Prozesse". Zitat vom NDR: *„Springer ging lieber das Risiko ein, dass seine Arbeiter und Angestellten durch Bomben verletzt werden, als das Risiko, ein paar Stunden Arbeitszeit, also Profit, durch Fehlalarm zu verlieren. Für die Kapitalisten ist der Profit alles, sind die Menschen, die ihn schaffen, ein Dreck. Wir bedauern, dass Arbeiter und Angestellte verletzt worden sind.*"[231]

Schon damals, während der 68-er Studentenproteste log die Presse und war in der Hand, der wirklichen Strippenzieher. Wir wissen, dass die Presse eines der ausführenden Organe des Tiefen Staates ist, im Besitz der Mächtigen!

Aber warum denke ich gerade an die RAF, wenn ich an Hamburg denke. Ganz einfach, weil da so vieles nicht zusammenpasst. Der deutsche Rechtsanwalt, Politiker der Partei Bündnis 90/Die Grünen, sowie Anwalt und Unterstützer von RAF-Mitgliedern und des Sozialistischen Anwaltskollektives (1970–1979), Hans-Christian Ströbele (in der LEOPOLDINA-Stadt Halle an der Saale geboren), sagte vor dem Stammheimer Prozess in einem Interview:

„... so hat der amerikanische Geheimdienst CIA, dessen brutale und illegale, um nicht zu sagen kriminelle Praktiken auch in der Bundesrepublik bekannt geworden sind, spätestens seit 1972 direkt oder indirekt an der Bekämpfung der ‚Roten Armee Fraktion' mitgewirkt. Und die Frage ist zu stellen und weiter zu verfolgen, ob eben diese Sprengstoffanschläge, von den sich die ‚Rote Armee Fraktion' immer distanziert hat, von in der Bundesrepublik operierenden Geheimdiensten inszeniert worden sind, um den Hass der Bevölkerung gegen die ‚Rote Armee Fraktion' zu schüren.

Ab 1970 übernahm Ströbele die Verteidigung von RAF-Angehörigen, u. a. Andreas Baader. 1975 wurde Ströbele wegen Missbrauchs der

Anwaltsprivilegien noch vor Beginn des Stammheim-Prozesses von der Verteidigung ausgeschlossen. 1980 wurde Ströbele von der 2. Großen Strafkammer beim Landgericht Berlin wegen Unterstützung einer kriminellen Vereinigung (§ 129 Abs. 1 Strafgesetzbuch) zu einer Freiheitsstrafe von 18 Monaten auf Bewährung verurteilt, da er am Aufbau der RAF nach der ersten Verhaftungswelle 1972 mitgearbeitet habe und in das illegale Informationssystem der RAF involviert gewesen sei. Dieses Urteil wurde 1982 von der 10. Großen Strafkammer des Berliner Landgerichts auf zehn Monate reduziert. Für die Kammer war Ströbeles Verstrickung in die RAF ein ‚besonders schwerer Fall' von Unterstützung, da die von ihm unterstützte Vereinigung darauf ausgerichtet gewesen sei, ‚Straftaten des Mordes und Sprengstoffdelikte zu begehen'. Ströbele bestreitet die Vorwürfe und erklärte, das Informationssystem habe lediglich der Arbeit als Verteidiger für die gefangenen Mitglieder der RAF in den Jahren 1970 bis 1975 gedient."[232]

Vor einigen Jahren wurde bekannt, dass Hans-Christian Ströbele für die Stasi gearbeitet haben soll, was er (wie es üblich ist) selbstverständlich bis heute bestreitet.

Ich weiß aus erster Hand, direkt von ihrer Familie, welche meiner Familie sehr nahestand und steht, dass die „Geschichte" von Ulrike Meinhof anders verlief, als uns ständig in neuen Berichten und Filmen erzählt wird. Das Bild von ihr wurde und wird verzerrt. Ich möchte noch einmal drei Sätze aus dem „geheimen Pakt" zitieren:

• „Eine Illusion wird es sein, so groß, so weitgehend, dass sie ihre Vorstellungskraft übersteigt!"

• „**Diejenigen, die sie erkennen**, werden als **verrückt** bezeichnet!"

• Wir werden **trennende Fronten** schaffen, damit sie **die Verbindung zwischen uns** nicht erkennen!"

Was meinen Sie noch über Ulrike Meinhof zu wissen, außer dass sie eine Terroristin, Mörderin und Bombenlegerin sei?

Was viele heute nicht mehr Wissen ist, dass Ulrike Meinhof nicht nur „böse" war, sie war auch eine hervorragende investigative Journalistin, die dem **Simulationsstaat BRD auf die Schliche kam**. Sie war nicht gefährlich für die Menschen im Land, sondern für den Tiefen Staat. Sie war so gefährlich, dass sie am 9. Mai 1976, in ihrer Zelle verstorben wurde.

Ulrike Meinhof war eine Journalistin, die versucht hat, die Thematik des Kindesmissbrauchs in Kinderheimen in die Öffentlichkeit zu bringen. Leider ohne Erfolg sie rannte nur gegen Wände.

Sehr viele Opfer schilderten Ulrike Meinhof, dass Polizisten, Staatsanwälte, Richter, und Großindustrielle nachts in die Kinderheime kommen und dort ihre Opfer missbrauchen. Darüber hatte sie ein Buch mit dem Titel „Bambule: Fürsorge - Sorge für wen?" geschrieben, was jahrelang vom Markt verschwunden war und heute wieder zensiert erhältlich ist.

Ich weiß und bin mir sicher, dass Ulrike Meinhof in den Strudel der RAF hineingezogen wurde. In der Familie fallen immer wieder Begriffe wie Entführung, Psychopharmaka und Drogen. Ulrike M. wurde scheinbar während eines Interviews entführt. „*Der Tagesspiegel*" erklärt dies so:

„Ein Tag im Mai 2020, in der ruhigen Miquelstraße in Berlin-Dahlem herrscht kaum Verkehr. Hausnummer 83 ist eine zweistöckige, weiß gestrichene Villa mit mächtigen Bäumen im Vorgarten. Ein schulterhoher grüner Bretterzaun schirmt das vornehme Haus ab, fast alle kleinteiligen Sprossenfenster im Erdgeschoss sind vergittert. Im Mai 1970 fehlen die Gitter vor den Fenstern. Am 14. Mai vor genau 50 Jahren haben sechs Männer und Frauen keine Mühe, über die Fensterbrüstung in den Vorgarten des Deutschen Zentralinstituts für Soziale Fragen zu springen.

Sie rennen zu wartenden Autos und jagen mit aufheulendem Motor und quietschenden Reifen davon. Die Befreiung des Gefangenen und Brandstifters Andreas Baader ist geglückt.

Aus dem Fenster ist auch Ulrike Meinhof gesprungen. Bis zu dieser Minute ist sie eine renommierte, bundesweit bekannte, streitbare, linke Journalistin. Doch kurz darauf klebt ihr Foto auf Plakaten mit der Zeile ‚MORDVERSUCH'. Denn Georg Linke, der Hausmeister des Instituts, ist lebensgefährlich verletzt. Die Kugel eines der Befreier hat ihn in die Leber getroffen.

In diesem Moment ahnt noch niemand, wie sehr sich die Republik in den nächsten Jahrzehnten durch diese Aktion ändern würde. Denn die Befreiung von Andreas Baader gilt als die Geburtsstunde der Roten Armee Fraktion (RAF)."[(233)]

Der Verteidiger von Ulrike Meinhof war Gustav Walter Heinemann, der dritte Bundespräsident der BRD. Rein zufällig wuchs Gustav Heinemann mit Wilhelm Zaisser auf, dem ersten Minister für Staatssicherheit der DDR.

„Erinnerung an Wilhelm Zaisser, den 1. Stasi-Chef" heißt eine Überschrift eines Artikels, in der *„Märkischen Zeitung"*. Dort heißt es:

„Entsprechend verhasst ist der Mann, dessen Lebensweg ganz unten beginnt als Sohn eines Fußgendarmen im Ruhrgebiet. Zaisser ist zugleich, so Müller-Enbergs, ‚Militär und Lehrer'. Er wächst ‚nationalpolitisch' auf, spielt (schlecht) Fußball mit seinem Nachbarn, dem späteren Bundespräsidenten Gustav Heinemann (SPD), besucht die Lehrerschule, zieht 1914 begeistert in den Krieg und wechselt als Offizier seine Haltung ‚von national zu nationalbolschewistisch'."[(234)]

Der in dem Artikel genannte Müller-Enbergs ist ein Politikwissenschaftler und Leiter der Spionageabwehr beim Verfassungsschutz Berlin. Helmut Müller-Enbergs wurde in Haltern am See (Stichwort GermanWings-Crash, Christof Metzelder, usw.) geboren und schrieb 2014 ein Gutachten über Anetta Kahane in ihrer Tätigkeit als Stasi-IM „Victoria".

Heute gehe ich davon aus, dass die „Rote Armee Fraktion" scheinbar als Tarn-Organisation von Geheimdiensten missbraucht oder instrumentalisiert wurde, um unliebsame Gegner aus dem Weg zu räumen und neue Gesetze zu schaffen, ähnlich dem 9/11.

Viele Wahl- und Pflichtverteidiger im Stammheim-Prozess der RAF-Mitglieder haben nach der Verhandlung Karriere in der Wirtschaft und Politik gemacht, wobei ich neben Ströbele noch Otto Schilly nennen möchte. Horst Mahler, der 68er-Aktivist in vorderster Front, Mitbegründer der Rote Armee Fraktion (RAF) und Chefideologe des bundesdeutschen Linksterrorismus schrieb 1998 die „Gerhard-Schröder-Biographie". Dies alles sind schon sehr viele Zufälle, in meinen Augen zu viele, um glaubwürdig zu erscheinen.

„Dass Horst Mahler eingeräumt haben soll, für die Stasi gearbeitet zu haben, ist pikant. Denn der Ex-RAF-Anwalt teilte sich einst ein Büro mit Christian Ströbele. Der Grünen-Politiker gerät nun deshalb selbst unter Druck. …

Nachdem Horst Mahler, einer der Gründer der RAF, zugegeben hat, als Auslandsspion für die DDR gearbeitet zu haben, gerät nun auch der Grünen-Bundestagsabgeordnete Christian Ströbele in den Verdacht, ein Stasi-Spitzel gewesen zu sein. Ströbele hatte mit Mahler Ende der sechziger Jahre als Anwalt zusammengearbeitet. Der Leiter der Stasi-Opfer-Gedenkstätte Berlin-Hohenschönhausen, Hubertus Knabe, legte Ströbele nahe, eine Erklärung abzugeben. ‚Auch Herr Ströbele ist bisher nicht gerade durch Selbstkritik aufgefallen - obwohl er gewiss Anlass hätte, über seine Vergangenheit nachzudenken', sagte Knabe Han-delsblatt Online. … Wenig überrascht zeigte sich der DDR-Experte darüber, dass Mahler Ende der 60er Jahre mit der Stasi zusammengearbeitet haben soll, wie es in Medienberichten heißt. ‚Er hat damals offen Positionen der SED vertreten und war eine Art trojanisches Pferd der DDR', sagte Knabe. Aber auch andere führende APO-Aktivisten hätten in dieser Zeit konspirative Kontakte in die DDR gehabt nach dem Motto: Der Feind meines Feindes ist mein Freund. „Die meisten Akteure verdrängen dies leider bis heute, um ihr Selbstbild einer hehren Emanzipationsbewegung nicht zu gefährden', sagte Knabe.“[(235)]

Es gibt auch sehr viele Parallelen zwischen RAF und NSU. Wenn ich jetzt noch anfangen würde, von der Hamburger Herkunft der angeblichen „Attentäter des 11. September 2001“ auf das World Trade Center zu schreiben, dann bekommt mein Verleger garantiert Puls, wegen der Stärke dieses Buches (kleiner Spaß).

Von Hornochsen, Rindviechern und Kuhmasken

Nun liegt Hamburg gut eine Stunde hinter mir. Der Himmel ist blau und die Sonne lacht durch die Frontscheibe. Nur gut, dass ich meine Sonnenbrille immer bei mir habe. Nach vier Stunden Autofahrt, aus dem Süden kommend, verlasse ich die A23 bei Itzehoe und fahre auf der B5 Richtung Marne/Heide. Endlich runter von der Autobahn drücke ich auf den Knopf, um die Scheibe zu öffnen. Ich rieche Luft, frische Landluft, nicht zu vergleichen mit dem Mief in Köln und anderen Großstädten.

Abb. 100: Die „Hochbrücke Brunsbüttel“ ist die längste Brücke über dem ehemaligen „Kaiser-Wilhelm-Kanal“

Bei Brunsbüttel überquere ich die „Hochbrücke Brunsbüttel“, welche mit 2.831 m die längste Brücke über den Nord-Ostsee-Kanal und gehört damit auch zu den längsten Brücken Deutschlands. Bis 1948 hieß dieser Kanal „Kaiser-Wilhelm-Kanal“. Er verbindet die Nordsee (Elbmündung) mit der Ostsee (Kieler Förde). Dieser knapp 100 km lange Kanal gehört weltweit zu den meistbefahrenen künstlichen Wasserstraßen für Seeschiffe. Die Schiffe ersparen sich mit der Benutzung dieses Kanals die Fahrt um die Kimbrische Halbinsel (Jütland) durch die Nordsee, Skagerrak und Kattegat und somit im Schnitt rund 460 km (250 Seemeilen).

Der Bau dieses Kanals wurde, inklusive aller Brücken, Schleusen, usw., mit 156 Millionen Goldmark veranschlagt. Am Ende wurde auch genau diese Summe ausgegeben und keinen Pfennig mehr. Die scheinbar sehr korrupten BRD-Projekte-Planer und deren Ingenieure, nebst Tiefe-Staat-Baufirmen sollten sich an dem Kaiserreich eine große, ganz große Scheibe abschneiden! Finanziert wurden die Kosten von 156 Millionen Goldmark durch die von Wilhelm II. eingeführte Schaumweinsteuer, welche heute noch existiert. Es war wohl doch nicht alles so schlecht, unter dem Kaiser Wilhelm II., ansonsten hätte die ach so „Deutsche Demokratische Bunte Republik“ die „bösen

Gesetze“ längst abgeschafft. Stattdessen pickt man sich die besten Rosinen aus dem Kuchen, wie es ihnen am besten passt. Vielleicht liegt das Problem aber auch an dem uns aufgezwungenem Rothschild-Fiat-Geldsystem, dessen höchster Wert die Papierkosten sind. Ich bin mir sicher, dass mit einer Gold-gedeckten Währung, sei es Mark, Taler oder Schilling, alles besser laufen könnte. Aber stattdessen will man uns nun auch noch das Papiergeld wegnehmen und durch elektronische Währung ersetzen. … naja, wieder so eine Verschwörungstheorie, welche wahr wird. Oder war dies wieder „antisemitisch“ Frau Kahane?

Nun mach ich auch noch das Fenster auf der Beifahrerseite runter und genieße die Luft, die friedlich idyllische Landschaft und bemerke gar nicht, dass sich hinter mir langsam ein Stau bildet. Ich fahre vorbei an Koppeln, wo sich Fohlen neben ihren Müttern auf dem Boden rollen, was Staub in der Sonne glänzend aufwirbeln lässt.

Auf saftig grünen Wiesen sehe ich viele glückliche Kühe stehen, welche sich nicht jeden Tag Gedanken machen müssen, wie sie morgen ihre Rechnungen bezahlen können. Ich frage mich ernsthaft: wer sind denn da die Rindviehcher, die Glücklichen auf der Weide oder die versklavten Zweibeiner? Schon jetzt freue ich mich auf ein Glas frische Milch von diesen Kühen. Doch der Schein trügt, denn das Ende der friedfertigen „Rouladen- und Steakträger“ scheint nah. Wenn es nach „sehr klugen Wissenschaftler“ geht, müssen die Kühe demnächst unser Schicksal teilen. Was Sie jetzt lesen werden, ist kein Witz, sondern zeigt die neue „Kuhalität“ der Wissenschaft und der „Kuhalitätsmedien“ in unserem Land. Vielleicht ist es aber auch nur eine Verschwörungstheorie von „Kuherdenker“ oder ein „Kuh-Drop“ von „Kuh“, dem die „Kuh-Tip‘s“ ausgegangen sind. Ich weiß nur eins, mehr Kuhälerei geht fast gar nicht für die armen Tiere, denn: **ein britisches Startup bringt Masken für Kühe raus**!!!

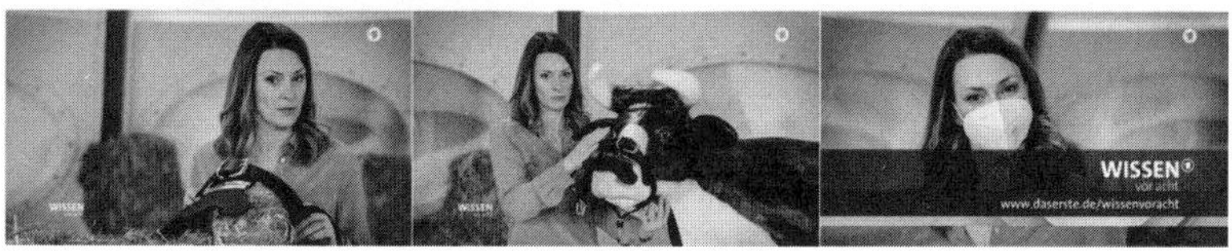

Abb. 101: Maskenpflicht für Kühe … was für ein Bullshit!!!

Bitte halten Sie sich fest, denn die NDR-Doku-Chefin und Panorama-Moderatorin Anja Reschke sagte in ihrer Sendung:

„Es geht wirklich um ein ernstes Umweltproblem. Kühe stoßen als Ergebnis ihrer Verdauung sehr viel Methan aus. Aber entgegen der landläufigen Meinung, verlässt das meiste Methan die Kuh nicht durch den Hinterausgang, sondern 90-95Prozent des Methans kommt vorne raus, rülpst das Tier also tatsächlich durch die Nase.
Umgerechnet in Kohlendioxyd sind das allein im Jahr 2018, nach Angaben des Umweltbundesamtes, 25 Millionen Tonnen, und das nur durch deutsche Rindviecher. Wenn man das jetzt auf alle 1,5 Milliarden Rinder der Welt hochrechnet, kommt man auf einen Wert, der sogar über dem des weltweiten Verkehrs liegt. Tendenz dramatisch steigend.

Und genau deswegen ist diese Erfindung, eines englischen Startups kein Scherz, sondern ein ernstzunehmender Vorschlag. Die Maskenpflicht für die Kuh.“

Abb. 102: Die „Kuhrona“-Idee stammt garantiert aus einem Fetisch-Shop

Das Schlimme daran ist, dass Anja Reschke diesen Beitrag mit ernster Miene moderiert und dies scheinbar glaubt, was sie da für einen Blödsinn von sich gibt. Mir kommt es so vor, als würde die Redaktion dieser Panorama-Abteilung beim NDR getrocknete Kuhfladen rauchen, denn anders kann ich mir solchen Mist nicht erklären. Natürlich finanziert durch die gerade kürzlich angehobenen Zwangsgebühren. Weiter heißt es:

„Mit so einer Art Maske ließen sich nämlich, theoretisch, bis zu 30 Prozent des weltweiten Ausstoßes an Methan verhindern. Es funktioniert so: Diese 100 Gramm leichte Maske wird der Kuh über die Nase gesetzt. In der Maske befinden sich verschiedene Sensoren und durch Solarenergie betriebene Ventilatoren saugen das Methan aus der Nase ab und wandeln es chemisch so um, dass das was am Ende rauskommt, um etwa ein Drittel weniger schädlich ist.

Aber die Maske soll eines Tages noch viel mehr können, sie soll Krankheiten des Rindes über die Atemluft früh erkennen und ebenfalls über die Atemluft, die Ernährung des Vieh's optimieren, denn allein durch die Veränderung des Futters, ließe sich der Methanausstoss einer Kuh spürbar reduzieren.

Abb. 103: Reklame

… und natürlich könnten wir eigentlich alle an einer Problemlösung mitwirken, indem wir zum Beispiel weniger Fleisch essen, noch so ein Thema, wenn es um CO2-Einsparung geht. Aber in Zeiten in denen sich jeder gerade an das Tragen von Massen gewöhnt hat, ist auch die Kuhmaske vielleicht gar nicht so ein abwegiger Gedanke. Oder?“

Wie geschmacklos und dumm ist dieser Beitrag? Wo soll dieser Politik- und Wissenschafts-Wahn enden? Mit jedem weiteren geschriebenem Wort würde ich diesen Artikel würdigen! Wie heißt es doch im 2. Brief an die Thessalonicher, Kapitel 2:

„2,10 - Er wird alle, die verloren gehen, betrügen und zur Ungerechtigkeit verführen; sie gehen verloren, weil sie sich der Liebe zur Wahrheit verschlossen haben, durch die sie gerettet werden sollten.

2,11 - Darum lässt Gott sie der Macht des Irrtums verfallen, sodass sie der Lüge glauben;

2,12 - denn alle müssen gerichtet werden, die nicht der Wahrheit geglaubt, sondern die Ungerechtigkeit geliebt haben.“
Wo bleiben bei diesem „Kuhatsch“ die Tierschützer?

Glaubt wirklich einer von denen, die an diesem „Kuhmasken-Projekt“ arbeiten daran, dass die Kühe auch so blöd sind, wie die vom Mainstream bestrahlten Menschen und die Masken freiwillig tragen? Da stellt sich mir abschließend ernsthaft doch noch eine Frage: Was ist, wenn die Kühe sich gegen die Maske wehren und diese abschütteln? Müssen sie dann in „Kuharantäne“ oder nach „Kuhantanamo“ auf „Kuhba“?!

Wie bekomme ich jetzt die Überleitung von den Märchenerzählern der Öffentlich-Rechtlichen, zu unseren eingeredeten „Heiligen“ hin? Ich versuche es mal so:

Die Anbetung der Götzen des Teufels und Khasaren

Meine Fahrt Richtung Büsum führte mich durch Marne, eine wundervolle langgestreckte Stadt, mit sehr schönen kleinen Häuschen an der Hauptstraße. In Marne ist ein Skatmuseum, was sehr an Freimaurerei erinnert, wenn man Symbole lesen kann. Marne ist auch die größte Norddeutsche Hochburg des durch Freimaurer initiierten Karneval's. Dort entdecke ich an der Hauptkreuzung das Hinweisschild „St. Michaelisdonn".

Spontan entschloß ich mich einen kleinen Umweg zu machen, um zu sehen. Schon sehr oft besuchte ich in den vergangenen Jahren diesen Ort in der „Bio-Region".

St. Michaelisdonn, liebevoll nur St. Michel genannt, wurde laut Bürgererzählungen von Erik Michael Grigorius im Jahre 1267 geründet.

Schauen Sie sich bitte das Wappen an. Sehen Sie auch was ich sehe? Erinnert diese Abbildung nicht an die Nibelungen? Erinnern Sie sich, als ich von der „Schwarzen Madonna" in Koblenz schrieb, dass „unsere Heiligen" nicht die Heiligen sind, wie uns gelehrt wurde? Diese „Heiligen" stammen nicht von unseren Urvölkern ab, sondern sind satanische Götzenbilder der Khasaren!!! Wikipedia liefert uns über das Wappen von St. Michel und den falschen „Heiligen" hierzu die passende Erklärung und den Beweis:

Abb. 104: Wappen von St. Michel

*„... ein barhäuptiger, bärtiger Mann (**St. Michael**) mit blondem Haar in goldener bäuerlicher Kleidung, der einem auf dem Rücken liegenden, **rotbewehrten goldenen Drachen** eine Lanze mit goldenem Schaft und einem silbernen Sensenblatt als Spitze in den Hals stößt und oben rechts von vier ins Kreuz gestellten goldenen Windmühlenflügeln begleitet wird. ... Das Motiv des Wappens geht auf das alte Kirchensiegel zurück, welches den **heiligen Michael** im Kampf mit dem **Höllendrachen** zeigt."*[236]

Soweit so gut. Wer aber war dieser heilige „St. Michael“, der in anderen Geschichten auch St. Georg, St. Jürgen, Siegfried oder Sigurd, Marduk, Teššup, Apollon, Python, Prinz Gozu, Bayajidda, Siegfried, Dietrich von Bern, Hildebrand, Wolfdietrich, Beowulf, Tristan, Bogatyrs Dobrynja Nikititsch, Aljoscha Popowitsch oder Krak, um wirklich nur einige zu nennen.

„Michael (deutsch ‚Wer ist wie Gott‘) ist nach dem Tanach ein Erzengel und kommt in den Traditionen des Judentums, Christentums und Islams vor. Anders als im Christentum wird der Engel Michael im Judentum nie mit ‚Attributen der Göttlichkeit‘ versehen. … Das himmlische Wesen Michael wird sowohl im Tanach als auch im Neuen Testament erwähnt.

In Dan 10,13 ff. EU kämpft Michael mit dem ‚Engelsfürsten des Perserreiches‘, darauf erhält Daniel seine Vision. Darin erscheint Michael wiederum als Verteidiger des Volkes Gottes (Dan 12,1 EU).

In der Vision des Sehers Johannes (Offb 12,7 EU) besiegt der Erzengel Michael den Teufel in Gestalt eines Drachen und stößt ihn hinab auf die Erde.

In den 1947 entdeckten Schriftrollen vom Toten Meer wird Michael als ‚Fürst des Lichts bezeichnet, der die Heerscharen Gottes gegen die Mächte des Bösen unter Belial führt.“(237)

Ich wiederhole kurz:

- Ursprünglich war der Erzengel Michael im Judentum nie mit den „Attributen der Göttlichkeit“ versehen

- Michael wurde als „Fürst des Lichts“ bezeichnet, also „Lichtbringer“ und schon sind wir bei dem „Geheimbund der Illuminaten“

- St. Michael ist der Patron der Katholischen Kirche, der Armen Seelen, der Sterbenden, Deutschland, Israel, der Apotheker, der Kaufleute, der Polizei (Schweiz), der Bankangstellten und der Radiomechaniker.

Und was hat es mit den Schriftrollen vom Toten Meer auf sich?

Anfang 1947 entdeckte ein junger Beduinenhirte angeblich sieben alte Schriftrollen in einer Höhle in der Nähe der archäologischen Stätte von Qumran, etwa 1,5 Kilometer von der nordwestlichen Küste des Toten Meeres entfernt. 1952 wurden weitere Höhlen mit Schriftrollen entdeckt.

Insgesamt wurden angeblich 981 Manuskripte bis ins Jahr 2017 in über zehn verschiedenen Höhlen im selben Gebiet gefunden. Aber selbst in der offiziellen Geschichte über diese Schriftrollen der Qumran-Höhlen, die meistens als Schriftrollen vom Toten Meer bezeichnet werden, ist ihr Ursprung ein völliges Geheimnis. Die Wahrheit ist natürlich, dass all diese nicht belegten **Schriftrollen Fälschungen** sind, um der Entdeckung der echten **Nag Hammadi-Schriften** vor etwa eineinhalb Jahren entgegenzuwirken. Aus diesem Grund werden diese gefälschten Schriftrollen vom Toten Meer im **Rockefeller Institute in Ostjerusalem** versteckt.

Und was sind nun die Schriften von Nag Hammadi wieder?

Im Dezember 1945 fand ein örtlicher Bauer namens Muhammed al-Samman in der Nähe der oberägyptischen Stadt Nag Hammadi dreizehn in Leder gebundene Papyrus-Kodizes, die in einem verschlossenen Gefäß vergraben waren. Diese Codices umfassten 52 Abhandlungen, die in koptischer Sprache verfasst waren. Diese authentischen Schriften ermöglichen es uns, einen unzensierten Eindruck von Evangelisation zu gewinnen, bevor Rom sie entführt und in eine von oben nach unten kontrollierter Religion namens Christentum verwandelt hat. Aber das sei alles nur am Rande erwähnt. Weiter heißt es über St. Michael bei Wikipedia:

„In den eschatologischen Erzählungen des Buches Daniel hat Michael eine Schlüsselfunktion, da er die apokalyptischen Visionen des Daniel (im Judentum gilt er nicht als Prophet) entschlüsselt und damit eine Botenfunktion zum Volk Israel einnimmt. In den Visionen Daniels wird Michael auch als ‚Schutzengel Israels' benannt.

Der Name des ***himmlischen Wesens Michael ist eindeutig jüdisch-hebräischer Herkunft****. Mi kamocha elohim bedeutet ‚wer' (mi) ‚ist wie du' (ka(mocha)), ‚Gott' (El(ohim)). Das Judentum wies früh und stetig die mögliche Mittlerrolle der ‚Erzengel' zu Gott, z. B. als Fürbitter zurück. Ebenso* *verwies es früh und stetig die Vorstellung als falsch, Engel bzw. ‚Erzengel' (‚Himmelsfürst', ‚Himmelsprinz') seien eigenständig handelnde Wesen, wie etwa der gefallene Engel Luzifer im Christentum. Das Verbot des Götzendienstes wird auf Michael und andere ‚Erzengel' ausgedehnt, wie auch die Lehre des Dualismus der zwei ewigen streitenden Mächte, des Reichs des Bösen/der Dunkelheit und des Reichs des Guten/des Lichts, verboten wird.*"[(238)]

Na das nenne ich mal: satanische Umkehrung!!!

Ich bin mir sicher, dass nun einige Leser den Kopf schütteln werden und der felsenfesten Meinung sind, dass das nicht stimmen kann. Leider muss ich Sie da enttäuschen. Hier noch ein paar Belege, dass die Theorie des teuflischen „Heiligen Michael" wohl wahr ist:

„*Zum Beispiel werden* ***Jesus Christus, Moses*** *oder auch* ***Erzengel Michael*** *als* ***Großmeister der Freimaurerei*** *genannt. Durch die Verbindung bedeutender Persönlichkeiten zum Freimaurerbund soll ein ‚fabelhafter Stammbaum' erzeugt werden, wodurch ‚zum Ausdruck kommen soll, dass die Freimaurerei immer bestand hat, wenn nicht tatsächlich, so doch als geistiges Prinzip, und dass die Universalität der Menschheit über Raum und Zeit ihre Berufung ist.*'"[(239)]

„*... der Erzengel Michael, der streitbare Fürst (eine deutliche Nachbildung des kämpfenden Mithra)*"[(240)]

„*Mithras ist eine römische Gottheit und als Göttergestalt eine mythologische Personifizierung der Sonne, die im Mithraismus verehrt wurde. Der Name Mithras geht auf den Gott Mithra aus der iranischen Mythologie zurück.*"[(241)]

Abb. 105: Das freimaurerische flammende Schwert des Erzengel Michael im Logo von SHAEF

Das Schwert des Erzengel Michael nennt man auch das „flammende Schwert", welches zugleich das Siegel der Johannisloge der Freimaurer und im Logo von dem „Supreme Headquarters, Allied Expeditionary Force" (kurz SHAEF = „Oberkommando/Oberstes Hauptquartier der Alliierten Expeditionsstreitkräfte") zu finden ist!

Sehr viele Menschen hoffen auf die Erlösung und Rettung der deutschen Völker durch SHAEF, so wie es zahlreich publiziert wird. Im Hintergrund, so sagt man, würde SHAEF agieren, DUMBs fluten, Kinder befreien, sowie Politiker und bekannte Kinderschänder und -händler verhaften und exekutieren. Wenn ich mich richtig erinnere, wurde Tom Hanks von März 2020 bis September 2021 schon 23-mal verhaftet und in Guantanamo hingerichtet. Steven Spielberg wurde auch schon 17-mal von den „Erlösern" erschossen.

Abb. 106: „Trust the Plan“ - Sie haben Probleme Q-Drops zu deuten? Dann empfehle ich Ihnen „Q-Tips“! Notfalls auch als PCR-Stäbchen nutzbar!

Ich habe absichtlich im letzten Absatz die Zahlen 23 (steht für die Illuminaten) und 17 (steht für Q) genannt, damit mich Q-Anons symbolisch zerreißen können, da ich ihren „Gott Q“ nun blasphemisch angezweifelt habe und zu 107 Prozent (... und wieder eine 17) als ablenkender Freimaurer und Verräter beschimpft und in Stasimanier diffamiert werde.

Niemanden möchte ich eine Hoffnung zerstören, die Hoffnung auf Weltfrieden, dass läge mir mehr als fern. Nicht umsonst sagt man: „Die Hoffnung stirbt zuletzt.“ Böse Zungen erweitern diesen Spruch mit: „Ja, aber sie stirbt.“

Pessimisten meinen: „Das Licht am Ende des Tunnels könnte auch ein ICE sein“, jedoch möchte ich nicht so weit gehen. Aber man sollte realistisch und rationell denken und nicht blindlings ins Verderben laufen, nur mit dem Glauben und Vertrauen an SHAEF, mit dem freimaurerischen „flammenden Schwert“ des „Erzengel Michael“ im Logo. Diese Hoffnung auf die Befreiung durch SHAEF ist, als würde man nackt in den Käfig eines Löwen steigen und sich dann wundert, wenn einem die Arme und Kehle fehlen!

Seit dem 28. Oktober 2017 legt „Q" eine anonyme Spur, die von Q-Anons (Anhänger dieser Theorie) „Q-Drops" genannt werden, welche die angeblich „Erwachten" auf der Suche nach der „Wahrheit" beeinflussen sollen. Diese Nachrichten stammen von einer Geheimabteilung des Military Intelligence Corps der USA, die seit über sieben Jahrzehnten das mit Abstand aggressivste Land auf diesem Planeten ist. Donald J. Trump, der 45. US-Präsident ist nichts anderes als eine Marionette der Mächtigen hinter diesem Armee-Geheimdienst-Netzwerk des Tiefen Staates.

Dieser Erzengel Michael war ursprünglich nie ein Heiliger oder ein Prophet, sondern ein Lichtwesen jüdisch-hebräischer Herkunft! Aber was bedeutet nun wieder jüdisch-hebräische Herkunft?

Jiddisch ist die altjüdische Sprache der khasarischen angenommenen Juden. Hebräisch wird von Hebräern gesprochen, die angeblich von Eber abstammen, dem Urenkel von Noahs mittlerem Sohn Sem, von dem angeblich die Semiten abstammen. Die wörtliche Bedeutung des Begriffs „Hebräer" ist „Einwanderer" oder „jemand, der von der anderen Seite kommt". Dieser Begriff wird auch verwendet, um eine Sprache zu bezeichnen. Diese hebräische Sprache ist jedoch nicht wirklich eine semitische Sprache, da sie in Wirklichkeit eine japhetische Sprache ist (in Bezug auf die Nachkommen von Noahs ältestem Sohn Japhet), da Hebräisch aus dem Jiddischen stammt. Die jüdisch-hebräische Sprache ist daher die „Sprache der eingewanderten Khasaren".

Weiter oben stand das Wort „Tanach" geschrieben, mit dem viele Menschen nichts anfangen können. Was ist „Tanach"?

„Tanach ist eine von mehreren Bezeichnungen für die Hebräische Bibel, die Sammlung Heiliger Schriften des Judentums. Der Tanach besteht aus den drei Teilen ***Tora*** *(Weisung), Nevi'im (Propheten) und* ***Ketuvim*** *(Schriften). … Das* ***Christentum hat alle Bücher des Tanach übernommen*** *und – in etwas anderer Anordnung – als* ***Altes Testament*** *kanonisiert (Bibelkanon). … Der Tanach wird im Gottesdienst des Judentums auch als Miqra („Lesung") oder als schriftliche Tora (nach seinem für das Judentum wichtigsten ersten Hauptteil und in Abgrenzung zur mündlichen Tora in Mischna und Talmud) bezeichnet.*"[242]

Ich habe sehr lange überlegt, ob ich einige Zitate aus dem Talmud wiedergebe, da schnell die Antisemitismus-Keule geschwungen werden könnte. Dieses Argument ist ein konfuses Paradebeispiel dafür, wie gedankenlos und inflationär mit dem Vorwurf des Antisemitismus umgegangen wird. Es ist wohl kaum möglich, dass der Talmud, das Heiligste Buch der Juden, „antisemitische" Zitate enthält. Ist es nicht vielmehr so, dass der Talmud zu Hass und Intoleranz gegenüber Nichtjuden anleitet? Dies offen zu benennen ist beim besten Willen nicht antisemitisch. Eine nüchterne und unverklärte Betrachtung des Talmudes ließe vielmehr die Frage nach den Ursprüngen des sogenannten Antisemitismus in einem rationaleren Licht erscheinen. Ich nenne dies die satanische Umkehr!
Hier nun einige Zitate aus dem Talmud:

- *„Jesus war ein Bastard der durch Ehebruch geboren wurde." (Yebamoth 49b , S. 324)*

- *„Maria war eine Hure: Jesus war ein böser Mensch." (Sanhedrin 106a & b, p.725)*

- *„Ihr aber seid meine Schafe, die Schafe meiner Weide, Menschen seid ihr, ihr heißt Menschen, nicht aber heißen die weltlichen (nichtjüdischen) Völker Menschen, sondern Vieh." (Baba mezia 114 b)*

- *„Die Güter der Nichtjuden gleichen der Wüste, sie sind ein herrenloses Gut und jeder, der zuerst von ihnen Besitz nimmt, erwirbt sie." (Baba bathra 54 b)*

- *„Dem Juden ist es erlaubt zum Nichtjuden zu gehen, diesen zu täuschen und mit ihm Handel zu treiben, ihn zu hintergehen und sein Geld zu nehmen. Denn das Vermögen des Nichtjuden ist als Gemeineigentum anzusehen und es gehört dem ersten (Juden), der es sich sichern kann." (Baba kamma 113)*

- *„Der Beischlaf der Nichtjuden ist wie Beischlaf der Viecher." (Synhedrin 74 b)*

• *„Sobald der Messias kommt, sind alle (Nichtjuden) Sklaven der Jisraéliten." (Erubin 43 b)*

• *„Dem Jisraéliten ist es erlaubt, den Goj zu unterdrücken." (Synhedrin 57 b)*

• *„Wenn sich ein Nichtjude mit der Thora befaßt, so verdient er den Tod." (Synhedrin 59 a)*

• *„Den besten der Gojim sollst du töten." (Aboda zara 26 b, Jad chasaka 49 b, Kidduschin 40 b, u. 82 a,Mechita 11 a)*

• *„Wer vorsätzlich einen Menschen getötet hat, der wird hingerichtet, ausgenommen, wenn er in der Absicht, einen Nichtjuden zu töten, einen Jisraéliten getötet hat." (Makkoth 7 b, Synhedrin 78 b)*

• *„Ein Mädchen von drei Jahren und einem Tag ist zum Beischlaf geeignet." (Nidda 71 a,Kethuboth 6 a,Jabmuth 57a, Jabmuth 60 a, Kidduschin 10 a, Aboda zara 37 a)*

Diese Zitate sollten auf jeden Fall ausreichen, um die Gedankenwelt und die Religion der khasarischen Juden wiederzugeben. Immer wieder heißt es, diese Zitate seien gefälscht! Jedoch ist dieses oft vorgetragene Argument leicht zu widerlegen. Alle Passagen finden Sie hier: „Der Babylonische Talmud", erste zensurfreie Übertragung ins Deutsche von Lazarus Goldschmidt. 12 Bände, ca. 9.000 Seiten, Erstpublikation im Jüdischen Verlag Berlin, 1930 – 1936. Neuauflage im Jüdischen Verlag Frankfurt 2002 (limitierte Sonderausgabe) ISBN 3-633-54200-0.
Den vollständigen und unzensierten Babylonischen Talmud finden Sie im Präsenzbestand einiger Universitätsbibliotheken sowie in etlichen größeren öffentlichen Büchereien. In gekürzten, einbändigen Büchern mit Titeln wie „Die Weisheiten des Talmudes", finden Sie die zitierten Stellen nicht!)

Ich erspare mir an dieser Stelle jegliche Kommentare, denn ich bin mir sicher, dass jedes Wort zu viel ist. Lassen Sie dies alles bitte auf sich wirken.

Ich komme direkt zu meinem nächsten Thema, bevor ich wieder Puls bekomme!!!

BIO-Siegel-Lügen, Freimaurer und Bauern

Ich bin noch immer in St. Michaelisdonn und habe gerade einen Pott Kaffee im „Cafe Creativ“ getrunken. Von der langen Fahrt bin ich doch ganz schön platt, fast wie eine frische Scholle.

In diesem typisch norddeutschen Ort befindet sich, nach London und Kopenhagen, das drittgrößte Freimaurermuseum Europas, der Großen Landesloge der Freimaurer von Deutschland.

Abb. 107: Freimaurermuseum der Großen Landesloge der Freimaurer von Deutschland

Hier werden auf rund 350 qm etwa 5.500 Exponate aus der über 300jährigen freimaurerischen Kulturgeschichte ausgestellt. Dort befindet sich auch die Johannis-Loge St. Michael und die Andreas-Loge Voluntas. Leider hat das Museum, wie immer, geschlossen. Offiziell ist es jeden 1. Samstag im Monat geöffnet, jedoch bei meinen sechs vorherigen Besuchen an solch einem Öffnungstag, stand ich stets vor verschlossenen Türen. Da merkt man mal wieder, dass die Freimaurer eine sehr verschlossene Bruderschaft ist, obwohl sie ja immer davon reden, sich der Öffentlichkeit öffnen zu wollen.

Schade, denn meinerseits bestand schon Interesse, sich näher mit Exponaten und der nicht geschriebenen Geschichte der Freimaurerei zu beschäftigen. Auch hätte ich sehr gern mit einem „Bruder“ gesprochen, weil ich Fragen ohne Ende habe und nach weiteren Erklärungen suche.

Jedoch besuchte ich in der Vergangenheit das Lokal, was dem Museum angeschlossen ist. Wenn man die Lokalität betritt, tritt man in eine mystisch, mit dunklem Holz und wenig Licht besetzte Atmosphäre ein. Als Gast hat man dort zu warten und sich nicht zu rühren, um seine Bestellung abzugeben. Mir scheint es so, als wären dort die einzigen wichtige Gäste die „Skatbrüder“, welche Vorrang vor dem Herrn haben.

Was ich jedoch beobachtet habe ist, dass so gut wie alle Lokalitäten, welche den Freimaurern, Lion-Clubs oder sonstigen Bruderschaften angeschlossen oder in deren Besitz sind, ein „BIO“-Siegel haben. Das Freimaurermuseum in St. Michel wurde durch den Zertifizierungspartner „ABCERT“ aus Esslingen zertifiziert. Diese Firma hat ein sehr interessantes Logo, finden Sie nicht auch?

Wussten Sie, dass sehr viele Bauern von der TV-Sendung „Bauer sucht Frau“ eine Zertifikation von dieser Firma haben?! ... man bleibt halt scheinbar gern unter „Seinesgleichen“.

Abb. 108: Sind die Symbole wieder nur Zufall?!

In meinem unmittelbaren Bekanntenkreis befindet sich einer dieser Mitarbeiter, welcher unter anderem für die Firma „Arla“ tätig ist. Nun muss ich ganz vorsichtig sein, wie ich es schreibe: Da vermutlich dort, wie in anderen Betrieben auch, nicht alles ganz „Rund“ läuft, entspannen sich die Zertifikateure regelmäßig im „Urlaub auf Bauernhöfen“. Diese Personen, welche auch andere Bio-Höfe und -Betriebe „abarbeiten“, haben abends immer frisches Obst, Gemüse, Fleisch und Wurst auf dem Tisch, ohne wirklich einkaufen zu müssen! Damit ist eigentlich alles gesagt, oder?!

Der ganze Quatsch mit den verschiedenen Bio-Siegeln grenzt in meinen Augen schon fast an Betrug!

Ich wünsche mir, dass den Verbrauchern endlich die Augen in Punkto: „Bio“ geöffnet werden! 2017 sagte mir ein wichtiger bekannter Kölner Vertreter von „Coca Cola“ sehr deutlich, dass ich die Mär von dem angeblichen Biogesöff „Vio Bio Limo“ vergessen kann. „Du glaubst doch nicht wirklich, dass wir so viel Bioanbaufläche haben, um diese Kapazitäten zu produzieren!“ Auch andere Lieferanten erzeugen das Gefühl, wenn Bio auf dem Etikett steht, dass auch gesunde Bio-Kost im Produkt ist. Wie gesagt, sie erzeugen nur das Gefühl!

Der Verbraucher wird mit Bio-Siegeln getäuscht! In Wirklichkeit ist dies eine Marketingstrategie, ähnlich wie bei „Fairem Handel“. Nicht umsonst fallen bei Markteinführung eines neuen Produktes die höchsten Kosten für die Werbung an. Davon mal abgesehen, um Bio-Produkte verkaufen zu dürfen, muss man sich Bio-Zertifizieren lassen, was schnell mal 1.000 Euro pro Jahr für Kleinstbetriebe kostet! Ein großartiges Zusatzbrot für die Industrie und die Steuereinnahmen.

Ich wünsche mir, dass Landwirte endlich wieder Bauern sein dürfen! Waren unsere Bauern in der Vergangenheit zu dumm (ausgenommen die Statisten bei „Bauer sucht Frau“) um Nahrungsmittel zu produzieren oder warum mischte sich die EU in diesen Bereich, mit genauso sinnlosen wie wirklich dummen und größtenteils hirnverbrannten Gesetze ein? Seit Menschengedenken geben uns die Bauern und ihre Helfer das was wir zum Leben brauchen. Jeder Verbraucher sollte den Bauern größten Respekt zollen, denn was diese Menschen Tag aus und Tag ein körperlich leisten, kann sich ein Stadtmensch kaum vorstellen. Die Bauern bestellen die Felder, versorgen Kühe, Schweine und Hühner.

Jedoch wurden unsere Bauern durch die EU versklavt und an die Industrie verkauft. Die Lobbyarbeit der Industrie ist es zu verdanken, dass immer mehr Bauern ihre Höfe, in Ehren von ihren Vorfahren vererbt, aufgeben müssen. So sterben jedes Jahr hunderte Traditionsbetriebe aus, aber der Import von China nimmt gleichzeitig zu.

Ein verantwortungsvoller Bauer setzt keine Gifte oder genmanipuliertes Saatgut auf seinen Feldern ein! Ein Bauer weiß auch, dass eine grüne Gurke mit einer 20-Grad-Krümmung genauso schmeckt, wie eine gerade Frucht. Es ist auch egal, ob ein Apfel am Baum die Form einer Birne oder Apfels hat, denn nur das Produkt sollte zählen.

Also ich frage mich, was soll der Gesetzeswahnsinn aus Brüssel, von den übergeschnappten und übermäßig unwichtigen Polithanseln. EUCH brauchen wir nicht! Ebenso benötigen wir auch nicht die überteuerten Politikberater von den großen Werbeagenturen, welche versuchen uns die stattfindende Versklavungsgesetze als Errungenschaften der freiheitlichen Demokratie zu verkaufen!

Wie stand doch in einem der 19 Punkte von Karl Marx zur Versklavung der Völker geschrieben: „Die Landwirtschaft durch Industrie ruinieren." Wie wahr und die (Anti-) Landwirtschaftsministerin gibt momentan unseren Bauern den Rest, wie man so schön sagt.

All ihr EU-Marionetten, schert euch zum Teufel und lasst den Bauer endlich wieder Bauer sein!

Wenn Bauern wieder ihre Produkte traditionell anbauen können und die Menschen endlich begreifen, statt Obst und Gemüse aus Gambia oder Neuseeland bei Aldi zu kaufen, diese Artikel aus regionalem Anbau erwerben, dann ist allen geholfen! Regional und traditionell erzeugte Waren sind wesentlich besser und gesünder für Mensch und Umwelt als so genannte „Bio Produkte", dann braucht es auch nicht mehr diese überteuerte „Bio-Siegel-Lüge"!

Bäuerliche Produkte, frei von EU-Bla-Bla, sind Bio-Produkte, wie bei unseren Ahnen!!! Ich befürchte, es sind Lebensmittel-Katastrophen unvorstellbaren Ausmaßes, die sich anbahnen.

Bauern zahlen für alles Rekordpreise: Die Agrarkosten sind so hoch wie noch nie!

Das heißt auch: Die Produktionskosten gehen durch die Decke. Einen ähnlich starken Preisauftrieb gab es zuletzt vor der Finanzkrise 2008. Damals waren die Einkaufspreise allerdings nicht so hoch wie jetzt. Das Schlimme ist: Die Preise für Dünger, Pflanzenschutz, Energie und fast alle anderen Betriebsmittel, gehen immer weiter nach oben. Die Erlöse jedoch nicht!

Ursachen für die Kostenexplosion sind die unterbrochenen Lieferketten und die weltweite Rohstoffknappheit. Ein Ende dieser auch historisch einmaligen Preisexplosion ist nicht abzusehen. Denn: In Südchina ist ein großer Hafen lahmgelegt, mit fatalen Folgen für die globalen Warenströme ...

Strom, Landmaschinen Dienstleistungen, alles wird teurer!

Und welche Kostenarten steigen aktuell am stärksten? Fast alle muss man leider sagen. Für Energie sind die gewerblichen Preise im Mai 2021 knapp 15 Prozent höher als im Mai des Vorjahres. Danach haben sich Dieselkraftstoff und Benzin gegenüber dem Vorjahr um rund 30 Prozent verteuert. Heizöl und Flüssiggas (LPG) kosten fast 80 Prozent mehr.

Für chemische Grundstoffe, die in großen Umfang aus China kommen, müssen 18 Prozent mehr auf den Tisch geblättert werden. Und für Waldbauern vielleicht überraschend: Nadelschnittholz kostet im gewerblichen Handel 51 Prozent mehr!

Und so könnte man noch eine endlose Liste von Preissteigerungen fortsetzen. Doch wie sollen die Bauern das alles bezahlen?

Ich wünsche mir in diesem Atemzug auch, dass die alles beherrschenden Monopolisten und Großkonzerne zerschlagen werden!

Es kann nicht sein, dass die Industrie bestimmt, was wir in welcher Qualität kaufen, dass kleinere Betriebe gar keine Chance mehr haben, sich auf dem Markt zu präsentieren.

Wie konnte es so weit kommen, dass nur noch wenige Unternehmen, unser komplettes Leben bestimmen? Egal ob *Unilever, Edeka, Aldi, Lidl, Kaufland*, usw. oder die Großfutterstellen wie *McDonald's, Burger King* oder *Kentucky Fried Chicken* gehören sofort verboten oder abgeschafft. Wenn Pommes aus 17 Zusatzstoffen bestehen, in Babynahrung und Bier

Glyphosat oder in Zahncremen giftige Fluoride gefunden werden, dann steckt seitens der Industrie in meinen Augen Absicht dahinter. Solche Nahrungsmittel gehören nicht einmal in die Biotonne, sondern in Plastikabfall oder Sondermüll, statt auf den Tellern der Verbraucher!

Benötigte Artikel sollten wieder in unserem Land produziert werden und nicht in China, Taiwan oder Elfenbeinküste. Die Produkte mit dem Aufdruck „Made in Germany" sollten auch wieder von uns kommen. Mensch habe ich schon wieder Puls. Ich lasse die Freimaurer rechts liegen und fahre weiter Richtung Heide.

Drachen, Fake-Heilige und Heiden in Heide

Ich setze meine Fahrt fort und komme nach 24 Kilometern in der Kreis- und Schusterstadt Heide (Dithmarschen) an, welche 1404 als „Uppe de Heyde" zum ersten Mal erwähnt wurde. Heide hat mit 4,7 ha den größten Marktplatz von Europa, auf dem jeden Samstag ein Wochenmarkt stattfindet, welcher für mich der beste Wochenmarkt ist, den ich kenne. Die Sängerin Kerstin Ott lebt seit ihrer Kindheit hier in Heide, dass ist die, „die immer lacht" und ihren Beitrag zum Verbreiten der systematischen satanischen Gender-Agenda leistet.

Ab. 109: Das Wappen von Heide: Der einen Drachen tötende Heilige Georg

Sehr interessant ist das Wappen von Heide, was dem von St. Michaelisdonn ähnelt. Hier wird jedoch nicht der „Drachentöter“ St. Michael dargestellt, sondern St. Georg. Wikipedia meint:

„‚In Rot ein linksschreitender, barhäuptiger, goldenbehaarter, -gegürteter und -gespornter, silberner Ritter auf dem Bauch eines rücklings linksliegenden, vierbeinigen, flügellosen, goldäugigen und -pfeilzungigen, silbernen Drachens, dessen rechte Hinterklaue und Schwanz sein rechtes Bein umfassen, den goldenen Speer in das Drachenmaul stoßend, rechts begleitet von einem gestürzten, unten und oben beringten, goldenen Anker, links von einem fünftriebigen, goldenbewurzelten, violettbeblüteten, grünen Heidebüschel.‘

Wappenbegründung: ‚Das Hauptmotiv des Wappens der Stadt Heide ist der einen Drachen tötende Heilige Georg, in Norddeutschland St. Jürgen genannt. ... Die Bedeutung des Ankers ist nicht geklärt.“(243)

Was wissen wir über St. Georg?

„Der heilige Georg ist ein legendärer christlicher Heiliger, welcher der Überlieferung zufolge zu Beginn der Christenverfolgung unter Diokletian (284–305) ein Martyrium erlitt. In den orthodoxen Kirchen wird er als Groß- bzw. Erzmärtyrer verehrt. ...

Abb. 110: Georgskreuz als Bestandteil des Jerusalemkreuzes in der Flagge Georgiens

Aufgrund des möglicherweise legendären Charakters des Heiligen wurde Georg in der römisch-katholischen Kirche 1969 aus dem römischen Generalkalender gestrichen, jedoch 1975 wieder eingefügt. ... Er ist der ***Schutzpatron*** *verschiedener Länder,* ***Adelsfamilien****, Städte und* ***Ritterorden****. ... Sein Symbol in der Heraldik ist das Georgskreuz. Das rote Kreuz auf weißem Grund ist in vielen Wappen und Flaggen enthalten. Heiligenattribute, die neben dem Georgskreuz als Erkennungszeichen des Heiligen dienen, sind der Drache sowie seine Darstellung als Ritter mit Lanze; teils wird Georg auch mit dem Palmwedel des Martyriums dargestellt. ... Die Quellenforschung an der Georgslegende deckt zwei Erzählkränze auf, wobei der Kampf mit dem Drachen später der Legende zugefügt wurde. ... Georg setzte sich für unter Diokletian verfolgte Christen ein und wurde gefoltert, um ihn dazu zu bewegen, dem Christentum zu entsagen. Weitere Elemente betreffen in verschiedenen Quellen und späteren Zusätzen beispielsweise das christliche Armutsideal (Georg, dargestellt als edler Ritter, verschenkt sein Land an die Armen) und die* ***Zerstörung von Götzenbildern heidnischer Tempel****. ... Die* ***Verehrung*** *des hl. Georg breitete sich im* ***Vorderen Orient****, Äthiopien und* ***Ägypten*** *aus. Im* ***merowingischen Frankenreich*** *ist die Georgsverehrung schon im 6. Jahrhundert bezeugt, die größte Popularität wurde Georg jedoch im Hochmittelalter zuteil. Im Zeitalter der Kreuzzüge und des Rittertums verbreitete sich der* ***Kult um den orientalischen Märtyrer*** *zusehends. Georg wurde zum* ***Schlachtenhelfer*** *bei* ***der Eroberung Jerusalems*** *durch die Kreuzfahrer (15. Juli 1099), wurde als Miles christianus, als ‚Soldat Christi' zur* ***Identifikationsfigur*** *der Ritter und Krieger, zum* ***Heiligen von Ritterorden*** *wie dem gegen Ende des 12. Jahrhunderts entstandenen* ***Deutschen Orden*** *oder den Templern. In den letzten Jahrhunderten des Mittelalters war Georg der* ***Patron*** *von Städten, Burgen,* ***Herrscherhäusern****; er wurde zu den 14 Nothelfern gezählt."*

Der Heilige Georg hat den goldenen Speer also in das Drachenmaul gestoßen. Das finde ich sehr interessant, denn wenn man nach diesem goldenen Speer, auch die Heilige Lanze genannt (der „Speer von Christi"!), sucht, findet man unweigerlich dies:

„Die Heilige Lanze (auch Longinuslanze, Mauritiuslanze oder Speer des Schicksals) ist das älteste Stück der Reichskleinodien der Könige und Kaiser des

Heiligen Römischen Reiches. Sie enthält angeblich ein Stück eines Nagels vom Kreuz Christi (Heiliger Nagel). Nach der Legende gehörte die Lanze Mauritius, dem Anführer der Thebaischen Legion, oder nach anderen Quellen dem römischen Hauptmann Longinus, der mit ihr den Tod Jesu überprüfte, so dass sie auch mit dessen Heiligem Blut getränkt sein soll. ... Zeitweise war sie das bedeutendste Stück der Insignien, später trat an ihre Stelle die Reichskrone. Die Lanzenspitze wurde in einem Hohlraum im Inneren des Querbalkens des Reichskreuzes aufbewahrt. ***Ein Herrscher, der diese Lanze besaß, galt als unbesiegbar.*** *Sie war das sichtbare Zeichen dafür, dass seine Macht von Gott ausging und er der Stellvertreter Christi war. ... Metallurgische Untersuchungen der Montanuniversität Leoben zeigten schon 1914, dass die Heilige Lanze erst im 8. Jahrhundert nach Christus nach dem Muster einer karolingischen Flügellanze hergestellt worden sein kann.*"[(244)]

Wenn die Materialien aus dem 8. Jahrhundert stammen, ist demzufolge diese von der Kirche so hochverehrte Reliquie eine Fälschung, eine Täuschung oder auch einfach mal wieder nur Betrug, um den falschen, den satanischen und kinderfressenden Baal-Gott anzubeten! Wie glaubhaft sind also solche Heiligen, Ikonen oder Erzengel, über die die Kirche so viele Ammenmärchen zu erzählen weiß? So viel zu diesem Heiligen Georg.

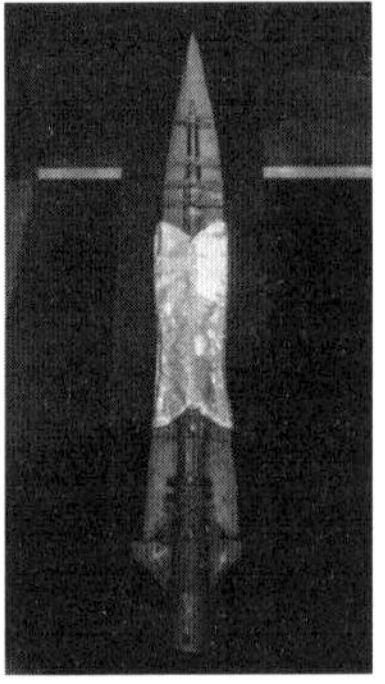

Abb. 111: Die Heilige Lanze

Vor einigen Seiten spiele ich schon einmal auf die wahre Bedeutung des Drachens an. Erinnern Sie sich? Folgende Zitate untermauern meine These, dass der „böse" Drachen in Wirklichkeit als Beschützer und Begleiter von uns Heiden fungierte:

„Die Antike hat das Drachenbild nachfolgender Epochen um etliche Facetten bereichert. ... Die Dracostandarte, ursprünglich ein dakisches oder sarmatisches Feldzeichen, übernahmen die germanischen und slawischen Stämme der Völkerwanderungszeit vom römischen Heer. ***Das furchterregende Untier ist hier kein Feind, sondern ein Symbol der eigenen Stärke, das den Gegner einschüchtern soll.*** *... Eine herausragende Stellung nimmt der Drache in der ornamentalen Bildkunst der Wikingerzeit ein. Drachenköpfe verzieren Runensteine, Fibeln, Waffen und Kirchen. ‚Dreki' ist in der Wikingerzeit eine verbreitete Schiffstype-bezeichnung; als bildliches Motiv am Bug ist der Drache*

allerdings entgegen modernen Adaptationen archäologisch nicht nachgewiesen. In der germanischen Literatur ist der Drache vom 8. Jahrhundert bis in die Neuzeit gut belegt, besonders in der Heldendichtung, vereinzelt auch in den altnordischen Skalden. Das altenglische Epos Beowulf erwähnt einige Male kriechende oder fliegende Drachen, die unter anderem als Hüter von Schätzen fungieren. In alt-skandinavischen Quellen schützen sie vor feindlichen Geistern."[245]

Eine andere Quelle schreibt:

„*Bis in die Gegenwart wird das Bild des Drachen verwendet, um die Auseinandersetzung von Gut und Böse darzustellen, den Gegner zu dämonisieren und den Sieger als übermächtigen Helden erscheinen zu lassen. ... Das furchterregende Untier ist hier kein Feind, sondern ein Symbol der eigenen Stärke, das den Gegner einschüchtern soll.*"[246]

Die Geschichten vom menschenfressenden und feuerspeienden Drachen ist demzufolge von den Khasaren erfunden worden, um die Heiden mit ihren Geistern zu dämonisieren und zu vernichten, denn die Heiden waren und sind das „Heilige Volk", welches mit der Natur sehr eng verbunden war, was man auch das „Einssein" nennt! Doch diese Erinnerungen versuchen die Baals-Anbeter seit Jahrhunderten zu vernichten, auszulöschen, weil dies eine Gefahr für Ihre teuflische Gewaltherrschaft darstellt. Erinnern Sie sich an den „geheimen Pakt", wo es hieß: „Wir werden sie vom Einssein getrennt halten, durch Dogmen und Religion!" Damit ist doch alles gesagt, oder?!

Ab dem frühen Mittelalter tauchten die ersten „Geschichten" über die sogenannten Drachentöter auf, welche so gut wie immer Ritter waren. Wie wir aber inzwischen lesen konnten, sind diese adligen Ritter auch immer Nachfahren und Marionetten der alten übergesiedelten Khasaren!

An dieser Stelle möchte ich Ihnen eine Frage stellen: Was haben Loch Ness und Tennessee gemeinsam? Vermutlich denken Sie jetzt, was hat Tennessee mit den Drachen zu tun. Ganz einfach. Nehmen wir die Wörter doch einmal auseinder:

„Loch Ness" bedeutet: Loch, Lach, Lake = See. „Ness" = Wurm (Altsächsisch). Demzufolge bedeutet „Loch Ness" soviel wie Wurmsee.

Merke: Dinosaurier hießen früher Lindwürmer, somit ist die Geschichte um Nessie schon uralt. „Nessi Klinon" heißt übrigens Würmchen. Wer immer noch Zweifel hat, dass im Schottischen Loch Ness ein oder mehrere Lindwürmer leben oder lebten, sollte sich diese Querverbindung nach Nordamerika anschauen, denn in Nordamerika gibt es einen Bundesstaat namens Tennessee, benannt nach einem gleichnamigen See. "Tennessee" ist auch Altsächsisch und bedeutet "Ten Nes See"= „Den Nes See", also „Der Nes See" = „Der Wurm See" und auch hier gibt es der Sage der Ureinwohner nach einen Lindwurm, man spricht aber lieber sensationell von Ungeheuer. Somit habe ich gleich mehrere Beweise sprachlich erbracht, denn: in beiden Seen leben oder lebten Lindwürmer = Drachen, welche man heute Saurier nennt und beide Seen haben altsächsische Namen.

Die nordamerikanischen Ureinwohner sprachen Altsächsisch, was der Autor Erhard Landmann schon mehrfach bewiesen hat. Ich empfehle Ihnen, falls Sie mehr zu diesem Thema erfahren möchten, das Buch: „Weltbilderschütterung - Die richtige Entzifferung der Hieroglyphenschriften" von Erhard Landmann.

Unsere heidnischen Vorfahren lebten (oder leben?) mit Lindwürmern, sogenannte Drachen (heute Dinosaurier), zur gleichen Zeit und da beide Seen noch nicht alt sind, könnten die Lindwürmer, früher Drachen genannt (heute Dinosaurier), nicht vor Millionen von Jahren ausgestorben sein, falls sie überhaupt ausgestorben sind!

Ortsnamen, die Limb- oder Lind- im Namen tragen, beruhen auf der Existenz von Lindwürmern und Drachen in den damaligen Siedlungsgebieten, wie zum Beispiel in Limburg an der Lahn oder Lindau.

Man sollte aber nicht den Fehler begehen, Drachen und Lindwürmer, mit Schlangen in eine Schublade zu stecken, den die Schlange (Adams 1. Frau Lilibith) steht für das ausgemachte Böse!

Vielleicht sind Sie nun erstaunt oder entsetzt, weil ich geschrieben habe, dass es keine Dinosaurier gabt? Dann lesen Sie bitte weiter, damit wir gemeinsam endlich unsere Vergangenheit und die Verbrechen an unserem Volk verstehen.

Die Dinosaurier wurden Mitte des 19. Jahrhunderts von dem merkwürdigen Superintendenten der Abteilung für Naturgeschichte des Britischen Museums, Sir Richard Owen, erfunden. Das Sir Richard Owen die ersten

Modelle von Dinosaurier-Skulpturen gerade rechtzeitig aus Beton, Draht und Gips anfertigte, um sie 1851 auf der Weltausstellung der „Werke der Industrie aller Nationen“ im Crystal Palace in London zu präsentieren. Richard Owen wurde daraufhin von der englischen Krone zum Ritter des Bath-Ordens ernannt, als Preis für die Erfindung der Dinosaurier. Nach Charles Darwin wird er als zweitbedeutendster Naturforscher des Viktorianischen Zeitalters angesehen und prägte seit 1841 den Begriff „Dinosauria“. Natürlich ehrte man Sir Richard Owen auch in Deutschland 1852, auf Anregung Alexander von Humboldts, mit dem „Pour le mérite für Wissenschaften und Künste“. 1857 wurde er zum Mitglied der Akademie „LEOPOLDINA“ in Halle an der Saale gewählt. In dieser Akademie versammeln sich bis heute sämtliche Wissenschaftler, welche die Vergangenheit und die Zukunft der Menschheit beeinflussen! Sie wurde jüngst als „Merkels Coronaflüsterer“ bezeichnet! Zu dieser „LEOPOLDINA“ kommen wir aber noch in einem späteren Kapitel.

Die Dinosaurier-Skulpturen wurden mit Hilfe des Bildhauers Benjamin Waterhouse Hawkins modelliert. Richard Owen taufte seine Sammlung von Kreaturen in Beton von Dinosauria (aus dem Griechischen „deinos“ (schrecklich, mächtig) und „sauros“ (Reptilien). Richard Owen wurde von seinen Zeitgenossen gefürchtet und gehasst. Man warf ihm Plagiat, Arroganz, Neid und Unehrlichkeit vor und schloss ihn aus dem Zoologischen Rat der Royal Society aus. Er beeinflusste Darwin, sein Konzept der „natürlichen Auslese“ zu formulieren und ohne wissenschaftliche Grundlage die Theorie zu erfinden, dass sich der Mensch aus dem Fisch und dem Affen entwickelte. Owen und Darwin waren zwei okkulte Verrückte, die sich offiziell zutiefst der Leugnung, der Erschaffung der menschlichen Spezies verschrieben hatten.

Ein Oxford-Professor sagte einst: „Owen ist ein verdammter Lügner, er lügt Gott und uns durch seine Bosheit an“. Zwei Jahre später war der britische Autor Charles Dickens für die Popularisierung der Dinosaurier verantwortlich, indem er sie zum ersten Mal in seinem Roman „Bleak House“ erwähnte.

Die sogenannte „Evolution“ wurde zu einer pseudo-wissenschaftstheoretischen Religion erhoben! Diese sogenannte und vom Tiefen Staat finanzierte Wissenschaft darf bis heute nicht angezweifelt werden, denn wie hieß es in dem „geheimen Pakt“ so schön: „Wir werden unsere Kenntnisse über

Wissenschaft und Technologie geschickt benutzen, damit sie niemals erkennen, was wirklich geschieht!" Und wenn ein Mensch versucht, die Lügen und den Betrug an die Öffentlichkeit zu bringen, dann diejenigen, die sie erkennen, werden als verrückt bezeichnet!" Das beste Beispiel ist momentan dieser Corona-Kram!!!

Die Dinosaurier wurden erfunden, um die Menschheit glauben zu machen, dass sich Zivilisationen im Laufe der Zeit entwickelten, während sie in Wirklichkeit degradieren und sich die Menschen kulturell zurück entwickeln.

Stichwort: Zirbeldrüse!!!

Noch heute gilt der Drache als Glückssymbol in Asien, weil er eben nicht dieses Untier ist!

Wenn Sie nun meinen, dass dieser erfundene Zusammenhang von Sir Richard Owen, unseren „Heiligen Drachen" und den Sauriern unglaublich und spektakulär ist, noch dazu von der „Wissenschaft" bestätigt wurde, muss ich Sie enttäuschen. Der eigentliche „Hammer" kommt erst noch, denn:

Sir Richard Owen und Charles Darwin sind ein und dieselbe Person![(247)] Charles Darwin hat diesen „Sir Richard Owen" mit seinen Sauriern aus Beton und Gips als Untermalung erschaffen, dass er mit seiner „Evolutionstheorie" Recht hat und so den Menschen zu einem niederen Lebewesen degradierte! Selbstverständlich wusste die Wissenschaft und ihr Gefolge von diesem Betrug, denn es war von den Geldgebern so gewollt, um die Menschheit weiter und noch mehr zu verdummen und zu versklaven. Erinnern Sie sich: „Eine Illusion wird es sein, so groß, so weitgehend, dass sie ihre Vorstellungskraft übersteigt!"

Die Wissenschaft hat nur eine Aufgabe: „Wir werden immer die göttliche Wahrheit von ihnen fernhalten, dass wir alle Eins sind!" Die Wissenschaftler der „LEOPOLDINA" und anderen Akademien begreifen leider nicht, dass sie nur Marionetten sind, ein Mittel zum Zweck: „Mitglieder dieser Gruppen werden denken, dass sie zu uns gehören, ohne jemals die Wahrheit zu erfahren!" Mehr muss man nicht dazu sagen!

Ich fasse es noch einmal kurz zusammen, wie sehr wir von der Wissenschaft wissentlich betrogen und belogen werden:

• Darwins Theorie der Evolutionstheorie wurde widerlegt. Somit ist es untragbar, wenn die Wissenschaft an diesen Behauptungen noch immer festhält!

• Menschen und Lindwürmer, auch Drachen genannt, lebten vermutlich zusammen in einer Zeit-Epoche.

• Dinosaurier sind eine Erfindung karriere- und geltungsgeiler Wissenschaftler und hat es so nie gegeben. Früher nannte man solche „Wissenschaftler" Scharlatane, welche aus dem Dorf mit Mistgabeln gejagt wurden. Heute erhalten diese Marionetten von der Politik und der Krone („La Corona") Preise und hohe Prämien für ihre Lügenkonstrukte.

• Auch tropische Tiere lebten in Europa ... bestimmt durch den Treibhauseffekt.

• Die letzte Eiszeit kam schnell und dauerte nicht so lange, wie mal wieder von der Wissenschaft behauptet.

• Ebenso war eine große, weltweite Flutkatastrophe nach der letzten Eiszeit beteiligt (Sintflut?) ... das hatte so wie heute NICHTS mit Klima-bla-bla zu tun, wie uns die Politik und Medien so gern manipulativ eintrichtern möchten. Eine Lüge bleibt immer eine Lüge, auch wenn man sie 30-mal am Tag wiederholt.

• Auf den Spitzen der höchsten Bergketten wie den Alpen, Rocky Mountains oder dem Himalaya findet man versteinerte Meerestiere, genauso wie beispielsweise in Mitteldeutschland, 500 km vom Meer entfernt

• Neue „wissenschaftliche Entdeckungen" wurden und werden immer medial ausgeschlachtet, angefangen von der Verleihung des Nobel- und anderer hochdekorierter Preise, für die Entdeckung neuer Theorien, was als „Bestätigung" für die neu gewonnene „Wahrheit" gelten soll.

Wie sagte doch Frau von der Leyen: „*Wenn Meinungen manipuliert sind, ist das immer Grund zur Sorge. … Vertrauen Sie den Gesundheitsbehörden. … Vertrauen Sie dem gesunden Menschenverstand und journalistischer Sorgfalt in den Qualitätsmedien. … Diejenigen die Falschmeldungen verbreiten, wollen Ihnen schaden*“*!* Wie wahr!

Alles auf der Showbühne ist gefälscht, nichts davon ist echt. Nichts davon lässt sich beweisen, weil alles künstlich erschaffen wurde, es ist wie ein Drehbuch, um uns allen eine Welt vorzuspielen, welche es so in der Realität nicht gibt. Wenn man es realistisch sieht, sind in Grimms Märchen mehr Fakten enthalten, als in beispielsweise Harald Lesch‘s Märchenstunde.

Versuchen Sie doch einmal einen nahen Exoplaneten der in ca. 4 Lichtjahre (37,84 Billionen Kilometer) Entfernung sein soll zu beweisen. Weder Sie noch ein Harald Lesch kann dies, deswegen sind zu 98 Prozent alle wissenschaftlichen Theorien Märchen ohne Fakten und Tatsachen, welche sich niemals beweisen lassen und das wissen die Wissenschaftler auch, deren Auftraggeber Politiker, Unternehmen und größenwahnsinnige „gottähnliche“ Superreiche sind. Alle Theorien sind Fiktionen in unserer Blase, genannt: Gesellschaft! Wir leben derzeit in einer Welt mit einem globalen Stockholmsyndrom. Und wissen Sie, durch welchen Begriff dieses Syndrom bei den meisten Menschen ausgelöst wird? Durch den Ausdruck: „3G-Regel“! Hinter der sogenannten „3G-Regel“ verbirgt sich ein „G“, um das es von Beginn an ging: **GEHORSAM!**

Es ist alles gefälscht, manipuliert und geskriptet!

Nun bin aber wieder einmal komplett vom Thema abgekommen. Wo war ich stehen geblieben? Ach ja, auf dem Marktplatz in Heide.

Abb.: 112: Der Hahn in der Schusterstadt Heide steht für Frieden, Freiheit und Fruchtbarkeit

Auf beiden Seiten am Markt stehen je eine Figur, Denkmäler oder Symbole. Nennen Sie es wie sie möchten.

Erinnern Sie sich an den Wetterhahn von Meldorf und dessen Bedeutung bei den Templern und Freimaurern? So verrückt dieser Zusammenhang auch klingen mag, um so erstaunlicher ist, dass in sehr vielen Orten auf der Welt, ein Hahn als Symbol in der Nähe von Marktplätzen steht! Soll das ein Zufall sein oder wieder ein Symbol, eine geheime Zeichensprache von Geheimgesellschaften? Ja, genau dies ist es!

Der Hahn, wird auch gallischer Hahn bezeichnet, steht, wie der Phönix für sowohl für das alte Ägypten, als auch für das sich in der Revolution befindliche Frankreich und repräsentiert die Wiedergeburt durch Initiation (durch bestimmte Bräuche geregelte Aufnahme eines Neulings in einen Geheimbund) und Purifikation (Reinigung des „Kelches“ nach dem Ritual). Zwischen 1789 und 1804 war der Hahn französisches Wappentier und symbolisierte die errungenen Freiheiten. Daher steht der Hahn ebenfalls für die drei „F"'s: Frieden, Freiheit und Fruchtbarkeit, was in meinen Augen sehr an „Fridays for Future" erinnert.

„Im Volksglauben ist der Hahn das Symbol für Kampflust und Kampfbereitschaft, auch der Wachsamkeit und des Sonnenaufgangs (Anmerkung des Autors: Sonnenaufgang symbolisiert die Illuminaten). In der assyrischen Mythologie war der Hahn Symbol des Feuergottes Nusku (Anmerkung des Autors: ‚Nusku besaß einen Tempel in Nippur, dessen Opferlisten teilweise bekannt sind') und des Sonnengottes Schamasch. In der griechischen Mythologie war er der Pallas Athene, dem Ares, Hermes, Apollon, dem Äskulap (Anmerkung des Autors: mit Schlange und Stab dargestellter Gott der satanischen Heilkunde), der Demeter und Persephone heilig. … Man nimmt an, dass der Gallische Hahn aus der Doppelsinnigkeit des lateinischen Wortes gallus (‚Hahn' und zugleich ‚Gallier') entstanden ist, was bereits der antike römische Geschichtsschreiber Suetonius festhielt. In der Französischen Revolution 1789 ersetzte der Hahn auf den Heeresfahnen die Insignien des bourbonischen Königtums. Napoleon I. ersetzte ihn durch den Adler, den aber die Regierung der Restaurationsperiode wieder abschaffte."[(249)]

Abb. 113: Denkmal für die alte Zunft der Schuhmacher in Heide

Die Kreisstadt Heide in Dithmarschen nennt man auch Schuster- oder Schuhmacherort, ähnlich wie Montabaur (Sitz von *1&1*), usw. Der Schusterjunge sitzt in Heide am Markt, am Eingang der Straße ‚Schuhmacherort' und setzt dort dem Schustergewerbe ein Denkmal, denn der Schuhmacherort war früher eine Handwerkerstraße, hauptsächlich für Schuster und Gerber. Im Jahre 1846 gab es in Heide 158 Schuhmachermeister mit 166 Gesellen. Die Darstellung des Jungen ist sehr realitätsnah und hat einen stark erzählerischen Charakter: Die Tätigkeit, die Umstände und auch die Kleidung sind lebensnah porträtiert, sodass die Erinnerung wachgehalten bzw. geweckt wird.

Der Beruf des Schuhmachers gehört zu den ältesten Zünften in der Geschichte. Zum einen gehören diese Zünfte oder Innungen, so wie die meisten Gewerbevereine oder Handelskammern zu den Freimaurern, also zum Tiefen Staat. Schuster waren schon immer Verbindungsglieder zwischen den unteren und oberen Gesellschaftsklassen und als Agenten und Spione durchaus nützlich. Dies bedeutet jedoch nicht, dass jeder Schuster zu einer Geheimgesellschaft gehört oder?!

Anmerkung: Ist Ihnen einmal aufgefallen, dass bei jedem Terroranschlag oder Amoklauf ein „Schuh" oder „Hausschuh bzw. Pantoffel" in den Nachrichten zu sehen ist? Bitte achten Sie einmal darauf, denn der Schuh oder Pantoffel ein Symbol der Freimaurer!

„Der Pantoffel ist ein Symbol, dass sich auf die Vorbereitung der Kandidaten auf die Gradrituale bezieht. Es geht zurück auf einen hebräischen Brauch, nach dem man zur Besiegelung eines Vertrages einen Schuh auszog und ihm seinem Partner überreichte. Mit dieser Geste versprach man sich ehrenhaft und aufrichtig zu verhalten. Zog man beide Schuhe aus, so betrat man dadurch das Allerheiligste des Salomonischen Tempels, bei den Hebräern ein heiliger Ort."(250)

Das Blut der Erde: Die Lügen der Politik und Wissenschaft

Für mich gäbe es noch so viel in Heide zu entdecken, aber mir fehlt heute die Zeit und so verlasse ich diesen Ort, Richtung Friedrichstadt.

Abb. 114: Mit 4,7 Hektar Europa's größter Marktplatz in Heide

Auf einer Wiese sehe ich eine alte Ölförderanlage stehen. Ganz in der Nähe, in Hemmingstedt, befindet sich die bereits erwähnte Erdölraffinerie Heide (siehe Bild weiter oben), mit einer Rohölkapazität von 4,5 Mio. Tonnen pro Jahr.

In dem „geheimen Pakt“, den ich nun schon des Öfteren zitierte, steht dieser Punkt: „*Wir werden unsere Kenntnisse über Wissenschaft und Technologie geschickt benutzen, damit sie niemals erkennen, was wirklich geschieht!*“.

Abb. 115: Historisch Erdölförderanlage bei Heide

Sie, meine lieben Leser, können sich gar nicht vorstellen, wie wir einfachen kleinen schuldfreien Menschlinge verdummt werden und letztendlich wirklich jeden Mist glauben, der uns immer und immer wieder erzählt wird. Könnten Sie sich vorstellen, dass man uns einen riesigen Bären, mit dem ach so „raren“ und „fossilen“ Erdöl aufgebunden hat und das dies der Stoff ist, aus dem die Träume aller kriegführenden Politiker sind, in Wirklichkeit alles andere als rar und fossil ist?

Wussten Sie, dass Erdöl weder ein fossiler Brennstoff noch eine Ölsorte ist? Es als „Rohöl“ zu bezeichnen ist absolut absurd und verlogen! Erdöl ist nicht das Endergebnis der Kompostierung von organischem Material, seit Millionen von Jahren. Erdöl ist eine abiotische und sich selbst regenerierende Verbindung, bei dessen Entstehung auch noch Sauerstoff produziert wird. Dies ist genial, denn mit dem einen Teil treiben wir unsere Autos und mit dem anderen Teil uns selbst an. Daher versuchte die manipulative Wikipedia, diese abiogene Erdölherkunft zu entkräften.

Noch einmal deutlich erklärt: Das „Blut unserer Erde“ ist Kohlenwasserstoff, welcher in ca. 100 bis 200 km Tiefe unter extrem hohem Druck, sowie hohen Temperaturen, ständig neu gebildet wird. Die entstandenen Kohlenwasserstoffverbindungen steigen in die Erdkruste auf, sammeln sich in dichten Hohlräumen zu Öl- und Gasdepots. Durch Reaktion mit Sauerstoff entsteht CO2, welches die Grundlage des irdischen Lebens ist.

Dies ist eine Verdummungsmasche, mit deren Hilfe die Verwalter der angeblich knappen Ölressourcen ihre Preise hochhalten, Angst verbreiten und Macht ausüben können. Während aus fossilen Ausgangsstoffen noch nie experimentell auch nur etwas ähnliches wie Erdgas oder Erdöl hergestellt werden konnte, ist die abiotische Herstellung zweifelsfrei und unbestritten möglich!

Als sie das erste Mal Petroleum gefunden haben war Rockefeller zufällig der smarteste Mann im Business. Und um den Preis zu steigern kamen sie auf die Idee, es rar erscheinen zu lassen.

1892 gab es eine Konvention von „Wissenschaftlern“ in Genf um zu bestimmen, was organische Stoffe sind. Diese Genfer Konvention nutzte Rockefeller und schickte ein paar „Wissenschaftler“ die sagten, Erdöl ist Wasserstoffoxid und Kohlenstoff. Daher muss man es herleiten von Überresten früherer Lebewesen. Und um das Spiel auch richtig zu spielen definierten sie Öl also als Rückstand von früheren Lebewesen.

Die „Erdöl-Saga“ entpuppt sich als eine der gigantischen Lügen an der Menschheit!

Es gibt mindestens zwei Arten von Wissen. Das „Natur-Wissen“ und das „Märchen-Wissen“. Das Natur-Wissen ist den selbsternannten „Eliten“, den Herrschenden, vorbehalten. Das „Märchen-Wissen“ ist nur für die Be-Herrschten, die Unterschichten oder das Pack, wie Sigmar Gabriel das Volk 2015 in Heidenau nannte, denn echtes Wissen bedeutet Freiheit, Unabhängigkeit und Macht.

Diese gewaltigen Illusionen, hält uns in diesem Märchen gefangen!

Die selbsternannten Eliten lassen ihre Kinder nicht System-Medien schauen, sie schicken ihre Kinder auf teure Elite- und Sonderschulen. Sie lassen ihre Kinder niemals solche Mengen an schlechter Nahrung essen und lassen ihre Kinder nicht impfen. Weil sie Zugang zum Natur-Wissen haben. Die System-Medien und Fastfood-Junk ist für die Masse der Schlaf-Schafe. Doch nun wieder zurück zum Erdöl: So wie der menschliche Körper die benötigte Blutmenge ergänzt, ergänzt unser Heimatplanet Erde ihr eigenes schwarzes „Blut“, das wir „Erdöl“ nennen.

Die Behauptung, Erdöl sei knapp, ist eine der größten Lügen unserer Zeit. Eigentlich sollte sein Preis bei Null liegen, wenn wir den Spender respektieren und ehren würden.

Nichtsdestotrotz würde ich Freie Energie, dem Kraftstoff Erdöl vorziehen, aber trotzdem interessant zu wissen, dass Erdöl regenerativ ist.

Um meine Aussagen zu stützen, ziehe ich den Wissenschaftler Dieter Enger und dem Chemiker Dr. Noack heran. Die Kurzzusammenfassung lautet wie folgt:

• CO2 ist schwerer wie Luft und versickert im Boden (kein Treibhauseffekt)
• Unter hohem Druck (tief in der Erde) und mit Hitze entstehen a) Dodecan (Öl) und b) Sauerstoff

• Pflanzen nehmen Sauerstoff auf und geben Kohlendioxid ab

Die Regierung nimmt für Kohlendioxid Steuern, welches in der Erde wieder Rohöl ergibt und uns „Blöden“ wieder mit viel Steuern verkauft wird. Geniales Geschäft, oder?!

Kommen wir nun zu einem Kapitel, was ich auf den zurückliegenden Seiten schon mehrfach ankündigte und auf das ich mich besonders freue zu schreiben. Kommen wir nun zu der sogenannten „Wissenschaft“:

Die Regentschaft der Denkfabrik: LEOPOLDINA

Klug sein hat noch nie einen Menschen an Dummheit gehindert.

(Stefan Zweig)

Was ist eigentlich „DIE WISSENSCHAFT"?

Man hört sehr häufig Sätze wie: „Vertraue der Wissenschaft" oder „Aber die Wissenschaftler haben gesagt". Selbst der EU-Chef von der Leyen sagte: „Vertrauen Sie den Gesundheitsbehörden", aber auch: „Diejenigen die Falschmeldungen verbreiten, wollen Ihnen schaden."

Aber gibt es überhaupt DIE WISSENSCHAFT?

Anders gefragt: gibt es eine einzig wahre Wissenschaft?

Falls es so etwas wie „DIE WISSENSCHAFT" gäbe, dann wären sich ja theoretisch alle Wissenschaftler in allen Fragen einig. Aber dass dies nicht der Fall ist, wissen wir alle, dafür muss man kein Wissenschaftler sein!

Da alle Mainstream-Medien scheinbar in der Hand derer sind, welche auch die Wissenschaft „besitzen", hören wir in der Öffentlichkeit immer nur eine Meinung, die „wahre Meinung", welche mehr und mehr zu der „Ware Meinung" mutiert ist!

Sehr blöd und zweifelhaft ist nur, wenn die vorgegebenen Wahrheiten und benutzten Daten von Institutionen und Finanziers wie: Chan Zuckerberg Initiative, Emerson Collective, Robert Wood Johnson Foundation, The Rockefeller Foundation oder Patrick J Mc Govern Foundation stammen! Spätestens an dieser Stelle ist eine gewisse Vorsicht geboten.

DIE WISSENSCHAFT als akzeptierten Kanon, gibt es also so nicht, da jeder Wissenschaftler verschiedene Erkenntnisse anders interpretiert und so entpuppt sich dann, dass eine Erkenntnis plötzlich zur Glaubensfrage wird. Das Wort „Glaubensfrage" steht für die „Frage, die die Einstellung zu religiösen Inhalten betrifft.". Und schon stecken wir tief in der Materie, denn ich habe festgestellt: „Die Wissenschaft ist die Religion von Heute!".

Mit der scheinbar verlogenen Kirche kann man heute keinen Menschen mehr hinter dem Ofen hervorlocken, geschweige bekehren. Dass wussten schon die Regierenden vor über 500 Jahren und um den Einfluss der Kirche auf die Menschheit nicht zu verlieren, ist die Alchemie zur Wissenschaft mutiert, welche als neuer Wahrheitsbringer auserkoren wurde!

Man darf andersdenkende Gelehrte auch nicht einfach als Pseudowissenschaftler deklarieren, nur weil sie nicht die Meinung des Establishments teilen, letztendlich haben auch sie ein Studium hinter sich, durch die gleichen Lehrmittel.

Der Ökologe Alan Savory antwortete auf die Frage, was Wissenschaft sei:

„Die Leute reden viel über Wissenschaft. Menschen schließen die Universitäten ab, mit einem Master-Abschluss oder einem Doktortitel. Dann gehen sie in die Praxis und sie glauben wortwörtlich nichts, es sei denn es ist eine „peer-reviewed" Publikation (Anmerkung des Autors: eine Peer-Review = englisch von Peer, Gleichrangiger und Review, Begutachtung, seltener deutsch: Kreuzgutachten, ist ein Verfahren zur Qualitätssicherung einer wissenschaftlichen Arbeit oder eines Projektes durch unabhängige Gutachter aus dem gleichen Fachgebiet). Das ist das Einzige, das sie akzeptieren! Sagst du ihnen, ‚lass uns beobachten, lass uns denken, lass uns diskutieren', dann machen sie es nicht. Die einzige Frage ist stets: ‚Ist es eine ‚peer reviewed' Publikation, oder nicht?' Das ist deren Auffassung von Wissenschaft und ich denke das ist armselig.

Sie gingen als neugierige, junge Menschen in die Universität und verlassen sie hirntot. Sie wissen nicht einmal was Wissenschaft bedeutet. Sie glauben es heißt ‚peer reviewed' Publikation, etc. Nein! Das ist die Arbeit der Hochschulen. Und wenn eine Publikation ‚peer reviewed' wurde, bedeutet das, dass jeder zum gleichen Ergebnis kam, deshalb haben sie es genehmigt. Die unbeabsichtigte Konsequenz ist, dass wenn neues Wissen, neue wissenschaftliche Erkenntnisse erlangt werden, dann können diese niemals ‚peer-reviewed' sein. Alle neuen Fortschritte der Wissenschaft werden blockiert. Auch große Fortschritte. Wenn du dir die großen Durchbrüche der Wissenschaft ansiehst, dann stellst du fest, dass sie fast nie aus dem Zentrum dieser Profession kommen. SIE KOMMEN VOM RAND!!

Die besten Kerzenmacher der Welt konnten sich elektrisches Licht nicht einmal vorstellen. Die Erkenntnisse kommen nie von innen, sie kommen von außen. UNSERE DUMMHEIT WIRD UNS UMBRINGEN!“[252]

Nun stellt sich mir die Frage, wer das Recht hat, die Wissenschaftler in „echte Wissenschaftler“, „Experten“ und „Pseudowissenschaftler“ zu kategorisieren? Wird dies etwa durch „DIE WISSENSCHAFT“ bestimmt?
Ich erlaube mir einmal die Frage anders zu stellen:

Warum ist die Wissenschaft wichtig für die Gesellschaft?

Diese Frage stelle ich mir seit Anbeginn des „Corona-Zeitalters“. Das natürlich renommierte „Alexander von Humboldt Institut für Internet und Gesellschaft gGmbH“ klärt darüber so auf:

„*Wir leben in einer **Wissensgesellschaft. Wissen** ist – neben **Bodenschätzen, Kapital** und körperlicher Tätigkeit – in dieser Gesellschaft eine **wichtiger werdende Ressource**. Die Wissenschaft, die maßgeblich zur **Wissensproduktion** beiträgt, ist mit neuen Herausforderungen konfrontiert, schließlich ändert sich mit der Digitalisierung die Art und Weise, wie **Wissen hergestellt**, organisiert und vor allem rezipiert wird. In einer deliberativen **Demokratie** ist es wichtig, dass Diskurse informiert und Entscheidungen auf der bestmöglichen Wissensbasis getroffen werden. Die Wissenschaft leistet so einen Beitrag dazu, dass **Demokratien** funktionieren, treibt Innovationen voran und hilft Ländern in der globalen Wirtschaft wettbewerbsfähig zu sein.*
*Die Frage nach der Rolle der Wissenschaft in einer zunehmend fragmentierten und digitalen Gesellschaft, sowie ihre Bedeutung für **Politik** und **Zivilgesellschaft** wird neu definiert. Die Wissenschaft kann niemals eine universelle Wahrheit oder eine objektive Darstellung der Welt anbieten. Sie kann jedoch methodisch prüfbare **Deutungsangebote** machen, Gewissheiten in Frage stellen und Reflexionen anstoßen. Damit hat die Wissenschaft eine wichtige*

gesellschaftliche Rolle und trägt gleichzeitig große Verantwortung gerade dort, wo die Lage nicht eindeutig ist: Wie kann Wissenschaft bestehende Unsicherheiten und Streitigkeiten klar kommunizieren und trotzdem den Eindruck von Beliebigkeit vermeiden?“[253]

Wenn ich das Wort „Wissenschafts**produktion**“ lese, werde ich hellhörig und bekomme ein breites Grinsen im Gesicht, denn Wissen kann man nicht einfach so produzieren wie eine Wäscheklammer, einen Lutscher oder ein sinnfreies und Ressourcen verschlingendes Elektro~~schrott~~auto, sondern die Wissenschaft sollte erforscht werden! Dann wollen wir doch einmal schauen, wie Wikipedia das Wort „Produktion“ definiert:

„Produktion (lateinisch producere ‚hervor führen‘), insbesondere bei Gegenständen auch Fertigung, Fabrikation oder Verarbeitung, Bearbeitung, im rechtlichen Sprachgebrauch die Herstellung, sind die von Arbeitskräften eines Betriebes (Produzenten) mit ihrer beruflichen Arbeit bewirkten Prozesse der Transformation, die aus natürlichen wie bereits produzierten Ausgangsstoffen (Werkstoffe) unter Einsatz von Energie und bestimmten Produktionsmitteln lagerbare Wirtschafts- oder Gebrauchsgüter (Ökonomisches Gut) erzeugen.“[254]

Demzufolge ist „die Wissenschaft“ nichts weiter als eine Fabrik, die ihre Ware, in Form von „Wissen“, an Auftragsgeber oder den Meistbietenden verhökert. So ist es auch mit optionalem Zubehör! Beim Auto bestellen wir die Farbe, das Soundsystem und Alufelgen passend dazu. Bei „der Wissenschaft“ ist scheinbar ein „Angstpornopaket“, immer gleich schwafelnde „Experten“ in Talk-Shows und „Interpretationen in den Medien“ als Sonderausstattung zu buchbar. Darauf gehen wir an späterer Stelle ausführlich ein!

Nicht umsonst sagte der zweifache Nobelpreisträger Linus Pauling einst:

„Wissenschaft ist Irrtum auf den neusten Stand gebracht“.

In meinen Augen beruht **DIE WISSENSCHAFT** auf drei Grundsäulen, die da heißen: **Theorien, Behauptungen** und **Standpunkte**. Diese drei Säulen lassen sich auch so definieren:

• **Theorie** = Annahme, Auffassung, Dogma, Erdichtung, Gebot, Gewissheit, Glaube, Glaubenssatz, Hypothese, Interpretation, Lehrmeinung, Lehrsatz, Standpunkt, These, Überzeugung, Urteil oder Wunschvorstellung

• **Behauptung** = Ansicht, Auslegung, Behauptung, Bekenntnis, Einbildung, Erfindung, Kirchenlehre, Meinung, Theorie, Überzeugung oder Vorstellung

• **Standpunkt** = Annahme, Auffassung, Glaube, Sicht, Stellung, Theorie, Überzeugung oder Urteil

Die sieben Wissenschaften der Freimaurer

Die sieben freien Wissenschaften des Altertums spielen in den alten Manuskripten und auch in einzelnen freimaurerischen Ritualen eine gewichtige Rolle. Diese sind: Geometrie, Grammatik, Rhe-torik, Logik, Arithmetik, Musik und Astronomie.
Das „Freimaurer Wikipedia“ schreibt zum Thema Wissenschaft:

„*Unser Vorsatz ist nunmehr Euch zu erzählen, wie und auf welche Weise diese würdige Wissenschaft (science) der Masonry angefangen und wie sie nachmals begünstigt wurde von würdigen Königen und Fürsten und von manchen anderen ehrwürdigen Männern.*
Auch wollen wir Denen, welche es wollen, die Pflicht erklären, welche jedem treuen Mason in gutem Gewissen zu bewahren zukommt. Und Ihr habet gute Aufmerksamkeit dazu, sie ist eines würdigen Zunftgenossen würdig, wohl beachtet zu werden, und ist eine sinnreiche Wissenschaft. Denn es gibt sieben freie Wissenschaften, von welchen sieben sie eine derselben ist. Und die Namen der sieben Wissenschaften sind diese -

• *Die erste ist Grammatik, und sie lehrt den Menschen treulich sprechen und treulich schreiben,*

• *Die zweite ist Rhetorik; sie lehrt den Menschen schön reden in subtilen Ausdrücken.*

• *Die dritte ist Dialectik (andre Lesart Logik); sie lehrt den Menschen das Wahre vom Falschen erkennen und unterscheiden.*

• *Die vierte ist Arithmetik; und sie lehrt den Menschen rechnen und alle Arten von Zahlen berechnen.*

• *Und die fünfte ist Geometrie genannt, und sie lehrt messen (mett and mensure) und Maass auf Erden und von allen anderen Dingen; von dieser Wissenschaft hat die Masonry ihren Namen erhalten.*

• *Die sechste heisst Musik, und sie lehrt den Menschen Gesang und Stimme, Zunge und Orgel, Harfe und Trompete gebrauchen.*

• *Die siebente Wissenschaft heisst Astronomie; sie lehrt den Menschen den Lauf der Sonne, des Mondes und der Sterne.*

Dieses sind die sieben freien Wissenschaften, welche alle auf einer Wissenschaft begründet sind, nämlich auf Geometrie.

Und dieses mag dem Menschen beweisen, dass die Wissenschaft des Werks durch die Geometrie begründet ist, denn die Geometrie lehrt den Menschen messen und Maas, wiegen und Gewicht von allen Dingen auf Erde; denn da ist kein Mensch, der irgend eine Wissenschaft übt, er wirke sie denn durch irgend Messen oder ein Maas; und kein Mensch kauft oder verkauft, oder er kauft oder verkauft durch irgend ein Maas oder irgend ein Gewicht, und alles Dieses ist Geometrie.

Und diese Kaufleute und alte Zunftleute, und alle anderen der sieben Wissenschaften, und insbesondre die Pflüger und Feldarbeiter von allen Arten von Land, Früchten, Saaten, Weinen, Pflüger und Verkäufer von anderen Früchten bedürfen sie; denn weder Grammatik oder Rhetorik, noch Astronomie, noch irgend eine von allen anderen sieben Wissenschaften können in irgend einer Weise das Messen oder Maass finden ohne Geometrie. Daher deucht mich, daß die Wissenschaft der Geometrie höchst würdig sei und alle anderen auffindet."(255)

Wenn Sie, sehr geehrte Leser, mehr über die Wissenschaft der Freimaurer, Pflichten oder weitere Informationen zu diesem Thema wünschen, dann empfehle ich Ihnen das „Freimaurer Wikipedia" unter: *www.freimaurer-wiki.de.*(256)

Sicher fragen Sie sich nun, was haben die Freimaurer mit der Leopoldina zu tun? Dies versuche ich Ihnen auf den kommenden Seiten näher zu bringen.

Seit Beginn der „Corona-Lüge-Krise" ist die naturforschende Akademie LEOPOLDINA in aller Munde. Die wenigsten Nicht-Wissenschaftler hatten bis dato etwas von diesem Haus etwas gehört. Früher als Kind, dachte ich, dort wird untersucht, geforscht und entdeckt. Heute weiß ich, dass dort nur Statistiken, Theorien und Hochrechnungen erhoben werden, also nichts wirklich Greifbares, sondern nur „hätte", „wenn" und „aber". Wenn man diese Art von „Wissenschaft", „Empfehlungen" oder deren scheinbar bezahlten „Ergebnisse" anzweifelt, heißt es großkotzig und rotzfrech:

Klappe halten, impfen lassen

Irgendwie erinnert mich die Überschrift, also das Zitat von dem Super-Leopoldina-Experten Falk an Cem Özdemir's: „Einfach mal die Fresse halten, Bitte. Wir sind hier in Deutschland." Anscheinend ist es normal, dass die von unserem Steuergeld lebenden Re**GIER**enden so mit dem „Pack" spricht!

Der deutsche Wirtschaftswissenschaftler und Forschungsprofessor am Deutschen Institut für Wirtschaftsforschung (DIW) und Mitglied des Wissenschaftlichen Beirats beim Bundesministerium für **Wirtschaft und Energie** (!!!) Armin Falk, machte im Juli 2021 in Richtung der Impfunwilligen die törichte Ansage: „Klappe halten, impfen lassen." Anfangs wunderte ich mich stark über diese Parole in Wirtshausmanier, von einem eigentlich gebildeten Wissenschaftler, zumindest setze ich dies bei solch einem Akademiker voraus. Falk ist auch noch akademischer Berater von Ernst Fehr. Dann las ich aber den kompletten Artikel und stellte fest, dass er auch noch ein Mitglied der Akademie LEOPOLDINA in Halle an der Saale ist, ab da war mir alles klar, denn seit Beginn der sogenannten Corona-„Pandemie" hat sich die ehemals hochgeschätzte Wissenschaftsakademie (in meinen Augen) mehr als „hochrechnende" Pseudoakademie heraus kristallisiert!

„Spitzenforscher Armin Falk fordert eine Impfpflicht und findet, dass der Impfstatus bei der Triage eine Rolle spielen sollte. ... Sich nicht impfen zu lassen, hat nichts mit Rationalität zu tun, sondern einfach nur mit Eigennutz. Die Allgemeinheit muss hier zahlen für die Trägheit und die Dummheit der Impfgegner. Wer sich nicht impfen lässt, obwohl dem keine medizinischen Gründe entgegenstehen, erzeugt das, was wir Ökonomen negative Externalität nennen. In diesem Fall sind das verheerende Folgen: Todesfälle, Lockdowns, Schulschließungen, psychische Schäden, Insolvenzen, milliardenschwere Rettungen durch den Staat."[(257)]

Ho-Ho-Ho, alter Schwede. Das sind ja Worte ... schlimmer wie auf einem NPD-Parteitag! 76 Jahre nach Kriegsende, fordert ein Wissenschaftler der Leopoldina, aus deren Reihen die Erfinder von Massenvernichtungsmitteln des 2. Weltkrieges stammen, was dem deutschen Volk bis heute als Opferschuld vorgehalten wird, die Impfpflicht!? Na Holla die Waldfee!

Zirka alle 100 Jahre treten zufällig Epidemie auf. 1720 raffte die Pest Millionen Menschen dahin und 1820 wurde die Cholera entfesselt. Die momentane Situation erinnert mich stark an die Spanische Grippe 1918, vor ca. 100 Jahren.

Damals starben nur geimpfte, gesunde junge Männer und Frauen, die in der Blüte ihres Lebens standen und nicht die Alten, wie es bei einer Grippe üblich wäre. Für das Impfprogramm war das „Rockefeller Institut" und dessen leitender Wissenschaftler Frederick L. Gates (unehelicher Rockefeller-Sohn und Großonkel 2. Grads von Bill Gates) zuständig. Durch diese „Grippe-Variante" starben zwischen 27 bis 50 Millionen Menschen und weitere geschätzte 500 Millionen Menschen infizierten sich angeblich. Diese mit einer experimentellen bakteriellen Meningitis-Plörre (Meningitis = Hirnhautentzündung!!!) geimpften Infizierten wurden zu „Cloud Adults" (heute „Shedding“ genannt), welche die Bakterien an nicht Geimpfte verteilten. Die Geimpften infizieren die Ungeimpften, was für ein Zufall! Kommt Ihnen, lieber Leser, das bekannt vor?!

• Damals Rockefeller Institut – 2020 Rockefeller Institut

• Damals Frederick L. Gates – 2020 Bill Gates

• Damals Fort Riley, USA – Heute Wuhan, China

• Damals „Geschlossene Gesellschaft“ – Heute „Geschlossene Gesellschaft“

• Damals „Cloud Adults“ – Heute „Shedding“

• Damals Maskendiktatur – Heute Maskendiktatur

Alles zum Wohle des Volkes und zu unserer Sicherheit!!!

Heute wie damals gab es natürlich auch prominente Opfer, sowohl unter den Infizierten als auch unter den „gespritzten“:

„Unter den Todesopfern der Spanischen Grippe waren unter anderem Egon Schiele und seine Frau Edith, Max Weber und ***Frederick Trump****, der Großvater von* ***Donald Trump****, sowie* ***Mehmed V., Sultan*** *und damit* ***Staatsoberhaupt des Osmanischen Reiches****, und der* ***letzte Kaiser von Österreich Karl I.****der 1918 weitgehend ruhenden Lungentuberkulose von Franz Kafka wurde möglicherweise durch die Spanische Grippe die tödliche Wendung gegeben.“*[(258)]

Ist es nicht seltsam, dass sich vor 100 Jahren ein Trump infizierte und 2020 wieder? Aber dies ist sicher wieder nur ein Zufall! Kurioser finde ich, dass diese „Pandemie“ seiner Zeit auch Einfluss auf Ergebnisse für das deutsche Volk hatte, in Form der Versailler Vertrag:

„Auswirkungen auf die politischen und historischen Ereignisse hatten unter anderem die Erkrankungen von Präsident Woodrow Wilson und seines Beraters Edward Mandell House bei den Beratungen zum Friedensvertrag von

Versailles, da Wilson im Gegensatz zu Vertretern anderer Siegermächte auf einen Ausgleich bedacht war, sowie jene von Max von Baden, des letzten Reichskanzlers des Deutschen Kaiserreichs, die in einer besonders kritischen Phase zu einer Verzögerung wichtiger politischer Entscheidungen führte."[(259)]

Doch nun wieder zurück zu Falk's schamlosen, zanksüchtigen und befehlsgebender Parole „Klappe halten, impfen lassen":

Ich finde es unglaublich, was sich dieser LEOPOLDINA-Mann erlaubt, um nicht zu sagen: absolut dummfrech! Da fragt man sich ehrlich, ob wir wirklich solche von Steuergeld schmarotzende „Experten" in der Führungsetage dieses Landes benötigen. Wir haben schon den einfältigen Lauterbach, der täglich neue Panik schiebt und ich bete ständig Richtung Himmel, dass man uns nicht noch so einen „Wunderknaben" schickt. ... und da ist er schon! Vielleicht habe ich in die falsche Richtung gebetet?! Wer weiß das schon.

„Für Forscher Falk sind Impfverweigerer Trittbrettfahrer der übelsten Sorte. ... ‚Wenn Beatmungsgeräte knapp werden oder wir nochmal in eine Triage-Situation kämen, was ich nicht hoffe, und wir dann vor der Wahl stehen, ob ein Geimpfter oder ein Nicht-Geimpfter die Behandlung bekommt, dann würde ich sagen, dass der Impfstatus mit in die Abwägung einfließen sollte', sagte er."[(260)]

Ich weiß nicht von welchem Planeten diese „Koryphäe" (oder heißt das „Konifere") Falk stammt oder ob er vielleicht nur an der „Gebrüder-Grimm-Märchenwaldschule" studiert hat, aber es hatte bisher in diesem Land noch keine Triage gegeben! Sie wurde durch die Medien herbeigeredet. Es ist auch ausreichend belegt, dass es keine Überbelastung der Intensivbetten gab, dass sind (zum Glück für die Menschheit) nun mal Fakten, belegbare Fakten! Wie sagte doch Frau von der Leyen: *„Wenn Meinungen manipuliert sind ist das immer Grund zur Sorge. ... Diejenigen die Falschmeldungen verbreiten, wollen Ihnen schaden."*

Ich liebe diese Eigentor-Zitate von der Leyen's Ursel!!!

Außerdem war es doch die Falk'sche LEOPOLDINA, die 2016 Krankenhausschließungen forderte. Die LEOPOLDINA hält wortwörtlich 1.300 von 1.600 Kliniken für überflüssig!

„Zu viele, zu schlecht, zu teuer: Die Leopoldina – Nationale Akademie der Wissenschaften hat die Patientenversorgung in den deutschen Krankenhäusern heftig kritisiert. Die historisch gewachsene Versorgungslandschaft in Deutschland bringe unterdurchschnittliche Ergebnisse bei der Krankenversorgung, heißt es. ... ‚Das heißt: Wäre Deutschland ‚durchschnittlich', hätte es nur insgesamt rund 320.000 Betten, also rund 35 Prozent weniger.' ... ‚Es bestehen deutliche Hinweise, dass Krankenhäuser unter anderem über Fallzahlsteigerungen versuchen, ihr Überleben zu sichern', so die Autoren. ... Nur noch 300 große Krankenhäuser in Deutschland ... Soweit die Diagnose der Leopoldina. Als Therapie empfiehlt das Autorenteam eine Radikalkur, ähnlich wie beim skandinavischen Nachbarn Dänemark: ‚Hätte Deutschland die Krankenhausstruktur von Dänemark mit einem Krankenhaus pro 250.000 Einwohner, wären es bei uns 330 – und alle mit CT, MRT (Magnetresonanztomografie) und Fachärzten für Innere Medizin / Kardiologie, Allgemeinchirurgie, Unfallchirurgie und Anästhesie / Intensivmedizin, die rund um die Uhr und an allen Tagen der Woche verfügbar sind', heißt es in dem Thesenpapier.“[262]

Mir düngt, Herr Falk hat keine Ahnung von den Aussagen seiner LEOPOLDINA, in dessen Namen er so viel „seltsames“ Geschwätz von sich gibt.

„‚Triage, Triage', rufen jene, wie etwa der Verhaltensforscher Armin Falk von der Nationalen Akademie der Wissenschaften Leopoldina, eine Institution, deren Nutzwert und Kompetenznachweis in Sachen Pandemiebekämpfung mir noch nicht ganz klar ist. ‚Die Allgemeinheit muss hier zahlen für die Trägheit und die Dummheit der Impfgegner', sagte Falk forsch den Medien. Mutig, diese offen zur Schau gestellte Selbstgerechtigkeit. Wer nicht geimpft sei, solle bei einer möglichen Platzknappheit auf der Intensivstation und fehlenden Beatmungsgeräten dann eben den Kürzeren ziehen und offensichtlich auf einem Flur verenden, wenn gleichzeitig ein Geimpfter den Platz braucht. ... Vernachlässigen wir hier einmal, dass doch laut Impf-Theorie angeblich kein Geimpfter jemals ein Beatmungsgerät brauchen wird, weil er doch genau vor jenen schweren

Verläufen geschützt sein soll, wir also sowieso nur noch Ungeimpfte als Corona-Patienten auf Intensivstation hätten: Selbst in den schlimmsten Tagen der Pandemie hat es doch nachweislich nie eine Knappheit der Intensivplätze gegeben, obwohl sie tatkräftig politisch und medial herbeigeredet wurde. Genaugenommen wissen wir heute, dass gar die Zahl der Intensivbetten in diesem Zeitraum der Panik genauso nachweislich abgebaut worden ist. Warum auch immer. Jeder bilde sich hier seinen eigenen politischen Reim. Das Argument kann also nicht zählen, es wird immer genug Plätze geben nach heutigem Stand, wir hatten sogar haufenweise leerstehende Betten. Und sollte Platzknappheit wirklich entstehen, würde ich ja in meiner laienhaften Naivität empfehlen, die Zahl der Intensivbetten auf-, statt abzubauen. Aber was weiß ich schon?"[263]

Erinnern Sie sich an das Strategiepapier des Innenministeriums im Frühling 2020, an dem auch ein LEOPOLDINA-Mitglied mitgeschrieben hatte? Scheinbar hat der „Experte" Falk da etwas verpasst, ist sozusagen nicht auf der Höhe der Zeit. Hier noch einmal dieses Papier zur Erinnerung:

*„So ließ das Innenministerium im Frühling 2020 ein Papier erstellen, in dem ein **Worst-Case-Szenario** skizziert wurde. Um eine ‚**Schockwirkung**' auf die **Bevölkerung** zu erzielen, müsse man **in den Köpfen der Menschen Bilder entstehen lassen**. Etwa wie **Angehörige qualvoll um Luft ringend** zu Hause **sterben**. Auch hieß es in dem Papier, ein pandemiebedingter Wirtschaftseinbruch könne zu einem ‚völlig anderen Grundzustand bis hin zur Anarchie' führen. Offiziell handelte es sich um ein internes Papier, das jedoch schnell in die Medien gelangte. …*

*Wenn **führende Politiker** nun auch beim **Impfen** auf **moralischen Druck statt auf Dialog** setzen, lenken sie damit nicht nur von eigenen Versäumnissen ab, sondern vermitteln zudem den Eindruck, als seien die Bürger für rationale Argumente grundsätzlich nicht zugänglich. Selbst wenn dies auf einen Teil der radikalen Impfgegner zutreffen mag, könnte diese Strategie doppelt fehlschlagen: Denn jene Menschen, die tatsächlich sachliche Bedenken haben, ließen sich am besten durch wissenschaftliche Argumente überzeugen. Und wer der Mehrheitsgesellschaft ohnehin den Rücken zugewandt hat, wird seine Position durch sozialen Ausschluss eher noch festigen.*"[264]

Ich sage nur: Ein Angebot kann man annehmen oder ablehnen. Dies kann klug oder dumm sein. Womöglich verpasst man damit sogar eine Chance.

Wenn man jedoch für die Ablehnung sanktioniert, geächtet, von „selbstgerechten Wissenschaftlern und Politikern" beschimpft, gespalten und von der Gesellschaft dadurch ausgeschlossen wird, dann war es kein Angebot, sondern NÖTIGUNG und ERPRESSUNG!!!

Was jedoch an grotesken Wahnsinn ausartet ist, wenn die Geimpften angeblich durch die Ungeimpften sterben. Warum sterben dann nicht alle die, die keine Impfung haben???

Kein Witz: Es wartet ein Preisgeld von 1,5 Millionen Euro für einen Virologen, der den wissenschaftlichen Beweis der Existenz eines Corona-Virus vorlegt[(265)], inklusive der dokumentierten Kontrollversuche aller getätigten Schritte der Beweisführung!

Bislang jedoch hat noch keine „Viren Koryphäe" das Priestergewand bei Seite gelegt, die Ärmel hochgekrempelt und aufgezeigt, wie aus einer „Viren Fantasie" Wirklichkeit wird!

Was könnte man alles mit 1,5 Millionen Euro machen, wenn man sie nicht selber braucht? Zum Beispiel: Bewegungsmelder für die „Intensivbetten", damit kein Intensivmediziner den Fehlanreizen des Staates zum Opfer wird und Betten verschiebt, um eine 75 Prozent Auslastung vorzutäuschen!

Auch wurde ein VIRUS (egal ob HIV, Corona, H1N1, usw.) NOCH NIE ISOLIERT, auch wenn immer wieder gerne etwas anderes behauptet wird!
Wie schon gesagt, es wurde alles immer nur behauptet und noch nie bewiesen! Und trotzdem werden die „Kopfkino Angstpornos" rund um die „unsichtbare Gefahr" immer gruseliger.
Frei nach dem Zitat *„Alle Diktaturen nähren sich aus der Angst der Untertanen"* von Richard von Weizsäcker, wird die Klaviatur der Angst im seuchengeilen Medienzirkus von den Lockdown Lobbyisten herauf- und heruntergespielt.

„In der nächsten Generation wird es eine pharmakologische Methode geben, um Menschen dazu zu bringen, ihre Knechtschaft zu lieben und Diktaturen ohne Tränen hervorzubringen, sozusagen, die Entwicklung einer Art

schmerzloser Konzentrationslager für ganze Gesellschaften, sodass der Menschheit ihre Freiheiten genommen werden und sie es sogar genießt." (Aldous Huxley)

Die meisten Probleme dieses Planeten werden künstlich, bewusst und wissenschaftlich untermalt hervorgerufen, ich bin mir sicher, da sind wir uns einig.

Dazu zähle ich:

• **Terrorismus & Kriege** - durch Politische Destabilisierung und – Waffen-Exporte

• **Angebliche Überbevölkerung** – Es gibt Wüstenbegrünungs-Technologie, die nachweislich Wüsten zu bewohnbaren Gebieten macht, also ausgewogenes Wetter mit genug Regen. Stichwort Wilhelm Reich und andere. Ballungszentren würden entlastet werden.

• **Hungersnot** – Es werden jährlich gigantische Mengen an Lebensmitteln bewusst vernichtet, um internationale Preise zu dominieren. Unterdrückung von Permakultur!

• **Klimawandel** – Geheimhaltung von Militärtechnologie zur bewussten Veränderung der globalen klimatischen Bedingungen, der Jetstreams und des Wetters. Operation Cumulus, Operation Cloverleaf, HAARP etc.

• **Energieerzeugung und -gewinnung und Ölpreise** – „Big Pharma" und „Big Oil" versuchen mit allen Mitteln die Abhängigkeit der Menschen und Wirtschaft von Öl zu halten. Alternative saubere Energiegewinnung zum Beispiel mit Magnetfeldtechnologie, Wasserstoff, Kalte-Fusion oder Skalarwellentechnologie wird immer noch geheim gehalten und unterdrückt. Stichwort: Nikola Tesla, Konstantin Meyl und andere, u.v.m.

Der erste und wichtigste Schritt ist, ein globales kollektives Bewusstsein dafür zu bekommen, dann ist die meiste Manipulation wirkungslos. Unsere

Entscheidungen fallen plötzlich anders aus, z.B. Contra-Impfen, Contra-Fernsehen, Contra-Wählen, Contra-Großkonzerne, usw.

Das daraus resultierende Handeln erzeugt eine rasante Veränderung der Welt und entzieht dem alten System die Energie, bis es sich implodierend selbst zerstört!

Hier eine Frage an Sie, zum Nachdenken: Finanzieren wir mit unseren Steuern den Terrorismus? Wenn ja, müssen wir dann überhaupt noch Steuern zahlen, weil wir ja diesen ganzen Scheiß nicht mittragen möchten?!

An vielen der hier zuletzt formulierten Stichpunkten ist scheinbar sehr offensichtlich die Wissenschaft manipulierend mitverantwortlich und macht sich in meinen Augen in höchsten Maßen schuldig und strafbar! Früher nannte man solche „Wissenschaftler" „Quacksalber" oder „Kurpfuscher" und deren Anstellungshäuser „Hexenküche" oder „Giftmischerei". Da die LEOPOLDINA aber unter den Führenden weltweit Anerkennung findet, frage ich mich, wie groß ist:

Die (un-) heimliche Macht der Hallenser Akademie

Durch Jesuiten gegründet
mit Freimaurer verbündet
so stehen sie für Loyalität
geschaffen durch teuflische Humanität.

(Quelle unbekannt)

So spottete das Volk noch vor 150 Jahren über diesen „mysteriösen Verein", als dunkel gekleidete Zylinder-Träger, mit weißen Handschuhen von Welt, sich dort die Türklinke in die Hand gaben. Heute weiß man, dass die älteste naturwissenschaftlich-medizinische Gelehrtengesellschaft im deutschsprachigen Raum „Leopoldina" nicht nur unsere politische Oberschicht „berät", sondern auch andere Regierungen, Entscheidungsträgern und Universitäten, mit fachlich-visierten Daten auf den „richtigen Kurs“ bringt. Man nennt die Leopoldina hinter vorgehaltener Hand nur noch: „Merkels Corona-Zuflüsterer“[266], welche (nach eigenen Aussagen) „keine „reinen Wahrheiten“[267] vermittelt“!

Abb. 116: Historische Ansicht von Moritzburg und Logenhaus um 1825

Am 01.01.1652 wurde in der Reichsstadt Schweinfurt von den Ärzten Johann Laurentius Bausch (1605–1665), Georg Balthasar Metzger (1623–1687), Georg Balthasar Wohlfahrt (1607–1674) und Johann Michael Fehr (1610–1688) die „Academia Naturae Curiosorum“ gegründet. 1672 erhielt die als privat geführte Gesellschaft das kaiserliche Signum von Kaiser Leopold I. (geboren 09.06.1640 in Wien, gestorben 05.05.1705 in Wien, Kaiser des Heiligen Römischen Reiches, sowie König in Germanien (ab 1654), Ungarn (ab 1655), Böhmen (ab 1656), Kroatien und Slawonien (ab 1657)) und wurde in Leopoldina umbenannt. Leopold I. wurde von den Jesuiten Christoph Miller und Johann Eberhard Neidhardt erzogen und hatte im barocken Katholizismus, stark gegenreformatorische Neigungen.

Das Goldene Vlies, Rumpelstilzchen und Trump

Na Hoppla, immer die gleichen Familien in der Leopoldina, könnte man denken, wenn man sich alle ehemaligen und heutigen Mitglieder der Leopoldina ansieht. Diese Liste liest sich wie ein Familienunternehmen! Wir picken uns mal wenige Namen raus und schauen genauer hin.

Da ist zum Beispiel der deutscher Arzt und Mitbegründer der heutigen Nationalen Akademie der Wissenschaften Johann Michael **Fehr** (geb. 09.05.1610 in Kitzingen; gest. 15.11.1688 in Schweinfurt). Die südliche Region Deutschlands, so auch Schweinfurt, wurde seit mehr als 700 Jahren von den Khasaren auch Aschkenas genannt, als Hommage an ihre Vorfahren.

Der Gründer, der älteste naturwissenschaftlich-medizinischen Gelehrtengesellschaft im deutschsprachigen Raum und die älteste dauerhaft existierende naturforschende Akademie der Welt, Johann Lorenz Bausch (auch Johann(es) Laurentius Bausch; 1605-1665) stammte ebenfalls aus dem Süddeutschen Raum Aschkenas, und gab sich den akademischen Beinamen **Jason I.**. Aber warum hatten die LEOPOLDINER bis 1872 einen Beinamen?

„Ein Beiname (lateinisch agnomen) ist ein zusätzlicher Personenname, der einer Person beigegeben wird, um sie genauer zu bezeichnen. … Der von den Römern als Cognomen bezeichnete Beiname etwa ist der dritte Namensbestandteil der regulären römischen Namensgebung (tria nomina).“[(268)]

Nun stellt man sich die Frage, warum hatte Bausch sich den Beinamen **Jason I.** gegeben? Wer war dieser Jason?

„Iason (altgriechisch Ἰάσων Iásōn, deutsch ‚der Heilende‘; deutsch auch Jason) ist eine Heldengestalt aus der griechischen Sage. Er war der Sohn des Aison, eines Königs von Iolkos, und der Polymede oder Alkimede. Bekannt ist er vor allem als Anführer der Argonauten.“[(269)]

„Jason und die Argonauten“ waren bekannterweise auf der Suche nach dem „Goldenen Vlies“.

„**Das Goldene Vlies** war nach der griechischen Mythologie das Fell des Chrysomeles, eines goldenen Widders, der fliegen und sprechen konnte. ... Spätestens bei Beginn der griechischen Kolonisation entlang der Südküste des Schwarzen Meeres im 8.–7. Jahrhundert v. Chr. gab es eine mündliche Überlieferung, welche den Kern der **Argonautensage** enthielt und sich auf die Region im Osten des Schwarzen Meeres bezogen haben muss. Im 8. Jahrhundert wird in der griechischen Literatur erstmals ein **Land Kolchida** erwähnt, dessen Blütezeit wohl in dieser Zeit lag.“(270)

*„**Kolchis** war eine antike Landschaft zwischen dem Kaukasus und der Ostküste des Schwarzen Meeres. ... Es ist auch die Bezeichnung für ein **antikes Königreich**, das sein Zentrum in dieser Landschaft hatte.“*(271)

Das antike Königreich „Kolchis“ ist identisch mit „Khazaria“, dem Khaganat der Khasaren, von dem es heißt:

*„Ab dem 8. bis frühen 9. Jahrhundert wurde die **jüdische Religion** zur wichtigsten Religion im Reich. Ob nur eine dünne Oberschicht oder auch die übrige Bevölkerung die **neue Religion annahm und praktizierte, ist umstritten.** Überliefert ist, dass es auch Christen und Muslime unter den **Chasaren** gab.“*(272)

Ein weiterer Mitbegründer der LEOPOLDINA ist der Reichsvogt von Schweinfurt und kaiserlichen Leibarzt **Johann Michael Fehr**, welcher den akademischen Beinamen **Argonauta I.** hatte. Sein Sohn, der Mediziner Johann Lorenz **Fehr** (1646-1706) bekam den akademischen Beinamen **Argonauta II.** und sein Adoptivsohn Johann Caspar **Fehr** (1668–1739) nannte sich **Argonauta III.**.

Was waren noch einmal die Argonauten?

*„Argonauta (griechisch: Ἀργοναύτης ‚Argofahrer‘) sind die Helden der griechischen **Argonautensage**, die mit ihrem Anführer Iason auf dem Schiff Argo auf der Suche nach dem **Goldenen Vlies** segelten. ... Argonauta ist der wissenschaftliche Name für Papierboote, einer Gattung der Kopffüßer (Cephalopoda) in der Verwandtschaftsgruppe der Kraken (Octopoda).“*(273)

Bei den Khasaren spielt die wiederkehrende Verehrung des Goldes eine sehr große Rolle. Typische Begriffe sind, ich schrieb bereits weiter vorn darüber: Goldene Berge, Goldwächter, goldener Widder, Goldenes Kalb, Goldenes Buch, Goldene Horden und das erwähnte Goldene Vlies.

Abb. 117: Rumpelstilzchen – Bitte beachten Sie die Symbolik: Schachbrettmuster auf dem Boden und der kleinere Mann (kleiner als Mitteleuropäer!) mit einer unverkennbaren Nase

Warum muss ich dabei an Rumpelstilzchen denken? Wie war die Handlung? Die Müllerstochter wurde vom König in einer Art Verlies gesteckt und sollte dort Stroh zu Gold spinnen. Abends kam ein kleiner Mann mit ungewöhnlicher Nase und half der Königstochter drei Abende lang, jedoch unter der Bedingung, dass das er das erstgeborene Kind von ihr bekommt, falls sie nicht den Namen von ihm weiß. Wie war nochmal der Spruch von dem Männlein? „*Heute back ich. Morgen brau ich. Übermorgen hol ich der Königin ihr Kind. Ach wie gut ...*"

Ist dies vielleicht ein Hinweis, dass Bäcker, Brauer, usw. zu einer geheimen Zunft gehören? Welche Figuren werden in diesem Märchen symbolisiert? Ich deute dies Mal auf meine Weise: Der König ist goldsüchtig und wie wir wissen, stammt der Adel vermutlich komplett von den Khasaren ab! Die Müllerstochter kommt aus einem einfachen Haushalt in Mitteldeutschland. Könnte vielleicht Rumpelstilzchen ein sogenannter Hofjude (hoffentlich kommt dies nicht rassistisch rüber) sein, der aus jedem Mist Gold machen kann? Nur einer kannte seinen wahren Namen: *„Ach dass hat dir der Teufel gesagt!“* Demzufolge war er mit dem Teufel (Satan, Moloch oder Baal) im Bunde!

„Die Figur selbst hat, was ihre im Märchen genannten Merkmale betrifft, gewisse Züge eines Zwerges; doch entspricht die Abmachung zwischen Müllerstochter und Rumpelstilzchen (Hilfe in höchster Not gegen das ungeborene Kind) eher einem ***Teufelspakt.****“*[(274)]

Erinnern Sie sich noch an der Ort Fahr, bei Neuwied am Rhein, wo unter anderem die Familie Roggenfeller (alias Rockefeller) abstammt? Dort trat der Name Fehr schon einmal auf! Der Name Fehr oder Fahr stammt von Fährmännern ab. Da ist es ein sehr seltsamer, schon fast unglaublicher Zufall, dass sich dieser LEOPOLDINA-Mitbegründer Fehr den Beinamen eines khasarischen Heldens gibt. Lassen Sie das bitte in Ruhe auf sich wirken!

Nebenbei bemerkt, ist der „Klappe halten, impfen lassen“-Mann Armin Falk der Berater eines gewissen Prof. Dr. Ernst Fehr, der ebenfalls seit 2002 in der Sektion Ökonomik und Empirische Sozialwissenschaften ein Mitglied der LEOPOLDINA ist! Ernst Fehr ist Mitbegründer des Beratungsunternehmens *Fehr Advice & Partners* in Zürich.

Wie man sieht, spielten gewisse Familien damals wie heute eine wichtige Rolle in der Wissenschaft, Politik und vermutlich auch im Tiefen Staat. So ist der Name von dem 62. LEOPOLDINA-Mitglied nicht verwunderlich!

Johann Georg **Trumph** (1644-?) war ein deutscher Mediziner und Bürgermeister der Stadt Goslar. Er hatte unter der Matrikel-Nr. 62 den akademischen Beinamen **Rufus I.**.

Nun existieren mehrere Variationen in der Schreibweise von Johann Georg Trumph des Nachnamens, zum Beispiel: Dromb, Drumb, Tromb, Tromp, Trum, Trump, Trumpff oder Trumpfs.

„Der Name Rufus war ursprünglich ein römisches Cognomen und wurde später zu einem männlichen Vornamen. … Als Cognomen wurden damit in der Antike Personen benannt, die entweder durch ihre rote Haarfarbe oder ihre rötliche Hautfarbe auffielen oder beruflich mit roten Verschmutzungen (Gerber) in Kontakt kamen. Später wurde der Name jedoch nur noch für rothaarige Personen verwendet.“[(275)]

„Rufus (Ρούφος; ‚Rufus‘ heißt ‚rot‘ oder ‚der Rothaarige‘ (lat.)) († Ende des 1. Jahrhunderts in Rom) war eine Gestalt des Neuen Testaments. In der katholischen Kirche ist er Heiliger. … Laut den Berichten der Apostelgeschichte wie auch der Paulusbriefe begleitete er Paulus auf dessen Missionsreisen, im Römerbrief (Römer 16,13) übersendet Apostel Paulus ihm und seiner Mutter Grüße. Möglicherweise ist er der Sohn des Simon von Cyrene (Markusevangelium 15, 21). Der Evangelist Markus macht in der Beschreibung des Kreuzwegs seine römische Leserschaft darauf aufmerksam, dass Simon zwei Söhne namens Alexander und Rufus hat. ***Rufus ist Patron von Rom.****“*[(276)]

Und das weiß unser Märchenpedia über die Familie Trump:

„Trump ist eine deutsche und deutsch-amerikanische Familie mit Ursprung in der Kurpfalz, Heiliges Römisches Reich, heute in dem modernen Deutschland. … Während der Familienname Trump in ganz Deutschland zu finden ist, wird er in Kallstadt seit dem 17. Jahrhundert geführt. Familienangehörige leben noch immer in der Region im Südwesten Deutschlands. … Mitglieder der Familie kamen im 19. Jahrhundert in die USA, darunter Charlotte Louisa, Trumps Sohn Johann Heinrich Heinz, der Vater von Henry J. Heinz, dem Gründer der Firma ‚Heinz.‘“[(277)]

Wussten Sie, dass Ivanka Trump, Tochter und Beraterin des ehemaligen Präsidenten der Vereinigte Staaten von Amerika 2015 vom Klaus Schwab‘s World Economic Forum als Young Global Leader ausgezeichnet wurde? Ehrlich gesagt, langsam glaube ich nicht mehr an Zufälle!

Der Wanderzirkus

In den Anfangsjahren muss man sich die Leopoldina als einen Wanderzirkus[(278)] vorstellen, ähnlich dem reisendem Volk wie Gaukler, Scharlatane und Wunderheiler, welche dem einfachen und zumeist ungebildetem Bürger ersonnene Theorien als die Wahrheit, Warnung und zugleich Aufklärung verkauften. Zahlreiche Theorien (ich erinnere beispielsweise an Darwins Evolutionstheorie) werden bis heute von vielen visierten Fachleuten (nicht Leopoldina-Mitglieder) angezweifelt. Gestützt wurden solche Theorien immer von der geldgebenden Obrigkeit, welche diese Theorien als einzige und unanfechtbare Wahrheit unters Volk brachten.

Bis heute hat sich an dem System „Leopoldina" nichts geändert. Sie werden noch immer von den Regierenden und reichen Industriellen bezahlt, um mit ihren Beratern den Politikern mit „Fakten, Daten und Interpretationen" beizupflichten, um das „demokratische Herrschen" zu untermauern.

Zwischen 1686 und 1878 wechselt die Leopoldina ganze 15-mal ihren Standort und pendelte zwischen Nürnberg, Augsburg, Altdorf, Erfurt, Halle, Nürnberg, Erlangen, Bonn, Breslau, Jena und Dresden, wie eine Kirmesbude, da sie nicht überall gern gesehen war. Diese „Wanderjahre" der Leopoldina waren gekennzeichnet, durch die politischen und gesellschaftlichen Entwicklungen. 1878 siedelte sich die Leopoldina mit ihrem 15. Präsidenten Carl Hermann Knoblauch endgültig in die preußische Universitätsstadt Halle an der Saale an.

Seit 2008 steht die Leopoldina unter der Schirmherrschaft des aktuellen Bundespräsidenten.

2009 eröffnet die Leopoldina ein Büro mitten im Regierungsviertel in Berlin, um ihre Aufgaben in der „Nähe der politischen Entscheidungsträger noch besser wahrnehmen" zu können.

Seit ihrer Gründung wurden mehr als 7.000 Persönlichkeiten zur „Leopoldina" ernannt, u.a. Marie Curie, Charles Darwin, Albert Einstein, Johann Wolfgang von Goethe, Alexander von Humboldt, Justus von Liebig und Max Planck.

Die Leopoldina ist „unabhängig" und dem „Gemeinwohl verpflichtet". Finanziert wird die Einrichtung heute zu 80 Prozent durch den Bund und zu 20 Prozent durch das Land Sachsen-Anhalt. Zitat von Wikipedia:

„Eine zentrale Aufgabe der Akademie ist die Beratung von Politik, Gesellschaft und Wirtschaft zu aktuellen wissenschaftlichen und wissenschaftspolitischen Fragen. Ihr Ziel ist es, Stellungnahmen und Empfehlungen für die Bewältigung drängender gesellschaftlicher Herausforderungen abzugeben sowie wichtige Zukunftsfragen aufzuzeigen. Dabei sollen wichtige Entwicklungen, die sich in der Wissenschaft andeuten und möglicherweise künftig gesellschaftliche Bedeutung erlangen, frühzeitig erkannt, analysiert und ent-sprechend kommentiert werden.“[(279)]

Hallenser – Halloren – Halunken: Die Slawen und ein Luder

Warum gerade Halle an der Saale zum Mittelpunkt der LEOPOLDINA wurde, kann ich nicht zu 100 Prozent beantworten, nur vermuten. Schätzungsweise hat die Sesshaftwerdung dieser Natur-Akademie etwas mit dem früheren Reichtum der Salzgrafen, schließlich besaß Halle an der Saale schon seit dem Jahr 1310 Stadtrechte.

„Die Herkunft des Ortsnamens ‚Halle‘ ist ungeklärt. … Die traditionelle Deutung stellt ihn zu altsächsisch und alt-hochdeutsch halla ‚von Säulen getragener Bau‘, womit das Siedehaus der Salzwerke gemeint sei. Andere Deutungen sehen in ihm mittelhochdeutsch hal ‚Salzquelle, Salz-werk‘ oder schließen ihn als urgermanisch ‚hal‘ direkt an indogermanisch ‚sal‘ ‚Salz‘ an. Daneben wird niederdeutsch hāl ‚ausgetrocknet, trocken‘ erwogen.

Die ironisch gemeinte Kategorisierung der Einwohner Halles in Hallenser, Halloren und Hallunken (nicht zu verwechseln mit dem Spitzbuben, aufgrund dessen doppelt ‚L‘) wird von vielen auf Heinrich Heine zurückgeführt. …

Halloren waren die Salzarbeiter, die ursprünglich im ‚Thale zu Halle‘, dem heutigen Hallmarkt, lebten und in der Saline das ‚weiße Gold‘ gewannen. Als Hallenser hingegen wurden die Händler und Bürger bezeichnet, die um den höher gelegenen Alten Markt, den heutigen Marktplatz, gelebt und mit Salz gehandelt haben. Hallunken schließlich mussten sich die Bewohner der heruntergekommenen Vorstadt Glaucha nennen lassen.

Heutzutage werden Halloren jene genannt, die Mitglieder der Bruderschaft der Salzwirker im Thale zu Halle sind. Hallenser bezeichnet die in Halle geborenen Menschen, während die Zugezogenen scherzhaft ‚Hallunken' genannt werden. Ein Hallunke kann niemals ein Hallore werden, ein männlicher Hallenser aber schon, wenn er nachweisen kann, dass ein Mitglied seiner Familie einmal in der Salzgewinnung tätig war."[(280)]

Nun wird es aber wieder interessant, wenn ich auf das Hallenser Wappen blicke. Erklärt wird dieses, zu den ungewöhnlichsten zählenden Ortswappen, so:

„*Weitere* ***Vermutungen*** *stellen Bezüge zu* ***Byzanz*** *oder dem* ***Vorderen Orient*** *her oder sehen in einem der Sterne eine Sonne und somit das Wappen als Sinnbild für Tag oder Gottesgegenwärtigkeit.*"[(281)]

Abb. 118: Wappen von Halle an der Saale

Ich gehe momentan davon aus, dass der Mond für den Vorderen Orient und die zwei Sterne für die Symbole des Tempels des Salomons stehen. Zufällig findet man diese zwei Davidsterne auch am Eingang der Synagoge in Halle, wo der Anschlag verübt wurde!

Kommen wir nun zu der Geschichte von Halle, welche ich in dem Buch „Der Salzgraf von Halle" fand:

„*Dann aber kamen im* ***6. Jahrhundert die slawischen Völkerschwärme*** *und warfen die Deutschen aus ihren gesegneten Wohnsitzen hinüber über die Saale.* ***Sie bemächtigten*** *sich des* ***Salzdorfes****, an dessen Stelle später die Stadt Halle emporwuchs, und nannten es Dobresol, das heißt Gutsalz. … Zwei Jahrhunderte später begann Karl der Große den Kampf gegen die Slawen. Er legte in Halle eine feste Burg an, das ‚Schwarze Schloß', und machte es zum Stützpunkt deutscher Unternehmungen gegen Osten. … Endlich siegten die Deutschen im* ***Kampf gegen die Slawen****, besonders als die* ***Askanischen*** *Markgrafen in Brandenburg und die Wettinischen in Meißen mit mächtiger Tatkraft den Streit aufnahmen.*"[(282)]

Abb. 119: Synagoge der Jüdischen Gemeinde zu Halle nach dem Anschlag 2019

Dazu möchte an dieser Stelle noch einmal schreiben, dass es ja bekannt sein dürfte, dass man nicht zu viel Wert auf Jahrhundertzahlenangaben legen sollte, da das Kalendersystem nicht der Realität entspricht und somit vermutlich gefälscht ist, so wie auch unsere Geschichte inklusive Namen diverser Stämme verfremdet, bzw. „angepasst" wurden. Bitte behalten Sie das immer im Hinterkopf!

In dem oberen Auszug aus dem Buch: „Der Salzgraf von Halle" ist von den **Askaniern** die Rede.

*„Die **Askanier** sind ein **sächsisches Hochadelsgeschlecht**, das seit dem **11. Jahrhundert** historisch nachweisbar ist und dessen Stammburgen Aschersleben, Ballenstedt, Bernburg und Anhalt im heutigen **Sachsen-Anhalt** sind. Die Burg Anhalt liegt im Harz nordöstlich von Harzgerode und ist heute eine Ruine. Die Bezeichnung **Askanier** entstand aus der Latinisierung ihres Burgsitzes Aschersleben. Die Askanier werden auch als **Haus Anhalt** und als **Anhaltiner** bezeichnet, da seit dem Ende des 17. Jahrhunderts nur noch der anhaltische Zweig existiert."*[283]

Das Adelsgeschlecht „von Anhalt“ ist heute noch präsent, wenn auch in erster Linie durch Skandalgeschichten der adoptierten Deppen. Einer der wenigen Original-Anhaltiner ist: Eduard Prinz von Anhalt, mit einem geschätzten Vermögen von rund 90 Millionen Euro[(284)]. Ein Dorn im Auge ist dem Prinzen die adoptierte „bucklige Verwandtschaft“.

1980 adoptierte die verarmte Marie Auguste Luise Prinzessin von Anhalt den Bäcker und Saunaclubbetreiber Hans-Robert Lichtenberg, der sich fortan Frédéric Prinz von Anhalt nannte und Jahre später Zsa Zsa Gabor ehelichte. Sein Vermögen wird auf 100 Millionen Euro geschätzt[(285)]. Er wiederum adoptierte gegen Cash den Bordellbetreiber Marcus Prinz von Anhalt, dessen Vermögen auf 120 Millionen Euro geschätzt wird[(286)]. Weitere Betreiber von Fitnessclubs, Nachtclubs, Spielcasinos, Vermieter von Luxuslimousinen, Fashiondesigner und ein Rechtsanwalt folgten.

Bevor wir nun zu der Wahrheit kommen, wer die Slawen in Wirklichkeit waren, beschäftigen wir uns kurz mit dem Thema Sprachen, nur für das bessere Verständnis. Die Ursprache aller Sprachen ist Indogermanisch! Es wurden verschiedene Sprachkonstruktionen zur besseren Spaltung der Menschen von den Herrschern entwickelt, frei nach dem Motto: Spalte und Herrsche. Die entsprechende Anleitung dazu finden wir in dem Betriebshandbuch der khasarischen Krone, auch „Bibel“ genannt. Dort heißt es:

1. Mose 11

„Und der HERR sprach: Siehe, es ist ***einerlei Volk*** *und* ***einerlei Sprache*** *unter ihnen allen, und haben das angefangen zu tun; sie werden nicht ablassen von allem, was sie sich vorgenommen haben zu tun.*

7 Wohlauf, laßt uns herniederfahren und ***ihre Sprache*** *daselbst* ***verwirren****, daß keiner des andern Sprache verstehe!*

8 Also zerstreute sie der HERR von dort alle Länder, daß sie mußten aufhören die Stadt zu bauen ...“

1. Mose, 17:5

„Darum sollst du nicht mehr ***Abram*** *heißen, sondern* ***Abraham*** *soll dein Name sein; denn ich habe dich gemacht zum* ***Vater vieler Völker***

6 und will dich gar ***sehr fruchtbar*** *machen und will von dir* ***Völker*** *machen, und sollen auch* ***Könige*** *von dir kommen ...“*

Hier ein paar Regeln, mit denen die Sprachen „konstruiert“ wurden. Weitere Regeln finden wir in Goethes Faust, Zaubespruch.

Spiegelung: was „Gott“ hinzugefügt hat, kann man auch wieder kürzen. Bei der Spiegelung wird beispielsweise aus dem „M“ ein „W“.

- with (englisch)
- mit (deutsch)

In diesem Beispiel wurde das „W“ mit dem „M“ gespiegelt und das „H“ gekürzt.

Bei der Spiegelung mit Verrückung, um eine Stelle im Alphabet, wird aus: „woman“ demzufolge „m → noman“. Das „W“ wird gespiegelt und das „M“ springt um eine Stelle, „kein Mann“.

Halbierung oder Dopplung eines Buchstabens:

- dopple U → W
- halbes W → U

D und T sind identisch, U und O sind identisch usw.

Veränderung durch Rechtschreibreformen: „Teutsch“ + Rechtschreibreform = „Deutsch“

Etwas komplexer ist: Flower und Blume:

- F wird gedoppelt = B
- O ist gleich U (oder E, I oder A)
- W wird gespiegelt

• R fällt weg

Vernichtung von Humor durch Rechtschreibreformen:

Witz → Wissen

Also Merke: Ohne Freude lässt sich Wissen nicht vermitteln!

Pitz → Bissen

Merke: Eine Familien-Pizza ist ein bisschen zu groß für einen Bissen.

Codierung: 777 = hebräische Zeichen für 666

Annagrammierung:
• Casa = Haus
• Mohamed = No ham eat
• Harem = Huren
• Prassen → Prussen → Preußen

Nach diesem System kann man auch das Wort „Adel“ umwandeln = „Edel“.

Wenn Sie sich mit dieser Thematik ausführlicher beschäftigen möchten, empfehle ich Ihnen den Vortrag von Mario Prass „Spieglein Spieglein“ (von 2017, ca. 3 Std.) auf YouTube![(287)]

Sicher fragen Sie sich, warum ich nun so weit ausgeholt habe und das mit dem „Buchstabensalat“, auch Sprachen genannt, erwähnt habe. Mit Recht!
Zuvor sprachen wir von dem Adelsgeschlecht „von Anhalt“, den Anhaltiner, welche auch „Askanier“ bezeichnet werden.
Wenn man nun die oben beschriebene Buchstabenverdrehung bei dem Wort „**Askanier**“ anwendet, erhält man das Wort „**Aschkenas**“. Und was waren die „**Aschkenasen**“ noch einmal?

„Die Bezeichnung Aschkenas (hebr. אַשְׁכְּנַז, in der Septu-aginta Ασχανάζ, in der Vulgata Ascenez) wurde in der mittelalterlichen rabbinischen Literatur für Deutschland verwendet. Zudem war nach Genesis 10,3 EU Aschkenas der Name einer biblischen Figur, nämlich des Sohns von Gomer und Enkels des Japhet, über dessen Person jedoch im Bibeltext keinerlei nähere Angaben gemacht werden.“(288)

Die „**Aschkenasen**“ sind / waren Khasaren, aus denen die „**Anhaltiner**“, bzw. „**Haus von Anhalt**“ wurden!

Die Slawen fielen im 6. Jahrhundert nicht nur in Halle an der Saale ein, sondern zwischen Elbe und Oder wuchsen die überrannten und überfallenen Siedlungen der Slawen zu einigen Großstämmen zusammen. Überall wo sie sich niederließen, führten Sie auch ihr mitgebrachtes „Adelssystem“ ein, im heutigen Ostholstein, westlichen Mecklenburg, im östlichen Mecklenburg und heutigen Vorpommern, auf Rügen, im Havelland, in der Mittelmark die Heveller, im heutigen Sachsen und Bayern. Genau in diesen Gebieten entstanden die zukünftigen Königshäuser!

Haben Sie nun schon eine Vorahnung, bei welchem Volk es sich bei den sogenannten „Slawen“ handelt?

„Seit zwei Jahrhunderten geistert ein Phantom durch die Geschichtsbücher, das Phantom der ‚Slawen‘: Ein fremdes Volk mit anderer Sprache und Mythologie soll nach Mitteleuropa gekommen sein und unsere Geschichte mitgeprägt haben. Panslawisten und ihre Helfer haben einen Mythos aufgebaut, der bis heute als offizielle Lehrmeinung betrachtet wird. In diesem Buch (Anmerkung des Autors: „Der Slawen-Mythos: Wie aus Ostgermanen ein Volk der „Slawen“ mit fremder Sprache und Mythologie wurde“) wird anhand der historischen Originalquellen gezeigt, dass es nie ein Volk der ‚Slawen‘ gegeben hat und wir das Opfer einer irrigen und von Wunschvorstellungen geprägten Geschichtsauffassung geworden sind.“(289)

Hier noch ein kleiner Tipp: Schriftliche Zeugnisse über die Slawen gibt es bis Mitte des 6. Jahrhunderts nicht. Erstmals werden sie in Quellen byzantinischer Geschichtsschreiber als Sclaboi oder Sclavini erwähnt. Wie wir inzwischen wissen, sind die „Byzantiner“ eine Erfindung, wie viele andere Völker auch. Mit Sclaboi oder Sclavini sind Sklaven, bzw. ehemalige Sklaven gemeint. Diese „Slawen“ waren vermutlich die Vorhut bei der uns erzählten „Völkerwanderung“, welche vorausgesendet wurden, um neues Land zu erobern, bevor die khasarischen Adligen nachreisten, um dort Herrscher der neuen Regionen zu werden. Die Völkerwanderung war nichts weiter als eine feindliche Übernahme, inklusive der Vernichtung der heidnischen Kultur und Religion. Ein anderes Wort dafür ist: Christianisierung!!!

Als Verfolgungen Andersgläubiger, Heiden und „Hexen“ vor allem in Südfrankreich, aber auch in Italien und Deutschland, organisierte die Kirche im ausgehenden 12. Jahrhundert die bürokratisierte und totalitäre Gehirnwäsche in Form der Inquisition mit Ermordung aller derer, die sich nicht gleichschalten ließen, durch die der Kirche hörige weltliche Macht. Millionen Menschen wurden Opfer der katholischen Inquisition. Man geht von bis zu 10.000.000 Toten, sowie ungezählten Gefolterten, Misshandelten und Terrorisierten aus.[(290)]

Auf dem Marktplatz von Halle steht der „Rote Turm“, der angeblich seinen Namen durch das „ursprünglich in Rot erstrahlende Kupferdach“ hat.[(291)]

Gegenüber des Roten Turms steht die 1529 erbaute Marktkirche „Unser Lieben Frauen“, wo auch 1546 Martin Luther‘s Aufbahrung, während des Leichenzuges von Eisleben nach Wittenberg, erfolgte. Dort kann man unter anderem die am 19.02.1546 angefertigte Totenmaske des Roten Luther‘s und die Abdrücke seiner Hände besichtigen. Warum man ihn den „Roten Luther“ nennt, streiten sich die Gelehrten. Manche sagen, weil er einen roten Umhang trug, andere wiederum sind der Meinung, wegen dem Rot in seinem Wappen, wobei die Lutherrose gemeint ist.

Abb. 120: Die Lutherrose

*„Martin Luther hieß nicht immer Martin Luther. Er wurde 1483 als **Martin(us) Luder** geboren. Bis zum Sommer 1517 nutzte er durchgehend diese Namensform, dann nannte er sich kurzzeitig **Eleutherius** und gleichzeitig Luther. ... Die Entwicklung von Luthers Namen reicht über 45 Jahre und ist in etwa 200 eigenhändigen Unterschriften belegt. So nannte sich Luther zum ersten Mal am 11.11.1517 in einem Brief ‚Eleutherius‘, doch schon geraume Zeit zuvor hatte er*

sich als ‚Luther' ins Dekanatsbuch der Universität Wittenberg eingetragen. Daraus folgt, dass der Wechsel von ‚Luder' zu ‚Luther' direkt erfolgte. … In insgesamt 28 Briefen (November 1517 bis Januar 1519) an wenige humanistische Freunde unterzeichnete Luther mit ‚Eleutherius'. Diesen Namen hat er jedoch nie unter ein offizielles Schriftstück gesetzt, es war also eine Namensvariante, die ***für die Öffentlichkeit nicht bestimmt*** *war.*"(292)

Der Namensforscher Udolph ist der Auffassung, dass „Lu-der" so viel wie „liederlicher Mensch" bedeutet.(293)

In anderen Meinungen heißt es, dass Luther 1507 seinen Namen nach einer Romreise änderte, jedoch gibt es sehr starke Schwankungen bei den Datierungen, seiner Reisen. Dann gibt es wieder Behauptungen, dass Luder zu sehr nach Luthifer (Luzifer) klingt, was aber keinen Sinn ergibt. Sehr wahrscheinlich ist, dass Luther's Linie auf den 1302 in Möhra ansässigen Ritter Wigand von Lüder zurück geht, der aus dem Adelsgeschlecht von Lüder aus Großenlüder stammte. Außerdem klingen die Wörter „Luder" und „Luther" so ähnlich wie „Ludowinger", wobei wir schon bei der Wartburg sind, wo das „Neue Testament" neu geschrieben „übersetzt" worden sei.

Natürlich rein zufällig entstand 1067 die Wartburg unter den Ludowingern/Franken/Staufer, usw. Der Legende nach berichtete Luther selbst, er sei auf der Wartburg vom Teufel belästigt worden. Mit seiner Aussage, er habe daraufhin „den Teufel mit der Tinte vertrieben", bezog er sich auf seine Bibelübersetzung.

Luther wurde schon immer „Judenhass" vorgeworfen. Aber stimmt dies wirklich? Es gibt auch in dieser Neuzeit immer mehr Hinweise darauf, dass dies ins Reich der Sagen gehört. So betitelte der „*Deutschlandfunk*" erst vor kurzem einen Artikel: „**Luther protestierte gegen das Verbrennen jüdischer Schriften**".(294)

Auch die Aussage, dass Luther ein Oppositioneller, ein Gegenspieler Rom's gewesen sei, wage ich sehr zu bezweifeln.

„Dafür wäre ein Zusammentreffen Luthers mit dem Papst nach den grundstürzenden, hier erstmals von der Forschung diskutierten Einsichten Hans Schneiders (Marburg) doch möglich gewesen, weil die ***Rom-Reise****, ausgehend*

von Luthers Angaben, bis heute ***falsch datiert*** *werde. Tatsächlich habe sie erst ein Jahr später stattgefunden. Auch Schneider nimmt an, dass* ***Luther im Zusammenhang mit ordensinternen Streitigkeiten nach Rom entsandt*** *wurde, jedoch keineswegs ...* ***Luther*** *wäre demnach als* ***Begleiter*** *des Johann von Mecheln im Dezember 1511* ***in Rom eingetroffen****, um neue Weisungen des Ordensgenerals Ägidius von Viterbo zu empfangen, und etwa vier Wochen geblieben. Das Argument stützt sich unter anderem auf den Umstand, dass* ***auf Seiten der Opposition Luthers Name in keiner Quelle zu finden ist*** *– undenkbar, wäre er ihr Verhandlungsführer in Rom gewesen.*"[(295)]

Diente Luther nur zur Aufwiegelung der wahren Opposition, deren Anführer Thomas Münzer war? Kämpften die Bauern, Städter und Bergleute nicht aus ökonomischen und religiösen Gründen gegen die Obrigkeit und Kirche? Die Aufständischen stellten erstmals Forderungen auf, die als frühe Formulierung von Menschenrechten gelten. Kein Pfarrer, Großgrundbesitzer, Fürst oder höhere Führer konnte so etwas gebrauchen. Die Folge war der Bauernkrieg, der gewaltsam niedergeschlagen wurde, wobei schätzungsweise zwischen 70.000 und 75.000 Menschen ums Leben kamen.

Welche wahren Absichten Luther verfolgte, ob er ein wahrer Re-Formator oder bezahlte Opposition war, vermag ich nicht zu sagen, jedoch bin ich mir sicher, dass die uns erzählte Geschichte so nicht stimmig ist.

500 Meter Luftlinie von der LEOPOLDINA steht die Laurentius-Kirche, in Sichtweite des berüchtigten Gefängnisses, Zuchthauses und Gestapo-Haftanstalt „Roter Ochse", wo auch Stephan Balliet, der Attentäter von der Synagoge saß.

Auf dem Laurentius-Friedhof liegen bekannte Persönlichkeiten, wie zum Beispiel:

· August Hermann Franke, Evangelischer Theologe

· Julius Köstlin, deutscher evangelischer Theologe, Kirchenhistoriker sowie Mitbegründer des Vereins für Reformat-onsgeschichte, sowie Großvater von Ulrike Meinhof von der RAF

· Kurt Sprengel, Mediziner, Botaniker, Pathologe und Medizinhistoriker, Direktor des Botanischen Gartens Halle, Mitglied der Leopoldina und Neffe von Christian Konrad Sprengel

Das finstere Zeitalter der Naturforscher

Die Wissenschaft so gut als die Künste bestehen in einem überliefbaren (realen), erlernbaren Teil und in einem unüberlieferbaren (idealen), unlernbaren Teil.

(Johann Wolfgang von Goethe)

Nach dem Dreißigjährigem Krieg wurde 1652 die Leopoldina gegründet. Ähnliche Gelehrtengesellschaften entstanden nacheinander auch in England (Royal Society, 1660) und Frankreich (Académie des sciences, 1666). Ihre Aufgabe ist die Förderung der Wissenschaften durch nationale und internationale Zusammenarbeit, ihrer Tradition nach „zum Wohle des Menschen und der Natur." Wie jedoch darf man das Motto: „zum Wohle des Menschen und Natur" verstehen?

Einer der ranghöchsten Mitglieder der schottischen Loge war Albert Pike (1809-1891), ein US-amerikanischer Rechtsanwalt, Brigadegeneral, Journalist, Autor und Freimaurer. Er bekannte sich öffentlich zur Satansverehrung und praktizierte Schwarze Kunst und alle Formen der Zauberei und blieb 32 Jahre lang bis zu seinem Tod „Souveräner Großkommandeur".

Albert Pike schrieb am 15.08.1871 an den Freiheitskämpfer Giuseppe Mazzini:

- *Der Erste Weltkrieg muß herbeigeführt werden, um es den Illuminaten zu ermöglichen, die Macht des Zaren in Rußland zu stürzen und dieses Land zu einer Festung des atheistischen Kommunismus zu machen. Die Zwietracht, die durch die „Agenten" der Illuminaten zwischen dem britischen und dem deutschen Reiche verursacht werden, sollen genutzt werden, um diesen Krieg zu schüren. Am Ende des Krieges, soll der Kommunismus aufgebaut und genutzt werden, um die anderen Regierungen zu zerstören und um die Religionen zu schwächen.*

• *Der Zweite Weltkrieg muß unter Ausnützung der Unterschiede zwischen den Faschisten und den politischen Zionisten geschürt werden. Dieser Krieg muß so gesteuert werden, daß das Nazitum zerstört wird und daß der politische Zionismus stark genug sein wird, um einen souveränen Staat Israel in Palästina einrichten zu können. Während des Zweiten Weltkriegs, muß der internationale Kommunismus stark genug werden, um eine gleichwertige Gegenkraft für die Christenheit zu sein, die dann zurück- und in Schach gehalten werden kann, bis zu der Zeit, wenn wir es für den endgültigen sozialen Zusammenbruch (Kataklysmus) brauchen.*

• *Der Dritte Weltkrieg muß eingeleitet werden, indem die Differenzen zwischen den politischen Zionisten und den Führern der islamischen Welt ausgenutzt werden, die von den „Agenten" der „Illuminati" aufgebaut werden müssen. Der Krieg muß so gelenkt werden, daß sich der Islam (die muslimische arabische Welt) und der politische Zionismus (der Staat Israel) gegenseitig vernichten. Gleichzeitig werden die anderen Nationen gezwungen sein, über die dadurch ausgelöste Spaltung sich gegenseitig so zu bekämpfen, bis sie körperlich (physisch), moralisch, geistig und wirtschaftlich völlig verausgabt sind. Wir werden die Nihilisten und die Atheisten entfesseln, und wir werden eine gewaltige soziale Katastrophe provozieren, die in all ihren Schrecken den Nationen deutlich zeigen wird, was das Ergebnis des absoluten Atheismus ist, der die Ursache der Barbarei und der allerblutigsten Unruhen ist.*

Dann werden die Bürger überall gezwungen sein, sich gegen die Minderheit der Revolutionäre zu verteidigen, und sie werden so diese Zerstörer der Zivilisation ausrotten. Und die Menge, die dann vom Christentum völlig enttäuscht sein wird – deren deistische Seelen von diesem Moment an ohne Orientierung oder Richtung sein werden, die verzweifelt nach einem Ideal suchen, aber nicht wissen, wohin sie ihre Anbetung richten sollen – werden das wahre Licht durch die universelle Manifestation der reinen Lehre von Luzifer annehmen, die endlich für die Öffentlichkeit klar dargestellt wird. Diese Manifestation wird eine

Folge der allgemeinen Gegenbewegung auf die Vernichtung des Christentums und des Atheismus sein, die beide gleichzeitig erobert und vernichtet werden.

Diese 3 Punkte klingen doch sehr logisch, wenn man sich die momentane weltweite Situation ansieht. Oder etwa doch nicht? Dazu fand ich einen Artikel von 2013 auf PRAVDA-TV.com, mit dem Titel: „Drei Weltkriege, 1871 von Hochgrad-Maurer Albert Pike vorhergesagt“. In diesem Beitrag wird sehr gut erklärt, wie es zu Falschaussagen, sogenannten „Fakenews“ kommt. Schauen wir doch einmal in diese Meldung:

„Bis hierher wirken die Drohungen ebenso überzeugend wie schockierend. Allerdings ist dabei noch nicht klar, wo der Ursprung des gesamten Brieftextes, wie er auf Webseiten zitiert wird, zu finden sein könnte. Die heißeste Quelle wäre natürlich das Britische Museum. Es ist aber nicht nötig, eine Anfrage dorthin zu richten, denn William Guy Carr ging in einem weiteren Buch, ‚Satan, The Prince of This World‘ veröffentlicht 1958, in ähnlicher Form auf den besagten Text ein. Allerdings, in einer Fußnote bemerkt er, dass ihm vom Britischen Museum mitgeteilt wurde, dass man dort über den besagten Brief nicht verfügte. Dass allerdings ein Mann wie Kardinal Caro Rodriguez diesbezüglich falsche Angaben machen sollte, verwunderte ihn. … Woher stammen nun die Quotierungen, insbesondere die wörtlich wiedergegebene? … Im Absatz 71 des dritten Kapitels behauptet er zwar, den Brief selbst in London eingesehen zu haben, bezüglich des Zitates verweist er jedoch auf ein Buch bzw. eine Schriftensammlung aus dem Jahr 1896, ‚Der Teufel des 19. Jahrhunderts‘, von Leó Taxil. … Doch kommen wir vorerst wieder auf die, angeblich schon 1871 angekündigten, drei Weltkriege zu sprechen. Denn bis jetzt haben wir bloß herausgefunden, dass William Guy Carr anno 1958 darüber schrieb. Diesem wäre es natürlich ein leichtes gewesen, den ersten und zweiten Weltkrieg treffend genau ‚vorherzusagen‘. … Bleibt also nur noch Leó Taxil als möglicher Ursprung. Immerhin, hätte der im Jahr 1896 die Zukunft des 20. Jahrhunderts beschrieben, dann wäre er entweder Hellseher gewesen oder ein Eingeweihter. Er war übrigens Freimaurer, der dem Orden den Rücken gekehrt hatte. …

Alles dreht sich bloß darum, die ‚satanische Verschwörung der Freimaurer‘ aufzudecken. Allerdings, schon der Titel des Wikipedia-Eintrages über Leó Taxil lautet: ‚Taxil-Schwindel‘. … Dem, 1907 verstorbenen Mann, der eigentlich Marie Joseph Gabriel Antoine Jogand-Pagès hieß, ging es ausschließlich darum,

Bücher zu schreiben, die sich gut verkauften. Die katholische Kirche, ausgesprochener Gegner der Maurerei, erwies sich dabei als sehr nützlich. Am 19. April 1897 gestand er in einem öffentlichen Vortrag selbst ein, dass es sich bei all seinen Behauptungen um reine Fantasie gehandelt hatte. …

Dass Nihilismus und Atheismus in Russland Verbreitung finden werden, natürlich von den Freimaurern provoziert, das schrieb er tatsächlich schon 1896. Sind der Lügen allerdings genügend ausgedacht, dann mag das eine oder andere wohl eintreffen. Und, dass Albert Pike schon 1871 von der Planung dreier Weltkriege gewusst haben soll, fand zum ersten Mal bei William Guy Carr Erwähnung, 1958, als zwei davon bereits Geschichte waren.«(296)

Daher auch wieder an dieser Stelle mein Rat an Sie: Recherchieren Sie bitte selbst und glauben nicht alles, was bei Facebook, Twitter oder Telegram geschrieben steht. Auch ich bin schon auf das eine oder andere Zitat reingefallen!

Die NS-Vergangenheit dieser Frei-Denker

Das Freimaurer-Wiki schreibt dazu:

„Um einerseits sich nicht dem nationalsozialistischen System durch die sinnlose Umwandlung in einen ‚Nationalen Christlichen Orden' mit anzupassen, andererseits das Logenvermögen zu retten, beschloss die Degen-Loge am 27. April 1934 ihre Auflösung. Erstaunlicherweise genehmigte der Staat nach positiver Zustimmung durch den zuständigen Regierungspräsidenten und seiner Staatspolizeistelle am 13. September 1934 die Übertragung des Logeneigentums auf die Berggesellschaft, obwohl klar ersichtlich war, dass damit kein eigentlicher Eigentümerwechsel verbunden war. Denn das Polizeipräsidium Halle vermerkte am 30. August 1935: ‚Die Berggesellschaft ist der 3 Degenloge gleichzustellen und ist als die getarnte Organisation der Loge anzusehen.' Als jedoch ab 1935 einzelne Übergriffe auf das Logengrundstück erfolgten und der Druck zunahm, löste sich die Berggesellschaft am 7. Februar 1936 schließlich selbst auf. Und sie übertrug am 29. Januar 1937 ihr Eigentum im Rahmen einer

vereinbarten Schenkung an die Stadt Halle, mit der Maßgabe, dass das Haus auch weiterhin für kulturelle Zwecke genutzt wird."[(297)]

Wikipedia meint:

„Nach neuesten Forschungen wurden insgesamt 94 Mitglieder aus politischen oder rassischen Gründen ausgeschlossen. Auch der nichtjüdische Pädiater Ernst Freudenberg wurde gestrichen, der 1938 in die Schweiz emigrierte, da er sich nicht von seiner jüdischen Ehefrau trennen wollte. Elf Mitglieder der Leopoldina verloren durch die NS-Gewaltherrschaft ihr Leben: Otto Blumenthal, Karl Bornstein, Max Flesch, Werner Magnus, Hans Leopold Meyer, Georg Pick, Hans Leo Przibram, Peter Rona, Emil Starkenstein, Leon Wachholz und Arthur von Weinberg".

Es gab aber auch nicht-jüdische Leopoldina-Mitglieder zu dieser düsteren Zeit, die auf der Website der Akademie oder in entsprechenden Wikipedia-Artikeln nicht auf dem ersten Blick zu finden sind. Zum Beispiel der deutscher Arzt und Rassenforscher Alfred Ploetz (1860-1940) gilt zusammen mit Wilhelm Schallmayer als Begründer der Eugenik in Deutschland und prägte den Begriff Rassenhygiene, um stellvertretend nur einen Leopoldiner zu nennen. Wikipedia schreibt über Alfred Ploetz:

„Ploetz begrüßte die Machtergreifung durch die Nationalsozialisten und schrieb im April 1933 in einer Ergebenheitsadresse an Hitler, dass er dem Manne, ‚der die deutsche Rassenhygiene aus dem Gestrüpp ihres bisherigen Weges durch seine Willenskraft in das weite Feld freier Betätigung führt', in ‚herzlicher Verehrung die Hand drücke'.

Im 1933 durch Reichsinnenminister Frick eingesetzten „Sachverständigenbeirat für Bevölkerungs- und Rassenpolitik" war Ploetz neben Fritz Lenz, Ernst Rüdin und Hans F. K. Günther Mitglied in der Arbeitsgemeinschaft für Rassenhygiene und Rassenpolitik (AG II). Dieser Sachverständigenbeirat hatte die Aufgabe, alle Gesetzesentwürfe vor ihrer Beschlussfassung auf ihre bevölkerungs- und rassenpolitischen Auswirkungen und auf Fragen der politischen Durchsetzbarkeit hin zu prüfen. 1936 wurde er durch Hitler zum Professor ernannt, weil er, so der im Reichsinnenministerium tätige Arthur Gütt, „den Aufbau des Dritten Reiches in hohem Maße beeinflusst“ habe. Für seine Warnung vor den biologischen Folgen, die Krieg auf die menschliche Fortpflanzung hat, wurde er 1936 für den Friedensnobelpreis nominiert. 1937 trat er in die NSDAP ein (Mitgliedsnummer 4.457.957). Im Jahr 1937 wurde er zum Mitglied der Leopoldina gewählt.“

Im Mitgliederverzeichnis auf der Hompage der Leopoldina ist nur folgendes zu lesen (Stand: 26.10.2020): „Alfred Ploetz, Wahljahr: 1937, Sektion: Anthropologie“. Hier vermisse ich Begriffe wie: Rassenhygieniker, Rassenforscher, Eugeniker oder Wegbereiter der nationalsozialistischen Euthanasie-Praxis.

Da man vermutlich nicht die Wahrheiten bei den Leopoldinern oder auf Wikipedia finden wird, empfehle ich jedem Leser selbst zu recherchieren, um die vermeintlichen Verbrechen oder Beteiligungen dieser Akademie an NS-Gräueltaten zu erforschen.

Ich persönlich empfinde es für eine angeblich so weltoffene deutsche Akademie als Schande und Entehrung, sich nicht wirklich mit der eigenen Geschichte auseinanderzusetzen! Hingegen wird dem deutschen Volk tagtäglich mehrmals der Spiegel des „bösen Deutschen“ vorgehalten, um uns mit der Vergangenheit zu knechten und willenlos zu machen.

„Die Welt weiß alles, was die Deutschen getan haben; die Welt weiß nichts von dem, was den Deutschen angetan wurde.“ (Patrick Buchanan)

Regierung braucht, um Menschen zu Sklaven zu machen, ist ANGST!“

Wie hieß es doch in dem „geheimen Pakt“ der Jesuiten:

„Wenn sie sich verweigern, werden wir Wege finden, bewusstseinsverändernde Technologien in ihrem Leben anzuwenden. Wir werden Angst als unsere Waffe benutzen! … Wir werden fortfahren, sie durch Bilder und Töne in Angst und Wut zu halten!“

Ritterschlag oder Pakt mit dem Teufel?!

Die hohe Kraft,
der Wissenschaft,
der ganzen Welt verborgen!
Und wer nicht denkt,
dem wird sie geschenkt,
er hat sie onhe Sorgen.

(Johann Wolfgang von Goethe's „Faust – Hexenküch")

Wie heißt es doch bei Harry Potter: „*Der Zauberstab sucht sich den Zauberer Mr. Potter. Wie ist nicht immer klar. Aber eines ist ganz klar, nämlich das wir Großes von Ihnen erwarten dürfen.*"

Ähnlich wie bei Harry Potter verhält es sich mit der Leopoldina, denn: „Es gilt als eine Art Ritterschlag für Wissenschaftler*innen, hier Mitglied zu werden", so beschreibt das Klinikum Freiburg diese Akademie, welches über ein Netzwerk verfügt, was schier nicht enden mag. Aber ist eine Berufung zum Mitglied der Leopoldina wirklich ein Ritterschlag oder geht man damit, wie in Goethes Faust, einen „Pakt mit dem Teufel" ein?!

Ich bin davon überzeugt, dass viele wissenschaftlich-orientierte Studenten, falls nicht durch das Elternhaus oder Geldgebern beeinflusst, mit reinem Herzen die entsprechenden Fächer lernen. Viele dieser zukünftigen Akademiker nehmen diese entbehrungsreiche und lernintensive Zeit in Kauf, weil sie die Zukunft der Menschheit positiver gestalten, neue Heilverfahren entdecken oder medizinische Technik für Geschädigte hervorbringen möchten. Ich glaube auch, dass viele Leopoldina-Mitglieder die Welt wirklich verändern wollen, um Menschen zu helfen, da ja ausreichend „Brennpunkte" auf diesem Planeten existieren.

Meine Meinung ist, dass solche Akademien wichtig für die Zukunft sind. Ebenso verhält es sich mit dem Netzwerk, was die Leopoldina aufgebaut hat, was ich theoretisch mehr als positiv finde.

ABER solche Akademien sollten sich frei von Politik und spendablen Geldgebern entwickeln. Diese Nähe zur Macht, zum Geld und privatem Gedankengut einzelner Mäzen ist es, was mir Kopf zerbrechen bereitet! Solche

Konstellationen haben es in der Vergangenheit noch nie mit dem Bürgertum gut gemeint.

Die Rolle während der DDR-Zeit und die Stasi

Die Überschrift klingt schlimmer als sie zu scheinen mag. Laut Aussagen der Akademie und zahlreicher anderer Institutionen wurde nie ein Präsident der Leopoldina von der Staatssicherheit eingesetzt. Ob zu dieser Zeit Akademie-Mitglieder gleichzeitig Stasi-Zuträger waren, kann wohl nur vermutet werden. Scheinbar gibt es kaum Beweise dafür.

Das die Leopoldina jedoch argwöhnisch von der Staatssicherheit beobachtet wurde steht außer Zweifel.

1952 zog die Martin-Luther-Universität in die Leopoldina ein. Das Objekt wurde nach dem russischen Schriftsteller und Revolutionär „Tschernyschewskij" umbenannt.

Ein zuverlässiger Zeuge berichtete mir, dass er zu DDR-Zeiten nur wenige Meter von der Akademie auf dem Jägerplatz wohnte. Er sagte, dass an mehreren Tagen im Jahr „dort" „Menschenaufläufe" waren. An solchen Tagen durfte ich dort als Kind nicht einmal auf den Spielplatz. Ich durfte auch nicht an das Wohnzimmerfenster gehen, denn „es könnte die Gardine wackeln". In immer den gleichen Nachbarhäusern standen an diesen Tagen immer die Fenster auf und die Gardine war zur Seite geschoben. Je nachdem wie die Lichtverhältnisse waren, sah man in den Fenstern Männer mit Ferngläsern und Fotokameras. Auffällig war auch, dass die Straßenränder am Jägerberg dann mit Lada's, Wolga's und Wartburg's gefüllt war.

Ganz „großes Kino" war es, so unser Zeuge, wenn der gebürtige Hallenser Hans-Dietrich Genscher nach Halle kam. Zahlreiche Straßen waren dann abgesperrt, so auch die Umgebung seines Geburtshauses in Halle-Reideburg. In diesem Haus befindet sich seit 2010 die „Bildungs- und Begegnungsstätte Deutsche Einheit".

Wer erinnert sich nicht gern an die gefühlsbetonte Genscher Balkon-Show in der Deutschen Botschaft in Prag, mit den in die Geschichte eingegangenen Worten: *„Wir sind heute zu Ihnen gekommen, um Ihnen mitzuteilen, dass heute Ihre Ausreise ...“*.

Glaubt wirklich irgendein Mensch, dass der Mauerfall durch die Montagsdemo‘s geschehen ist?! Nichts, ich betone nochmals: Nichts geschieht in der Politik durch Zufall!!! Die 89-er „Wende“ war gewollt! Oder meinen Sie, dass es Zufall sei, dass Politiker aus der ehemaligen DDR-Bürgerbewegung in den vergangenen Jahren politische Karriere gemacht haben, wie zum Beispiel: Joachim Gauck, Angela Merkel, Anetta Kahane, um nur einige IM‘s Personen zu nennen.

Interessant ist auch, dass die Leopoldina-Mitglied Prof. Dr. Angelika Steger von 2000 bis 2003 einen Prototypen zur Rekonstruktion der Stasi-Akten entwickelte.

Im Jahr 2000 verlor Joachim Gauck die Kandidatur zum Bundespräsidenten, gegen seinen Widersacher Christian Wulff (ein Bundespräsident mit Ehre, Würde und Pflichtgefühl), welcher zwei Jahre später wegen dem inzwischen widerlegten Verdacht der Vorteilsannahme „entsorgt“ wurde. War nicht Joachim Gauck bis 2010 auch Chef der Stasiunterlagenbehörde, was natürlich nichts zu bedeuten hat!

Das „Wunder“ der freimaurerischen Wiederauferstehung

Seit 1991 hat die Leopoldina den Status eines eingetragenen Vereins. Nach dem Fall der deutschen Grenze wurde die Rolle der Akademie für die Wissenschaften Gesamtdeutschlands überflüssig. Jedoch zeitgleich entstanden ihre neuen Aufgaben, international und interdisziplinär, sowie mit einem Förderprogramm für junge Wissenschaftler.

1993 wurde Hans-Dietrich Genscher für seinen Beitrag zur politischen Wiedervereinigung Deutschlands zum ersten Ehrensenator der Leopoldina ernannt.

2000 wurde die Junge Akademie für den Nachwuchs, gemeinsam mit der Berlin-Brandenburgischen Akademie der Wissenschaften gegründet.

„Am 14. April 1998 erfolgte die Rückübertragung des Grundstücks an die gemeinnützige Weltkugel-Stiftung. Leider war es dieser nicht möglich, das große Haus zu sanieren. Bis 2001 wurde es an die hallesche Universität (Anmerkung des Autors: Martin-Luther Universität Halle-Wittenberg) vermietet. Danach stand es leer und verfiel. Als kaum noch eine reale Chance für die Rettung des Gebäudes bestand, geschah 2009 das Wunder! Die Nationale Akademie der Wissenschaften Leopoldina konnte Dank der Sanierungszuwendungen in Höhe von 15,7 Mio. aus dem Konjunkturpaket II am 22. September 2009 das altehrwürdige Haus erwerben, das bis Ende 2011 als zukünftiges Hauptgebäude saniert, und damit gerettet wurde. Bei den denkmalschützerischen Voruntersuchungen konnten bei Restaurationsarbeiten unter anderem im Tempel V/VI viele eindrucksvolle Malereien und Ornamente teilweise frei gelegt werden. Schön wäre es, wenn dieser Raum als ‚Traditionsraum' restauriert würde, denn viele der freimaurerischen Leopoldina-Mitglieder aus aller Welt könnten diesen dann bewundern. ... Die vielbeachtete feierliche Einweihung des Hauses durch die Leopoldina fand am 25. Mai 2012 statt. Nicht nur wir Freimaurer, auch die profane Bevölkerung Halles ist glücklich und stolz über die Rettung des nun weithin sichtbaren weißen Palastes. Die große Anteilnahme zeigt sich an den vielen gewünschten Führungen sowie die rege Teilnahme an den ‚Tagen der offenen Tür'.Diese humanitäre Nutzung für die Allgemeinheit durch die Leopoldina dürfte ganz im Sinne der ehemaligen Degen-Loge sein, in der sich früher viele Mitglieder der Leopoldina befanden.“[(298)]

„Das Konjunkturpaket II war ein Konjunkturprogramm in Deutschland, das im Januar 2009 von der Bundesregierung beschlossen wurde, um die Auswirkungen der internationalen Finanzkrise auf die Realwirtschaft zu mildern und die schwere Rezession im Winterhalbjahr 2008/09 zu überwinden.“[(299)]

Nun stellen sich mir folgende Fragen:

1. Welche „Kräfte“ waren im Spiel, um die „Rückführung“ der Leopoldina nach dem Mauerfall so problemlos zu ermöglichen?

Sehr viele Menschen, darunter auch meine Familie, wurden erst von den Nazis und dann von den Kommunisten beraubt und bestohlen. Warum bekommen die Untertanen nicht ihre Besitztümer, Hab und Gut zurück?

Warum wird unser „Erbe“ nicht zurückübertragen? Ganz zu schweigen davon, wenn unsereins Altbesitz zurückbekommen würden, würde dann bei uns auch das große „Wunder“ geschehen, dass wir Staats- und Steuergelder für eine Komplettsanierung und Renovierung erhalten!

2. Warum bezahlte eine Universität jahrelang Miete, für ein altes, leerstehendes und somit nicht nutzbares Gebäude? Haftungsfragen?! Es besteht ein Unterschied, ob eine „Weltkugel Stiftung“ oder eine Universität bei einem Haftungsfall finanziell verantwortlich ist.

3. Soll das Zusammenspiel zwischen Politik, Banken, Industrie, Pharmakonzerne und der Wissenschaft nur Zufall sein? Alle Lobbyisten Entscheidungsträger funktionieren immer über die Wissenschaft. Ist die älteste Akademie der Naturwissenschaften LEOPOLDINA vielleicht der Knotenpunkt, wo alle Fäden des Weltgeschehens zusammenlaufen?

Am 1. Oktober 2009 wählte der Senat der Leopoldina Jörg Hacker zum hauptamtlichen Präsidenten.

Ende 2019 wurde der Klimaforscher Gerald H. Haug zu seinem Nachfolger gewählt, nachdem Hacker nach zwei Amtszeiten nicht mehr kandidieren konnte.

Die Akademie gab Stellungnahmen zu verschiedenen Themen heraus. Besonders medienwirksam waren die Stellungnahmen zur nationalen Klimapolitik im Juli 2019 – speziell zur Einführung einer CO2-Steuer.

2020 legte die Leopoldina eine Stellungnahme zur Coronavirus-Pandemie vor, die laut Bundeskanzlerin Merkel eine wesentliche Entscheidungsgrundlage für die Gestaltung weiterer Maßnahmen gegen die COVID-19-Verbreitung in Deutschland bilden solle. Dazu hieß es in der Zeit, dass diese Stellungnahme der Leopoldina, die auch einen Weg zurück zur Normalität habe weisen sollen, „von manchen Fachleuten regelrecht zerlegt“ worden sei:

„zu viele Phrasen, die Vorschläge wirklichkeitsfremd.“[(300)]

Die von der Regierung ernannten Experten werden nicht müde und betonen immer wieder, die Impfung sei sicher und es bestehe kein Grund zur Sorge! Zu diesen wissenschaftlichen Koryphäen gesellen sich überdurchschnittlich viele Leopoldina-Mitglieder. Für die große Mehrheit der deutschen Bevölkerung tauchte die Akademie der Naturforscher Leopoldina zum ersten Mal vor einem Jahr, zu Beginn des Corona-Schlammassels, namentlich auf. Der heute eingetragene Verein „Leopoldina" wurde jedoch schon 1652 von Johann Laurentius Bausch gegründet und wird zu 80 Prozent durch den Bund und zu 20 Prozent durch das Land Sachsen-Anhalt finanziert. Man darf sich die Leopoldina nicht wie eine Universität vorstellen, in denen sich Chemiker den Ausdünstungen über den Bunsenbrenner hängende Reagenzgläser mit der Hand zufächeln, um Geruchsproben zu nehmen um festzustellen: Ja, das beißt in der Nase und ist somit giftig. Es gibt dort auch kein Labor, wo sich Biologen die Zellkerne von Blattspinat unter dem Mikroskop ansehen und feststellen: Blattspinat hat einen Zellkern.

Die Leopoldina ist vielmehr eine intellektuelle Denkfabrik, welche die deutsche Wissenschaft im Ausland vertritt, sowie Politik und Öffentlichkeit unabhängig beraten sollte. Diese Akademie besteht aus ca. 1.600 Mitgliedern aus mehr als 30 Ländern.

„Die Wissenschaft, welche uns gelehrt wurde, erlaubt es der Menschheit, sich nur Minimal der Wahrheit zu nähern." (Zitat aus „Akte X - Die unheimlichen Fälle des FBI")

Der Unmut in der Bevölkerung wächst nicht nur in Deutschland, sondern weltweit. Immer neue Zukunftsversprechen werden seitens der Regierenden in Endlosschleife wiederholt, was mehr an Durchhalteparolen der untergehenden DDR erinnert, aber für mich nichts mehr mit Logik zu tun hat. Kaum fallen die Infektionszahlen unter einen von der Regierung festgelegten „Wert", so werden scheinbar neue statistische Fallzahlenbegriffe herbei gesucht oder neue Mutanten erblicken das Licht der Welt. Selbstverständlich hat die Wissenschaft immer die neueste Statistik inklusive Hochrechnungen zur Hand, als hätte man darauf gewartet. Das beste Beispiel ist das „Südafrika-Mutant", welches im „Ursprungsland" kaum eine Rolle spielt oder Beachtung findet, aber bei uns 65 Prozent ansteckender und tödlicher sei als das „Urvirus". Wie sagte doch Frau Angela Merkel so schön: „Es ist eine politische Entscheidung."

Für die Natur gibt es keine Probleme, nur Lösungen! Jede Lebensform auf dieser Welt, sei es ein Rindvieh, ein Vogel, ein Grashalm oder eine Zecke, hat seine Daseinsberechtigung. Die Natur schafft von sich aus kein HIV, keine Neuroborreliose oder Poliomyelitis. Kaum ein nichtwissenschaftsstudierter Mensch kann diese wissenschaftsbasierenden (politischen Merkel-) Entscheidungen nachvollziehen. Mich erinnert diese Situation viel mehr an einen Drive-In-Schalter einer Fast-Food-Kette, den ich hier überspitzt mit der Wissenschaft vergleiche:

• Leopoldi's-Drive In: „Guten Tag. Wie lautet ihre Bestellung?"
• Regierung: „Einmal Leopoldi Covid bitte."
• Leopoldi's-Drive In: „Leopoldi Covid, Einzeln oder im Menü?"
• Regierung: „Einzeln, aber mit viel Angst."
• Leopoldi's-Drive In: „Darf es sonst noch etwas sein?"
• Regierung: „Ja, einen Mutanten-Milch-Shake."
• Leopoldi's-Drive In: „Klein, Mittel oder Groß?"
• Regierung: „Bitte groß, ganz groß."
• Leopoldi's-Drive In: „Das macht 11,80 Euro und einen Professoren-Titel. Bitte fahren Sie zur Kasse 2."

Ich weiß, dass es Leser gibt, die diesen Drive-In-Vergleich für übertrieben, unangebracht oder falsch halten. Für mich ist dies jedoch nur eine Pointierung meiner Beobachtungen. Dass ich jedoch nicht so daneben liege, zeigt das Interview vom 12.02.2021 von Peter Weber mit Dr. Hans-Georg Maaßen:

„Ich habe manchmal den Eindruck draußen, die Normalmenschen verstehen nicht, wie man in einem Ministerium tickt. Ich will es Ihnen mal an einem Beispiel klarmachen. Man hält es auch so, wie es in dem Fall war, jetzt mit den Wissenschaftlern und dem Corona-Virus. Stellen Sie sich mal vor, Sie sind Staatssekretär und Sie werden zum Minister einbestellt. Es geht um das Thema ‚Erde'. Der Minister spricht Sie dann direkt im Stehen in seinem Büro an und sagt: ‚Herr Staatssekretär, ich habe gerade mit der Kanzlerin gesprochen. Wir haben entschieden, die Erde ist eine Scheibe. Jede andere politische Auffassung lässt sich nicht mehr durchsetzen.' Dann werden Sie als Staatssekretär sagen: ‚Herr Minister, wir haben jetzt 500 Jahre lang gesagt, die Erde ist eine Kugel, es

wird relativ schwer sein, das durchzusetzen.' Dann sagt der Minister: ‚Aber wir müssen das irgendwie hinbekommen.' Dann sagt der Staatssekretär: ‚Ich werde mich darum kümmern!, geht zurück in sein Büro, wird seinen Ministerialdirektor und Unterabteilungsleiter und Referatsleiter kommen lassen und denen sagen: ‚Der Minister hat entschieden, die Erde ist eine Scheibe. Das war der Wunsch der Kanzlerin. Wir müssen eine Lösung finden.' Dann wird einer vorschlagen, dass wir Gutachter beauftragen und der eine kennt den Gutachter und der andere kennt den Gutachter. Dann ruft man beim Gutachter an. Dann fragt der Professor: ‚Was wollen Sie denn von mir? Wollen Sie von mir die Kompetenz oder wollen Sie meinen Namen haben. Das letztere ist teurer.'

Man sagt: ‚Ich möchte gern Ihren Namen haben und wir möchten gerne, dass Sie zum Ergebnis kommen, die Erde ist eine Scheibe.' ... Dann wird ein vierseitiges Gutachten gemacht, das zum Ergebnis kommt: ‚Aufgrund wissenschaftlicher Erkenntnisse ist die Erde eine Scheibe und die letzten 500 Jahre haben wir uns geirrt.' Damit geht man zum Minister und der sagt: ‚Ich bin glücklich. Darüber wird sich auch die Kanzlerin freuen.' … Die Bundesregierung oder die Politik hat eine bestimmte Auffassung und dafür sucht man sich dann die Argumente. Also die Ziele sind schon vorgegeben, man sucht sich die Argumente."

Mir stellen sich so viele Fragen, auf die mir kein Wissenschaftler oder Politiker eine plausible Antwort liefern kann und möchte. Das steuerzahlende Pack hat zu gehorchen oder wird diffamiert. Wurden zum Beispiel unsere Alten, welche nach dem Krieg das Land zum Exportweltmeister aufbauten, in den Alten- und Pflegeheimen eingesperrt, um sie zu schützen? Oder hat man seitens der BRD-Führung Angst, dass diese einsamen Menschen sich durch die aktuellen „Maßnahmen" an „alte Zeiten" erinnern und die Jüngeren warnen könnten?

Warum wurden zuerst die Frisöre und körpernahen Dienstleister aus dem Lockdown entlassen? War die Regierung wirklich besorgt um des Pöbels Haarpracht oder liegt es an der Tatsache, dass die dort verwendeten kosmetischen Produkte (Haare waschen ist ja seit einem Jahr Pflicht) allesamt Geld in die Chemie- und Pharmakonzernkassen spülen, welche dann auch noch „Steueroptimierung" betreiben?

Warum zum Teufel werden kleine Einzelhändler mit „Termin-Vergabe-Optionen" und „Minimum-Quadrat-Meter-Regeln" geknechtet, während sich von steuersparenden Muli-Millionen-Erben geführten Supermarktketten lange Menschenschlangen an den Kassen bilden?

Wieso wird in Kitas und Schulen auf „Schutzmaßnahmen“ geachtet, aber auf der Hin- oder Rückfahrt stehen die Kinder eng aneinandergedrängt in Bus und Bahn?

Warum dürfen nach der Corona-Immun-Impfung Verstorbene nicht obduziert werden? Schüren genau solche Entscheidungen nicht dieses Misstrauen in der Bevölkerung, welche dann als „Aluhutträger“ oder „Covidiot“ diffamiert werden!

Für mich gibt es nur zwei Antwortmöglichkeiten: Entweder ist die Regierungsmannschaft überfordert, planlos und einfach nur einfältig, oder man verfolgt einen von anderer Stelle vorgegebenen Plan! Jedoch würde die zweite Antwort einer Verschwörungstheorie entsprechen und laut der Stasi-Petze und Amadeu-Antonio-Stiftungs-Führerin Anetta Kahane (IM „Viktoria“) „auch immer antisemitisch“ sein. Jedoch ist eine Theorie, egal ob wissenschaftlich oder verschwörungstheoretisch gesehen, solange eine Theorie, bis diese These bewiesen ist! Der einzige Unterschied zwischen einer wissenschaftlichen Theorie und einer Verschwörungstheorie ist die Systemtreue des Theoretikers!

Leider musste ich jedoch feststellen, dass sich in den vergangenen 12 Monaten mehr Verschwörungstheorien als wahr herauskristallisierten als wissenschaftliche oder politische Thesen. Scheinbar Weltmeister in Sachen Theorien, welche sich bis heute auf die gesamte Menschheit auswirken, ist die Leopoldina in Halle an der Saale.

Einige wenige Beispiele für nie bewiesene Theorien:

- Evolutionstheorien und Evolutionsbiologie

- Urknalltheorie

- Relativitätstheorie

- Theoretische Astronomie

- Planetentheorie

- Gesellschaftstheorie

Eine weitere Theorie ist die Wissenschaftstheorie (auch Wissenschaftsphilosophie, Wissenschaftslehre oder Wissenschaftslogik). Wikipedia erklärt dazu: *„Die Geschichte der Wissenschaften ist als eine Annäherung an die Wahrheit zu verstehen. Wissenschaftliche Arbeiten bestätigen dabei, im Erfolgsfall, die entsprechenden Theorien.*" Dieses Zitat ist selbstredend und bedarf keiner weiteren Erklärung!

Nun ist es auch nicht mehr verwunderlich, dass fast alle Theoretisierenden Mitglied der hochgeschätzten Leopoldina sind. Um neue Theorien in der Öffentlichkeit zu bekräftigen, haben diese Wissenschaftler vermutlich sehr oft den Nobelpreis u. Ä. erhalten. Vermeintlich ist der Nobelpreis die gesellschaftliche Anerkennung einer nicht bewiesenen Theorie. Zufall ist selbstverständlich, dass fast alle bekannten Leopoldina-Nobelpreisträger auch Mitglieder von Freimaurerlogen sind! Die Freimaurerei, auch „Königliche Kunst" genannt, versteht sich als ein ethischer Bund freier Menschen.

„Die Wissenschaft hat keine moralische Dimension. Sie ist wie ein Messer. Wenn man es einem Chirurgen und einem Mörder gibt, gebraucht es jeder auf seine Weise." (Wernher von Braun)

Wissenschaft als Vertrauenskiller?

Am 08.12.2020 forderte die Wissenschaftsakademie Leopoldina in ihrer 7. Ad-hoc-Stellungnahme „Coronavirus-Pandemie: „Die Feiertage und den Jahreswechsel für einen harten Lockdown zu nutzen". Alle Forderungen der Leopoldina wurden am 3. Advent (13.12.2020) während einer Pressekonferenz durch Angela Merkel, Markus Söder, Michael Müller und Olaf Scholz zum „Wohle der Menschheit" verkündet.

Aber auf welche Studien beruft sich die Leopoldina?! In der 7. Ad-hoc-Stellungnahme[(301)] findet man eine Abbildung mit der Zahl der täglichen

Neuinfektionen. Folgt man dem Link: https://ourworldindata.org/coronavirus kommt man auf die Seite von „Our World in Data" (eine Online-Publikation, die über die historische Entwicklung der Lebensverhältnisse der Menschheit informiert). Wer finanziert dieses Projekt? Ich muss Sie, geehrter Leser und Frau Anetta Kahane enttäuschen, denn schon wieder wird eine Verschwörungstheorie wahr!

„Our World in Data" wird unter anderem durch Zuschüsse des britischen Ministeriums für Gesundheit und Soziales, eines Zuschusses der deutschen Unternehmerin, Geschäftsfrau und Philanthropin Susanne Klatten (aus der BMW-Erben-Familie Quandt), sowie der Bill and Melinda Gates Foundation unterstützt. Ups, da war wieder, dieser verschwörungstheoretische Name „Gates".

Ist nicht auch Stefan Norbert Quandt wissenschaftlicher Beirat der „Johanna Quandt-Stiftung Charité"? Prof. Dr. Heyo K. Kroemer ist seit 2019 Vorstandsvorsitzender der Charité und seit 2018 Mitglied der Leopoldina. Warum muss ich bei der Charité unweigerlich an den ehemaligen Doktor Christian Heinrich Maria Drosten denken, mit seinem wurmstichigen PCR-Test? Also wurde der PCR-Test indirekt von dem BMW-Erben Stefan Quandt gefördert, welcher auch die Polizei-Drohnen für NRW mitentwickelte, die sogenannten „Jägerdrohnen".

Abb.: 122: Interessante Sponsoren des Corona-Tracker

Wie entstehen diese Infektionszahlen, auf die sich die Leopoldina beruft und das gesamte Land in einen Dornröschenschlaf versetzen lässt?! Diese Zahlen entstehen in diesen Organisationen durch sogenannte „Corona Tracker“! Corona Tracker fungiert als Portal für die Öffentlichkeit, um die neuesten Nachrichten über COVID-19 zu verfolgen und Daten für weitere Analysen zu sammeln. Sorry Frau Anetta Kahane, hier folgt schon wieder eine Widerlegung einer „Verschwörungstheorie“, den die Finanzgeber dieses Projekts sind unter anderem folgende Organisationen:

- Chan Zuckerberg Initiative (ist eine Wohltätigkeitsorganisation, die vom Facebook-Gründer Mark Zuckerberg und seiner Frau Priscilla Chan gegründet wurde und deren Leben 99 Prozent des Vermögens des Paares aus ihren Facebook-Anteilen im Laufe ihres Lebens investiert)

- Emerson Collective (ist eine Organisation für sozialen Wandel, die sich auf Bildung, Einwanderungsreform, Umwelt, Medien und Journalismus sowie Gesundheit konzentrier)

- Robert Wood Johnson Foundation (ist die größte Philanthropie der Vereinigten Staaten, die sich ausschließlich auf die Gesundheit konzentriert)

- The Rockefeller Foundation (wurde von John D. Rockefeller mit dem Zweck gegründet, das „Wohl der Menschheit auf der ganzen Welt“ zu fördern)

- Patrick J Mc Govern Foundation(Patrick Joseph McGovern Jr. war ein US-amerikanischer Geschäftsmann und Vorsitzender und Gründer der *International Data Group*, einem Unternehmen mit Tochterunternehmen in den Bereichen Technologieverlag, Forschung, Eventmanagement und Risikokapital)

Die wissenschaftliche Rolle in der Coronapandemie

Der „*Focus*" schrieb am 14.04.2020: „*Mitte April (15.04.2020) entscheidet die Politik, unter welchen Voraussetzungen die Corona-Maßnahmen gelockert und das öffentliche Leben ab dem 19. April schrittweise wieder normalisiert werden kann.*

Kanzlerin Merkel hatte bereits im Vorfeld klargestellt, auf welchen wissenschaftlichen Rat sie sich dabei vor allem beziehen will: ‚Für mich wird eine sehr wichtige Studie die der Nationalen Akademie der Wissenschaften, der Leopoldina sein', so Merkel vor Ostern. ‚Mit dem neuartigen Coronavirus SARS CoV-2 hatte sich die Leopoldina schon frühzeitig beschäftigt, auch als in Deutschland noch keine Infektionen gemeldet worden waren.'"[(302)]

War es nicht auch die Leopoldina, welche im Kampf gegen das Covid-19-Virus folgendes empfahl: „*Die Leopoldina weist den Weg. Ihm zu folgen, erfordert Mut von der Politik.*"[(303)]

Wenn ich zwischen den Zeilen sämtlicher Artikel von der Leopoldina lese und mir die Mitgliederliste ansehe, kommt mir ein Verdacht. Die Rolle der Leopoldina in Fragen der nationalen und internationalen Politik, Gesellschaft, Naturwissenschaft und Forschung ist bedeutender, als man glauben mag. Ein logisches Resultat wäre, dass diese Akademie einfach nur über umfangreiches Wissen und Wissenschaftler verfügt, jedoch sind solche Wissensorte die Stellen, wo seit hunderten von Jahren unsere Geschichte neu geschrieben wird?!

Waren es nicht immer Gelehrte, Mönche und Alchemisten, ganz zu schweigen von verschwörerischen Geheimbünden wie die Freimaurer oder Illuminaten, welche im gesellschaftlichen Rahmen die historischen Ereignisse anders interpretierten?!

Apropos Freimaurer!

Waren nicht die oben genannten Leopoldina-Mitglieder Marie Curie, Charles Darwin, Albert Einstein, Johann Wolfgang von Goethe, Alexander von Humboldt, Justus von Liebig und Max Planck, um nur einige zu nennen, auch Freimaurer?!

Wurde nicht auch in der Leopoldina in Halle/Saale 1743 die Freimaurerloge „Zu den drei goldenen Schlüsseln" installiert, der späteren Freimaurerloge „Zu den drei Degen"?

Abb. 123: Tafel an der Leopoldina

Zitat aus dem Freimaurer-Wiki: „*Die Geschichte des ehemaligen Logenhauses der Johannesloge ‚Zu den drei Degen' - einer früheren Tochterloge der altehrwürdigen Großen National-Mutterloge ‚Zu den drei Weltkugeln' – ist wohl die ungewöhnlichste aller deutschen Logenhäuser. In diesem mehrmals erweiterten und verschönten großen Palast war neben der Johannisloge deren altschottische Loge ‚Wilhelm zu den drei Nelken' und der Delegierte Innere Orient sowie eine seit 1800 ihr angeschlossene bedeutende Kulturgesellschaft, die ‚Berggesellschaft', heimisch.*"[(304)]

Am 16.05.2020 meldete sich *Fresenius*-Vorstandschef Stephan Sturm in der FAZ zu Wort[(305)]. „*Wir haben in Deutschland einen großen Kollateralschaden erzeugt. Der Ansturm auf die deutschen Krankenhäuser im Zuge der Corona-Krise ist bislang ausgeblieben. … Ich bin im Homeoffice, wie die allermeisten meiner Kolleginnen und Kollegen aus der Verwaltung. … für den*

Großteil unserer 300.000 Mitarbeiter ist Homeoffice keine Option, weil sie direkt am Patienten oder in der Produktion arbeiten."

Am 15.10.2020 las ich in SPRINGER MEDIZIN folgenden Artikel: „*Leopoldina will mehr Einsatz für weniger Corona. Wissenschaftler der Leopoldina halten die Maßnahmen für unzureichend: Was getan werden muss, sei bekannt. … Es sollte ein Treffen von ‚historischer Dimension' werden. Doch die Bund-Länder-Beschlüsse zur Eindämmung der Corona-Pandemie stoßen auf mehr Kopfschütteln denn Zustimmung. … Tests seien ‚gezielt', sprich ‚in Abhängigkeit vom jeweiligen Infektionsrisiko' einzusetzen. Antigen-Schnelltests könnten trotz einer im Vergleich zur PCR geringeren Genauigkeit den Nachweis einer Infektiosität erbringen. Wichtig seien „leicht zugängliche, verständliche und verlässliche Abläufe für Testung, Ergebnismitteilung und Interpretation.*"(306)

Bin ich der einzige Leser, dem im obigen Artikel das Wort „Interpretation" sauer aufstößt?! Auch den Satz: „*Antigen-Schnelltests könnten trotz einer im Vergleich zur PCR geringeren Genauigkeit den Nachweis einer Infektiosität erbringen*", kann ich nicht nachvollziehen! Davon mal abgesehen wissen wir ja, wie sicher der PCR-Test mit seinen „Falsch-Positiven"-Ergebnissen die Corona-Pandemie beschleunigt.

Am 23.09.2020 schrieb die Leopoldina in ihrer „6. Ad-hoc-Stellungnahme"(307) unter anderem: „*Die Missachtung verbindlicher Anordnungen zum Tragen eines Mund-Nasen-Schutzes ist überall mit einem Bußgeld zu belegen, um solchen Anordnungen den gebotenen Nachdruck zu sichern.*" Weiter heißt es: „*Zugleich gilt es, Jugendliche und junge Erwachsene stärker als bisher in ihren besonderen Bedürfnissen wahrzunehmen und zu berücksichtigen. Typisch für diese Entwicklungsphase sind z.B. die Ablösung vom Elternhaus und das Sich-Einfinden in neue, oft wechselnde Gruppen im Rahmen von Ausbildung und Partnersuche. … Dazu ist u.a. eine zielgruppenspezifische Aufklärung in den von diesen Gruppengenutzten Medien notwendig, möglichst unter Beteiligung einflussreicher Vorbilder und ‚Influencer'. … ‚Weiterhin sollte der Appell an die Bevölkerung zur Einhaltung der für die Pandemiebekämpfung hilfreichen Verhaltensregeln durch den Hinweis verstärkt werden, dass die überwiegende Mehrheit der Bevölkerung sich an sie hält. … Dabei kann nicht oft genug hervorgehoben werden, dass die wenigen notwendigen Regeln (Abstand,*

Masken, Hygiene, Luftaustausch) verhältnismäßig leicht einzuhalten und wirksam sind", so die Leopoldina.

Mit Verlaub muss ich nun an einen Absatz auf der Presseseite der Leopoldina[(308)] verweisen, wo folgendes geschrieben steht: „*Die Leser der Pressemitteilungen müssen erkennen können, dass keine ‚reinen Wahrheiten' vermittelt werden, sondern Gegenmeinungen existieren, über die sie sich informieren können. Wissenschaft wird als Prozess dargestellt, in dem Erkenntnisse gegebenenfalls immer wieder revidiert werden.*"

Wegen solcher „Wahrheiten" wird seit 8 Monate weltweit die Wirtschaft runter gefahren, die Menschheit eingesperrt, Familien getrennt und die Corona-Demonstranten als antisemitische rechte Verschwörer beschimpft?

Ich frage mich, liebe Leopoldiner, wo konnte ich in den letzten Wochen erkennen, dass es sich bei Ihren Pressemitteilungen nicht um die „reine Wahrheit" handelt?!

Wo konnte ich lesen, geehrte Politiker, Medien und Leopoldinern, dass Gegenmeinungen existieren, wenn ich Sie zitieren darf?! Oder meinen Sie mit der „Gegenmeinung" die Meinung der Helmholtz-Gemeinschaft, dessen Präsident Professor Otmar Wiestler seit 2001 ebenfalls Mitglied der Nationalen Akademie der Wissenschaften Leopoldina ist?! Wenn Sie die Meinung der Helmholtz-Gemeinschaft als Gegenmeinung behandeln, dann ist es interessant zu lesen:

„*Nach außen ist sowohl der Eindruck eines Konflikts zwischen zwei großen Organisationen (Anmerkung des Autors: Leopoldina und Helmholtz) entstanden – das ist aber völlig abwegig! Das kann man auch daraus ablesen, dass unser Vizepräsident Wolfgang Marquardt (Anmerkung des Autors: seit 2013 Mitglied der Nationalen Akademie der Wissenschaften Leopoldina) an beiden Papieren mitgearbeitet hat.*"[(309)]

Alle anderen Medien und Menschen mit Gegenmeinungen werden doch weder angehört und schon gar nicht akzeptiert, werden stattdessen als krude Spinner, wirre Aluhutträger oder Covidioten tituliert!

Liebe Akademiker, Politiker und Medien-Meinungs-Macher, ich stelle Ihnen nun folgende Frage: Wer sind die wahren Verschwörungstheoretiker?!

Ad-hoc-Hypothesen – Zeichen für Pseudowissenschaft

Es gibt eine Theorie, die besagt, wenn jemals irgendwer genau herausfindet, wozu das Universum da ist und warum es da ist, dann verschwindet es auf der Stelle und wird durch noch etwas Bizarreres und Unbegreiflicheres ersetzt. – Es gibt eine andere Theorie, nach der das schon passiert ist.

(Douglas Adams)

In unregelmäßigen Abständen gibt die Leopoldina Stellungnahmen zu aktuellen Themen heraus, um der Politik beratend zur Seite zu stehen. Diese Stellungnahmen nennt man: „Ad-hoc". Aber was versteht man eigentlich unter „Ad-hoc", in unserem Fall speziell unter den „Leopoldina Ad-hoc-Stellungnahmen zur Coronavirus-Pandemie"?

Laut dem österreichisch-britischen Wissenschaftstheoretiker Karl Popper ist eine „Ad-hoc-Hypothese" methodisch verwerflich, als Trick, eine „Lieblingstheorie retten zu wollen".

Der österreichische Wissenschaftstheoretiker Paul Feyerabend geht 1975 in seinem Standardwerk wider den Methodenzwang ausführlich auf Ad-hoc-Hypothesen ein, die seiner Meinung nach *„neuen Theorien eine Atempause verschaffen, und sie deuten die Richtung der zukünftigen Forschung an."* Gleichwohl gilt es gemäß Ockhams Rasiermesser als gute wissenschaftliche Praxis, dasjenige Ergebnis als valide anzusehen, das mit den wenigsten Ad-hoc-Hypothesen auskommt. Wiederholter Gebrauch von Ad-hoc-Hypothesen gilt als Kennzeichen für Pseudowissenschaft.

Wikipedia sagt dazu: *„Pseudowissenschaft (deutsch ‚ich täusche vor'), auch Afterwissenschaft, Scheinwissenschaft oder Pseudolehre, ist ein Begriff für Behauptungen, Lehren, Theorien, Praktiken und Institutionen, die beanspruchen, wissenschaftlich zu sein bzw. scheinbar wissenschaftlich sind, aber die Ansprüche an Wissenschaftlichkeit, insbesondere das Kriterium der Nachprüfbarkeit,* *nicht erfüllen. Der Begriff wird sowohl analytisch-deskriptiv als auch abwertend benutzt.“*

Auf der Seite von „*RedaktionsNetzwerk Deutschland*“ las ich am 16.2.2021:

„*Die Leopoldina soll, so ging das Gerücht durch die Querdenker-Foren auf Telegram und die ‚Bild‘-Zeitung, Gefälligkeitsgutachten für die Bundesregierung erstellt haben, um den Lockdown zu begründen. Haug weist das zurück: ‚Die Leopoldina arbeitet unabhängig und ergebnisoffen. Zu entscheiden ist immer Aufgabe der demokratisch legitimierten Politik.“*

An dieser Stelle möchte ich noch einmal Prof. Dr. Michael Esfeld, Mitglied der Leopoldina, zitieren:

„*Der Zusammenhang da war ja ziemlich eklatant. Am 8. Dezember kommt die Stellungnahme der Leopoldina raus. Am 9. Dezember beruft sich die Kanzlerin auf Naturgesetze und Kräfte der Aufklärung, um den Lockdown durchzukriegen. Also so kann es nicht gehen. Das kann nicht sein, dass die eine wissenschaftliche Akademie oder eine Organisation eine Handlungsempfehlung quasi auf Bestellung zu bestimmten Zeitpunkten für bestimmte politische Zwecke liefert.“*

Auf der Seite des Bundestages las ich am 10.2.2021:

„*Präsident Haug stellt Arbeit der Akademie Leopoldina vor. … Haug machte klar, dass die Leopoldina mit ihrer Expertise und Veröffentlichungen auch den Diskurs mit der Öffentlichkeit suche. … Es sei für Wissenschaftler in Zeiten von ‚Querdenkern‘, Corona- und Klimaleugnern oft schwer, Gehör zu finden, Menschen zu überzeugen. Haug sagte: ‚Das Einzige was hilft, ist Geduld zu haben und immer wieder neu zu erklären*‘“.

In den Städten beobachte ich die sinnlose Zerstörung von Klein- und Mittelständlern, welche dieses Land wohlhabend machten und hinterfrage! Ich habe bis heute noch nicht lesen können, dass Sie, Herr Haug, einen Diskurs oder eine Diskussion mit der Öffentlichkeit (darunter zählt nicht nur die Regierung und die Presse) gesucht haben. Wann haben Sie beispielsweise ein

Gespräch mit der Bevölkerung gesucht, schließlich sind es deren Steuergelder, welche die Leopoldina offiziell finanzieren!

Herr Haug, in dem Zitat vom 10.2.2021 sagten Sie: *„Es sei für Wissenschaftler in Zeiten von ‚Querdenkern', Corona- und Klimaleugnern oft schwer, Gehör zu finden, Menschen zu überzeugen.“* Sie haben viele Jahre studiert, sind es gewohnt, in der Öffentlichkeit Reden zu halten und wählen jedes Ihrer Worte mit Bedacht, zumindest schlussfolgere ich dies aus Ihren Reden. Ist es für Sie wirklich schwer, in der Öffentlichkeit „Gehör zu finden“? Sie sind doch seit einem Jahr überall in den Medien präsent und geben Ihre Einschätzungen und Meinungen zum Besten! Verstehen Sie mich bitte nicht falsch, denn ich möchte Sie nicht diffamieren oder Ihre Kompetenz anzweifeln, aber hatten Sie nicht schon sehr oft die Chance, Ihre Thesen „an den Mann“ zu bringen?

Mir stößt der Satzteil „Menschen zu überzeugen“ sehr bitter auf! Mein Opa brachte mir bei, wenn Menschen mit plausiblen Erklärungen, welche Sinn ergeben, andere Menschen mit ihrer Meinung mitreißen, muss man diese nicht überzeugen! Das Wort „überzeugen“ steht dem „Indoktrinieren“ sehr nah. Wollten die Priester von der Santa Maria nicht auch die Ureinwohner in der Neuen Welt von ihrem Glauben überzeugen und richteten anschließend ein Blutbad an?

Ich bin kein Querdenker, Corona- oder Klimaleugner und auch kein Unterstützer der AfD, im Gegenteil! Ich bin weder rechts noch links und gehöre keiner Gruppierung an! Ich habe mich nie in eine Richtung schieben lassen, denn ich habe gelernt, FREI ZU DENKEN und alles zu hinterfragen! Nur solche Lehren, welche für mich Sinn ergaben, habe ich angenommen, ohne dass mich ein Mensch überzeugen musste!

„Eine Wissenschaft aber, die vergisst, dass sie eine seltene, wunderbare Blume auf dem Boden des Mysteriums ist, ja, die vergisst, dass sie selbst Mysterium ist, die fällt mit der übelsten Schwarmgeisterei in eins zusammen.“ (Christian Morgenstern)

Deutsche Wirtschaftsnachrichten vom 11.3.2021: *„Kannibalismus könnte einigen Wissenschaftlern zufolge als Ergänzung für unsere*

Lebensmittelversorgung dienen. Dadurch ließe sich das Klima schützen, behaupten sie. Allerdings sollen keine Menschen getötet, sondern bereits Tote verspeist werden."

Abschließend möchte ich noch meine Meinung zu dieser von Steuergeldern finanzierten Akademie Ihnen mitteilen: In meinen Augen ist diese LEOPOLDINA absoluter Tiefer Staat, sowie das vatikanisch-satanische Bindeglied und „wissenschafts-basierender" Untermaler von tyrannischen Diktatoren, welche die Menschheit versklaven möchten.

Ein Hoch auf die Wissenschaft!

Die LEOPOLDINA und die Stasiakten

In diesem Kapitel möchte ich in einer Kurzversion das Wirken der Akademie LEOPOLDINA zum Thema Stasiunterlagen wiedergeben, welche sehr auffällig sind, jedoch bestimmt reiner Zufall sind!

• **Herbst 1989** Fall der Mauer

• **Herbst 1990** Wiedervereinigung der BRD und DDR

• **Seit 1991** hat die Leopoldina den Status eines eingetragenen Vereins. Nach dem Fall der deutschen Grenze wurde die Rolle der Akademie für die Wissenschaften Gesamtdeutschlands überflüssig. Jedoch zeitgleich entstanden ihre neuen Aufgaben, international und interdisziplinär, sowie mit einem Förderprogramm für junge Wissenschaftler.

• **1993** wurde Hans-Dietrich Genscher für seinen Beitrag zur politischen Wiedervereinigung Deutschlands zum ersten Ehrensenator der Leopoldina ernannt.

• **14.04.1998** Rückübertragung des Grundstücks an die gemeinnützige Freimaurer-Weltkugel-Stiftung. Leider war es dieser nicht möglich, das große Haus zu sanieren.

• **2000-2003** Prof. Dr. Angelika Steger seit 2007 Mitglied der Leopoldina, Sektion: Informationswissenschaften.

• **Bis 2001** wurde die Leopoldina an die Hallesche Martin-Luther Universität Halle-Wittenberg vermietet. Danach stand das Haus leer und verfiel.

• **2005** Angela Dorothea Merkel (IM „Erika") wird Bundeskanzlerin der Bundesrepublik Deutschland

• **2007 Dr. Karsten Jedlitschka** arbeitet seit 2007 beim BStU, zunächst im Archiv und seit 2017 betreut er die Anträge von Forschern und Journalisten, darunter auch solche zu Akten aus der NS-Zeit.

◦1996-1999 wiss. Hilfskraft Stiftung Historisches Kolleg München

◦05.2005-12.2005 Deutsches Historisches Institut in Rom, Leiter Archiv

◦01.2006-10.2007 Deutschlands Nationale Akademie der Wissenschaften Leopoldina in Halle (Saale), Direktor Archiv

◦11.2007-03.2017 Referatsleiter Archivischer Grundsatz und stellv. Abteilungsleiter Archiv BStU Berlin

• **2008** Die Akademie wurde am 14.07.2008 zur Nationalen Akademie der Wissenschaften ernannt. Rechtsgrundlage war der Beschluss der Gemeinsamen Wissenschaftskonferenz des Bundes und der Länder vom 18. Februar 2008. Seitdem steht die Leopoldina unter der Schirmherrschaft des Bundespräsidenten. Sie ist unabhängig und dem Gemeinwohl verpflichtet. Idee bei der Gründung einer Nationalakademie war die Schaffung einer legitimierten Institution, die unabhängig von wirtschaftlichen oder politischen Interessen wichtige gesellschaftliche Zukunftsthemen wissenschaftlich bearbeitet, die

Ergebnisse der Politik und der Öffentlichkeit vermittelt und diese Themen national wie international vertritt.

• **2009** *„Als kaum noch eine reale Chance für die Rettung des Ge-bäudes bestand, geschah 2009 das Wunder! Die Nationale Akademie der Wissenschaften Leopoldina konnte Dank der Sanie-rungszuwendungen in Höhe von 15,7 Mio. aus dem Konjunk-turpaket II am 22. September 2009 das altehrwürdige Haus er-werben, das bis Ende 2011 als zukünftiges Hauptgebäude saniert, und damit gerettet wurde. Bei den denkmalschützerischen Vor-untersuchungen konnten bei Restaurationsarbeiten unter anderem im Tempel V/VI viele eindrucksvolle Malereien und Orna-mente teilweise frei gelegt werden. Schön wäre es, wenn dieser Raum als „Traditionsraum" restauriert würde, denn viele der freimaurerischen Leopoldina-Mitglieder aus aller Welt könnten diesen dann bewundern."*[(310)]

• *„Das Konjunkturpaket II war ein Konjunkturprogramm in Deutschland, das im Januar 2009 von der Bundesregierung beschlossen wurde, um die Auswirkungen der internationalen Finanzkrise auf die Realwirtschaft zu mildern und die schwere Rezession im Winterhalbjahr 2008/09 zu überwinden."*[(311)]

• **2012** *„Die vielbeachtete feierliche Einweihung des Hauses durch die Leopoldina fand am 25. Mai 2012 statt. Nicht nur wir Freimaurer, auch die profane Bevölkerung Halles ist glücklich und stolz über die Rettung des nun weithin sichtbaren weißen Palastes. Die große Anteilnahme zeigt sich an den vielen gewünschten Führungen sowie die rege Teilnahme an den ‚Tagen der offenen Tür'. Diese humanitäre Nutzung für die Allgemeinheit durch die Leopoldina dürfte ganz im Sinne der ehemaligen Degen-Loge sein, in der sich früher viele Mitglieder der Leopoldina befanden."*[(312)]

• **2012** Joachim Gauck (Stasi-Name „Larve") ist ein deutscher parteiloser Politiker und evangelischer Theologe. Er war vom 18. März 2012 bis zum 18. März 2017 der elfte Bundespräsident der Bundesrepublik Deutschland und Schirmherr der LEOPOLDINA… **ein Schelm wer da Böses denkt!!!**

Das ist noch lange nicht vorüber,
Ich kenn' es wohl, so klingt das ganze Buch;
Ich habe manche Zeit damit verloren,
Denn ein vollkomm´ner Widerspruch
Bleibt gleich geheimnisvoll für Kluge wie für Toren.
Mein Freund, die Kunst ist alt und neu.
Es war die Art zu allen Zeiten,
Durch Drei und Eins, und Eins und Drei
Irrtum statt Wahrheit zu verbreiten.
So schwätzt und lehrt man ungestört!
Wer will sich mit den Narr'n befassen?
Gewöhnlich glaubt der Mensch, wenn er nur Worte hört,
Es müsse sich dabei doch auch was denken lassen.

(Johann Wolfgang von Goethes „Faust" – Mephistos Rede, Vers 2554 bis 2566)

Auf ein letztes Wort

Kindern erzählt man Geschichten zum Einschlafen – Erwachsenen, damit sie aufwachen.

(Jorge Bucay)

Sind wir in einer „Blase“ gefangen?

Nun bin ich fast am Ende dieses Buches angelangt. Auf den zurückliegenden Seiten habe ich versucht, mich der Wahrheit in Sachen Geschichte und dem Heute zu nähern. Ich kann nur immer wieder empfehlen: recherchieren Sie selber. Auch der „bekloppteste“ Gedanke, welcher anfangs vielleicht komplett „verrückt“ klingt, ist der Wahrheit näher als die Medien des Tiefen Staates, denn der Tiefe Staat symbolisiert auch die Inhaber der Massenmedien, im Dienste der Hochfinanz.

Die Inhaber der Massenmedien stehen in der Hierarchie des Tiefen Staats höher als die Politiker, die nur deren Erfüllungsgehilfen sind. Die Massenmedien geben die Richtung vor und die Politiker folgen diesem Narrativ und erfüllen es. Das sich die Inszenierung der „Coronakrise“ nahtlos an den Niedergang der Elite anschloss, zeigt wie stark der weltweite Tiefe Staat selbst inzwischen unter Zeitdruck steht, weil die Menschheit, trotz der Jahrzehntelangen hybriden Kriegs gegen sie, immer mehr aufwacht und die Meinungssteuerung durch die Massenmedien immer schlechter funktioniert.

Im Zuge der Krise erfährt die Hochfinanz nun, dass der Widerstand gegen den globalen Lockdown immer größer wird, vor allem, weil immer mehr Menschen „aufwachen“ und immer offensichtlicher wird, dass es sich nicht um eine medizinische, sondern nur um eine politische Krise handelt, welche dazu gedacht ist, uns unsere Rechte und Freiheiten zu nehmen. Das Verbrechen der Massenmedien in Richtung einer Diktatur, Mithilfe des Corona-Vorwands, um uns allen Mut zu rauben. Dieses Vorpreschen in Richtung Diktatur, während der „Coronakrise“ hat zwei mögliche Funktionen und/oder Abläufe:

1. Testet die Hochfinanz aus, ob es möglich ist, die Diktatur in einer Art Blitzkrieg einzuführen, bei dem sie uns keine Ruhe lässt, bis die totale Diktatur erreicht ist. Das wäre die eine Möglichkeit.

2. Wenn sich die Hochfinanz gegen diese Möglichkeit entscheidet, weil sie uns nicht ausreichend einschüchtern kann, dann wird sie die Coronakrise,

ähnlich wie ein Kampfkünstler, dialektisch nutzen, um uns mit dem Schwung unserer Gegenbewegung zu Fall zu bringen.

Wir werden seit vielen Jahrhunderten aus dem Verborgenen heraus gesteuert. Mit der Steuerung von These, Antithese und Synthese wird das eigentliche Ziel zu unserer Versklavung zuerst angestrebt. Das ist die These! Dann entsteht durch den Widerstand eine Gegenbewegung gegen die Versklavung, das ist die Antithese. Diese Gegenbewegung wird dann entweder so übertrieben und pervertiert, dass sich die Menschen vom Widerstand abwenden und den ursprünglichen Plan gewähren lassen oder sie wird so verdreht, dass die Pläne zu unserer Versklavung weitergeführt werden, während man uns im Glauben lässt, wir hätten uns befreit. Das ist die Synthese der ursprünglichen Absicht, uns zu Versklaven.

Das bedeutet für unsere Zeit vor allem in Bezug auf die letzten 20 Jahre folgendes: Das harte Drängen auf eine, von einem linken Mainstream angeführte, Neue Weltordnung fördert in der Gegenbewegung bei denen die die Stoßrichtung des Mainstreams durchschauen, eine patriotische Wiederbelebung.

Der Hochfinanz war aufgrund ihres Wissens über dialektische Steuerung schon vor Jahrzehnten, von vornherein klar, dass eine patriotische Gegenbewegung entstehen würde. Entsprechend hat sie diese Gegenbewegung zur passenden Zeit von Leuten anführen lassen, die sie von langer Hand ausgewählt und auf ihre Aufgabe vorbereitet hat. In dem Moment, in dem sie den Sack zur Neuen Weltordnung zu machen will, hat sie also zwei Optionen:

- Entweder sie zieht die totale neue Weltordnung strikt durch oder

- sie zieht die Neue Weltordnung bis zu einem gewissen Punkt durch, an dem die patriotische Gegenbewegung zu stark wird und macht dann einen Schwenk, bei dem sie die Politikdarsteller an der Spitze teilweise, wahrscheinlich nur zum Schein, beseitigen lässt. Bitte nicht vergessen das es nur Schauspieler sind!

Wenn uns während eines Vorpreschens in Richtung einer totalen Neuen Weltordnung Erlöser angeboten werden, die uns retten sollen, gehören diese unter Garantie zur geplanten Steuerung. Das sind die vom System angebotenen Erlöser wie Trump und Putin. Sie wurden von sehr langer Hand vorbereitet, den aufkommenden patriotischen Widerstand anzuführen. Man lässt sie so „viele gute Dinge sagen und tun", dass sie auch als Führer des patriotischen Widerstands angenommen werden, so das sie diesen dann im Sinne der Hochfinanz steuern können. Sie haben ja bewiesen, dass sie die „Guten" sind.

Wirtschaftlich und politisch will die Hochfinanz zum Finale eine globale kommunistische Diktatur, nach chinesischem Vorbild. Dazu wird gehören, dass die Völker des Westens nur noch eine geringe Wirtschaftskraft haben. Eine Mehrheit der Menschen wird vom Staat abhängig gemacht werden und wird so, durch die vom Staat dafür gestellten Bedingungen, leicht zu steuern und was schlimmer ist, auch leicht zu eliminieren sein. Im Erreichen dieses Ziels dient auch Trump!

Da Trump in den USA schon eine Art bedingungsloses Grundeinkommen (Nesara / Gesara) angekündigt hat, werden sie im Falle einer massiven Wirtschaftskrise in Europa wahrscheinlich dasselbe machen. Viele Menschen werden über das bedingungslose Grundeinkommen jubeln, das natürlich nicht bedingungslos sein, sondern benutzt werden wird, die Neue Weltordnung weiter voranzutreiben.

„Wir sind von einer anonymen Kraft unbemerkt besetzt worden. Diese Kraft ist die pharisäische, kabbalistische Weltuntergangssekte Chabad Lubawitsch, die durch ihre Mitglieder, den Trump-Klan, Präsident Putin und die Rothschilds – das heißt das Weiße Haus, den Kreml, die City of London, die Freimaurerei und somit ‚unsere' Spitzenpolitiker beherrscht und nun rasch ihre diktatorische Neue Weltordnung durchsetzt. Die Sekte hat nur ein Ziel: Israel durch das Erscheinen ihres Messias ‚Ben David' mittels genauer Befolgung der Bibel-Endzeitprophezeiungen durch das Harmageddon-Blutbad, den 3. Weltkrieg zum Herrscher der Welt zu machen."[(313)]

Die Bedingungen wird man sich leicht ausrechnen können. Zum Beispiel sich impfen und chippen, somit total überwachen zu lassen, sich von unerwünschten Orten, Veranstaltungen und Personen fernzuhalten, usw. Wenn die Masse der Menschen auch bei uns so arm ist, muss die Hochfinanz sowieso Brot und Spiele veranstalten, um die Massen mit dem bedingungslosen Grundeinkommen zu locken, dass zudem noch von jenen finanziert werden muss, die noch eine bezahlte Arbeit haben und noch über etwas Vermögen verfügen. Diese Hochfinanz wird fast allen, alles wegnehmen!

Die letzten EU-Wahlen haben gezeigt, dass ein Schwenk vom linken Mainstream, hin zu einem Patriotismus zur Rettung unseres Volkes, in den westlichen Bundesländern der BRD gar nicht richtig stattfindet, weil diese linke Hirnwäsche hier besonders tief verwurzelt ist und die Patrioten bei kaum 10 Prozent geblieben sind. Im Westen könnten sie die totale Neue Weltordnung gnadenlos durchziehen. In der europäischen Summe macht die Patrioten in den östlichen Bundesländern und in praktisch allen anderen Ländern jedoch um die 20 Prozent aus. Die Menschen der östlichen Bundesländer wissen noch was Diktatur bedeutet und sehen aus ihrer Erfahrung die Parallelen der momentanen Politik.

Es wird ein Schwenk, hin zu einer patriotischen Rettung unseres Volkes, bereits geschickt medial durch die Springer-Presse a la „*Bild*" vorbereitet.

Im Moment sieht es also danach aus, dass man die Coronapolitik vielleicht kollabieren lassen und in diesem Zuge den patriotischen Schwenk vornehmen wird, mit dem sie den Anschein erwecken werden, dass wir uns befreien. Von der deutschen Regierung wurde die Coronakrise so stümperhaft gemanagt, dass mittlerweile viele Menschen auch in den westlichen Bundesländern, in Bezug auf die Absichten der Regierung „aufgewacht" sind. Das war wahrscheinlich Absicht! Das war nicht Dummheit, wie man immer meint, dass Politiker dumm sind. Es war Absicht!

Wir sollten uns in so großer Zahl über die Coronapolitik aufregen, dass das deutsche Volk in zwei Lager gespalten wurde. Dadurch haben Sie die Optionen, entweder die Systemhörigen gewalttätig gegen Systemwiderständler zu lenken, um diese wegsperren zu lassen oder den großen Schwenk zu machen, die Neue Weltordnung international mit Trump und Putin an der Spitze, durch die „patriotischen Befreier" weiterzuverfolgen.

Das stümperhafte Management der Coronakrise war also geplant, um die Völker und vor allem das deutsche Volk zu reizen, zu spalten und dadurch ihre Kraft zu neutralisieren!

Die bekloppte Wahrheit

Ich bin mittlerweile so weit, dass ich keine Nachrichten mehr hören mag und keine Zeitung mehr lesen will. Unser Land versinkt in Korruption, Gewalt und rutscht in die Armut. Die Regierung schürt Ängste, anstatt der Bevölkerung Hoffnung zu machen. Die Nationalmannschaft heißt nicht mehr so und läuft mit bunten Fähnchen rum. Die Corona-Zahlen sind gefälscht, wir holen uns den Terror ins Land und die Politiker sind nur damit beschäftigt, sich die eigenen Taschen zu füllen. Die AFD wird geächtet, aber keiner fragt sich, warum es diese Partei gibt. Würde man, anstatt Vetternwirtschaft zu betreiben und sich am Leid der Bevölkerung zu bereichern endlich mal an das eigene Volk denken, müsste es diese Partei nicht geben. Frau Merkel verschleudert mittlerweile nicht nur Millionen ins Ausland, sondern Milliarden. Wir unterstützen Länder, in denen die Bevölkerung mit 58 oder 60 in Rente geht, mit bis zu 92 Prozent und nicht wie bei uns mit 67 und mit 47 Prozent Rente.

Es gibt eine CO2- Steuer, die überhaupt keinen Sinn macht. Der Benzinpreis soll steigen, die Mieten sind mittlerweile kaum noch bezahlbar und unsere Rentner leben in Armut und müssen nebenher noch arbeiten gehen, damit das Geld zum Leben reicht.

Wir haben eine nicht bekannte Zahl an Migranten, die mit mehreren Identitäten den Staat abzocken, in Luxusvillen residieren, Sozialhilfe bekommen, fette Autos fahren und Geld kassieren für Kinder im Ausland, die es wahrscheinlich gar nicht gibt. Zeitgleich holen wir uns den Terror ins Land. Die Grünen fordern ein Verbot der deutschen Flagge, ein Symbol unseres Landes und unserer Kultur.

In Hamburg marschieren Islamisten in Militärformation auf und brüllen ihren Hass auf Juden in die Welt und keiner unternimmt was. Herr Sarrazin, der vor 15 Jahren schon sagte, dass Deutschland sich abschafft, wurde aus der Partei entfernt. Ich frage mich, was ist mit unserem Land passiert? Wo sind die Volksvertreter, die von unserem Geld bezahlt werden, aber keinen Gedanken an unsere Zukunft verschwenden außer Klimaschutz und höhere Steuern?!

Ich war immer stolz, Deutscher zu sein, aber die Regierung unseres Landes ist für die Wirtschaft und die Zukunft unseres Landes nicht mehr tragbar.

China hatte angeblich 2020 ein Wirtschaftswachstum von 200 Prozent, bekommt aber von uns jährlich 630 Millionen Entwicklungshilfe, wir schaffen Kohle und Atomstrom ab, kaufen aber den Strom teuer im Ausland zu. Alle Länder um uns bauen Atomkraftwerke und wir holzen zigtausend Hektar Wald, um Windräder aufzustellen, die noch nicht mal recycelbar sind, wir sollen E-Autos fahren, obwohl wir vor nicht allzu langer Zeit aufgefordert wurden, Strom zu sparen. Verstehen Sie das? Ich nicht!

Die Welt entwickelt sich weiter und Deutschland soll Rad- oder am besten mit der Eselskarre ins Büro fahren, während unsere guten Auto's billig ins Ausland verschifft werden. Wir müssen endlich kapieren, dass wir mit unserem Ministaat das Klima nicht retten, wenn sich der Rest der Welt nicht daran beteiligt.

Und was macht das deutsche Volk? Es guckt sich noch eine Wahlwerbesendung an, fiebert mit den neuen DSDS-Stars mit oder spricht über „Bauer sucht Frau"!

Letztendlich gehören die Freiheiten und Rechte, die uns, dem Volk, entzogen wurden und werden, uns, dem Volk. Nur wir, das Volk, können handeln, um unsere Freiheit und Rechte zu schützen und zu verteidigen.

Zu viele Menschen schlafen noch. Die Wahrheit wird immer noch vom Feind unterdrückt. Ich bin mir nicht sicher, ob noch weitere Menschen

„aufwachen“ werden, bis der unvermeidliche Eimer eiskalter WAHRHEIT zu ihnen nach Hause kommt und über ihnen ausgekippt wird.

Der Feind hat ein Virus geschaffen um uns zu schaden!

Der Feind zensiert unser Recht auf freie Meinungsäußerung!

Der Feind schüchtert uns ein, damit wir zögern, unser Recht auf friedliche Versammlung auszuüben.

Der Feind hat vielen das Recht auf ein ordentliches Gerichtsverfahren vorenthalten.

Der Feind hat unsere lokalen, staatlichen und nationalen Regierungen infiltriert.

Der Feind hat unser Rechtssystem korrumpiert.

Der Feind hat unsere Schulen und unsere Kirchen korrumpiert.

Der Feind bedroht unsere Arbeitsplätze und unsere täglichen Aktivitäten, indem er das Tragen von Masken und die Verabreichung von „Impfungen“ vorschreibt.

Der Feind betreibt immer noch Menschen- und Kinderhandel.

Viele der „Führer“ des Feindes haben schwere Verbrechen begangen, darunter Hochverrat und Verbrechen gegen die Menschlichkeit, ohne dafür zur Rechenschaft gezogen zu werden.

Wir verlassen uns weiterhin auf das US-Militär und Präsident Trump, um die Tyrannei zu beenden, die unser Land überrollt und uns, dem Volk, unsere Freiheit und Rechte raubt.

Es wird kein Donald J. Trump kommen, um uns zu befreien.

Es wird kein Wladimir Putin kommen, um uns zu befreien.

Es gibt keine „White Hats“, kein „gutes“ Militär, was uns aus den Fängen der NWO befreien wird.

NESARA und GESARA ist auch nicht die Lösung, von der so viele träumen! Mit NESARA und GESARA sind wir nur noch abhängiger von diesem System, was uns dann bei der kleinsten Verfehlung denn Geldhahn abdrehen kann!

Die letzte Verantwortung für den Schutz unserer Freiheit und Rechte liegt auf den Schultern von „Wir, das Volk“.

Wir, das Volk, müssen entscheiden, wer unsere Zukunft kontrolliert.

Ist es nicht ironisch, dass Millionen von Menschen Filme lieben, die Rebellion feiern und ungehorsame Patrioten anfeuern, die sich Ihren politischen Unterdrückungen widersetzen?! Und doch stimmen sie bei der nächsten Wahl stolz ab, zahlen Steuern und befolgen alle Regeln, die gewaltsam durchgesetzt werden, ohne jemals die Autorität in Frage zu stellen!

... und noch eine abschließende Bitte

Man sollte aufhören, uns immer zu erzählen, wie toll „Querdenken“, der Corona-Ausschuss, die „Basis“ oder die Verfassungsgebende Versammlung sind. Wieso erklärt der querdenkende Rechtsanwalt Reiner Füllmich den Menschen nicht, dass unser Rechtssystem dem Schutz krimineller Strukturen dient? Warum erklärt Sucharit Bhakdi nicht, dass die Virentheorie zum Schutz der Pharmaindustrie und der zum Teil krankmachenden Schulmedizin aufgebaut wurde? Warum erklärt Ralf Ludwig den Menschen nicht, dass sein so gern zitierter Theodor W. Adorno die Auslöschung des deutschen Volkes gefordert hat und er nach der CIA-Ausbildung in den USA die Frankfurter Schule mit etablierte, um Deutschland von innen heraus zu destabilisieren? Belassen wir es dabei, auch wenn noch weit mehr über Euch ans Licht gebracht werden könnte!

Wieso glauben die Menschen nur immer, dass sie einen Führer brauchen, denen sie folgen können. Diese angeblichen Helden dienen einzig und allein dazu, uns bereits für die nächste Runde in die Abhängigkeit zu bringen. Nennen wir es gesteuerte Opposition oder notwendige Graswurzelbewegung.

Genauso blöd ist der Wunsch vieler, nach einem Kaiser und der Verfassung von 1871! Erklären Sie mir doch bitte einmal, wofür wir wieder einen Kaiser und die Verfassung von 1871 bräuchten? Haben die Menschen, welche den letzten Kaiser heute anhimmeln, vergessen, in welche Lage er das Volk brachte? Ja, er löste uns offiziell vom Vatikan, ABER verkaufte uns alle an die Rothschild-Banken! Der Nord-Ostsee-Kanal ist das beste Beispiel, den wir heute noch an diese Bankiersfamilie abzahlen! Die Verfassung von 1871 wurde durch Anwälte und Agenten von Rothschild arrangiert. Gesteuert wurden diese „Verbrechen am Volk" durch den hochgelobten und geschätzten Bismarck, ein genialer Fuchs und Täuscher!

Fakt ist, Kaiser Wilhelm II. war mindestens bisexuell oder sogar homosexuell und indirekt an der „Kotze-Affäre" beteiligt, wo es um einen gleichgeschlechtlichen Swingerclub im Grunewald ging, um nur ein Beispiel zu nennen! Dieser Kaiser hatte keine Ahnung von Politik und Menschen. Er glaubte nicht einmal, dass das Auto eine Zukunftschance hätte!

Dann sind da noch die vielen „Lichtkrieger" in den sozialen Medien, die ihre Sektenanhänger zu willfährigen Komapatienten verblenden und erzählen, dass das Jüngste Gericht schon da sei und die „Seelenlosen" richten wird. Oder die Messiasse, welche sogar ein Zeichen darin sehen, wenn in der „Bild" ein Foto ist, wo zwei Fußballer auf dem Rücken eine 11 und eine 9 tragen. Wenn man solche „Sektenführer" kritisiert, wird man sofort dämonisiert und mit Rothschild und Merkel auf eine Stufe gestellt. DAS IST ECHT KRANK!

Fangen wir endlich an zu verstehen, dass einer, der nur die halbe Wahrheit offenlegt, im Kern auch immer ein Lügner ist!

„Querdenken“ und Co. haben ihren Teil des Prozesses geleistet. Die Zeit der Führer, die sich ins Rampenlicht stellen ist vorbei. Die neue Erde wird keine Menschen brauchen, die sich ins Rampenlicht stellen und 98 Prozent Wahrheit für ausreichend halten. In der neuen Welt sollten wir nur 100 Prozent Wahrheit als ausreichend zulassen.

Wichtig ist momentan, dass wir uns nicht weiter spalten lassen! Wir müssen wieder zueinander finden. Der ganze Mist mit Geimpft und Ungeimpft, Rot oder Grün, Links oder Rechts, Schwarz oder Weiß, Mensch oder Mensch*innen, Ost oder West ist alles Schnullifax, eine Erfindung der Eliten, um die Patrioten von den Schlafschafen zu trennen, denn sie könnten ja weitere Kämpfer in ihnen erwecken.

Gehen Sie wieder auf Ihre Familienmitglieder, Freunde und Kollegen zu, welche Sie als „Spinner“ und „Aluhutträger“ bezeichneten. Nehmen Sie sie wieder in den Arm und sprechen mit ihnen über die schönen gemeinsamen Dinge der Vergangenheit, als es noch kein Corona gab! Träumen Sie ZUSAMMEN von einer besseren Zukunft!

Wir sollten endlich wieder ZUSAMMEN finden, gemeinsam lachen und zusammen unserer Ahnen gedenken, von denen wir noch so viel lernen können! Diese Ahnen werden uns dann in Zukunft zur Seite stehen und ihre schützenden Hände über uns ausbreiten!

Lassen Sie uns ZUSAMMEN das Wort „EINIGKEIT“ buchstabieren!

„Einigkeit ein festes Band, hält zusammen Leut und Land.“

(Alte deutsche Weisheit)

Mein Dank von ganzem Herzen

An dieser Stelle möchte ich mich bei meinem Verleger Nikolas Pravda bedanken, dass er so viel Geduld mit mir hatte. Vielen Dank für Ihr Vertrauen!

Ich bedanke mich bei meinem Verleger auch für die Tatsache, dass die Einreichung meines Manuskripts sich um fast 4 Monate verzögerte und somit seinen Zeitplan komplett durcheinanderwirbelte. Hoffentlich hatten Sie deswegen nicht zu viel „Puls" wegen mir.

Diese Zusammenarbeit mit Herrn Pravda hat einfach viel Spaß gemacht und war überhaupt nicht geprägt von dem Gefühl, von „Oben" herab behandelt zu werden. Es war viel mehr eine herzliche Kooperation von Mensch zu Mensch, von Seele zu Seele!

Mein nächster großer Dank geht an meine „Pre-Frau", an meine Lebensgefährtin Marion, die mir in den vergangenen Monaten des Schreibens den Rücken freigehalten hatte, den Rasen mähte und Schuld ist, dass ich 5 Kilo zugenommen hatte (wegen ihrem guten Essen und wenig Bewegung meinerseits.

Danke das du so viel Geduld mit mir hattest, wenn ich am Abend nicht abschalten konnte oder dich ständig mit meinen Themen nervte. Danke einfach für alles! Es ist schön, dass es Dich gibt!

Ach und ja, jetzt kümmere ich mich wieder mehr um unseren Garten und um unsere Zweisamkeit. Ich freue mich auch sehr auf unsere Hochzeit!

Ein ganz großer Dank geht an meinen Opa, der mir so viele Dinge lehrte, die in keinem Schulbuch zu finden sind! Du hast mir das Leben gelernt, mit deiner Weisheit und Erfahrung. Ich weiß das du von „oben" zusiehst und mir beim schreiben Ideen und Antworten gegeben hast, den Weg zeigtest.

Opa, du warst ein großartiger Mensch mit einer ebenso großen Aura, welche mich heute noch umgibt! Opa, du fehlst mir so sehr, aber ich bin mir sicher, dass wir uns irgendwann wiedersehen, auch wenn es in einer anderen Form als hier auf der Erde, sein wird!

„Alle Menschen haben das gleiche Recht zu denken, aber die wenigsten machen Gebrauch davon."

(Curt Goetz)

Über den Autor

Alfred Walter von Staufen wurde 1969 in der DDR geboren. Zunächst erlernte er den Beruf des Wasserwerkers. Nach seiner Übersiedlung 1989 in die BRD arbeitete er 14 Jahre als Kunststoffschlosser, davon 8 Jahre als Schichtleiter und 6 Jahre als Maschinenprogrammierer.
Durch eine zu spät erkannte und verschleppte Lyme-Borreliose 2003, welche sich später zu einer chronischen Borreliose entwickelte, inklusive Gelenkschäden, hängte von Staufen seinen Beruf an den Nagel und gründete erfolgreich eine Webagentur, welche er krankheitsbedingt 2017 aufgeben musste.
Seit 2003 suchte A.W. von Staufen nach der Vergangenheit seiner Herkunft und Familie und stieß dabei auf sehr viele Ungereimtheiten in der Historie und Gegenwart.
2020 begann er kleinere Artikel für PRAVDA-TV und weitere alternative Medien zu schreiben, wobei er schnell die Kapazitätsgrenzen von Beiträgen überschritt. Da die geschichtlichen und momentanen sichtbaren Geschehnisse zu nah beieinander liegen und miteinander verbunden sind, was jedoch nicht in einzelnen Artikeln wegen der Fülle an Informationen geschrieben werden konnte, entschloss sich A.W. von Staufen einen Verlag zu suchen, um die vermutlich wahre Geschichte in einem Buch zu verfassen.
Nikolas Pravda von PRAVDA-TV war sofort von dieser Idee begeistert und sagte eine Zusammenarbeit für ein Buch sofort zu.
Momentan sammelt von Staufen Informationen für das 2022 erscheinende Nachfolgebuch (Arbeitstitel):
„Blutlinien – Die Nachkommen der Pharaonen“ / Ritter - Minnen – Superstars

Kontakt: kontakt@lesereich.shop

NIKOLAS PRAVDA
HOLLYWOOD
CODE
Kult, Satanismus und Symbolik –
wie Filme und Stars die Menschheit
manipulieren
NEUE
ENTHÜLLUNGEN
VON
PRAVDA TV

EIN DETAILLIERTER BLICK HINTER DEN SCHLEIER DER SUBTILEN MANIPULATION DURCH DIE (ALB)TRAUMFABRIK

Filme sind moderne Märchen, Legenden die uns in eine Phantasiewelt entführen, emotional berühren und in manchen Fällen erziehen und aufwecken sollen. Es liegt einzig und allein am jeweiligen Betrachter, ob er die bewegten Bilder mit wachen oder schlafenden Augen wahrnimmt. Genau hier setzt dieses Buch an. Wir nehmen Sie mit auf eine Reise, die Ihnen zeigen wird, wie Geheimdienste, ja gar Militärs Einfluss nehmen auf Hollywood-Produktionen.

Bereits in frühen Filmklassikern wie Metropolis oder der Zauberer von Oz wurde mit okkulter Symbolik und ägyptischer Mythologie gearbeitet, die auf verborgenes Wissen und Rituale von Geheimgesellschaften wie Freimaurern und Illuminati verweisen. Indem wir den roten Faden aufnehmen und weiterverfolgen, erfahren Sie bei diesem Trip durch die Filmhistorie, wie Astrotheologie und Esoterik in Blockbustern wie Star Wars, Zurück in die Zukunft, James Bond, Matrix und Harry Potter integriert und verwendet werden.

Selbst so vermeintlich harmlose Unterhaltungsfilme wie die des Disney-Konzerns, sind in Wahrheit gespickt mit okkulten Symbolen und krankhaften sexuellen Anspielungen, die in Kinderfilmen eigentlich nichts zu suchen haben, wenn es dabei in erster Linie um das Kindeswohl gehen soll.

Als beispielhaft dafür, welche Zukunft die Machteliten stattdessen in Form des sogenannten „Tiefen Staates“ für die Menschheit vorgesehen haben, sei an dieser Stelle noch auf die propagandistischen Avengers-Machwerke hingewiesen, die voller Verweise auf in der Realität betriebene Agenden wie Künstliche Intelligenz und Transhumanismus bis hin zu milliardenfacher Entvölkerung sind.

Letztendlich ist somit auch im Kino nichts, wie es scheint, denn hinter dem Schein verbergen sich Codes und Agenden, welche die Produzenten und Regisseure bewusst in die Filme integriert haben, mit dem Ziel, sich in unseren Köpfen festsetzen und unser Unterbewusstsein zu manipulieren, damit das Publikum kritiklos und passiv ihre Pläne für die Menschheit hinnimmt.

Mit diesem Buch bekommen Sie daher als filminteressierter Leser einen Leitfaden an die Hand, um besser durch die manipulative Bildmatrix navigieren und selbst entscheiden zu können, was Sie sowohl Ihren eigenen Augen und Ohren sowie Ihrem Gehirn und Herzen antun wollen als auch denen Ihrer Kinder und Enkelkinder.

Wir wünschen Ihnen spannende Einblicke hinter die Kulissen der einflussreichen Filmindustrie, die Sie in die Lage versetzen, selbstbestimmte Entscheidungen darüber zu treffen, welche Filme Sie künftig entweder einschläfern oder aufwecken!

Bonusmaterial: Die Rache der 12 Monkeys, Contagion und Coronavirus, oder wie aus Fiktion Realität wird

NIKOLAS
PRAVDA
DER
MUSIKCODE
Frequenzen, Agenden und Geheimdienste –
zwischen Bewusstsein und Sex, Drugs & Mind Control

EIN FUNDIERTER ÜBERBLICK ÜBER DIE BEEINFLUSSUNG VON KÖRPER UND GEIST DURCH MUSIK UND FREQUENZEN

Die allermeisten Menschen mögen Musik und können dadurch auf seelischer, emotionaler und geistiger Ebene zutiefst berührt werden, sodass Musik ebenso Ausdruck größter Freude, Trauer oder Wut sein kann. Angenehme und harmonische Klänge können heilen, unangenehme und disharmonische aber auch krank machen.

Das vorliegende Buch soll daher zu einem kritischeren Umgang mit Musik anregen und ein Bewusstsein für deren vielfältige Einflüsse auf Körper und Geist schaffen.

In praktisch allen Lebenslagen sind wir mal mehr, mal weniger harmonischen Klängen und Frequenzen ausgesetzt, zumal wir die Ohren nicht einfach schließen können, wie die Augen.

Die wenigsten Menschen sind sich der Tatsache bewusst, dass ein Großteil der Musik durch Geheimgesellschaften, Militär und Geheimdienste in einer Weise beeinflusst ist, durch die das Publikum – insbesondere in Verbindung mit Drogen, unterschwelligen Botschaften und Bewusstseinskontrolle – zugunsten ihrer jeweiligen Agenda manipuliert werden soll.

Angefangen von der Prägung klassischer Komponisten wie Mozart, Beethoven und Wagner durch Freimaurer und Illuminaten, spannt das Buch einen großen historischen Bogen über die allgemeinen Einflüsse der Nationalsozialisten, Rockefellers und Militärs auf den Umgang mit Musik und Frequenzen; Aldous Huxleys, des Tavistock-Instituts und des Schwarzen Adels auf die sog. „britische Invasion“ in Form von Bands wie den Beatles und Rolling Stones; der CIA und ihres MKULTRA-Programms sowie von Drogen wie LSD auf die Hippie-Bewegung; den mysteriösen

Zusammenhängen zwischen den Beatles und den Manson-Morden sowie letzteren mit dem Mord an John Lennon; bis hin zum Zusammenhang zwischen der Entwicklung der MKULTRA-Gedankenkontrolle durch Josef Mengele mit deren Weiterentwicklung in Form der Monarch-Gedankenkontrolle bei aktuellen US-amerikanischen Popstars.

Als Zugabe ist ein Kapitel über aktuelle Ereignisse im Zusammenhang mit der Corona-Krise angefügt, wozu etwa Veranstaltungen wie „One World: Together at Home" mit Lady Gaga oder öffentliche Auftritte Madonnas zur Unterstützung der weltweiten Anti-Corona-Maßnahmen gehören, und woran deutlich wird, wie sehr die damit massiv vorangetriebene Agenda in Form der Neuen Weltordnung von solchen Popstars propagiert wird.

Durch eine detaillierte Analyse der im Hintergrund wirkenden Programme und Strippenzieher wird enthüllt, dass sogenannte „Genies" und „Popstars" häufig nichts weiter sind als fremdbestimmte Marionetten, um deren künstlerische Freiheit es kaum besser bestellt ist als um die Meinungsfreiheit in den mittlerweile stark zensierten sozialen Medien und Mainstream-Medien.

EINE TIEFERGEHENDE ANALYSE VON UNTERIRDISCHEN ANLAGEN UND EXPERIMENTEN DIE WIR UNS KAUM VORSTELLEN KÖNNEN

DUMBs („Deep Underground Military Bases") sind den meisten Menschen unbekannt, kein Wunder, denn sie liegen verborgen in tausend Metern Tiefe und beherbergen Hochtechnologie, die wir nur aus Science-Fiction-Filmen kennen.

Dieses Buch ist ein Reiseführer beginnend in der Vergangenheit der Menschheit, denn nicht nur die Erde erschuf natürliche Höhlen und Tunnel, sondern bereits unsere Vorfahren gruben ganze Städte mit einer Infrastruktur, die bis heute die Wissenschaftler vor ein Rätsel stellt

Angefangen in Amerika, über Asien, oder Ägypten, bis nach Österreich, denn dort gibt es unterirdische Gänge, die offensichtlich mit der Präzision heutiger Maschinen gefräst wurden. Selbst in einer Höhle in China finden sich Steinwände, die geschnitten sind, als ob es bereits vor Äonen Lasertechnik gab.

Die modernen DUMBs sind teilweise als Top Secret eingestuft, bei manchen handelt es sich um in der Öffentlichkeit bekannte Militärbasen, Regierungszentralen oder Flughäfen, welche jedoch ihre eigentlichen Geheimnisse im Inneren, in mehrere Stockwerke tiefen Anlagen verbergen, die mit Tunneln verbunden sind – nicht nur unter den USA, sondern auch in Russland und Deutschland.

Mancher hat schon von der Area 51, und Fort Detrick – dem angeblichen Ursprungsort des Coronavirus' – in den USA gehört, oder von Pine Gap in Australien, doch nur wenige wissen von den DUMBs unter Washington DC, Stuttgart und Berlin.

Mutige Whistleblower gaben ihr Leben, andere werden bedroht, zum Schweigen gebracht, oder suchen den Schutz der Öffentlichkeit, um die vertuschten Projekte der Kabale ans Licht der Welt zu bringen – wie die Experimente im Montauk-Projekt, die vermeintlich weltweit aus Bunkern und Tunneln geretteten Kinder oder die Klon-Basen der Illuminati, die auf Bestellung Präsidenten, Popstars oder Hollywood-Schauspieler reproduzieren.

Das Militär und die Wissenschaft gehen Hand in Hand, um die Öffentlichkeit im Glauben zu lassen, dass das weltweite HAARP-Netzwerk rein zur Erforschung unseres Planeten im Betrieb ist, doch die Anlagen in den USA, Russland und Europa haben tatsächlich einen düsteren und dystopischen Kern.

Es gibt nicht nur Städte, Bunker und Tunnel im Untergrund die militärischen und/oder wissenschaftlichen Zwecken dienen, nein, die Superreichen, die selbsternannte Elite bauen seit Jahrzehnten individuelle Verstecke, da sie offenbar alle über Geheimwissen verfügen, demzufolge die Erde von einer globalen Katastrophe heimgesucht werden wird.

Begleiten Sie uns auf die Reise zum Mittelpunkt der DUMBs und zu den geheimen Orten verborgener Experimente!

Quellenverzeichnis

(1) Andre Blank: „Die Geheimnisse der Gesundheit - Für Körper, Seele und Geist“
(2) https://www.derstandard.de/story/2000106381663/pentagon-soll-an-zecken-als-biowaffe-geforscht-haben
(3) https://www.welt.de/regionales/bayern/article170051186/Diebstahl-aus-Hunger-Rentnerin-muss-ins-Gefaengnis.html
(4) https://www.swr.de/swraktuell/baden-wuerttemberg/heilbronn/lidl-kaufland-test-zentren-corona-100.html
(5) https://www.ruhr24.de/service/corona-testzentrum-kaufland-lidl-test-termin-kostenlos-deutschland-ecocare-heilbronn-2021-90274438.html
(6) https://www.24rhein.de/leben-im-westen/shopping/lidl-kaufland-coronavirus-schnelltest-zentrum-standorte-nrw-ueberblick-90467627.html
(7) https://www.br.de/nachrichten/deutschland-welt/pressefoerderung-geld-von-google-und-vom-staat,SHdGvtR
(8) https://www.spiegel.de/backstage/fragen-und-antworten-zur-foerderung-durch-die-bill-and-melinda-gates-stiftung-a-dac661f6-210a-4616-b2d2-88917210fed4
(9) https://www.brauchwiki.de/walz/
(10) https://de.wikipedia.org/wiki/Geschichte_der_Deutschen_Demokratischen_Republik
(11) http://www.beyars.com/mobile/kunstlexikon/alexikon_8834.html
(12) https://reitschuster.de/post/doppelmoral-im-bundestag-notstand-verordnen-und-selbst-auf-regeln-pfeifen/
(13) https://www.bild.de/politik/inland/politik-inland/nach-kritik-an-der-corona-politik-hass-angriffe-gegen-die-kritischen-schauspiele-76165642.bild.html
(14) https://www.bild.de/politik/inland/politik-inland/nach-kritik-an-der-corona-politik-hass-angriffe-gegen-die-kritischen-schauspiele-76165642.bild.html
(15) https://www.n-tv.de/leute/Regisseur-von-allesdichtmachen-Dietrich-Brueggemann-Wir-unterwerfen-uns-absurden-Regeln-article22512402.html
(16) https://www.codesria.org/IMG/pdf/informationsblatt_zersetzung.pdf
(17) https://sagwas.net/pro-contra/luegen-als-legitimes-mittel-der-politik/luegen-gegen-die-demokratie/
(18) https://de.wikipedia.org/wiki/Byzantinisches_Reich
(19) https://de.wikipedia.org/wiki/Thraker
(20) https://www.bild.de/unterhaltung/leute/leute/skandal-bei-duell-um-die-welt-moderator-soll-sich-selbst-verspeisen-75556638.bild.html
(21) https://de.wikipedia.org/wiki/%C3%96ffentlichkeitsarbeit
(22) https://de.wikipedia.org/wiki/Kongregation_f%C3%BCr_die_Evangelisierung_der_V%C3%B6lker
(23) https://www.t-online.de/digital/handy/id_89011420/apple-so-viel-kostet-ein-iphone-12-in-der-produktion-.html
(24) https://www.wuv.de/marketing/apple_faehrt_werbeausgaben_hoch

(25) https://www.mdr.de/meine-schlagerwelt/maite-kelly-roland-kaiser-warum-hast-du-nicht-nein-gesagt-100.html
(26) https://de.wikipedia.org/wiki/Ernst_%26_Young
(27) https://de.wikipedia.org/wiki/The_Great_Reset Kapelle
(28) https://www.rechnungswesen-verstehen.de/lexikon/marxismus.php
(29) https://www.juedische-allgemeine.de/politik/jude-antisemit-und-hassobjekt/
(30) https://www.volksstimme.de/deutschland-und-welt/was-haben-gunther-jauch-und-karl-marx-gemein-1031435
(31) Baruch Levy, Brief an Karl Marx, "La Revue de Paris", S. 574, 1. Juni 1928
(32) https://de.wikipedia.org/wiki/Monsanto
(33) https://www.fr.de/rhein-main/main-kinzig-kreis/corona-testpflicht-schule-schulamt-hanau-drohung-kindesentzug-90468181.html
(34) http://endoftheamericandream.com/archives/the-2030-agenda-this-month-the-un-launches-a-blueprint-for-a-new-world-order-with-the-help-of-the-pope
(35) https://t.me/mindofheart/19499?single
(36) https://www.finanzen100.de/finanznachrichten/wirtschaft/debatte-um-schweizer-konzern-hat-der-nestle-chef-wirklich-einmal-gesagt-wasser-sei-kein-menschenrecht_H2029013325_546809/
(37) https://www.stern.de/wirtschaft/news/nur-200-dollar-entnahmegebuehr---so-saugt-nestl%C3%A9-eine-gegend-trocken-7477578.html
(38) http://endoftheamericandream.com/archives/the-2030-agenda-this-month-the-un-launches-a-blueprint-for-a-new-world-order-with-the-help-of-the-pope
(39) wie (38)
(40) wie (38)
(41) wie (39)
(42) https://de.wikipedia.org/wiki/Codex_Alimentarius
(43) https://www.gmx.ch/magazine/gesundheit/krebs-vitamin-d-jaehrlich-30000-todesfaelle-verhindern-35574544
(44) https://www.spiegel.de/gesundheit/ernaehrung/coronavirus-bundesinstitut-empfiehlt-vitamin-d-pillen-nur-in-ausnahmefaellen-a-cfa21f80-b977-4005-9463-0e6981344c2e
(45) https://www.apotheke-adhoc.de/nachrichten/detail/pharmazie/bfr-warnt-vor-vitamin-d-gegen-corona/
(46) https://www.businessinsider.de/wissenschaft/bfr-schwenkt-um-hilft-die-gabe-von-vitamin-d-doch-gegen-covid-19-b/
(47) https://www.gmx.net/magazine/ratgeber/essen-trinken/experten-hoehere-dosierungen-aerztlicher-kontrolle-35820460
(48) https://www.br-klassik.de/themen/bayreuther-festspiele/geschichte/wagner-geschichte-102.html
(48) https://www.merkur.de/welt/corona-vitamin-d-schutz-nahrungsergaenzung-gefahr-risikogruppe-90612279.html
(49) https://de.wikipedia.org/wiki/%C3%96ffentlichkeitsarbeit

(50) https://de.wikipedia.org/wiki/Edward_Bernays
(51) https://de.wikipedia.org/wiki/Ivy_Lee
(52) https://de.wikipedia.org/wiki/Staat_im_Staate
(53) https://de.wikipedia.org/wiki/Jimmy_Wales
(54) https://juedischerundschau.de/article.2021-01.wie-anetta-kahane-in-der-ddr-juden-denunzierte.html
(55) https://de.wikipedia.org/wiki/Baal_(D%C3%A4mon)
(56) https://de.wikipedia.org/wiki/Jahbulon
(57) https://steemkr.com/hiddenhand/@wolvoman80/the-hidden-hand
(58) https://de.wikipedia.org/wiki/Stiftung_Preu%C3%9Fischer_Kulturbesitz
(59) https://de.wikipedia.org/wiki/Hermann_Parzinger
(60) https://de.wikipedia.org/wiki/Greif
(61) https://de.wikipedia.org/wiki/Skythen
(62) https://de.wikipedia.org/wiki/Goldenes_Vlies
(63) https://de.wikipedia.org/wiki/Goldenes_Kalb
(64) https://de.wikipedia.org/wiki/Goldene_Horde
(65) https://de.wikipedia.org/wiki/Pour_le_M%C3%A9rite
(66) Stefan F. / Wahlgrundkurs „Jüdische Geschichte und Kultur“ 1999/2000 / http://www.judentum-projekt.de/geschichte/neuzeit/hof/index.html
(67) https://de.wikipedia.org/wiki/Templerorden
(68) https://de.wikipedia.org/wiki/Vox_in_excelso
(69) Joachim Fest: „Hitler“, 1973, Seite 122
(70) Joseph Goebbels "Der Nazi-Sozi", 1932, S. 10
(71) Deutschland-Magazin 7/97
(72) https://www.nd-aktuell.de/artikel/324986.spd-mit-abstand-reichste-partei.html
(73) https://www.deutschlandfunk.de/das-unternehmensimperium-der-spd.724.de.html?dram:article_id=97247
(74) https://www.wallstreet-online.de/diskussion/500-beitraege/628037-1-500/spd-die-reichste-partei-europas-oder-sogar-der-welt
(75) https://vault.fbi.gov/protocols-of-learned-elders-of-zion
(76) https://de.wikipedia.org/wiki/Berner_Prozess
(77) https://www.presseportal.de/pm/24571/4796467
(78) https://www.dw.com/en/bolkovac-un-tries-to-cover-up-peacekeeper-sex-abuse-scandal/a-19082815
(79) https://www.reddit.com/r/worldnews/comments/48gdhn/bolkovac_un_tries_to_cover_up_peacekeeper_sex
(80) https://de.wikipedia.org/wiki/Kathryn_Bolkovac
(81) https://de.wikipedia.org/wiki/Denkfabrik
(82) https://dewiki.de/Lexikon/Adam_Weishaupt
(83) https://de.wikipedia.org/wiki/Rothschild_(Familie)
(84) https://de.wikipedia.org/wiki/Mayer_Amschel_Rothschild
(85) https://de.wikipedia.org/wiki/Symbole_des_Christentums

(86) https://de.wikipedia.org/wiki/Rosen
(87) Internationales Freimaurer-Lexikon von Eugen Lennhoff und Oskar Posner (1932)
(88) https://de.wikipedia.org/wiki/Schweigerose
(89) https://de.wikipedia.org/wiki/Turkologie
(90) https://de.wikipedia.org/wiki/Etruskische_Namensgebung
(91) Internationales Freimaurer-Lexikon von Eugen Lennhoff und Oskar Posner (1932)
(92) Verlag des Vereins deutscher Freimaurer, Leipzig
(93) Internationales Freimaurer Lexikon
(94) https://de.wikipedia.org/wiki/Rosenholz-Dateien
(95) https://de.wikipedia.org/wiki/Aleksander_Radler
(96) wie (95)
(97) https://de.wikipedia.org/wiki/Rosenkriege
(98) https://de.wikipedia.org/wiki/Schloss_Ferri%C3%A8res
(99) https://de.wikipedia.org/wiki/Orsini
(100) https://de.wikipedia.org/wiki/B%E2%80%99nai_B%E2%80%99rith
(101) https://de.wikipedia.org/wiki/Christlicher_Verein_Junger_Menschen
(102) https://www.merkur.de/politik/corona-gipfel-angela-merkel-lockdown-kanzlerin-priesemann-kekule-virologen-wissenschaftler-regeln-frisoere-90173851.html
(103) https://www.ndr.de/nachrichten/schleswig-holstein/Landtag-verabschiedet-neues-Polizeigesetz-fuer-SH,polizeigesetz396.html
(104) https://www.tagesspiegel.de/gesellschaft/30-000-verdaechtige-im-fall-bergisch-gladbach-sie-gaben-sich-gegenseitig-tipps-um-kinder-zu-quaelen/25960824.html
(105) https://www.domradio.de/themen/sexualisierte-gewalt/2021-06-30/moralische-und-politische-pflicht-fuer-staat-und-gesellschaft-steinmeier-will-mehr-anstrengung-bei
(106) https://de.wikipedia.org/wiki/Sachsensumpf
(107) https://www.saechsische.de/plus/das-ueberraschende-ende-der-sachsensumpf-affaere-5159522.html
(108) https://www.welt.de/print-welt/article378210/Kinderpornographie-Stasi-erpresste-Politiker.html
(109) https://www.focus.de/politik/deutschland/tid-32897/erste-ergebnisse-zu-paedophilie-studie-gruene-kaempften-jahrelang-fuer-liberalisierung-von-sex-mit-kindern_aid_1069856.html
(110) https://de.wikipedia.org/wiki/High_Frequency_Active_Auroral_Research_Program
(111) http://talsperren.net/Fullstande/fullstande.html
(112) https://www.tagesschau.de/ausland/europa/klimapaket-eu-103.html
(113) https://twitter.com/vonDaeniken/status/1415308718120611842
(114) https://www.bild.de/politik/inland/politik-inland/hochwasser-kritik-an-oeffentlich-rechtlicher-berichterstattung-77095106.bild.html
(115) https://de.wikipedia.org/wiki/Susanna_Ohlen
(116) https://www.bild.de/politik/inland/politik-inland/hochwasser-expertin-

bundesregierung-wurde-tage-vor-der-flut-gewarnt-77118616.bild.html
(117) https://www.journalistenwatch.com/2021/07/16/dank-deutschlands-hilfsbereitschaft/
(118) https://www.spiegel.de/politik/deutschland/steinmeier-beim-holocaust-gedenken-kommentar-a-4a8c7c20-444e-43a8-a54c-0531a63239c8
(119) https://www.t-onli-ne.de/nachrichten/panorama/katastrophen/id_90467126/flutkatastrophe-in-rheinland-pfalz-merkel-vor-ort-surreal-gespenstisch-.html
(120) https://twitter.com/vonDaeniken/status/1415615304777019393
(121) https://twitter.com/kachelmann/status/1417464562568339457?s=21
(122) Deutschlandfunk via Twitter
(123) https://twitter.com/visevic/status/1416412936747225092
(124) https://www.wochenblick.at/laschet-cdu-strich-2019-soforthilfe-fuer-unwetter-opfer/
(125) https://www.freiepresse.de/nachrichten/deutschland/berlin-beantragt-fluthilfe-aus-bruessel-artikel11613748
(126) https://www.zdf.de/nachrichten/wirtschaft/corona-impfstoff-bund-foerderung-100.html
(127) https://www.tagesschau.de/wirtschaft/unternehmen/regionalflughaefen-krise-unterstuetzung-bund-101.html
(128) https://deutsche-wirtschafts-nachrichten.de/513461/525-Millionen-Euro-EU-Kommission-billigt-umstrittene-deutsche-Staatshilfe-fuer-Condor
(129) https://www.faz.net/aktuell/wirtschaft/unternehmen/bund-stuetzt-galeria-karstadt-kaufhof-mit-460-millionen-17168674.html
(130) https://www.rundschau-online.de/news/wirtschaft/kreise--scholz-stockt-foerderprogramm-fuer-ladesaeulen-auf-38910920
(131) https://www.wiwo.de/unternehmen/industrie/coronahilfen-58-millionen-bund-beteiligt-sich-am-stahlproduzenten-georgsmarienhuette-/27022042.html
(132) https://www.rheinpfalz.de/lokal/pfalz-ticker_artikel,-rund-56-millionen-euro-corona-hilfe-für-profisport-geflossen-_arid,5224287.html
(133) Manager-Magazin
(134) COMPACT 08/2021 (https://www.compact-shop.de/shop/compact-magazin/compact-8-2021-die-schwule-republik-eliten-transen-gender-irre/)
(135) https://www1.wdr.de/nachrichten/rheinland/duesseldorf-ordnungsamt-strafzettel-hochwasser-100.html
(136) https://twitter.com/bild/status/1417038297432530946?s=21
(137) https://www.faz.net/aktuell/gesellschaft/gesundheit/coronavirus/behoerden-warnen-vor-corona-ausbreitung-in-katastrophengebieten-17445537.html
(138) https://www.sat1.de/tv/fruehstuecksfernsehen/video/angst-vor-superspreader-event-corona-ausbruch-in-flutgebieten-befuerchtet-clip
(139) https://www.nordbayern.de/panorama/flutgebieten-droht-nachste-katastrophe-rettung-als-superspreader-event-1.11230177

(140) https://www.zeit.de/news/2021-07/20/bewaeltigung-der-katastrophe-kein-superspreader-event-werden
(141) https://www.t-online.de/region/duesseldorf/news/id_90476478/bewaeltigung-der-katastrophe-kein-superspreader-event-werden.html
(142) https://www.noz.de/deutschland-welt/vermischtes/artikel/2370465/nach-flutkatastrophe-behoerden-warnen-vor-superspreader-event
(143) https://www.svz.de/deutschland-welt/panorama/Nach-Flutkatastrophe-Behoerden-warnen-vor-Superspreader-Event-id32983927.html
(144) https://www.rundschau-online.de/news/aus-aller-welt/corona-newsblog-sieben-tages-inzidenz-steigt-seit-zwei-wochen-kontinuierlich-an-33802408?cb=1626767261891
(145) https://www.rundschau-online.de/region/corona-in-nrw-sorge-um-steigende-infektionen-nach-flut-katastrophe---inzidenz-steigt-36439428
(146) https://www.stuttgarter-zeitung.de/inhalt.coronagefahr-bewaeltigung-der-flut-katastrophe-soll-kein-superspreader-event-werden.bcc00183-f54b-432c-9bc9-119c0313b250.htmlerkatastrophe-superspreaderevent-_arid,644096.html
(147) https://www.berchtesgadener-anzeiger.de/startseite_artikel,-wird-bewaeltigung-der-hochwasserkatastrophe-superspreaderevent-_arid,644096.html
(148) https://www.ted.com/talks/bill_gates_innovating_to_zero?language=de
(149) https://www.globalresearch.ca/18928-dead-1-8-million-injured-50-serious-reported-in-european-unions-database-of-adverse-drug-reactions-for-covid-19-shots/5750722
(150) https://de.wikipedia.org/wiki/Anne_Spiegel
(151) https://express.deutsche-wirtschafts-nachrichten.de/513364/Markus-Soeder-Wer-Klimaveraenderungen-leugnet-versuendigt-sich-an-der-naechsten-Generation
(152) https://de.wikipedia.org/wiki/Wolfgang_Niedecken
(153) https://www.express.de/koeln/wolfgang-niedecken-koelner-aergert-sich-ueber-klima-leugner-69162
(154) https://de.m.wikipedia.org/wiki/Frankfurter_Schule
(155) https://www.rnd.de/promis/hochwasserkatastrophe-heino-evelyn-burdecki-und-co-diese-promis-sind-direkt-betroffen-OJNXVV26Z5FWZE377FHAYRBEIY.html
(156) https://de.wikipedia.org/wiki/Burg_Kreuzberg_(Rheinland-Pfalz)
(157) https://de.wikipedia.org/wiki/Obedienzritter
(158) https://de.wikipedia.org/wiki/Gro%C3%9Fhospitalier_des_Malteserordens
(159) https://de.wikipedia.org/wiki/Souver%C3%A4ner_Malteserorden
(160) https://de.wikipedia.org/wiki/Gro%C3%9Fkanzler_des_Malteserordens
(161) https://de.wikipedia.org/wiki/P%C3%A4pstlicher_Rat_Cor_Unum
(162) https://de.wikipedia.org/wiki/Alb_Freiherr_von_Boeselager
(163) https://www.kreis-ahrweiler.de/kvar/VT/hjb1954/hjb1954.8.htm
(164) https://de.wikipedia.org/wiki/Lorenz_Betzing
(165) https://www.burg-namedy.com/historie/
(166) https://de.wikipedia.org/wiki/Von_der_Leyenscher_Hof_(Koblenz)

(167) https://www.welt.de/vermischtes/article175727243/Koblenz-Kopf-von-enthauptetem-Obdachlosen-gefunden.html
(168) https://de.wikipedia.org/wiki/Der_Blaue_Reiter
(169) https://de.wikipedia.org/wiki/Hildegard-Medizin
(170) https://www.bw-freimaurer.de/termin/gotik-schwarze-madonnen-und-freimaurerei/
(171) https://www.freimaurer-wiki.de/index.php/Jakobsleiter
(172) https://www.rnd.de/promis/thomas-anders-uber-wendler-und-co-bei-corona-leugnern-werde-ich-aggressiv-YBO5GZY4LVAWNCFSB7PTTYFLCQ.html
(173) https://www.kronenacker.de/historisches/rheinwiesenlager/
(174) https://www.augsburger-allgemeine.de/dillingen/Angenehmer-Abend-mit-Ulrich-Wickert-id44337116.html
(175) https://de.wikipedia.org/wiki/Stuxnet
(176) https://de.wikipedia.org/wiki/Simatic#Simatic_S7
(177) https://de.wikipedia.org/wiki/Flugzeugkollision_von_%C3%9Cberlingen
(178) https://www.airliners.de/die-flugzeugkatastrophe-von-uberlingen/12374
(179) https://de.wikipedia.org/wiki/Nordossetien-Alanien
(180) https://www.freimaurer-wiki.de/index.php/Schl%C3%BCssel
(181) https://www.freimaurer-wiki.de/index.php/Eleusinische_Mysterien
(182) https://de.wikipedia.org/wiki/Christoph_Metzelder
(183) https://reifenpresse.de/2018/11/14/reiner-calmund-beim-partnertreff-von-reifen-stiebling/
(184) https://www.dw.com/en/darknet-cybercrime-servers-hosted-in-former-nato-bunker-in-germany/a-50618469
(185) https://www.spiegel.de/politik/so-einer-ist-unverzichtbar-a-2e4145ef-0002-0001-0000-000013500338
(186) https://www.nordkurier.de/aus-aller-welt/todesschuetze-von-hanau-war-bundesanwaltschaft-bekannt-2138487602.html
(187) https://de.wikipedia.org/wiki/Christian_Klar
(188) https://www.spiegel.de/kultur/literatur/ddr-schriftsteller-volker-braun-und-das-stasi-theater-a-99987.html
(189) https://taz.de/Wolf-Biermann-im-Berliner-Ensemble/!5029137/
(190) https://www.tagesspiegel.de/politik/buback-mord-politiker-draengen-schaeuble-auf-freigabe-der-raf-geheimakten/1594252.html
(191) https://de.wikipedia.org/wiki/Talentfamilie
(192) https://de.wikipedia.org/wiki/Bund_Neudeutschland
(193) https://de.wikipedia.org/wiki/G%C3%BCnther_(Schiff)
(194) wie (193)
(195) https://de.wikipedia.org/wiki/Franz-Peter_Tebartz-van_Elst
(196) wie (195)
(197) https://de.wikipedia.org/wiki/Deutscher_Adel
(198) https://wiki.sonnenstaatland.com/wiki/Maik_Geikler

(199) https://www.friedrich-maik.com
(200) wie (199)
(201) wie (199)
(202) http://recentr.com/2019/07/03/von-der-leyen-aus-einem-clan-der-welfen-diener-soll-eu-kommissionpraesidentin-werden/
(203) https://de.wikipedia.org/wiki/James_Ladson
(204) https://de.wikipedia.org/wiki/Sigurd_Debus
(205) http://recentr.com/2021/04/20/baerbock-stammt-aus-der-adeligen-kaderschmiede-biicl/
(206) https://annalena-baerbock.de/leichte-sprache
(207) https://de.wikipedia.org/wiki/Symbole_des_Christentums
(208) https://de.wikipedia.org/wiki/Lena_Meyer-Landrut
(209) https://de.wikipedia.org/wiki/Lilie_(Heraldik)
(210) https://de.wikipedia.org/wiki/Detlef_Scheele
https://de.wikipedia.org/wiki/Detlef_Scheele
(211) https://www.express.de/news/ist-das-gerecht-bosse-der-bundesagentur-fuer-arbeit-gehalt-verdoppelt-54959
(212) https://www.merkur.de/politik/zuwanderung-arbeitsagentur-dringt-auf-400-000-arbeiter-zr-90939693.html
(213) https://www.leopoldina.org/politikberatung/arbeitsgruppen/abgeschlossene-arbeitsgruppen/psychische-gesundheit-gefluechteter/symposium-flucht-und-migration/
(214) http://recentr.com/2021/04/20/baerbock-stammt-aus-der-adeligen-kaderschmiede-biicl/
(215) https://annalena-baerbock.de/leichte-sprache
(216) https://de.wikipedia.org/wiki/Symbole_des_Christentums
(217) https://de.wikipedia.org/wiki/Lena_Meyer-Landrut
(218) https://de.wikipedia.org/wiki/Lilie_(Heraldik)
(219) https://de.wikipedia.org/wiki/Baum_des_Lebens
(220) https://de.wikipedia.org/wiki/Heiliger_Baum_von_Eridu
(221) https://www.katholisch.de/artikel/3914-vom-altar-auf-die-buehne
(222) https://de.wikipedia.org/wiki/Stefan_Raab
(223) https://www.vermoegenmagazin.de/stefan-raab-vermoegen/
(224) https://de.wikipedia.org/wiki/Stefan_Raab
(225) http://www.elton-hilft.de/
(226) https://de.wikipedia.org/wiki/M.M.Warburg_%26_CO
(227) https://www.manager-magazin.de/politik/der-scholz-der-gar-nichts-wusste-a-27b7b06c-4a6d-46ce-9ce1-f49e0d223c19
(228) https://de.wikipedia.org/wiki/Friede_Springer
(229) https://www.ndr.de/geschichte/chronologie/Mai-1972-RAF-Anschlag-auf-Springer-Hochhaus-in-Hamburg,rafanschlag101.html
(230) https://www.ndr.de/geschichte/chronologie/Mai-1972-RAF-Anschlag-auf-Springer-Hochhaus-in-Hamburg,rafanschlag101.html

(231) wie (230)
(232) https://de.wikipedia.org/wiki/Hans-Christian_Str%C3%B6bele
(233) https://www.tagesspiegel.de/berlin/baader-befreiung-am-14-mai-1970-die-geburtsstunde-der-raf-schlug-in-einer-berliner-villa/25826250.html
(234) https://www.maz-online.de/Lokales/Brandenburg-Havel/Erinnerung-an-Wilhelm-Zaisser-den-ersten-Stasi-Chef-Gedenkveranstaltung-zum-17.-Juni-1953-am-historischen-Ort-in-Brandenburg-an-der-Havel
(235) https://www.handelsblatt.com/politik/deutschland/christian-stroebele-stasi-vorwuerfe-bringen-gruenen-urgestein-unter-druck/4458298.html?ticket=ST-6170298-eZ-FLgSD7hG7pOcv19cV7-ap2
(236) https://de.wikipedia.org/wiki/Sankt_Michaelisdonn
(237) https://de.wikipedia.org/wiki/Michael_(Erzengel)
(238) https://de.wikipedia.org/wiki/Michael_(Erzengel)
(239) https://www.grin.com/document/345556
(240) http://www.internetloge.de/symhandb/symb03.htm
(241) https://www.google.com/search?client=firefox-b-d&q=mithra
(242) https://de.wikipedia.org/wiki/Tanach
(243) https://de.wikipedia.org/wiki/Heide_(Holstein)
(244) https://de.wikipedia.org/wiki/Heilige_Lanze
(245) https://dewiki.de/Lexikon/Drache_(Mythologie)
(246) wie (245)
(247) https://pateo.nl/HTML/EN/PateoPedia/Individuals.htm
(248) https://de.wikipedia.org/wiki/Nusku
(249) https://de.wikipedia.org/wiki/Hahn_(Wappentier)
(250) Buch: „Freimaurer für Dummies"
(251) https://www.verben.de/substantive/Glaubensfrage.htm
(252) https://m.facebook.com/watch/?v=492339272080906&
(253) https://www.hiig.de/wissenschaft-gesellschaft/
(254) https://de.wikipedia.org/wiki/Produktion
(255) https://freimaurer-wiki.de/index.php/Dowland-Manuskript
(256) wie (255)
(257) https://www.faz.net/aktuell/wirtschaft/mehr-wirtschaft/impfpflicht-von-leopoldina-forscher-armin-falk-gefordert-17460074.html
(258) https://de.wikipedia.org/wiki/Spanische_Grippe
(259) wie (258)
(260) https://www.tagesspiegel.de/politik/forscher-zur-debatte-um-impfpflicht-allgemeinheit-muss-zahlen-fuer-traegheit-und-dummheit-der-impfgegner/27466542.html
(261) https://www.sueddeutsche.de/gesundheit/medizin-wissenschaftler-halten-1300-kliniken-fuer-ueberfluessig-1.3221646?reduced=true
(262) https://deutsch.medscape.com/artikelansicht/4905431
(263) https://www.achgut.com/artikel/impfung_ich_bin_unsolidarisch
(264) https://www.nzz.ch/meinung/moralischer-druck-auf-ungeimpfte-beschaedigt-

das-vertrauen-ld.1638175
(265) https://www.samueleckert.net/isolate-truth-fund
(266) https://www.businessinsider.de/politik/deutschland/leopoldina-akademie-merkels-zufluesterer-corona/
(267) https://www.leopoldina.org/presse/grundsaetze-fuer-pressemitteilungen/
(268) https://de.wikipedia.org/wiki/Beiname
(269) https://de.wikipedia.org/wiki/Iason
(270) https://de.wikipedia.org/wiki/Goldenes_Vlies
(271) https://de.wikipedia.org/wiki/Kolchis
(272) https://de.wikipedia.org/wiki/Chasaren
(273) https://de.wikipedia.org/wiki/Argonauta
(274) http://www.maerchenatlas.de/deutsche-maerchen/grimms-marchen/rumpelstilzchen/
(275) https://de.wikipedia.org/wiki/Rufus_(Name)
(276) https://de.wikipedia.org/wiki/Rufus_(Heiliger)
(277) https://en.wikipedia.org/wiki/Trump_family
(278) https://www.welt.de/kultur/article207241711/Leopoldina-Kleine-Kulturgeschichte-der-nationalen-Akademie.html
(279) https://de.wikipedia.org/wiki/Deutsche_Akademie_der_Naturforscher_Leopoldina
(280) https://de.wikipedia.org/wiki/Halle_(Saale)
(281) wie (280)
(282) Bruno Garlepp „Der Salzgraf von Halle“
(283) https://de.wikipedia.org/wiki/Askanier
(284) https://www.dasvermoegen.com/eduard-prinz-von-anhalt-vermoegen/
(285) https://vermoegen.org/prinz-frederic-von-anhalt-vermoegen/
(286) https://vermoegen.org/prinz-marcus-von-anhalt-vermoegen/
(287) https://www.youtube.com/watch?v=dim_kl8QDr8
(288) https://de.wikipedia.org/wiki/Aschkenas
(289) https://sites.google.com/a/suonic.faith/waramuntenu/der-slawen-mythos-wie-aus-ostgermanen-ein-volk-der-slawen-mit-fremder-sprache-und-mythologie-wurde-B014RHB7BM
(290) SPIEGEL vom 01.06.1998
(291) https://de.wikipedia.org/wiki/Roter_Turm_(Halle_(Saale))
(292) https://literaturkritik.de/warum-aenderte-martin-luther-seinen-namen-namensforscher-juergen-udolph-sucht-seiner-studie-eine-antwort-darauf,22823.html
(293) https://www.op-marburg.de/Marburg/Martin-Luther-als-Luder-geboren
(294) https://www.deutschlandfunk.de/historische-spuren-des-reformators-luther-protestierte.886.de.html?dram:article_id=285404
(295) https://www.faz.net/aktuell/feuilleton/forschung-und-lehre/kirchengeschichte-der-vatikan-ist-noch-immer-schwer-beleidigt-1596886-p2.html
(296) https://www.pravda-tv.com/2013/08/drei-weltkriege-1871-von-hochgrad-

maurer-albert-pike-vorhergesagt/
(297) https://freimaurer-wiki.de/index.php/Traktat:_Vom_Logenpalast_zum_Leopoldina-Hauptgeb%C3%A4ude
(298) http://www.weltkugel-stiftung.com/downloads/a5-festschrift_09.09.2013.pdf (Stand 13.12.2020)
(299) https://de.wikipedia.org/wiki/Konjunkturpaket_II
(300) https://de.wikipedia.org
(301) https://www.leopoldina.org/uploads/tx_leopublication/2020_12_08_Stellungnahme_Corona_Feiertage_final.pdf
(302) https://www.focus.de/gesundheit/news/wen-sie-beraten-welche-rolle-sie-spielen-leopoldina-wer-steckt-hinter-der-nationalen-akademie-der-wissenschaften_id_11881010.html
(303) https://www.jmwiarda.de/2020/03/22/bitte-folgt-den-empfehlungen
(304) https://freimaurer-wiki.de/index.php/Traktat:_Vom_Logenpalast_zum_Leopoldina-Hauptgeb%C3%A4ude
(305) https://www.faz.net/aktuell/wirtschaft/unternehmen/fresenius-vorstandsvorsitzender-fixierung-auf-virus-hat-seinen-preis-16771628.html
(306) https://www.springermedizin.de/covid-19/infektionserkrankungen-in-der-hausarztpraxis/leopoldina-will-mehr-einsatz-fuer-weniger-corona/18490428
(307) https://www.leopoldina.org/uploads/tx_leopublication/2020_09_23_Leopoldina_Stellungnahme_Corona_Herbst.pdf
(308) https://www.leopoldina.org/presse/grundsaetze-fuer-pressemitteilungen/
(309) https://www.moz.de/nachrichten/kultur/corona-helmholtz-praesident-wiestler-ueber-forschung-in-zeiten-von-corona-49110542.html
(310) http://www.weltkugel-stiftung.com/downloads/a5-festschrift_09.09.2013.pdf
(311) Wikipedia
(312) http://www.weltkugel-stiftung.com/downloads/a5-festschrift_09.09.2013.pdf
(313) https://wiederkunftchristigrosspolitik.wordpress.com/2020/06/18/die-neue-weltordnung-wird-nach-den-weltuntergangsprophezeiungen-der-bibel-regiert-chabad-lubawitsch/

Bildquellen

(1) https://www.donau-ries-aktuell.de/politik/gruene-donau-ries-werden-opfer-von-fake-attacke-donauwoerth-44842
(2) Alfred Walter von Staufen
(3) v.l.n.r.: https://de.wikipedia.org/wiki/Datei:Sozialistische_Einheitspartei_Deutschlands_Logo.svg; https://de.wikipedia.org/wiki/Datei:Fotothek_df_pk_0000172_011_Portr%C3%A4t,_Ernst.jpg; Alfred Walter von Staufen
(4) v.l.n.r.: https://publicdomainvectors.org/de/kostenlose-vektorgrafiken/Flagge-der-Deutschen-Demokratischen-Republik-Vektor-Bild/11399.html; Alfred Walter von Staufen

(5) Boris Reitschuster
(6) https://www.bild.de/politik/inland/politik-inland/nach-kritik-an-der-corona-politik-hass-angriffe-gegen-die-kritischen-schauspiele-76165642.bild.html
(7) https://www.welt.de/politik/ausland/plus230875409/G-7-Treffen-Eine-neue-Weltordnung-nach-Corona.html
(8) Alfred Walter von Staufen
(9) links: Baron Edmond de Rothschild 1961 / Photo: Jack de Nijs / Anefo / CC-BY-SA 1.0; rechts: Tedros Adhanom Ghebreyesus 2018 / Photo: ITU Pictures from Geneva, Switzerland / CC-BY-SA 2.0
(10) https://commons.wikimedia.org/wiki/File:Edward_Bernays_cropped.png
(11) George Eastman House from Rochester, NY, United States via LUCKY STRIKE, GIRL IN RED"
(12) https://commons.wikimedia.org/wiki/File:Ivy_Lee.jpg
(13) Marcus Cyron / CC BY-SA 1.2
(14) https://www.wikiwand.com/de/Baal_(D%C3%A4mon)
(15) Jean-Pierre Dalbéra / CC BY-SA 2.0
(16) https://commons.wikimedia.org/wiki/File:Jacques-Louis_David_-_The_Emperor_Napoleon_in_His_Study_at_the_Tuileries_-_Google_Art_Project.jpg
(17) Autor unbekannt
(18) https://moam.info/a-murder-a-mummy-and-a-bust-the-newly-_5b7db5c7097c478d4f8b456e.html
(19) StagiaireMGIMO / CC BY-SA 3.0
(20) Agon S. Buchholz (asb) / CC BY-SA 3.0
(21) https://www.wikiwand.com/de/Skythen
(22) Borodun / CC BY-SA 4.0
(23) https://commons.wikimedia.org/wiki/File:Malteserkreuz.svg
(24) https://commons.wikimedia.org/wiki/File:Prieure_de_sion-logo.png
(25) https://commons.wikimedia.org/wiki/File:B%C3%A9zard_-_Philippe_IV_le_bel.jpg
(26) https://de.wikipedia.org/wiki/Datei:Ihs-logo.svg
(27) https://de.cleanpng.com/png-vhi8ig/
(28) https://de-academic.com/dic.nsf/dewiki/1374065
(29) https://en.wikipedia.org/wiki/Star_of_David
(30) https://de.wikipedia.org/wiki/Adam_Weishaupt#/media/Datei:Adam_weishaupt.jpg
(31) https://de.freepik.com/fotos-vektoren-kostenlos/freemason
(32) https://commons.wikimedia.org/wiki/File:Jacques-Louis_David_-_The_Emperor_Napoleon_in_His_Study_at_the_Tuileries_-_Google_Art_Project.jpg
(33) https://archive.4plebs.org/x/thread/25233793/
(34) https://www.carookee.de/forum/freies-politikforum/17/29749433-0-01103?print
(35) Alfred Walter von Staufen
(36) https://www.pinterest.de/yivoinstitute/archival-documents/

(37) https://de.wikipedia.org/wiki/Balfour-Deklaration
(38) https://www.spiegel.de/wissenschaft/die-wahre-herkunft-der-protokolle-der-weisen-von-zion-a-00000000-0002-0001-0000-000164076215
(39) Dina Eric, CC BY-SA 2.0
(40) Alfred Walter von Staufen
(41) links: U.S. Department of State from United States, Flickr; rechts: REGIERUNGonline; B 145 Bild-00004070, Lothar Schaack
(42) https://commons.wikimedia.org/wiki/File:Das_Welthaus_Rothschild_OeNB_9819070.png
(43) https://commons.wikimedia.org/wiki/File:Haus_der_Rotschilds_in_der_frankfurter_Judengasse.jpg
(44) https://de.wikipedia.org/wiki/Datei:500_DM_Serie3_Rueckseite.jpg
(45) https://www.salon24.pl/u/joechal/858523,joe-chal-kto-finansowal-adolfa-hitlera-i-nazizm-w-niemczech,3
(46) https://www.dreamstime.com/rosenkreuz-cross-rose-sacral-mystical-symbol-rosicrucians-rosenkreuzer-emblem-secret-society-image101971639
(47) https://commons.wikimedia.org/wiki/File:Rosen-Wappen.png
(48) Nikolas Pravda
(49) 1. Reihe v.l.n.r.: Vl.eu / CC BY-SA 4.0; Hanan Cohen; Helga Barkow; Magnus Aronson; 2. Reihe v.l.n.r.: Unbekannt (Bundesarchiv); Fritz Cohn; Herbert Zotti, www.volksliedwerk.at; Bundesarchiv, B 145 Bild-F054879-0030 / Wegmann, Ludwig / CC-BY-SA 3.0
(50) Reihe v.l.n.r.: Vl.eu / CC BY-SA 4.0; Hanan Cohen; Sven Mandel, CC BY-SA 4.0; Thomas Richter, CC BY-SA 3.0; Manfred Werner (Tsui), CC BY-SA 3.0; 2. Reihe v.l.n.r.: A.Savin (Wikimedia Commons · WikiPhotoSpace) CC-BY-SA-3.0; Sandro Halank, Wikimedia Commons, CC BY-SA 3.0; Raimond Spekking, CC BY-SA 4.0; SAT.1, Martin Saumweber; 3. Reihe v.l.n.r.: Sebaso, CC BY-SA 3.0; Kurt Kulac, CC BY-SA 3.0; Sven Mandel, CC BY-SA 4.0; Olaf Kosinsky, kosinsky.eu, CC-BY-SA 3.0
(51) Alfred Walter von Staufen
(52) https://de.m.wikipedia.org/wiki/Datei:Ferri%C3%A8res-en-Brie_-_Ch%C3%A2teau_de_Ferri%C3%A8res_-_Ext%C3%A9rieur_-5.JPG
(53) https://www.pinterest.se/amp/pin/523754631644021179/
(54) wie (53)
(55) http://wp12139925.server-he.de/tesdorpf-blog/geschichten-ueber-etiketten-chateau-mouton-rothschild/
(56) Alfred Walter von Staufen
(57)https://twitter.com/christi99177680/status/1409731667200184323?lang=he
(58) https://de.wikipedia.org/wiki/Orsini
(59) https://www.sgk.de/gruppen/diverse/
(60) https://www.wikiwand.com/de/Kommunistische_Partei
(61) https://scottishrite.org/giving/foundations/scottish-rite-foundation/
(62) https://de.wikipedia.org/wiki/Rotary_International

(63) https://de.wikipedia.org/wiki/Lions_Club
(64) https://de.wikipedia.org/wiki/Christlicher_Verein_Junger_Menschen
(65) Alfred Walter von Staufen; Telegram
(66) Alfred Walter von Staufen
(67) Telegram Unbekannter Autor
(68) https://www.youtube.com/watch?v=oXhr1vNFgfo; Bildscreen von RTL "Guten Morgen Deutschland"
(69) https://m.facebook.com/bild/photos/a.166767505729/10160819942075730/?type=3&source=48
(70) https://www.bild.de/politik/inland/politik-inland/hochwasser-expertin-bundesregierung-wurde-tage-vor-der-flut-gewarnt-77118616.bild.html
(71) https://www.youtube.com/watch?v=w4NGbhJlt_0
(72) wie (71)
(73) https://www.sueddeutsche.de/politik/jens-spahn-who-slowenien-1.5355828
(74) Alfred Walter von Staufen
(75) https://www.bild.de/politik/inland/politik-inland/bundeskanzlerin-in-rheinland-pfalz-merkel-im-katastrophengebiet-77117496.bild.html, https://www.bild.de/regional/koeln/koeln-aktuell/schlange-vor-dem-rathaus-300-euro-soforthilfe-fuer-flut-opfer-in-erftstadt-77119354.bild.html
(76) https://www.facebook.com/hashtag/bundestagswahl2021
(77) http://www.globalresearch.ca/18928-dead-1-8-million-injured-50-serious-reported-in-european-unions-database-of-adverse-drug-reactions-for-covid-19-shots/5750722
(78) http://chemtrail-fragen.de/cf-videos/vitavision/v0119-dueppelbericht.jpg
(79) https://www.spiegel.de/panorama/leute/fastnacht-in-franken-markus-soeder-als-marily-monroe-a-881129.html
(80) https://www.hafen-andernach.de/
(81) https://www.youtube.com/hashtag/moderntalking
(82) Wolkenkratzer / CC BY-SA 4.0
(83) Nikolas Pravda
(84) https://commons.wikimedia.org/wiki/File:Coat_of_arms_of_Vladikavkaz.png
(85) https://de.wikipedia.org/wiki/Jauch_(Hanseatengeschlecht)
(86) Perspektiven, CC-BY-SA-3.0
(87) https://www.faz.net/aktuell/feuilleton/medien/student-gewinnt-eine-million-euro-bei-wer-wird-millionaer-13952946/als-kind-nahm-er-den-13952919.html
(88) https://www.ms-guenther.de
(89) wie (88)
(90) wie (88)
(91) Alfred Walter von Staufen
(92) v.l.n.r: Stefan Kaminski / CC BY-SA 4.0; Daniel Kruczynski / CC BY-SA 2.0; Andol / CC BY-SA 4.0; https://disappointmentquotes.com/nora-tschirner-gewicht
(93) https://de.wikipedia.org/wiki/Lilie_(Heraldik)

(94) https://ariarium.de/fleur-de-lys.html
(95) https://de.wikipedia.org/wiki/Baum_des_Lebens
(96) Daniel Kruczynski / César (talk), CC-BY-SA-2.0
(97) https://de.wikipedia.org/wiki/TV_total; https://de.wikipedia.org/wiki/Atlas_(Mythologie)
(98) https://www.welt.de/geschichte/raf/article168958383/Seit-20-Tagen-Gefangener-der-RAF.html
(99) 1. Reihe v.l.n.r.: Georges Biard / CC BY-SA 3.0; Superbass / CC BY-SA 4.0 (via Wikimedia Commons), 2019-01-31-Elton-DFP 2019-4564, CC BY-SA 4.0; Raimond Spekking, CC BY-SA 4.0 (via Wikimedia Commons); Daniel Biskup; 2. Reihe v.l.n.r.: Foto-AG Gymnasium Melle, CC-BY-SA-3.0; Ulli Winkler, CC-BY-SA-3.0; RS Bgm, CC BY-SA 4.0; Michael Thaidigsmann
(100) Alfred Walter von Staufen
(101) Screenshot von https://www.youtube.com/watch?v=WyPIKaf9Kbw
(102) wie (101)
(103) Alfred Walter von Staufen
(104) https://de.wikipedia.org/wiki/Sankt_Michaelisdonn
(105) https://de.wikipedia.org/wiki/Supreme_Headquarters_Allied_Expeditionary_Force
(106) Alfred Walter von Staufen
(107) wie (106)
(108) links: https://www.abcert.de; rechts: https://pixabay.com/de/vectors/bruder-br%C3%BCder-kompass-freimaurer-2022486/
(109) v.l.n.r.: https://de.wikipedia.org/wiki/Heide_(Holstein); Alfred Walter von Staufen; Alfred Walter von Staufen
(110) https://de.wikipedia.org/wiki/Georgien
(111) https://de.wikipedia.org/wiki/Heilige_Lanze
(112) Alfred Walter von Staufen
(113) wie (112)
(114) wie (112)
(115) hwie (112)
(116) https://de-academic.com/pictures/dewiki/74/J%C3%A4gerberg_3-b.jpg
(117) https://www.flickr.com/photos/heleenmeijer/23477669998
(118) https://de.wikipedia.org/wiki/Halle_(Saale)
(119) ttps://www.tagesspiegel.de/gesellschaft/anschlag-auf-synagoge-in-halle-die-heilige-tuer-die-mehr-als-50-leben-rettete/25846426.html
(120) https://de.wikipedia.org/wiki/Lutherrose
(121) https://www.leopoldina.org/publikationen/detailansicht/publication/hauptgebaeude-der-leopoldina-in-halle-saale/
(122) Alfred Walter von Staufen
(123) https://www.mdr.de/zeitreise/weitere-epochen/neuzeit/geschichte-der-freimaurer-mdr-zeitreise100.html